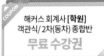

해커스
세무회계 기출문제집

해커스 경영아카데미

▌이 책의 저자

원재훈

학력
서강대학교 경제학과 졸업

경력
국회의장, 국세청장 표창
현 | 해커스 경영아카데미 교수
　　　해커스금융 교수
　　　국회 입법 자문위원(조세)
　　　이촌회계법인 파트너
전 | 안진회계법인
　　　신우회계법인

자격증
한국공인회계사, 세무사, 미국공인회계사

저서
해커스 세법 비기닝
해커스 세법엔딩 1/2
해커스 세무사 세법학개론 실전동형모의고사
해커스 회계사 세법개론 실전동형모의고사
해커스 세법 FINAL
해커스 세무회계연습 1/2
해커스 세무회계 기출문제집
해커스 세무사 세법학 기출문제집
해커스 판례세법
해커스 신용분석사 2부 이론 + 적중문제 + 모의고사
세법학 1/2/3
객관식 세법 1/2
세법플러스
월급전쟁

이훈엽

학력
고려대학교 경영학부 졸업

경력
현 | 해커스 경영아카데미 교수
　　　해커스공무원 교수
전 | 황남기스파르타 세무직, 회계직 세법 강의
　　　대구은행, 기업은행 신용분석사 특강

자격증
세무사

저서
해커스 세무회계연습 1/2
해커스 세무회계 기출문제집
해커스공무원 이훈엽 세법 기본서
해커스공무원 이훈엽 세법 단원별 기출문제집
객관식 세법 1/2
세법플러스

머리말

/

'연습은 실전처럼, 실전은 연습처럼'

너무도 많이 들어본 말이다. 그 뜻을 어떻게 받아들일지는 각자의 몫이겠으나, 저자는 실전과 같은 환경에서 연습이 이뤄져야 한다는 뜻으로 이해한다. 그러한 의미에서 조각조각 떼어진 기출문제를 풀어보는 연습을 마친 수험생이라면 제한된 시간 내에 기출문제를 전체적으로 풀어보는 것도 좋겠다. 이 책을 통한 학습방법은 다음과 같다.

1. 제한된 시간을 통한 연습

2차 시험에서 세무회계 문제를 모두 정확히 풀어내는 것은 불가능하다. 다행스럽게도, 어떤 2차 시험도 100점을 맞아야 합격하는 것은 아니고, 일정한 점수 이상만 획득하면 된다. 따라서 제한된 시간 안에 적정 점수를 획득하는 것이 중요하다. 그 점을 간과하고 모든 문제를 정확하게 풀려고 하는 수험생이 너무 많다. 정작 맞출 수 있는 문제는 놓치고, 맞추기 어려운 문제에 아까운 시간만 낭비하는 경우가 많다. 출제자들이 제한된 시간과 출제분량도 하나의 테스트로 생각한다는 점을 수험생들은 반드시 기억하기 바란다. 세무회계 전체를 보면 각 문제별로 상/중/하의 난이도가 다 있다. 부가가치세가 반드시 가장 쉽고, 법인세가 가장 어려운 것이 아니고 매년 다르다. 기출문제를 제한된 시간 안에 풀어보는 가장 큰 이유 중 하나는 그것을 감별해내는 능력을 키우는 것이다. 따라서 시험지를 받고나서 특정 주제를 먼저 풀기로 한 수험생은 자칫 실력보다 낮은 점수를 획득할 수 있다. 예를 들어, 부가가치세부터 반드시 먼저 푼다고 정해두는 것은 위험하다. 유연하게 가장 난이도가 낮은 것이 무엇인지를 빠르게 스캔하는 것이 중요하다. 매년 문제를 풀고 채점을 해보길 권유한다. 점수의 등락이 있을 것이다. 점수가 낮은 해는 아마도 난이도에 맞지 않는 순서로 문제를 풀었을 가능성이 높다.

2. 반복되는 패턴

지난 몇 년간의 기출문제를 풀다보면 그 패턴이나 문구가 반복된다는 것을 알 수 있다. 물론 기출문제가 그대로 출제되지는 않는다. 하지만, 적어도 패턴을 익히는 데는 큰 도움이 되고 자주 출제되는 분야 또한 체득하게 된다. 예를 들어, 금융소득, 의제배당과 기업업무추진비, 겸영사업자 등의 주제는 거의 매년 출제된다. 이 부분은 절대 놓칠 수 없다는 것을 알고 준비해야 한다. 출제빈도가 높은 문제를 집중적으로 공부하는 것이 가장 효율적일 것이다. 또한 시험장에서 마주쳐도 절대로 제한된 시간 안에 제대로 풀기 어려운 문제가 무엇인지도 생각해봐야 한다. 다시 한 번 강조한다. 100점은 맞을 수 없는 시험이다. 반복되는 패턴 속에서 정확히 답을 낼 수 있는 문제와 그렇지 않은 문제를 구별하는 것이 중요하다는 것을 익혀야 한다.

3. 기출문제 자체의 암기는 금물

세무회계는 기존 기출문제가 가장 유사하게 출제되는 과목이다. 그러나 그 핵심 내용과 주제가 비슷할 뿐이지 문구가 그대로 출제되는 것은 아니다. 반드시 하나 이상의 출제포인트가 변경되므로 그에 대한 응용력이 있어야 한다. 따라서 틀린 문제가 있으면 스스로 이론서를 찾아보기를 권한다. 어떤 부분이 왜 틀렸는지 스스로 찾아보고 적어두는 것이 가장 효율적인 학습방법이다.

마지막

해커스 세법의 동반자인 김현식 회계사와 김리석 회계사에게 큰 감사를 전한다. 또한 이 책 교정에 도움을 준 정성준 세무사, 강희란 / 김규형 / 김근량 / 김미혜 / 김원섭 / 김준환 / 김태영 / 김태환 / 김태훈 / 류원석 / 박찬성 / 박현원 / 백승수 / 신제이 / 이경인 / 이민희 / 이예진 / 장준영 / 장태호 / 장희수 / 조재환 / 조진호 / 조창현 / 지민주 / 진인국 / 최주희 / 황태환에게도 감사의 뜻을 전한다.

원재훈, 이훈엽

목차

2017년 세무회계 기출문제 & 해답

2016년 세무회계 기출문제 & 해답

2015년 세무회계 기출문제 & 해답

해커스 세무회계 기출문제집

회계사 · 세무사 · 경영지도사 단번에 합격!
해커스 경영아카데미 cpa.Hackers.com

2023년 세무회계
기출문제 & 해답

※ 답안 작성 시 유의사항
1. 답안은 문제 순서대로 작성할 것
2. 계산문제는 계산근거를 반드시 제시할 것
3. 답안은 아라비아 숫자로 원단위까지 작성할 것
   (예 2,000,000 − 1,000,000 = 1,000,000원)
4. 별도의 언급이 없는 한 관련 자료 · 증빙의 제출 및 신고 · 납부절차는 적법하게 이행된 것으로 가정할 것
5. 별도의 언급이 없는 한 합법적으로 세금부담을 최소화하는 방법으로 풀이할 것

문제 1 (25점)

거주자 갑, 을, 병의 2024년 귀속 종합소득 신고를 위한 자료이다. 제시된 금액은 원천징수하기 전의 금액이다.

[물음 1] 갑(55세)은 ㈜A의 생산직 사원(2023년 총급여액 29,000,000원)으로 근무하다가 2024년 8월 31일에 퇴직하였다.

〈자료〉
1. ㈜A가 갑의 근무기간(2024년 1월 1일 ~ 2024년 8월 31일) 중 갑에게 지급한 내역은 다음과 같다.

구분	금액
기본급*1	14,400,000원
연장근로수당	4,000,000원
자녀보육수당*2	800,000원
출장비*3	1,000,000원
식사대*4	2,000,000원

*1 월정액으로 지급

*2 6세 이하 자녀보육과 관련하여 지급한 수당으로 월정액으로 지급

*3 시내출장에 소요된 실제 경비를 지급

*4 회사의 지급기준에 따라 매월 250,000원씩 지급되며, 현물로 제공되는 식사는 없음

2. 갑은 2012년에 연금저축에 가입하였고 2024년 9월 1일에 연금수령 개시를 신청하였다. 연금수령 개시일 현재 연금계좌의 구성내역은 다음과 같다.

구분	금액
이연퇴직소득	20,000,000원
갑의 불입액*	200,000,000원
연금계좌운용수익	30,000,000원

* 연금계좌세액공제를 받지 못한 금액 8,000,000원 포함

3. 2024년에 연금계좌에서 인출한 금액은 80,000,000원이며, 의료목적·천재지변 등 부득이한 사유로 인출한 금액은 없다.

4. 갑이 퇴직 후 연금으로 수령한 금액 이외의 소득은 다음과 같다. 모든 소득은 사업성이 없으며, 별도로 언급한 것을 제외하고 필요경비는 확인되지 않는다.

구분	금액
재산권에 관한 알선수수료	5,000,000원
복권당첨소득*1	400,000,000원
주택입주지체상금	20,000,000원
임대료 수입*2	3,000,000원

*1 1매당 구매액이 10,000원이며, 1매가 당첨된 것임

*2 통신판매중개를 하는 자를 통하여 장소를 대여하고 사용료로서 받은 금액임

〈요구사항 1〉

갑의 근로소득 총급여액과 종합소득에 합산되는 연금소득 총연금액 및 기타소득 총수입금액을 답안양식에 따라 제시하시오.

근로소득 총급여액	
연금소득 총연금액	
기타소득 총수입금액	

〈요구사항 2〉

갑의 기타소득 원천징수세액과 종합과세되는 기타소득금액을 답안양식에 따라 제시하시오.

기타소득 원천징수세액	
종합과세되는 기타소득금액	

[물음 2] 을은 ㈜B에서 임원으로 근무하다가 2024년 6월 30일 퇴직하였다. 1년은 365일로 가정한다.

〈자료〉

1. 을은 퇴직하면서 ㈜B의 퇴직금지급규정에 따라 퇴직금 210,000,000원을 수령하였으며, 별도로 퇴직위로금 8,000,000원을 수령하였다.

2. 을은 2018년 1월 1일부터 근무를 시작하여 2019년 12월 31일까지 매년 100,000,000원의 총급여액을 수령하였다.

3. 을은 2020년 1월 1일부터 2023년 12월 31일까지 매년 150,000,000원(매월 균등액을 수령)의 총급여액을 수령하였으며, 2024년에 90,000,000원의 총급여액을 수령하였다.

4. 을은 퇴직 후 부동산임대업을 개시하였고, 소유하고 있는 주택 3채 중 1채를 임대하였다. 주택임대와 관련된 내역은 다음과 같으며, 장부를 비치·기장하고 있다.

구분	내용
임대기간	2024. 8. 1. ~ 2025. 7. 31.
임대보증금*	500,000,000원
월임대료	2,000,000원
주택 취득가액	700,000,000원

* 임대보증금은 전액 은행에 예치하였고 1,000,000원의 이자수익이 발생함

5. 을이 소유한 주택은 모두 기준시가가 2억원을 초과하며, 정기예금이자율은 연 3.65%이다.

6. 근속연수 공제액

근속연수	공제액
5년 이하	100만원 × 근속연수
5년 초과 10년 이하	500만원 + 200만원 × (근속연수 − 5년)

7. 환산급여 공제액

환산급여	공제액
1억원 초과 3억원 이하	6,170만원 + 1억원 초과분의 45%
3억원 초과	1억 5,170만원 + 3억원 초과분의 35%

〈요구사항 1〉
을의 임원 퇴직소득 한도초과액(근로소득 해당액)을 계산하시오.

〈요구사항 2〉
을의 퇴직소득과세표준을 계산하시오. 단, 퇴직소득금액은 170,000,000원이라고 가정한다.

〈요구사항 3〉
을의 사업소득 총수입금액을 계산하시오.

[물음 3] 병(여성, 70세)의 2024년 종합소득 관련 자료이다.

〈자료〉
1. 병의 금융소득 관련 내역은 다음과 같다.
  ① 국외 비영업대금의 이익: 6,000,000원(국내에서 원천징수되지 않음)
  ② 원금과 이자가 분리되는 국채에서 발생한 원금에 해당하는 채권의 할인액: 2,000,000원
  ③ 「민사집행법」에 따른 경매입찰 보증금의 이자: 4,000,000원
  ④ 「상호저축은행법」에 따른 신용부금으로 인한 이익: 5,000,000원
  ⑤ 집합투자기구로부터 받은 이익: 8,000,000원(상장주식 매매차익 30%, 이자수익 70% 로 구성)
  ⑥ 상장법인으로부터 받은 현금배당: 7,000,000원
  ⑦ 외국법인으로부터 받은 현금배당: 9,000,000원(국내에서 원천징수되지 않음)
  ⑧ ㈜A의 결산(결산확정일: 2024년 3월 4일)과 관련하여 「법인세법」에 의하여 병에게 배당으로 소득처분된 금액: 1,000,000원
2. 병과 생계를 같이하는 부양가족의 현황은 다음과 같다.

구분	나이	내용
모친	90세	소득 없음
동생	65세	양도소득금액 1,800,000원 있음. 장애인
위탁아동	9세	소득 없음. 2024년 중 8개월 동안 직접 양육함

3. 병은 주택담보노후연금을 수령하였으며, 수령한 연금에 대하여 3,000,000원의 이자비용이 발생하였다. 병의 연금소득금액은 30,000,000원이며, 주택담보노후연금은 「소득세법」에 따른 이자비용 소득공제 요건을 충족한다.
4. 종합소득세 기본세율

과세표준	산출세액
1,400만원 초과 5,000만원 이하	84만원 + 1,400만원을 초과하는 과세표준의 15%
5,000만원 초과 8,800만원 이하	624만원 + 5,000만원을 초과하는 과세표준의 24%

〈요구사항 1〉
병의 종합소득에 합산되는 이자소득 총수입금액 및 배당소득 총수입금액과 배당소득에 대한 배당가산액(Gross-up 금액)을 답안양식에 따라 제시하시오.

이자소득 총수입금액	
배당소득 총수입금액	
배당가산액	

〈요구사항 2〉

병의 종합소득공제액을 답안양식에 따라 제시하시오.

인적	기본공제액	
공제액	추가공제액	
주택담보노후연금 이자비용공제액		

〈요구사항 3〉

병의 종합소득산출세액을 구하기 위한 일반산출세액 및 비교산출세액을 답안양식에 따라 제시하시오. 단, 종합소득공제액은 6,000,000원으로 가정하며, 연금소득에 대한 세액계산의 특례를 적용하지 아니한다.

일반산출세액	
비교산출세액	

문제 2 (5점)

거주자 갑이 양도한 국외 소재 토지 A에 대한 자료이다.

〈자료〉

1. 토지 A(미등기)의 취득 및 양도 내역은 다음과 같다.

취득일	2020. 1. 15.
양도일	2024. 7. 10.
실지취득가액	$400,000
실지양도가액	$900,000

2. 취득일과 양도일의 환율은 다음과 같다.

구분	취득일	양도일
대고객외국환매입률	1,250원/$	1,050원/$
기준환율	1,300원/$	1,100원/$
대고객외국환매도율	1,350원/$	1,150원/$

3. 토지 A를 양도하면서 $30,000의 양도비용이 발생하였으며, 그 지출에 관하여 적격증빙서류를 수취하였다.

4. 보유기간 4년 이상 5년 미만의 경우 장기보유특별공제율은 8%이다.

〈요구사항 1〉

국외자산 양도에 대한 양도소득세의 ① 납세의무자, ② 양도소득의 범위 및 ③ 양도가액과 취득가액 적용순서를 5줄 이내로 서술하시오.

〈요구사항 2〉

갑이 양도한 토지 A가 국외자산 양도에 대한 양도소득세 과세대상에 해당하는 경우, 양도소득금액과 양도소득과세표준을 답안양식에 따라 제시하시오.

양도소득금액	
양도소득과세표준	

[물음 1] 상호 독립적인 각 과세사업자의 2024년 제1기 예정신고기간(2024년 1월 1일 ~ 2024년 3월 31일) 부가가치세 관련 자료이다. 별도의 언급이 없는 한 제시된 금액은 부가가치세가 포함되지 않은 금액이며, 세금계산서는 적법하게 발급되었다.

〈자료〉

1. ㈜A는 2024년 2월 1일 ㈜대한과 도급공사 계약을 체결하였으며, 그 내역은 다음과 같다.

도급금액	300,000,000원
2024. 3. 31. 현재 작업진행률	25%
대금지급조건*	계약 시 10% 25% 완성 시 30% 50% 완성 시 30% 100% 완성 시 30%

  * ㈜A는 대금수령 시 수령한 대가의 5%를 ㈜대한에 하자보증금으로 예치하고 있음

2. ㈜B는 2023년 2월 15일 은행으로부터 100,000,000원을 차입하고 상가 건물을 담보로 제공하였으나, 차입금을 상환하지 못하여 2024년 3월 10일 「민사집행법」에 따라 강제 경매처분되었다. 경매 시 건물 관련 금액은 다음과 같다.

장부가액	115,000,000원
시가	100,000,000원
낙찰가	90,000,000원

3. ㈜C는 2024년 2월 21일 장기할부조건부(2024년 2월부터 매월 말일에 3,000,000원씩 총 15회 수령 조건)로 상품을 인도하면서 대가의 수령 없이 공급가액이 45,000,000원인 세금계산서를 발급하였다.

4. ㈜D는 2024년 2월 23일 특수관계 없는 고객에게 상품(시가 3,000,000원)을 판매하면서 현금 2,500,000원을 수령하였고, 나머지 500,000원은 신용카드사마일리지로 결제(신용카드사로부터 별도의 대가를 받지 않음)받았다.

5. ㈜E는 2024년 3월 10일 내국신용장에 의하여 영세율로 공급받은 상품(매입가액 1,000,000원, 시가 2,000,000원)을 직장연예와 관련하여 종업원에게 제공하였다.

〈요구사항〉

각 과세사업자가 2024년 제1기 부가가치세 예정신고 시 신고해야 할 과세표준을 답안양식에 따라 제시하시오. 단, 해당 금액이 없는 경우 "0"으로 표시하시오.

구분	과세표준
㈜A	
㈜B	
㈜C	
㈜D	
㈜E	

[물음 2] 가구제조업을 영위하는 ㈜대한의 2024년 4월 1일부터 2024년 6월 30일까지 거래내역이다. ㈜대한은 2024년 6월 30일 폐업하였다. 별도의 언급이 없는 한 제시된 금액은 부가가치세가 포함되지 않은 금액이며, 세금계산서는 적법하게 발급되었다.

〈자료〉

1. 제품매출 내역은 다음과 같다.

국내매출액	300,000,000원
수출액	200,000,000원

① 2023년 5월 1일 가구를 국내사업자에게 인도하고 그 대금은 2023년 6월부터 매월 말일에 1,000,000원씩 총 15회 수령하기로 약정하였다. 약정된 금액은 정상적으로 수령하였으며, 2024년 4월부터 2024년 6월까지 수령분은 위 국내매출액에 포함되어 있다.

② 국내매출액 중 20,000,000원은 수출품 생산업자의 제품을 대행수출하고 받은 수출대행수수료이다.

③ 수출액 중 30,000,000원은 수출업자와 직접도급계약에 의하여 공급한 수출재화임가공용역에 대한 대가이다.

④ 수출액 중 50,000,000원은 내국신용장에 의한 제품 수출액이나, 공급받은 자는 동 제품을 수출용도에 사용하지 않았다.

2. 폐업 시 잔존재화는 다음과 같다.

구분	취득일	취득가액	시가
제품[*1]	2024. 5. 31.	10,000,000원	13,000,000원
기계장치[*2]	2023. 1. 15.	30,000,000원	35,000,000원
건물[*3]	2023. 1. 11.	50,000,000원	60,000,000원
토지	2023. 1. 11.	100,000,000원	110,000,000원

*1 제품제조에 투입된 원재료 등에 대한 매입세액은 모두 공제받음

*2 기계장치는 2023년 7월 1일부터 사업에 사용되었으며, 취득 시 3,000,000원의 매입세액공제를 받음

*3 건물은 사업의 포괄양수도에 의하여 양수하였음. 사업양도자는 2022년 9월 1일 건물을 취득하였으며, 취득 당시 5,000,000원의 매입세액공제를 받음

〈요구사항〉

㈜대한이 2024년 제1기 부가가치세 확정신고 시 신고해야 할 과세표준을 답안양식에 따라 제시하시오.

구분		과세표준
과세	세금계산서 발급분	
	기타	
영세율	세금계산서 발급분	
	기타	

[물음 3] 과세사업과 면세사업을 겸영하고 있는 ㈜민국의 부가가치세 관련 자료이다. 단, 별도의 언급이 없는 한 제시된 금액은 부가가치세가 포함되지 않은 금액이다.

〈자료〉

1. 각 과세기간별 공급가액은 다음과 같다.

구분		과세사업	면세사업
2023년 제1기		5.5억원	4.5억원
2023년 제2기		3.7억원	6.3억원
2024년 제1기	1. 1. ~ 3. 31.	2.2억원	2.2억원
	4. 1. ~ 6. 30.	1.8억원	3.8억원

2. 2024년 제1기 과세기간의 세금계산서상 매입세액 내역은 다음과 같다.

구분	1. 1. ~ 3. 31.	4. 1. ~ 6. 30.
과세사업	5,000,000원	3,000,000원
면세사업	2,000,000원	1,000,000원
과세·면세사업(공통)	6,000,000원*	2,000,000원
합계	13,000,000원	6,000,000원

* 과세사업과 면세사업에 공통으로 사용할 목적으로 구입한 기계장치 A의 매입세액 3,000,000원이 포함되었으며, 기계장치 A는 2024년 5월 1일 50,000,000원에 매각됨. 위 '자료 1'의 공급가액에는 기계장치 A 매각대금이 포함되지 않음

3. ㈜민국은 2023년 제2기 중 과세사업과 면세사업에 공통으로 사용할 목적으로 건물을 1억원에 취득하여 면세사업 예정사용면적비율 25%로 공통매입세액을 안분하였으며, 2024년 6월 1일 면세사업 사용면적비율을 29%로 확정하였다.

4. ㈜민국은 2023년 8월 1일 6,000,000원에 취득하여 면세사업에 사용하던 기계장치 B를 2024년 3월 1일부터 과세사업과 면세사업에 함께 사용하기로 하였다.

5. ㈜민국이 ㈜서울에 대한 매입채무 5,500,000원(부가가치세 포함)을 변제하지 못함에 따라, 2022년 제2기에 ㈜서울은 대손세액공제를 받고 ㈜민국은 매입세액공제액에서 해당 금액을 차감하였다. ㈜민국은 2024년 1월 15일 ㈜서울에 해당 채무 5,500,000원을 모두 변제하였다.

〈요구사항 1〉

㈜민국의 2024년 제1기 부가가치세 예정신고 시 매입세액공제액을 답안양식에 따라 제시하시오.

구분	금액
(1) 세금계산서 수취분 매입세액	
(2) 그 밖의 공제매입세액	
(3) 공제받지 못할 매입세액	
차가감 계: (1) + (2) - (3)	

〈요구사항 2〉

㈜민국의 2024년 제1기 부가가치세 확정신고 시 매입세액공제액을 답안양식에 따라 제시하시오.

구분	금액
(1) 세금계산서 수취분 매입세액	
(2) 그 밖의 공제매입세액	
(3) 공제받지 못할 매입세액	
차가감 계: (1) + (2) - (3)	

문제 4 (5점)

정육점업과 음식점업을 겸영하는 간이과세자 갑의 자료이다.

〈자료〉

1. 공급대가 내역은 다음과 같으며, 공급대가 중 60%는 신용카드매출전표 발행분이다.

기간	정육점업	음식점업
2023년	5,000,000원	55,000,000원
2024년	20,000,000원	50,000,000원

2. 2024년 매입액 내역은 다음과 같다.

구분	정육점업	음식점업
세금계산서 수취	–	10,000,000원*
일반과세자 발행 신용카드매출전표 수취	–	10,000,000원*
계산서 수취	8,000,000원	3,270,000원 (면세농산물)

* 부가가치세 포함

3. 2023년 12월에 구입한 트럭을 정육점업과 음식점업에 공통으로 사용하다가 2024년 4월 5일 9,900,000원(공급대가)에 매각하였다. 위 '자료 1'의 공급대가에 트럭 공급대가는 포함되지 않았다.

4. 2024년 7월 1일 현재 음식점업 관련 보유자산 내역은 다음과 같다.

구분	취득일	취득가액(공급대가)
원재료	2024. 6. 1.	1,100,000원
기계장치	2024. 1. 10.	2,200,000원
건물	2021. 5. 1.	22,000,000원

5. 음식점업의 부가가치율은 다음과 같이 가정한다.

2022년 이전	2023년	2024년
10%	15%	20%

6. 의제매입세액 공제율은 9/109이다.

7. 2024년 예정부과기간에 대한 고지납부세액은 없으며, 전자신고를 하고자 한다.

〈요구사항 1〉

간이과세자 갑의 2024년 부가가치세 납부세액과 차가감납부할세액(지방소비세 포함)을 답안양식에 따라 제시하시오.

납부세액	
차가감납부할세액 (지방소비세 포함)	

〈요구사항 2〉

간이과세자 갑이 간이과세를 포기하고 2024년 7월 1일부터 일반과세자로 전환할 경우, 2024년 제2기 과세기간의 재고매입세액을 계산하시오.

[물음 1] 제조업을 영위하는 ㈜금강의 제24기 사업연도(2024년 1월 1일 ~ 2024년 12월 31일) 수입배당금 관련 자료이다. 전기까지의 세무조정은 적법하게 이루어졌다.

〈자료〉

1. ㈜금강이 내국법인으로부터 수령한 수입배당금은 다음과 같다.

피출자법인	출자비율	장부가액	수입배당금	주식취득일
A사	30%	6억원	45,000,000원	2023. 6. 21. 2023. 11. 23.
B사	20%	10억원	10,000,000원	2023. 9. 1.
C사	40%	5억원	30,000,000원	2023. 3. 3.
D사	60%	8억원	25,000,000원	2022. 10. 9.

① A사 주식 중 출자비율 10%에 해당하는 주식(장부가액 2억원)은 2023년 6월 21일에 취득하였으며, 출자비율 20%에 해당하는 주식(장부가액 4억원)은 2023년 11월 23일에 취득하였다.
② 모든 피출자법인이 배당기준일은 2023년 12월 31일이다.
③ 모든 피출자법인은 지급배당에 대한 소득공제와 「조세특례제한법」상 감면 규정 및 동업기업과세특례를 적용받지 않는다.

2. ㈜금강이 외국법인으로부터 수령한 수입배당금은 다음과 같다. 수입배당금은 전부 외국자회사의 주식을 취득한 후의 이익잉여금을 재원으로 받은 것이다.

피출자법인	출자비율	수입배당금	주식취득일	배당기준일
E사(제조업)	30%	20,000,000원	2024. 2. 2.	2024. 6. 30.
F사(해외 자원개발업)	6%	10,000,000원	2024. 2. 9.	2024. 9. 30.
G사(도매업)	15%	45,000,000원	2024. 3. 1.	2024. 9. 30.

3. ㈜금강의 제24기 이자비용은 70,000,000원이고 이 중 10,000,000원은 업무무관자산 관련 이자비용으로서 손금불산입되었다. ㈜금강의 제24기 말 재무상태표상 자산총액은 50억원이다.
4. ㈜금강은 지주회사가 아니다.
5. 내국법인으로부터 받은 수입배당금액 익금불산입률

출자비율	익금불산입률
20% 미만	30%
20% 이상 50% 미만	80%
50% 이상	100%

〈요구사항 1〉

㈜금강이 제24기에 내국법인으로부터 수령한 수입배당금에 대한 익금불산입액을 답안양식에 따라 제시하시오.

구분	익금불산입액
A사	
B사	
C사	
D사	

〈요구사항 2〉

㈜금강이 제24기에 외국법인으로부터 수령한 수입배당금에 대한 익금불산입액을 답안양식에 따라 제시하시오.

구분	익금불산입액
E사	
F사	
G사	

[물음 2] 제조업을 영위하는 ㈜한국(중소기업 아님)의 제24기 사업연도(2024년 1월 1일 ~ 2024년 12월 31일) 기부금 관련 자료이다. 전기까지의 세무조정은 적법하게 이루어졌다.

<자료>

1. ㈜한국의 손익계산서 내역은 다음과 같다.
   ① 당기순이익은 40,000,000원이며, 당기 법인세비용은 6,000,000원이다.
   ② 전기에 과오납한 재산세에 대한 환급금 17,000,000원과 환급금 이자 500,000원을 당기에 수령하고 다음과 같이 회계처리하였다.

   (차) 현금   17,500,000   (대) 이자수익   17,500,000

   ③ 기부금 계정의 내역은 다음과 같다.

일자	내용	금액
2. 28.	천재지변으로 생기는 이재민 구호금품 가액	30,000,000원
4. 4.	근로복지진흥기금 기부금	16,000,000원
7. 2.	무료로 이용할 수 있는 아동복지시설에 지출한 기부금	15,000,000원[1]
11. 7.	새마을금고에 지출한 기부금	21,000,000원
12. 29.	종교단체 기부금	10,000,000원[2]

   *1 ㈜한국이 생산한 제품을 특수관계가 있는 아동복지시설에 기부한 것으로, 제품의 시가는 20,000,000원임

   *2 약속어음으로 지급되었으며, 어음의 결제일은 2025년 3월 1일임

2. ㈜한국은 「의료법」에 의한 의료법인(특수관계 없음)으로부터 정당한 사유 없이 시가 200,000,000원인 토지를 300,000,000원에 매입하고, 매입가액을 취득원가로 계상하였다.

3. 제23기의 세무조정 시 기부금과 관련된 세무조정사항은 다음과 같다.
   ① 사립대학교 장학금: 25,000,000원(전기 말 현재 미지급한 상태이며, 2024년 1월 3일에 현금으로 지급함)
   ② 일반기부금 한도초과액: 2,000,000원

4. 제21기에 발생한 세무상 결손금은 80,000,000원이며, 위에서 제시한 것 외에 다른 세무조정 사항은 없다고 가정한다.

〈요구사항 1〉

㈜한국의 제24기 차가감소득금액을 답안양식에 따라 제시하시오.

당기순이익	× × ×
익금산입 및 손금불산입	× × ×
1) ……	× × ×
2) ……	× × ×
⋮	⋮
손금산입 및 익금불산입	× × ×
1) ……	× × ×
2) ……	× × ×
⋮	⋮
차가감소득금액	× × ×

〈요구사항 2〉

㈜한국의 제24기 차가감소득금액이 30,000,000원이라고 가정하고, 제24기 특례기부금 및 일반기부금 해당액과 특례기부금 및 일반기부금 한도초과(미달)액을 답안양식에 따라 제시하시오.

특례기부금 해당액	
일반기부금 해당액	
특례기부금 한도초과(미달)액	
일반기부금 한도초과(미달)액	

[물음 3] ㈜동서의 제24기 사업연도(2024년 1월 1일 ~ 2024년 12월 31일) 지급이자 관련 자료이다. 전기까지의 세무조정은 적법하게 이루어졌다.

〈자료〉

1. 손익계산서상 이자비용 내역은 다음과 같다.

구분	이자율	이자비용
사채	10%	3,000,000원
A은행 차입금	6%	10,000,000원
B은행 차입금	4%	5,000,000원

① 사채는 채권자가 불분명하며, 이에 대한 이자비용에는 원천징수 납부한 세액 1,485,000원이 포함되어 있다.

② A은행 차입금에 대한 이자는 당기 말 현재 건설 중인 사옥신축용 차입금 이자 4,000,000원과 장기건설 중인 재고자산에 대한 차입금 이자 6,000,000원으로 구성되어 있다.

③ B은행 차입금에 대한 이자 중 3,000,000원은 한국은행총재가 정한 규정에 따른 기업구매자금대출 관련 차입금에 대한 이자비용이다.

2. ㈜동서는 2023년 10월 1일 업무에 직접 사용하지 않는 토지를 특수관계인으로부터 100,000,000원(시가 70,000,000원)에 취득하여 보유하고 있다.

3. 재무상태표상 대여금의 내역은 다음과 같다.

지급일	금액	대여금 적수
2024. 7. 1.	50,000,000원[*1]	92억원
2024. 9. 19.	30,000,000원[*2]	31.2억원
2024. 10. 20.	100,000,000원[*3]	73억원

[*1] 무주택 직원(지배주주 아님)에게 국민주택 취득자금으로 대여한 금액임

[*2] 손금불산입액에 대한 귀속이 불분명하여 대표자상여로 처분한 금액에 대한 소득세 대납액임

[*3] 대표이사에게 업무와 무관하게 대여한 금액임

4. ㈜동서는 제조업을 영위하는 중소기업으로서 A은행 및 B은행과 특수관계가 없다.

〈요구사항〉

㈜동서가 해야 하는 제24기 세무조정 및 소득처분을 답안양식에 따라 제시하시오. 단, 가지급금 인정이자는 고려하지 아니한다.

익금산입 및 손금불산입			손금산입 및 익금불산입		
과목	금액	소득처분	과목	금액	소득처분

[물음 4] 제조업을 영위하는 ㈜바다의 제24기(2024년 1월 1일 ~ 2024년 12월 31일) 법인세 관련 자료이다. 전기까지의 세무조정은 적법하게 이루어졌다.

〈자료〉

1. ㈜바다는 2024년 1월 1일에 해상구조물을 설치하고 이를 이용하는 계약을 지방자치단체와 체결하였다. 계약에 따르면 ㈜바다는 10년간의 사용기간이 종료된 후 해상구조물을 철거하고 주변 수질을 원상회복해야 할 의무가 있다.

2. 해상구조물과 관련된 내역은 다음과 같다.

취득원가	50,000,000원
잔존가치	없음
신고내용연수	10년
감가상각방법	정액법

3. ㈜바다는 해상구조물에 대하여 원가모형을 적용하였다. 복구와 관련한 예상현금흐름 10,000,000원에 대하여 시장이자율을 반영하여 현재가치로 측정하였고, 2024년 1월 1일에 다음과 같이 회계처리하였다.

    (차) 구축물 56,139,133　(대) 현금 50,000,000
    　　　　　　　　　　　　　　　복구충당부채 6,139,133

4. ㈜바다는 2024년 12월 31일에 해상구조물에 대하여 다음과 같이 회계처리하였다.

    (차) 감가상각비 5,613,913　(대) 감가상각누계액 5,613,913
    　　　이자비용 306,957　　　　복구충당부채 306,957

〈요구사항〉

㈜바다가 해야 하는 제24기 세무조정 및 소득처분을 답안양식에 따라 제시하시오.

익금산입 및 손금불산입			손금산입 및 익금불산입		
과목	금액	소득처분	과목	금액	소득처분

[물음 5] 제조업을 영위하는 ㈜서울(영리내국법인)의 제24기 사업연도(2024년 1월 1일 ~ 2024년 12월 31일) 법인세 관련 자료이다. 전기까지의 세무조정은 적법하게 이루어졌다.

〈자료〉

1. ㈜서울은 ㈜A로부터 토지와 건물을 600,000,000원(부가가치세를 제외한 금액임)에 일괄취득하였으며, 결산상 토지와 건물을 별도로 구분하지 않고 취득가액 전부를 건물로 계상하였다. 일괄취득 시 토지와 건물의 ㈜A 장부가액과 감정평가가액은 다음과 같다.

구분	㈜A 장부가액	감정평가가액
토지	100,000,000원	300,000,000원
건물	100,000,000원	200,000,000원

2. ㈜서울은 전기에 비상장법인 ㈜B의 주식을 20,000,000원에 취득하였으며, 전기 말 유보(△유보)잔액은 없다. 당기에 ㈜B가 파산하여 주식 시가가 0원이 됨에 따라 다음과 같이 회계처리하였다.

(차) 금융자산평가손실   20,000,000   (대) 금융자산(B주식)   20,000,000
　　　(기타포괄손익)

3. ㈜서울의 외화자산 · 부채에 대한 평가 내역은 다음과 같다.

과목	외화금액	평가손익 반영 전 재무상태표 가액	평가손익 (영업외손익)
외화 외상매출금	$30,000	38,800,000원	200,000원
외화선급금 (제품관련)	$12,000	15,480,000원	120,000원
외화재고자산	$50,000	66,500,000원	(-)1,500,000원
외화차입금	$15,000	20,000,000원	500,000원

① ㈜서울은 관할세무서장에게 외화자산 · 부채를 사업연도 종료일 현재의 매매기준율로 평가하는 방법으로 신고하였다.

② 제24기 말 현재 1$당 매매기준율은 1,300원이다.

③ 외화차입금은 전기 말 잔액인 $45,000 중 2024년 9월 19일에 $30,000을 상환한 후의 잔액이다. ㈜서울은 외화차입금 상환차익을 영업외손익으로 계상하였다. 외화차입금의 전기 말 △유보잔액은 6,000,000원이다.

4. ㈜서울의 수입이자와 지급이자에 대한 자료는 다음과 같다.

① 2024년 1월 1일에 매입한 ㈜C 기명사채(액면가액 5억원, 액면이자율 6%, 만기 3년, 원리금 만기 일시 지급 조건)에 대한 기간경과분 미수이자 30,000,000원과 유효이자율법에 따라 상각한 금액(액면가액과 매입가액의 차액임) 7,000,000원을 손익계산서에 이자수익으로 계상하였다.

② 2024년 1월 1일에 특수관계인 ㈜D(제조업)로부터 1억원(이자율 연 9%, 차입기간 3년, 이자는 만기 일시 지급 조건)을 차입한 후 당기 기간경과분 미지급이자 9,000,000원을 손익계산서에 이자비용으로 계상하였다.

〈요구사항 1〉
〈자료 1〉과 관련하여 ㈜서울이 해야 하는 제24기 세무조정 및 소득처분을 답안양식에 따라 제시하시오.

익금산입 및 손금불산입			손금산입 및 익금불산입		
과목	금액	소득처분	과목	금액	소득처분

〈요구사항 2〉
〈자료 2〉와 관련하여 ㈜서울이 해야 하는 제24기 세무조정 및 소득처분을 답안양식에 따라 제시하시오.

익금산입 및 손금불산입			손금산입 및 익금불산입		
과목	금액	소득처분	과목	금액	소득처분

〈요구사항 3〉
〈자료 3〉과 관련하여 ㈜서울이 해야 하는 제24기 세무조정 및 소득처분을 답안양식에 따라 제시하시오.

익금산입 및 손금불산입			손금산입 및 익금불산입		
과목	금액	소득처분	과목	금액	소득처분

〈요구사항 4〉
〈자료 4〉와 관련하여 ㈜서울이 해야 하는 제24기 세무조정 및 소득처분을 답안양식에 따라 제시하시오.

익금산입 및 손금불산입			손금산입 및 익금불산입		
과목	금액	소득처분	과목	금액	소득처분

[물음 1] 제조업을 영위하는 중소기업인 ㈜한국의 제4기 사업연도(2024년 1월 1일 ~ 2024년 12월 31일) 감가상각 관련 자료이다. ㈜한국은 설립 이후 당기까지 중소기업에 대한 특별세액감면을 적용받고 있으며, 전기까지의 세무조정은 적법하게 이루어졌다.

〈자료〉

1. 기계장치 A
   ① ㈜한국은 2023년 7월 1일에 기계장치 A를 40,000,000원에 취득하고, 기계장치에 대한 감가상각방법을 정률법(기준내용연수 8년, 상각률 0.313)으로 신고하였으나, 제4기부터 정액법으로 적법하게 변경하였다.
   ② ㈜한국은 제3기에 기계장치 A에 대한 감가상각비 6,000,000원을 손익계산서에 비용으로 계상하였다.
   ③ ㈜한국은 제4기에 기계장치 A의 감가상각과 관련하여 다음과 같이 회계처리하였다.

(차) 감가상각누계액	3,500,000	(대) 회계변경누적효과 (이익잉여금)	3,500,000
감가상각비	4,000,000	감가상각누계액	4,000,000

2. 기계장치 B
   ① ㈜한국은 2024년 7월 1일에 특수관계인 ㈜대한으로부터 기계장치 B를 취득(취득당시 시가 100,000,000원)하고, 매입가액인 120,000,000원을 장부상 취득가액으로 계상하였다.
   ② ㈜대한은 기계장치 B를 취득한 후 5년간 사업에 직접 사용하였다.
   ③ ㈜한국은 2024년 12월 1일에 기계장치 B에 대한 수선비(자본적 지출이며 주기적 수선에 해당하지 않음)로 10,000,000원을 지출하였으며, 이를 손익계산서에 비용으로 계상하였다.
   ④ ㈜한국은 기계장치 B에 대한 제4기 감가상각비 6,000,000원을 손익계산서에 비용으로 계상하였다.

3. 공장건물
   ① ㈜한국은 2023년 1월 1일에 공장건물을 착공하여 2024년 7월 1일에 완공하고, 즉시 사업에 사용하였다.
   ② ㈜한국은 공장건물의 건설을 위하여 2023년 2월 1일에 대한은행으로부터 600,000,000원을 연 이자율 5%로 차입하고, 2024년 12월 31일에 전액 상환하였다.
   ③ ㈜한국은 차입금에서 발생한 지급이자를 다음과 같이 각 사업연도의 손익계산서에 이자비용으로 계상하였다. 건설자금이자의 계산은 편의상 월할 계산하기로 한다.

구분	이자비용
제3기	27,500,000원
제4기	30,000,000원

④ 공장건물의 장부상 취득가액은 20억원이며, 공장건물에 대한 제4기 감가상각비 60,000,000 원을 손익계산서에 비용으로 계상하였다.

⑤ 공장건물에 대한 신고내용연수는 20년이며, 감가상각방법은 신고하지 않았다.

4. 내용연수별 정액법 상각률은 다음과 같다.

내용연수	4년	8년	10년	20년
상각률	0.250	0.125	0.100	0.050

〈요구사항 1〉

〈자료 1〉과 관련하여 ㈜한국이 해야 하는 제4기 세무조정 및 소득처분을 답안양식에 따라 제시하시오.

익금산입 및 손금불산입			손금산입 및 익금불산입		
과목	금액	소득처분	과목	금액	소득처분

〈요구사항 2〉

〈자료 2〉와 관련하여 ㈜한국이 해야 하는 제4기 세무조정 및 소득처분을 답안양식에 따라 제시하시오.

익금산입 및 손금불산입			손금산입 및 익금불산입		
과목	금액	소득처분	과목	금액	소득처분

〈요구사항 3〉

〈자료 3〉과 관련하여 ㈜한국이 해야 하는 제4기 세무조정 및 소득처분을 답안양식에 따라 제시하시오.

익금산입 및 손금불산입			손금산입 및 익금불산입		
과목	금액	소득처분	과목	금액	소득처분

[물음 2] 제조업을 영위하는 비상장내국법인 ㈜대한은 2024년 3월 15일에 유상감자를 실시하였다. 유상감자 관련 자료는 다음과 같다.

〈자료〉

1. ㈜대한의 1주당 액면가액은 10,000원, 감자 전 1주당 평가액은 6,000원이다.
2. ㈜대한은 감자대가로 1주당 4,000원을 지급하였으며, 유상감자 내역은 다음과 같다.

주주	감자 전 주식수	감자주식수	감자 후 주식수
A법인	40,000주	10,000주	30,000주
B법인	30,000주	9,000주	21,000주
C법인	20,000주	–	20,000주
D법인	10,000주	1,000주	9,000주
합계	100,000주	20,000주	80,000주

3. A법인, C법인과 D법인은 「법인세법」상 특수관계인에 해당되며, 그 외의 특수관계인은 없다.
4. B법인이 ㈜대한의 주식을 취득한 내역은 다음과 같다.

취득일	주식수	비고
2023. 10. 10.	20,000주	1주당 7,600원에 유상 취득
2023. 11. 15.	4,000주	이익준비금 자본전입으로 무상주 취득
2023. 12. 28.	6,000주	보통주 주식발행초과금 자본전입으로 무상주 취득
합계	30,000주	

〈요구사항 1〉

유상감자로 인한 분여이익과 관련하여 각 주주가 해야 하는 세무조정 및 소득처분을 답안양식에 따라 제시하시오. 단, 의제배당은 고려하지 아니하며, 세무조정이 없는 경우에는 "세무조정 없음"이라고 표시하시오.

A법인	
B법인	
C법인	
D법인	

〈요구사항 2〉

유상감자로 인한 B법인의 의제배당액을 계산하시오.

문제 7 (10점)

[물음 1] 2024년 3월 26일 사망한 거주자 갑(60세)의 상속세 관련 자료이다.

〈자료〉

1. 상속개시일 현재 상속재산 현황은 다음과 같다.
    ① 주택: 1,800,000,000원(상속개시일의 시가)
    ② 갑이 신탁한 금전신탁: 100,000,000원
    ③ 상장주식(갑은 최대주주 아님): 10,000주[*]
        [*] 상속개시일 현재 거래소 최종시세가액은 60,000원이며, 상속개시일 이전·이후 각 2개월 간의 거래소 최종시세가액의 평균액은 50,000원임
2. 상속개시일 현재 갑의 채무 현황은 다음과 같다.
    ① 은행차입금: 400,000,000원[*]
        [*] 상속개시 1년 6개월 전에 차입한 금액으로 상속개시일까지 상환하지 않았으며, 차입한 자금의 용도가 객관적으로 명백하지 않음
    ② 공과금 미납액: 12,000,000원[*]
        [*] 상속인의 귀책사유로 인한 강제징수비 2,000,000원 포함
3. 증빙서류에 의해 입증되는 장례비용은 없다.
4. 2021년 10월 5일에 상속인인 장남에게 토지를 증여하였으며, 증여한 토지의 시가는 다음과 같다.
    ① 상속개시일의 시가: 300,000,000원
    ② 증여 당시의 시가: 200,000,000원
5. 상속인으로 배우자(55세)와 장남(30세), 장녀(27세)가 있다.

〈요구사항 1〉

갑의 사망에 따른 상속세 과세가액을 답안양식에 따라 제시하시오.

구분	금액
총상속재산가액	
과세가액 공제액	
합산되는 증여재산가액	
상속세 과세가액	

〈요구사항 2〉

공동상속인은 상속세 과세표준 신고 이전에 상속세 부담 최소화를 위한 다양한 방안을 검토하고 있다. 주어진 〈자료〉의 범위 내에서 상속세 부담을 최소화하기 위해 활용할 수 있는 세법 규정이 있다면 3줄 이내로 서술하시오.

[물음 2] '증여추정'과 '증여의제'의 차이를 비교하여 설명한 후, 「상속세 및 증여세법」에 규정된 '재산취득자금의 증여추정'과 '명의신탁재산의 증여의제'에 대하여 각각 설명하시오.

문제 1

[물음 1]

〈요구사항 1〉

근로소득 총급여액	18,800,000
연금소득 총연금액	32,000,000
기타소득 총수입금액	28,000,000

1. 총급여액

구분	월정액급여	총급여액	내용
기본급	1,800,000	14,400,000	$14,400,000 \div 8$
연장근로수당		4,000,000	월정액급여 210만원 초과
자녀보육수당	100,000		월 20만원 이내 금액 비과세
출장비			실비변상
식사대	250,000	400,000	$(250,000 - 200,000) \times 8$
합계	2,150,000	18,800,000	

2. 총연금액

(1) 연금수령한도

$$\frac{250,000,000}{(11-6)} \times 120\% = 60,000,000$$

2013년 3월 1일 이전에 가입한 연금계좌의 수령기산연차는 6년차로 한다.

(2) 소득구분

구분	연금수령액		소득구분	
	연금수령	연금외수령	연금소득 (조건부)	기타소득 (분리과세)
① 과세 제외 기여금	8,000,000		8,000,000	
② 이연퇴직소득	20,000,000		20,000,000	
③ 공제액 · 운용수익	32,000,000	20,000,000	32,000,000	20,000,000
합계	60,000,000	20,000,000	52,000,000	20,000,000

사적연금의 총연금액이 1,500만원을 초과하는 자의 경우 세액계산 특례규정에 따라 15%의 세율을 적용한다.

3. 기타소득

구분	총수입금액	기타소득금액	원천징수세액	비고
연금외수령			3,000,000	분리과세(15%)
알선수수료	5,000,000	5,000,000	1,000,000	
복권당첨소득			89,997,000	3억원 초과 30%, 3억원 이하 20%
주택입주지체상금	20,000,000	4,000,000	800,000	
임대료수입	3,000,000	1,200,000	240,000	
합계	28,000,000	10,200,000	95,037,000	

통신판매중개를 하는 자를 통하여 장소를 대여하고 사용료로서 받은 금액(500만원 이하)은 기타소득으로 신고할 수 있다. 조세부담 최소화를 가정하므로 의제필요경비(60%)를 적용할 수 있도록 기타소득으로 신고한다.

〈요구사항 2〉

기타소득 원천징수세액	95,037,000
종합과세되는 기타소득금액	10,200,000

[물음 2]

〈요구사항 1〉

1. 임원 퇴직소득 한도액: (1) + (2) = 199,500,000

> (1) 2019. 12. 31. 이전분
>
> $$100,000,000 \times 30\% \times \frac{24}{12} = 60,000,000$$
>
> (2) 2020. 1. 1. 이후분
>
> 2020. 1. 1. ~ 2024. 6. 30.
>
> $$[(75,000,000 + 150,000,000 + 150,000,000 + 90,000,000) \div 3] \times 20\% \times \frac{54}{12} = 139,500,000$$
>
> 퇴직한 날부터 소급하여 3년 동안 지급받은 총급여액의 연평균환산액은 2021. 7. 1. ~ 2024. 6. 30.까지 받은 총급여를 기준으로 한다.

2. 퇴직소득 한도초과액(근로소득 해당액)

$210,000,000 + 8,000,000 - 199,500,000 = 18,500,000$

퇴직금지급규정에 규정되지 않은 임원의 퇴직금은 현실적으로 퇴직한 경우에 수령하는 것이라도 근로소득으로 과세한다.

〈요구사항 2〉

구분	금액	비고
1. 퇴직소득금액	170,000,000	2018. 1. 1. ~ 2024. 6. 30.
2. 근속연수공제	9,000,000	5,000,000 + 2,000,000 × (7년 − 5년)
3. 환산급여	276,000,000	$(170,000,000 - 9,000,000) \times \frac{12}{7}$
4. 환산급여공제	140,900,000	61,700,000 + (276,000,000 − 100,000,000) × 45%
5. 퇴직소득과세표준	135,100,000	

〈요구사항 3〉

1. 임대료

   2,000,000 × 5개월 = 10,000,000

2. 간주임대료

   $(500,000,000 - 300,000,000) \times 60\% \times 3.65\% \times \frac{153}{365} - 1,000,000 = 836,000$

   3주택 이상을 소유하고 있으므로 간주임대료 계산대상이다. 주택의 취득가액과 관계없이 보증금에서 3억원을 차감한다.

3. 총수입금액

   10,000,000 + 836,000 = **10,836,000**

[물음 3]

〈요구사항 1〉

이자소득 총수입금액	13,000,000
배당소득 총수입금액	22,600,000
배당가산액	800,000

1. 금융소득의 구분

구분	이자	배당	비고
1. 비영업대금이익	6,000,000		무조건 종합과세
2. 국채 할인액	2,000,000		
3. 법원보증금이자			무조건 분리과세
4. 신용부금이익	5,000,000		
5. 집합투자기구이익		5,600,000	8,000,000 × (1 − 30%)
6. 상장법인 현금배당		(G)7,000,000	
7. 외국법인 현금배당		9,000,000	무조건 종합과세
8. 인정배당		(G)1,000,000	결산확정일(수입시기)
합계	13,000,000	22,600,000	35,600,000

2. Gross-up 금액

$\text{Min}[8,000,000, \ (35,600,000 - 20,000,000)] \times 10\% = 800,000$

〈요구사항 2〉

인적 공제액	기본공제액	4,500,000
	추가공제액	2,000,000
주택담보노후연금 이자비용공제액		2,000,000

1. 인적공제액

구분	기본공제	추가공제	비고
본인	○	1,000,000	경로우대자공제, 종합소득 3,000만원 초과하므로 부녀 자공제는 적용하지 아니함
모친	○	1,000,000	경로우대자공제
동생			소득금액 합계액이 100만원을 초과함
위탁아동	○		6개월 이상 양육
합계	4,500,000	2,000,000	

2. 주택담보노후연금 이자비용공제액: $\text{Min}[3,000,000, \ 2,000,000(\text{한도})] = 2,000,000$

연금소득이 있는 거주자가 주택담보노후연금을 받은 경우에는 그 받은 연금에 대해서 해당 과세기간에 발생한 이자비용 상당액을 해당 과세기간 연금소득금액에서 공제한다. 이 경우 공제할 이자 상당액이 200만원을 초과하는 경우에는 200만원을 공제하고, 연금소득금액을 초과하는 경우 그 초과금액은 없는 것으로 한다.

〈요구사항 3〉

일반산출세액	7,600,000
비교산출세액	7,984,000

1. 종합소득과세표준

$30,000,000 - 6,000,000$

구분	금액	원천징수세율	구분	금액
이자(비영업대금)	6,000,000	25%	금융외소득	24,000,000
이자	7,000,000	14%		
배당	22,600,000	14%		
Gross-up	800,000			
금융소득금액	36,400,000		과세표준	60,400,000

2. 산출세액: $\text{Max}[①, ②] = 7,984,000$

① 일반산출세액

$(60,400,000 - 20,000,000) \times \text{기본세율} + 20,000,000 \times 14\% = 7,600,000$

② 비교산출세액

$\underline{(60,400,000 - 36,400,000)} \times \text{기본세율} + \underline{6,000,000 \times 25\%} + 29,600,000 \times 14\% = \mathbf{7,984,000}$

↳ 금융외소득: 24,000,000   ↳ 비영업대금이익

문제 2

〈요구사항 1〉

① 납세의무자

　해당 자산의 양도일까지 계속 5년 이상 국내에 주소 또는 거소를 둔 거주자

② 양도소득의 범위

　토지·건물, 부동산을 취득할 수 있는 권리, 기타자산(회원권 등)

③ 양도가액과 취득가액의 적용순서

　양도가액 또는 취득가액은 실지거래가액에 의한다. 다만, 실지거래가액을 확인할 수 없는 경우에는 양도자산이 소재하는 국가의 양도 당시 현황을 반영한 시가에 따른다.

〈요구사항 2〉

양도소득금액		437,000,000
양도소득과세표준		434,500,000

구분	금액	비고
1. 양도가액	990,000,000	900,000 × 1,100
2. 취득가액	520,000,000	400,000 × 1,300
3. 기타필요경비	33,000,000	30,000 × 1,100
4. 양도차익	437,000,000	
5. 장기보유특별공제		국외자산 양도에 대해서는 장기보유특별공제를 적용하지 않음
6. 양도소득금액	437,000,000	
7. 양도소득기본공제	2,500,000	
8. 양도소득과세표준	434,500,000	

1. 국외자산 양도차익의 외화환산

　양도차익을 계산함에 있어서는 양도가액 및 필요경비를 수령하거나 지출한 날 현재 「외국환거래법」에 의한 기준환율 또는 재정환율에 의하여 계산한다.

2. 국외자산 양도소득 기본공제

　국외자산의 양도에 대한 양도소득이 있는 거주자에 대해서는 해당 과세기간의 양도소득금액에서 연 250만원을 공제한다.

문제 3

[물음 1]

구분	과세표준	비고
㈜A	120,000,000	300,000,000 × (10% + 30%)
㈜B	0	
㈜C	45,000,000	
㈜D	3,000,000	시가
㈜E	0	복리후생적인 목적으로 제공한 재화

1. ㈜A – 하자보증금

   완성도기준지급 또는 중간지급조건부로 재화 또는 용역을 공급하고 계약에 따라 대가의 각 부분을 받을 때 일정금액을 하자보증을 위하여 공급받는 자에게 보관시키는 하자보증금은 과세표준에서 공제하지 아니한다.

2. ㈜B – 「민사집행법」에 따라 강제 경매처분

   「민사집행법」에 따른 경매(담보권 실행을 위한 경매와 「민법」·「상법」 등 그 밖의 법률에 따른 경매를 포함)에 따라 재화를 인도하거나 양도하는 것은 재화의 공급으로 보지 않는다.

3. ㈜C – 장기할부조건과 선발급세금계산서

   사업자가 장기할부로 재화 또는 용역을 공급하는 경우로서 공급시기가 되기 전에 세금계산서 또는 영수증을 발급하는 경우에는 그 발급한 때를 각각 그 재화 또는 용역의 공급시기로 본다.

4. ㈜D – 마일리지

   자기적립마일리지 등 외의 마일리지 등으로 대금의 전부 또는 일부를 결제받은 경우로서 다음 중 어느 하나에 해당하는 경우에는 공급한 재화 또는 용역의 시가를 공급가액으로 본다.

   ① 마일리지로 결제한 금액을 보전받지 아니하고 자기생산·취득재화를 공급한 경우

   ② 특수관계인으로부터 부당하게 낮은 금액을 보전받거나 아무런 금액을 받지 아니하여 조세의 부담을 부당하게 감소시킬 것으로 인정되는 경우

5. ㈜E – 개인적 공급 제외

   사업자가 실비변상적이거나 복리후생적인 목적으로 그 사용인에게 대가를 받지 아니하거나 시가보다 낮은 대가를 받고 제공하는 것으로서 다음의 경우는 재화의 공급으로 보지 않는다.

   ① 사업을 위해 착용하는 작업복, 작업모 및 작업화를 제공하는 경우

   ② 직장 연예 및 직장 문화와 관련된 재화를 제공하는 경우

   ③ 다음 중 어느 하나에 해당하는 재화를 제공하는 경우. 각 경우별로 각각 사용인 1명당 연간 10만원을 한도로 하며, 10만원을 초과하는 경우 해당 초과액에 대해서는 재화의 공급으로 본다.

   　㉠ 경조사와 관련된 재화

   　㉡ 설날·추석, 창립기념일 및 생일 등과 관련된 재화

[물음 2]

구분		과세표준	비고
과세	세금계산서 발급분	302,000,000	300,000,000 + 2,000,000(7월, 8월)
	기타	78,000,000	13,000,000 + 22,500,000 + 42,500,000
영세율	세금계산서 발급분	80,000,000	50,000,000(내국신용장) + 30,000,000
	기타	120,000,000	200,000,000 - 80,000,000

1. 제품매출
   ① 가구제조업을 영위하고 있으므로 일반 소비자에게 재화를 공급하는 업종에 해당하지 아니한다. 따라서 일반 매출은 세금계산서를 발급하는 것이 원칙이다.
   ② 폐업일 전에 공급한 재화의 공급시기가 폐업 후에 도래하는 경우 그 공급시기는 폐업일이다.
   ③ 수출대행수수료는 영세율이 적용되지 않고 일반세율이 적용된다.
   ④ 수출업자와 직접 도급계약에 의하여 공급한 수출재화임가공용역은 영세율을 적용한다. 국내거래이므로 세금계산서를 발급하여야 한다.
   ⑤ 공급받은 자가 제품을 수출용도에 사용하였는지 여부에 관계없이 영세율을 적용한다.

2. 폐업 시 잔존재화의 과세표준

구분	과세표준	비고
제품	13,000,000	시가
기계장치	22,500,000	30,000,000 × (1 - 25% × 1)
건물	42,500,000	50,000,000 × (1 - 5% × 3)
토지	-	면세재화
합계	78,000,000	

   ① 폐업 시 잔존재화는 세금계산서 발급대상이 아니다.
   ② 상각자산의 경과된 과세기간을 계산할 때 사용한 때부터 기산한다. (기계장치)
   ③ 사업의 포괄양수도에 따라 취득한 자산은 자기생산·취득재화로 본다.
   ④ 간주시가 계산 시 취득가액은 매입세액을 공제받은 재화의 가액으로 한다.
   ⑤ 포괄적 사업양도로 취득한 감가상각자산의 경우에는 양도자가 당초 취득한 날을 기준으로 경과된 과세기간의 수를 계산한다.

[물음 3]

〈요구사항 1〉 예정신고 시

구분	금액	비고
(1) 세금계산서 수취분 매입세액	13,000,000	매입처별세금계산서합계표 기재
(2) 그 밖의 공제매입세액	-	
(3) 공제받지 못할 매입세액	5,000,000	2,000,000(면세) + 3,000,000(공통)
차가감 계: (1) + (2) - (3)	8,000,000	

1. 공통매입세액(면세사업분)

$$2.2억 \div (2.2억 + 2.2억)$$

$(3,000,000 + 3,000,000) \times 50\% = 3,000,000$

예정신고기간의 부가가치세를 신고할 때까지는 기계장치를 매각하기 전이므로 예정신고기간의 공급가액비율에 따라 안분계산한다.

2. 그 밖의 공제매입세액

과세사업전환매입세액은 확정신고할 때만 정산하며, 변제대손세액도 확정신고 시에만 매입세액에 가산한다.

〈요구사항 2〉 확정신고 시

구분	금액	비고
(1) 세금계산서 수취분 매입세액	6,000,000	매입처별세금계산서합계표 기재
(2) 그 밖의 공제매입세액	680,000	180,000 + 500,000
(3) 공제받지 못할 매입세액	3,290,000	1,000,000(면세) + 2,290,000(공통)
차가감 계: (1) + (2) − (3)	3,390,000	

1. 그 밖의 공제매입세액
(1) 과세사업전환매입세액

$$(2.2억 + 1.8억) \div 10억$$

$6,000,000 \times 10\% \times (1 - 25\% \times 1) \times 40\% = 180,000$

(2) 변제대손세액

$$5,500,000 \times \frac{10}{110} = 500,000$$

2. 공제받지 못할 매입세액: (1) + (2) = 2,290,000
(1) 공통매입세액 정산(건물)

$100,000,000 \times 10\% \times (29\% - 25\%) = 400,000$

임시비율로 안분계산한 뒤 확정비율로 정산하는 때에는 5% 미만의 차이에도 불구하고 정산하여야 한다.

(2) 공통매입세액

$$6.3억 \div (3.7억 + 6.3억)$$

① 기계장치 A: $3,000,000 \times 63\% - 3,000,000 \times 50\% = 390,000$
② 기계장치 A 외: $(3,000,000 + 2,000,000) \times 60\% - 3,000,000 \times 50\% = 1,500,000$

문제 4

〈요구사항 1〉

구분	금액	비고
납부세액	1,181,500	$50,000,000 \times 2\% + 9,075,000 \times 2\%$
공제세액	500,000	① + ② + ③
① 매입세금계산서 수취세액공제	100,000	$(10,000,000 + 10,000,000) \times 0.5\%$
② 신용카드매출전표 발행세액공제	390,000	$50,000,000 \times 60\% \times 1.3\%$
③ 전자신고세액공제	10,000	과세기간별로 1만원 공제
차가감납부할세액 (지방소비세 포함)	681,500	$1,181,500 - 500,000$

공통사용재화의 매각

$$9,900,000 \times \frac{55,000,000}{5,000,000 + 55,000,000} = 9,075,000$$

간이과세자가 과세사업과 면세사업에 공통으로 사용하던 재화를 매각하는 경우 직전 과세기간의 공급대가비율로 안분하여 과세표준으로 계산한다.

〈요구사항 2〉 재고매입세액

구분	금액	비고
원재료	94,500	$1,100,000 \times 10/110 \times (1 - 5.5\%)$
기계장치	94,500	$2,200,000 \times 10/110 \times (1 - 50\% \times 1) \times (1 - 5.5\%)$
건물	1,080,000	$22,000,000 \times 10/110 \times (1 - 10\% \times 4) \times (1 - 10\%)$
합계	1,269,000	

문제 5

[물음 1]

〈요구사항 1〉 내국법인 수입배당금액의 익금불산입

구분	익금불산입액	비고
A사	3,780,000	$4,500,000 - 720,000$
B사	0	$8,000,000 - 9,600,000 \langle 0 \rightarrow \text{'0'}$으로 봄
C사	19,200,000	$24,000,000 - 4,800,000$
D사	15,400,000	$25,000,000 - 9,600,000$

1. 익금불산입 대상금액

$$45,000,000 \times \frac{10\%}{30\%}$$

구분	수입배당금	익금불산입률	대상금액	비고
A사	15,000,000	30%	4,500,000	배당기준일로부터 3개월 이전 취득분에 한하여 수입배당금 익금불산입 규정을 적용하고, 이때 수입배당금 익금불산입 적용대상 주식에 한하여 익금불산입률을 산정함
B사	10,000,000	80%	8,000,000	
C사	30,000,000	80%	24,000,000	
D사	25,000,000	100%	25,000,000	

2. 차입금이자 차감액

(1) 지급이자

$$70,000,000 - 10,000,000 = 60,000,000$$

(2) 차입금이자 차감액

구분	지급이자 차감액	비고
A사	720,000	60,000,000 × (2억원 ÷ 50억원) × 30%
B사	9,600,000	60,000,000 × (10억원 ÷ 50억원) × 80%
C사	4,800,000	60,000,000 × (5억원 ÷ 50억원) × 80%
D사	9,600,000	60,000,000 × (8억원 ÷ 50억원) × 100%

〈요구사항 2〉 외국자회사 수입배당금액의 익금불산입

구분	익금불산입액	비고
E사	0	배당기준일 현재 6개월 미만 보유
F사	9,500,000	10,000,000 × 95%
G사	42,750,000	45,000,000 × 95%

[물음 2]

〈요구사항 1〉

당기순이익	40,000,000	
익금산입 및 손금불산입	37,000,000	
1) 법인세비용	6,000,000	
2) 새마을금고	21,000,000	비지정기부금
3) 미지급기부금	10,000,000	손금귀속시기는 어음결제일
손금산입 및 익금불산입	65,500,000	
1) 환급금 이자	500,000	
2) 토지	40,000,000	고가매입(자산감액)
3) 전기 미지급기부금	25,000,000	당기 결제 시 손금산입
차가감소득금액	11,500,000	

자산의 고가매입(의제기부금): 300,000,000 − **200,000,000 × 130%** = 40,000,000
법인이 특수관계가 없는 자에게 정당한 사유 없이 자산을 **정상가액**(시가의 130%)보다 높은 가격으로 양수하는 경우에는 매입가액과 정상가액의 차액을 기부금으로 의제하여 시부인한다.

〈요구사항 2〉

특례기부금 해당액	55,000,000	30,000,000 + 25,000,000
일반기부금 해당액	76,000,000	16,000,000 + 20,000,000 + 40,000,000
특례기부금 한도초과(미달)액	14,500,000	
일반기부금 한도초과(미달)액	73,950,000	

1. 특례기부금 해당액

   천재지변으로 생기는 이재민 구호금품 가액과 사립대학교 장학금은 특례기부금에 해당한다.

2. 일반기부금 해당액

   ① 근로복지진흥기금, 무료로 이용할 수 있는 아동복지시설에 지출한 기부금은 일반기부금에 해당한다.

   ② 특수관계 있는 일반기부금 단체에 현물로 기부한 경우 시가와 장부가액 중 큰 금액을 기부금가액으로 한다. 기부금과 처분이익이 동시에 누락된 것이므로 장부가액으로 회계처리한 것에 대해 별도로 세무조정하지는 않는다.

   ③ 의료법인으로부터 정당한 사유 없이 정상가액보다 고가로 매입함에 따라 발생한 기부금은 일반기부금에 해당한다.

3. 특례기부금 한도초과(미달)액

(1) 기준소득금액

   30,000,000 + 55,000,000(특례) + 76,000,000(일반) = 161,000,000

(2) 기준금액

   161,000,000 − Min(161,000,000 × 80%, 80,000,000) = 81,000,000

(3) 특례기부금 한도초과액

   55,000,000 − 81,000,000 × 50% = 14,500,000

4. 일반기부금 한도초과(미달)액

구분	지출액	한도액	전기 이월액 손금	한도초과액
전기	2,000,000	2,000,000	2,000,000	
당기	76,000,000	2,050,000		73,950,000
합계	78,000,000	4,050,000*	2,000,000	73,950,000

* 한도액: (81,000,000 − 40,500,000) × 10% = 4,050,000

[물음 3]

익금산입 및 손금불산입			손금산입 및 익금불산입		
과목	금액	소득처분	과목	금액	소득처분
채권자 불분명 사채이자	1,515,000	상여			
채권자 불분명 사채이자	1,485,000	기타사외유출			
건설자금이자	4,000,000	유보			
업무무관자산 관련 이자	6,400,000	기타사외유출			

1. 채권자 불분명 사채이자

채권자가 불분명한 사채이자는 법인의 소득금액 계산상 전액 손금불산입하여 대표자에 대한 상여로 소득처분 하되, 동 이자에 대한 원천징수세액 상당액은 기타사외유출로 소득처분한다.

2. 건설자금이자

「법인세법」상 건설자금이자는 그 명목여하에 불구하고 사업용 유형자산 및 무형자산의 매입·제작·건설에 소요되는 차입금(자산의 건설 등에 소요 여부가 불분명한 차입금 제외)에 대한 지급이자 또는 이와 유사한 성질의 지출금을 말한다. 따라서 재고자산에 대한 차입금의 이자는 당기 손금처리한다.

3. 업무무관자산 관련 지급이자

(1) 업무무관가지급금

금액	대여금 적수	가지급금 해당 여부
50,000,000원	92억원	중소기업 직원 주택자금 대여금은 가지급금으로 보지 않음
30,000,000원	31.2억원	귀속불분명으로 인한 소득세 대납액은 가지급금으로 보지 않음
100,000,000원	73억원	가지급금에 해당함

(2) 업무무관부동산

업무무관자산(업무무관부동산 및 업무무관동산)의 가액은 취득가액으로 한다. 이때 특수관계인으로부터의 고가매입 등으로 부당행위부인 규정이 적용되는 경우 시가초과액은 취득가액에 포함한다.

(3) 업무무관자산 관련 지급이자

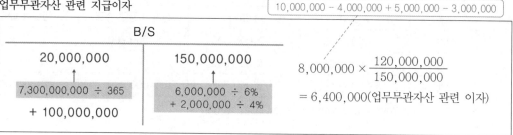

$$10,000,000 - 4,000,000 + 5,000,000 - 3,000,000$$

B/S

20,000,000   150,000,000

7,300,000,000 ÷ 365   6,000,000 ÷ 6%

+ 100,000,000   + 2,000,000 ÷ 4%

$$8,000,000 \times \frac{120,000,000}{150,000,000}$$

$$= 6,400,000(\text{업무무관자산 관련 이자})$$

기업구매자금대출이자는 지급이자 손금불산입 대상 지급이자에 포함하지 아니한다.

[물음 4]

익금산입 및 손금불산입			손금산입 및 익금불산입		
과목	금액	소득처분	과목	금액	소득처분
복구충당부채	6,139,133	유보	구축물	6,139,133	유보
감가상각비	613,913	유보			
복구충당부채	306,957	유보			

복구충당부채

「법인세법」상 미확정된 미래의 추정 복구비용은 당해 자산의 취득가액으로 인정하지 아니하며, 당해 복구충당부채 상당액에 대한 감가상각비 또한 손금으로 인정하지 아니한다.

1. 취득 시

(차) 구축물	56,139,133	(대) 현금	50,000,000
		복구충당부채	6,139,133

[손금산입]	구축물	6,139,133	△유보
[익금산입]	복구충당부채	6,139,133	유보

2. 감가상각 시

(차) 감가상각비	5,613,913	(대) 감가상각누계액	5,613,913
이자비용	306,957	복구충당부채	306,957

[손금불산입]	감가상각비	613,913	유보
[손금불산입]	복구충당부채	306,957	유보

[1단계] 자산감액분 상각비

$$6,139,133 \times \frac{5,613,913}{56,139,133} = 613,913$$

[2단계] 구축물 시부인 계산

구분	금액	비고
① 회사상각비	5,000,000	5,613,913 - 613,913
② 상각범위액	5,000,000	50,000,000 × 0.1
③ 상각부인액	—	

3. 복구 공사 시 → 예시

(차) 복구충당부채	3,000,000	(대) 현금	3,500,000
복구공사손실	500,000		

[손금산입]	복구충당부채		3,000,000	△유보

[물음 5]

〈요구사항 1, 2, 3, 4〉

구분	익금산입 및 손금불산입			손금산입 및 익금불산입		
	과목	금액	소득처분	과목	금액	소득처분
자료 1	토지	360,000,000	유보	건물	360,000,000	유보
자료 2	금융자산	1,000	유보	기타포괄손익	20,000,000	기타
자료 3	외화재고자산	1,500,000	유보	외화선급금	120,000	유보
	외화차입금(전기)	6,000,000	유보			
자료 4	미지급이자	9,000,000	유보	사채	30,000,000	유보
				미수이자	7,000,000	유보

1. 토지와 건물의 일괄 취득

   법인이 토지와 그 토지에 정착된 건물 및 그 밖의 구축물 등을 함께 취득하여 토지의 가액과 건물 등의 가액의 구분이 불분명한 경우 시가에 비례하여 안분계산한다.

   ① 토지: 600,000,000 × (300,000,000 ÷ 500,000,000) = 360,000,000
   ② 건물: 600,000,000 × (200,000,000 ÷ 500,000,000) = 240,000,000

2. 금융자산

   ① 주식 발행법인이 파산한 경우 파산한 사업연도에 사업연도 종료일 현재 시가(주식 등의 발행법인별로 보유 주식총액을 시가로 평가한 가액이 1,000원 이하인 경우에는 1,000원으로 한다)로 평가한 가액으로 감액할 수 있다. 단, 결산에 반영한 경우에 한한다.
   ② 자산을 감액하면서 결산에 손비처리하지 아니하고 기타포괄손실(자본의 감소)로 처리한 경우에는 감액처리한 것으로 의제하고 손금산입한다.

3. 외화자산·부채의 평가

(1) 당기 말 평가

과목	외화금액	평가 후 장부가액	세무상 가액 (결산일 환율)	세무조정
외화외상매출금	$30,000	39,000,000	39,000,000	–
외화선급금 (제품 관련)	$12,000	15,600,000	비화폐성 자산·부채는 평가하지 아니함	[익금불산입] 120,000
외화재고자산	$50,000	65,000,000		[손금불산입] 1,500,000
외화차입금	$15,000	19,500,000	19,500,000	–

(2) 전기 말 평가

화폐성 외화자산·부채의 전기 말 유보잔액은 자동추인항목이다.

4. 수입이자 및 지급이자

(1) 수입이자

이자수익의 익금귀속시기는 이자를 실제로 수령한 날이다. 또한 채권할인액의 수입시기도 만기 또는 중도매각일이다. 따라서 미수이자 또는 채권의 상각액은 모두 익금불산입한다.

(2) 지급이자

결산을 확정할 때 이미 경과한 기간에 대응하는 이자 및 할인액을 해당 사업연도의 손비로 계상한 경우에는 그 계상한 사업연도의 손금으로 한다. 다만, 차입일부터 이자지급일이 1년을 초과하는 특수관계인과의 거래에 따른 이자 및 할인액은 결산에 미지급이자를 계상하더라도 손금에 산입하지 아니한다.

문제 6

[물음 1]

〈요구사항 1, 2, 3〉

구분	익금산입 및 손금불산입			손금산입 및 익금불산입		
	과목	금액	소득처분	과목	금액	소득처분
자료 1	이익잉여금	3,500,000	기타	감가상각누계액	3,500,000	유보
				감가상각비(의제)	217,500	유보
자료 2	부당행위계산부인	20,000,000	기타사외유출	기계장치 B	20,000,000	유보
	기계장치 B	1,000,000	유보			
	기계장치 B (감가상각비)	1,250,000	유보			
자료 3	공장건물	23,937,500	유보			

1. 기계장치 A

(1) 회계변경

(차) 감가상각누계액	3,500,000	(대) 이익잉여금	3,500,000
↳ 자산의 임의평가증과 동일		↳ 익금산입하고 기타 처분함	

회계변경에 따른 회계처리는 상각범위액에는 영향이 없다.

(2) 기계장치 A 감가상각 시부인

	제3기		제4기	
(1) 회사계상액		6,000,000		4,000,000
① 손익계산서	6,000,000		4,000,000	
② 즉시상각의제				
(2) 상각범위액		6,260,000		4,217,500
① 취득가액	40,000,000		40,000,000	
② 감가상각누계액			(6,000,000)	
③ 유보잔액			△260,000	
소계	40,000,000		33,740,000	
상각률	× 0.313 × 6/12		× 0.125	
(3) 상각부인액(시인부족액)		△260,000		△217,500

감가상각의제(손금산입)

정액법으로 변경하는 경우에도 세무상 미상각잔액에 상각률(기준내용연수 또는 신고내용연수)을 곱한 금액을 상각범위액으로 한다.

2. 기계장치 B

(1) 고가매입

특수관계인으로부터 자산을 고가매입하였으므로 시가 초과분은 손금산입하고 그 차액은 사외유출된 것으로 본다.

[손금산입]	기계장치	20,000,000	△유보
[익금산입]	부당행위계산부인	20,000,000	기타사외유출

(2) 자산감액분 상각비

$$6,000,000 \times \frac{20,000,000}{120,000,000} = 1,000,000(손금불산입)$$

(3) 기계장치 B 상각 시부인

$$6,000,000 - 1,000,000$$

(1) 회사계상액		15,000,000
① 손익계산서	5,000,000	
② 즉시상각의제	10,000,000	
(2) 상각범위액		13,750,000
① 취득가액	120,000,000	
② (누적)즉시상각의제	10,000,000	
③ 감가상각누계액		
④ 유보잔액	(20,000,000)	
소계	110,000,000	
상각률	× 0.25 × 6/12	
(3) 상각부인액(시인부족액)		1,250,000

기준내용연수(해당 내국법인에게 적용되는 기준내용연수를 말함, 여기서는 ㈜한국의 기준내용연수)의 50% 이상이 경과된 중고자산을 다른 법인으로부터 취득(합병·분할에 의하여 자산을 승계한 경우를 포함)한 경우에는 그 자산의 기준내용연수의 50%에 상당하는 연수와 기준내용연수의 범위에서 선택하여 납세지 관할세무서장에게 신고한 수정내용연수를 내용연수로 할 수 있다. 이 경우 수정내용연수를 계산할 때 1년 미만은 없는 것으로 한다. 법인세 부담 최소화 가정에 따라 기계장치는 수정내용연수(기준내용연수의 50%)를 적용하였다.

3. 공장건물

(1) 제3기 건설자금이자

27,500,000(2023년 2월 1일부터 2023년 12월 31일까지 발생이자 전액)

각 사업연도 말에 건설이 진행 중인 유형·무형자산에 대해 과소계상된 건설자금이자는 일단 손금불산입한다. 이후 해당 유형·무형자산의 건설이 완료되어 사용하는 날이 속하는 사업연도부터 동 손금불산입된 건설자금이자를 상각부인액으로 보아 해당 사업연도의 시인부족액의 범위 내에서 손금추인한다. 또한 과소계상된 건설자금이자는 자산의 취득원가에 해당한다.

(2) 제4기 건설자금이자

15,000,000(2024년 1월 1일부터 2024년 6월 30일까지 발생이자)

당해연도에 건설 등이 완료된 경우 법인이 손비로 계상한 건설자금이자는 손금불산입으로 하는 것이 아니라 동액만큼 감가상각한 것으로 의제한다.

(3) 감가상각 시부인

구분	금액	비고
1. 회사계상액	75,000,000	60,000,000 + 15,000,000
2. 상각범위액	51,062,500	$(2,000,000,000 + 27,500,000 + 15,000,000) \times 0.05 \times \dfrac{6}{12}$
3. 상각부인액	23,937,500	

[물음 2]

〈요구사항 1〉

A법인	[익금산입] 5,000,000(기타사외유출)
B법인	세무조정 없음
C법인	[익금산입] 5,500,000(유보)
D법인	[익금산입] 500,000(기타사외유출)

1. 현저한 이익

   $(6,000 - 4,000) \geq 6,000 \times 30\%$

   └→ 감자 전 주가

2. 감자 후 주가

$$\frac{감자\ 전\ 기업가치 - 유상감자\ 대가}{감자\ 후\ 주식\ 수} = \frac{6,000 \times 100,000주 - 4,000 \times 20,000주}{100,000주 - 20,000주} = 6,500$$

3. 분여이익의 계산(C법인)

   $(6,500원 - 6,000원) \times 20,000주 = 10,000,000$

   주식 수의 변동이 없는 법인의 이익 또는 손해를 계산한다.

4. 분여이익의 안분

이익을 분여한 주주		이익을 분여받은 주주
주주	분여비율	C법인
A법인	$\dfrac{10,000}{20,000} = 50\%$	5,000,000
B법인	$\dfrac{9,000}{20,000} = 45\%$	4,500,000
D법인	$\dfrac{1,000}{20,000} = 5\%$	500,000
합계	100%	10,000,000

〈요구사항 2〉

$$\frac{20,000주 \times 7,600 + 4,000주 \times 10,000}{24,000주}$$

구분	금액	비고
1. 감자대가	36,000,000	9,000주 × 4,000
2. 취득가액	24,000,000	① 6,000주 × 0 ② 3,000주 × 8,000
3. 의제배당	12,000,000	36,000,000 − 24,000,000

주식의 소각일로부터 과거 2년 이내에 의제배당으로 과세되지 않은 무상주를 취득한 경우에는 그 주식 등이 먼저 소각된 것으로 보며, 그 주식 등의 취득가액은 0으로 한다.

문제 7

[물음 1]

〈요구사항 1〉

구분	금액	비고
총상속재산가액	2,400,000,000	1,800,000,000 + 100,000,000 + 500,000,000
과세가액 공제액	415,000,000	400,000,000 + 10,000,000 + 5,000,000
합산되는 증여재산가액	200,000,000	증여 당시 시가
상속세 과세가액	2,185,000,000	2,400,000,000 − 415,000,000 + 200,000,000

1. 총상속재산가액
   ① 주택: 1,800,000,000(평가기준일 현재의 시가)
   ② 금전신탁: 100,000,000(의제상속신탁)
   ③ 상장주식: 10,000 × 50,000 = 500,000,000(상속개시일 이전·이후 각 2개월간 평균가액)

2. 과세가액 공제액
   ① 채무: 400,000,000
   차입금 자금의 용도가 객관적으로 명백하지 않더라도 상속개시일 현재 채무는 존재하므로 공제되는 금액으로 본다. 다만, 그 용도가 명백하지 아니한 경우로서 1년 이내 2억원 이상, 2년 이내 5억원 이상인 경우에는 추정상속재산으로 본다. 사안은 추정상속재산에 해당하지 않는다.
   ② 공과금 미납액: 10,000,000(상속인의 귀책사유로 인한 것은 제외함)
   ③ 장례비용: 5,000,000(최소금액)

3. 합산되는 증여재산가액
   상속개시일로부터 소급하여 10년 이내 상속인에게 증여한 재산은 합산한다. 이때 가산하는 증여재산가액은 증여 당시의 시가로 한다.

〈요구사항 2〉 배우자상속공제

주어진 자료에 따르면 갑의 상속인 중에 배우자가 있다. 상속세 과세표준 신고 이전에 협의분할을 통해 배우자가 전체 상속재산 중 법정상속 지분만큼 상속받게 되면 배우자상속공제를 통해 상속세 부담을 줄일 수 있다.

[물음 2]

1. 증여추정과 증여의제의 차이
   증여추정은 과세요건을 충족하면 과세관청은 증여로 추정하는 것을 말한다. 이는 입증책임을 과세관청에서 납세자에게로 전환한 것이다. 따라서 납세자가 증여 자체가 없음을 입증하면 과세하지 아니한다. 증여의제는 과세요건을 충족하면 증여로 의제한다. 따라서 납세자가 과세요건 자체를 충족하지 못하였다는 점을 입증하여야만 과세하지 아니한다.

2. 재산취득자금의 증여추정
   재산 취득자의 직업, 연령, 소득 및 재산 상태 등으로 볼 때 재산을 자력으로 취득하였다고 인정하기 어려운 경우로서 그 재산을 취득한 때에 그 재산의 취득자금을 그 재산 취득자가 증여받은 것으로 추정하여 이를 그 재산 취득자의 증여재산가액으로 한다.

3. 명의신탁재산의 증여의제

권리의 이전이나 그 행사에 등기 등이 필요한 재산(토지와 건물은 제외)의 실제소유자와 명의자가 다른 경우에는 실질과세원칙에도 불구하고 그 명의자로 등기 등을 한 날에 그 재산의 가액을 실제소유자가 명의자에게 증여한 것으로 본다. 다만, 조세회피목적이 없는 경우에는 그러하지 아니한다.

제60회 세무사 회계학 2부 / 문제

〈문제공통적용〉〈자료〉에서 다른 언급이 없는 한 조세부담 최소화를 가정하며, 금액계산의 경우 원 단위 미만에서 반올림한다. 각 문제의 물음에 대해 계산근거를 표시하여 답하시오.

문제 1

다음 자료를 바탕으로 물음에 답하시오. 각 자료는 상호 독립적이며, 같은 자료에 세무조정이 2개 이상 있는 경우 상계하지 말고 모두 표시하시오. (단, 전기까지의 세무조정은 적정하게 처리되었으며 주어진 자료 이외의 사항은 고려하지 않는다) (30점)

〈자료 1〉
다음은 제조업을 영위하는 중소기업이 아닌 내국영리법인 ㈜대한과 관련된 자료이며, ㈜대한의 제24기(2024. 1. 1. ~ 2024. 12. 31.) 중간예납기간의 중간예납세액을 계산하기 위한 자료는 다음과 같다. 아래의 자료를 기초로 물음에 답하시오.

1. ㈜대한의 제23기(2023. 1. 1. ~ 2023. 12. 31.) 토지 등 양도소득에 대한 법인세 관련 자료는 다음과 같다.
   (1) ㈜대한은 제23기에 등기되어 있는 비사업용 토지를 양도하였다.
   (2) 양도가액은 ₩1,000,000,000(실지거래가액)이며, 매입가액은 ₩550,000,000(실지거래가액)이고, 매입부대비용은 ₩30,000,000이다.
   (3) ㈜대한은 2020년 1월 1일에 토지를 취득하였다.

2. ㈜대한의 제23기(2023. 1. 1. ~ 2023. 12. 31.)에 대한 법인세 신고 및 납부내역은 다음과 같다.
   (1) 과세표준: ₩450,000,000
   (2) 산출세액: ₩65,500,000(토지 등 양도소득에 대한 법인세가 제외되어 있다)
   (3) 원천징수세액: ₩6,000,000
   (4) 수시부과세액: ₩8,000,000
   (5) 중간예납세액: ₩18,000,000
   (6) 공제·감면세액: ₩7,000,000
   (7) 가산세: ₩5,000,000

3. ㈜대한의 제24기 중간예납기간(2024. 1. 1. ~ 2024. 6. 30.)에 대한 자료는 다음과 같다.
   (1) 손익계산서상 당기순이익: ₩500,000,000
   (2) 익금산입 및 손금불산입: ₩120,000,000
   (3) 손금산입 및 익금불산입: ₩150,000,000
   (4) 원천징수세액: ₩5,000,000
   (5) 수시부과세액: ₩2,000,000

(6) 연구·인력개발비에 대한 세액공제: ₩30,000,000

(7) 고용창출투자세액공제: ₩10,000,000

4. 법인세율

과세표준	세율
2억원 이하	과세표준 × 9%
2억원 초과 200억원 이하	1,800만원 + (과세표준 − 2억원) × 19%

5. ㈜대한에 적용되는 최저한세율은 10%이다.

[물음 1] ㈜대한의 제23기 토지 등 양도소득과 토지 등 양도소득에 대한 법인세의 산출세액을 다음 양식에 따라 ①~②의 금액을 제시하시오. (2점)

구분	금액
토지 등 양도소득	①
토지 등 양도소득에 대한 법인세 산출세액	②

[물음 2] ㈜대한의 직전 사업연도 산출세액에 의한 중간예납세액을 계산하려고 한다. 다음의 양식에 따라 ①~④의 금액을 제시하시오. (4점)

구분	금액
직전 사업연도 산출세액	①
공제·감면세액	②
기납부세액	③
중간예납세액	④

[물음 3] ㈜대한의 중간예납기간의 실적기준(가결산)에 의한 중간예납세액을 계산하려고 한다. 다음의 양식에 따라 ①~③의 금액을 제시하시오. (6점)

구분	금액
감면후세액	①
최저한세	②
중간예납세액	③

〈자료 2〉

다음은 제조업을 영위하는 비상장 내국영리법인 ㈜한국이 제23기(2023. 1. 1. ~ 2023. 12. 31.)와 제24기(2024. 1. 1. ~ 2024. 12. 31.)에 보유하고 있는 기계장치에 대한 내역이다. 아래의 자료를 기초로 물음에 답하시오.

1. ㈜한국은 2023년 1월 1일에 취득원가 ₩50,000,000의 기계장치 A를 취득하였다. 기계장치 A의 잔존가액은 없으며, 신고내용연수는 5년이다.

2. ㈜한국은 기계장치 A를 취득하여 사용하던 중에 물리적 손상 등에 따라 시장가치가 급격히 하락하여 제23기 말에 기계장치 A의 회수가능가액이 ₩18,000,000으로 하락된 것으로 파악되었다. 회수가능가액과 장부가액과의 차이는 중요하다고 판단된다.

3. 제24기 말 기계장치 A의 회수가능가액은 ₩21,000,000으로 확인되었다.

4. ㈜한국은 2024년 7월 1일에 기계장치 A에 대한 부품교체비용 ₩10,000,000을 수선비로 처리하였다. 기계장치 A에 대한 부품교체비용은 3년 미만의 기간마다 주기적 수선을 위해 지출한 것은 아니다.

5. ㈜한국이 기계장치 A에 대한 상각방법을 정액법으로 신고하고, 제23기와 제24기 사업연도 말에 한국채택국제회계기준에 따라 다음과 같이 회계처리하였다.

(1) 제23기 사업연도 말

| (차) 감가상각비 | 10,000,000 | (대) 감가상각누계액 | 10,000,000 |
| 유형자산손상차손 | 22,000,000 | 손상차손누계액 | 22,000,000 |

(2) 제24기 사업연도 말

| (차) 감가상각비 | 4,500,000 | (대) 감가상각누계액 | 4,500,000 |
| 손상차손누계액 | 7,500,000 | 손상차손환입액 | 7,500,000 |

6. 내용연수에 따른 상각률은 다음과 같다.

구분	4년	5년
정액법	0.250	0.200
정률법	0.528	0.451

[물음 4] ㈜한국의 제23기와 제24기 사업연도의 세무조정과 소득처분을 다음의 양식에 따라 제시하시오. (6점)

사업연도	익금산입 및 손금불산입			손금산입 및 익금불산입		
	과목	금액	소득처분	과목	금액	소득처분
제23기						
제24기						

〈자료 3〉

다음은 제조업을 영위하는 비상장 내국영리법인 ㈜민국의 제23기(2023. 1. 1. ~ 2023. 12. 31.)와 제24기(2024. 1. 1. ~ 2024. 12. 31.) 감가상각 관련 자료이다. 아래의 자료를 기초로 물음에 답하시오.

1. 2023년 1월 1일에 기계장치 B를 ₩50,000,000에 취득하였다.

2. 2023년 7월 1일에 기계장치 B에 대한 부품교체비용 ₩6,000,000을 수선비로 회계처리하였다. 기계장치 B에 대한 부품교체비용은 3년 미만의 기간마다 주기적 수선을 위해 지출한 것은 아니다.

3. 제23기에 기계장치 B의 내용연수를 신고하지 않으며 기준내용연수는 5년이다.

4. 제23기에 기계장치 B의 감가상각방법은 정률법으로 신고하였고, 제23기에 정률법에 따른 기계장치 B에 대한 감가상각비를 다음과 같이 회계처리하였다.

   (차) 감가상각비　　　　　22,550,000　　(대) 감가상각누계액　　　　　22,550,000

5. 제24기에 정률법에서 정액법으로 기계장치 B의 상각방법을 변경하고 소급법을 적용하여 다음과 같이 회계처리하였다. 제24기에 기계장치 B의 감가상각방법 변경의 신청 및 승인은 모두 「법인세법」에 따라 이루어졌다.

   (차) 감가상각누계액　　　　12,550,000　　(대) 회계변경누적효과　　　　12,550,000
   　　　　　　　　　　　　　　　　　　　　　 (이익잉여금)

   (차) 감가상각비　　　　　10,000,000　　(대) 감가상각누계액　　　　　10,000,000

6. 내용연수에 따른 상각률은 다음과 같다.

구분	4년	5년
정액법	0.250	0.200
정률법	0.528	0.451

[물음 5] ㈜민국의 제23기와 제24기 사업연도의 세무조정과 소득처분을 다음의 양식에 따라 제시하시오. (8점)

사업연도	익금산입 및 손금불산입			손금산입 및 익금불산입		
	과목	금액	소득처분	과목	금액	소득처분
제23기						
제24기						

〈자료 4〉

다음은 중소기업인 내국영리법인 ㈜국세의 제24기(2024. 1. 1. ~ 2024. 12. 31.) 지급이자와 관련된 내용이다. 다음의 자료를 기초로 물음에 답하시오.

1. ㈜국세의 차입금 내역은 다음과 같다.

구분	지급이자	차입금적수
채권자불분명사채*	₩5,000,000	₩8,250,000,000
금융기관 차입금	70,000,000	191,625,000,000
합계	₩75,000,000	₩199,875,000,000

   * 채권자불분명 사채이자에 대하여 소득세 및 지방소득세 ₩2,475,000을 원천징수하여 납부하였다.

2. 제23기 말에 업무와 무관한 토지(취득당시 시가: ₩100,000,000)를 대주주로부터 현금 ₩120,000,000을 지급하고 매입하였으며, 취득당시 매입가액으로 장부에 계상하였다. ㈜국세는 제24기 말 현재 해당 토지를 보유하고 있다.

3. 제23기에 귀속자가 불분명하여 대표자에 대한 상여로 처분한 금액에 대한 소득세 및 지방소득세 ₩5,000,000을 당기에 회사가 대납하고 해당 금액을 대여금으로 계상하였다. 대여금에 대한 적수는 ₩7,530,000,000이다.

4. 2024년 7월 1일에 지배주주가 아닌 직원에게 상환기간 3년의 조건으로 주택구입자금 ₩100,000,000을 무상으로 대여하였다.

5. 1년은 365일로 가정한다.

[물음 6] ㈜국세의 제24기(2024. 1. 1. ~ 2024. 12. 31.) 세무조정과 소득처분을 다음의 양식에 따라 제시하시오. (4점)

익금산입 및 손금불산입			손금산입 및 익금불산입		
과목	금액	소득처분	과목	금액	소득처분

문제 2

다음 자료를 바탕으로 물음에 답하시오. 각 자료는 상호 독립적이며, 주어진 자료 이외의 사항은 고려하지 않는다. (20점)

〈자료 1〉

다음은 제조업을 영위하는 내국영리법인 ㈜한국(중소기업 및 사회적기업이 아니며, 회생계획을 이행 중인 기업 등의 범위에 포함되지 않음)의 제24기(2024. 1. 1. ~ 2024. 12. 31.) 법인세 신고 관련 자료이다.

1. 법인세비용차감전순이익: ₩85,000,000
2. 손익계산서상 기부금 내역
   (1) 사립대학교에 연구비로 지출한 기부금: ₩6,000,000(회사는 3년 동안 총 ₩6,000,000을 지급하기로 약정한 후 당기분으로 ₩2,000,000을 지급하고, 나머지 금액은 미지급기부금으로 회계처리한 것임)
   (2) 천재지변으로 생긴 이재민을 위한 구호금품: ₩9,500,000(이는 장부가액 ₩8,000,000, 시가 ₩9,500,000인 제품을 기부하고 시가로 계상한 것임)
   (3) 「평생교육법」에 따른 전공대학 형태의 평생교육시설의 고유목적사업비로 지출한 기부금: ₩7,000,000
   (4) 대학교 총장이 추천하는 개인에게 지급한 장학금: ₩3,000,000
   (5) 대표이사 동창회 기부금: ₩1,500,000
3. 제23기 자본금과 적립금조정명세서(을)의 기말잔액은 다음과 같다.
   (1) 기계장치 A 감가상각부인액: ₩300,000
   (2) 미수수익: △₩600,000(1년 만기 정기예금 B의 이자를 기간경과 비율에 따라 이자수익으로 인식한 것임)
   (3) 미지급기부금: ₩700,000(「사회복지사업법」에 따른 사회복지법인의 고유목적사업비로 지출한 기부금으로서 어음 C로 지급한 것임)
4. 제24기 세무조정 관련 사항은 다음과 같다.
   (1) 기계장치 A(재무상태표상 장부가액: ₩4,200,000)를 ₩5,000,000에 처분하고, 처분이익 ₩800,000을 손익계산서에 계상하였다.
   (2) 당기 중 정당한 사유 없이 서울시에 토지(장부가액: ₩15,000,000, 시가: ₩30,000,000)를 ₩20,000,000에 매각하고, 처분이익으로 ₩5,000,000을 계상하였다.
   (3) ㈜민국의 주식을 보유하고 있으며, ㈜민국이 이익잉여금을 자본전입함에 따라 무상주(₩1,800,000)를 수령하고 장부상 회계처리하지 않았다(수입배당금 익금불산입 대상은 아님).
   (4) 유형자산을 재평가하여 발생한 재평가이익 ₩6,000,000을 수익으로 회계처리하였다(「보험업법」이나 그 밖의 법률에 따른 평가는 아님).
   (5) 재산세 환급금 이자 ₩500,000을 수익으로 회계처리하였다.

(6) 정기예금 B의 만기가 도래하여 ₩1,200,000의 이자를 수령하였다.

(7) 전기에 어음 C로 지급한 기부금이 당기에 결제되었다.

5. 제23기 일반기부금 한도초과액은 ₩1,700,000이다.

6. 이월결손금 내역은 다음과 같다.

(1) 제13기(2013. 1. 1. ~ 2013. 12. 31.) 발생분: ₩20,000,000

(2) 제19기(2019. 1. 1. ~ 2019. 12. 31.) 발생분: ₩30,000,000

[물음 1] 〈자료 1〉을 이용하여 다음 물음에 답하시오. (12점)

(1) 제24기 기말 유보 잔액과 법인세 과세표준 및 세액조정계산서에 기재할 차가감소
득금액을 계산하여 다음의 양식에 따라 ① ~ ②의 금액을 제시하시오.

기말 유보 잔액	①
차가감소득금액	②

(2) 「법인세법」에 따른 특례기부금과 일반기부금 해당 금액을 계산하여 다음의 양식
에 따라 ③ ~ ④의 금액을 제시하시오.

특례기부금 해당 금액	③
일반기부금 해당 금액	④

(3) 일반기부금 한도액과 법인세 과세표준 및 세액조정계산서에 기재할 기부금한도초
과액을 계산하여 다음의 양식에 따라 ⑤ ~ ⑥의 금액을 제시하시오.

일반기부금 한도액	⑤
기부금한도초과액	⑥

<자료 2>

다음은 제조업을 영위하는 내국영리법인 ㈜대한(중소기업임)의 제24기(2024. 1. 1. ~ 2024. 12. 31.) 법인세 신고 관련 자료이다.

1. 제23기 자본금과 적립금조정명세서(을)의 기말잔액과 발생내역 및 이와 관련된 당기 처리 자료는 다음과 같다.

과목 또는 사항	기말잔액
㈜A 외상매출금 대손부인액	₩12,000,000
㈜B 외상매출금 소멸시효 완성에 따른 신고조정액	△3,000,000
받을어음 대손부인액	8,000,000
대손충당금 한도초과액	1,200,000

   (1) 대손부인된 ㈜A 외상매출금 중 ₩2,600,000은 당기 중 회수하여 대손충당금의 증가로 회계처리하였으며, ₩900,000은 2024년 4월 8일 「민사조정법」에 따른 조정으로 회수불능채권으로 확정되었다.

   (2) 받을어음 대손부인액은 2023년 7월 26일 부도가 발생한 어음에 대한 세무조정이며, 2024년 6월 15일에 회수하여 손익계산서상 수익으로 계상하였다.

2. 제24기 재무상태표상 대손충당금 계정의 내역은 다음과 같다.
   (1) 기초잔액: ₩9,000,000
   (2) 당기 상계액: ₩5,000,000
   (3) 상각채권 회수: ₩2,600,000
   (4) 당기 설정액: ₩2,500,000

3. 대손충당금의 당기 상계액은 다음과 같다. (단, 채무자의 재산에 대해 저당권을 설정하고 있지 않음)
   (1) 거래처의 파산으로 회수할 수 없는 채권 ₩950,000
   (2) ㈜B 외상매출금 ₩1,000,000: 제23기에 「상법」상 소멸시효 완성에 따라 신고조정으로 손금산입한 ₩3,000,000의 일부이다.
   (3) 「채무자 회생 및 파산에 관한 법률」에 따른 회생계획인가의 결정에 따라 회수불능으로 확정된 채권 ₩1,350,000
   (4) 「민사집행법」에 따라 채무자의 재산에 대한 경매가 취소된 압류채권 ₩1,200,000
   (5) ㈜C 외상매출금 ₩500,000: 회사 채권관리규정에 따라 회수가 불가능하다고 판단한 것으로 「법인세법」상 대손요건을 충족하지는 못하였다.

4. 제24기 재무상태표상 기말 채권 잔액은 다음과 같다.

과목	금액	비고
외상매출금	₩185,000,000	2024년 7월 2일로 「상법」상 소멸시효가 완성된 ㈜D 외상매출금 ₩1,000,000이 포함되어 있음
받을어음	68,000,000	2024년 3월 5일 부도가 발생한 어음상의 채권이나 제24기에 대손처리하지 않음(소멸시효는 완성되지 않음)
미수금	87,000,000	기계장치를 할부로 매각한 대금임
대여금	55,000,000	「법인세법」상 특수관계인에 대한 금전소비대차계약에 따른 대여금으로서, 대여시점에는 특수관계인이 아니었으나 당기 말 현재 특수관계인에 해당됨
합계	₩395,000,000	

5. 전기 말 재무상태표상 채권 잔액은 ₩373,000,000이다.
6. 전기 이전의 모든 세무조정은 적정하게 이루어졌고, 조세부담 최소화를 가정한다.

[물음 2] 〈자료 2〉를 이용하여 다음 물음에 답하시오. (8점)

(1) 당기 대손실적률 계산과 관련하여 ①~②에 해당하는 금액을 제시하시오. (단, 대손실적률 계산 시 백분율 기준 소수점 둘째 자리에서 반올림한다)

당기 대손금	①
당기 대손실적률	②

(2) 당기 대손충당금 한도초과액 계산과 관련하여 ③~④에 해당하는 금액을 제시하시오.

당기 말 대손충당금 설정대상 채권잔액	③
당기 대손충당금 한도초과액	④

다음 자료를 바탕으로 물음에 답하시오. 각 자료는 상호 독립적이며, 주어진 자료 이외의 사항은 고려하지 않는다. (30점)

〈자료 1〉
다음은 소프트웨어 개발업을 영위하는 ㈜A에서 차장으로 근무하고 있는 거주자 갑(남성 48세)의 2024년도 소득에 관한 자료이다. 다음 자료를 바탕으로 각 물음에 답하시오. (단, 제시된 금액은 원천징수 전의 금액으로 별도의 언급이 없는 한 원천징수는 적법하게 이루어졌고, 연말정산 및 종합소득 과세표준확정신고를 위한 관련 증명서류도 모두 제출하였다)

[금융소득 자료]
1. 지방자치단체가 발행한 채권의 할인액: ₩10,000,000
2. 외국법인으로부터 받은 배당금(국내에서 원천징수되지 않음): ₩8,000,000
3. 공모부동산집합투자기구 집합투자증권의 배당소득(「조세특례제한법」상 요건을 모두 갖춤): ₩2,000,000
4. 개인종합자산관리계좌의 이자소득(「조세특례제한법」상 요건을 모두 갖춤): ₩1,000,000
5. 법인과세 신탁재산(「법인세법」에 따라 내국법인으로 보는 신탁재산)으로부터 받은 배당금: ₩5,000,000
6. 「상법」에 따른 파생결합사채로부터의 이익: ₩3,000,000
7. 국내 비상장법인으로부터 받은 배당금: ₩12,000,000

[근로소득 및 기타소득 자료]
1. 갑은 ㈜A로부터 월 ₩5,000,000의 급여를 12회 수령하였고, 분기마다 ₩2,000,000씩 4회에 걸쳐 상여금을 수령하였다.
2. ㈜A는 종업원을 보험계약자 및 수익자로 하는 단체환급부보장성보험을 보험사와 계약하고 보험료를 지급하고 있다. ㈜A가 갑을 위하여 지급하는 보험료는 월 ₩125,000으로 보험사에 12회 지급하였다.
3. ㈜A는 종업원에게 식사 기타 음식물을 제공하지 않는 대신에 매월 식대를 지급하고 있다. 갑은 ㈜A로부터 월 ₩200,000의 식대를 12회 수령하였다.
4. ㈜A는 임직원의 자녀보육을 지원하기 위해 자녀보육수당을 매월 지급하고 있다. 갑은 자녀 중 8세 자녀가 있으며 ㈜A로부터 월 ₩100,000의 자녀보육수당을 12회 수령하였다.
5. 갑은 연구원으로 근무하다 2023년에 퇴사한 ㈜B로부터 직무발명보상금 ₩15,000,000을 퇴사 후 수령하였다. 갑은 ㈜B의 지배주주와 특수관계인에 해당하지 아니한다.
6. 갑은 감상용으로 보유하고 있던 회화 1점을 미술관에 ₩80,000,000에 양도하였다. 본 회화의 원작자는 2021년에 사망하였다. 갑은 본 회화를 양도하기 전 20년간 보유하고 있었고, 양도에 따른 필요경비는 확인되지 않는다.

---

7. 갑은 고등학생을 대상으로 한 특강료 ₩2,000,000을 수령하였다. 갑이 본 특강을 위해 사용된 필요경비는 확인되지 않는다.

8. 근로소득공제액 계산을 위한 자료는 다음과 같다.

총급여액	근로소득공제액
500만원 이하	총급여액 × 70%
500만원 초과 1,500만원 이하	350만원 + (총급여액 − 500만원) × 40%
1,500만원 초과 4,500만원 이하	750만원 + (총급여액 − 1,500만원) × 15%
4,500만원 초과 1억원 이하	1,200만원 + (총급여액 − 4,500만원) × 5%
1억원 초과	1,475만원 + (총급여액 − 1억원) × 2%

[종합소득공제 및 세액공제 자료]

1. 본인(갑)과 생계를 같이하는 가족의 나이 및 소득내역 등은 다음과 같다.

구분	나이	소득내역	비고
배우자	45세	총급여액 ₩5,000,000	
모친	78세	−	
아들	18세	−	고등학생
딸	8세	−	초등학생, 장애인

2. 본인(갑) 및 생계를 같이하는 가족의 교육비 지출내역은 다음과 같다.

구분	지출내역	금액
본인	대학원 박사과정 수업료	₩10,000,000
배우자	대학원 석사과정 수업료	8,000,000
아들	교복 구입비	1,000,000
	학교에서 구입한 교과서 대금	200,000
	사설 수학학원 수강료	3,000,000
	학교에서 교육과정으로 실시한 현장체험학습비	800,000
딸	교복 구입비	500,000
	장애인 특수교육비*	5,000,000

* 장애인의 재활교육을 위한 사회복지시설에 지급하는 교육비이며, 국가 또는 지방자치단체로부터 지원받는 금액은 없음

3. 갑의 연금저축계좌 납입액은 ₩53,000,000이고 퇴직연금계좌 납입액은 ₩5,000,000이다. 연금저축계좌 납입액 중 ₩50,000,000은 개인종합자산관리계좌(「조세특례제한법」상 요건을 모두 갖춤)의 계약만료된 계좌잔액 전부를 계약만료일 다음 날 연금계좌로 납입된 금액이다.

[물음 1] 갑의 종합소득금액에 합산될 이자소득금액, 배당소득금액, 분리과세되는 금융소득 총수입금액, 금융소득에 대한 소득세 원천징수세액을 다음의 양식에 따라 제시하시오. (8점)

항목	금액
종합소득금액에 합산될 이자소득금액	①
종합소득금액에 합산될 배당소득금액	②
분리과세되는 금융소득 총수입금액	③
금융소득에 대한 소득세 원천징수세액	④

[물음 2] 갑의 총급여액, 근로소득금액, 종합소득금액에 합산될 기타소득금액, 기타소득에 대한 소득세 원천징수세액을 다음의 양식에 따라 제시하시오. (8점)

항목	금액
총급여액	①
근로소득금액	②
종합소득금액에 합산될 기타소득금액	③
기타소득에 대한 소득세 원천징수세액	④

[물음 3] 갑의 종합소득금액에서 차감되는 기본공제액, 추가공제액을 다음의 양식에 따라 제시하시오. (4점)

항목	금액
기본공제액	①
추가공제액	②

[물음 4] 갑의 종합소득산출세액에서 공제되는 자녀세액공제액, 교육비 세액공제액, 연금계좌 세액공제액을 다음의 양식에 따라 제시하시오. (6점)

항목	금액
자녀세액공제액	①
교육비 세액공제액	②
연금계좌 세액공제액	③

〈자료 2〉

다음은 거주자 을의 2024년도 상가건물의 증여에 관한 자료이다. 다음 자료를 바탕으로 물음에 답하시오.

1. 거주자 을은 2016년 3월 5일 ₩500,000,000에 상가건물을 취득하고 등기한 후, 2019년 2월 10일 본 상가건물을 은행에 근저당권 설정을 통해 담보로 제공하고 ₩300,000,000을 차입하였다. 이후 을은 2024년 5월 10일 거주자인 자녀 병에게 은행 차입금 전부를 인수하는 조건으로 본 상가건물을 증여(「상속세 및 증여세법」상 시가: ₩1,000,000,000)하였다.

2. 을의 본 상가건물에 대한 자본적 지출액 및 양도비용 등 기타필요경비는 ₩50,000,000으로 실제 지출사실이 금융거래 증명서류에 의해 확인된다. 병의 본 상가건물에 대한 은행차입금 인수사실도 객관적으로 입증된다.

3. 양도소득세 장기보유특별공제율은 다음과 같다.

보유기간	공제율	보유기간	공제율
3년 이상 4년 미만	6%	10년 이상 11년 미만	20%
4년 이상 5년 미만	8%	11년 이상 12년 미만	22%
5년 이상 6년 미만	10%	12년 이상 13년 미만	24%
6년 이상 7년 미만	12%	13년 이상 14년 미만	26%
7년 이상 8년 미만	14%	14년 이상 15년 미만	28%
8년 이상 9년 미만	16%	15년 이상	30%
9년 이상 10년 미만	18%		

4. 소득세 기본세율은 다음과 같다.

종합소득과세표준	세율
1,400만원 이하	과세표준의 6%
1,400만원 초과 5,000만원 이하	84만원 + (과세표준 − 1,400만원) × 15%
5,000만원 초과 8,800만원 이하	624만원 + (과세표준 − 5,000만원) × 24%
8,800만원 초과 1억 5천만원 이하	1,536만원 + (과세표준 − 8,800만원) × 35%
1억 5천만원 초과 3억원 이하	3,706만원 + (과세표준 − 1억 5천만원) × 38%
3억원 초과 5억원 이하	9,406만원 + (과세표준 − 3억원) × 40%
5억원 초과 10억원 이하	1억 7,406만원 + (과세표준 − 5억원) × 42%
10억원 초과	3억 8,406만원 + (과세표준 − 10억원) × 45%

[물음 5] 을의 상가건물에 대한 양도차익과 양도소득산출세액을 다음의 양식에 따라 제시하시오. (4점)

항목	금액
양도차익	①
양도소득산출세액	②

문제 4

다음 자료를 바탕으로 각 물음에 답하시오. 각 자료는 상호 독립적이며, 주어진 자료 이외의 사항은 고려하지 않는다. 단, 1년은 365일로 가정한다. (20점)

〈자료 1〉

다음은 의류제조업과 부동산임대업을 영위하는 일반과세자인 ㈜대한의 2024년 제1기 부가가치세 과세기간 최종 3개월(2024. 4. 1. ~ 2024. 6. 30.)의 거래 자료이다. (단, 제시된 자료는 별도의 언급이 없는 한 부가가치세가 포함되지 아니한 금액이며, 적법하게 세금계산서를 발급하였다고 가정한다)

1. 의류의 판매 내역은 다음과 같다.
   (1) 국내 판매액은 ₩1,010,000,000이다. 국내 판매액 중 ₩105,000,000은 소비자에게 직접 판매하면서 신용카드매출전표를 발행한 금액으로서 매출에누리 ₩5,000,000이 차감되기 전의 금액이며, 나머지 국내 판매액 ₩905,000,000은 도매사업자 ㈜ABC에게 판매한 금액으로서 외상매출금 회수지연에 따라 받은 연체이자 ₩5,000,000이 포함되어 있는 금액이다.
   (2) 수출액은 ₩500,000,000이다. 수출액 중에서 ₩100,000,000은 외국환은행의 장이 개설한 내국신용장에 의해 공급한 것으로써 ₩30,000,000은 2024년 6월 30일에, 나머지 ₩70,000,000은 2024년 7월 20일에 내국신용장이 개설되었다. 영세율 관련 기타 부속서류는 모두 제출되었다.
2. 제조한 의류의 공급과 관련된 기타 내역은 다음과 같다.
   (1) 직매장에 광고 및 전시의 목적으로 반출한 의류의 시가는 ₩1,000,000(원가 ₩500,000)이다.
   (2) 고객에게 추첨을 통하여 경품으로 제공한 의류의 시가는 ₩2,000,000(원가 ₩1,000,000)이다.
   (3) 「재난 및 안전관리기본법」의 적용을 받아 특별재난지역에 무상으로 공급한 의류의 시가는 ₩800,000(원가 ₩600,000)이다.
3. 「국토의 계획 및 이용에 관한 법률」에 따른 도시지역 내에 소재한 주택과 상가를 겸용하는 단층건물을 다음과 같이 임대하고 있다.
   (1) 임대기간: 2024. 4. 1. ~ 2025. 3. 31.
   (2) 임대료: 월임대료 ₩1,000,000, 임대보증금 ₩73,000,000
   (3) 임대면적: 주택 40m², 상가 60m², 부수토지 400m²

---

(4) 2024년 6월 30일 기준 장부가액 및 기준시가는 다음과 같다.

구분	장부가액	기준시가
건물	₩10,000,000	₩20,000,000
토지	20,000,000	30,000,000
합계	₩30,000,000	₩50,000,000

(5) 2024년 제1기 과세기간 종료일 현재 계약기간 1년의 정기예금이자율은 연 3.5%로 가정한다.

4. 2024년 제1기 예정신고 누락분의 확정신고 시 내역은 다음과 같다.

(1) 2024년 2월 1일 한국국제협력단에 국제협력사업을 위해 외국으로 무상으로 반출하는 의류를 ₩50,000,000에 공급하였으나 예정신고에 포함하지 아니하였다.

(2) 2024년 3월 31일 ㈜A에 의류를 ₩10,000,000에 외상으로 판매하였으나 예정신고에 포함하지 아니하였다.

5. 대손채권 관련 내역은 다음과 같다.

(1) 2020년 1월 10일 ㈜B에 판매한 의류에 대한 매출채권 ₩4,400,000(부가가치세 포함) 중 2024년 4월 10일에 ㈜B의 파산으로 확정된 대손액 ₩2,200,000(부가가치세 포함)에 대해 대손세액공제신고서와 대손사실을 증명하는 서류를 제출하였다.

(2) 2023년 제2기 확정신고 시 대손세액공제를 받았던 ㈜C의 부도어음 ₩9,900,000(부가가치세 포함) 중 ₩7,700,000(부가가치세 포함)을 2024년 5월 8일에 회수하였다.

[물음 1] ㈜대한의 2024년 제1기 부가가치세 확정신고 시 신고할 내용을 다음의 양식에 따라 ①~⑦의 금액을 제시하시오. (8점)

구분		과세표준	세율	세액
과세	세금계산서 발급분	①		
	신용카드 · 현금영수증 발행분	②		
	기타(정규영수증 외 매출분)	③		
영세율	세금계산서 발급분	④		
	기타	⑤		
예정신고 누락분				⑥
대손세액 가감				⑦

〈자료 2〉

다음은 전자제품제조업을 영위하는 일반과세자인 ㈜민국의 2024년 제1기 부가가치세 과세기간 최종 3개월(2024. 4. 1. ~ 2024. 6. 30.)의 거래 자료이다. (단, 제시된 자료는 별도의 언급이 없는 한 부가가치세가 포함되지 아니한 금액이다)

1. 원재료 매입 시 세금계산서를 수취한 내역은 다음과 같다.
   (1) 2024년 6월 30일 원재료를 ₩50,000,000에 매입하여 공급받았으며, 원재료 매입액 중 ₩30,000,000에 대한 세금계산서는 2024년 7월 10일에 발급받았고 나머지 ₩20,000,000에 대한 세금계산서는 2024년 7월 30일에 발급받았다.

2. 2024년 제1기 예정신고 누락분을 확정신고 시에 신고한 내역은 다음과 같다.
   (1) 2024년 2월 22일 부품을 ₩20,000,000에 매입하며 세금계산서를 발급받았으나 예정신고 시 매입처별세금계산서합계표에서 누락하였다.
   (2) 2024년 3월 25일 3월분 사무실 임차료 ₩2,000,000을 지급하면서 발급받은 세금계산서를 예정신고 시 매입처별세금계산서합계표에 ₩1,000,000으로 기재하여 매입세액 공제를 받았다.

3. 운반용으로 사용하는 트럭에 대한 유류비와 출장용으로 사용하는 개별소비세 과세대상 승용자동차(배기량 1,998cc, 정원 5인)에 대한 유류비의 지급내역은 다음과 같았다.

구분	트럭 유류비	승용자동차 유류비
신용카드매출전표	₩5,000,000	₩2,000,000

   (1) 트럭 및 승용자동차의 유류비에 대한 신용카드매출전표는 일반과세자로부터 발급받은 것으로 부가가치세액이 별도로 구분표시되어 있으며, 위 금액 전부에 대하여 신용카드매출전표등수령명세서를 제출하였다.

4. 2024년 5월 8일 사무용비품을 매입하며 ₩1,000,000을 지급하고 세금계산서를 발급받았으나, 매입한 사무용비품은 2024년 7월 25일에 인도받았다.

5. 2024년 5월 20일 토지만 사용하기 위하여 건축물이 있는 토지를 ₩150,000,000(토지 ₩100,000,000, 건축물 ₩50,000,000)에 매입하여 건축물은 철거하고 철거비로 ₩5,000,000을 지급하였다. 건축물의 취득 및 철거비에 대해서 세금계산서를 발급받았다.

[물음 2] ㈜민국의 2024년 제1기 부가가치세 확정신고 시 신고할 내용을 다음의 양식에 따라 ① ~ ⑤의 금액을 제시하시오. (단, 세금계산서 수취분 매입세액과 그 밖의 공제매입세액, 공제받지 못할 매입세액은 총액으로 표시하시오) (7점)

구분		금액	세율	세액
세금계산서 수취분	일반 매입			①
	고정자산 매입			②
예정신고 누락분				③
그 밖의 공제매입세액				④
공제받지 못할 매입세액				⑤

〈자료 3〉

2022년 7월 1일 제조업(과자점업)을 시작하여 일반과세자로 사업을 해왔던 개인사업자 김한국은 2024년 7월 1일부터 간이과세자로 전환되었다. 개인사업자 김한국의 2023년도 공급대가는 ₩60,000,000이며 2024년 과세기간(2024. 7. 1. ~ 2024. 12. 31.)의 거래는 다음과 같다.

1. 2024년 7월 1일부터 2024년 12월 31일까지 공급대가는 다음과 같다.

구분	공급대가	비고
전자세금계산서 발급	₩33,000,000	발급건수 300건
신용카드매출전표 발급	16,500,000	
영수증 발급	5,500,000	
합계	₩55,000,000	

(1) 김한국은 세금계산서 발급의무가 있는 간이과세자로서 세금계산서 발행거래에 대해 전자 세금계산서를 발급하고 그 발급명세를 전자세금계산서 발급일의 다음 날까지 국세청장에 게 전송하였다.

2. 2024년 7월 1일부터 2024년 12월 31일까지 공급받은 재화의 매입액(부가가치세 미포함)과 매입세액은 다음과 같다.

구분	매입액	매입세액	비고
원재료(밀가루)	₩5,500,000	–	계산서를 발급받음
부재료(설탕)	4,000,000	400,000	영수증만을 발급해야 하는 간이과세자 로 부터 매입하고 현금영수증을 발급받음
부재료(생크림)	1,000,000	100,000	일반과세자로부터 매입하고 세금계산서 를 발급받지 않음
합계	₩10,500,000	₩500,000	

3. 일반과세자에서 간이과세자로 변경된 2024년 7월 1일 현재 보유하고 있는 자산은 다음과 같다.

구분	취득시기	취득가액	시가
원재료(밀가루)	2024. 3. 2.	₩5,000,000	₩7,000,000
제품(과자)	2024. 5. 31.	2,000,000	3,000,000
기계장치	2023. 1. 7.	40,000,000	20,000,000

4. 제조업(과자점업)의 업종별 부가가치율은 20%이며, 부가가치세 신고는 전자적 방법으로 하지 아니한다.

[물음 3] 간이과세자 김한국의 2024년 과세기간(2024. 7. 1. ~ 2024. 12. 31.)의 부가가치세 신고 시 다음의 양식에 따라 ①~④의 금액을 제시하시오. (5점)

구분	금액
납부세액	①
재고납부세액	②
공제세액	③
가산세액	④

제60회 세무사 회계학 2부 / 해답

문제 1

[물음 1]

구분	금액	비고
토지 등 양도소득	① 420,000,000	1,000,000,000 − (550,000,000 + 30,000,000)
토지 등 양도소득에 대한 법인세 산출세액	② 42,000,000	420,000,000 × 10%

1. 토지 등 양도소득에 대한 법인세 과세대상
   ① 주택 및 별장
   ② 비사업용 토지
   ③ 조합원입주권 및 분양권

2. 토지 등 양도소득에 대한 산출세액

> (양도가액 − 장부가액) × 세율(비사업용 토지는 10%)

[물음 2]

구분	금액	비고
직전 사업연도 산출세액	① 70,500,000	65,500,000 + 5,000,000
공제·감면세액	② 7,000,000	
기납부세액	③ 14,000,000	6,000,000 + 8,000,000
중간예납세액	④ 24,750,000	$(70,500,000 − 7,000,000 − 14,000,000) \times \dfrac{6}{12}$

1. 직전 사업연도의 법인세로 확정된 산출세액
   가산세를 포함하고 토지 등 양도소득에 대한 법인세 및 투자·상생협력 촉진을 위한 과세특례를 적용하여 계산한 법인세액은 제외한다.

2. 공제·감면세액
   해당 사업연도의 직전 사업연도에 감면된 법인세액을 말한다. 다만, 소득에서 공제되는 금액은 제외한다.

3. 기납부세액
   직전 사업연도에 법인세로서 납부한 원천징수세액 및 수시부과세액은 포함하나 중간예납세액은 포함하지 않는다.

[물음 3]

구분	금액
감면후세액	① 39,300,000
최저한세	② 47,000,000
중간예납세액	③ 40,000,000

1. 중간예납기간의 실적기준(가결산)에 의한 중간예납세액

구분	감면 후 세액	최저한세 계산	재계산
1. 당기순이익	500,000,000	500,000,000	
2. 익금산입·손금불산입	120,000,000	120,000,000	
3. 손금산입·익금불산입	150,000,000	150,000,000	
4. 각사업연도소득금액(과세표준)	470,000,000	470,000,000	470,000,000
× 세율	9%, 19%	10%	9%, 19%
5. 산출세액	79,300,000	47,000,000	79,300,000
6. 세액공제(ㄱ)	(−)40,000,000		(−)32,300,000
7. 감면 후 세액	39,300,000		47,000,000
8. 기납부세액			(−)7,000,000
9. 중간예납세액			40,000,000

2. 중간예납산출세액(가결산 시)

$$(470,000,000 \times \frac{12}{6}) \times 세율 \times \frac{6}{12} = 79,300,000$$

[물음 4]

사업연도	익금산입 및 손금불산입			손금산입 및 익금불산입		
	과목	금액	소득처분	과목	금액	소득처분
제23기	감가상각부인액	22,000,000	유보			
제24기	감가상각부인액	2,500,000	유보	상각부인액 (손상차손환입)	7,500,000	유보

1. 감가상각비 시부인(기계장치)

> 10,000,000 + 22,000,000(손상차손)

	제23기(전기)		제24기(당기)	
(1) 회사계상액		32,000,000		14,500,000
① 손익계산서	32,000,000		4,500,000	
② 즉시상각의제			10,000,000	
(2) 상각범위액		10,000,000		12,000,000
① 취득가액	50,000,000		50,000,000	
② (누적)즉시상각의제			10,000,000	
소계	50,000,000		60,000,000	
상각률	× 0.2		× 0.2	
(3) 상각부인액(시인부족액)		22,000,000		2,500,000

(1) 자본적 지출

법인이 소유하는 감가상각자산의 내용연수를 연장시키거나 해당 자산의 가치를 현실적으로 증가시키기 위하여 지출한 수선비를 즉시상각의제대상이 되는 자본적 지출로 본다. 부품교체비용이 자본적 지출에 해당하는지는 명확하지 않으나, 3년 미만의 기간마다 주기적 수선을 위해 지출한 것이 아니라는 단서를 감안하여 자본적 지출로 판단하여 풀이한다.

(2) 손상차손 계상

감가상각자산이 진부화, 물리적 손상 등에 따라 시장가치가 급격히 하락하여 법인이 기업회계기준에 따라 손상차손을 계상한 경우에는 해당 금액을 감가상각비로서 손비로 계상한 것으로 보아 일정한 상각범위액 내에서 손금에 산입한다. 다만, 유형자산으로서 천재지변 또는 화재 등의 사유로 파손되거나 멸실된 것은 그 장부가액을 감액하여 손금에 산입한 경우 즉시상각의제대상에서 제외한다.

2. 손상차손의 환입

「법인세법」상 「보험업법」이나 그 밖의 법률에 따른 유형자산의 평가증만 인정하므로 손상차손의 환입은 자산의 임의평가증으로 간주한다. 따라서 이미 손금부인된 유보금액이 있는 경우 그 금액을 한도로 하여 손금산입한다. 한편, 정률법으로 상각한다고 가정하더라도 감가상각비 시부인 계산과 관련하여 기초 미상각잔액(유보)에 영향을 미치지는 않는다.

[물음 5]

사업연도	익금산입 및 손금불산입			손금산입 및 익금불산입		
	과목	금액	소득처분	과목	금액	소득처분
제23기	감가상각부인액	3,294,000	유보			
제24기	이익잉여금	12,550,000	기타	감가상각누계액	12,550,000	유보
	감가상각부인액	3,851,200	유보			

1. 자산의 임의평가증

　전기이월이익잉여금 증가액을 익금산입(기타)하고, 동 금액을 손금산입(△유보)으로 소득처분하여야 한다.

2. 감가상각 시부인 계산

	제23기(정률법)		제24기(정액법)	
(1) 회사계상액		28,550,000		10,000,000
① 손익계산서	22,550,000		10,000,000	
② 즉시상각의제	6,000,000			
(2) 상각범위액		25,256,000		6,148,800
① 취득가액	50,000,000		50,000,000	
② 즉시상각의제	6,000,000			
③ 감가상각누계액			(22,550,000)	
④ 유보잔액			3,294,000	
소계	56,000,000		30,744,000	
상각률	× 0.451		× 0.2	
(3) 상각부인액(시인부족액)		3,294,000		3,851,200

① 감가상각방법을 변경한 경우에는 정액법을 적용하더라도 세무상 기초 미상각잔액을 기준으로 감가상각범위액을 계산한다.

② 기중에 자산의 임의평가증이 있더라도, 상각방법 변경 시에는 세무상 기초 미상각잔액을 기준으로 감가상각범위액을 계산한다.

3. 감가상각방법 변경 시 상각범위액

구분	상각범위액
정액법으로 변경	(감가상각누계액을 공제한 장부가액 + 전기이월상각한도초과액) × 신고내용연수(무신고 시 기준내용연수)의 정액법에 의한 상각률
정률법으로 변경	(감가상각누계액을 공제한 장부가액 + 전기이월상각한도초과액) × 신고내용연수(무신고 시 기준내용연수)의 정률법에 의한 상각률

정액법으로 변경하는 경우의 상각범위액 계산 산식 중 '전기이월상각한도초과액'이라 함은 전기까지 감가상각한도초과액으로 손금에 산입되지 아니한 금액의 누계액인 전기이월상각부인누계액을 의미한다.

[물음 6]

익금산입 및 손금불산입			손금산입 및 익금불산입		
과목	금액	소득처분	과목	금액	소득처분
채권자 불분명 사채이자	2,475,000	기타사외유출			
채권자 불분명 사채이자	2,525,000	상여			
업무무관자산 관련 이자	16,000,000	기타사외유출			

1. 채권자 불분명 사채이자

   채권자가 불분명한 사채이자는 법인의 소득금액 계산상 전액 손금불산입하여 대표자에 대한 상여로 소득처분하되, 동 이자에 대한 원천징수세액 상당액은 기타사외유출로 소득처분한다.

2. 업무무관자산 관련 지급이자

(1) 업무무관부동산

   업무무관자산(업무무관부동산 및 업무무관동산)의 가액은 취득가액으로 한다. 이때 특수관계인으로부터의 고가매입 등으로 부당행위부인 규정이 적용되는 경우 시가초과액은 취득가액에 포함한다.

(2) 업무무관가지급금

   귀속이 불분명하여 대표자상여로 처분한 금액에 대한 소득세를 법인이 대납한 금액 및 중소기업에 근무하는 직원(지배주주 등인 직원은 제외함)에 대한 주택구입 또는 전세자금의 대여액은 업무무관가지급금으로 보지 않는다.

(3) 업무무관자산 관련 지급이자

B/S	
120,000,000	525,000,000
	191,625,000,000 ÷ 365

$$70,000,000 \times \frac{120,000,000}{525,000,000}$$
$$= 16,000,000(\text{업무무관자산 관련 이자})$$

[물음 1]

(1)

기말 유보 잔액	① △200,000
차가감소득금액	② 85,400,000

1. 자본금과 적립금명세서(을)

구분	기초	감소	증가	기말
기계장치 A 상각부인액	300,000	300,000		
미수수익	△600,000	△600,000		
미지급기부금	700,000	700,000	4,000,000	4,000,000
무상주			1,800,000	1,800,000
유형자산			△6,000,000	△6,000,000
합계	400,000	400,000	△200,000	△200,000

2. 차가감소득금액

구분	금액	비고
(1) 법인세비용차감전순이익	85,000,000	
(2) 미지급기부금	4,000,000	기부금은 실제로 지출한 때 손금으로 인정함
(3) 비지정기부금	1,500,000	대표이사 동창회 기부금
(4) 전기 상각부인액	(−)300,000	자산 처분에 따라 유보잔액을 손금 추인함
(5) 의제배당(무상주)	1,800,000	이익잉여금을 자본전입함에 따라 수령한 무상주는 과세대상임
(6) 재평가이익	(−)6,000,000	자산의 임의평가에 해당하므로 이를 익금불산입하고 △유보처분함
(7) 환급금 이자	(−)500,000	지방세환급금 환급금 이자(가산금)는 익금불산입하고 기타처분함
(8) 전기 미수수익	(+)600,000	당기 익금귀속시기 도래한 전기 미수이자를 익금산입하고 유보 추인함
(9) 전기 미지급기부금	(−)700,000	당기 어음결제된 전기 미지급기부금을 손금산입하고 당기 일반기부금 해당액에 포함함
차가감소득금액	85,400,000	

(2)

특례기부금 해당 금액	③ 11,000,000
일반기부금 해당 금액	④ 10,700,000

기부금의 분류

$$30,000,000 \times 70\% - 20,000,000$$

(1) 특례기부금: 2,000,000(사립대학 연구비) + 8,000,000(이재민 구호금품) + 1,000,000 = 11,000,000
(2) 일반기부금: 7,000,000(평생교육시설 고유목적사업비) + 3,000,000(장학금) + 700,000(전기분 당기 결제)
= 10,700,000

특례기부금 단체에 현물로 기부한 것은 장부가액으로 기부한 것으로 본다. 회사가 시가로 계상하였더라도 기부금 계상액과 처분이익이 동시에 과대계상되어 당기순이익에는 영향이 없으므로 별도로 세무조정하지는 않고 기부금 시부인 계산 시 장부가액으로만 평가한다.

(3)

일반기부금 한도액	⑤ 6,610,000
기부금한도초과액	⑥ 5,790,000

1. 기준소득금액

85,400,000 + 11,000,000(특례) + 10,700,000(일반) = 107,100,000

2. 기준금액

107,100,000 − Min(30,000,000, 107,100,000 × 80%) = 77,100,000

3. 기부금 한도초과액

(1) 특례기부금

구분	금액	한도액	전기 이월액 손금	한도초과액
당기 지출액	11,000,000	38,550,000		
합계	11,000,000	38,550,000*		

* 한도액: 77,100,000 × 50% = 38,550,000

(2) 일반기부금

구분	금액	한도액	전기 이월액 손금	한도초과액
전기 이월액	1,700,000	1,700,000	1,700,000	
당기 지출액	10,700,000	4,910,000		5,790,000
합계	12,400,000	6,610,000*	1,700,000	5,790,000

* 한도액: (77,100,000 − 11,000,000) × 10% = 6,610,000

[물음 2]

(1)

당기 대손금	① 5,400,000
당기 대손실적률	② 1.4%

(2)

당기 말 대손충당금 설정대상 채권잔액	③ 401,000,000
당기 대손충당금 한도초과액	④ 3,486,000

1. 당기 대손금

구분	대손 인정	비고
기초	900,000	㈜A 외상매출금 당기 대손요건 충족
당기 상계	950,000	거래처 파산(대손요건 충족함)
	1,350,000	회생계획인가의 결정받은 채권(대손요건 충족함)
	1,200,000	경매가 취소된 압류채권(대손요건 충족함)
기말	1,000,000	당기 소멸시효 완성(신고조정)
합계	5,400,000	

2. 대손금 유보

2,600,000(채권 회수) + 900,000(대손)

구분	기초	감소	증가	기말
㈜A 외상매출금	12,000,000	3,500,000		8,500,000
㈜B 신고조정	△3,000,000	△1,000,000		△2,000,000
받을어음	8,000,000	8,000,000		
㈜C 외상매출금			500,000	500,000
㈜D 외상매출금			△1,000,000	△1,000,000
합계	17,000,000	10,500,000	△500,000	6,000,000

① 「민사조정법」에 따른 조정으로 회수불능으로 확정된 채권은 결산조정사항이다. 결산조정항목을 당기 이전에 비용처리하고 당기 중 대손요건을 갖춘 경우에는 당기에 손금요건이 충족된 것으로 본다.

② 전기 대손요건을 충족하지 못하여 대손부인(손금불산입)된 채권(받을어음 대손부인액)을 당기 회수하는 경우 이를 익금불산입하고 △유보 처분한다.

③ 전기에 소멸시효가 완성되어 손금산입한 채권(㈜B 외상매출금)을 당기 상각(제각)하는 경우 이를 손금불산입하고 관련 유보를 추인한다.

3. 대손실적률

5,400,000 ÷ (373,000,000 + 17,000,000) = 1.4%(소수점 둘째 자리에서 반올림)
↳ 전기 말 세무상 유보

4. 대손충당금 설정 채권

   395,000,000 + 6,000,000 = 401,000,000

   업무무관가지급금은 대손충당금 설정대상 채권에 해당하지 아니한다. 이 경우 특수관계인에 대한 판단은 대여시점을 기준으로 한다. 따라서 대여시점에 특수관계인이 아닌 경우에는 대손금 손금산입 및 대손충당금 설정대상 채권에 해당한다.

5. 대손충당금 한도: 401,000,000 × Max(1.4%, 1%) = 5,614,000

6. 대손충당금 한도초과액: 9,100,000(기말) − 5,614,000 = 3,486,000
   └→ 9,000,000 − 5,000,000 + 2,600,000 + 2,500,000

문제 3

[물음 1]

항목	금액
종합소득금액에 합산될 이자소득금액	10,000,000
종합소득금액에 합산될 배당소득금액	29,200,000
분리과세되는 금융소득 총수입금액	2,000,000
금융소득에 대한 소득세 원천징수세액	4,380,000

1. 금융소득구분

구분	이자	배당	비고	원천징수세액
1. 지방채 채권 할인액	10,000,000			1,400,000
2. 국외배당		8,000,000		−
3. 공모집합투자기구(9%)			분리과세(2,000,000)	180,000
4. 개인종합자산관리			비과세	−
5. 법인과세 신탁 배당		5,000,000		700,000
6. 파생결합사채		3,000,000		420,000
7. 비상장법인배당		(G)12,000,000		1,680,000
합계	10,000,000	28,000,000	38,000,000	4,380,000

2. 배당가산액(Gross-up)

   $Min[12,000,000, (38,000,000 − 20,000,000)] × 10\% = 1,200,000$

3. 배당소득금액

   $28,000,000 + Min[12,000,000, (38,000,000 − 20,000,000)] × 10\% = 29,200,000$

[물음 2]

항목	금액
총급여액	70,000,000
근로소득금액	56,750,000
종합소득금액에 합산될 기타소득금액	8,800,000
기타소득에 대한 소득세 원천징수세액	1,760,000

1. 근로소득금액

구분	금액	비고
1. 기본급 및 상여금	68,000,000	$5,000,000 \times 12 + 2,000,000 \times 4$
2. 단체환급부보장성보험	800,000	$125,000 \times 12 - 700,000$
3. 식사대		월 20만원까지 비과세
4. 자녀보육수당	1,200,000	$100,000 \times 12$(6세 이하의 자녀만 월 20만원 비과세)
총급여(합계)	70,000,000	
근로소득공제	13,250,000	$12,000,000 + (70,000,000 - 45,000,000) \times 5\%$
근로소득금액	56,750,000	

2. 기타소득금액

구분	기타소득금액	원천징수세액	비고
5. 직무발명보상금	8,000,000	1,600,000	$15,000,000 - 7,000,000$
6. 미술관양도			서화를 미술관에 양도하는 경우 비과세함
7. 특강료	800,000	160,000	$2,000,000 \times (1 - 60\%)$
합계	8,800,000	1,760,000	

[물음 3]

항목	금액
기본공제액	7,500,000
추가공제액	3,000,000

1. 인적공제액

구분	기본공제	추가공제	비고
본인	○		
배우자	○		총급여액 500만원 이하는 공제대상자임
모친	○	1,000,000	경로우대자
아들	○		
딸	○	2,000,000	장애인공제
합계	7,500,000	3,000,000	

[물음 4]

항목	금액	비고
자녀세액공제액	350,000	
교육비 세액공제액	2,400,000	16,000,000 × 15%
연금계좌 세액공제액	1,440,000	12,000,000 × 12%

1. 자녀세액공제액

종합소득이 있는 거주자의 기본공제대상자에 해당하는 자녀(입양자 및 위탁아동 포함) 및 손자녀로서 8세 이상의 사람에 대해서는 다음 금액을 종합소득산출세액에서 공제한다.

자녀수	공제세액	비고
1명	15만원	첫째(15만원)
2명	35만원	15만원 + 20만원(둘째)
3명	35만원 + (자녀수 − 2명) × 30만원	35만원 + 30만원(셋째 이후)

당해 과세기간에 출산하거나 입양한 공제대상자녀가 없으므로 종합소득산출세액에서 추가로 공제할 금액은 없다.

2. 교육비 세액공제액(인원별 공제한도 적용)

구분	금액	비고
본인	10,000,000	본인의 교육비는 제한금액 없음
배우자	−	본인에 한하여 대학원 등록금을 포함
아들	1,000,000	교복비는 1인당 50만원 한도, 현장체험학습비는 1인당 30만원 한도
딸	5,000,000	장애인 특수교육비는 한도 없음, 초등학생의 교복구입비는 공제대상 아님
합계	16,000,000	500,000 + 200,000 + 300,000

기본공제대상자인 장애인(연령 및 소득의 제한을 받지 아니하며 직계존속도 가능)을 위하여 지출하는 특수교육비는 공제한도를 적용하지 않는다. 다만, 다음의 제한이 있다.

① 국가 또는 지방자치단체로부터 지원받는 금액은 공제대상에 포함하지 않는다.

② 장애인의 기능향상과 행동발달을 위한 발달재활서비스를 제공하는 기관으로서 지방자치단체가 지정한 발달재활서비스 제공기관은 18세 미만인 사람만 적용대상이다.

3. 연금계좌 세액공제액

총급여액 5,500만원 초과

[Min(6,000,000 + 5,000,000, 9,000,000) + Min(50,000,000 × 10%, 3,000,000)] × 12% = 1,440,000

→ Min(53,000,000, 6,000,000)

---

① 퇴직연금계좌 납입액이 없는 경우 연금계좌세액공제

Min(연금계좌납입액, 600만원) + Min(연금계좌전환금액 × 10%, 300만원)

② 퇴직연금계좌 납입액이 있는 경우 연금계좌세액공제

Min(600만원 이내 연금계좌납입액 + 퇴직연금계좌납입액, 900만원) + Min(연금계좌전환금액 × 10%, 300만원)

개인종합자산관리계좌의 잔액을 연금계좌로 납입한 경우에는 해당 전환금액을 연금계좌 납입액에 포함한다. 즉, 개인종합자산관리계좌 만기 시 연금계좌에 추가납입한 금액 50,000,000원(한도 6,000,000원)은 일반적인 연금계좌 납입액과 마찬가지로 12% 또는 15% 세액공제하며, 이때 공제받을 수 있는 세액공제 한도금액이 전환금액의 10%(한도 300만원)만큼 증가하게 된다.

[물음 5]

항목	금액	비고
1. 양도가액	300,000,000	채무 부담사실이 객관적으로 입증됨
2. 취득가액	150,000,000	500,000,000 × 30%
3. 기타 필요경비	15,000,000	50,000,000 × 30%
4. 양도차익	135,000,000	
5. 장기보유특별공제	21,600,000	135,000,000 × 16%(보유기간 8년 이상 9년 미만)
6. 양도소득금액	113,400,000	
7. 양도소득기본공제	2,500,000	을이 해당 과세기간에 양도한 다른 자산은 없는 것으로 가정
8. 양도소득과세표준	110,900,000	
9. 양도소득산출세액	23,375,000	15,360,000 + (110,900,000 - 88,000,000) × 35%

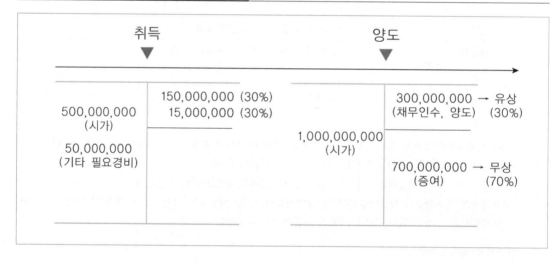

문제 4

[물음 1]

구분		과세표준(세액)	비고
과세 (과세표준)	세금계산서 발급분	901,800,000	905,000,000 − 5,000,000(연체이자) + 1,800,000
	신용카드 · 현금영수증 발급분	100,000,000	105,000,000 − 5,000,000
	기타 (정규영수증 외 매출분)	2,382,200	2,000,000(시가) + 382,200(간주임대료)
영세율 (과세표준)	세금계산서 발급분	100,000,000	30,000,000 + 70,000,000
	기타	400,000,000	500,000,000 − 100,000,000
예정신고 누락분(세액)		1,000,000	50,000,000 × 0% + 10,000,000 × 10%
대손세액 가감(세액)		500,000	△200,000 + 700,000

1. 의류판매
   ① 매출에누리와 공급에 대한 대가의 지급이 지체되었음을 이유로 받는 연체이자는 공급가액에 포함하지 아니한다.
   ② 내국신용장 또는 구매확인서에 의하여 재화를 공급하는 경우는 영세율 적용대상이나 거래상대방이 국내사업자이므로 영세율 세금계산서를 발급하여야 한다. 재화나 용역의 공급시기가 속하는 과세기간이 끝난 후 25일 이내에 개설되는 내국신용장에 대해서만 영세율을 적용한다.

2. 제조한 의류의 공급
   ① 판매목적 이외의 직매장 반출은 재화의 공급으로 보지 않는다.
   ② 고객에게 추첨을 통해 경품을 제공한 것은 사업상 증여로 본다. 다만, 세금계산서 발급의무는 면제한다.
   ③ 사업자가 사업을 위하여 증여하는 것으로서 다음의 것은 재화의 공급으로 보지 아니한다.

   > ㉠ 사업을 위하여 대가를 받지 아니하고 다른 사업자에게 인도하거나 양도하는 견본품
   > ㉡ 「재난 및 안전관리 기본법」의 적용을 받아 특별재난지역에 공급하는 물품
   > ㉢ 자기적립마일리지 등으로만 전부를 결제받고 공급하는 재화

3. 부동산임대

(1) 과세면적과 면세면적(주택임대)의 구분

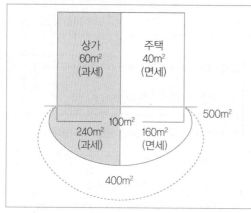

과세비율		
구분	과세	면세
건물	60%	40%
토지	$\dfrac{240}{400}$	$\dfrac{160}{400}$

부수토지면적은 전체 정착면적의 5배 이내이므로 건물의 과세·면세 비율과 동일하다.

(2) 월 임대료(세금계산서 발급)

$1,000,000 \times 3 \times 60\% = 1,800,000$

(3) 간주임대료(세금계산서 발급의무 면제)

$[73,000,000 \times 3.5\% \times \dfrac{91}{365}] \times 60\% = 382,200$

4. 예정신고 누락분

(1) 한국국제협력단에 공급한 재화

한국국제보건의료재단에 공급하는 재화(한국국제보건의료재단이 외국에 무상으로 반출하는 재화로 한정)는 영세율을 적용한다. 예정신고 시 누락되어 확정신고 시 포함하더라도 영세율을 적용한다.

(2) 의류매출 누락

예정신고 시 과세표준에 포함하여 신고하지 아니한 부분은 확정신고 시 과세표준에 포함하여 신고하여야 한다.

5. 대손세액공제

$$(-)2,200,000 \times \dfrac{10}{110} + 7,700,000 \times \dfrac{10}{110} = 500,000$$

사업자가 대손되어 회수할 수 없는 대손금액의 전부 또는 일부를 회수한 경우에는 회수한 대손금액에 관련된 대손세액을 회수한 날이 속하는 과세기간의 매출세액에 더한다.

[물음 2]

구분		세액	비고
세금계산서 수취분	일반 매입	8,500,000	3,000,000(원재료) + 5,500,000
	고정자산 매입	100,000	100,000(비품)
예정신고 누락분		2,100,000	2,000,000 + 100,000
그 밖의 공제매입세액		700,000	700,000(승용자동차 유류비 포함)
공제받지 못할 매입세액		5,700,000	200,000 + 5,500,000

1. 원재료 매입 시 세금계산서 수취내역
   ① 재화 또는 용역의 공급시기 이후에 발급받은 세금계산서로서 해당 공급시기가 속하는 과세기간에 대한 확정신고기한까지 발급받은 경우는 매입세액을 공제한다. 다만, 지연수취에 따라 공급가액의 0.5%에 해당하는 가산세가 부과된다.
   ② 재화 또는 용역의 공급시기가 속하는 과세기간에 대한 확정신고기한이 지난 후 세금계산서를 발급받았더라도 그 세금계산서의 발급일이 확정신고기한 다음 날부터 1년 이내인 경우에도 매입세액공제가 가능하다. 다만, 다음의 경우에만 매입세액공제가 가능하다.

   > ⊙ 「국세기본법 시행령」에 따른 과세표준수정신고서와 경정 청구서를 세금계산서와 함께 제출하는 경우
   > ⊙ 해당 거래사실이 확인되어 납세지 관할 세무서장, 납세지 관할 지방국세청장 또는 국세청장이 결정 또는 경정하는 경우

2. 예정신고 누락분
   ① 예정신고 시 매입처별세금계산서합계표에 제출하지 아니한 매입세액을 확정신고 시 제출하는 경우 매입세액을 공제한다. 다만, 공급가액의 0.3%에 해당하는 금액을 가산세로 부과한다.
   ② 예정신고 시 매입처별세금계산서합계표에 과소기재한 매입세액은 확정신고 시 공제한다.

3. 유류비 지급액 등
   ① 트럭 유류비에 한하여 매입세액공제가 가능하다.
   ② 물음의 단서에서 세금계산서 수취분 매입세액과 그 밖의 공제매입세액, 공제받지 못할 매입세액은 총액으로 표시하라고 하였으므로 승용자동차 유류비도 일단 그 밖의 공제매입세액에 기재하고 다시 공제받지 못할 매입세액에 기재하는 것으로 하였다.

4. 비품 매입
   공급시기 전에 그 대가를 지급하고 지급한 대가에 관한 세금계산서를 발급하면 세금계산서 발급시기를 공급시기로 본다.

5. 토지와 건축물의 일괄 취득
   건축물이 있는 토지를 취득하여 그 건축물을 철거하고 토지만 사용하는 경우에는 철거한 건축물의 취득 및 철거비용과 관련된 매입세액은 공제하지 아니한다.

[물음 3]

구분	금액	비고
납부세액	1,100,000	55,000,000 × 2%
재고납부세액	1,134,000	
공제세액	274,500	
① 전자세금계산서 발급세액공제	60,000	300건 × 200원/건
② 신용카드 발행세액공제	214,500	16,500,000 × 1.3%
가산세액	5,500	1,100,000 × 0.5%

1. 재고납부세액

구분	금액	비고
원재료(밀가루)	–	면세재화
제품(과자)	189,000	$2,000,000 \times 10\% \times (1 - 5.5\%)$
기계장치	945,000	$40,000,000 \times 10\% \times (1 - 25\% \times 3) \times (1 - 5.5\%)$
합계	1,134,000	

원재료(밀가루)에 대해서도 이론상 재고납부세액을 계산하는 것이 타당하다. 관련 법령(「부가가치세법」 제64조)에 따르면 「부가가치세법」 제38조부터 제43조까지의 규정에 따라 공제받은 경우의 재고품에 대해서 재고납부세액을 적용하고 있으며 면세농산물 등의 의제매입세액공제는 「부가가치세법」 제42조에 해당하기 때문이다. 만일, 재고납부세액으로 납부하지 않으면 간이과세자가 의제매입세액공제를 받게 되는 경우에 해당하여 부당한 결과가 초래된다. 다만, 원재료(밀가루)에 대해서 의제매입세액공제를 받았는지 여부가 불분명하여 재고납부세액에 가산하지 않기로 한다.

2. 공제세액

(1) 매입세금계산서 등 수취에 따른 세액공제

① 영수증만을 발급해야 하는 간이과세자로부터 매입하고 현금영수증을 발급받은 경우 현금영수증 또는 신용카드매출전표를 수령하더라도 세액공제(공급대가의 0.5%)를 적용하지 아니한다.

② 일반과세자로부터 매입하고 세금계산서를 수취하지 않은 경우 수취세액공제를 적용하지 않는다.

(2) 신용카드 등 사용에 따른 세액공제

신용카드 등의 사용에 따른 세액공제는 주로 사업자가 아닌 자에게 재화 또는 용역을 공급하는 사업자에게 적용된다. 이와 관련하여 과자점업이 최종소비자를 대상으로 하는 열거된 업종에 해당하는지에 대하여 음식점업(다과점업)으로 보아 공제하는 것으로 보았다. 「부가가치세법」상 과자점업을 제조업에 포함하는 것은 간이과세자 적용범위에 관한 규정일 뿐 신용카드 등 발행세액공제에 관한 업종구분이 아니기 때문이다.

(3) 의제매입세액공제

간이과세자는 의제매입세액공제를 적용하지 아니한다.

3. 가산세

간이과세자가 세금계산서를 발급하여야 하는 사업자로부터 재화 또는 용역을 공급받고 세금계산서를 발급받지 아니한 경우(간이과세자가 영수증을 발급하여야 하는 기간에 세금계산서를 발급받지 않은 경우는 제외함)에는 그 공급대가의 0.5%를 가산세로 부과한다.

cpa.Hackers.com

해커스 세무회계 기출문제집

회계사 · 세무사 · 경영지도사 단번에 합격!
해커스 경영아카데미 cpa.Hackers.com

2022년 세무회계
기출문제 & 해답

※ 답안 작성 시 유의사항

1. 답안은 문제 순서대로 작성할 것
2. 계산문제는 계산근거를 반드시 제시할 것
3. 답안은 아라비아 숫자로 원단위까지 작성할 것
   (예 2,000,000 − 1,000,000 = 1,000,000원)
4. 별도의 언급이 없는 한 관련 자료·증빙의 제출 및 신고·납부절차는 적법하게 이행된 것으로 가정할 것
5. 별도의 언급이 없는 한 합법적으로 세금부담을 최소화하는 방법으로 풀이할 것

문제 1 (25점)

거주자 갑, 을, 병의 2024년 귀속 종합소득 신고를 위한 자료이다. 제시된 금액은 원천징수하기 전의 금액이다.

[물음 1] 거주자 갑은 2024년 5월 31일까지 ㈜A의 영업사원으로 근무하다 퇴직한 후, 2024년 10월 1일에 ㈜B에 재취업하여 상무이사(비출자임원)로 근무하고 있다. 갑의 2024년 근로소득과 관련된 자료이다.

〈자료〉

1. ㈜A와 ㈜B는 모두 「조세특례제한법」상 중소기업에 해당한다.
2. ㈜A가 갑의 근무기간(2024년 1월 1일 ~ 2024년 5월 31일) 중 갑에게 지급한 내역은 다음과 같다.

구분	금액
기본급	15,000,000원
벽지수당[*1]	2,500,000원
식사대[*2]	1,250,000원
여비[*3]	1,200,000원
자가운전보조금[*4]	1,000,000원
주택임차 소요자금 저리대여이익	3,000,000원

[*1] 매월 500,000원씩 지급됨

[*2] 갑은 식사를 제공받지 않았으며 매월 250,000원씩 지급받음

[*3] 시내출장에 소요된 실제 경비로 실비를 지급받음

[*4] 회사의 지급기준에 따라 매월 200,000원씩 지급됨

3. 갑은 실직기간(2024년 6월 1일 ~ 2024년 9월 30일)에 「고용보험법」에 따라 2,000,000원의 실업급여를 받았다.

4. ㈜B가 갑의 근무기간(2024년 10월 1일 ~ 2024년 12월 31일) 중 갑에게 지급한 내역은 다음과 같다.

구분	금액
기본급	24,000,000원
이직 지원금[*1]	4,500,000원
건강보험료[*2]	1,500,000원
단체순수보장성 보험료[*3]	800,000원
사택제공이익[*4]	4,000,000원

*1 지방에 소재하는 회사에 이직함에 따라 지급됨

*2 갑이 부담하여야 할 부분으로 ㈜B가 대납함

*3 갑(계약자)의 사망·상해 또는 질병을 보험금의 지급사유로 하고 갑을 피보험자와 수익자로 하는 보험으로서 만기에 납입보험료를 환급하지 않는 보험의 보험료로 ㈜B가 부담함

*4 ㈜B가 소유하고 있는 주택을 갑에게 무상으로 제공한 이익임

5. 근로소득공제

총급여액	근로소득공제액
1,500만원 초과 4,500만원 이하	750만원 + 1,500만원을 초과하는 금액의 15%
4,500만원 초과 1억원 이하	1,200만원 + 4,500만원을 초과하는 금액의 5%

〈요구사항〉

갑의 2024년 귀속 근로소득금액을 답안 양식에 따라 제시하시오.

총급여액	
근로소득공제	
근로소득금액	

[물음 2] 거주자 을은 2023년 국내에서 제조업(중소기업)을 개시하여 영위하고 있다. 다음은 을의 2024년 사업소득 손익계산서와 추가자료이다.

〈자료〉

1. 손익계산서(2024년 1월 1일 ~ 2024년 12월 31일)

(단위: 원)

Ⅰ. 매출액		3,200,000,000
Ⅱ. 매출원가		(1,700,000,000)
Ⅲ. 매출총이익		1,500,000,000
Ⅳ. 판매비와 관리비		
1. 급여	890,000,000	
2. 광고선전비	25,000,000	
3. 기업업무추진비	50,000,000	
4. 감가상각비	10,000,000	(975,000,000)
Ⅴ. 영업이익		525,000,000
Ⅵ. 영업외수익		
1. 이자수익	14,000,000	
2. 배당금수익	5,000,000	
3. 유형자산처분이익	20,000,000	39,000,000
Ⅶ. 영업외비용		
1. 지급이자	30,000,000	(30,000,000)
Ⅷ. 당기순이익		534,000,000

2. 판매비와 관리비 추가자료
   ① 급여에는 을의 급여 90,000,000원과 사업에 직접 종사하지 않는 을의 배우자 급여 60,000,000원이 포함되어 있다.
   ② 광고선전비는 불특정 다수인에게 지급된 것이다.
   ③ 기업업무추진비는 모두 업무용으로 사용하였으며 적격증명서류를 수취한 것이다. 기업업무추진비 한도 계산 시 수입금액에 대한 적용률은 수입금액 100억원 이하는 0.3%이다.
   ④ 감가상각비는 회사 사무실로 사용하는 건물 A에 대한 것이며, 세법상 상각범위액은 7,000,000원이다.

3. 영업외수익 및 비용 추가자료
   ① 배당금수익은 국내기업으로부터 받은 것이다.
   ② 유형자산처분이익은 건물 A를 당기에 처분하여 발생한 것이며, 전기로부터 이월된 상각부인액 4,000,000원이 있다.
   ③ 지급이자 중 초과인출금에 대한 것은 없으며, 채권자불분명 차입금에 대한 이자 5,000,000원이 포함되어 있고 그 외는 업무와 관련된 것이다.

〈요구사항〉

을의 사업소득과 관련된 소득조정과 사업소득금액을 답안 양식에 따라 제시하시오.

손익계산서상 당기순이익		534,000,000원
구분	과목	금액
가산조정		
차감조정		
사업소득금액		

[물음 3] 거주자 병(여성, 40세)의 2024년 종합소득 관련 자료이다.

〈자료〉

1. 종합소득금액 내역

　① 근로소득 총급여액: 82,000,000원

　② 기타소득[*1]

구분	금액
특허권의 양도	50,000,000원
대학교 특강료 및 원고료	2,000,000원
발명경진대회 상금[*2]	10,000,000원

　*1 실제 필요경비는 확인되지 않으며 원천징수 전의 금액임

　*2 공익법인이 주무관청의 승인을 얻어 시상하는 상금임

　③ 이자소득

구분	금액
국내은행 예금이자	4,000,000원
비영업대금의 이익[*]	3,000,000원

　* 온라인투자연계금융업자를 통해 받은 이자가 아님

2. 생계를 같이하는 부양가족의 현황

구분	나이	내용
모친	64세	정기예금이자 10,000,000원 있음
배우자	49세	소득 없음. 2024년 11월에 법적으로 이혼함
딸	9세	소득 없음. 장애인

3. 병의 보험료 지출내역

구분	본인 부담분
국민연금보험료	4,500,000원
국민건강보험료	3,500,000원
생명보험료*1	1,200,000원
장애인전용상해보험료*2	1,800,000원

*1 본인을 피보험자로 하는 보장성 보험임
*2 딸을 피보험자로 함

4. 병의 신용카드 등 사용내역*

구분	금액
전통시장 사용액	3,000,000원
대중교통 이용액	1,500,000원
신용카드 사용액	40,000,000원

* 2024년 신용카드 등 사용금액은 2023년 신용카드 등 사용금액의 105%를 초과하지 않음

5. 의료비 지출내역

구분	금액
보진의 지과지료비	10,000,000원
본인의 건강진단비	1,000,000원
딸의 선천성이상아 치료비	5,000,000원

〈요구사항 1〉

종합소득에 포함될 기타소득금액 및 이자소득금액과 소득세 원천징수세액을 답안 양식에 따라 제시하시오. 단, 원천징수는 적법하게 이루어졌다.

종합소득에 포함될 기타소득금액	
종합소득에 포함될 이자소득금액	
소득세 원천징수세액	

〈요구사항 2〉

병의 소득공제액을 답안 양식에 따라 제시하시오.

인적	기본공제액	
공제액	추가공제액	
연금보험료 · 국민건강보험료 소득공제액		
신용카드 등 사용 소득공제액		

〈요구사항 3〉

병의 세액공제액을 답안 양식에 따라 제시하시오.

보험료세액공제액	
의료비세액공제액	

문제 2 (5점)

거주자 갑이 아들에게 양도한 주택 A의 양도소득 관련 자료이다.

〈자료〉

1. 주택 A의 양도거래내용은 다음과 같다.

양도일	2024. 5. 29.
취득일	2017. 4. 24.
실지양도가액	2,300,000,000원
실지취득가액	1,300,000,000원
기타의 필요경비	48,000,000원*

   * 8,000,000원은 부동산 중개수수료로 지급한 금액이며, 40,000,000원은 주택 A를 경매를 통해 매입하는 과정에서 발생한 것으로 갑이 당해 주택의 소유권을 확보하기 위해 지출한 소송비용임

2. 주택 A는 부동산투기지역에 소재하고 있는 등기된 주택이다. 갑은 주택 A에 대해 1세대 1주택 비과세요건을 충족하고 보유기간 동안 거주하였으며, 다른 주택을 보유한 사실이 없다.

3. 갑이 주택 A를 아들 을에게 양도할 당시 시가는 확인되지 않으며 매매사례가액은 2,500,000,000원이다. 주택 A는 2024년 갑의 유일한 양도자산이다.

4. 주택 A의 양도 당시 기준시가는 2,000,000,000원이며, 취득 당시 기준시가는 1,075,000,000원이다.

5. 7년 이상 8년 미만 장기보유특별공제율은 보유기간별 공제율과 거주기간별 공제율이 각각 28%이다.

6. 종합소득세율

과세표준	세율
8,800만원 초과 1억 5천만원 이하	1,536만원 + 8,800만원을 초과하는 과세표준의 35%
1억 5천만원 초과 3억원 이하	3,706만원 + 1억 5천만원을 초과하는 과세표준의 38%

〈요구사항 1〉

갑의 주택 A 양도로 인한 양도소득금액을 답안 양식에 따라 제시하시오.

양도가액	
취득가액	
기타의 필요경비	
양도차익	
장기보유특별공제	
양도소득금액	

〈요구사항 2〉

갑의 주택 A 양도에 따른 양도소득산출세액을 제시하시오. 단, 양도소득금액은 200,000,000원이라고 가정한다.

[물음 1] 과세사업을 영위하고 있는 ㈜갑의 2024년 제1기 부가가치세 관련 자료이다. ㈜갑은 사업자단위과세 사업자와 주사업장 총괄납부 사업자가 아니다. 제시된 금액은 부가가치세를 포함하지 않은 금액이다.

<자료>

1. 국내사업장이 없는 비거주자에게 국내에서 2024년 4월 8일에 직접 제품을 인도하고 대가 400,000원을 원화로 수령하였다.

2. 2024년 4월 5일 거래처에 제품 A를 운송비 50,000원을 포함하여 3,000,000원에 판매하고, 판매장려금 200,000원과 하자보증금 150,000원을 차감한 2,650,000원을 수령하였다.

3. 2024년 7월 출시예정인 신제품 K(판매가 1,000,000원)의 사전예약으로 2024년 6월 23일 환불이 불가능한 모바일교환권을 950,000원(5% 할인된 금액)에 현금판매하였다.

4. 2024년 5월 7일 영동직매장에 판매목적으로 제품 B를 반출하였다. 제품 B는 개별소비세 과세대상으로 개별소비세의 과세표준은 45,000,000원, 개별소비세는 3,000,000원, 교육세는 300,000원, 장부가액은 43,000,000원, 시가는 50,000,000원이다. 제품 B의 매입세액은 불공제되었다.

5. 2024년 2월 8일 해외로 제품 $50,000의 수출계약을 체결하고 2024년 6월 7일 제품을 인도하였다. 판매대금 $10,000는 2024년 4월 10일에 선수령하여 11,800,000원으로 환가하고, 제품인도일에 $40,000를 수령하여 2024년 6월 30일에 47,700,000원으로 환가하였다. 각 일자별 기준환율은 다음과 같다.

구분	계약일	선수금	잔금
일자	2024. 2. 8.	2024. 4. 10.	2024. 6. 7.
수령액($)	–	10,000	40,000
기준환율(₩/$)	1,100	1,180	1,200

6. 남동직매장에 2024년 4월 30일 화재가 발생하여 제품(시가 12,000,000원, 원가 10,000,000원)이 소실되었으나 화재보험에 가입되어 있어 2024년 6월 15일 보상금 12,000,000원을 지급받았다.

7. 2024년 4월 3일에 제품 판매계약을 체결하였으나 2024년 4월 10일에 거래처의 자금사정 악화로 계약조건을 다음과 같이 변경하였다. 변경 후 조건에 따라 대금회수가 이루어졌으며, 제품은 잔금지급약정일에 인도하기로 하였다.

구분	기존일자	변경일자	금액
계약금	2024. 4. 3.	2024. 4. 3.	5,000,000원
중도금	2024. 6. 15.	2024. 6. 30.	15,000,000원
잔금	2024. 8. 7.	2024. 12. 30.	30,000,000원

〈요구사항〉

㈜갑이 2024년 제1기 부가가치세 확정신고 시 신고해야 할 과세표준을 답안 양식에 따라 제시하시오.

자료번호	과세표준	
	과세	영세율
1		
⋮		
7		

[물음 2] 부동산임대업을 영위하는 개인사업자 A의 겸용주택 임대와 관련된 자료이다. 단, 1년은 365일로 가정한다.

〈자료〉

1. 겸용주택은 단층으로 도시지역 안에 소재하고 있으며, 건물면적은 $200m^2$(상가 $80m^2$, 주택 $120m^2$, 지하층과 주차장 면적은 제외), 부수토지면적은 $1,500m^2$이다.
2. 임대계약조건

구분	내용
임대기간	2022. 12. 1. ~ 2024. 11. 30.
월임대료	3,000,000원[*1]
임대보증금	500,000,000원[*2]

   [*1] 월임대료는 부가가치세 제외금액으로 매달 말일에 받기로 계약하였으나, 임차인의 자금사정으로 2024년 6월분은 2024년 7월 초에 수령함

   [*2] 임대보증금 운용수입으로 289,000원의 이자수익이 발생함

3. 2024년 6월 30일 현재 겸용주택의 감정가액 등의 내역

구분	장부가액	감정가액	기준시가
건물	150,000,000원	210,000,000원	128,000,000원
토지	250,000,000원	370,000,000원	192,000,000원
합계	400,000,000원	580,000,000원	320,000,000원

4. 2024년 6월 30일 현재 계약기간 1년의 정기예금이자율은 2%라고 가정한다.

〈요구사항〉

A의 2024년 제1기 과세기간(2024년 1월 1일 ~ 2024년 6월 30일)의 부가가치세 과세표준을 답안 양식에 따라 제시하시오.

구분	과세표준
건물	
토지	

문제 4 (10점)

[물음 1] 공인회계사 갑은 2024년 7월 20일에 ㈜과오의 2024년 제1기 부가가치세 예정신고
서를 검토하던 중 다음 사항을 발견하였다. 단, 다음 사항에 포함된 오류는 회사 직원
의 단순 실수로 발생한 것으로 조세회피를 위한 고의적인 오류가 아니며, 제시된 금액
은 부가가치세를 포함하지 않은 금액이다. 1년은 365일로 가정한다.

〈자료〉
1. 영업부서의 특판활동에 따른 매입 80,000,000원과 매출 130,000,000원에 대하여 세금계
   산서 수취 및 발급이 이루어지지 않았으며, 매입과 매출에 대한 신고도 누락되었다. 회사는
   2024년 7월 20일에 매입·매출에 대하여 전자세금계산서를 수취 및 발행하고 전송하였다.
2. 회사는 일정금액 이상의 매출거래처에 대해 판매용 상품으로 판매장려금을 지급하고 있는데,
   당해 기간 동안에 판매장려금으로 지급된 상품은 시가 3,000,000원(원가 2,000,000원)이
   다. 회사는 판매장려상품에 대해 원가를 판매비로 회계처리하였으며, 이를 예정신고 시 과세표
   준에 포함하지 않았다.
3. 2024년 3월 31일 직수출한 제품 28,000,000원이 신고누락되었으며, 세금계산서도 발급되
   지 아니하였다.

〈요구사항〉
㈜과오가 2024년 7월 25일 확정신고 시에 위 오류를 수정하여 신고할 경우 추가로 납부해야 하는
부가가치세(지방소비세 포함)와 가산세액을 답안 양식에 따라 제시하시오. 단, 납부지연가산세는 고
려하지 않는다.

자료번호	부가가치세 추가납부세액	가산세 종류	계산식	가산세액
1				
2				
3				
과소신고·초과환급신고 가산세				

[물음 2] 2023년 7월 1일 사업을 개시한 ㈜갑(중소기업 아님)의 자료이다. 2024년 제1기 과세기간에 대한 부가가치세 납부세액(지방소비세 포함)을 계산하시오. 단, 제시된 금액은 부가가치세가 포함되지 않은 금액이며 세금계산서 및 계산서는 적법하게 발행 및 수취하였다.

〈자료〉

1. 미국산 소고기를 수입하여 가공(과세) 또는 미가공(면세) 상태로 판매하고 있으며, 과세기간별 과세공급가액과 면세공급가액은 다음과 같다.

구분	축산도매업	가공품제조업
2023년 제2기	100,000,000원	100,000,000원
2024년 제1기	66,000,000원	154,000,000원

2. 가공품 관련 과세매입내역은 다음과 같다.

구분	2023년 제2기	2024년 제1기
가공품 관련 매입액	60,000,000원	42,000,000원

3. 2024년 제1기 소고기 수입액(관세과세가액으로 관세 25,000,000원 미포함) 및 사용내역은 다음과 같다.

구분	금액
기초재고	0원
(+)매입액	210,000,000원
(−)축산도매업 사용	30,000,000원
(−)가공품제조업 사용	150,000,000원
기말재고	30,000,000원

4. 2023년 8월 5일 제품보관용 대형냉동고를 100,000,000원에 구입하여 과세사업 및 면세사업에 공통으로 사용 중이다.

5. ㈜갑의 의제매입세액공제율은 $\frac{2}{102}$이다.

〈요구사항〉

2024년 제1기(2024년 1월 1일 ~ 2024년 6월 30일) 부가가치세 신고 시 납부세액을 답안 양식에 따라 제시하시오.

구분		금액
매출세액		
매입 세액	세금계산서 수취분	
	의제매입세액	
	공통매입세액 재계산	
	차가감 계	
납부세액		

[물음 1] 제조업을 영위하는 ㈜한국(영리내국법인)의 제24기 사업연도(2024년 1월 1일 ~ 2024년 12월 31일) 법인세 관련 자료이다. 전기까지의 세무조정은 적법하게 이루어졌다.

〈자료〉

1. 전기 말 현재 「자본금과적립금조정명세서(을)」는 다음과 같다.

(단위: 원)

| 과목 | 기초잔액 | 당기 중 증감 | | 기말잔액 |
		감소	증가	
대손충당금 한도초과	2,000,000	2,000,000	7,000,000	7,000,000
미수이자	△3,000,000	–	△5,000,000	△8,000,000
토지	–	–	10,000,000	10,000,000
건설중인자산	–	–	8,000,000	8,000,000

① 미수이자는 2022년 5월 15일에 가입한 원본전입 특약이 없는 2년 만기 정기적금에서 발생한 것이다. ㈜한국은 당기에 정기적금 이자를 국내에서 수령하고 다음과 같이 회계처리하였다.

(차) 현금   11,000,000   (대) 미수수익   8,000,000
                                                       이자수익   3,000,000

② 제23기에 토지 매입 시 개발부담금을 손익계산서상 세금과공과로 처리하였고, ㈜한국은 제24기에 오류를 수정하여 다음과 같이 회계처리하였다.

(차) 토지   10,000,000   (대) 전기오류수정이익(잉여금)   10,000,000

③ 건설중인자산은 공장건설(2025년 10월 준공예정)을 위한 차입금이자를 자본화한 것이다. 제23기부터 차입금 변동은 없으며, 제24기 손익계산서상 지급이자의 세부 내역은 다음과 같다.

이자율	지급이자	비고
5%	9,000,000원	공장건설을 위한 차입금이자
4%	10,000,000원	용도 미지정의 일반 차입금이자

2. 제23기에 15,000,000원의 업무무관자산을 취득하여 제24기 말 현재 보유하고 있다.

3. 제24기에 대표이사로부터 시가 300,000,000원의 특허권을 200,000,000원에 매입하여 다음과 같이 회계처리하였다.

(차) 특허권　　　　　　　　 200,000,000　　 (대) 현금　　　　　　　　　 200,000,000

4. 단기투자목적으로 ㈜금강(비상장)의 주식을 2024년 11월 11일에 취득하였다. ㈜금강은 자기 주식처분이익 30%, 보통주 주식발행초과금 70%를 재원으로 하는 무상주를 지급하였다. ㈜ 한국은 무상주 100주를 수령하여 액면가액으로 평가한 후 다음과 같이 회계처리하였다.

(차) 매도가능증권　　　　　　 9,000,000　　 (대) 배당금수익　　　　　　　　 9,000,000

5. ㈜한국에서 8년 6개월간 근무하다가 2024년 12월 31일에 현실적 퇴직을 한 상무이사의 상여 및 퇴직금은 다음과 같다.

구분	일반급여	상여금	퇴직급여
비용	90,000,000원	30,000,000원	100,000,000원
이익처분	–	10,000,000원	10,000,000원

① ㈜한국은 이사회의 결의에 따라 연간 급여액의 30%를 상여로 지급하는 상여지급 규정을 두고 있다.

② ㈜한국은 퇴직급여지급 규정이 없으며, 퇴직급여충당금도 설정하고 있지 않다.

〈요구사항〉

〈자료〉와 관련하여 ㈜한국이 해야 하는 제24기 세무조정 및 소득처분을 답안 양식에 따라 제시하시오.

익금산입 및 손금불산입			손금산입 및 익금불산입		
과목	금액	소득처분	과목	금액	소득처분

[물음 2] 제조업을 영위하는 ㈜태백(중소기업 아님)의 제24기 사업연도(2024년 1월 1일 ~ 2024년 12월 31일) 법인세 관련 자료이다.

〈자료〉

1. 손익계산서상 매출액은 15,000,000,000원이며 이 중 8,000,000,000원은 특수관계인과의 거래에서 발생한 것이다.

2. ㈜태백의 제24기 사업연도 기업업무추진비 지출액은 128,000,000원으로 이 중 23,500,000원은 손익계산서에 비용으로 계상하였으며, 4,500,000원은 건설중인자산(차기 완공예정)의 원가로 계상하였고, 나머지 100,000,000원은 건물(당기 완공)의 원가로 계상하였다.

3. 손익계산서상 비용으로 계상한 기업업무추진비의 내역은 다음과 같다.

구분	건당 3만원 이하	건당 3만원 초과	합계
영수증 수취	500,000원	2,500,000원	3,000,000원
신용카드매출전표 수취	200,000원	11,300,000원[*1]	11,500,000원
현물기업업무추진비	–	9,000,000원[*2]	9,000,000원
합계	700,000원	22,800,000원	23,500,000원

*1 문화예술공연 입장권 6,000,000원을 신용카드로 구입하여 거래처에 제공한 금액이 포함됨

*2 ㈜태백의 제품(원가 8,000,000원, 시가 10,000,000원)을 제공한 것으로 회사는 다음과 같이 회계처리함

(차) 기업업무추진비	9,000,000	(대) 제품	8,000,000
		부가가치세예수금	1,000,000

4. 제24기에 취득한 건물의 원가는 300,000,000원(기업업무추진비 포함)이며, 감가상각비로 15,000,000원을 계상하였고 이는 「법인세법」상 상각범위액을 초과하지 않는다.

5. 기업업무추진비 수입금액 적용률

수입금액	적용률
100억원 이하	0.3%
100억원 초과 500억원 이하	0.2%

6. 전통시장에서 사용한 기업업무추진비는 없다.

〈요구사항〉

〈자료〉와 관련하여 ㈜태백이 해야 하는 제24기 세무조정 및 소득처분을 답안 양식에 따라 제시하시오.

익금산입 및 손금불산입			손금산입 및 익금불산입		
과목	금액	소득처분	과목	금액	소득처분

문제 6 (25점)

[물음 1] 제조업을 영위하는 ㈜한국의 제24기 사업연도(2024년 1월 1일 ~ 2024년 12월 31일) 법인세 관련 자료이다. 전기까지의 세무조정은 적법하게 이루어졌고 재고자산에 대한 유보사항은 없다.

〈자료〉

1. 제24기 사업연도 말 현재 재무상태표상 재고자산 금액과 각 평가방법에 따른 평가금액은 다음과 같다. 회사는 재고자산 평가방법을 원가법으로 신고하였다.

(단위: 원)

구분	장부금액	총평균법	선입선출법	후입선출법
제품	86,000,000	86,000,000	84,000,000	88,000,000
재공품	64,000,000	65,000,000	61,000,000	64,000,000
원재료	50,000,000	56,000,000	50,000,000	45,000,000
저장품	15,000,000	13,000,000	14,000,000	12,000,000

2. 제품은 회사 설립 시부터 총평균법으로 신고하여 적용하였으며, 당기에 제품의 판매가 하락으로 인한 저가법 평가에 따라 다음과 같이 재고자산평가손실을 계상하였다.

(차) 재고자산평가손실　　10,000,000　　(대) 재고자산평가충당금　　10,000,000

3. 재공품은 평가방법을 신고한 바 없으며 당기에는 후입선출법으로 평가하였다.

4. 원재료는 제23기 사업연도까지 총평균법으로 신고하여 평가하였으나, 제24기부터 선입선출법으로 변경하기로 결정하고 2024년 10월 1일에 재고자산 평가방법 변경신고를 하였다.

5. 저장품은 총평균법으로 신고하여 전기 이전부터 적용하고 있다. 당기 말에 저장품에 대해 신고한 총평균법으로 평가하였으나, 계산 착오로 실제 금액과 다른 금액으로 평가하였다.

〈요구사항〉

〈자료〉와 관련하여 ㈜한국이 해야 하는 제24기 세무조정 및 소득처분을 답안 양식에 따라 제시하시오.

익금산입 및 손금불산입			손금산입 및 익금불산입		
과목	금액	소득처분	과목	금액	소득처분

[물음 2] 제조업을 영위하는 ㈜한국의 제24기 사업연도(2024년 1월 1일 ~ 2024년 12월 31일) 법인세 관련 자료이다. 1년은 365일로 가정한다.

〈자료〉

1. 2024년 3월 1일에 자회사인 ㈜A에 200,000,000원을 3년 후 상환하는 조건으로 대여하고 약정이자율 1.2%로 계산한 2,000,000원을 이자수익으로 계상하였다. ㈜한국은 전기에 과세표준신고를 할 때 당좌대출이자율(연 4.6%)을 시가로 선택하였으며, 2024년 3월 1일의 가중평균차입이자율은 4%이다.

2. 2024년 4월 1일에 대표이사로부터 토지 B를 150,000,000원에 매입하고, 매입가액을 취득원가로 회계처리하였다. 매입 당시 시가는 불분명하며, 감정평가법인의 감정가액은 100,000,000원, 개별공시지가는 120,000,000원이다.

3. 출자임원에게 임대기간에 대한 약정 없이 사택 C를 임대보증금 100,000,000원, 월임대료 500,000원에 2023년 7월 1일부터 임대 중이다. 사택 C에 대한 적정임대료는 불분명하고, 사택 건물의 시가는 800,000,000원이며, 기획재정부령으로 정하는 정기예금이자율은 3%로 가정한다.

4. 2024년 10월 1일에 특수관계인인 대주주에게 2022년 3월 1일에 취득한 비사업용 토지 D(미등기)를 350,000,000원에 양도하였다. 양도 당시 시가는 500,000,000원(취득원가 50,000,000원)이었으며, 보유기간 동안 장부가액의 변동은 없었다.

〈요구사항 1〉
〈자료〉와 관련하여 ㈜한국이 해야 하는 제24기 세무조정 및 소득처분을 답안 양식에 따라 제시하시오.

익금산입 및 손금불산입			손금산입 및 익금불산입		
과목	금액	소득처분	과목	금액	소득처분

〈요구사항 2〉
㈜한국의 제24기 토지 등 양도소득에 대한 법인세를 제시하시오.

[물음 3] 제조업을 영위하는 중소기업인 ㈜한국의 제24기 사업연도(2024년 1월 1일 ~ 2024년 12월 31일) 법인세 신고 관련 자료이다.

〈자료〉

1. 전기 말 재무상태표상 채권잔액은 9,500,000,000원이며, 전기 「자본금과적립금조정명세서(을)」의 기말잔액은 다음과 같다.

과목	기말잔액
대손충당금 한도초과액	30,000,000원
외상매출금 대손부인액*	65,000,000원
소멸시효 완성채권	△20,000,000원

* 대손부인된 외상매출금 중 40,000,000원은 제24기에 소멸시효가 완성됨

2. 제24기 대손충당금계정의 변동내역은 다음과 같다.

대손충당금

당기 상계	120,000,000원	전기 이월	150,000,000원
차기 이월	230,000,000원	당기 설정	200,000,000원
합계	350,000,000원	합계	350,000,000원

3. 대손충당금의 당기상계내역은 다음과 같다.
   ① 당기에 소멸시효가 완성된 대여금: 45,000,000원
   ② 2024년 3월 1일에 매출한 거래처가 2024년 5월 1일에 부도가 발생하여 받을 수 없게 된 외상매출금: 25,000,000원
   ③ 법원의 면책결정에 따라 회수불능으로 확정된 채권: 10,000,000원
   ④ 물품의 수출로 발생한 채권으로 법정 대손사유에 해당하여 한국무역보험공사로부터 회수불능으로 확인된 채권: 30,000,000원
   ⑤ 특수관계법인의 파산으로 회수불가능한 업무무관 대여금: 10,000,000원

4. 당기 말 재무상태표상 채권내역은 다음과 같다.

구분	금액
외상매출금	8,700,000,000원
할부판매 미수금	500,000,000원
원재료 매입을 위한 선급금	300,000,000원
채무보증으로 인하여 발생한 구상채권	2,000,000,000원
금전소비대차에 따라 대여한 금액	1,000,000,000원
전기 소멸시효 완성채권	20,000,000원
합계	12,520,000,000원

〈요구사항 1〉
㈜한국의 당기 대손실적률을 답안 양식에 따라 제시하시오. 단, 대손실적률 계산 시 소수점 둘째 자리에서 반올림하시오(예 2.57% → 2.6%).

당기 대손금	
전기 말 대손충당금 설정대상 채권잔액	
당기 대손실적률	

〈요구사항 2〉
대손금 및 대손충당금과 관련하여 ㈜한국이 해야 하는 제24기 세무조정과 소득처분을 답안 양식에 따라 제시하시오. 단, 당기 대손실적률은 1.5%로 가정한다.

익금산입 및 손금불산입			손금산입 및 익금불산입		
과목	금액	소득처분	과목	금액	소득처분

[물음 4] 제조업을 영위하는 ㈜한국(중소기업 아님)의 제24기 사업연도(2024년 1월 1일 ~ 2024년 12월 31일) 법인세 관련 자료이다.

〈자료〉

1. 2024년 6월 1일에 발생한 화재로 인해 다음과 같이 자산의 일부가 소실되었다.

구분	화재 전 자산가액	화재 후 자산가액
토지	500,000,000원	450,000,000원
건물	300,000,000원	50,000,000원
기계장치	80,000,000원	50,000,000원
재고자산	150,000,000원	58,000,000원
합계	1,030,000,000원	608,000,000원

① 건물과 기계장치에 대해서 각각 100,000,000원과 20,000,000원의 보험금을 수령하였다.

② 기계장치는 자회사의 자산이며, 화재로 인해 상실된 가치에 대해 ㈜한국이 변상할 책임은 없다.

③ 재고자산의 재해손실에는 거래처로부터 수탁받은 상품의 소실액 12,000,000원이 포함되어 있으며, 동 상품에 내한 번상책임은 ㈜한국에 있다.

2. 재해발생일 현재 미납된 법인세 및 재해가 발생한 당해 연도의 법인세와 관련된 사항은 다음과 같다.

① 재해발생일 현재 미납된 법인세액은 21,200,000원(납부지연가산세 1,200,000원 포함)이다.

② 당해 연도의 법인세 산출세액은 12,000,000원이며, 외국납부세액공제액 2,000,000원과 「조세특례제한법」에 의한 투자세액공제액 1,000,000원이 있다.

〈요구사항〉

㈜한국의 제24기 사업연도 재해손실세액공제액을 답안 양식에 따라 제시하시오. 단, 재해상실비율 계산 시 소수점 둘째 자리에서 반올림하시오(예 2.57% → 2.6%).

구분	금액
재해상실비율	
공제대상 법인세액	
재해손실세액공제액	

[물음 5] 제조업을 영위하는 ㈜한국의 제24기 사업연도(2024년 1월 1일 ~ 2024년 12월 31일)의 감가상각 관련 법인세 신고 자료이다.

〈자료〉

1. 2024년 7월 1일에 특수관계가 없는 ㈜동해로부터 정당한 사유 없이 시가 300,000,000원인 기계장치 A를 450,000,000원에 매입하였다.
2. 2024년 9월 1일에 기계장치 A에 대한 수선비(자본적 지출이며 주기적 수선에 해당하지 않음)로 25,000,000원을 지출하였으며, 이를 손익계산서상 비용으로 계상하였다.
3. 제24기 말 기계장치 A가 진부화됨에 따라 시장가치가 급락하여, 이에 대한 회수가능가액을 검토하여 5,000,000원의 손상차손을 손익계산서상 비용으로 계상하였다.
4. 손익계산서상 감가상각비는 22,500,000원이다.
5. 회사는 기계장치에 대한 감가상각방법으로 정액법을 신고하였으나 내용연수는 신고하지 아니하였다. 기준내용연수는 8년이며, 내용연수별 정액법 상각률은 다음과 같다.

내용연수	6년	8년	10년
상각률	0.166	0.125	0.100

〈요구사항〉

〈자료〉와 관련하여 ㈜한국이 해야 하는 제24기 세무조정 및 소득처분을 답안 양식에 따라 제시하시오.

익금산입 및 손금불산입			손금산입 및 익금불산입		
과목	금액	소득처분	과목	금액	소득처분

문제 7 (10점)

[물음 1] 2024년 5월 3일 사망한 거주자 갑의 상속세 관련 자료이다.

〈자료〉

1. 상속재산 현황은 다음과 같다.
   ① 토지: 1,100,000,000원
   ② 생명보험금: 200,000,000원*
      * 생명보험금의 총납입보험료는 50,000,000원으로 상속인이 전부 부담함
   ③ 퇴직금: 20,000,000원*
      * 사망으로 인하여 「국민연금법」에 따라 지급되는 반환일시금임

2. 갑이 사망 전에 처분한 재산은 없었고, 상속일 현재 갑의 채무 현황은 다음과 같다.
   ① 은행차입금: 300,000,000원*
      * 상속개시 10개월 전에 차입한 금액으로 상속개시일까지 상환하지 않았으며, 차입한 자금의 용도가 객관적으로 명백하지 않음
   ② 소득세 미납액: 20,000,000원

3. 장례비용은 4,000,000원(봉안시설 비용 제외)이고, 봉안시설 비용은 7,000,000원이며, 모두 증빙서류에 의해 입증된다.

4. 상속인은 배우자(58세)와 자녀 3명(27세, 25세, 22세)이며, 자녀들은 상속을 포기하고 배우자가 단독 상속을 받았다.

〈요구사항〉

갑의 사망에 따른 상속세 과세표준을 답안 양식에 따라 제시하시오.

구분	금액
총상속재산가액	
과세가액공제액	
상속세 과세가액	
상속세 과세표준	

[물음 2] 거주자 을(30세)의 증여세 관련 자료이다.

〈자료〉

1. 을이 2024년 이모로부터 증여받은 내용은 다음과 같다.
   ① 토지: 200,000,000원*
      * 2024년 2월 27일에 토지를 증여받으면서 동 토지에 담보된 은행차입금 150,000,000원을 채무
        인수함
   ② 부동산: 300,000,000원*
      * 2024년 7월 16일에 증여받았으나 2024년 10월 16일에 이모에게 반환하였고, 반환 전에 증여세
        과세표준과 세액을 결정받지는 않음
2. 을은 2024년 3월 3일에 이모로부터 시가 400,000,000원인 비상장주식을 40,000,000
   원에 양수하였다.
3. 을은 증여재산에 대한 감정평가수수료로 6,000,000원을 부담하였고, 과거 10년 이내에 증
   여받은 사실이 없다.

〈요구사항〉

을의 2024년도 증여세 과세표준을 답안 양식에 따라 제시하시오.

구분	금액
증여재산가액	
증여세 과세표준	

문제 1

[물음 1]

총급여액	47,850,000	$17,750,000 + 30,100,000$
근로소득공제	12,142,500	$12,000,000 + (47,850,000 - 45,000,000) \times 5\%$
근로소득금액	35,707,500	$47,850,000 - 12,142,500$

1. ㈜A 총급여액

구분	총급여액	비고
기본급	15,000,000	
벽지수당	1,500,000	$(500,000 - 200,000) \times 5$
식사대	250,000	$(250,000 - 200,000) \times 5$
여비	–	비과세
자가운전보조금	1,000,000	시내출장 여비가 비과세되므로 자가운전보조금은 전액 과세
주택임차자금 저리대여이익	–	중소기업 직원의 주택임차자금 저리대여이익은 복리후생적 급여로서 비과세
합계	17,750,000	

① 벽지수당: 월 20만원 이내의 벽지수당은 실비변상적 급여로서 비과세한다.

② 식사대: 월 20만원 이내의 식사대는 비과세한다. 단, 별도로 식사를 제공받지 않는 경우에 한한다.

③ 종업원이 시내출장 등에 따른 여비를 별도로 지급받으면서 연액 또는 월액의 자기차량운전보조금을 지급받는 경우 시내출장 등에 따라 소요된 실제 여비는 실비변상적인 급여로 비과세하나, 자기차량운전보조금은 근로소득에 포함한다.

2. 실업급여

「고용보험법」에 따라 지급받는 실업급여는 비과세한다.

3. ㈜B 총급여액

구분	총급여액	비고
기본급	24,000,000	
이직 지원금	4,500,000	
건강보험료	1,500,000	본인부담금을 회사 대납 시 총급여액에 포함
단체순수 보장성 보험료	100,000	$800,000 - 700,000$
사택제공이익	–	비출자임원, 소액주주인 임원, 종업원이 제공받는 사택제공이익은 비과세
합계	30,100,000	

① 이직 지원금: 수도권 외의 지역으로 이전하는 국가균형발전 특별법에 따른 공공기관의 소속공무원이나 직원에게 한시적으로 지급하는 월 20만원 이내의 이전 지원금은 비과세 대상이나, 회사 이전에 따른 이직 지원금은 비과세대상으로 열거되어 있지 않으므로 과세대상이다.

② 단체순수 보장성 보험과 단체환급부 보장성 보험의 보험료 중 연 70만원 이하의 금액은 비과세한다.

[물음 2]

손익계산서상 당기순이익		534,000,000	
구분	과목	금액	비고
가산조정	급여	150,000,000	90,000,000 + 60,000,000
	기업업무추진비	4,400,000	
	감가상각비	3,000,000	10,000,000 − 7,000,000
	채권자불분명 차입이자	5,000,000	
차감조정	이자수익	14,000,000	
	배당금수익	5,000,000	
	유형자산처분이익	20,000,000	
사업소득금액		657,400,000	

1. 기업업무추진비 한도초과액

   $50,000,000 - [36,000,000 + 3,200,000,000 \times 0.3\%] = 4,400,000$

2. 유형자산처분손익

   양도소득세 과세대상(건물) 자산의 처분이익은 사업소득에 해당하지 않으므로 차감조정하여야 한다. 따라서 복식부기의무자 여부와 관계없다. 관련 유보(7,000,000 = 4,000,000 + 3,000,000)는 사업소득 계산 시 추인하지 않고 양도소득 계산 시 세무상 취득가액에 반영한다.

[물음 3]

〈요구사항 1〉

종합소득에 포함될 기타소득금액	22,800,000	
종합소득에 포함될 이자소득금액	−	연간 2,000만원 이하이므로 분리과세
소득세 원천징수세액	5,870,000	22,800,000 × 20% + 4,000,000 × 14% + 3,000,000 × 25%

1. 기타소득금액

구분	금액	비고
특허권의 양도	20,000,000	50,000,000 × (1 − 60%)
대학교 특강료 및 원고료	800,000	2,000,000 × (1 − 60%)
발명경진대회 상금	2,000,000	10,000,000 × (1 − 80%)
합계	22,800,000	

① 기타소득금액이 연간 300만원을 초과하므로 분리과세를 선택할 수 없다.

② 「공익법인의 설립·운영에 관한 법률」의 적용을 받는 공익법인이 주무관청의 승인을 받아 시상하는 상금 및 부상과 다수가 순위경쟁하는 대회에서 입상자가 받는 상금 및 부상은 실제경비와 80%의 필요경비 중 큰 금액을 필요경비로 한다.

2. 소득세 원천징수세액

종합과세되는 소득금액에 대한 소득세 원천징수세액이 아닌 소득세 원천징수세액을 구하는 것이므로 분리과세대상 소득에 대한 원천징수세액을 포함한다.

〈요구사항 2〉

인적 공제액	기본공제액	4,500,000	본인, 모친, 딸
	추가공제액	3,000,000	1,000,000(한부모) + 2,000,000(장애인)
연금보험료·국민건강보험료 소득공제액		8,000,000	4,500,000 + 3,500,000
신용카드 등 사용 소득공제액		4,300,000	

1. 인적공제액

① 모친: 분리과세소득만 있으므로 기본공제대상자에 해당한다.

② 배우자: 인적공제대상자 판정은 과세기간종료일 현재의 상황에 따르므로 공제대상자에 해당하지 아니한다. 한편 이혼한 자가 자녀가 있는 경우 한부모공제를 적용할 수 있다.

③ 딸: 소득요건을 충족하며 장애인 공제를 적용받을 수 있다.

2. 신용카드소득공제액

구분	사용금액	공제대상	공제율	공제금액	추가한도
전통시장	3,000,000	3,000,000	× 40%	1,200,000	2,000,000
대중교통	1,500,000	1,500,000	× 40%	600,000	
신용카드	40,000,000	19,500,000	× 15%	2,925,000	
합계	44,500,000	24,000,000		4,725,000	

① 공제대상금액: $44,500,000 - 82,000,000 \times 25\% = 24,000,000$

② 공제한도: $2,500,000 + Min(1,800,000, 2,000,000) = 4,300,000$

〈요구사항 3〉

보험료세액공제액	270,000
의료비세액공제액	2,200,000

1. 보험료세액공제액

$Min(1,200,000, 1,000,000) \times 12\% + Min(1,800,000, 1,000,000) \times 15\% = 270,000$

2. 의료비세액공제액

유형	지출액	대상액	공제율	세액공제액
1. 난임			× 30%	
2. 미숙아 등	5,000,000	5,000,000	× 20%	1,000,000
3. 특정의료비	1,000,000	1,000,000	× 15%	150,000
4. 일반의료비	10,000,000	7,000,000	× 15%	1,050,000
합계	16,000,000			2,200,000

공제대상금액: $16,000,000 - 82,000,000 × 3\% = 13,540,000$ 　[한도액]

문제 2

〈요구사항 1〉

양도가액	2,500,000,000	25억원 − 23억원 ≥ 25억원 × 5%
취득가액	1,340,000,000	1,300,000,000 + 40,000,000
기타의 필요경비	8,000,000	
양도차익	599,040,000	양도차익 중 12억 초과 과세분에 한함
장기보유특별공제	335,462,400	599,040,000 × (28% + 28%)
양도소득금액	263,577,600	[보유기간] 　 [거주기간]

1. 양도가액

① 특수관계인에게 시가보다 낮은 가액으로 양도하였고 거래금액과 시가의 차액이 기준금액(시가의 5%와 3억원 중 적은 금액)을 초과하므로 부당행위계산부인 규정을 적용한다.

② 양도소득의 부당행위계산 규정을 적용함에 있어 시가란 「상속세 및 증여세법」을 준용하여 평가한 가액에 의하되, 그 평가대상기간은 양도일 또는 취득일 전후 각 3개월의 기간으로 한다.

③ 「상속세 및 증여세법」에 따르면 매매 · 감정 · 수용 · 경매 또는 공매가 있는 경우에는 그 가격(매매사례가격, 감정가격 등)을 시가로 인정한다.

2. 소송비용

① 취득에 관한 쟁송이 있는 자산에 대하여 그 소유권 등을 확보하기 위하여 직접 소요된 소송비용 · 화해비용 등의 금액으로서 그 지출한 연도의 각 소득금액의 계산에 있어서 필요경비에 산입된 것을 제외한 금액은 취득원가에 포함한다.

② 참고로 부동산을 법원경매로 취득하면서 해당 부동산을 점유받기 위하여 소요된 명도비용은 소유권 확보를 위한 직접비용으로 볼 수 없으므로 부동산의 취득가액에 포함되지 아니한다.

3. 양도차익

$$(2,500,000,000 - 1,340,000,000 - 8,000,000) × \frac{25억 - 12억}{25억} = 599,040,000$$

〈요구사항 2〉

구분	금액	비고
양도소득금액	200,000,000	
양도소득기본공제	2,500,000	당해 과세기간에 같은 호의 자산을 양도하지 않은 것으로 가정
양도소득과세표준	197,500,000	
산출세액	55,110,000	37,060,000 + (197,500,000 − 150,000,000) × 38%

보유기간이 2년 이상인 주택을 양도하는 때는 기본세율을 적용한다.

문제 3

[물음 1]

자료번호	과세표준		비고
	과세	영세율	
1	400,000		
2	3,000,000		
3			
4	48,300,000		45,000,000 + 3,000,000 + 300,000
5		59,800,000	11,800,000 + 40,000 × 1,200
6			
7	20,000,000		5,000,000 + 15,000,000

1. 비거주자에게 국내에서 재화를 인도

비거주자(외국법인 포함)와의 직접 계약에 따라 재화를 국내에서 인도하더라도 영세율이 적용되는 경우는 ① 수출용 재화를 국내사업자에게 인도하거나 ② 비거주자 또는 외국법인이 지정하는 국내사업자에게 인도하는 재화로서 해당 사업자의 과세사업에 사용되는 재화인 경우에는 영세율을 적용한다. 그러나 비거주자에게 국내에서 직접 재화를 인도한 경우는 영세율을 적용하지 아니한다.

① 수출용 재화를 국내사업자에게 인도하는 경우

> ㉠ 국외의 비거주자 또는 외국법인과 직접 계약에 따라 공급할 것
> ㉡ 대금을 외국환은행에서 원화로 받을 것
> ㉢ 비거주자 등이 지정하는 국내의 다른 사업자에게 인도할 것
> ㉣ 국내의 다른 사업자가 비거주자 등과 계약에 따라 인도받은 재화를 그대로 반출하거나 제조ㆍ가공한 후 반출할 것

② 비거주자 또는 외국법인이 지정하는 국내사업자에게 인도되는 재화

> ㉠ 비거주자 또는 외국법인이 지정하는 국내사업자에게 인도되는 재화로서 해당 사업자의 과세사업에 사용되는 재화
> ㉡ 대금을 외국환은행에서 원화로 받을 것

2. 운송비, 판매장려금, 하자보증금

① 대가의 일부로 받는 운송보험료·산재보험료·운송비·포장비·하역비 등은 공급가액에 포함한다.

② 사업자가 재화 또는 용역을 공급받은 자에게 지급하는 장려금이나 이와 유사한 금액은 과세표준에서 공제하지 아니한다.

③ 하자보증금은 예치금 성격이므로 과세표준에서 공제하지 아니한다.

3. 선수금

모바일교환권은 상품권 발행으로서 재화 또는 용역의 공급에 해당하지 않으며, 일종의 선수금에 불과하다. 5% 할인된 금액은 에누리에 해당한다. 참고로 2024년 7월 신제품이 인도될 때 공급가액은 950,000원이다.

4. 판매 목적 타사업장 반출

① 판매 목적 타사업장 반출의 경우 과세표준은 취득가액으로 한다.

② 다만, 취득가액에 일정액을 더하여 자기의 다른 사업장에 반출하는 경우에는 그 취득가액에 일정액을 더한 금액을 공급가액으로 본다.

③ ① 또는 ②에도 불구하고, 개별소비세, 주세 및 교통·에너지·환경세가 부과되는 재화에 대해서는 개별소비세, 주세 및 교통·에너지·환경세의 과세표준에 해당 개별소비세, 주세, 교육세, 농어촌특별세 및 교통·에너지·환경세 상당액을 합계한 금액을 공급가액으로 한다.

5. 화재보험금

재화의 공급은 계약상 또는 법률상의 모든 원인에 따라 재화를 인도하거나 양도하는 것으로 한다.

따라서 소유재화의 파손·훼손·도난 등으로 인하여 손해배상금을 받는 경우(보험금을 받는 경우 포함)는 재화의 공급으로 보지 않는다.

6. 중간지급조건부 계약

당초 재화의 공급계약이 중간지급조건부에 해당하지 아니하였으나, 당사자 간에 계약조건을 변경하여 중간지급조건부 계약으로 변경된 경우 계약변경 이전에 지급한 계약금은 변경계약일을, 변경계약일 이후에는 변경된 계약에 의하여 대가의 각 부분을 받기로 한 때를 각각 공급시기로 본다.

구분	내용
계약금	계약금 수령 시에는 중간지급조건부 계약에 해당하지 않으므로 수령한 대가는 과세표준에 포함하지 않는다. 그러나 2024년 4월 10일 계약변경으로 인해 계약금의 공급시기는 계약변경일이 된다.
중도금 잔금	2024년 4월 10일 계약변경으로 중간지급조건부 계약이 되었으므로 계약변경일 이후에는 대가의 각 부분을 받기로 한 때를 공급시기로 한다.

[물음 2]

구분	과세표준	비고
건물	0	$(18,000,000 + 4,958,904) \times 40\% \times 0\%$
토지	4,591,780	$(18,000,000 + 4,958,904) \times 60\% \times 1/3$

128,000,000
320,000,000

토지임대료와 건물임대료는 기준시가의 비율로 안분한다.

1. 과세비율

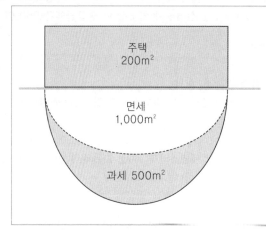

① 주택면적이 주택 외 부분의 면적보다 크기 때문에 건물면적 전부를 주택으로 본다.
② 전체 토지면적(부수토지면적)이 주택과 상가를 합한 면적의 5배를 초과하므로 그 초과하는 부분은 일반 토지임대에 해당하므로 과세한다.
③ 건물임대료와 토지임대료를 기준시가비율로 안분하여야 한다.
④ 과세비율

구분	과세	면세
건물	0%	100%
토지	1/3	2/3

주택 200m²
면세 1,000m²
과세 500m²

2. 총임대료

① 임대료: $3,000,000 \times 6 = 18,000,000$

② 간주임대료: $500,000,000 \times 2\% \times 181/365 = 4,958,904$

부동산 임대와 같이 공급단위를 구획할 수 없는 용역의 계속적 공급의 경우에는 대가의 각 부분을 받기로 한 때를 공급시기로 한다. 따라서 2024년 6월분 임대료를 2024년 7월에 수령하더라도 2024년 제1기 확정신고 기간의 과세표준에 포함하여야 한다.

문제 4

[물음 1]

자료 번호	부가가치세 추가납부세액	가산세 종류	계산식	가산세액
1	5,000,000	① 세금계산서 지연발급 ② 세금계산서 지연수취	① $130,000,000 \times 1\%$ ② $80,000,000 \times 0.5\%$	1,700,000
2	300,000	–	–	–
3	–	–	–	–
과소신고 · 초과환급신고 가산세			$[5,300,000 \times 10\% + 28,000,000 \times 0.5\%] \times (1 - 75\%)$	167,500

$(130,000,000 - 80,000,000) \times 10\%$

$5,000,000 + 300,000$

1. 세금계산서 지연발급 · 지연수취

　① 부가가치세: 매출 · 매입이 동시에 누락된 금액에 대해서는 과소신고 · 초과환급신고가산세를 부과하지 아니한다.

　② 세금계산서 지연발급: 세금계산서의 발급시기가 지난 후 해당 과세기간에 대한 **확정신고기한 이내**에 발급하는 경우에는 공급가액의 1%의 가산세를 적용한다.

　③ 세금계산서 지연수취: 재화 또는 용역의 공급시기 이후에 발급받은 세금계산서로서 해당 공급시기가 속하는 과세기간에 대한 **확정신고기한까지** 발급받은 경우에는 공급가액의 0.5%의 가산세를 적용한다.

2. 판매장려금

　상품으로 판매장려금을 지급한 것은 사업상 증여에 해당하므로 시가(3,000,000) 상당액을 과세표준으로 하여 공급가액에 포함하여야 한다. 다만, 사업상 증여에 대하여 세금계산서 발급의무는 없다.

3. 영세율 매출누락

　직수출분은 세금계산서 발급의무가 없으므로 「부가가치세법」상 가산세는 없다. 다만, 영세율과세표준을 과소신고하거나 신고하지 아니한 경우 과소신고 · 초과환급신고가산세는 부과된다.

4. 과소신고 · 초과환급신고가산세

　예정신고 누락분을 확정신고 때 포함하여 신고(수정신고)하는 경우 가산세 감면은 75%(법정신고기한 경과 후 3개월 이내 수정신고)를 적용하였다. 행정해석은 예정신고 누락분에 대한 법정신고기한은 확정신고기한으로 본 바 있으나 이는 「국세기본법」에 법정신고기한의 정의 규정이 없을 때 이루어진 듯하다. 행정해석에 따르면 90%의 감면율을 적용하는 것이 맞을 것이나 개정법률의 문언대로 75%를 적용하였다.

[물음 2]

구분		금액	비고
매출세액		15,400,000	154,000,000 × 10%
매입세액	세금계산서 수취분	4,200,000	42,000,000 × 10%
	의제매입세액	1,509,804	77,000,000 × 2/102
	공통매입세액 재계산	1,500,000	100,000,000 × (1 − 25% × 1) × (70% − 50%) × 10%
	차가감 계	7,209,804	
납부세액		8,190,196	

1. 의제매입세액

구분	금액	비고
1. 과세사업	150,000,000	의제매입세액공제 대상
2. 면세사업	–	의제매입세액공제 대상 아님
3. 기말	21,000,000	30,000,000 × 70%
4. 공제대상액	77,000,000	Min[(150,000,000 + 21,000,000), 154,000,000 × 50%]

154,000,000
(154,000,000 + 66,000,000)

2. 공통매입세액 재계산

　과세사업과 면세사업에 공통으로 사용하기 위하여 매입한 감가상각자산의 면세공급가액비율이 5% 이상 감소하였으므로 공통매입세액을 안분계산한다. 2023년 제2기(직전 과세기간)의 면세공급가액비율이 50%였으나, 당해 과세기간의 면세공급가액비율이 30%이므로 5% 이상 감소한 경우에 해당한다.

문제 5

[물음 1]

익금산입 및 손금불산입			손금산입 및 익금불산입		
과목	금액	소득처분	과목	금액	소득처분
미수이자(전기)	8,000,000	유보	대손충당금(전기)	7,000,000	유보
전기오류수정이익	10,000,000	기타	토지	10,000,000	유보
건설자금이자	9,000,000	유보	매도가능증권	6,300,000	유보
업무무관자산 지급이자	600,000	기타사외유출			
임원상여금	3,000,000	상여			
임원퇴직금	550,000	상여			

$$(30,000,000 - 90,000,000 \times 30\%)$$

1. 대손충당금

   전기 대손충당금 한도초과액은 당기에 모두 익금불산입한다. 자산의 평가성 충당금은 자동조정 유형에 해당한다.

2. 미수이자

   정기적금의 수입시기는 실제로 이자를 지급받는 날이다. 원천징수대상 이자소득은 결산을 확정함에 있어서 이미 경과한 기간에 대응하는 미수이자를 해당 사업연도의 수익으로 계상한 경우 이를 익금에 산입하지 아니한다.

3. 전기오류수정이익

   개발부담금은 토지의 취득원가에 포함된다. 다만, 당기에 토지의 취득원가를 증액하는 것은 아니다. 전기 세무조정 시 토지 취득원가에 이미 반영하여 증액하였으므로 장부가액을 증액한 때 관련 유보를 추인한다.

구분	금액	비고
당기순이익	–	이익잉여금으로 처리하였으므로 당기순이익에 영향 없음
토지	(10,000,000)	토지를 감액하고 △유보로 처분함
전기오류수정이익	10,000,000	익금산입하고 기타로 소득처분함
각사업연도소득금액	–	양편 세무조정에 따라 각사업연도소득금액에 영향 없음

4. 지급이자

(1) 건설자금이자

   사업용 유형자산 또는 무형자산의 매입·제작 또는 건설에 소요되는 특정차입금에 대한 지급이자 등은 각 사업연도의 소득금액을 계산할 때 손금에 산입하지 아니하고 해당 자산의 취득가액에 포함하여야 한다. 일반차입금에 대한 이자는 법인의 선택에 따라 손금처리 또는 취득원가에 포함한다. 세금부담을 최소화하는 것으로 가정하므로 손금처리한다.

(2) 업무무관자산 관련 지급이자

   ① 차입금: 10,000,000 ÷ 4% = 250,000,000

   | 15,000,000 |
   | 250,000,000 |

   ② 업무무관자산: 15,000,000

   ③ 손금불산입되는 지급이자: 10,000,000 × 6% = 600,000

5. 특허권

특수관계인인 개인으로부터 유가증권을 저가매입한 경우에 한하여 시가와 취득가액의 차액을 익금에 산입한다. 특허권은 유가증권이 아니므로 시가와 매입가액의 차액을 취득 시 익금에 산입하지 아니한다.

6. 의제배당

① 의제배당: $100 \times 30\% \times 90,000 = 2,700,000$

② 세무조정: $9,000,000 - 2,700,000 = 6,300,000 \rightarrow$ 익금불산입

③ 배당기준일로부터 3개월 전에 취득한 주식이 아니므로 수입배당금 익금불산입 규정은 적용하지 아니한다.

7. 임원 인건비

(1) 임원상여금

① 이익처분에 의한 상여금은 손금에 산입하지 아니한다. 손익계산서상 비용으로 처리되지 않았으므로 별도로 세무조정할 것은 없다.

② 임원에게 지급한 상여금이 정관·주주총회 또는 이사회 결의에 따라 결정된 지급기준을 초과하는 경우에는 그 초과액은 손금에 산입하지 아니한다.

(2) 임원 퇴직급여 한도초과액

$$100,000,000 - [(90,000,000 + 90,000,000 \times 30\%) \times 10\% \times 8.5] = 550,000$$

[물음 2]

익금산입 및 손금불산입			손금산입 및 익금불산입		
과목	금액	소득처분	과목	금액	소득처분
법정증명서류 미수취	2,500,000	기타사외유출	건설중인자산	4,500,000	유보
기업업무추진비 한도초과	86,600,000	기타사외유출	건물	59,100,000	유보
건물(자산감액)	2,955,000	유보			

1. 기업업무추진비 한도액

(1) 일반기업업무추진비

$$12,000,000 + \begin{cases} 7,000,000,000 \times 0.3\% \\ 3,000,000,000 \times 0.3\% \times 10\% + 5,000,000,000 \times 0.2\% \times 10\% \end{cases} = 34,900,000$$

(2) 문화기업업무추진비

$$\text{Min}(6,000,000,\ 34,900,000 \times 20\%) = 6,000,000$$

(3) 기업업무추진비 한도액

$$34,900,000 + 6,000,000 = 40,900,000$$

2. 기업업무추진비 한도초과액의 자산조정

23,500,000 − 2,500,000(직부인) + 2,000,000(시가와 차액)

구분	기업업무추진비 해당액	한도초과액	자산조정
1. 판매비와 관리비	23,000,000	23,000,000	
2. 건설중인자산	4,500,000	4,500,000	$\triangle 4,500,000$
3. 건물	100,000,000	59,100,000	$\triangle 59,100,000$
합계	127,500,000	86,600,000	

127,500,000 − 40,900,000

3. 감가상각비 세무조정

(1) 1단계(자산감액분 조정)

$15{,}000{,}000 \times 59{,}100{,}000 / 300{,}000{,}000 = 2{,}955{,}000$

(2) 2단계(시부인 계산)

회사 계상액이 「법인세법」상 상각범위액을 초과하지 않으므로 2단계 세무조정은 없다.

문제 6

[물음 1]

익금산입 및 손금불산입			손금산입 및 익금불산입		
과목	금액	소득처분	과목	금액	소득처분
재고자산평가충당금	10,000,000	유보	재공품	3,000,000	유보
원재료	6,000,000	유보	저장품	2,000,000	유보

1. 당기 말 재고자산평가

구분	장부가액	세무상 가액	비고
제품	86,000,000	86,000,000	평가충당금 반영 전 금액으로 함
재공품	64,000,000	61,000,000	무신고 시 선입선출법
원재료	50,000,000	56,000,000	Max(총평균법, 선입선출법)
저장품	15,000,000	13,000,000	총평균법(계산착오에 불과함)

2. 재고자산평가충당금

회사는 원가법으로 신고하였으므로 파손·부패 등의 사유로 정상가격으로 판매할 수 없는 경우를 제외하고는 저가법에 따른 평가손실은 인정하지 않는다. 재고자산평가충당금은 손금으로 인정되는 충당금이 아니므로 전액 손금불산입한다.

3. 임의변경(원재료)

2024년 9월 30일까지 재고자산평가방법을 변경신고하지 않았으므로 종전 평가방법인 총평균법으로 평가하는 것이 원칙이다. 임의변경에 해당하므로 선입선출법과 총평균법을 적용한 금액 중 큰 금액을 세법상 재고자산의 평가금액으로 한다.

4. 저장품

신고한 방법으로 평가하였으나 계산착오로 과대 또는 과소평가한 경우에는 임의변경으로 보지 않는다. 따라서 계산 차이금액만 세무조정한다.

[물음 2]

〈요구사항 1〉

익금산입 및 손금불산입			손금산입 및 익금불산입		
과목	금액	소득처분	과목	금액	소득처분
인정이자	5,712,876	기타사외유출	토지	50,000,000	유보
부당행위계산부인	50,000,000	상여			
사택임대료	3,000,000	상여			
부당행위계산부인	150,000,000	배당			

1. 금전의 저리대여(인정이자)

    당좌대출이자율을 시가로 하여 선택한 사업연도와 이후 2개 사업연도는 당좌대출이자율을 시가로 한다. 특수관계인(자회사)에 시가보다 낮은 이자율로 자금을 대여하였고, 시가(4.6%)와 실제 약정이자(1.2%)의 차이가 시가의 5% 이상(3.4% ÷ 4.6%)이므로 부당행위계산부인 규정을 적용한다.

$$200,000,000 \times 4.6\% \times \frac{306}{365} - 2,000,000 = 5,712,876$$

2. 고가매입

    특수관계인으로부터 자산을 고가매입한 경우 시가에 취득한 것으로 보고 매입가액과 시가의 차액은 사외유출된 것으로 본다. 시가가 불분명한 경우 감정평가가액을 가장 우선 적용한다.

    〈세법상 처리〉

(차) 사외유출	50,000,000	(대) 현금	150,000,000
토지	100,000,000		

3. 사택

    출자임원에게 사택을 시가보다 낮은 가액으로 임대한 경우에는 시가와 실제 수령한 임대료의 차액을 익금에 산입하는 동시에 사외유출된 것으로 본다.

    ① 임대료 시가: $(800,000,000 \times 50\% - 100,000,000) \times 3\% = 9,000,000$

    ② 수취한 임대료: $500,000 \times 12 = 6,000,000$

    ③ 차액: $3,000,000 \rightarrow$ 시가$(9,000,000)$의 5% 이상

4. 저가양도

    특수관계인에게 자산을 저가양도한 경우 시가와 거래가액의 차액을 시가에 양도하고 거래가액과 차액은 사외유출된 것으로 본다.

〈요구사항 2〉 토지 등 양도소득에 대한 법인세

1. 토지 등 양도소득

    양도가액 − 취득가액 = $500,000,000 - 50,000,000 = 450,000,000$

2. 토지 등 양도소득에 대한 법인세

    $450,000,000 \times 40\% = 180,000,000$

    ① 미등기 토지를 양도한 경우의 토지 등 양도소득에 대한 법인세율은 40%이다.

② 법인세 부당행위계산은 법인세를 부당하게 감소시킨 것으로 인정되는 경우에 적용한다.

토지 등 양도소득에 대한 법인세는 각 사업연도소득에 대한 법인세에 추가하여 납부하므로 법인세에 해당한다. 만일, 토지 등 양도소득에 대한 법인세가 법인세에 해당하지 않는다면 각 사업연도소득금액 계산 시 손금에 산입해야 한다는 모순이 발생하게 된다. 따라서 토지 등 양도소득에 대한 법인세 계산 시에도 부당행위계산부인 규정을 적용하는 것이 「법인세법」 해석 및 부당행위계산부인 입법취지에 부합하다.

[물음 3]

〈요구사항 1〉

당기 대손금	149,999,000	
전기 말 대손충당금 설정대상 채권잔액	9,545,000,000	9,500,000,000 + 45,000,000
당기 대손실적률	1.6%	149,999,000 ÷ 9,545,000,000

〈요구사항 2〉

익금산입 및 손금불산입			손금산입 및 익금불산입		
과목	금액	소득처분	과목	금액	소득처분
외상매출금	1,000	유보	전기대손충당금	30,000,000	유보
대여금	10,000,000	기타사외유출	외상매출금	40,000,000	유보
대손충당금	72,124,985	유보			

1. 당기 대손금

45,000,000 + 24,999,000 + 10,000,000 + 30,000,000

구분	대손 인정	대손금 유보				
기초	40,000,000	구분	기초	감소	증가	기말
당기 상계	109,999,000	외상매출금	65,000,000	40,000,000		25,000,000
기말		소멸시효	△20,000,000			△20,000,000
합계	149,999,000	부도어음			1,000	1,000
		합계	45,000,000	40,000,000	1,000	5,001,000

① 중소기업의 외상매출금은 부도발생일로부터 6개월이 지난 때 손금에 산입한다. 다만, 1,000원은 비망계정으로 손금불산입한다.

② 업무무관 대여금은 대손금으로 손비처리할 수 없다.

③ 당기 말 재무상태표에 포함된 채권 중 신고조정으로 손금처리하여야 할 것은 없다.

④ 특수관계법인의 업무가지급금이 「채무자 회생 및 파산에 관한 법률」에 따른 면책결정에 의하여 회수불능으로 확정되어 대손금으로 결산서에 계상한 경우 손금불산입하고 귀속자에게 소득처분한다. 그 귀속자가 내국법인인 경우에는 법인세가 과세되므로 기타사외유출로 처분한다. (법인세과-256, 2010. 3. 18.) 다만, 대손요건을 갖추지 못한 업무무관가지급금을 대손처리한 경우에는 손금불산입하고 유보로 처분하여야 한다.

2. 대손충당금 설정대상 채권

12,520,000,000 − 2,000,000,000 + 5,001,000 = 10,525,001,000

① 채무보증으로 발생한 구상채권은 대손충당금 설정대상 채권에서 제외한다.

② 금전소비대차에 따라 대여한 금액이라도 특수관계인에게 대여한 것이 아닌 경우에는 대손충당금 설정대상 채권에 포함한다.

3. 대손충당금 한도초과액

$$230,000,000 - 10,525,001,000 \times 1.5\% = 72,124,985$$

[물음 4]

구분	금액	비고
재해상실비율	76%	
공제대상 법인세액	32,200,000	21,200,000 + 11,000,000
재해손실세액공제액	24,472,000	Min(32,200,000 × 76%, 342,000,000)

> 12,000,000 - 1,000,000

> 상실된 자산가액

1. 재해상실비율

$$\frac{450,000,000 - (50,000,000 + 58,000,000)}{450,000,000} = 76\%$$

① 재해상실비율을 산정할 때 토지가액은 제외한다.

② 타인 소유의 자산으로서 그 상실로 인한 변상책임이 당해 법인에게 있는 것만 상실대상 자산에 포함한다.

③ 법인이 재해로 인하여 수탁받은 자산을 상실하고 그 자산가액의 상당액을 보상하여 주는 경우에는 이를 재해로 인하여 상실된 자산의 가액 및 상실 전의 자산총액에 포함하되, 예금·받을어음·외상매출금 등은 당해 채권추심에 관한 증서가 멸실된 경우에도 이를 상실된 자산의 가액에 포함하지 아니한다. 이 경우 그 재해자산이 보험에 가입되어 있어 보험금을 수령하는 때에도 그 재해로 인하여 상실된 자산의 가액을 계산함에 있어서 동 보험금을 차감하지 아니한다.

2. 공제대상 법인세액

① 법인세액에는 다른 법률에 따른 공제 및 감면세액은 차감한다.

② 법인세액에는 장부의 기록·보관 불성실가산세와 무신고가산세, 과고신고(초과환급)가산세, 납부지연가산세, 원천징수 등 납부지연가산세를 포함한다.

③ 재해발생일 현재 부과되지 아니한 법인세와 부과된 법인세로서 미납된 법인세를 포함한다. 참고로 미납된 법인세를 포함하지 않아야 한다는 의견도 있으나 제외할 이유는 없다고 본다.

[물음 5]

익금산입 및 손금불산입			손금산입 및 익금불산입		
과목	금액	소득처분	과목	금액	소득처분
비지정기부금	60,000,000	기타사외유출	기계장치 A	60,000,000	유보
기계장치 A	3,666,666	유보			
감가상각비	22,895,834	유보			

1. 고가매입(기계장치 A)

특수관계인 이외의 자로부터 자산을 정당한 사유 없이 고가매입한 경우 정상가액(시가의 130%)으로 취득하고 그 차액은 비지정기부금으로 본다. 세법상 처리는 다음과 같다.

(차) 비지정기부금	60,000,000	(대) 현금	450,000,000
기계장치	390,000,000		

2. 자산감액분 세무조정

$$(22,500,000 + 5,000,000) \times \frac{60,000,000}{450,000,000} = 3,666,666$$

감가상각자산이 진부화, 물리적 손상 등에 따라 시장가치가 급격히 하락하여 법인이 기업회계기준에 따라 손상차손을 계상한 경우에는 해당 금액을 감가상각비로서 손비로 계상한 것으로 본다.

3. 감가상각 시부인

(1) 회사계상액   48,833,334   [22,500,000 + 5,000,000 − 3,666,666]

   ① 손익계산서   23,833,334

   ② 즉시상각의제   25,000,000   ---- 600만원 미달, 신규취득자산은 전기 말 가액 검토하지 않음

(2) 상각범위액   25,937,500

   ① 취득가액   390,000,000

   ② (당기)즉시상각의제   25,000,000

   ③ 감가상각누계액

   ④ 유보잔액

     소계   415,000,000

   상각률 $\times\, 0.125 \times \dfrac{6}{12}$

(3) 상각부인액(시인부족액)   22,895,834

문제 7

[물음 1]

구분	금액	비고
총상속재산가액	1,340,000,000	1,100,000,000 + 240,000,000
과세가액공제액	330,000,000	300,000,000 + 20,000,000 + 10,000,000
상속세 과세가액	1,010,000,000	1,340,000,000 − 330,000,000
상속세 과세표준	10,000,000	1,010,000,000 − (500,000,000 + 500,000,000)

1. 총상속재산
   ① 상속재산가액: 1,100,000,000(토지)
   ② 의제상속재산: 0
     ⊙ 피상속인이 부담한 보험료만 상속재산에 포함한다. 따라서 상속인이 보험료를 부담한 생명보험료는 상속재산에 포함하지 아니한다.
     ⓵ 「국민연금법」에 따라 지급되는 유족연금 또는 사망으로 인하여 지급되는 반환일시금은 상속재산으로 보지 않는다.
   ③ 추정상속재산
     300,000,000 − Min(300,000,000 × 20%, 200,000,000) = 240,000,000

2. 과세가액공제액

① 채무: 300,000,000

상환의무가 명백한 은행차입금 3억원은 채무로 공제하고 그 사용용도가 불분명한 금액을 추정상속재산에 포함한다.

② 공과금

20,000,000(소득세 미납액, 피상속인의 소득세 미납액임)

③ 장례비용

5,000,000(일반 장례비) + $\underline{Min(7,000,000, 5,000,000)}$ = 10,000,000
　　　　　　　　　　　　　└→ 봉안시설

3. 상속공제

① 일괄공제: 500,000,000

㉠ 기초공제(200,000,000)와 자녀공제(150,000,000)를 합한 금액이 일괄공제액보다 적으므로 일괄공제를 선택한다.

㉡ 피상속인의 배우자가 단독으로 상속받는 경우에는 기초공제액과 그 밖의 인적공제액의 합계액으로만 공제한다. 이때 '피상속인의 배우자가 단독으로 상속받는 경우'라 함은 피상속인의 상속인이 그 배우자 단독인 경우를 말한다. 따라서 공동상속인의 상속포기 또는 협의분할에 따라 배우자가 단독으로 상속받는 경우에는 일괄공제를 적용할 수 있다.

② 배우자공제

㉠ 배우자가 실제로 상속받은 금액: 1,100,000,000 − 320,000,000 = 780,000,000

㉡ 법정상속지분 한도

구분	금액	비고
1. 총상속재산	1,340,000,000	
2. 비과세 등	320,000,000	비과세 + 공과금 및 채무 + 과세가액불산입
3. 유증(상속인 외의 자)		
4. 사전증여재산		
5. 대상금액	1,020,000,000	
6. 법정상속지분	1.5/4.5	
7. 배우자 사전증여		
8. 한도액	340,000,000	1,020,000,000 × 1.5/4.5

㉢ 한도금액이 5억원 이하인 경우에도 최소 5억원은 공제한다.

[물음 2]

구분	금액	비고
증여재산가액	440,000,000	200,000,000 + 240,000,000
증여세 과세표준	275,000,000	

1. 증여재산가액

구분	금액	비고
토지	200,000,000	부담부증여의 경우 시가를 증여재산가액으로 하고 채무인수액을 증여세 과세가액 계산 시 차감함
부동산	–	증여세 신고기한(2024년 10월 31일) 이내 증여재산을 반환하는 경우에는 처음부터 증여가 없는 것으로 봄
저가양수	240,000,000	(400,000,000 − 40,000,000) − Min(4억원 × 30%, 3억원)

2. 증여세 과세표준

구분	금액	비고
증여재산가액	440,000,000	
채무인수액	150,000,000	
증여세 과세가액	290,000,000	440,000,000 − 150,000,000
증여재산공제	10,000,000	기타 친족은 10,000,000원을 공제함
감정평가수수료공제	5,000,000	한도: 5,000,000원
증여세 과세표준	275,000,000	

제59회 세무사 회계학 2부 / 문제

〈문제공통적용〉〈자료〉에서 다른 언급이 없는 한 조세부담 최소화를 가정하며, 금액계산의 경우 원 단위 미만에서 반올림한다. 각 문제의 물음에 대해 계산근거를 표시하여 답하시오.

문제 1

다음 자료를 바탕으로 물음에 답하시오. 각 자료는 상호 독립적이다. 같은 자료에 세무조정이 2개 이상 있는 경우 상계하지 말고 모두 표시하시오. (단, 전기까지의 세무조정은 정상적으로 처리되었으며 주어진 자료 이외의 사항은 고려하지 않는다) (30점)

〈자료 1〉
다음은 중소기업인 ㈜대한의 제24기(2024. 1. 1. ~ 2024. 12. 31.) 법인세 과세표준 및 세액계산 자료이다.

1. ㈜대한의 각사업연도소득금액은 다음과 같다.

구분	금액
당기순이익	₩400,000,000
(+) 익금산입 및 손금불산입	250,000,000
(−) 손금산입 및 익금불산입	270,000,000[*1]
각사업연도소득금액	₩380,000,000

[*1] 「조세특례제한법」 제28조의2에 규정하고 있는 중소·중견기업 설비투자자산의 감가상각비 손금산입 특례에 따라 손금산입한 금액 ₩150,000,000이 포함되어 있음

2. 세무상 이월결손금은 전액 국내원천소득에서 발생한 것으로 제12기에 발생한 ₩20,000,000과 제18기에 발생한 ₩30,000,000으로 구성되어 있다.

3. ㈜대한은 미국에 소재하는 A사와 B사에 2023년 초부터 출자하고 있으며, 당기에 지급받은 배당금 관련 내용은 다음과 같다(동 배당금은 제24기 당기순이익에 포함되어 있음). 직접 납부한 국외원천징수세액과 간접외국납부세액은 익금산입 및 손금불산입으로 세무조정되었으며, 제22기 외국납부세액 중 한도초과로 공제받지 못하여 이월된 금액 ₩2,000,000이 있다. ㈜대한은 외국자회사 배당금에 대하여 수입배당금 익금불산입 규정을 적용하지 아니한다.

구분	출자비율	수입배당금 (국외원천징수 세액 포함)	수입배당금 국외원천징수 세액	소득금액	법인세액
A사	28%	₩24,000,000	₩5,000,000	₩200,000,000	₩80,000,000
B사	5%	40,000,000	2,500,000	600,000,000	100,000,000

* A사와 B사는 해외자원개발사업을 영위하는 법인이 아님

4. 2024. 5. 10.에 발생한 화재와 관련된 자료는 다음과 같다. ㈜대한은 제23기에 대한 법인세 ₩25,000,000(납부지연가산세 ₩5,000,000 포함)을 납부하지 않고 있다.

자산	화재 전 가액	화재 후 가액	화재손실액
건물	₩500,000,000	₩300,000,000	₩200,000,000[*1]
토지	300,000,000	300,000,000	–
제품 및 상품	500,000,000	345,000,000	155,000,000[*2]
기계장치	300,000,000	200,000,000	100,000,000
계	₩1,600,000,000	₩1,145,000,000	₩455,000,000

*1 건물 소실액에 대하여 보험회사로부터 ₩150,000,000의 보험금을 수령함
*2 제품 및 상품의 화재손실액 중에는 거래처로부터 수탁받은 상품소실액 ₩60,000,000(계약상 배상 책임이 ㈜대한에 있음)이 포함되어 있음

5. 제24기에 연구 및 인력개발비 세액공제액 ₩8,000,000, 통합투자세액공제 ₩21,000,000, 장부의 기록·보관불성실가산세 ₩2,000,000, 중간예납세액 ₩12,000,000이 있다.
6. 중소기업에 대한 최저한세율은 7%이다.

[물음 1] 〈자료 1〉을 이용하여 다음 물음에 답하시오. (11점)

(1) ㈜대한의 감면 후 세액(최저한세 적용대상 조세감면 등을 적용받은 후의 세액을 말함)과 최저한세를 다음의 양식에 따라 제시하시오.

구분	금액
감면 후 세액	①
최저한세	②

(2) 최저한세로 인하여 적용 배제되는 조세감면 항목과 당기에 손금산입한 설비투자 자산에 대한 감가상각비 중 실제 손금으로 인정되는 금액을 다음의 양식에 따라 제시하시오. (단, 최저한세 적용으로 인한 조세감면의 배제는 경정 시 배제순서에 따른다)

구분	적용배제 항목 또는 금액
최저한세로 인하여 적용 배제되는 조세감면 항목	①
설비투자자산에 대한 감가상각비 중 손금인정액	②

(3) (1)에서 계산된 최저한세를 고려하여 ㈜대한의 제24기 사업연도 ① ~ ③의 금액을 다음의 양식에 따라 제시하시오.

구분	금액
간접외국납부세액	①
외국납부세액공제 한도액	②
외국납부세액공제액	③

(4) (1)에서 계산된 최저한세를 고려하여 ㈜대한의 제24기 사업연도 재해손실세액공제액을 계산하시오. (단, 재해상실비율 계산 시 소수점 첫째 자리에서 반올림한다)

(5) '(3) 및 (4)'의 정답과 관계없이 한도 내에서 공제받을 수 있는 외국납부세액공제액이 ₩3,000,000, 재해손실세액공제액이 ₩4,000,000이라고 가정할 때 ㈜대한의 제24기 사업연도 차감납부할 세액을 계산하시오.

〈자료 2〉

다음은 제조업을 영위하는 ㈜민국(중소기업 아님)의 제24기 사업연도(2024. 1. 1. ~ 2024. 12. 31.) 법인세 신고 관련 자료이다.

1. 손익계산서상 매출액은 ₩20,000,000,000(중단된 사업부문의 매출액 ₩3,000,000,000이 포함되어 있으며, ₩5,000,000,000은 특수관계인과의 거래에서 발생한 것임)이며, 관련 세부내역 중 일부는 다음과 같다.

   ① 위탁자인 ㈜민국은 수탁자가 제24기에 특수관계인 외의 자에 대하여 판매한 위탁매출액 ₩1,000,000,000을 제25기의 매출로 회계처리하였다.

   ② 영업외수익 중에는 부산물매각대금 ₩400,000,000이 포함되어 있으며, 영업외비용에는 매출할인액 ₩50,000,000이 포함되어 있다. 이는 모두 특수관계인 외의 자에 대한 것이다.

   ③ 특수관계인 외의 자에 대한 임대보증금에 대한 간주임대료 ₩80,000,000이 매출액에 포함되어 있다.

2. 해당 사업연도의 기업업무추진비 계상내역은 다음과 같다.

과목	금액
① 판매비와 관리비로 계상된 기업업무추진비	₩50,000,000
② 건설중인자산으로 계상된 기업업무추진비	5,000,000
③ 건물로 계상된 기업업무추진비	65,000,000
계	₩120,000,000

3. 손익계산서에 판매비와 관리비로 계상된 기업업무추진비의 내역은 다음과 같다.

구분	건당 3만원 이하	건당 3만원 초과	합계
신용카드매출전표 수취	₩1,000,000	₩15,000,000[*1]	₩16,000,000
세금계산서 수취	–	18,900,000[*2]	18,900,000
영수증 수취	600,000	3,400,000[*3]	4,000,000
적격증명서류 미수취	–	11,100,000[*4]	11,100,000
계	₩1,600,000	₩48,400,000	₩50,000,000

*1 신용카드사용액으로서 제25기에 결제일이 도래하는 금액 ₩1,000,000과 임원이 개인 명의 신용카드를 사용하여 거래처에 접대한 금액 ₩2,500,000이 포함되어 있음

*2 거래처에 접대목적으로 증정할 제품 구입액 ₩2,200,000(부가가치세 포함)이 포함되어 있음

*3 이 중 ₩2,400,000은 농·어민으로부터, 나머지 ₩1,000,000은 영농조합법인으로부터 직접 재화를 공급받아 거래처에 증정한 것임. ㈜민국은 그 대가를 금융회사를 통하여 지급하였으며 법인세 신고 시 송금명세서를 첨부하여 납세지 관할세무서장에게 제출할 예정임

*4 특수관계가 없는 거래처인 ㈜태백에 직접 생산한 제품(원가 ₩10,000,000, 시가 ₩11,000,000)을 접대목적으로 증정하고 다음과 같이 회계처리한 금액임

(차) 기업업무추진비	11,100,000	(대) 매출	10,000,000
		부가가치세예수금	1,100,000
(차) 매출원가	10,000,000	(대) 제품	10,000,000

4. 건물은 2024. 7. 1. 완공되었고 당기 말 현재 재무상태표상 취득원가는 ₩500,000,000이며, 회사는 당기에 ₩50,000,000의 감가상각비를 계상하였다. (신고내용연수: 20년, 신고한 감가상각방법: 정액법)

5. 수입금액에 대한 적용률은 다음과 같다.

수입금액	적용률
100억원 이하	0.3%
100억원 초과 500억원 이하	3천만원 + (수입금액 − 100억원) × 0.2%

[물음 2] 〈자료 2〉를 이용하여 다음 물음에 답하시오. (11점)

(1) ㈜민국의 제24기 사업연도 기업업무추진비 한도액 계산의 기준이 되는 수입금액과 시부인대상 기업업무추진비, 그리고 기업업무추진비 한도액을 다음의 양식에 따라 제시하시오.

구분	금액
기업업무추진비 한도액 계산상 수입금액	①
시부인대상 기업업무추진비	②
기업업무추진비 한도액	③

(2) ㈜민국의 제24기 사업연도의 세무조정을 다음의 양식에 따라 제시하시오. (단, 간주임대료에 대한 세무조정은 고려하지 않는다)

익금산입 및 손금불산입			손금산입 및 익금불산입		
과목	금액	소득처분	과목	금액	소득처분

〈자료 3〉

다음은 제조업을 영위하는 ㈜만세의 제24기 사업연도(2024. 1. 1. ~ 2024. 12. 31.) 법인세 관련 자료이다.

1. ㈜만세가 제24기에 손익계산서상 인건비로 계상한 총급여액 ₩1,150,000,000에는 다음의 금액이 포함되어 있다.

    ① 당기 중에 퇴직한 직원의 급여 ₩40,000,000

    ② 당기 중에 입사한 직원의 급여 ₩10,000,000(회사의 퇴직급여지급 규정에는 1년 미만 근속자에게도 퇴직급여를 지급하도록 규정하고 있음)

    ③ 확정기여형 퇴직연금 설정자에 대한 급여 ₩50,000,000

    ④ 임원상여금 한도초과액 ₩6,000,000

    ⑤ ㈜만세의 지배주주와 특수관계에 있는 총무과장이 동일 직위에 있는 다른 직원보다 정당한 사유 없이 초과 지급받은 급여 ₩10,000,000

2. 제24기 퇴직급여충당금 계정의 증감내역은 다음과 같다.

퇴직급여충당금 (단위: 원)

| 당기 감소액 | 260,000,000 | 기초잔액 | 800,000,000[*1] |
| 기말잔액 | 1,000,000,000 | 당기 설정액 | 460,000,000 |

*1 한도 초과로 손금불산입된 금액 ₩650,000,000이 포함되어 있음

3. 당기 중 퇴직급여 ₩260,000,000을 지급하고 회사는 다음과 같이 회계처리하였다.

| (차) 퇴직급여충당금 | 260,000,000 | (대) 퇴직연금운용자산 | 140,000,000 |
| | | 현금 | 120,000,000 |

4. 회사는 확정급여형 퇴직연금과 확정기여형 퇴직연금을 동시에 운용하고 있으며, 제24기 확정 급여형 퇴직연금과 관련된 퇴직연금운용자산의 변동내역은 다음과 같다.

퇴직연금운용자산 (단위: 원)

| 전기 이월액 | 850,000,000 | 당기 지급액 | 140,000,000 |
| 당기 증가액 | 230,000,000 | 차기 이월액 | 940,000,000 |

5. ㈜만세는 퇴직연금을 신고조정하고 있으며, 전기까지 ₩850,000,000이 손금에 산입되었다.

6. 퇴직급여추계액은 다음과 같다.
   ① 퇴직급여지급 규정에 따라 당기 말 현재 재직하는 임직원의 전원이 퇴직할 경우에 퇴직급여
   로 지급되어야 할 금액의 추계액(확정기여형 퇴직연금으로 손금에 산입된 금액 ₩30,000,000
   은 제외되어 있음)

구분		일시퇴직기준 추계액
확정급여형 퇴직연금가입자	확정급여형 퇴직연금 가입기간 추계액	₩755,000,000
	확정급여형 퇴직연금 미가입기간 추계액	25,000,000
확정급여형 퇴직연금 미가입자		40,000,000
계		₩820,000,000

   ② 「근로자퇴직급여보장법」 제16조 제1항 제1호에 따른 금액(당기 말 현재를 기준으로 산정한
   확정급여형 퇴직연금제도 가입자의 보험수리적기준 퇴직급여추계액)은 ₩820,000,000
   (확정기여형 퇴직연금으로 손금에 산입된 금액 ₩30,000,000 포함)이다.
7. 제24기 말 퇴직금전환금 잔액은 ₩8,000,000이다.

[물음 3] 〈자료 3〉을 이용하여 다음 물음에 답하시오. (8점)
   (1) ㈜만세의 당기 퇴직급여충당금 한도액과 퇴직연금 손금산입 한도액을 다음의 양
       식에 따라 제시하시오.

구분	금액
퇴직급여충당금 한도액	①
퇴직연금 손금산입 한도액	②

   (2) ㈜만세의 제24기 세무조정과 소득처분을 다음의 양식에 따라 제시하시오.

익금산입 및 손금불산입			손금산입 및 익금불산입		
과목	금액	소득처분	과목	금액	소득처분

문제 2

다음 자료를 바탕으로 물음에 답하시오. 각 자료는 상호 독립적이다. (20점)

〈자료 1〉

㈜P(연결가능모법인, 지주회사가 아님)와 ㈜S(연결가능자법인)로 구성된 연결집단은 2023년부터 연결납세방식을 적용하며, 모두 제조업을 영위하는 중소기업이다. ㈜P의 ㈜S에 대한 지분율은 100%이며, 2023년도 세무조정은 적법하게 이루어졌다. ㈜P의 제24기(2024. 1. 1. ~ 2024. 12. 31.) 사업연도와 ㈜S의 제14기(2024. 1. 1. ~ 2024. 12. 31.) 사업연도의 자료는 다음과 같다.

1. 연결집단의 재무상태표상 자산총액은 다음과 같다.

구분	2024. 12. 31.	2023. 12. 31.
㈜P의 자산총액	₩12,000,000,000	₩10,000,000,000
㈜S의 자산총액	6,000,000,000	5,000,000,000
㈜P와 ㈜S의 자산총액의 합계액[*1]	16,000,000,000	14,000,000,000

*1 연결법인 간 대여금, 매출채권, 미수금 등의 채권, 연결법인이 발행한 주식을 제거한 후의 금액임

2. ㈜P의 2024년의 손익계산서상 이자비용 ₩50,000,000은 차입금의 이자 ₩48,000,000과 현재가치할인차금상각 ₩2,000,000으로 구성되어 있으며 손금불산입금액은 없다. ㈜S의 2024년의 손익계산서상 이자비용 ₩30,000,000은 차입금의 이자로 ㈜P에게 지급한 이자 ₩10,000,000이 포함되어 있으며 손금불산입금액은 없다. ㈜S와 ㈜P 간의 차입거래에는 부당행위계산부인이 적용되지 않는다.

3. ㈜P와 ㈜S가 2024년에 수령한 수입배당금은 다음과 같다.

배당수령법인	배당지급법인	수입배당금[*2]	주식의 장부가액[*3]	주식취득일	지분율
㈜P	㈜S	₩20,000,000	₩500,000,000	2014. 1. 1.	100%
㈜P	㈜G[*1]	30,000,000	800,000,000	2023. 8. 27.	20%
㈜S	㈜G	15,000,000	400,000,000	2023. 8. 27.	10%

*1 ㈜G는 주권비상장내국법인임

*2 배당기준일은 모두 2023. 12. 31.이며, 2024년의 당기순이익에 반영되었음

*3 주식의 장부가액은 「법인세법」상 장부가액과 동일하며 2024년 중 변동 없음

4. 2024. 8. 1. ㈜P는 장부가액 ₩120,000,000의 기계를 ㈜S에게 ₩150,000,000에 매각하고 처분이익 ₩30,000,000을 2024년의 당기순이익에 반영하였다. ㈜S는 해당 기계에 대해 신고내용연수 5년, 정액법, 잔존가치 0으로 감가상각하였으며, 상각부인액은 없다.

5. 2024. 8. 27. ㈜S는 장부가액 ₩60,000,000의 금융투자상품(파생상품)을 ㈜P에게 ₩50,000,000에 매각하고 처분손실 ₩10,000,000을 2024년의 당기순이익에 반영하였다. 2024. 12. 17. ㈜P는 ㈜S로부터 양수한 금융투자상품 중 80%를 ㈜D에게 매각하였고, 20%는 2024. 12. 31. 현재 보유 중이다.

[물음 1] 〈자료 1〉을 이용하여 2024년의 연결법인별 법인세 과세표준 및 세액조정계산서에서 ①~④에 기재할 금액을 다음의 양식에 따라 제시하시오. (10점)

항목		㈜P	㈜S
1. 연결 전 각사업연도소득금액			
2. 연결법인별 연결조정항목 제거			
(1) 수입배당금액 상당액 익금불산입액 익금산입		①	
⋮			
3. 연결집단 내 연결법인 간 거래손익의 조정			
(1) 연결법인 간 자산양도소득	익금불산입		
	익금산입	②	
(2) 연결법인 간 자산양도손실	손금불산입		
	손금산입		③
⋮			
4. 연결조정항목의 연결법인별 배분액			
(1) 연결법인 수입배당금 익금불산입액			④
⋮			

〈자료 2〉

제조업을 영위하는 비상장내국법인 ㈜A는 2024. 9. 1.(합병등기일)에 동종업종을 영위하는 특수관계인이 아닌 비상장내국법인 ㈜B를 흡수합병하였다. ㈜A와 ㈜B의 사업연도는 매년 1. 1.부터 12. 31.까지이다.

1. 합병 직전 ㈜B의 재무상태표상 자본은 자본금 ₩100,000,000, 이익잉여금 ₩20,000,000으로 구성되어 있으며, 자산과 부채에 관한 자료는 다음과 같다.

구분	재무상태표상 금액	시가	유보
유동자산	₩100,000,000	₩100,000,000	
건물[1]	40,000,000	50,000,000	₩5,000,000
기타 비유동자산	200,000,000	200,000,000	
자산합계	340,000,000		
유동부채	80,000,000	80,000,000	
비유동부채	140,000,000	140,000,000	
부채합계	220,000,000		

[1] 건물의 취득일은 2019. 10. 1., 취득가액은 ₩60,000,000, 신고내용연수 및 기준내용연수는 20년, 유보는 상각부인액이며, 취득 이후 감가상각 시부인계산은 적법하게 세무처리되었다고 가정함

2. ㈜A는 합병대가로 ㈜A의 신주(액면금액 ₩120,000,000, 시가 ₩160,000,000)를 교부하였다. 합병대가 중 ₩30,000,000에 해당되는 금액은 ㈜B의 상호에 대하여 사업상 가치가 있다고 보아 지급한 대가이다. ㈜A는 합병에 대하여 다음과 같이 회계처리하였다.

(차) 유동자산	100,000,000	(대) 유동부채	80,000,000
건물	50,000,000	비유동부채	140,000,000
기타 비유동자산	200,000,000	자본금	120,000,000
영업권	30,000,000	주식발행초과금	40,000,000

3. ㈜A는 합병으로 승계한 건물의 상각범위액 계산방법으로 양도법인의 상각범위액을 승계하는 방법을 선택하였다. 합병으로 승계한 건물의 2024년 감가상각비 계상액은 ₩1,000,000이다. 합병 전 ㈜A의 기존 건물에 대한 신고내용연수는 기준내용연수와 동일한 20년이다.

4. ㈜A의 2023년의 자본금과 적립금조정명세서(을)상 자산조정계정(건물)과 합병매수차손의 기말잔액은 ₩0이다.

5. ㈜A가 대납하는 ㈜B의 법인세 등은 ₩8,000,000이다.

6. 합병 전에 ㈜B의 주식(취득가액 ₩40,000,000)을 소유하고 있던 ㈜C는 지분율(30%)에 따라 합병대가로 ㈜A의 신주(액면금액 ₩36,000,000, 시가 ₩48,000,000)를 받았다. ㈜A와 ㈜C는 특수관계가 아니다.

[물음 2] 〈자료 2〉를 이용하여 다음의 물음에 답하시오. (10점)

(1) 자료의 합병이 적격합병인 경우 ㈜A의 2024년의 자본금과 적립금조정명세서(을)상 자산조정계정(건물)의 기말잔액을 제시하시오.

(2) 자료의 합병이 적격합병인 경우 ㈜A의 2024년의 자본금과 적립금조정명세서(을)상 합병으로 승계한 건물의 상각부인액의 기말잔액을 제시하시오.

(3) 자료의 합병이 비적격합병인 경우 합병으로 인한 ㈜B의 양도손익을 제시하시오.

(4) 자료의 합병이 비적격합병인 경우 ㈜A의 2024년의 자본금과 적립금조정명세서(을)상 합병매수차손의 기말잔액을 제시하시오.

(5) 자료의 합병이 비적격합병인 경우 합병으로 인한 ㈜C의 의제배당액을 제시하시오.

문제 3

다음은 ㈜한국의 재무팀장으로 근무하는 홍길동(남성) 씨의 2024년도 소득에 관한 자료이다. 다음 자료를 바탕으로 물음에 답하시오. (원천징수대상이 되는 소득은 세법에 따라 적법하게 원천징수되었다) (30점)

〈근로소득자료〉

구분	금액	비고
기본급	₩50,400,000	월 ₩4,200,000
상여금	28,000,000	연 4회 매회 ₩7,000,000
직책수당	3,600,000	월 ₩300,000
식대보조금	2,400,000	㈜한국은 직원들에게 별도의 식사를 제공함
자가운전보조금	2,400,000	월 ₩200,000 홍길동 씨 본인의 소유차량을 업무수행에 이용하였으며, 출장 등에 실제로 소요된 여비를 지급받는 대신 ㈜한국의 지급기준에 따라 지급받은 금액임
연장근로수당	2,000,000	
연월차수당	1,200,000	
계	₩90,000,000	

〈종합소득공제 및 세액공제자료〉

1. 인적공제자료

가족	나이(만)	소득	비고
모친	73세	–	2024. 12. 3. 사망
본인	54세	〈근로소득자료〉 참조	
배우자	50세	총급여액 ₩5,000,000	장애인
장녀	23세	–	–
장남	20세	–	–
차남	16세	사업소득금액 ₩2,500,000	장애인

* 위의 가족은 모두 2024년도 과세연도 종료일 현재(모친은 사망일 전일 현재) 생계를 같이하고 있으며, 나이는 2024년도 과세연도 종료일 현재(모친은 사망일 전일 현재)의 상황에 의한 것임

2. 2024년도 과세기간 홍길동 씨는 「국민연금법」에 따라 연금보험료 ₩2,000,000을 납부하였다.

3. 보험료 지급명세

종류	금액
건강보험료	₩200,000
고용보험료	100,000
생명보험료	1,500,000
계	₩1,800,000

* 위의 건강보험료와 고용보험료는 사용자 부담분 50%를 제외하고 「국민건강보험법」 및 「고용보험법」에 따라 본인이 실제로 부담한 나머지 50%에 해당하는 금액이며, 생명보험료는 배우자를 피보험자로 하는 생명보험의 보험료(장애인전용보험에 해당하지 않음)로 동 보험의 만기환급금은 납입보험료를 초과하지 않음

4. 홍길동 씨는 무주택자로 2016년 1월 1일 이후에 주택청약종합저축에 가입하여 해당 과세기간에 ₩2,200,000을 납입하였다.

5. 홍길동 씨의 소득공제대상 신용카드 등 사용금액의 연간 합계액은 다음과 같다. 2024년 신용카드 등 사용금액은 2023년 신용카드 등 사용금액의 105%를 초과하지 않는다.

구분	신용카드	직불카드	현금영수증	계
전통시장사용분	₩2,000,000	₩100,000	₩600,000	₩2,700,000
대중교통이용분	200,000	10,000	–	210,000
도서·신문·공연·박물관·미술관 사용분	–	–	–	–
위 이외의 사용분	21,000,000	1,200,000	1,300,000	23,500,000
계	₩23,200,000	₩1,310,000	₩1,900,000	₩26,410,000

6. 의료비 지급명세

구분	금액
본인의 정밀건강진단비	₩400,000
본인의 치료를 위한 한약 구입비	500,000
모친의 입원치료비 및 의약품 구입비	1,200,000
장남의 입원치료비 및 의약품 구입비	12,000,000
계	₩14,100,000

7. 교육비 지급명세

구분	금액
본인의 야간대학 등록금	₩7,000,000
장남의 대학 등록금	12,000,000
계	₩19,000,000

〈근로소득공제자료, 기본세율자료〉

1. 근로소득공제자료

총급여액	공제액
500만원 이하	총급여액 × 70%
500만원 초과 1,500만원 이하	350만원 + (총급여액 − 500만원) × 40%
1,500만원 초과 4,500만원 이하	750만원 + (총급여액 − 1,500만원) × 15%
4,500만원 초과 1억원 이하	1,200만원 + (총급여액 − 4,500만원) × 5%
1억원 초과	1,475만원 + (총급여액 − 1억원) × 2%

2. 기본세율자료

과세표준	세율
1,400만원 이하	과세표준 × 6%
1,400만원 초과 5,000만원 이하	840,000 + 1,400만원 초과금액 × 15%
5,000만원 초과 8,800만원 이하	6,240,000 + 5,000만원 초과금액 × 24%
8,800만원 초과 1억 5천만원 이하	15,360,000 + 8,800만원 초과금액 × 35%
1억 5천만원 초과 3억원 이하	37,060,000 + 1억 5천만원 초과금액 × 38%
3억원 초과 5억원 이하	94,060,000 + 3억원 초과금액 × 40%
5억원 초과 10억원 이하	174,060,000 + 5억원 초과금액 × 42%
10억원 초과	384,060,000 + 10억원 초과금액 × 45%

[물음 1] 다음은 홍길동 씨에 대한 ㈜한국의 연말정산 신고서이다. 다음의 양식에 따라 ① ~ ⑫의 금액을 제시하시오. (금액이 ₩0인 경우 ₩0으로 표기한다) (26점)

항목				금액
총급여액				①
근로소득공제				②
근로소득금액				
종합 소득 공제	기본공제	본인공제		③
		배우자공제		
		부양가족공제		
	추가공제	경로우대공제		④
		장애인공제		
	연금보험료공제			⑤
	특별소득공제	보험료공제	건강보험료	
			고용보험료	
		주택자금소득공제	주택청약종합저축	⑥
	신용카드 등 사용금액에 대한 소득공제			⑦
소득공제 종합한도 초과액				₩0
종합소득 과세표준				
산출세액				
세액 공제	근로소득세액공제			₩500,000
	자녀세액공제			⑧
	특별세액공제	항목별 세액공제	보장성 보험료 세액공제	⑨
			의료비세액공제	⑩
			교육비세액공제	⑪
결정세액				⑫

[물음 2] 홍길동 씨는 2024년도의 근로소득에 대한 연말정산을 적법하게 하였다. 추가적으로 2024년도에 발생한 기타소득금액 ₩20,000,000(20% 세율로 적법하게 원천징수가 이루어짐)으로 인하여 종합소득신고를 하여야 한다. 다음은 2024년도 종합소득세 확정신고 시 자진 납부할 세액(또는 환급세액)을 계산하기 위한 자료이다. 다음의 양식에 따라 ① ~ ③의 금액을 제시하시오. (단, 근로소득에 대한 연말정산 시 결정세액은 ₩4,000,000으로 가정한다) (4점)

항목		금액
근로소득금액		₩70,000,000
기타소득금액		
종합소득금액		
종합소득 공제	기본공제	3,000,000
	추가공제	3,000,000
	연금보험료공제	3,000,000
	특별소득공제	3,000,000
	신용카드 등 사용금액에 대한 소득공제	3,000,000
소득공제 종합한도 초과액		0
종합소득 과세표준		
산출세액		
세액공제		3,000,000
결정세액		①
기납부세액		②
납부할 세액(환급받을 세액)		③

문제 4

다음 자료를 바탕으로 물음에 답하시오. 각 자료는 상호 독립적이다. (20점)

〈자료 1〉

다음은 기계장비제조업을 영위하는 일반과세자인 ㈜대한의 2024년 제2기 부가가치세 과세기간 최종 3개월(2024. 10. 1. ~ 2024. 12. 31.)의 거래자료이다. (단, 제시된 자료는 별도의 언급이 없는 한 부가가치세가 포함되지 아니한 금액이며, 세금계산서는 공급시기에 적법하게 발급된 것으로 가정한다)

1. 2024. 10. 1.에 특수관계인인 ㈜민국에게 제품 A를 ₩10,000,000에 판매하였다. 동 제품의 시가는 ₩7,000,000이다.

2. 2024. 11. 1.에 제품 B(시가 ₩20,000,000, 원가 ₩16,000,000)가 거래처에 운송도중 운송회사의 과실로 파손되어 ₩14,000,000의 손해배상금을 수령하였다. 동 제품은 2024. 12. 31. 현재 회사 창고에서 수선대기 중에 있다.

3. 2024. 12. 20.에 국내 수출업자 K사에 내국신용장에 의하여 $100,000의 제품 C를 인도하였다. 대금 중 $50,000는 2024. 12. 10.에 수령하여 당일 ₩60,500,000으로 환전하였으며, 나머지 $50,000는 2024. 12. 31.에 수령하였다. 내국신용장은 2024. 12. 15.에 개설되었으며, K사의 수출선적일은 2024. 12. 30.이다.

구분	2024. 12. 10. (계약일)	2024. 12. 15. (내국신용장 개설일)	2024. 12. 20. (인도일)	2024. 12. 30. (선적일)	2024. 12. 31. (잔금수령일)
기준환율 (₩/$)	1,220	1,250	1,300	1,350	1,360

4. 2024. 12. 15.에 거래처의 주문을 받아 제품 D를 생산하여 인도하기로 하고 계약을 체결하였다. 계약상 대금수령조건은 다음과 같으며, 제품 D의 인도일은 잔금수령약정일과 같다.

구분	대금수령약정일	금액
계약금	2024. 12. 15.	₩15,000,000
잔금	2025. 12. 25.	₩15,000,000

5. 2024. 12. 30.에 거래처에 제품 E(판매가액: ₩80,000,000)를 6개월 이내 대금결제조건으로 외상판매하고 동 제품을 인도하였다. 거래처가 2025. 1. 6.에 약정기일보다 조기에 외상대금을 변제하였으므로 ₩3,000,000을 할인하고 ₩77,000,000을 수령하였다.

6. ㈜대한은 2024년 중 생산한 제품 F를 수입자 검수조건부로 다음과 같이 직수출하였다. 총공급가액은 $40,000이며, 계약금 $20,000은 계약일에 지급받아 당일 ₩24,000,000으로 환전하였고, 잔금 $20,000은 수입자검수일에 지급받았다. 제품 F의 수출선적일은 2024. 12. 20.이다.

구분	2024. 12. 1. (계약일)	2024. 12. 20. (선적일)	2025. 1. 5. (수입자검수일)
대금수령	$20,000	–	$20,000
기준환율(₩/ $)	1,210	1,300	1,380

7. 2024. 12. 1.에 거래처에 제품 G를 생산하여 판매하는 계약을 체결하였다. 계약상 대금수령 조건은 다음과 같으며, 제품 G는 2025. 6. 20.에 인도하는 것으로 약정되어 있다.

구분	계약일(2024. 12. 1.)	중도금(2025. 3. 1.)	잔금(2025. 7. 1.)
대금수령	₩20,000,000	₩20,000,000	₩20,000,000

8. 2024. 6. 1.에 ㈜대한은 다음과 같이 대금을 수령하는 조건으로 제품 H를 생산하여 판매하는 계약을 거래처와 체결한 바 있다. 계약상 제품 H는 잔금수령과 동시에 인도하는 조건이며, 대금은 약정일에 모두 수령하였다. 그러나 ㈜대한은 2024. 12. 30.에 매수자인 거래처와 협의하여 당일 제품 H를 조기 인도하였다.

구분	계약금(2024. 6. 1.)	중도금(2024. 10. 1.)	잔금(2025. 1. 20.)
대금수령	₩15,000,000	₩15,000,000	₩15,000,000

9. 2024. 11. 20.에 거래처에 제품 I를 판매하는 계약을 체결하고 동 제품을 인도하였다. 대금 ₩36,000,000은 2024. 12. 1.부터 매달 초일에 ₩3,000,000씩 총 12회에 걸쳐 수령하기로 약정하였다.

[물음 1] 〈자료 1〉을 이용하여 ㈜대한의 2024년 제2기 부가가치세 과세기간 최종 3개월 (2024. 10. 1. ~ 2024. 12. 31.)의 부가가치세 과세표준과 매출세액을 다음의 양식에 따라 제시하시오. (단, 해당 란의 금액이 없는 경우 '0'으로 표기하시오) (10점)

〈자료 1〉의 항목번호	과세표준	매출세액
1		
…		
9		
합계		

〈자료 2〉

다음은 과세사업(과일통조림 제조판매사업)과 면세사업(과일판매사업)을 겸영하는 ㈜한국(중소기업)의 2024년 부가가치세 관련 자료이다. ㈜한국은 2017. 1. 1.에 설립되었으며, 설립연도부터 과일통조림 제조업을 영위하고 있다. (단, 세부담 최소화를 가정하고 별도의 언급이 없는 한 세금계산서 및 계산서는 적법하게 발급 및 수취한 것으로 가정한다)

1. 과세기간별 공급가액

(단위: 원)

구분	2024년 제1기	2024년 제2기		
		7. 1. ~ 9. 30.	10. 1. ~ 12. 31.	계
과세사업	187,200,000	291,200,000	395,200,000	686,400,000
면세사업	62,400,000	156,800,000	196,800,000	353,600,000
계	249,600,000	448,000,000	592,000,000	1,040,000,000

2. 세금계산서 수취분 매입세액(2024년 제2기)

(단위: 원)

구분	2024. 7. 1. ~ 2024. 9. 30.	2024. 10. 1. ~ 2024. 12. 31.	계
과세사업	18,000,000[*1]	22,000,000	40,000,000
면세사업	7,000,000	11,000,000	18,000,000
공통매입세액 1[*2]	6,000,000	9,000,000	15,000,000
공통매입세액 2[*3]	10,000,000	12,000,000	22,000,000
계	41,000,000	54,000,000	95,000,000

[*1] 기업업무추진비 관련 매입세액 ₩2,000,000이 포함되어 있음

[*2] 공통매입세액 1은 과세사업과 면세사업의 공통매입세액으로서 실지귀속을 확인할 수 없음

[*3] 공통매입세액 2는 면세사업용 과일을 보관하기 위하여 2024. 7. 10. 착공하여 2024. 12. 25. 완공한 저온창고 신축 관련 매입세액임. ㈜한국은 저온창고 시설 중 일부를 타업체에 임대할 예정임. 저온창고 신축 관련 매입세액은 제2기 예정신고 시에는 예정사용면적(과일판매사업: 300m^2, 임대사업: 200m^2)으로 안분계산하였으나 2024. 12. 31.에 실제사용면적(과일판매사업: 350m^2, 임대사업: 150m^2)이 확정되었음

3. 2024년 중 과세사업(과일통조림 제조판매사업)과 면세사업(과일판매사업)에 사용될 면세농산물인 과일의 매입과 사용내역은 다음과 같으며, 의제매입세액 공제요건을 충족한다. 2023년 제2기 과세기간에서 이월된 과일의 재고는 없으며, 2024년 제1기 과세기간확정신고는 적정하게 이루어졌다. ㈜대한은 「부가가치세법 시행령」 제84조 제3항에 의한 매입시기 집중 제조업 면세농산물 등 의제매입세액 공제 대상에 해당한다. (단, 의제매입세액 공제율은 4/104이며, 의제매입세액 공제한도의 기준금액은 과세표준의 100분의 50에 해당하는 금액으로 가정한다)

(단위: 원)

구분	매입	사용		기간말일 재고[*1]
		과일통조림원료	과일판매	
2024년 제1기 과세기간 (1. 1. ~ 6. 30.)	140,000,000	104,000,000	36,000,000	–
2024년 제2기 예정신고기간 (7. 1. ~ 9. 30.)	230,000,000	118,300,000	61,700,000	50,000,000
2024년 제2기 확정신고기간 (10. 1. ~ 12. 31.)	258,900,000	198,900,000	110,000,000	–
계	628,900,000	421,200,000	207,700,000	

[*1] 과세사업과 면세사업에 대한 실지귀속을 확인할 수 없음

4. ㈜한국은 과일판매사업에만 사용하던 운반용 트럭을 2024. 7. 1.부터 과일통조림 제조판매사업에도 함께 사용하기 시작하였다. 동 트럭은 2023. 6. 1.에 취득하였으며, 취득 시 공급가액은 ₩60,000,000(2024. 7. 1. 현재 장부가액 ₩44,000,000)이며 매입세액불공제되었다.

[물음 2] 〈자료 2〉를 이용하여 ㈜한국의 2024년 제2기 부가가치세 예정신고 시와 확정신고 시, ①~④의 금액을 다음의 양식에 따라 제시하시오. (8점)

구분	예정신고 시	확정신고 시
(1) 세금계산서 수취분 매입세액	₩41,000,000	₩54,000,000
(2) 그 밖의 공제매입세액	①	③
(3) 공제받지 못할 매입세액	②	④
(4) 매입세액 공제액: (1) + (2) − (3)		

〈자료 3〉

개인사업자 甲은 음식점업(부가가치율 15%)과 숙박업(부가가치율 25%)을 겸영하는 간이과세자
이다. 다음은 간이과세자 甲의 2024년 과세기간(2024. 1. 1. ~ 2024. 12. 31.)의 부가가치세
관련 자료이다. (단, 甲은 세금계산서 발급의무자에 해당하지 아니한다)

1. 과세기간 중 사업별 공급대가

구분	공급대가	공급대가 중 신용카드 매출전표 발행금액
음식점업	₩42,000,000	₩15,000,000
숙박업	28,000,000	10,000,000
계	₩70,000,000	₩25,000,000

2. 음식점업과 숙박업에 공통으로 사용하던 비품을 공급대가 ₩5,000,000에 매각하였다.

3. 과세기간 중 세금계산서 수취분 매입내역

구분	공급가액	부가가치세액	비고
음식점업	₩15,000,000	₩1,500,000	공급가액 중 ₩1,000,000(부가가치세액 ₩100,000)은 개별소비세 과세대상 5인승 승용자동차의 유지에 관한 지출분임
숙박업	5,000,000	500,000	
계	₩20,000,000	₩2,000,000	

4. 예정부과기간에 대한 고지납부세액은 없다.

5. 개인사업자 甲은 직접 전자신고의 방법으로 신고하기로 한다.

[물음 3] 〈자료 3〉을 이용하여 개인사업자 甲의 2024년 부가가치세 차가감납부세액(지방소비
세 포함)을 계산하시오. (2점)

문제 1

[물음 1]

(1) 감면 후 세액과 최저한세

구분	금액
감면 후 세액	25,500,000
최저한세	35,000,000

구분	감면 후 세액	최저한세 계산	재계산
1. 각사업연도소득금액	380,000,000		
2. 이월결손금	(−)30,000,000		
3. 과세표준	350,000,000	500,000,000	400,000,000
× 세율	9%, 19%	7%	9%, 19%
4. 산출세액	46,500,000	35,000,000	56,000,000
5. 통합투자세액공제(ㄱ)	(−)21,000,000		(−)21,000,000
6. 감면 후 세액	25,500,000		35,000,000

2020. 12. 31. 이전 개시 사업연도에서 발생한 이월결손금은 10년을 공제기간으로 한다. 따라서 12기(2012년) 사업연도에 발생한 이월결손금은 과세표준 계산 시 공제하지 아니한다.

(2) 최저한세 적용으로 배제되는 조세감면 항목

구분	적용배제 항목 또는 금액
최저한세로 인하여 적용 배제되는 조세감면 항목	설비투자자산의 감가상각비 손금산입
설비투자자산에 대한 감가상각비 중 손금인정액	100,000,000

① 배제세액: 35,000,000 − 25,500,000 = 9,500,000
② 손금배제액: 9,500,000 ÷ 19% = 50,000,000

(3) 외국납부세액공제

구분	금액
간접외국납부세액	16,000,000
외국납부세액공제 한도액	11,200,000
외국납부세액공제액	11,200,000

1. 간접외국납부세액공제액

$$80,000,000 \times \frac{24,000,000}{200,000,000 - 80,000,000} = 16,000,000$$

간접외국납부세액공제를 적용받기 위해서는 외국자회사의 의결권 있는 지분의 10%(해외자원개발사업을 하는 외국자회사는 5%) 이상을 보유하여야 한다. 따라서 외국자회사 B로부터 수령한 배당금은 간접외국납부세액공제대상이 아니다.

2. 외국납부세액

① 직접외국납부세액(원천징수세액): 2,000,000(이월액) + 5,000,000 + 2,500,000 = 9,500,000

② 간접외국납부세액: 16,000,000

③ 외국납부세액: 9,500,000 + 16,000,000 = 25,500,000

3. 외국납부세액공제 한도액

재계산된 산출세액

$$56,000,000 \times \frac{[(24,000,000 + 16,000,000) + 40,000,000]}{400,000,000} = 11,200,000$$

재계산된 과세표준

외국납부세액은 국가별로 한도를 계산한다. A사와 B사 모두 미국에 소재하므로 A사와 B사의 소득을 합하여 국외원천소득으로 계산한다.

(4) 재해손실세액공제

1. 재해상실비율

$$\frac{455,000,000(\text{화재손실액, 보험금 차감하지 않고, 배상책임 있는 상품 소실액 포함})}{1,300,000,000(\text{토지 제외})} = 35\% \geq 20\%$$

2. 재해손실세액공제액

(1) 공제액: ① + ② = 18,900,000

   ① 25,000,000 × 35% = 8,750,000

   ② (56,000,000 − 29,000,000 + 2,000,000) × 35% = 10,150,000

      └▶산출세액　　└▶「법인세법」 이외의 세액공제 · 감면(21,000,000 + 8,000,000)

(2) 한도액: 455,000,000(상실된 재산가액)

법인세액에는 장부의 기록 · 보관 불성실가산세, 무신고가산세, 과소신고 · 초과환급지연가산세, 납부지연가산세, 원천징수 등 납부지연가산세를 포함하는 것으로 한다.

3. 재해손실세액공제 대상 법인세

① 재해발생일 현재 부과되지 아니한 법인세와 부과된 법인세로서 미납된 법인세

② 재해발생일이 속하는 사업연도의 소득에 대한 법인세

이 중 '재해발생일 현재 부과되지 아니한 법인세'는 재해발생일 현재 과세기간 종료로 납세의무는 성립하였으나 과세표준 신고기한이 경과하지 아니한 것을 의미한다. 예를 들면, ×2년 법인세 신고 전에 발생한 ×1년 귀속 법인세를 말한다. '재해발생일 현재 부과된 법인세로서 미납된 법인세'는 재해발생일 현재 세무조사를 받아 경정통지를 받았으나 납부하지 못한 법인세 또는 신고는 하였으나 납부하지 못한 법인세를 말한다.

납세지 관할 세무서장은 ①의 법인세(신고기한이 지나지 아니한 것은 제외)에 대한 공제신청을 받으면 그 공제세액을 결정하여 해당 법인에 알려야 한다. 문제에서 제24기 사업연도 재해손실세액공제액을 요구하고 있으므로 ①에 해당하는 법인세는 포함하지 않는다고 볼 여지가 있다. 그러나 재해발생일 현재 납부하고 있지 아니한 점(즉, 제23기 법인세 신고와 함께 공제를 신청한 것이 아님)을 미루어 볼 때 제24기 사업연도라고 표시한 것이 ①에 해당하는 법인세를 제외하고 풀이하라는 뜻으로 보기는 어려울 것으로 판단된다.

(5) 차감납부할 세액

1. 총부담세액

   35,000,000 − 8,000,000(연구·인력개발비 세액공제) − 3,000,000(외국납부세액공제) − 4,000,000(재해손실세액공제) + 2,000,000(가산세) = 22,000,000

2. 차감납부할 세액

   22,000,000 − 12,000,000(기납부세액) = **10,000,000**

[물음 2]

(1)

구분	금액	비고
기업업무추진비 한도액 계산상 수입금액	21,260,000,000	16,260,000,000 + 5,000,000,000
시부인대상 기업업무추진비	117,500,000	120,000,000 − 3,500,000 + 1,000,000
기업업무추진비 한도액	55,520,000	

1. 수입금액

   ① 일반수입금액

   20,000,000,000 − 5,000,000,000(특수관계인 매출액) + 1,000,000,000(위탁매출) + 400,000,000(부산물매각대금) − 50,000,000(매출할인액) − 80,000,000(간주임대료) − 10,000,000(현물기업업무추진비) = 16,260,000,000

   ② 특정수입금액: 5,000,000,000

   ㉠ 중단사업부분의 매출액은 수입금액에 포함한다. 매출액에 이미 포함되어 있으므로 별도로 조정하지 않는다.

   ㉡ 기업회계기준상 매출액에 해당하는 금액을 법인이 손익계산서에 매출액으로 계상하지 아니한 경우에는 세무조정 후 금액이 기업회계기준상 매출액에 해당하는 금액이 되므로 세무조정으로 익금산입한 금액을 기업업무추진비 한도액 계산의 기준이 되는 수입금액에 포함해야 한다. 제24기 매출액으로 회계처리하여야 할 수탁자 판매분 매출액은 수입금액에 포함하여야 한다.

   ㉢ 부산물매각대는 수입금액에 포함하고, 매출할인액은 매출액에서 차감하여야 한다.

   ㉣ 간주임대료는 기업회계기준상 매출액이 아니므로 수입금액에서 제외하여야 한다.

   ㉤ 기업회계기준상 현물접대의 경우 매출원가 조정항목(타계정대체로 처리)이므로 매출액에 가산한 금액은 다시 차감하여야 한다.

2. 시부인대상 기업업무추진비

① 직부인(법정증명서류 미수취)

[손금불산입]	법정증명서류 미수취	2,500,000	기타사외유출

신용카드 등은 해당 법인의 명의로 발급받은 것에 한하여 법정증명서류로 인정한다. 따라서 임직원명의의 신용카드를 사용한 경우는 법정증명서류를 수취한 것으로 보지 않는다.

② 미지급기업업무추진비

기업업무추진비를 신용카드로 결제하는 경우에도 실제로 접대행위를 한 사업연도의 기업업무추진비로 보아야 하며 대금청구일 등이 속하는 사업연도의 기업업무추진비로 보면 안 된다.

③ 현물기업업무추진비

[손금불산입]	법정증명서류 미수취	1,000,000	기타사외유출

㉠ 현물기업업무추진비는 법인이 직접 생산한 제품을 제공하는 것을 말하므로, 제품을 구입한 것은 현물기업업무추진비에 해당하지 않는다. 따라서 적격증빙을 수취하여야 한다. 제품 구입 시 발생한 부가가치세는 기업업무추진비에 포함한다. 문제에서 '증정할 제품 구입액'이라고 표현한 것이 기말재고로 남아 있는지는 불분명하다. 당기 구입하여 제공한 것으로 간주하고 풀이하였다.

㉡ 지출사실이 명백한 것으로 농·어민으로부터 직접 재화를 공급받은 것은 적격증빙수취의무를 면제한다. 다만, 법인은 제외하므로 영농조합법인으로부터 직접 공급받은 것은 적격증빙을 수취하여야 한다.

㉢ 현물기업업무추진비는 시가와 장부가액 중 큰 금액으로 접대한 것으로 본다. 따라서 시가와 원가 차액을 기업업무추진비 해당액에 포함하여야 한다.

3. 기업업무추진비 한도액

$$12,000,000 + \begin{bmatrix} \text{일반} & 100억원 \times 0.3\% + 6,260,000,000 \times 0.2\% \\ \text{특정} & 5,000,000,000 \times 0.2\% \times 10\% \end{bmatrix} = 55,520,000$$

(2)

익금산입 및 손금불산입			손금산입 및 익금불산입		
과목	금액	소득처분	과목	금액	소득처분
매출채권	1,000,000,000	유보	건설중인자산	5,000,000	△유보
적격증빙미수취	3,500,000	기타사외유출	건물	9,480,000	△유보
기업업무추진비 한도초과	61,980,000	기타사외유출			
건물(자산감액)	948,000	유보			
건물(감가상각비)	36,789,000	유보			

1. 기업업무추진비 한도초과액 및 자산조정

50,000,000 - 3,500,000 + 1,000,000

구분	기업업무추진비 해당액	한도초과액	자산조정
1. 판매비와 관리비	47,500,000	47,500,000	
2. 건설중인자산	5,000,000	5,000,000	△5,000,000
3. 건물	65,000,000	9,480,000	△9,480,000
합계	117,500,000	61,980,000	

117,500,000 - 55,520,000

2. 감가상각비 세무조정
① 1단계(자산감액분 조정)

$$50,000,000 \times \frac{9,480,000}{500,000,000} = 948,000$$

② 2단계(시부인 계산)

구분	금액	비고
1. 회사계상액	49,052,000	$50,000,000 - 948,000$
2. 상각범위액	12,263,000	$(500,000,000 - 9,480,000) \times 0.05 \times \dfrac{6}{12}$
3. 상각부인액	36,789,000	

[물음 3]

(1)

구분	금액
① 퇴직급여충당금 한도액	0
② 퇴직연금 손금산입 한도액	115,000,000

1. 퇴직급여충당금 한도액: Min[①, ②] = 0
   ① 총급여액 기준

   $(1,150,000,000 - 40,000,000 - 50,000,000 - 6,000,000 - 10,000,000) \times 5\% = 52,200,000$

   ② 추계액 기준: ㉠ − ㉡ + ㉢ = △22,000,000 < 0 → '0'으로 본다.
   ㉠ 추계액: Max[820,000,000, 855,000,000] × 0% = 0
   $\quad\quad\quad\quad\quad\quad\quad\quad\quad$ ↳ $820,000,000 - 30,000,000 + 25,000,000 + 40,000,000$
   ㉡ 세무상 퇴직급여충당금 설정 전 잔액

   $(800,000,000 - 510,000,000) - 260,000,000 = 30,000,000 \to$ if < 0(손금산입)
   $\quad\quad\quad\quad\quad\quad$ ↳ $650,000,000 - 140,000,000$
   ㉢ 퇴직금전환금: 8,000,000

2. 총급여액에 포함 여부
   당기 말 현재 퇴직급여를 지급할 의무(정관을 기준으로 함)가 있는 임직원에 대한 급여를 포함한다. 퇴직한 직원의 급여와 확정기여형 퇴직연금 설정자에 대한 급여, 손금불산입된 급여는 제외한다.

3. 일시퇴직기준에 의한 추계액
   해당 사업연도 종료일 현재 재직하는 임원 또는 직원의 전원이 퇴직할 경우에 퇴직급여로 지급되어야 할 금액의 추계액을 말한다. 다만, 확정기여형 퇴직연금으로서 손금에 산입한 금액은 제외한다.

4. 보험수리적기준에 의한 추계액
   퇴직연금의 손금산입 한도를 보험수리적기준에 의한 추계액 기준에 따라 산정함에 있어 퇴직급여 손금불산입액은 제외하도록 하는 한편, 퇴직연금 미가입자가 있는 경우 그 미가입분(퇴직연금 가입자 중 퇴직연금 미가입기간이 있는 경우 그 미가입기간분도 포함)에 대해서는 일시퇴직기준을 적용하여 추계액을 산정하도록 한다. 다만, 확정기여형 퇴직연금으로서 손금에 산입한 금액은 제외한다.

5. 퇴직급여충당금 한도초과액

    $460,000,000 - 0 = 460,000,000$

6. 퇴직연금충당금 한도액: Min(A, B) = 115,000,000

구분	추계액 기준(A)	운용자산 기준(B)
① 퇴직급여추계액(운용자산)	855,000,000	940,000,000
② 세무상 퇴직급여충당금 잔액	(−)30,000,000	
③ 퇴직연금충당금 설정 전 잔액	(−)710,000,000	(−)710,000,000
한도액	115,000,000	230,000,000

    ② 세무상 퇴직급여충당금 기말잔액

    $1,000,000,000 - (\underbrace{650,000,000 - 140,000,000 + 460,000,000}_{\text{퇴직급여충당금 세무조정 완료 후}}) = 30,000,000$

    ③ 퇴직연금충당금 설정 전 잔액: $850,000,000 - 140,000,000 = 710,000,000$

(2)

익금산입 및 손금불산입			손금산입 및 익금불산입		
과목	금액	소득처분	과목	금액	소득처분
임원상여 한도초과	6,000,000	상여	퇴직급여충당금	140,000,000	△유보
과다보수 지급액	10,000,000	상여	퇴직연금충당금	115,000,000	△유보
퇴직급여충당금	460,000,000	유보			
퇴직연금충당금	140,000,000	유보			

1. 퇴직급여 지급 시

(차) 퇴직급여충당금	140,000,000	(대) 퇴직연금운용자산	140,000,000

    퇴직연금운용자산으로 지급된 퇴직금은 퇴직연금충당금과 먼저 상계하여야 한다. 따라서 신고조정으로 손금
산입한 퇴직연금충당금을 퇴직급여충당금과 상계한 부분은 익금산입(퇴직연금충당금)하고 동시에 손금산입
(퇴직연금충당금)하여야 한다.

2. 유보정리

구분	기초잔액	감소	증가	기말잔액
퇴직급여충당금	650,000,000	140,000,000	460,000,000	970,000,000
퇴직연금충당금	△850,000,000	△140,000,000	△115,000,000	△825,000,000

[물음 1]

항목	금액	비고
① 수입배당금액 상당액 익금불산입액 익금산입	39,440,000	18,000,000 + 21,440,000
② 연결법인 간 자산양도소득 익금산입	2,500,000	$30,000,000 \times 0.2 \times \dfrac{5}{12}$
③ 연결법인 간 자산양도손실 손금산입	8,000,000	10,000,000 × 80%
④ 연결법인 수입배당금 익금불산입액	10,640,000	$31,920,000 \times \dfrac{10\%}{30\%}$

1. 수입배당금액 상당액 익금불산입
   ① ㈜P의 수입배당금액 상당액 익금불산입
      ㉠ ㈜S로부터 수입배당금 익금불산입
      $$20,000,000 \times 100\% - 48,000,000 \times \frac{500,000,000}{12,000,000,000} \times 100\% = \mathbf{18,000,000}$$
      ㉡ ㈜G로부터 수입배당금 익금불산입
      $$30,000,000 \times 80\% - 48,000,000 \times \frac{800,000,000}{12,000,000,000} \times 80\% - \mathbf{21,440,000}$$
   ② ㈜S의 수입배당금액 상당액 익금불산입
      $$15,000,000 \times 30\% - 30,000,000 \times \frac{400,000,000}{6,000,000,000} \times 30\% = \mathbf{3,900,000}$$

2. ㈜P의 연결법인 간 자산양도소득 익금산입
   토지, 건축물, 금융투자상품을 제외한 자산은 거래건별로 장부가액이 1억원 이하인 경우 양도손익을 이연하지 않고 즉시 인식할 수 있다. 기계장치는 장부가액이 1억원을 초과하므로 처분이익을 익금불산입하고, 내용연수에 따라 이연하여 익금산입하여야 한다.

   $$\text{양도소득 또는 양도손실} \times \frac{\text{감가상각액}}{\text{양수법인의 장부가액}} = 30,000,000 \times \frac{12,500,000}{150,000,000}$$

   (감가상각액: $150,000,000 \times 1/5 \times 5/12$)

3. ㈜S의 연결법인 간 자산양도손실 손금산입
   양도손익이연자산을 양도(다른 연결법인에 양도하는 경우를 포함)하는 경우 다음 금액을 익금산입 또는 손금산입한다.

   $$\text{양도소득 또는 양도손실} \times \text{양도손익이연자산의 양도비율}$$

4. ㈜G에 대한 수입배당금 익금불산입액

$$45,000,000 \times 80\% - 68,000,000 \times \frac{1,200,000,000}{16,000,000,000} \times 80\% = 31,920,000$$

구분	전체	㈜P	㈜S
수입배당금	45,000,000	30,000,000	15,000,000
지급이자	68,000,000	48,000,000	20,000,000
주식	1,200,000,000	800,000,000	400,000,000
자산	16,000,000,000		
익금불산입 배분	31,920,000	21,280,000	10,640,000

① 출자비율은 각 연결법인이 수입배당금을 지급한 내국법인에 출자한 비율을 더하여 계산한다.
② 차입금 및 차입금의 이자는 각 연결법인의 차입금 및 차입금의 이자를 더하여 계산하되, 연결법인 간 차입금 및 차입금의 이자(해당 차입거래에 대하여 부당행위계산부인이 적용되는 경우를 제외함)를 뺀 금액으로 한다.
③ 재무상태표상 자산총액은 각 연결법인의 재무상태표상 자산총액의 합계액(연결법인 간 대여금, 매출채권, 미수금 등의 채권이나 연결법인이 발행한 주식을 제거한 후의 금액을 말함)으로 한다.

[물음 2]

(1) 자산조정계정(건물)의 잔액

1. 자산조정계정(합병등기일)

   $50,000,000(시가) - 40,000,000(장부가액) = 10,000,000$

2. 자산조정계정 상각액

   $$1,000,000 \times \frac{10,000,000}{50,000,000} = 200,000$$

   └─ 합병법인이 승계한 취득가액

3. 자산조정계정 잔액

   $10,000,000 - 200,000 = 9,800,000$

구분	발생원인	합병 시	상각 또는 양도
(+)자산조정계정	시가 > 결산상 순자산 장부가액	익금불산입	익금산입
(−)자산조정계정	시가 < 결산상 순자산 장부가액	익금산입	익금불산입

(2) 건물 유보 잔액

1. 감가상각 시부인 계산

구분	금액	비고
1. 회사계상액	800,000	$1,000,000 - 200,000$(자산조정계정 상각)
2. 상각범위액	1,000,000	$60,000,000 \times 0.05 \times \dfrac{4}{12}$
3. 시인부족액	200,000	상각부인액 5,000,000원 있으므로 손금산입 가능함

감가상각자산에 설정된 자산조정계정이 0보다 큰 경우에는 해당 자산의 감가상각비와 상계하고, 0보다 작은 경우에는 감가상각비에 가산한다.

2. 적격합병 등에 따라 취득한 자산의 상각범위액 등

적격합병, 적격분할, 적격물적분할 또는 적격현물출자에 의하여 취득한 자산의 상각범위액을 정할 때 취득가액은 적격합병 등에 의하여 자산을 양도한 법인의 취득가액으로 하고, 미상각잔액은 양도법인의 양도 당시의 장부가액에서 적격합병 등에 의하여 자산을 양수한 법인이 이미 감가상각비로 손금에 산입한 금액을 공제한 잔액으로 하며, 해당 자산의 상각범위액은 다음의 어느 하나에 해당하는 방법으로 정할 수 있다. 이 경우 선택한 방법은 그 후 사업연도에도 계속 적용한다.

① 양도법인의 상각범위액을 승계하는 방법	양도법인이 적용하던 상각방법 및 내용연수에 의하여 계산한 금액으로 함
② 양수법인의 상각범위액을 적용하는 방법	양수법인이 적용하던 상각방법 및 내용연수에 의하여 계산한 금액으로 함

3. 유보잔액

$5,000,000 - 200,000 = 4,800,000$

(3) 피합병법인의 양도손익(비적격합병)

구분	금액	비고
1. 양도가액	168,000,000	160,000,000(합병법인 신주의 시가) + 8,000,000(법인세 대납액)
2. 순자산 장부가액	125,000,000	$340,000,000 - 220,000,000 + 5,000,000$(유보)
3. 양도손익	43,000,000	

합병법인이 대납하는 법인세는 합병대가에 포함한다. 다만, 피합병법인 주주가 직접 지급받는 것은 아니므로 의제배당에는 포함하지 아니한다.

(4) 합병매수차손의 기말잔액

1. 합병매수차손

구분	금액	비고
1. 양도가액	168,000,000	160,000,000(합병법인 신주의 시가) + 8,000,000(법인세 대납액)
2. 순자산 시가	130,000,000	350,000,000 – 220,000,000
3. 양도손익	38,000,000	

합병매수차손은 합병매수차익과 달리 합병법인이 피합병법인의 상호·거래관계, 그 밖의 영업상의 비밀 등에 대하여 사업상 가치가 있다고 보아 대가를 지급한 경우에 한하여 손금으로 인정한다. 문제에서 30,000,000원만 사업상 가치가 있다고 하였는데, 현실적으로 법인세 대납액을 제외하고 30,000,000원만 구분하여 사업상 가치가 있다고 판단하기는 어렵다.

2. 합병매수차손 상각액

$$38,000,000 \times \frac{4}{60} = 2,533,333$$

3. 합병매수차손 기말잔액

$$38,000,000 - 2,533,333 = 35,466,667$$

4. 세무조정

대납한 법인세 8,000,000원을 영업권으로 처리한 것으로 가정

[손금산입]	영업권	38,000,000	△유보
[손금불산입]	합병매수차손	38,000,000	유보
[손금산입]	합병매수차손	2,533,333	유보

> **참고**
>
> 사업상 가치가 있다고 판단되는 30,000,000원에 한하여 합병매수차손을 손금산입하는 것으로 가정한다면, 법인세 대납액은 손금불산입(기타)처리되어야 한다. 즉, 회사가 영업권으로 계상한 경우에는 손금산입(△유보), 손금불산입(기타)한다. 이 경우 합병매수차손 기말잔액은 28,000,000원(= 30,000,000 × 56 ÷ 60)이 된다.

(5) 피합병주주의 의제배당

구분	금액	비고
1. 합병대가	48,000,000	법인세 대납액은 피합병법인 주주가 직접 받은 것이 아님
2. 취득가액	40,000,000	합병으로 인해 소멸되는 주식의 취득가액
3. 의제배당	8,000,000	

문제 3

[물음 1]

항목				금액
총급여액				① 87,600,000
근로소득공제				② 14,130,000
근로소득금액				73,470,000
종합소득공제	기본공제	본인공제		③ 6,000,000
		배우자공제		
		부양가족공제		
	추가공제	경로우대공제		④ 3,000,000
		장애인공제		
	연금보험료공제			⑤ 2,000,000
	특별소득공제	보험료공제	건강보험료	200,000
			고용보험료	100,000
		주택자금소득공제	주택청약종합저축	⑥ 0
	신용카드 등 사용금액에 대한 소득공제			⑦ 1,644,000
소득공제 종합한도 초과액				0
종합소득 과세표준				60,526,000
산출세액				8,766,240
세액공제	근로소득세액공제			500,000
	자녀세액공제			⑧ 150,000
	특별세액공제	항목별 세액공제	보장성 보험료 세액공제	⑨ 120,000
			의료비세액공제	⑩ 1,365,000
			교육비세액공제	⑪ 2,400,000
결정세액				⑫ 4,231,240

1. 총급여액

구분	금액	비고
기본급	50,400,000	
상여금	28,000,000	
직책수당	3,600,000	
식대보조금	2,400,000	현물은 비과세하고 식사대는 전액 과세함
자가운전보조금		실비변상적 급여로서 월 20만원까지 비과세
연장근로수당	2,000,000	생산직 근로자가 아니므로 전액 과세함
연월차수당	1,200,000	
합계	87,600,000	90,000,000 − 2,400,000(자가운전보조금)

2. 근로소득공제

$12,000,000 + (87,600,000 - 45,000,000) \times 5\% = 14,130,000$

3. 인적공제

구분	기본공제	추가공제	비고
본인	O		
모친	O	1,000,000	경로우대자
배우자	O	2,000,000	장애인
장녀			연령요건 충족하지 못함
장남	O		
차남			소득요건 충족하지 못함
합계	6,000,000	3,000,000	

$1,500,000 \times 4$

4. 연금보험료공제

종합소득이 있는 거주자가 공적연금 관련 법에 따른 기여금 또는 개인부담금을 납입한 경우에는 해당 과세기간의 종합소득금액에서 해당 과세기간에 납입한 연금보험료를 공제한다. 문제에서는 「국민연금법」에 따라 납부한 연금보험료 2,000,000원을 공제한다. 한편, 건강보험료나 고용보험료는 특별소득공제로 공제하여야 한다.

5. 주택청약종합저축

근로소득이 있는 거주자로서 해당 과세기간 중 무주택세대주는 연간 300만원 이내 납입한 금액의 40%를 소득공제받을 수 있다. 단, 총급여액이 7,000만원 이하인 근로소득자에 한하여 적용받을 수 있다.

6. 신용카드 등 사용금액에 대한 소득공제

구분	사용금액	공제대상	공제율	공제금액	추가한도
전통시장	2,700,000	2,700,000	× 40%	1,080,000	2,000,000
대중교통	210,000	210,000	× 40%	84,000	
현금영수증	2,500,000	1,600,000	× 30%	480,000	
신용카드	21,000,000		× 15%		
합계	26,410,000	4,510,000		1,644,000	

① 공제대상금액: $26,410,000 - 87,600,000 \times 25\% = 4,510,000$

② 공제한도: $2,500,000(기본한도) + \text{Min}(1,164,000, 2,000,000) = 3,664,000$

③ 소득공제금액: $\text{Min}(1,644,000, 3,664,000) = 1,644,000$

7. 자녀세액공제

① 자녀 수에 따른 자녀세액공제: 150,000

기본공제대상자에 해당하는 공제대상 자녀(입양자 및 위탁아동, 손자녀 포함)로서 8세 이상의 자녀는 장남 1인이다.

② 출산·입양세액공제

당해 과세기간 중에 출산하거나 입양신고한 공제대상 자녀는 없다.

8. 특별세액공제

(1) 보장성 보험료 세액공제

$\text{Min}[1,500,000(배우자 \ 생명보험료), 1,000,000] \times 12\% = 120,000$

(2) 의료비세액공제

유형	지출액	대상액	공제율	세액공제액
1. 난임			× 30%	
2. 선천성 미숙아			× 20%	
3. 특정	2,100,000	2,100,000	× 15%	315,000
4. 일반	12,000,000	7,000,000	× 15%	1,050,000
합계	14,100,000			1,365,000

한도액

(3) 교육비세액공제

구분	금액	비고
본인 야간 대학	7,000,000	본인 학자금은 한도 없음
장남 대학 등록금	9,000,000	소득요건 충족 시 대학등록금 900만원까지 공제함
공제대상액	16,000,000	
세액공제액	2,400,000	16,000,000 × 15%

[물음 2]

항목	금액
근로소득금액	70,000,000
기타소득금액	20,000,000
종합소득금액	90,000,000
종합소득공제	15,000,000
종합소득 과세표준	75,000,000
산출세액	12,240,000
세액공제	3,000,000
결정세액	① 9,240,000
기납부세액	② 8,000,000
납부할 세액	③ 1,240,000

1. 종합소득금액

   기타소득금액이 300만원을 초과하므로 분리과세를 선택할 수 없다. 따라서 근로소득금액과 기타소득금액을 합산한 금액을 종합소득금액으로 한다.

2. 산출세액

   $6,240,000 + (75,000,000 - 50,000,000) \times 24\% = 12,240,000$

3. 결정세액

   $12,240,000 - 3,000,000 = 9,240,000$

4. 기납부세액

   $4,000,000(\text{근로소득 연말정산}) + 20,000,000 \times 20\%(\text{기타소득}) = 8,000,000$

5. 납부할 세액

   $9,240,000 - 8,000,000 = 1,240,000$

문제 4

[물음 1]

항목번호	과세표준	매출세액	비고
1	10,000,000	1,000,000	
2	0	0	
3	125,500,000	0	60,500,000 + 50,000 × 1,300(인도일)
4	0	0	2025. 12. 25. 공급시기
5	80,000,000	8,000,000	
6	50,000,000	0	24,000,000 + 20,000 × 1,300(선적일)
7	0	0	
8	30,000,000	3,000,000	15,000,000(중도금) + 15,000,000(잔금)
9	36,000,000	3,600,000	
합계	331,500,000	15,600,000	

1. 부당행위계산부인

   특수관계인에게 재화를 시가보다 낮은 가액으로 공급한 경우 시가를 과세표준으로 한다.

2. 손해배상금

   운송회사로부터 수령한 손해배상금은 재화의 공급과 관련이 없으므로 과세표준에 포함하지 아니한다. 다만, 운송 중 파손된 재화가 재산적 가치가 있어 이를 운송업자에게 귀속시키고 받는 그 대가에 대하여는 부가가치세가 과세된다.

3. 내국신용장 수출

   내국신용장에 의한 수출의 경우 영세율을 적용하나 국내 거래에 해당하므로 인도일을 공급시기로 한다.

4. 중간지급조건부 판매

   계약금을 받기로 한 날의 다음 날부터 재화를 인도하는 날 또는 재화를 이용 가능하게 하는 날까지의 기간이 6개월 이상인 경우로서 그 기간 이내에 계약금 외의 대가를 분할하여 받는 경우에는 중간지급조건부 판매에 해당한다. 계약금 이외의 대가를 분할하여 받는 경우에 해당하지 않으므로 중간지급조건부 판매에 해당하지 아니한다. 따라서 일반적인 재화의 공급시기인 인도일로 한다.

5. 매출할인

   매출할인 약정이 있더라도 당초 공급가액 전부를 과세표준으로 하고, 당초 공급가액에서 할인해 준 때 (−)수정세금계산서를 발급한다.

6. 직수출

   수입자 검수조건부 계약이라고 하더라도 선적일을 공급시기로 한다.

7. 중간지급조건부 판매

   중간지급조건부 판매는 계약금을 받기로 한 날의 다음 날부터 재화를 인도하는 날 또는 재화를 이용 가능하게 하는 날까지의 기간이 6개월 이상인 경우로서 그 기간 이내에 계약금 외의 대가를 분할하여 받는 경우이다. 계약금 이외의 대가를 계약금을 받기로 한 날의 다음 날과 인도일 사이에 분할하여 수령한 경우가 아니다. 따라서 중간지급조건부 판매에 해당하지 아니한다.

8. 중간지급조건부 판매 계약변경

   ① 계약금, 중도금: 계약금 수령 시에는 중간지급조건부 계약에 해당한다. 이후 계약변경이 되더라도 당초 공급시기에는 변동 없다.

   ② 잔금: 잔금지급일 전에 인도되었으므로 인도일 이후에는 중간지급조건부 계약에 해당하지 않는다. 잔금수령액은 인도일을 공급시기로 한다.

9. 단기할부판매

   인도일의 다음 날(2024. 11. 21.)부터 최종 할부금(2025. 11. 1.)의 지급기일까지의 기간이 1년 이상이 아니므로 단기할부판매에 해당한다.

[물음 2]

구분	예정신고 시	확정신고 시
(1) 세금계산서 수취분 매입세액	41,000,000	54,000,000
(2) 그 밖의 공제매입세액	① 5,800,000	③ 7,790,000
(3) 공제받지 못할 매입세액	② 17,100,000	④ 23,400,000
(4) 매입세액 공제액: (1) + (2) − (3)	29,700,000	38,390,000

1. 공제받지 못할 매입세액

구분	예정신고	확정신고	비고
기업업무추진비 관련	2,000,000		$\dfrac{156,800,000}{448,000,000}$
면세사업 관련	7,000,000	11,000,000	
공통매입세액 1	2,100,000		$6,000,000 \times 35\%$
		3,000,000	$(6,000,000 + 9,000,000) \times 34\% - 2,100,000$
공통매입세액 2	6,000,000		$10,000,000 \times \dfrac{300\text{m}^2}{500\text{m}^2}$ $\dfrac{353,600,000}{1,040,000,000}$
		9,400,000	$22,000,000 \times \dfrac{350\text{m}^2}{500\text{m}^2} - 6,000,000$
합계	17,100,000	23,400,000	

2. 그 밖의 공제매입세액

(1) 예정신고 시

$$(118,300,000 + 50,000,000 \times 65\%) \times \frac{4}{104} = 5,800,000$$

예정신고 시에는 의제매입세액공제 한도를 적용하지 아니한다.

(2) 확정신고 시: $6,800,000 + 990,000 = 7,790,000$

① 제조업 정산 특례에 따른 제2기분 전체 의제매입세액공제

$$\frac{104,000,000}{421,200,000} = 24.7\% < 25\%$$

구분	제1기	1역년(합계)	2기분(전체)
㉠ 매입액	104,000,000	421,200,000	
㉡ 대상한도액	93,600,000	436,800,000	
㉢ 대상액	93,600,000	421,200,000	
공제율	$\frac{4}{104}$	$\frac{4}{104}$	
의제매입세액공제액	3,600,000	16,200,000	12,600,000

187,200,000 × 50%　　　873,600,000 × 50%

$$12,600,000 - 5,800,000 = 6,800,000$$

② 과세사업 전환 매입세액

$$60,000,000 \times 10\% \times (1 - 25\% \times 3) \times 66\% = 990,000$$

[물음 3]

구분	금액		비고
1. 납부세액		1,425,000	
음식점	630,000		$42,000,000 \times 15\% \times 10\%$
숙박업	700,000		$28,000,000 \times 25\% \times 10\%$
공통사용재화	95,000		$5,000,000 \times 19\% \times 10\%$
2. 공제세액		439,500	
세금계산서 수취분	104,500		$(22,000,000 - 1,100,000) \times 0.5\%$
전자신고세액공제	10,000		
신용카드발행공제	325,000		$25,000,000 \times 1.3\%$
3. 차가감납부세액		985,500	

1. 공통사용재화

간이과세자가 둘 이상의 업종에 공통으로 사용하던 재화를 공급하는 경우로서 업종별 실지귀속을 구분할 수 없는 경우에 적용할 업종별 부가가치율은 당해 과세기간의 각 업종의 공급대가를 반영한 가중평균부가가치율로 한다.

$$60\% \times 15\% + 40\% \times 25\% = 19\%$$

한편, 둘 이상의 업종에 사용하기 위한 경우도 안분계산하지 않고 공급대가의 0.5%만 공제한다.

2. 매입세금계산서 등 수취세액공제

간이과세자가 매입처별 세금계산서합계표 또는 신용카드매출전표 등 수령명세서를 관할 세무서장에게 제출한 경우 공급대가의 0.5%를 납부세액에서 공제한다. 단, 공제되지 아니하는 매입세액에 해당하는 것은 제외한다.

3. 전자신고세액공제

납세자가 직접 전자신고의 방법으로 부가가치세 확정신고를 하는 경우에는 해당 납부세액에서 1만원을 공제하거나 환급세액에 가산한다. 다만, 매출가액과 매입가액이 없는 일반과세자에 대해서는 적용하지 아니하며, 간이과세자의 경우 납부세액의 범위 내에서 공제한다.

해커스 세무회계 기출문제집

회계사 · 세무사 · 경영지도사 단번에 합격!
해커스 경영아카데미 cpa.Hackers.com

2021년 세무회계
기출문제 & 해답

※ 답안 작성 시 유의사항
1. 답안은 문제 순서대로 작성할 것
2. 계산문제는 계산근거를 반드시 제시할 것
3. 답안은 아라비아 숫자로 원단위까지 작성할 것
   (예 2,000,000 − 1,000,000 = 1,000,000원)
4. 별도의 언급이 없는 한 관련 자료·증빙의 제출 및 신고·납부절차는 적법하게 이행된 것으로 가정할 것
5. 별도의 언급이 없는 한 합법적으로 세금부담을 최소화하는 방법으로 풀이할 것

문제 1 (25점)

다음은 거주자 갑, 을, 병의 2024년 귀속 종합소득 신고를 위한 자료이다. 제시된 금액은 원천 징수하기 전의 금액이며, 별도의 언급이 없는 한 원천징수는 적법하게 이루어졌다.

[물음 1] 갑은 ㈜A에 상시 근무하던 중 2024년 6월 25일에 퇴직하였다.

〈자료〉
1. 재직 기간(2024년 1월 1일~2024년 6월 25일) 중 갑의 소득 자료

구분	금액
㈜A가 지급한 급여	30,000,000원
㈜A가 지급한 장기재직 공로금	5,000,000원
㈜A가 지급한 직무발명보상금*1	8,000,000원
㈜A가 지급한 사내 특강료	1,000,000원
㈜A가 지급한 사내소식지 원고료*2	600,000원
외부 거래처 특강료*3	2,500,000원

*1 「발명진흥법」에 따른 보상금임. 갑은 ㈜A의 지배주주와 특수관계인에 해당하지 아니함
*2 업무와 관련성이 있음
*3 거래처가 갑에게 지급함

2. 퇴직 후(2024년 6월 26일 이후) 갑의 소득 자료

구분	금액
㈜A가 지급한 퇴직금	9,000,000원
㈜A가 지급한 직무발명보상금[*1]	7,000,000원
㈜A 직원재교육 강연료	2,000,000원
㈜A 사원채용면접문제 출제 수당	1,000,000원
차량판매 계약금이 대체된 위약금	500,000원
슬롯머신 당첨금품[*2]	1,500,000원

*1 「발명진흥법」에 따른 보상금임
*2 1건에 해당하며 투입금액은 10,000원임

3. 근로소득공제

총급여액	근로소득공제액
1,500만원 초과 4,500만원 이하	750만원 + 1,500만원을 초과하는 금액의 15%
4,500만원 초과 1억원 이하	1,200만원 + 4,500만원을 초과하는 금액의 5%

〈요구사항 1〉

갑의 근로소득 총급여액과 종합소득에 합산되는 기타소득 총수입금액을 다음의 답안 양식에 따라 제시하시오.

(답안 양식)

근로소득 총급여액	
기타소득 총수입금액	

〈요구사항 2〉

갑의 기타소득 원천징수세액과 종합소득금액을 다음의 답안 양식에 따라 제시하시오.

(답안 양식)

기타소득 원천징수세액	
종합소득금액	

[물음 2] 거주자 을(54세, 한국 국적)의 2024년 종합소득 관련 자료이다.

〈자료〉

1. 소득 내역

구분	금액	비고
근로소득	66,250,000원	총급여액 80,000,000원
이자소득	4,000,000원	예금이자로 원천징수됨

2. 생계를 같이하는 부양가족의 현황

구분	나이	내용
부친	83세	소득 없음, 장애인
모친	79세	작물생산에 이용되는 논·밭 임대소득 6,000,000원
배우자	51세	소득 없음
딸	21세	소득 없음, 대학생
아들	15세	소득 없음, 중학생

3. 을의 소득공제 관련 내역

구분	본인 부담분	비고
국민연금보험료	5,000,000원	회사가 부담하여 총급여액에 포함됨
건강보험료	4,000,000원	
주택청약저축 납입금액	3,000,000원	을은 무주택자임

4. 신용카드 사용 내역

사용 내역	금액
부친의 신용카드	5,000,000원
모친의 신용카드	4,000,000원
본인의 신용카드	15,300,000원[1]
배우자의 신용카드	10,000,000원[2]

[1] 국외에서 결제한 금액 3,000,000원 및 대중교통 사용분 300,000원이 포함됨
[2] 전통시장 사용분 4,000,000원이 포함됨

5. 교육비 관련 내역

구분	교육비 내역	금액
부친	장애인 특수 교육비[1]	2,000,000원
본인	직업능력개발훈련시설 수강료	1,500,000원
	대학원 등록금	4,000,000원
배우자	직업능력개발훈련시설 수강료	1,000,000원
딸	외국대학[2] 등록금	10,000,000원
아들	교복구입비용	500,000원
	방과후학교 수업료	1,000,000원
	사설 영어학원 수강료	4,000,000원

[1] 보건복지부장관이 장애인 재활교육을 실시하는 기관으로 인정한 비영리법인에 지급함
[2] 국외에 소재하는 교육기관으로 「고등교육법」에 따른 학교에 해당함

6. 기부금 관련 내역

구분	기부금 내역	금액
부친	종교단체 기부금	500,000원
본인	수해 이재민구호금품	600,000원
	노동조합 회비	300,000원

〈요구사항 1〉

을의 소득공제액을 다음의 답안 양식에 따라 제시하시오.

(답안 양식)

인적공제액	기본공제액	
	추가공제액	
연금보험료 · 건강보험료 · 주택청약저축 소득공제액		
신용카드 등 사용 소득공제액		

〈요구사항 2〉

을의 세액공제액을 다음의 답안 양식에 따라 제시하시오.

(답안 양식)

교육비세액공제	
기부금세액공제	

[물음 3] 거주자 병의 2024년 종합소득 관련 자료이다.

〈자료〉

1. 「자본시장과 금융투자업에 관한 법률」에 따른 국내투자신탁의 수익증권 환매이익

구분	금액
상장주식 매매차익	3,000,000원
주식 배당금	12,000,000원
양도가능채권 매매차손	△2,000,000원

2. 채권의 매매차익

구분	금액
환매조건부 채권의 매매차익	20,000,000원
회사채 매매차익*	15,000,000원

* 회사채 매매차익에는 보유기간 이자상당액 1,000,000원이 포함됨

3. 병이 투자한 비상장법인 B로부터 받은 무상주

구분	금액
주식발행초과금의 자본전입	15,000,000원*
이익준비금의 자본전입	30,000,000원

* 지분율 상승에 해당하는 금액 2,000,000원이 포함됨

4. 기타 금융소득

구분	금액
직장공제회 반환금	50,000,000원[1]
외국법인으로부터 받은 배당금	4,000,000원[2]
국내은행 지급 정기예금이자	8,000,000원
코스닥상장 C법인 인정배당[3]	6,000,000원

[1] 직장공제회(2014년 가입) 납입원금은 45,000,000원임

[2] 원천징수하지 않음

[3] 결산확정일은 2024년 3월 31일임

5. 제조업 사업소득금액: 20,000,000원

6. 종합소득세 기본세율

과세표준	세율
1,400만원 초과 5,000만원 이하	84만원 + 1,400만원을 초과하는 과세표준의 15%
5,000만원 초과 8,800만원 이하	624만원 + 5,000만원을 초과하는 과세표준의 24%

〈요구사항 1〉

거주자 병의 종합소득에 합산되는 이자소득 및 배당소득의 총수입금액과 배당소득에 대한 배당 가산액을 다음의 답안 양식에 따라 제시하시오.

(답안 양식)

이자소득 총수입금액	
배당소득 총수입금액	
배당가산액(Gross-up 금액)	

〈요구사항 2〉

거주자 병의 종합소득금액, 종합소득산출세액 및 배당세액공제액을 다음의 답안 양식에 따라 제시하시오. 단, 종합소득공제액은 20,000,000원으로 가정한다.

(답안 양식)

종합소득금액	
종합소득산출세액	
배당세액공제액	

문제 2 (5점)

다음은 거주자 갑의 양도 관련 자료이다.

〈자료〉

1. 갑은 2018년 4월 20일 취득하여 사무실로 사용하던 오피스텔을 특수관계가 있는 A법인에게 2024년 12월 31일에 양도하였다.

2. 양도 시 오피스텔의 양도가액과 시가는 다음과 같다.

양도가액	시가
390,000,000원	400,000,000원

3. 양도 시 오피스텔의 장부가액 및 필요경비 관련 자료는 다음과 같다.

취득가액	감가상각누계액	필요경비
200,000,000원[*1]	120,000,000원[*2]	25,000,000원[*3]

*1 노후된 오피스텔의 개량을 위한 자본적 지출 15,000,000원이 제외됨

*2 사업소득의 필요경비로 장부상 계상한 금액임

*3 지출증빙이 확인되는 중개인 수수료 13,000,000원과 매매계약에 따른 인도의무를 이행하기 위하여 갑이 지출한 명도비용 12,000,000원임

4. 양도한 오피스텔은 갑이 대주주로 있는 B법인으로부터 취득한 것이며, 취득과 관련하여 갑에게 배당으로 소득처분된 금액 20,000,000원이 있다.

〈요구사항 1〉

건물 양도로 인한 갑의 양도차익을 다음의 답안 양식에 따라 제시하시오.

(답안 양식)

양도가액	
취득가액	
기타의 필요경비	
양도차익	

〈요구사항 2〉

위의 자료 중 갑의 양도가액 및 시가가 다음과 같을 때 양도차익을 계산하기 위한 양도가액을 다음의 답안 양식에 따라 제시하시오. 단, A법인의 세무조정 시에 「법인세법」상 부당행위계산 부인 규정이 적용되어 갑에게 인정소득이 처분되었다.

양도가액	시가
400,000,000원	300,000,000원

(답안 양식)

양도가액	

문제 3 (20점)

[물음 1] 다음은 일반과세자인 ㈜한국의 2024년 제1기 과세기간의 부가가치세 관련 자료이다. 별도의 언급이 없는 한 제시된 금액은 부가가치세가 포함되지 않은 금액이며, 세금계산서는 적법하게 발급되었다.

〈자료〉

1. ㈜한국은 상품을 15,000,000원에 판매하기로 계약하고 6월 15일에 받은 계약금 3,000,000원에 대한 세금계산서를 발급하였다. 상품은 7월 15일에 인도되었다.

2. ㈜한국은 국내사업장이 없는 외국법인이 지정하는 국내사업자 ㈜A에게 40,000,000원에 제품을 인도하고 대금은 외국환은행에서 원화로 수령하였다. ㈜A는 인도받은 제품을 모두 면세사업에 사용하였다.

3. ㈜한국은 한국국제협력단(KOICA)에 시가 10,000,000원의 제품을 공급하였다. 한국국제협력단은 이 제품 중 90%를 해외구호를 위해 무상으로 반출하고 10%는 국내에서 사용하였다.

4. ㈜한국이 무상 공급한 내역이다.

구분	제품		비품
	직매장반출[*1]	기업업무추진비[*2]	복리후생비[*3]
원가	4,000,000원	600,000원	2,000,000원
감가상각누계액			600,000원
시가	6,000,000원	900,000원	1,300,000원

*1 직매장에 광고목적의 전시를 위하여 반출됨

*2 거래처에 판매장려 목적으로 제공됨

*3 2023년 12월 15일에 취득하여 사무실에서 사용하던 비품을 대표이사의 가사용으로 제공하였음

5. ㈜한국의 기타 공급내역이다.

① 직수출로 2024년 5월 1일에 제품을 선적하고 받은 대가는 다음과 같다.

일자	받은 대가	기준환율
2024. 4. 20.	$12,000[*1]	1,000원/1$
2024. 5. 1.	–	1,100원/1$
2024. 6. 25.	$5,000[*2]	1,050원/1$
2024. 6. 30.	–	1,150원/1$

*1 $12,000 중 $10,000는 즉시 환가하였고, $2,000는 과세기간 말 현재 보유하고 있음

*2 $5,000는 대가수령 즉시 환가하였음

② 내국신용장에 의한 검수조건부 수출로 갑과 을에게 공급한 내역이다.

구분	갑	을
거래액	18,000,000원	3,000,000원
인도일	2024. 3. 10.	2024. 4. 15.
검수일	2024. 6. 18.	2024. 6. 30.
내국신용장개설일	2024. 6. 30.	2024. 7. 30.

〈요구사항〉

㈜한국이 2024년 제1기 부가가치세 확정신고 시 신고해야 할 과세표준을 다음의 답안 양식에 따라 제시하시오.

(답안 양식)

자료번호	과세표준	
	과세	영세율
1		
2		
3		
4		
5 - ①		
5 - ②		

[물음 2] 다음은 수산물도매업과 통조림제조업을 겸영하고 있는 ㈜대한(중소기업 아님)의 부가
가치세 관련 자료이다. 단, 별도의 언급이 없는 한 제시된 금액은 부가가치세를 포함
하지 않은 금액이며, 세금계산서 및 계산서는 적법하게 수취한 것으로 가정한다.

〈자료〉

1. 예정신고기간 중 면세수산물 매입액은 없었고, 2024년 제1기 중에 면세수산물의 매입 및 사
용내역은 다음과 같다.

(단위: 원)

구분	금액	당기 사용내역		
		과세	면세	과세 + 면세
기초	8,000,000	1,850,000	6,150,000	–
매입	63,400,000	14,400,000	5,000,000	40,000,000
기말	4,000,000			

2. ㈜대한은 2024년 4월 15일에 수산물도매업과 통조림제조업에 공통으로 사용하기 위하여 트럭
2대(취득가액 합계 100,000,000원)를 구입하였다. 이 중 트럭 1대(취득가액 40,000,000
원)를 2024년 6월 30일에 처분하였다.

3. 각 과세기간별 과세공급가액과 면세공급가액은 다음과 같다.

구분	수산물도매업	통조림제조업
2023년 제2기	90,000,000원	110,000,000원
2024년 제1기	80,000,000원	120,000,000원
2024년 제2기	90,000,000원	90,000,000원

4. ㈜대한의 의제매입세액 공제율은 2/102이다.

〈요구사항 1〉

2024년 제1기 부가가치세 확정신고 시 트럭의 공통매입세액 중 매입세액공제액 및 2024년 제
2기 부가가치세 확정신고 시 공통매입세액 재계산액을 다음의 답안 양식에 따라 제시하시오.
단, 재계산액이 납부세액을 증가시키면 (+), 감소시키면 (–) 부호를 금액과 함께 기재하시오.

(답안 양식)

매입세액공제액	
재계산으로 가산 또는 공제되는 세액	

〈요구사항 2〉

㈜대한의 2024년 제1기 부가가치세 확정신고 시 다음 금액을 답안 양식에 따라 제시하시오.

(답안 양식)

의제매입세액 공제액(추징액 차감 전)	
전기 의제매입세액 공제분 중 추징액	

[물음 3] 다음은 과세사업과 면세사업을 겸영하고 있는 ㈜대한의 부가가치세 관련 자료이다.

〈자료〉

1. ㈜대한은 과세사업과 면세사업에 공통으로 사용하던 건물과 부속토지를 2024년 6월 15일에 480,000,000원(부가가치세 포함)에 일괄양도하였다. 양도일에 건물 및 부속토지의 실지거래가액은 불분명하고, 감정평가액은 없다. 각 자산가액의 내역은 다음과 같다.

(단위: 원)

구분	기준시가	취득원가	장부가액
건물	100,000,000	200,000,000	200,000,000
부속토지	134,000,000	400,000,000	270,000,000
합계	234,000,000	600,000,000	470,000,000

2. 각 과세기간별 과세공급가액과 면세공급가액 비율은 다음과 같다.

구분	과세공급가액	면세공급가액
2023년 제2기	60%	40%
2024년 제1기	70%	30%

〈요구사항〉

㈜대한이 일괄양도한 건물 및 부속토지의 부가가치세 공급가액과 과세표준을 다음의 답안 양식에 따라 제시하시오.

(답안 양식)

구분	공급가액	과세표준
건물		
부속토지		

[물음 4] 다음은 과세사업을 영위하는 ㈜태백의 2024년 부가가치세 관련 자료이다.

〈자료〉

1. ㈜태백의 신임담당자는 2024년 제1기 신고내역을 검토하다가 다음과 같은 사항을 발견하였다.

　① 2024년 6월 20일에 공급한 과세공급가액 4,000,000원에 대하여 세금계산서를 발급하지 않았으며, 이를 확정신고에서 누락하였다. 이러한 누락은 부정행위로 인한 것이다.

　② 2024년 6월 10일에 공급받은 과세공급가액 1,000,000원에 대해서는 매입세금계산서를 발급받았으나 확정신고에서 누락하였다.

2. ㈜태백은 위의 매출 및 매입 누락을 2024년 7월 31일에 수정신고하였다.

〈요구사항〉

㈜태백이 수정신고할 때 가산세액을 다음의 답안 양식에 따라 제시하시오. 단, 가산세액이 없는 경우 "없음"으로 표시하시오.

(답안 양식)

세금계산서 불성실가산세	
매출처별 세금계산서합계표 불성실가산세	
매입처별 세금계산서합계표 불성실가산세	
과소신고 · 초과환급신고가산세	

[물음 1] 건물 전체를 임대하고 있는 ㈜백두(영리내국법인)의 제24기 사업연도(2024년 1월 1일 ~ 2024년 12월 31일) 법인세 관련 자료이다. 단, 1년은 365일로 가정한다.

〈자료〉
1. 임대내역은 다음과 같다.[*1]

구분	임대면적	임대기간	보증금[*2]
상가	750m^2	2024. 4. 1. ~ 2025. 3. 31.	600,000,000원
주택	250m^2	2024. 4. 1. ~ 2026. 3. 31.	400,000,000원

[*1] 임대건물은 단층으로 해당 부속토지는 2,000m^{2}이고, 상가부속토지와 주택부속토지의 구분은 불가능하다.
[*2] 상가임대보증금은 2024년 3월 16일에 수령하였으며, 주택임대보증금은 임대개시일에 수령하였다.

2. 상가임대료로 매월 말 3,000,000원을 받기로 계약하였으나, 임차인의 어려운 사정으로 전혀 받지 못하여 임대기간 종료시점에 임대보증금에서 차감할 예정이다. ㈜백두는 제24기에 미수임대료 회계처리를 하지 않았다.
3. 주택임대료로 매월 말 5,000,000원을 받기로 계약하였으나, 실제로는 임대기간 전체에 대한 월임대료의 합계인 120,000,000원을 임대개시 시점에 일시금으로 수령하였으며, ㈜백두는 이를 전액 임대료수익으로 회계처리하였다.
4. 임대용 건물을 350,000,000원(토지가액 100,000,000원 포함)에 취득 시 건물의 자본적 지출액 50,000,000원이 발생하였다. 건물에 대한 지출은 상가분과 주택분으로 구분할 수 없다.
5. 상가임대보증금의 운용수익은 수입이자 2,000,000원과 신주인수권처분이익 500,000원이며, 주택임대보증금의 운용수익은 수입배당금 1,000,000원과 유가증권처분손실 1,500,000원이다.
6. 기획재정부령으로 정하는 정기예금이자율은 연 1.2%이다.

〈요구사항 1〉
㈜백두는 부동산임대업이 주업이며, 차입금 적수가 자기자본 적수의 2배를 초과한다. ㈜백두의 제24기 건물 임대와 관련된 세무조정 및 소득처분을 다음의 답안 양식에 따라 제시하시오. 단, 소수점 이하 금액은 버린다.

(답안 양식)

익금산입 및 손금불산입			손금산입 및 익금불산입		
과목	금액	소득처분	과목	금액	소득처분

〈요구사항 2〉
㈜백두가 부동산임대업이 주업이 아니며 장부를 기장하지 아니하여 추계결정하는 경우 제24기 간주임대료를 다음의 답안 양식에 따라 제시하시오. 단, 소수점 이하 금액은 버린다.

(답안 양식)

간주임대료	

[물음 2] 다음은 제조업을 영위하는 ㈜소백(중소기업)의 제24기 사업연도(2024년 1월 1일 ~ 2024년 12월 31일) 법인세 관련 자료이다. 전기까지의 세무조정은 적법하게 이루어졌다.

〈자료〉

1. 손익계산서상 매출액은 35,000,000,000원이며 매출과 관련된 자료는 다음과 같다.
   ① 영업외손익에 부산물 판매액 1,500,000,000원이 계상되어 있다.
   ② 당기 말에 수탁자가 판매한 10,000,000,000원을 제25기 초 대금회수 시 매출액으로 회계처리하였다.
   ③ 손익계산서상 매출액에는 특수관계인에 대한 매출액 10,000,000,000원이 포함되어 있다.

2. 손익계산서상 판매비와 관리비에 계상된 기업업무추진비는 189,000,000원이다. 이 중 증빙이 없는 기업업무추진비는 2,500,000원이며 그 외의 기업업무추진비 내역은 다음과 같다.

구분	건당 3만원 이하	건당 3만원 초과	합계
영수증 수취건	1,500,000원	12,000,000원	13,500,000원
신용카드 매출전표 수취건	16,000,000원	85,000,000원*	101,000,000원
세금계산서 수취건	10,000,000원	62,000,000원	72,000,000원
합계	27,500,000원	159,000,000원	186,500,000원

* 임원 개인명의의 신용카드를 사용하여 거래처에 접대한 금액 5,000,000원이 포함됨

3. 손익계산서에는 다음의 사항이 포함되어 있다.
   ① 상시 거래관계에 있는 거래처 100곳에 개당 80,000원(부가가치세 포함)의 시계를 광고선전품으로 제공한 금액 8,000,000원을 광고선전비로 회계처리하였다.
   ② 자체 생산한 제품(원가 3,000,000원, 시가 5,000,000원)을 거래처에 제공하고 다음과 같이 회계처리하였다.

(차) 복리후생비	5,000,000	(대) 제품	3,000,000
세금과공과	500,000	잡이익	2,000,000
		부가세예수금	500,000

   ③ 거래관계 개선을 위해 약정에 따라 매출채권 15,000,000원을 대손상각비로 회계처리하였다.

4. 기업업무추진비 수입금액 적용률

수입금액	적용률
100억원 이하	0.3%
100억원 초과 500억원 이하	0.2%
500억원 초과	0.03%

〈요구사항 1〉

㈜소백의 기업업무추진비 한도초과액을 계산하기 위한 시부인대상 기업업무추진비 해당액을 다음의 답안 양식에 따라 제시하시오.

(답안 양식)

시부인대상 기업업무추진비 해당액	

〈요구사항 2〉

〈요구사항 1〉의 정답과 관계없이 시부인대상 기업업무추진비 해당액을 200,000,000원으로 가정하고 ㈜소백의 기업업무추진비 해당수입금액 및 한도초과액을 다음의 답안 양식에 따라 제시하시오.

(답안 양식)

기업업무추진비 한도액 계산	수입금액	
	기업업무추진비 한도액	
기업업무추진비 한도초과액		

[물음 3] 다음은 제조업을 영위하는 ㈜한라(중소기업 아님)의 제24기 사업연도(2024년 1월 1일 ~ 2024년 12월 31일) 기부금과 관련된 법인세 관련 자료이다. 전기까지의 세무조정은 적법하게 이루어졌다.

〈자료〉

1. ㈜한라의 손익계산서상 기부금 내역은 다음과 같다.
   ① A사립대학 장학금: 100,000,000원*
      * 장학금은 약속어음으로 지급되었으며 어음의 결제일은 2025년 3월 1일임
   ② 무료로 이용할 수 있는 아동복지시설에 지출한 기부금: 50,000,000원
   ③ 사회복지법인 고유목적사업비: 6,000,000원*
      * 생산한 제품을 사회복지법에 의한 사회복지법인(특수관계 없음)의 고유목적사업비로 기부한 것으로, ㈜한라는 동 제품의 원가 6,000,000원(시가 10,000,000원)을 손익계산서상 기부금으로 계상함
   ④ 천재지변에 따른 이재민구호금품: 25,000,000원
   ⑤ 새마을금고에 지출한 기부금: 4,000,000원
2. ㈜한라는 「의료법」에 의한 의료법인(특수관계 없음)으로부터 정당한 사유 없이 시가 10,000,000원인 비품을 15,000,000원에 매입하고 매입가액을 취득원가로 회계처리하였다.
3. 제23기의 세무조정 시 기부금과 관련된 세무조정사항은 다음과 같다.
   ① 일반기부금 한도초과액: 10,000,000원
   ② 비지정기부금 부인액: 5,000,000원
4. 제22기에 발생한 세무상 결손금은 120,000,000원이다.

〈요구사항 1〉

㈜한라의 제24기 기부금 관련 세무조정 및 소득처분을 다음의 답안 양식에 따라 제시하시오. 단, 기부금 한도초과액에 대한 세무조정은 제외하시오.

(답안 양식)

익금산입 및 손금불산입			손금산입 및 익금불산입		
과목	금액	소득처분	과목	금액	소득처분

〈요구사항 2〉

㈜한라의 제24기 차가감소득금액이 400,000,000원이라고 가정하고 당기의 특례기부금 및 일반기부금 한도초과(미달)액을 다음의 답안 양식에 따라 제시하시오.

(답안 양식)

특례기부금 해당액	
일반기부금 해당액	
특례기부금 한도초과(미달)액	
일반기부금 한도초과(미달)액	

[물음 4] 다음은 제조업을 영위하는 ㈜설악의 제24기 사업연도(2024년 1월 1일~2024년 12월 31일) 법인세 관련 자료이다.

〈자료〉

1. ㈜설악은 결산조정에 의하여 퇴직연금충당금을 설정하고 있으며 퇴직연금충당금 계정의 당기 중 변동내역은 다음과 같다.

퇴직연금충당금

당기 상계	200,000,000원	전기 이월*	450,000,000원
차기 이월	570,000,000원	당기 설정	320,000,000원
합계	770,000,000원	합계	770,000,000원

* 전기 말 세무상 퇴직연금충당금의 부인누계액(유보)은 50,000,000원임

2. 당기 중 종업원 퇴직으로 인한 퇴직금은 사외에 적립한 퇴직연금운용자산에서 지급되었으며 다음과 같이 회계처리하였다.

(차) 퇴직연금충당금　200,000,000　　　　　(대) 퇴직연금운용자산　230,000,000
　　　퇴직급여충당금　　30,000,000

3. ㈜설악의 당기 말 퇴직급여추계액은 다음과 같다.
   ① 보험수리적기준: 910,000,000원
   ② 일시퇴직기준: 900,000,000원

4. 확정급여형 퇴직연금과 관련하여 사외에 적립한 퇴직연금운용자산 계정의 변동내역은 다음과 같다.

퇴직연금운용자산

전기 이월	450,000,000원	당기 지급*	230,000,000원
당기 예치	410,000,000원	기말 잔액	630,000,000원
합계	860,000,000원	합계	860,000,000원

* 당기 지급액은 모두 현실적으로 퇴직한 임직원에게 지급됨

5. 기말 현재 재무상태표상 퇴직급여충당금 기말잔액은 100,000,000원이며, 세무상 퇴직급여충당금 부인누계액(유보)은 20,000,000원이다.

〈요구사항 1〉

㈜설악의 퇴직금 관련 세무조정 및 소득처분을 다음의 답안 양식에 따라 제시하시오.

(답안 양식)

익금산입 및 손금불산입			손금산입 및 익금불산입		
과목	금액	소득처분	과목	금액	소득처분

〈요구사항 2〉

㈜설악은 신고조정에 의하여 퇴직연금충당금을 손금에 산입하고 있다고 가정한다. 〈자료〉 중 1번은 고려하지 않으며, 2번의 분개 중 '퇴직연금충당금'을 '퇴직급여'로 한다. 전기 말 현재 신고조정에 의한 퇴직연금충당금의 손금산입액(△유보)이 400,000,000원일 때 퇴직금 관련 세무조정 및 소득처분을 다음의 답안 양식에 따라 제시하시오.

(답안 양식)

익금산입 및 손금불산입			손금산입 및 익금불산입		
과목	금액	소득처분	과목	금액	소득처분

[물음 1] 제조업을 영위하는 ㈜한국(영리내국법인)의 제24기 사업연도(2024년 1월 1일 ~ 2024년 12월 31일) 법인세 관련 자료이다.

〈자료〉

1. ㈜한국은 판매 후 3개월 이내에 반품 가능한 조건으로 제품을 판매하고 있으며 인도기준으로 회계처리하고 있다. 매출원가율은 60%를 유지하고 있으며, 전기 말 반품추정액의 회계처리에 대한 세무조정은 다음과 같다.

구분	익금산입·손금불산입	손금산입·익금불산입
매출	30,000,000원	–
매출원가	–	7,500,000원*

* 반품자산 예상가치는 30,000,000원×25%임

2. 2024년 반품내역은 다음과 같다.
   ① 전기 매출 중 당기 반품액: 18,000,000원
   ② 당기 매출 중 당기 반품액: 120,000,000원

3. 2024년 12월 31일 현재 당기 매출 중 반품추정액은 35,000,000원이며, 반품자산의 예상가치는 매출액의 25%이다.

4. ㈜한국의 2024년 반품 관련 회계처리는 다음과 같다.
   ① 전기 말 반품추정액의 반품기간 종료
      가. 환불충당부채 회계처리

(차) 환불충당부채	30,000,000	(대) 매출채권	18,000,000
		매출	12,000,000

      나. 반환제품회수권 회계처리

(차) 제품	4,500,000	(대) 반환제품회수권	7,500,000
매출원가	3,000,000		

   ② 당기 매출 중 당기 반품액
      가. 반품의 매출 및 매출원가 회계처리

(차) 매출	120,000,000	(대) 매출채권	120,000,000
제품	72,000,000	매출원가	72,000,000

      나. 반품된 제품의 평가손실 회계처리

(차) 제품평가손실	42,000,000	(대) 제품	42,000,000

   ③ 당기 말 반품추정액 회계처리

(차) 매출	35,000,000	(대) 환불충당부채	35,000,000
반환제품회수권	8,750,000	매출원가	8,750,000

5. ㈜한국은 재고자산의 평가방법을 원가법으로 적법하게 신고하였다.

〈요구사항〉

㈜한국의 반품조건부 판매 관련 세무조정 및 소득처분을 다음의 답안 양식에 따라 제시하시오.

(답안 양식)

익금산입 및 손금불산입			손금산입 및 익금불산입		
과목	금액	소득처분	과목	금액	소득처분

[물음 2] 제조업을 영위하는 ㈜한국(중소기업)의 제24기 사업연도(2024년 1월 1일 ~ 2024년 12월 31일) 법인세 관련 자료이다.

〈자료〉

1. ㈜한국의 각사업연도소득금액은 다음과 같다.

구분		금액
당기순이익		250,000,000원
(+)	익금산입 · 손금불산입	200,000,000원
(−)	손금산입 · 익금불산입	120,000,000원[*]
각사업연도소득금액		330,000,000원

  [*]「조세특례제한법」상 최저한세 대상금액 20,000,000원이 포함됨

2. ㈜한국의 「법인세법」상 비과세소득은 45,000,000원이다.

3. 세무상 이월결손금은 전액 국내원천소득에서 발생한 것이며, 제13기에 발생한 15,000,000원과 제18기에 발생한 25,000,000원으로 구성되어 있다.

4. ㈜한국은 외국에 본점을 둔 A사에 해외투자(투자지분 30%, 투자일 2020년 1월 1일)로 당기 중 배당금을 수령하였으며 그 내용은 다음과 같다. 단, 외국자회사 수입배당금의 익금불산입 규정은 적용되지 아니한다.

구분	금액
수입배당금	50,000,000원[*]
A사의 소득금액	350,000,000원
A사의 법인세액	100,000,000원

  [*] 원천징수 전 금액이며, 이에 대한 국외원천징수세액 5,000,000원과 간접외국납부세액은 세무조정 시 가산조정되었음

5. 「조세특례제한법」상 세액공제내역은 다음과 같다.

구분	금액
통합투자세액공제	18,000,000원
연구 · 인력개발비 세액공제	3,600,000원

6. 중소기업에 대한 최저한세율은 7%이다.

〈요구사항 1〉

㈜한국의 외국납부세액공제액을 다음의 답안 양식에 따라 제시하시오.

(답안 양식)

간접외국납부세액	
외국납부세액공제 한도액	
외국납부세액공제액	

〈요구사항 2〉

〈요구사항 1〉의 정답과 관계없이 외국납부세액공제액을 5,000,000원으로 가정하고 ㈜한국의 총부담세액을 다음의 답안 양식에 따라 제시하시오.

(답안 양식)

감면 후 세액	
최저한세	
총부담세액	

문제 6 (10점)

[물음 1] 다음은 2024년 6월 15일 사망한 거주자 갑의 상속재산 중 주식 관련 자료이다.

〈자료〉

1. 상속주식은 제조업을 영위하는 비상장기업인 ㈜한국의 주식이며, 상속개시 당시 갑의 보유주식은 50,000주(총발행주식수 125,000주 중 40%에 해당)로 갑은 최대주주이다.

2. 상속개시일 현재 「상속세 및 증여세법」에 의한 ㈜한국의 순자산가치는 7,000,000,000원으로 다음의 금액이 반영되어 있다.
   ① 선급비용: 100,000,000원
   ② 영업권 평가액: 1,000,000,000원
   ③ 수선충당금: 600,000,000원
   ④ 퇴직급여충당금: 1,200,000,000원*
      * 퇴직급여추계액과 일치함

3. ㈜한국의 순손익가치 계산을 위한 3년간의 각 사업연도 순손익액은 다음과 같으며, 순손익액을 산정함에 있어 일시적, 우발적 사건에 의한 금액은 없다.

구분	2023년	2022년	2021년
순손익액	300,000,000원	200,000,000원	140,000,000원

4. ㈜한국의 주식가치는 순자산가치만으로 평가하는 경우에 해당되지 않는다. 순손익가치 계산시 적용할 이자율은 10%, 최대주주 보유주식에 대한 할증률은 20%이다.

〈요구사항〉

상속재산인 ㈜한국의 비상장주식 평가액을 다음의 답안 양식에 따라 제시하시오.

(답안 양식)

1주당 순자산가치	
1주당 순손익가치	
1주당 평가액	
비상장주식 평가액	

[물음 2] 다음은 거주자 을의 증여세 관련 자료이다.

〈자료〉

1. 거주자 을은 자력으로 주식을 취득할 수 없음에도 부친의 재산을 담보로 자금을 차입하여 비상장 내국법인 주식을 취득하였다. 주식 취득일로부터 3년 후 재산가치 증가사유인 비상장주식의 한국금융투자협회 등록에 따라 이익을 얻은 것으로 확인된다.

2. 재산가치 증가사유에 따른 관련 내용은 다음과 같으며 을이 해당 주식의 가치증가에 기여한 부분은 없다.

구분	금액
주식 취득가액	100,000,000원
취득한 주식의 등록일 현재 가액	500,000,000원*
통상적인 가치상승분	80,000,000원

* 「상속세 및 증여세법」 규정에 따라 평가한 가액으로 재산가치 증가사유에 따른 증가분이 반영됨

3. 을은 해당 주식이 등록되기 1개월 전 450,000,000원에 전부 양도하였으며 양도가액은 「상속세 및 증여세법」에 따라 평가한 가액과 같다.

〈요구사항〉

을의 주식 취득 후 재산가치 증가에 따른 증여재산가액을 다음의 답안 양식에 따라 제시하시오.

(답안 양식)

증여세 과세 여부 판단 기준금액	
증여재산가액	

문제 1

[물음 1]

〈요구사항 1〉

근로소득 총급여액	37,600,000
기타소득 총수입금액	13,000,000

1. 총급여액

구분	금액	비고
㈜A가 지급한 급여	30,000,000	
㈜A가 지급한 장기재직 공로금	5,000,000	
㈜A가 지급한 직무발명보상금	1,000,000	8,000,000 - 7,000,000
㈜A가 지급한 사내 특강료	1,000,000	
㈜A가 지급한 사내소식지 원고료	600,000	업무관련성이 있음
외부 거래처 특강료		기타소득
합계	37,600,000	

① 고용관계 없이 다수인에게 강연을 하고 강연료를 수령하는 경우에만 기타소득이다.

② 사원이 업무와 관계없이 독립된 자격에 의하여 사내에서 발행하는 사보 등에 원고를 게재하고 받은 대가는 일시적 문예창작품에 의한 기타소득에 해당한다.

〈요구사항 2〉

기타소득 원천징수세액	1,840,000
종합소득금액	36,410,000

1. 기타소득

구분	총수입금액	기타소득금액	원천징수세액	비고
거래처 특강료	2,500,000	1,000,000	200,000	
직무발명보상금	7,000,000	7,000,000	1,400,000	근로소득에서 700만원 비과세
강연료	2,000,000	800,000	160,000	고용관계 없이 강연활동
출제 수당	1,000,000	400,000	80,000	고용관계 없음
위약금	500,000	500,000	-	원천징수의무 없음
슬롯머신				과세최저한
합계	13,000,000	9,700,000	1,840,000	

2. 종합소득금액

(1) 근로소득금액

$37,600,000 - (7,500,000 + 22,600,000 \times 15\%) = 26,710,000$

(2) 기타소득금액: 9,700,000

(3) 종합소득금액

$26,710,000 + 9,700,000 = \mathbf{36,410,000}$

[물음 2]

〈요구사항 1〉

인적 공제액	기본공제액	7,500,000	
	추가공제액	4,000,000	
연금보험료 · 건강보험료 · 주택청약저축 소득공제액		9,000,000	5,000,000 + 4,000,000 (총급여액 7천만원 초과)
신용카드 등 사용 소득공제액		2,770,000	Min(2,770,000, 2,500,000 + 1,720,000)

1. 인적공제액

구분	기본공제	추가공제	비고
본인	1,500,000		
부친	1,500,000	3,000,000	경로우대자, 장애인
모친	1,500,000	1,000,000	비과세 사업소득
배우자	1,500,000		소득 없음
딸			연령요건 미충족
아들	1,500,000		
합계	7,500,000	4,000,000	

2. 신용카드소득공제

구분	사용금액	공제대상	공제율	공제금액	추가한도
전통시장	4,000,000	4,000,000	× 40%	1,600,000	2,000,000
대중교통	300,000	300,000	× 40%	120,000	
도서 · 문화			× 30%		
직불카드			× 30%		
신용카드	27,000,000	7,000,000	× 15%	1,050,000	
합계	31,300,000	11,300,000		2,770,000	

① 공제대상 금액: $31,300,000 - 80,000,000 \times 25\% = 11,300,000$

② 공제한도: $2,500,000 + Min(1,720,000, 2,000,000) = 4,220,000$

③ 소득공제금액: $Min(2,770,000, 4,220,000) = 2,770,000$

〈요구사항 2〉

교육비세액공제	2,700,000	18,000,000 × 15%
기부금세액공제	210,000	(600,000 + 800,000) × 15%

1. 교육비세액공제

구분	금액	비고
부친	2,000,000	장애인특수교육비는 직계존속도 가능함
본인	5,500,000	본인 대학원 등록금은 공제대상임
배우자		직업능력개발훈련시설 교육비는 근로자 본인만 적용
딸	9,000,000	외국유학비는 국외 소재 교육기관이 우리나라의 「초·중등교육법」 또는 「고등교육법」에 의한 학교에 해당하는 경우 교육비 공제대상임
아들	1,500,000	500,000 + 1,000,000
공제대상액	18,000,000	

2. 기부금세액공제

(1) 특례기부금: 600,000

   [한도: 66,250,000 × 100% = 66,250,000]

(2) 일반기부금: 800,000

   [한도: (66,250,000 − 600,000) × 10% + Min(65,650,000 × 20%, 300,000)]

[물음 3]

〈요구사항 1〉

이자소득 총수입금액	29,000,000
배당소득 총수입금액	52,000,000
배당가산액(Gross-up 금액)	3,600,000

1. 금융소득금액

구분	이자	배당	비고
1. 수익증권환매이익		10,000,000	12,000,000 − 2,000,000
2. 채권매매차익	21,000,000		20,000,000 + 1,000,000
3. 무상주		2,000,000	자기주식 미배정분
		(G)30,000,000	이익준비금 자본전입
4. 직장공제회			무조건 분리과세
국외배당		4,000,000	무조건 종합과세
정기예금이자	8,000,000		
인정배당		(G)6,000,000	귀속시기: 결산확정일
합계	29,000,000	52,000,000	81,000,000

2. 배당가산액

   Min(36,000,000, 81,000,000 − 20,000,000) × 10% = 3,600,000

〈요구사항 2〉

종합소득금액	104,600,000	
종합소득산출세액	12,544,000	Max(12,544,000, 11,340,000)
배당세액공제액	1,204,000	Min(3,600,000, 12,544,000 − 11,340,000)

1. 종합소득금액

   $81,000,000 + 3,600,000 + 20,000,000 = 104,600,000$

2. 종합소득과세표준

   20,000,000 − 20,000,000

구분	금액	원천징수세율	구분	금액
이자	29,000,000	14%	금융외소득	0
배당	52,000,000	14%		
Gross-up	3,600,000			
금융소득금액	84,600,000		과세표준	84,600,000

3. 종합소득산출세액

(1) 종합소득 과세표준

   $104,600,000 - 20,000,000 = 84,600,000$

(2) 일반산출세액

   $(84,600,000 - 20,000,000) \times 기본세율 + 2,800,000 = 12,544,000$

(3) 비교산출세액

   $\underset{금융외소득}{0} + \underset{금융소득}{81,000,000} \times 14\% = 11,340,000$

문제 2

〈요구사항 1〉

양도가액	390,000,000	차액 10,000,000 < 시가의 5%(20,000,000)
취득가액	100,000,000	200,000,000 − 120,000,000 + 20,000,000
기타의 필요경비	40,000,000	15,000,000 + 25,000,000
양도차익	250,000,000	390,000,000 − 100,000,000 − 40,000,000

1. 부당행위계산부인

양도가액과 시가의 차액이 시가의 5% 또는 3억원 중 적은 금액에 미달하므로 부당행위계산부인 규정을 적용하지 아니한다.

2. 취득가액

① 사업소득계산 시 필요경비로 처리한 감가상각비는 취득가액에 차감한다.

② 취득 시 배당으로 소득처분된 금액은 취득가액에 가산한다.

3. 기타의 필요경비

① 자본적 지출은 기타의 필요경비에 해당하며, 취득가액에 포함되어 있지 않으므로 취득가액에서 조정할 필요도 없다.

② 중개수수료와 매매계약에 따른 인도의무를 이행하기 위해 지출한 명도비용은 양도비용으로서 기타의 필요경비에 포함된다.

〈요구사항 2〉

양도가액	300,000,000

특수관계법인에게 자산을 고가로 양도하여 인정소득처분이 된 경우 양도가액은 시가로 한다.

문제 3

[물음 1]

자료번호	과세표준	
	과세	영세율
1	3,000,000	
2	40,000,000	
3	1,000,000	9,000,000
4	2,400,000	
5 − ①		17,700,000
5 − ②	3,000,000	18,000,000

※ 과세(4행): 2,400,000 = 900,000 + 1,500,000

1. 선발급 세금계산서

대가를 수령하고 발급한 세금계산서는 적법한 세금계산서이며, 세금계산서 발급일을 공급시기로 한다.

2. 국내사업장이 없는 비거주자 또는 외국법인에게 공급되는 재화·용역

① 비거주자 또는 외국법인이 지정하는 국내사업자에게 인도되는 재화로서 해당 사업자의 과세사업에 사용되는 재화는 영세율을 적용한다. 단, 비거주자 또는 외국법인과 직접 계약하고 외국환은행에서 원화로 받은 경우에 한한다.

② 비거주자 또는 외국법인이 지정하는 국내사업자에게 인도되는 재화로서 해당 사업자의 면세사업에 사용되는 재화는 일반세율(10%)을 적용한다.

3. 한국국제협력단에 공급하는 재화

외국에 무상으로 반출하는 재화에 한하여 영세율을 적용한다.

4. 재화의 무상 공급

① 광고목적의 직매장 반출은 재화의 공급으로 보지 않는다.

② 판매장려 목적으로 재화를 고객 또는 불특정 다수에게 지급하는 것은 사업상 증여에 해당한다.

③ 개인적 공급: $2,000,000 \times (1 - 25\% \times 1) = 1,500,000$

5 - ① 직수출

$10,000 \times 1,000 + (2,000 + 5,000) \times 1,100 = 17,700,000$

5 - ② 내국신용장 수출

검수일을 공급시기로 하며, 공급시기가 속한 과세기간의 확정신고기한까지 내국신용장이 개설된 경우에는 영세율을 적용한다. 따라서 '갑'거래는 영세율이 적용되고 '을'거래는 10%의 세율이 적용되며, 모두 2024년 제1기에 공급시기가 도래한다.

[물음 2]

〈요구사항 1〉

매입세액공제액	5,800,000	$6,000,000 \times 60\% + 4,000,000 \times 55\%$
재계산으로 가산 또는 공제되는 세액	450,000	$6,000,000 \times 75\% \times (50\% - 40\%)$

〈요구사항 2〉

의제매입세액 공제액(추징액 차감 전)	800,000	$40,800,000 \times 2/102$
전기 의제매입세액 공제분 중 추징액	50,000	

1. 의제매입세액 공제(추징액 차감 전)

구분	금액	비고
적용대상 매입액	40,800,000	$14,400,000 + (40,000,000 + 4,000,000) \times 60\%$
공급가액대비 한도액	60,000,000	$120,000,000 \times 50\%$
대상액	40,800,000	$\mathrm{Min}(40,800,000, 60,000,000)$
공제율	2/102	
의제매입세액 공제액	800,000	

2. 전기 의제매입세액 공제분 중 추징액

$$\left[8,000,000 \times \frac{110,000,000}{200,000,000} - 1,850,000 \right] \times \frac{2}{102} = 50,000$$

[물음 3]

구분	공급가액	과세표준
건물	200,000,000	120,000,000
부속토지	268,000,000	0

1. 일괄양도 시 안분

구분	기준시가(1)	기준시가(2)	부가가치세
건물(과세)	100,000,000	60,000,000	6,000,000
건물(면세)		40,000,000	
부속토지	134,000,000	134,000,000	
합계	234,000,000	234,000,000	6,000,000

> 과세비율 60%, 면세비율 40%

> 240,000,000

2. 공급가액 안분

① 건물(과세): $480,000,000 \times (60,000,000 \div 240,000,000) = 120,000,000$
② 건물(면세): $480,000,000 \times (40,000,000 \div 240,000,000) = 80,000,000$
③ 토지(면세): $480,000,000 \times (134,000,000 \div 240,000,000) = 268,000,000$

공급가액은 부가가치세를 제외하되, 과세되는 금액과 면세되는 금액을 합한 금액을 말한다.

[물음 4]

세금계산서 불성실가산세	80,000	$4,000,000 \times 2\%$
매출처별 세금계산서합계표 불성실가산세	없음	세금계산서 불성실가산세와 중복적용 배제
매입처별 세금계산서합계표 불성실가산세	없음	수정신고하는 경우 가산세 적용 배제
과소신고 · 초과환급신고가산세	12,000	$(400,000 - 100,000) \times 40\% \times (1 - 90\%)$

1. 세금계산서 불성실가산세

세금계산서의 발급시기가 지난 후 해당 재화 또는 용역의 공급시기가 속하는 과세기간에 대한 확정신고기한까지 세금계산서를 발급하지 아니한 경우 그 공급가액의 2%를 가산세로 부과한다.

2. 매출처별 세금계산서합계표 불성실가산세

「부가가치세법」의 세금계산서 미발급가산세 또는 가공 · 위장 · 공급가액 과다기재 세금계산서 발급 및 수취가산세가 적용되는 부분에 대해서는 다음의 가산세를 중복으로 적용하지 아니한다.

① 사업자등록 미등록 및 명의위장 등록가산세
② 매출처별 세금계산서합계표 불성실가산세
③ 매입처별 세금계산서합계표 불성실가산세

3. 매입처별 세금계산서합계표 불성실가산세

매입처별 세금계산서합계표를 제출하지 아니한 경우 또는 제출한 매입처별 세금계산서합계표의 기재사항 중 거래처별 등록번호 또는 공급가액의 전부 또는 일부가 적혀 있지 아니하거나 사실과 다르게 적혀 있는 경우에는 공제받은 매입세액에 해당하는 공급가액의 0.5%를 가산세로 부과한다. 다만, 다음 중 어느 하나에 해당하는 경우는 제외한다.

① 매입처별 세금계산서합계표를 과세표준수정신고서와 함께 제출하는 경우

② 매입처별 세금계산서합계표를 경정청구서와 함께 제출하여 경정기관이 경정하는 경우

③ 매입처별 세금계산서합계표를 기한후과세표준신고서와 함께 제출하여 관할 세무서장이 결정하는 경우

④ 매입처별 세금계산서합계표의 거래처별 등록번호 또는 공급가액이 착오로 사실과 다르게 적힌 경우로서 발급받은 세금계산서에 의하여 거래사실이 확인되는 경우

문제 4

[물음 1]

〈요구사항 1〉

익금산입 및 손금불산입			손금산입 및 익금불산입		
과목	금액	소득처분	과목	금액	소득처분
상가임대료	27,000,000	유보	주택임대료	75,000,000	유보
간주임대료	890,410	기타사외유출			

1. 임대료

(1) 상가임대료

$3,000,000 \times 9 = 27,000,000 \rightarrow$ 회수약정일 기준

(2) 주택임대료

$5,000,000 \times 9 = 45,000,000$

임대료 지급기간이 1년을 초과하는 경우에 해당하지 않는다. 따라서 회수약정일 기준에 따른다.

2. 간주임대료

$(600,000,000 - 300,000,000 \times 75\%) \times 1.2\% \times \dfrac{275}{365} - 2,500,000 = 890,410$

① 차입금과다법인이 부동산임대업을 주업으로 하는 경우 주택에 대해서는 간주임대료를 익금에 산입하지 않는다.

② 임대보증금을 선수하더라도 임대기간을 기준으로 간주임대료를 계산한다.

③ 상가임대보증금 관련 운용수익만 차감한다.

간주임대료	9,041,095	$1,000,000,000 \times 1.2\% \times \dfrac{275}{365}$

① 추계에 의해 간주임대료를 계산하는 경우 주택도 포함하여 계산한다.

② 추계에 의해 간주임대료를 계산하는 경우 건설비 적수를 차감하지 않으며, 보증금에서 발생한 금융수익도 차감하지 않는다.

[물음 2]

〈요구사항 1〉

시부인대상 기업업무추진비 해당액	198,000,000	$186,500,000 - 12,000,000$(영수증) $- 5,000,000$(임직원 카드) $+$ $8,000,000 + 5,500,000 + 15,000,000$

1. 광고선전용 기증품

(1) 불특정 다수인에게 지급한 경우: 전액 광고선전비로 보아 손금인정한다.

(2) 특정인에게 지급한 경우

　　① 1인당 연간 5만원을 초과하지 않는 경우는 광고선전비로 보아 손금인정한다.

　　② 1인당 연간 5만원을 초과하는 경우에는 전액 기업업무추진비로 의제한다.

　　　(이 경우 개당 3만원 이하의 물품은 제외함)

2. 부가가치세

　　사업상 증여에 대한 부가가치세은 기업업무추진비에 대한 부대비용이므로 기업업무추진비에 포함한다.

〈요구사항 2〉

기업업무추진비 한도액 계산	수입금액	46,500,000,000	$36,500,000,000 + 10,000,000,000$
	기업업무추진비 한도액	121,000,000	$36,000,000 + 85,000,000$
기업업무추진비 한도초과액		79,000,000	$200,000,000 - 121,000,000$

1. 기업업무추진비 관련 수입금액

(1) 일반 수입금액

　　$35,000,000,000 - 10,000,000,000$(특수관계인 매출액) $+ 1,500,000,000$(부산물 판매액) $+ 10,000,000,000$
　　(수탁자 판매, 당기 매출누락) $= 36,500,000,000$

(2) 특정 수입금액(특수관계인 매출액): 10,000,000,000

2. 기업업무추진비 한도액

　　$36,000,000 + 100억원 \times 0.3\% + 265억원 \times 0.2\% + 100억원 \times 0.2\% \times 10\% = 121,000,000$

[물음 3]

〈요구사항 1〉

익금산입 및 손금불산입			손금산입 및 익금불산입		
과목	금액	소득처분	과목	금액	소득처분
미지급기부금	100,000,000	유보	비품	2,000,000	유보
비지정기부금	4,000,000	기타사외유출			

1. 미지급기부금
   어음으로 기부금을 지급한 경우 손금귀속시기는 결제일(만기일)이다.

2. 현물기부금
   특수관계 없는 일반기부금 단체에 기부한 금전 외 자산은 장부가액으로 한다.

3. 고가매입
   법인이 정당한 사유 없이 특수관계인 외의 자로부터 자산을 높은 가액으로 매입하는 정상가액(시가의 130%)과 취득가액의 차액은 기부금으로 의제한다.

〈요구사항 2〉

특례기부금 해당액	25,000,000	이재민구호금품
일반기부금 해당액	58,000,000	50,000,000 + 6,000,000 + 2,000,000
특례기부금 한도초과(미달)액	(156,500,000)	
일반기부금 한도초과(미달)액	34,200,000	

1. 특례기부금 한도초과(미달)액

(1) 기준소득금액

   400,000,000 + 25,000,000(특례) + 58,000,000(일반) = 483,000,000

(2) 기준소득

   483,000,000 − Min(483,000,000 × 80%, 120,000,000) = 363,000,000

(3) 특례기부금 한도미달액

   25,000,000 − 363,000,000 × 50% = Δ156,500,000

2. 일반기부금 한도초과(미달)액

구분	지출액	한도액	전기 이월액 손금	한도초과액
전기	10,000,000	10,000,000	10,000,000	
당기	58,000,000	23,800,000		34,200,000
합계	68,000,000	33,800,000	10,000,000	34,200,000

한도액: (363,000,000 − 25,000,000) × 10% = 33,800,000

[물음 4]

〈요구사항 1〉

익금산입 및 손금불산입			손금산입 및 익금불산입		
과목	금액	소득처분	과목	금액	소득처분
퇴직연금충당금	30,000,000	유보	퇴직급여충당금	30,000,000	유보
			퇴직연금충당금	140,000,000	유보

1. 퇴직연금충당금 한도액: $\text{Min}[A, B] = 460,000,000$

구분	추계액 기준(A)	운용자산 기준(B)
① 퇴직급여추계액(운용자산)	910,000,000	630,000,000
② 세무상 퇴직급여충당금 잔액	(−)80,000,000	
③ 퇴직연금충당금 설정 전 잔액	(−)170,000,000	(−)170,000,000
한도액	660,000,000	460,000,000

① 퇴직급여추계액: $\text{Max}[910,000,000,\ 900,000,000] = 910,000,000$

② 세무상 퇴직급여충당금 기말잔액

$100,000,000 - 20,000,000 = 80,000,000 \rightarrow$ 퇴직급여충당금 세무조정 완료 후

③ 퇴직연금충당금 설정 전 잔액

$(450,000,000 - 50,000,000) - 200,000,000 - 30,000,000 = 170,000,000$

2. 퇴직연금 세무조정

$320,000,000 - 460,000,000 = \Delta140,000,000$

3. 유보관리

구분	기초	감소	증가	기말
퇴직급여충당금	50,000,000	30,000,000		20,000,000
퇴직연금충당금	50,000,000	Δ30,000,000	Δ140,000,000	Δ60,000,000

4. 세무상 퇴직연금충당금(검증)

$570,000,000 + 60,000,000 = 630,000,000$(운용자산잔액과 일치)

<요구사항 2>

익금산입 및 손금불산입			손금산입 및 익금불산입		
과목	금액	소득처분	과목	금액	소득처분
퇴직연금충당금	230,000,000	유보	퇴직급여충당금	30,000,000	유보
			퇴직연금충당금	460,000,000	유보

1. 퇴직연금충당금 한도액: Min[A, B] = 460,000,000

구분	추계액 기준(A)	운용자산 기준(B)
① 퇴직급여추계액(운용자산)	910,000,000	630,000,000
② 세무상 퇴직급여충당금 잔액	(−)80,000,000	
③ 퇴직연금충당금 설정 전 잔액	(−)170,000,000	(−)170,000,000
한도액	660,000,000	460,000,000

① 퇴직급여추계액: Max[910,000,000, 900,000,000] = 910,000,000
② 세무상 퇴직급여충당금 기말잔액
   100,000,000 − 20,000,000 = 80,000,000 → 퇴직급여충당금 세무조정 완료 후
③ 퇴직연금충당금 설정 전 잔액
   400,000,000 − 230,000,000 = 170,000,000

2. 퇴직연금 세무조정

[손금산입]　　　　퇴직연금충당금　　　　　　　　　　460,000,000　　△유보

3. 유보관리

구분	기초	감소	증가	기말
퇴직연금충당금	△400,000,000	△230,000,000	△460,000,000	△630,000,000

* 기말 유보잔액이 당기 말 운용자산금액과 일치함

문제 5

[물음 1]

익금산입 및 손금불산입			손금산입 및 익금불산입		
과목	금액	소득처분	과목	금액	소득처분
환불충당부채 (당기)	35,000,000	유보	환불충당부채 (전기)	30,000,000	유보
반환제품회수권 (전기)	7,500,000	유보	반환제품회수권 (당기)	8,750,000	유보
제품평가손실	42,000,000	유보			

1. 환불충당부채

구분	전기 말(결산)	당기(반품)
결산상 손익	(−)30,000,000	(+)12,000,000
세무조정	(+)30,000,000	(−)30,000,000
과세표준	−	(−)18,000,000*

* 30,000,000×60% = 18,000,000(실제 반품)

내국법인이 제품을 판매하고 반품이 예상되는 금액에 대하여 환불충당부채와 환불예상자산을 계상하여 해당 사업연도의 매출액 및 매출원가를 차감하는 경우에 동 환불충당부채와 환불예상자산은 해당 법인의 각 사업연도 소득금액 계산 시 각각 익금 또는 손금에 산입하는 것임(서면-2019-법인-0762, 2020. 8. 24.)

2. 반환제품회수권

구분	전기 말(결산)	당기(반품)
결산상 손익	(+)7,500,000	(−)3,000,000
세무조정	(−)7,500,000	(+)7,500,000
과세표준	−	(+)4,500,000*

* 7,500,000×60% = 4,500,000

3. 전기 말 결산 시 회계처리 분석(총액조정)

(차) 반환제품회수권	18,000,000	(대) 매출원가	18,000,000
매출원가	10,500,000	반환제품회수권	10,500,000

회사의 결산을 분석해 보면 매출 대비 비용 조정을 원가율(60%)이 아닌 반품자산의 예상가치율(25%)만큼만 조정하고 있다.

[물음 2]

〈요구사항 1〉

간접외국납부세액	20,000,000
외국납부세액공제 한도액	8,300,000
외국납부세액공제액	8,300,000

1. 간접외국납부세액

   $100,000,000 \times 50,000,000 \div (350,000,000 - 100,000,000) = 20,000,000$

2. 직접외국납부세액

   5,000,000

3. 외국납부세액 한도

(1) 외국납부세액공제 한도를 계산하기 위한 과세표준 및 산출세액

구분	감면 후 세액	최저한세 계산	재계산
1. 각사업연도소득금액	330,000,000	350,000,000	350,000,000
2. 이월결손금	(25,000,000)	(25,000,000)	(25,000,000)
3. 비과세소득	(45,000,000)	(45,000,000)	(45,000,000)
4. 과세표준	260,000,000	280,000,000	280,000,000
× 세율	9%, 19%	7%	9%, 19%
5. 산출세액	29,400,000	19,600,000	33,200,000
6. 통합투자세액공제(ㄱ)	(−)18,000,000		(−)13,600,000
7. 감면 후 세액	11,400,000		19,600,000

(2) 외국납부세액공제 한도

   $33,200,000 \times (50,000,000 + 20,000,000) \div 280,000,000 = 8,300,000$

〈요구사항 2〉

감면 후 세액	11,400,000
최저한세	19,600,000
총부담세액	11,000,000

구분	감면 후 세액	최저한세 계산	재계산
1. 감면 후 세액	11,400,000		19,600,000
2. 외국납부세액공제(ㄴ)			(5,000,000)
3. 연구·인력개발비 세액공제(ㄴ)			(3,600,000)
4. 총부담세액			11,000,000

문제 6

[물음 1]

1주당 순자산가치	60,000	7,500,000,000 ÷ 125,000주
1주당 순손익가치	19,200	
1주당 평가액	48,000	Max[(60,000 × 40% + 19,200 × 60%), 60,000 × 80%]
비상장주식 평가액	2,880,000,000	48,000 × (1 + 20%) × 125,000 × 40%

> 할증평가 최대주주

1. 순자산가치

구분	금액	비고
수정 전 순자산가치	7,000,000,000	
선급비용	(100,000,000)	평가기준일 현재 비용으로 확정된 선급비용은 차감함
영업권		장부에 계상되지 않은 영업권은 가산조정항목이나, 장부에 계상되었으므로 가산하지 않음
수선충당금	600,000,000	모든 준비금과 충당금(충당금 설정액 중 비용 확정분은 제외)은 부채에서 제외함(순자산가액에는 가산)
퇴직급여충당금	1,200,000,000	
퇴직금추계액	(1,200,000,000)	퇴직금추계액은 부채에 가산함(순자산가액에는 차감)
수정 후 순자산가치	7,500,000,000	

2. 1주당 순손익가치

(1) 각 사업연도의 1주당 순손익액

구분	2023년	2022년	2021년
(1) 순손익액	300,000,000	200,000,000	140,000,000
(2) 발행주식수	125,000주	125,000주	125,000주
(3) 1주당 손순익액	2,400	1,600	1,120

(2) 1주당 순손익가치

$$[2,400 \times \frac{3}{6} + 1,600 \times \frac{2}{6} + 1,120 \times \frac{1}{6}] \div 10\% = 19,200$$

[물음 2]

증여세 과세 여부 판단 기준금액	54,000,000	Min[(100,000,000 + 80,000,000) × 30%, 3억원]
증여재산가액	270,000,000	450,000,000 − 100,000,000 − 80,000,000

1. 재산 취득 후 재산가치 증가에 따른 이익의 증여

   직업, 연령, 소득 및 재산상태로 보아 자력으로 해당 행위를 할 수 없다고 인정되는 자가 다음 각 사유로 재산을 취득하고 그 재산을 취득한 날부터 5년 이내에 개발사업의 시행, 형질변경, 공유물 분할, 사업의 인가 · 허가 등 사유(재산가치증가사유)로 인하여 이익을 얻은 경우에는 그 이익에 상당하는 금액을 그 이익을 얻은 자의 증여재산가액으로 한다. 다만, 그 이익에 상당하는 금액(재산가치증가이익)이 기준 금액 미만인 경우는 제외한다.

   ① 특수관계인으로부터 재산을 증여받은 경우

   ② 특수관계인으로부터 기업의 경영 등에 관하여 공표되지 아니한 내부 정보를 제공받아 그 정보와 관련된 재산을 유상으로 취득한 경우

   ③ 특수관계인으로부터 차입한 자금 또는 특수관계인의 재산을 담보로 차입한 자금으로 재산을 취득한 경우

2. 증여세 과세여부 판단 기준금액

   Min[①, ②]

   ① [취득가액과 통상적인 가치상승분 및 가치상승 기여분의 합계액] × 30%

   ② 3억원

3. 증여재산가액

해당 재산가액 − 재산의 취득가액 − 통상의 가치상승 기여분 − 가치상승 기여분

   이 경우 그 재산가치증가사유 발생일 전에 그 재산을 양도한 경우에는 그 양도한 날을 재산가치증가사유 발생일로 본다.

〈문제공통적용〉〈자료〉에서 다른 언급이 없는 한 조세부담 최소화를 가정하며, 금액계산의 경우 원 단위 미만에서 반올림한다. 각 문제의 물음에 대해 계산근거를 표시하여 답하시오.

문제 1

다음 자료를 이용하여 각 물음에 답하시오. 답은 주어진 양식에 작성하시오. (30점)

거주자 갑은 ㈜산업테크의 인사팀 과장으로 재직 중이다. ㈜산업테크는 기본급, 상여금 및 수당 등을 급여지급일인 매월 25일에 지급한다. 거주자 갑은 근로소득만 있으며, 이외의 소득은 없다고 가정한다.

〈자료 1〉

다음은 거주자 갑의 2024. 1. 1.부터 2024. 12. 31.까지 소득 및 이에 관련된 지출 자료이다.

1. ㈜산업테크와 거주자 갑 간의 근로계약에 따르면 기본급은 월 ₩3,500,000이며, 상여금은 연간 월 기본급의 600%이다. 이와는 별도로 과장 직책수당은 월 ₩250,000이다.

2. ㈜산업테크는 사내 식당에서 식사를 제공하고 있으며, 이와는 별도 규정에 의해 월 ₩250,000의 식대를 급여일에 지급한다. 거주자 갑은 사내 식당에서 식사를 하였으며, 식대를 급여일에 수령하였다.

3. ㈜산업테크는 시내출장에 대해서는 실제 여비를 지급하지 않고 직책에 따라 자가운전보조금을 차등 지급하는 '자가운전보조금 지급규정'이 있다. 거주자 갑은 시내출장 시 본인의 승용차를 이용하였고, 실제 여비를 받는 대신에 자가운전보조금 ₩300,000을 매월 급여일에 수령하였다.

4. ㈜산업테크는 임직원의 자녀가 대학원 또는 대학에 재학 중인 경우, 실제 등록금을 넘지 않는 범위에서 자녀 1인당 학기별로 ₩4,000,000의 학비보조금을 회사의 복리후생비로 지급하는 '장학금 규정'이 있다. 거주자 갑은 대학원 재학 중인 자녀 A와 대학에 재학 중인 자녀 B의 학비보조금으로 3월과 9월에 각각 ₩8,000,000을 수령하였다.

5. ㈜산업테크와 거주자 갑이 2024년 동안 납부한 사회보험료 내역은 아래와 같다.

구분	총액	사용자부담금	본인부담분
국민연금보험료	₩6,000,000	₩3,000,000	₩3,000,000
국민건강보험료	2,400,000	1,200,000	1,200,000
노인장기요양보험료	200,000	100,000	100,000
고용보험료	400,000	200,000	200,000

6. ㈜산업테크가 거주자 갑의 근로소득에 대해 원천징수한 소득세는 총 ₩4,750,000이다.

〈자료 2〉

다음은 거주자 갑이 2024년 귀속 근로소득 연말정산을 하기 위해 회사에 제출한 자료이다. 각 자료에 대한 증빙은 적법하게 제출되었다.

1. 거주자 갑과 생계를 같이하는 기본공제대상자는 다음과 같다.

관계	생년월일	연간소득금액	비고
본인	1978. 5. 25.	〈자료 1〉	
배우자	1974. 5. 30.	−	전업주부
모친	1955. 4. 15.	₩17,000,000*	
자녀 A	2000. 8. 20.	−	대학원생
자녀 B	2002. 7. 17.	−	대학생, 장애인
자녀 C	2006. 9. 25.	−	고등학생

* 모친은 국내 상장주식에 직접투자를 하고 있으며, 2024년 12월 31일 현재 보유하고 있는 상장주식의 평가액은 ₩150,000,000이다. 위의 연간소득금액은 원천징수를 하기 전의 현금배당금액이다.

2. 거주자 갑은 본인을 피보험자로 하는 자동차 손해보험의 보험료 ₩1,300,000을 지출하였고, 자녀 B를 피보험자로 하는 장애인전용보험의 보험료 ₩1,200,000을 지출하였다.

3. 거주자 갑과 그 배우자 및 생계를 같이하는 자녀 등의 소득공제 대상 신용카드 등 사용금액의 연간 합계액은 다음과 같다. 2024년 신용카드 등 사용금액은 2023년 신용카드 등 사용금액의 105%를 초과하지 않는다.

구분	신용카드	직불카드	현금영수증	합계
전통시장	₩3,500,000	₩500,000	₩200,000	₩4,200,000
대중교통	500,000	100,000	−	600,000
위 외의 사용분*	28,300,000	4,900,000	1,000,000	34,200,000
합계	₩32,300,000	₩5,500,000	₩1,200,000	₩39,000,000

* 위 외의 사용분은 백화점과 대형마트에서 식료품을 구매하기 위하여 지출한 금액이다.

4. 거주자 갑이 기본공제대상자를 위하여 지출한 의료비 내역은 다음과 같다. 거주자 갑과 기본공제대상자는 실손의료보험에 가입하지 않았다.

관계	지출 내역	금액
본인	질병예방비, 치료목적 의약품 구입	₩860,000
모친	입원치료비, 치료목적 의약품 구입	870,000
자녀 A	입원치료비, 치료목적 의약품 구입	750,000
자녀 B	의사처방에 따른 의료기기 구입	1,580,000
자녀 C	입원치료비	350,000
	콘택트 렌즈 구입비	650,000
	치료목적 의약품 구입	50,000

5. 거주자 갑이 기본공제대상자를 위하여 지출한 교육비 내역은 다음과 같다. 교육비와 관련된 학자금 대출을 받지 않았으며, 교육비 지출액 중 소득세나 증여세가 비과세되는 장학금은 없다. 모친은 2024년에 만학도로 4년제 대학에 입학하여 언론에 기사화된 바가 있다.

관계	교육비 내역	금액	비고
모친	입학금과 수업료	₩6,000,000	일반대학 재학
자녀 A	대학원 수업료	14,000,000	
자녀 B	대학 수업료	9,500,000	일반대학 재학
자녀 C	교복구입 비용	700,000	
	학교에서 구입한 교과서 대금	50,000	
	방과후학교 수업료	900,000	
	학교 급식비	550,000	
	사설 입시학원 수강료	4,000,000	

〈자료 3〉

근로소득공제, 기본세율 및 근로소득세액공제는 아래 표를 참고하시오.

1. 근로소득공제액

총급여액	근로소득공제액
1,500만원 초과 4,500만원 이하	750만원 + (총급여액 − 1,500만원) × 15%
4,500만원 초과 1억원 이하	1,200만원 + (총급여액 − 4,500만원) × 5%
1억원 초과	1,475만원 + (총급여액 − 1억원) × 2%

2. 소득세 기본세율

과세표준	기본세율
5,000만원 초과 8,800만원 이하	624만원 + (과세표준 − 5,000만원) × 24%
8,800만원 초과 1억 5천만원 이하	1,536만원 + (과세표준 − 8,800만원) × 35%
1억 5천만원 초과 3억원 이하	3,706만원 + (과세표준 − 1억 5천만원) × 38%

3. 근로소득세액공제

근로소득산출세액	근로소득세액공제액
130만원 초과	세액공제액 = Min(①, ②) ① 공제세액: 715,000원 + (근로소득산출세액 − 130만원) × 30% ② 한도액: 총급여액 구간별 한도액(74만원 ~ 50만원)

[총급여액 구간별 한도액]

총급여액	한도액
3,300만원 초과 7,000만원 이하	MAX(①, ②) ① 74만원 − (총급여액 − 3,300만원) × 0.8% ② 66만원
7,000만원 초과	MAX(①, ②) ① 66만원 − (총급여액 − 7,000만원) × 50% ② 50만원

[물음 1] 총급여액과 근로소득금액을 계산하시오. (5점)

(1) 총급여액	(2) 근로소득금액

[물음 2] 인적공제를 기본공제액과 추가공제액으로 구분하여 계산하시오. (3점)

(1) 기본공제액	(2) 추가공제액	(3) 인적공제 합(1+2)

[물음 3] 건강보험료 등 소득공제액과 연금보험료 소득공제액을 계산하시오. (2점)

(1) 건강보험료 등 소득공제액	(2) 연금보험료 소득공제액

[물음 4] [물음 1]과 관계없이 총급여액을 ₩82,000,000이라고 가정하고, 신용카드 등 사용금액에 대한 소득공제액을 계산하시오. (4점)

(1) 기본한도 내 공제액	(2) 추가공제액	(3) 신용카드 등 소득공제액 합(1+2)

[물음 5] [물음 1]부터 [물음 4]까지의 답을 적용하여 근로소득 과세표준과 산출세액을 계산하시오. (2점)

(1) 과세표준	(2) 산출세액

[물음 6] [물음 1] 및 [물음 5]와 관계없이 총급여액은 ₩82,000,000, 산출세액이 ₩7,300,000 이라고 가정하고, 세액공제를 계산하시오. (단, 해당 세액공제 금액이 없으면 금액란 에 '없음'이라고 표시한다) (12점)

세액공제 항목	금액
(1) 근로소득세액공제	
(2) 자녀세액공제	
(3) 보장성 보험료 세액공제	
(4) 의료비세액공제	
(5) 교육비세액공제	
합계	

[물음 7] 산출세액이 ₩7,300,000이라고 가정하고 [물음 6]의 답을 적용하여 거주자 갑의 결 정세액을 계산한 후, 연말정산 시 추가납부할 세액 혹은 환급받을 세액을 계산하시오. (2점)

(1) 결정세액	(2) 원천징수세액(기납부세액)	(3) 추가납부(환급세액)

문제 2

다음은 비상장 영리내국법인 ㈜A의 제13기(2023. 1. 1. ~ 2023. 12. 31.)와 제14기(2024. 1. 1. ~ 2024. 12. 31.)의 자산 고가양수와 감자에 관한 자료이다. 각 물음에 답하시오. (20점)

〈자료 1〉
1. 제13기 2023년 1월 2일에 출자임원으로부터 기계장치를 ₩100,000,000(시가: ₩80,000,000) 에 매입하고, 매입대금을 전액 현금 지급하였다. ㈜A는 기계장치의 취득가액으로 ₩100,000,000 을 계상하였다.
2. 기계장치의 내용연수는 5년, 감가상각방법은 정률법(상각률은 40%로 가정함)으로 하여 납세지 관할 세무서장에게 신고하고, 이를 기준으로 계산한 감가상각비를 손익계산서에 반영하였다.
3. 제14기 2024년 12월 31일에 기계장치를 현금 ₩20,000,000에 양도하였다.

[물음 1] 〈자료 1〉에서 기계장치와 관련된 제13기 및 제14기의 회계처리와 세무조정을 행하시 오. (세무조정이 없는 경우 "세무조정 없음"으로 표시한다) (5점)

〈자료 2〉

제14기에 ㈜A는 주주 甲, 乙, 丁의 보유주식을 감자 목적으로 다음과 같이 일부 소각하였다. 주주 甲, 乙, 丙, 丁 모두 영리내국법인이며, 주주 甲과 丙은 「법인세법」상 특수관계에 있다. (그 외 특수관계는 없음) ㈜A의 1주당 액면가액은 ₩5,000이며, 감자 전 1주당 평가액은 ₩10,000이다.

주주	소각 전 주식수	주식소각	소각 후 주식수
甲	10,000주	4,000주	6,000주
乙	6,000주	2,000주	4,000주
丙	8,000주	–	8,000주
丁	6,000주	4,000주	2,000주
합계	30,000주	10,000주	20,000주

〈답안 양식〉

구분	세무상 처리에 대한 설명
주주 甲	
乙	
주주 丙	
주주 丁	

구분	익금산입 및 손금불산입			손금산입 및 익금불산입		
	과목	금액(단위: 원)	소득처분	과목	금액(단위: 원)	소득처분
주주 甲						
주주 乙						
주주 丙						
주주 丁						

[물음 2] 〈자료 2〉에서 ㈜A가 감자대가로 1주당 ₩4,000을 지급한 경우, 계산과정을 제시하고 〈답안 양식〉을 이용하여 각 주주의 세무상 처리에 대한 설명과 세무조정 및 소득처분을 행하시오. (세무조정이 없는 경우 "세무조정 없음"으로 표시한다) (5점)

[물음 3] 〈자료 2〉에서 ㈜A가 감자대가로 1주당 ₩8,000을 지급한 경우, 계산과정을 제시하고 〈답안 양식〉을 이용하여 각 주주의 세무상 처리에 대한 설명과 세무조정 및 소득처분을 행하시오. (세무조정이 없는 경우 "세무조정 없음"으로 표시한다) (5점)

[물음 4] 〈자료 2〉에서 ㈜A가 감자대가로 1주당 ₩13,000을 지급한 경우, 계산과정을 제시하고 〈답안 양식〉을 이용하여 각 주주의 세무상 처리에 대한 설명과 세무조정 및 소득처분을 행하시오. (세무조정이 없는 경우 "세무조정 없음"으로 표시한다) (5점)

문제 3

다음은 제조업을 영위하는 ㈜국세(중소기업에 해당함)의 제15기(2023. 1. 1. ~ 2023. 12. 31.) 와 제16기(2024. 1. 1. ~ 2024. 12. 31.)에 관한 자료이다. 각 물음에 답하시오. (30점)

〈자료〉

1. ㈜국세는 제15기 법인세 신고기한 내에 다음과 같이 법인세를 신고·납부하였다.

구분	금액
과세표준	₩500,000,000
산출세액	75,000,000
공제감면세액	(18,000,000)
가산세액	3,000,000
총부담세액	60,000,000
기납부세액	(20,000,000)
차감납부세액	40,000,000

2. 제16기에 경기상황의 악화로 인해 ㈜국세는 불가피하게 사업부를 축소함에 따라 일부 임직원을 2024년 7월 1일에 명예퇴직시키면서 다음과 같이 퇴직금을 지급하였다. (단, ㈜국세는 모든 임직원에게 확정급여형 퇴직연금제도를 적용하고 있으며, 퇴직금에 대한 중간정산은 실시하지 않았다)

퇴직자성명 (직책) 근속연월	2023. 7. 1. ~ 2023. 12. 31. 비용 계상한 일반급여	2023. 7. 1. ~ 2023. 12. 31. 비용 계상한 상여금	2024. 1. 1. ~ 2024. 6. 30. 비용 계상한 일반급여	2024. 1. 1. ~ 2024. 6. 30. 비용 계상한 상여금	2024. 7. 1. 지급한 퇴직금
김세무 (전무이사) 5년 8개월	₩60,000,000	₩15,000,000	₩75,000,000	₩0	₩105,000,000
이국민 (부장) 8년 6개월	55,000,000	12,000,000	47,000,000	6,000,000	112,000,000
최미래 (과장) 6년 9개월	37,000,000	8,000,000	33,000,000	2,000,000	64,000,000

(1) 제15기에 비용 계상한 임직원의 일반급여와 상여금은 세법의 규정에 의해 지급한 것으로 전액 손금에 산입되었다.

(2) ㈜국세는 임직원에 대한 퇴직급여지급규정을 별도로 두고 있지 않으며, 퇴직급여충당금을 설정하지 않는다.

3. ㈜국세는 경기상황의 악화에 따른 재무구조 개선과 퇴직금 재원을 마련하기 위해 제16기에 보유하고 있던 비사업용 토지를 다음과 같이 양도하였다. (단, 비사업용 토지의 양도와 취득은 특수관계인이 아닌 제3자와 정상적인 금액으로 이루어진 것이다)

   (1) 양도와 관련된 자료는 다음과 같다.
      ① 양도 시점: 2024. 4. 15.(잔금청산일)
      ② 양도 당시 실지거래가액: ₩450,000,000
      ③ 양도에 따른 양도비용(중개수수료 등): ₩10,000,000

   (2) 양도 당시의 장부가액과 관련된 자료는 다음과 같다.
      ① 취득 시점: 2019. 5. 10.(소유권이전등기일)
      ② 취득 당시 실지거래가액: ₩245,000,000
      ③ 취득에 따른 부대비용(취득세 등): ₩5,000,000
      ④ 2020. 1. 15. 발생한 자본적 지출액: ₩10,000,000

4. 2024년 7월 1일에 임직원에게 현금으로 지급한 퇴직금을 전액 손금산입하여 계산된 ㈜국세의 제16기 세법상 결손금은 ₩220,000,000이다. 제16기 세법상 결손금은 퇴직금 지급에 대한 세무조정을 제외한 금액이고, 익금항목·손금항목 및 비사업용 토지의 양도 등에 관한 세무조정은 「법인세법」에 따라 처리되었다.

5. 법인세율은 다음과 같다.

과세표준	세율
2억원 이하	과세표준 × 9%
2억원 초과 200억원 이하	1,800만원 + (과세표준 − 2억원) × 19%

[물음 1] 임직원의 퇴직금 지급에 대한 세무조정을 하고, 퇴직금 지급에 대한 세무조정을 반영한 ㈜국세의 제16기 세법상 결손금을 계산하시오. (8점)

[물음 2] 결손금 소급공제를 신청할 경우 최대한 소급공제받을 수 있는 결손금과 ㈜국세가 제15기 납부한 법인세액 중 최대로 환급받고자 할 경우 제16기 소급공제받을 수 있는 결손금을 각각 계산하시오. (8점)

[물음 3] ㈜국세는 결손금에 대한 소급공제를 최대한 받기 위해 제16기 법인세 신고기한 내에 소급공제법인세액환급신청서를 제출하였다면, 제16기 환급받을(납부할) 세액을 계산하시오. (단, 제16기 기중에 납부한 세액(원천납부, 수시납부, 중간예납 등)은 없었으며, 제15기에 납부한 세액은 금전으로 일시납입하였다고 가정한다) (14점)

다음 자료를 바탕으로 물음에 답하시오. 각 자료는 상호 독립적이다. (20점)

〈자료 1〉

다음은 제조업과 부동산임대업을 겸영하는 일반과세자인 ㈜대한의 2024년 제2기 부가가치세 과세기간 최종 3개월(2024. 10. 1. ~ 2024. 12. 31.)의 거래 자료이다. (단, 별도의 언급이 없는 한 자료에 제시된 금액은 부가가치세가 포함되지 아니한 금액이며 세금계산서는 공급시기에 적법하게 발급되었다) 1년은 365일로 가정한다.

1. 2024. 10. 2. 본사 건물 일부에 대한 전세임대계약(임대기간 2024. 10. 3. ~ 2025. 10. 2.)을 체결하고, 2024년 10월 5일에 임대보증금 ₩730,000,000을 수령하였다. 2024년 12월 31일 기준 국세청장이 고시하는 이자율은 1.2%로 가정한다.

2. 2024. 10. 4. 제품 A를 운송비 ₩50,000과 하자보증금 ₩150,000을 포함하여 ₩2,000,000에 판매하고, 판매장려금 ₩100,000을 차감한 ₩1,900,000을 수령하였다.

3. 2024. 10. 11. 제품 B를 거래처 ㈜ABC에게 시가인 ₩1,000,000에 판매하였다. 판매대금은 ㈜ABC에게 제품 인도 시 ₩500,000을 현금으로 수령하였고 ₩400,000은 ㈜대한이 ㈜ABC에게 적립해 준 자기적립마일리지로 결제받았으며, 나머지 ₩100,000은 ㈜S카드가 ㈜ABC에게 제공한 마일리지로 결제받았다. (단, ㈜대한과 ㈜S카드는 세법상 특수관계인이 아니며, ㈜대한은 마일리지 결제액에 대하여 거래일이 속한 월의 말일에 ㈜S카드로부터 전액 현금으로 보전받았다)

4. 2024. 11. 1. 판매가액 ₩6,000,000인 제품 C를 잔금회수일에 인도하기로 하는 판매계약을 체결하였으며 판매대금의 회수약정일은 다음과 같다.

구분	금액	회수약정일
계약금	₩1,000,000	2024. 11. 5.
중도금	3,000,000	2025. 3. 5.
잔금	2,000,000	2025. 7. 5.

5. 2024. 11. 10. 거래처로부터 원재료(시가 ₩1,000,000)를 차용하여 사용한 후 2024. 12. 10.에 다른 종류의 원재료(취득원가 ₩1,000,000, 시가 ₩1,200,000)를 구입하여 반환하였다.

6. 2024. 11. 11. 제품 E에 대해 해외 K사와 $10,000 수출계약을 체결하고 2024년 11월 15일에 제품을 선적하였다. 수출대금 중 $3,000는 2024년 11월 12일에 수령하여 원화 ₩3,150,000으로 환가하였으며, 나머지 $7,000는 2024년 11월 20일에 수령하여 2024년 11월 30일에 원화로 환가하였다.

구분	2024. 11. 11.	2024. 11. 12.	2024. 11. 15.	2024. 11. 20.	2024. 11. 30.
기준환율/ $	₩1,000	₩1,050	₩1,100	₩1,150	₩1,200

7. 2024. 12. 1. 제조업에 사용하던 토지, 건물 및 기계장치를 일괄하여 매각하면서 현금 ₩400,000,000을 수령하였다. 양도자산의 장부가액과 기준시가는 매각일 현재가액이며, 감정가액은 2024년 6월 30일 평가가액이다.

구분	취득가액	장부가액	기준시가	감정가액
토지	₩100,000,000	₩100,000,000	₩300,000,000	₩500,000,000
건물	160,000,000	50,000,000	100,000,000	200,000,000
기계장치	100,000,000	50,000,000	–	–

[물음 1] 〈자료 1〉을 이용하여 ㈜대한의 2024년 제2기 과세기간 최종 3개월(2024. 10. 1. ~ 2024. 12. 31.)의 부가가치세 과세표준을 다음의 〈답안 양식〉에 따라 작성하시오. (10점)

〈답안 양식〉

번호	과세표준
1	
…	
7	

〈자료 2〉

다음은 제조업을 영위하며 과세사업과 면세사업을 겸영하는 ㈜한국의 2024년 제2기 과세기간 최종 3개월(2024. 10. 1. ~ 2024. 12. 31.)의 부가가치세 확정신고 관련 자료이다. (단, 별도의 언급이 없는 한 자료에 제시된 금액은 부가가치세가 포함되지 아니한 금액이며 세금계산서는 적법하게 발급하고 수취한 것으로 가정한다)

1. 2024년 제2기 과세기간 최종 3개월 동안 세금계산서를 수취한 매입내역은 다음과 같다.

월일	내역	공급가액	세액
10. 2.	과세원재료 구입	₩50,000,000	₩5,000,000
10. 10.	과세사업용 비품 구입	10,000,000	1,000,000
10. 20.	수리비	1,000,000	100,000
11. 1.	거래처 접대용 선물 구입	3,000,000	300,000
11. 5.	운송비	2,000,000	200,000
12. 11.	공장부지 조성비	20,000,000	2,000,000
	계	86,000,000	8,600,000

(1) 2024년 10월 20일에 지출한 수리비 ₩1,000,000은 영업부 사원이 업무용으로 사용하기 위한 10인승 승용자동차의 수리비용이다.

(2) 2024년 11월 5일에 지출한 운송비 ₩2,000,000은 면세농산물의 구입 시에 운송업자에게 지급한 운송비용이다.

(3) 2024년 12월 11일에 지출한 공장부지 조성비 ₩20,000,000은 새로운 공장을 건설하기 위하여 신규 취득한 토지에 있는 기존 건물의 철거비용이다.

2. 2024년 제2기 과세기간 공급가액

구분	2024. 7. 1. ~ 2024. 9. 30.	2024. 10. 1. ~ 2024. 12. 31.	합계
과세	₩600,000,000	₩800,000,000	₩1,400,000,000
면세	400,000,000	200,000,000	600,000,000
계	1,000,000,000	1,000,000,000	2,000,000,000

3. 2023년 7월 10일 취득 후 면세사업에서 사용하던 업무용 트럭(취득 시 매입세액 ₩3,000,000)을 2024년 10월 15일부터 과세사업에 공통으로 사용하는 것으로 전환하였다.

4. (1) 2024년 제2기 7월 1일 현재 2024년 제1기 과세기간으로부터 이월된 면세농산물은 없다.

(2) 2024년 제2기 예정신고기간에 구입한 면세농산물은 모두 과세제품 제조에 사용하였으며, 2024년 제2기 예성신고기간에 공제받은 의제매입세액은 ₩1,000,000이다.

(3) 2024년 10월 1일부터 2024년 12월 31일까지 면세농산물을 ₩80,000,000 매입하였고 그 사용내역은 다음과 같다.

구분		매입가액
사용	과세사업	₩38,000,000
	면세사업	22,000,000
미사용		20,000,000

(4) 의제매입세액 공제율은 4/104로 하고 의제매입세액 공제한도는 고려하지 않는다.

[물음 2] 〈자료 2〉를 이용하여 ㈜한국의 2024년 제2기 부가가치세 과세기간 최종 3개월 (2024. 10. 1. ~ 2024. 12. 31.) 확정신고 시 매입세액공제액을 계산하기 위한 세액 중 다음 세액을 〈답안 양식〉에 따라 작성하시오. (5점)

〈답안 양식〉

구분	세액
(1) 의제매입세액	
(2) 과세사업전환 매입세액	
(3) 공제받지 못할 매입세액	

〈자료 3〉

개인사업자 甲 씨는 제조업(최종소비자에게 직접 재화를 공급하는 사업)을 영위하는 일반과세자였다가 2024년 7월 1일부터 간이과세자로 전환되었다. 다음은 간이과세자 甲 씨의 2024년 과세기간(2024. 7. 1. ~ 2024. 12. 31.)의 부가가치세 신고 관련 자료이다.

1. 재화의 공급 시에 공급가액과 세액을 구분 기재하여 발급한 영수증이다.

구분	공급가액	세액
영수증	₩60,000,000	₩6,000,000

2. 사업 관련 매입내역은 다음과 같으며, 세금계산서는 모두 일반과세자로부터 발급받았다.

구분	공급대가
세금계산서	₩44,000,000
영수증	4,000,000

3. 2024년 7월 1일 현재 사업 관련 보유자산의 현황은 다음과 같다. 해당가액은 부가가치세가 포함되지 않은 금액이며, 보유자산 매입 시 부가가치세는 적법하게 처리되었다.

구분	취득일	취득가액	장부가액	시가
제품	2023. 6. 10.	–	₩2,000,000	₩1,500,000
기계장치	2024. 3. 20.	₩10,000,000	8,000,000	9,000,000

4. 제조업의 부가가치율은 다음과 같다고 가정한다.

구분	2023. 1. 1. ~ 2023. 12. 31.	2024. 1. 1. ~ 2024. 12. 31.
부가가치율	10%	20%

[물음 3] 〈자료 3〉을 이용하여 개인사업자 甲 씨의 2024년 과세기간(2024. 7. 1. ~ 2024. 12. 31.)의 부가가치세 신고 시 다음 세액을 〈답안 양식〉에 따라 작성하시오. (5점)

〈답안 양식〉

구분	세액
(1) 납부세액	
(2) 재고납부세액	
(3) 세금계산서 등 수취세액공제	

문제 1

[물음 1]

(1) 총급여액	(2) 근로소득금액
86,200,000	72,140,000

1. 총급여액

구분	금액	비고
1. 기본급, 상여금, 직책수당	66,000,000	$3,500,000 \times (12 + 6) + 250,000 \times 12$
2. 식대	3,000,000	$250,000 \times 12$
3. 자가운전보조금	1,200,000	$(300,000 - 200,000) \times 12$
4. 자녀학비보조금	16,000,000	$8,000,000 \times 2$
합계	86,200,000	

(1) 식사대

식사와 식사대가 동시에 지급되는 경우에는 식사대는 총급여액에 포함한다.

(2) 자가운전보조금

종업원의 소유차량(종업원 본인명의로 임차한 차량을 포함, 배우자 공동명의 차량 포함)을 종업원이 직접 운전하여 사용자의 업무수행에 이용하고 시내출장 등에 소요된 실제 여비를 받는 대신에 그 소요경비를 당해 사업체의 규칙 등에 의하여 정하여진 지급기준에 따라 받는 금액 중 월 20만원 이내의 금액은 실비변상적 급여에 해당하여 비과세한다.

(3) 자녀학비보조금

회사로부터 수령한 자녀학자금은 총급여액에 포함하되, 교육비세액공제 항목에 포함한다.

(4) 건강보험료(노인장기요양보험료, 고용보험료)

회사부담분은 비과세하며, 본인부담분은 총급여액에 포함(기본급 등에 포함)되어 있다. 본인부담분은 특별소득공제(보험료공제)로 종합소득공제에 반영한다.

(5) 국민연금보험료

회사부담분은 근로소득에 포함하지 않으며(추후 수령 시 연금소득 또는 퇴직소득으로 과세함), 본인부담분은 포함(기본급 등에 포함)되어 있다. 본인부담분은 연금보험료공제로 종합소득공제에 반영한다.

2. 근로소득금액

$86,200,000 - [12,000,000 + (86,200,000 - 45,000,000) \times 5\%] = 72,140,000$

[물음 2]

(1) 기본공제액	(2) 추가공제액	(3) 인적공제 합(1 + 2)
7,500,000	2,000,000	9,500,000

구분	기본공제	추가공제	비고
본인	○		
배우자	○		
모친	○		금융소득 2,000만원 이하는 분리과세
자녀 A			20세 초과하여 연령요건 미충족
자녀 B	○	2,000,000	장애인은 연령요건에 관계없이 공제 대상자 판단
자녀 C	○		
합계	7,500,000	2,000,000	

[물음 3]

(1) 건강보험료 등 소득공제액	(2) 연금보험료 소득공제액
1,500,000	3,000,000

1. 건강보험료 등 소득공제

근로소득이 있는 거주자(일용근로자는 제외)가 해당 과세기간에 「국민건강보험법」, 「고용보험법」 또는 「노인장기요양보험법」에 따라 근로자가 부담하는 보험료를 지급한 경우 그 금액을 해당 과세기간의 근로소득금액에서 공제한다.

$$1,200,000 + 100,000 + 200,000 = 1,500,000$$

2. 연금보험료 소득공제

종합소득이 있는 거주자가 공적연금 관련 법에 따른 기여금 또는 개인부담금(연금보험료)을 납입한 경우에는 해당 과세기간의 종합소득금액에서 그 과세기간에 납입한 연금보험료를 공제한다.

[물음 4]

(1) 기본한도 내 공제액	(2) 추가공제액	(3) 신용카드 등 소득공제액 합(1 + 2)
2,500,000	1,920,000	4,420,000

1. 신용카드 등 사용금액에 대한 소득공제

구분	사용금액	공제대상	공제율	공제금액	추가공제
전통시장	4,200,000	4,200,000	× 40%	1,680,000	2,000,000
대중교통	600,000	600,000	× 40%	240,000	
도서·문화			× 30%		
직불카드 등	5,900,000	5,900,000	× 30%	1,770,000	
신용카드	28,300,000	7,800,000	× 15%	1,170,000	
합계	39,000,000	18,500,000		4,860,000	

$$39,000,000 - 82,000,000 \times 25\%$$

2. 기본공제 내 한도액

총급여액	공제한도
7천만원 이하	300만원
7천만원 초과	250만원

3. 추가공제액

   $Min(1,920,000, 2,000,000) = 1,920,000$

[물음 5]

(1) 과세표준	(2) 산출세액
53,720,000	7,132,800

구분	금액	비고
1. 종합소득금액	72,140,000	근로소득금액
2. 종합소득공제	18,420,000	$9,500,000 + 1,500,000 + 3,000,000 + 4,420,000$
3. 과세표준	53,720,000	$72,140,000 - 18,420,000$
4. 산출세액	7,132,800	$6,240,000 + (53,720,000 - 50,000,000) \times 24\%$

[물음 6]

세액공제 항목	금액	비고
(1) 근로소득세액공제	500,000	세액공제 한도 적용
(2) 자녀세액공제	350,000	8세 이상의 기본공제대상자(자녀 B, C)
(3) 보장성 보험료 세액공제	270,000	$150,000 + 120,000$
(4) 의료비세액공제	375,000	
(5) 교육비세액공제	1,650,000	
합계	3,145,000	

1. 근로소득세액공제

(1) 근로소득 산출세액: 7,300,000 → 근로소득만 있는 자

(2) 세액공제액

   $715,000 + (7,300,000 - 1,300,000) \times 30\% = 2,515,000$

(3) 세액공제 한도액

   $Max \begin{bmatrix} 660,000 - (82,000,000 - 70,000,000) \times 50\% = 0 \\ 500,000 \end{bmatrix}$

2. 자녀세액공제

   종합소득이 있는 거주자의 기본공제대상자에 해당하는 공제대상 자녀(입양자 및 위탁아동, 손자녀 포함)로서 8세 이상의 자녀의 수에 따라 공제한다. 1명인 경우에는 15만원, 2명인 경우에는 35만원, 3명인 경우에는 65만원, 그 후로는 1명당 30만원씩 증가된다.

3. 보장성 보험료 세액공제

구분	지출액	공제대상액	공제율	공제액
장애인전용 보장성 보험료	1,200,000	1,000,000	15%	150,000
일반 보장성 보험료	1,300,000	1,000,000	12%	120,000

4. 의료비세액공제

$$4,960,000 - 82,000,000 \times 3\%$$

유형	지출액	대상액	공제율	세액공제액
1. 난임시술비			30%	
2. 미숙아 등			20%	
3. 특정의료비	3,310,000[1]	2,500,000	15%	375,000
4. 일반의료비	1,650,000[2]		15%	
합계	4,960,000	2,500,000		375,000

[1] 860,000(본인) + 870,000(모친, 65세 이상) + 1,580,000(장애인) = 3,310,000

[2] 750,000 + 350,000 + 500,000(렌즈) + 50,000 = 1,650,000

5. 교육비세액공제

구분	금액	비고
모친		직계존속의 일반교육비는 교육비 공제대상 아님
자녀 A		근로소득으로 과세된 경우라고 하더라도 대학원 교육비는 본인만 공제대상임
자녀 B	9,000,000	근로소득으로 과세된 경우에는 교육비세액공제 대상임(단, 한도 900만원 적용)
자녀 C	2,000,000	500,000(교복) + 50,000 + 900,000 + 550,000 [입시학원은 제외]
합계	11,000,000	
공제세액	1,650,000	11,000,000 × 15%

[물음 7]

(1) 결정세액	(2) 원천징수세액(기납부세액)	(3) 추가납부(환급세액)
4,155,000	4,750,000	△595,000

구분	금액	비고
1. 산출세액	7,300,000	
2. 세액공제	3,145,000	[물음 6]의 합계액
3. 결정세액	4,155,000	7,300,000 - 3,145,000
4. 기납부세액	4,750,000	
5. 환급세액	595,000	4,750,000 - 4,155,000

[물음 1]

1. [제13기] 회계처리와 세무조정

(1) 회계처리

| 취득 시 | (차) 기계장치 | 100,000,000 | (대) 현금 | 100,000,000 |
| 결산 시 | (차) 감가상각비 | 40,000,000 | (대) 감가상각누계액 | 40,000,000 |

(2) 세무조정

[익금산입]	부당행위계산부인(사외유출)	20,000,000	상여
[손금산입]	기계장치(고가매입)	20,000,000	△유보
[손금불산입]	감가상각비(기계장치)	8,000,000	유보

(3) 감가상각 시부인

[1단계] 고가매입분 직부인

$$40,000,000 \times \frac{20,000,000}{100,000,000} = 8,000,000 \rightarrow 손금불산입$$

[2단계] 감가상각비 시부인 계산

구분	금액	비고
회사계상액	32,000,000	40,000,000 − 8,000,000
상각범위액	32,000,000	(100,000,000 − 20,000,000) × 0.4
시부인액	−	

2. [제14기] 회계처리와 세무조정

(1) 회계처리

(100,000,000 − 40,000,000) × 0.4

| 결산 시 | (차) 감가상각비 | 24,000,000 | (대) 감가상각누계액 | 24,000,000 |
| 처분 시 | (차) 현금
감가상각누계액
유형자산처분손실 | 20,000,000
64,000,000
16,000,000 | (대) 기계장치 | 100,000,000 |

(2) 세무조정

20,000,000 − 8,000,000

| [손금불산입] | 기계장치 | 12,000,000 | 유보 |

유형자산 처분 시 감가상각자산 시부인 계산은 생략하고 유보잔액을 추인한다.

[물음 2]

구분	세무상 처리에 대한 설명
주주 甲	특수관계인 丙에게 이익을 부당하게 분여한 이익 9,600,000원을 익금산입하고 기타사외유출로 소득처분한다.
주주 乙	이익을 분여받은 주주 丙과 특수관계가 없으므로 부당행위계산부인 규정을 적용하지 아니한다.
주주 丙	자본거래로 인하여 특수관계인으로부터 분여받은 이익 9,600,000원을 익금에 산입하고 유보로 소득처분한다.
주주 丁	이익을 분여받은 주주 丙과 특수관계가 없으므로 부당행위계산부인 규정을 적용하지 아니한다.

구분	익금산입 및 손금불산입			손금산입 및 익금불산입		
	과목	금액	소득처분	과목	금액	소득처분
주주 甲	부당행위	9,600,000	기타사외유출			
주주 乙	세무조정 없음					
주주 丙	유가증권	9,600,000	유보			
주주 丁	세무조정 없음					

1. 현저한 이익

$(10,000 - 4,000) \geq \underline{10,000} \times 30\%$

↳ 감자 전 주가

2. 감자 후 주가

$$\frac{감자\ 전\ 기업가치 - 유상감자\ 대가}{감자\ 후\ 주식\ 수} = \frac{10,000 \times 30,000주 - 4,000 \times 10,000주}{30,000주 - 10,000주} = 13,000$$

3. 분여이익의 계산(丙법인)

$(13,000원 - 10,000원) \times 8,000주 = 24,000,000$

주식 수의 변동이 없는 법인의 이익 또는 손해를 계산한다.

4. 분여이익의 안분

이익을 분여한 주주		이익을 분여받은 주주
주주	분여비율	丙
甲	$\frac{4,000}{10,000} = 40\%$	9,600,000
乙	$\frac{2,000}{10,000} = 20\%$	4,800,000
丁	$\frac{4,000}{10,000} = 40\%$	9,600,000
합계	100%	24,000,000

[물음 3]

구분	세무상 처리에 대한 설명
주주 甲	현저한 이익 이상을 분여하지 않았으므로 부당행위계산부인 규정을 적용하지 아니한다.
주주 乙	이익을 분여한 법인 丙과 특수관계가 없으므로 부당행위계산부인 규정을 적용하지 아니한다.
주주 丙	부당행위계산부인 규정을 적용받지 않으므로 자본거래로 인해 분여받은 이익을 과세하지 아니한다.
주주 丁	이익을 분여한 법인 丙과 특수관계가 없으므로 부당행위계산부인 규정을 적용하지 아니한다.

구분	익금산입 및 손금불산입			손금산입 및 익금불산입		
	과목	금액	소득처분	과목	금액	소득처분
주주 甲	세무조정 없음					
주주 乙	세무조정 없음					
주주 丙	세무조정 없음					
주주 丁	세무조정 없음					

1. 현저한 이익

   $(10,000 - 8,000) \langle \underline{10,000} \times 30\%$

   ↳ 감자 전 주가

2. 부당행위계산부인 적용 여부

   감자 전 주가와 감자대가의 차이가 감자 전 주가의 30%에 미달하므로 부당행위계산부인 규정을 적용하지 아니한다.

[물음 4]

구분	세무상 처리에 대한 설명
주주 甲	자본거래로 인하여 특수관계인으로부터 분여받은 이익 4,800,000원을 익금에 산입하고 유보로 소득처분한다.
주주 乙	이익을 분여한 주주 丙과 특수관계가 없으므로 부당행위계산부인을 적용하지 아니한다.
주주 丙	특수관계인 甲에게 이익을 부당하게 분여한 이익 4,800,000원을 익금산입하고 기타사외유출로 소득처분한다.
주주 丁	이익을 분여한 주주 丙과 특수관계가 없으므로 부당행위계산부인을 적용하지 아니한다.

구분	익금산입 및 손금불산입			손금산입 및 익금불산입		
	과목	금액	소득처분	과목	금액	소득처분
주주 甲	유가증권	4,800,000	유보			
주주 乙	세무조정 없음					
주주 丙	부당행위	4,800,000	기타사외유출			
주주 丁	세무조정 없음					

1. 현저한 이익

   $(13,000 - 10,000) \geq \underset{\substack{\uparrow \\ \text{감자 전 주가}}}{10,000} \times 30\%$

2. 감자 후 주가

   $\dfrac{\text{감자 전 기업가치} - \text{유상감자 대가}}{\text{감자 후 주식 수}} = \dfrac{10,000 \times 30,000주 - 13,000 \times 10,000주}{30,000주 - 10,000주} = 8,500$

3. 분여이익의 계산(丙법인)

   $(10,000원 - 8,500원) \times 8,000주 = 12,000,000$

   주식 수의 변동이 없는 법인의 이익 또는 손해를 계산한다.

4. 분여이익의 안분

이익을 분여한 주주		이익을 분여받은 주주		
주주	이익분여액	甲(40%)	乙(20%)	丁(40%)
丙	12,000,000	4,800,000	2,400,000	4,800,000

문제 3

[물음 1]

1. 임원 퇴직금 한도액

   $(60,000,000 + 15,000,000 + 75,000,000) \times 10\% \times \dfrac{68}{12} = 85,000,000$

   정관에 임원퇴직금 한도에 관한 규정이 없는 경우에는 다음 금액을 임원퇴직금 한도액으로 한다.

퇴직 직전 1년간 총급여액 × 10% × 근속연수(1개월 미만 절사)

   비교 「소득세법」상 임원퇴직금 한도액은 월할 계산 시 1개월 미만의 기간이 있는 경우에는 1개월로 본다.

2. 임원 퇴직금 한도초과액

   $105,000,000 - 85,000,000 = 20,000,000$

   임원 이외의 일반 직원에 대한 퇴직금은 지급규정이 없더라도 전액 손금산입한다.

3. 세무조정

[손금불산입]	임원퇴직금한도초과액	20,000,000	상여

4. 제16기 결손금

   $\triangle 220,000,000 + 20,000,000 = \triangle 200,000,000$

[물음 2]

1. 결손금 소급공제를 신청할 경우 최대한 소급공제받을 수 있는 결손금

$500,000,000 - 200,000,000 = 300,000,000$

구분	소급공제 전	소급공제 후	비고
과세표준	500,000,000	200,000,000	18,000,000 ÷ 9%
산출세액	75,000,000	18,000,000	감면세액과 동일
공제감면세액	(18,000,000)	(18,000,000)	감면세액은 유지
결정세액	57,000,000	0	환급세액: 57,000,000

2. 제15기 납부한 법인세액 중 소급공제받을 수 있는 결손금: 200,000,000

제16기 발생한 결손금을 초과하여 소급공제할 수 없으므로 최대 소급공제 가능한 결손금은 200,000,000원이다.

[물음 3]

1. 토지 등 양도소득에 대한 법인세액 $\quad \boxed{245,000,000 + 5,000,000 + 10,000,000}$

구분	금액	비고
1. 양도금액	450,000,000	
2. 장부가액	260,000,000	세무상 장부가액을 의미하므로, 자산의 세무상 장부가액에 자본적 지출·자산평가증 등을 가산하되, 판매수수료와 같이 자산을 양도하기 위해 지출하는 비용은 포함되지 아니한다.
3. 양도소득	190,000,000	
4. 산출세액	19,000,000	190,000,000 × 10%

2. 제16기 환급받을 세액

(1) 결손금 소급공제에 따라 환급받을 세액: 38,000,000

구분	소급공제 전	소급공제 후	비고
과세표준	500,000,000	300,000,000	500,000,000 − 200,000,000
산출세액	75,000,000	37,000,000	
공제감면세액	(18,000,000)	(18,000,000)	감면세액은 유지
결정세액	57,000,000	19,000,000	환급세액: 57,000,000 − 19,000,000 = 38,000,000

(2) 토지 등 양도소득에 대한 법인세 충당 후 환급세액

$38,000,000 - 19,000,000 = 19,000,000$

납세자가 동의하는 경우에는 세법에 따라 자진 납부하는 국세(토지 등 양도소득에 대한 법인세)와 국세 환급금(결손금 소급공제에 따라 환급할 법인세)은 충당한 후 환급할 수 있다.

문제 4

[물음 1]

번호	과세표준	비고
1	2,160,000	730,000,000 × 1.2% × 90일 ÷ 365일(초일산입)
2	2,000,000	1,900,000 + 100,000
3	600,000	500,000 + 100,000
4	1,000,000	계약금(2024. 11. 5.) 수령분만 공급시기 도래함
5	1,200,000	반환한 원재료의 시가
6	10,850,000	3,150,000 + 7,000 × 1,100
7	175,000,000	

1. 간주임대료

   보증금을 실제로 지급받았는지 여부에 관계없이 공급시기에 받았거나 받기로 한 금액으로 한다. (계약기간에 따라 간주임대료 계산함)

2. 제품 A

   ① 운송비는 재화 또는 용역의 대가에 포함된 것으로 공급가액에 포함되어 있다.

   ② 하자보증금은 예치금 성격이므로 과세표준에서 공제하지 아니한다.

   ③ 판매장려금은 재화 또는 용역의 공급시기에 있어서 그 공급가액의 결정과 무관하므로 과세표준에서 공제하지 아니한다.

3. 마일리지로 결제받은 금액

   ① 자기적립마일리지로 결제받은 금액은 과세표준에 포함하지 아니한다.

   ② 자기적립마일리지 등 외의 마일리지 등으로 결제받은 부분에 대하여 재화 또는 용역을 공급받는 자 외의 자로부터 보전받았거나 받을 금액은 과세표준에 포함한다.

4. 중간지급조건부

   계약금을 받기로 한 날의 다음 날부터 재화를 인도하는 날 또는 재화를 이용 가능하게 하는 날까지의 기간이 6개월 이상인 경우로서 그 기간 이내에 계약금 외의 대가를 분할하여 받는 경우(중간지급조건부)는 대가의 각 부분을 받기로 한 때를 공급시기로 한다.

5. 교환거래

   금전 외의 대가를 받는 경우의 공급가액은 자기가 공급한 재화 또는 용역의 시가로 한다.

6. 외화로 대가를 수령한 경우

   금전으로 그 대가를 외국통화나 그 밖의 외국환으로 받은 경우에는 다음에 따라 환산한 금액을 공급가액으로 한다.

공급시기 도래 전 원화로 환가한 경우	환가한 금액
공급시기 이후에 외국통화로 보유하거나 지급받는 경우	공급시기의 기준환율(재정환율)에 따라 계산한 금액

공급시기(선적일, 2024년 11월 15일) 이전에 수령한 외화 $3,000은 환가한 3,150,000원을 공급가액으로 하고, 공급시기 이후 수령한 $7,000은 공급시기의 기준환율을 적용한 금액을 공급가액으로 한다.

7. 토지, 건물 등의 일괄공급

(1) 장부가액 기준 재환산

구분	토지	건물	기계장치	합계
장부가액(1차)	150,000,000		50,000,000	200,000,000
장부가액(2차)	112,500,000(75%)	37,500,000(25%)	50,000,000	200,000,000

(2) 과세표준

$$400,000,000 \times \frac{87,500,000}{200,000,000} = 175,000,000$$

[물음 2]

구분	세액
(1) 의제매입세액	2,000,000
(2) 과세사업전환 매입세액	1,050,000
(3) 공제받지 못할 매입세액	2,390,000

1. 의제매입세액

구분	금액	비고
① 적용대상 매입액	52,000,000	$38,000,000$(과세사업분) $+ 20,000,000$(기말재고) $\times \dfrac{14억원}{20억원}$
② 공제율	4/104	
③ 의제매입세액공제액 (= ① × ②)	2,000,000	

예정신고기간에 공제받은 의제매입세액은 과세기간의 전체 의제매입세액공제 한도를 계산하는 경우에 한하여 고려한다. 문제에서처럼 확정신고기간의 면세농산물 등 매입액만을 기준으로 의제매입세액공제액을 계산하는 경우에는 고려할 필요 없다. 과세기간 전체의 공제대상액과 공급가액대비 한도액 중 적은 금액에서 예정신고기간에 공제한 의제매입세액을 차감하여 확정신고기간의 의제매입세액공제액을 계산하기 때문이다.

2. 과세사업전환 매입세액

면세사업 등에 사용·소비되던 감가상각자산을 과세사업용으로 전환하여 사용·소비하는 경우에는 당초 공제받지 못한 매입세액 중 일부를 공제받을 수 있도록 한다.

$$3,000,000 \times (1 - 25\% \times 2) \times \frac{1,400,000,000}{2,000,000,000} = 1,050,000$$

3. 공제받지 못할 매입세액

구분	불공제 매입세액	비고
과세원재료		과세사업에 사용되는 것으로 가정함
수리비	30,000	100,000 × 6억/20억
기업업무추진비	300,000	
운송비	60,000	200,000 × 6억/20억
공장부지 조성비	2,000,000	토지의 자본적 지출
계	2,390,000	

과세원재료는 과세사업에만 사용되는 것인지 여부가 불분명하지만, 별도의 추가 지문이 없으므로 과세사업에만 사용되는 것으로 가정하였다.

[물음 3]

구분	세액	비고
(1) 납부세액	1,320,000	66,000,000 × 20% × 10%
(2) 재고납부세액	897,750	189,000 + 708,750
(3) 세금계산서 등 수취세액공제	220,000	44,000,000 × 0.5%

1. 납부세액

$$\text{과세표준(공급대가)} \times \text{업종별 부가가치율} \times \text{세율(10\%)}$$

2. 재고납부세액

(1) 재고납부세액계산 산식

$$\text{취득가액} \times 10/100 \times (1 - \text{경과된 과세기간 수} \times \text{상각률}) \times (1 - 5.5\%)$$

취득가액은 장부 또는 세금계산서에 의하여 확인되는 해당 재고품 등의 취득가액으로 한다. 다만, 장부 또는 세금계산서가 없거나 장부에 기록이 누락된 경우 해당 재고품 등의 가액은 시가로 한다.

(2) 계산근거

구분	재고납부세액	계산근거
제품	189,000	2,000,000 × 10% × (1 − 5.5%)
기계장치	708,750	10,000,000 × 10% × (1 − 25% × 1) × (1 − 5.5%)

제품은 자기가 제조한 재고자산이므로 장부가액을 취득가액으로 볼 수 있다. 따라서 시가를 적용하지 않고, 장부가액을 취득가액으로 본다.

3. 세금계산서 등 수취세액공제

간이과세자가 매입처별 세금계산서합계표 또는 신용카드매출전표 등 수령명세서를 관할 세무서장에게 제출한 경우에 공급대가의 0.5%를 세금계산서 등 수취세액공제로 한다. 따라서 영수증 수취분은 적용대상이 아니다.

해커스 세무회계 기출문제집

회계사 · 세무사 · 경영지도사 단번에 합격!
해커스 경영아카데미 cpa.Hackers.com

2020년 세무회계
기출문제 & 해답

※ 답안 작성 시 유의사항
1. 답안은 문제 순서대로 작성할 것
2. 계산문제는 계산근거를 반드시 제시할 것
3. 답안은 아라비아 숫자로 원단위까지 작성할 것
   (예 2,000,000 − 1,000,000 = 1,000,000원)
4. 별도의 언급이 없는 한 관련 자료·증빙의 제출 및 신고·납부절차는 적법하게 이행된 것으로 가정할 것
5. 별도의 언급이 없는 한 합법적으로 세금부담을 최소화하는 방법으로 풀이할 것

문제 1 (25점)

다음은 거주자 갑, 을, 병, 정의 2024년 귀속 종합소득 신고를 위한 자료이다. 제시된 금액은 원천징수하기 전의 금액이며, 별도의 언급이 없는 한 원천징수는 적법하게 이루어졌다.

[물음 1] ㈜A(중소기업)의 전무이사 갑과 영업부장 을의 2024년 근로소득 관련 자료이다. 갑과 을은 5년 전부터 계속 근무하고 있다.

〈자료〉

1. 갑과 을이 ㈜A로부터 2024년에 지급받은 내역은 다음과 같다(아래 금액은 매월 균등하게 지급받은 금액을 합산한 것임).

구분	갑	을
기본급	70,000,000원	48,000,000원
성과급	20,000,000원	1,800,000원
식사대[*1]	2,760,000원	2,760,000원
자격증수당	−	240,000원
판공비	2,000,000원	−
자가운전보조금[*2]	3,000,000원	1,200,000원

[*1] 을은 구내식당에서 식사를 제공받았으나, 갑은 식사를 제공받지 않았다.

[*2] 갑과 을은 본인 소유차량을 직접 운전하여 업무수행에 이용하고 실제 여비를 받는 대신에 회사 사규에 정해진 지급기준에 따라 자가운전보조금을 받았다.

2. 갑과 을의 「국민건강보험법」에 따른 건강보험료의 내역은 다음과 같으나, 본인부담분을 포함한 전액을 ㈜A가 부담하였다.

구분	갑	을
회사부담분	4,500,000원	2,000,000원
본인부담분	4,500,000원	2,000,000원

3. 갑과 을이 ㈜A로부터 받은 보상금 등의 내역은 다음과 같다.

구분	갑	을
직무발명보상금[*3]	8,000,000원	4,000,000원
주택구입·임차자금 무상대여 이익	1,000,000원	800,000원

*3 「발명진흥법」에 따라 받은 보상금이다. 갑은 ㈜A 지배주주의 특수관계인이 아니다.

〈요구사항〉

갑과 을의 총급여액을 다음의 답안 양식에 따라 제시하시오.

(답안 양식)

갑의 총급여액	
을의 총급여액	

[물음 2] 건설업을 영위하고 있는 병(복식부기의무자)의 2024년 사업소득 손익계산서 자료이다.

〈자료〉

병의 손익계산서상 당기순이익은 100,000,000원이며, 다음 항목이 수익 또는 비용에 포함되어 있다.

1. 이자수익

구분	금액
비영업대금의 이익[*1]	10,000,000원
외상매출금[*2] 회수지연에 따른 연체이자	500,000원
국내은행 정기예금이자	20,000,000원
공익신탁의 이익	1,500,000원
비실명이자소득[*3]	800,000원
합계	32,800,000원

*1 온라인투자연계금융업자를 통해 받은 이자가 아니다.

*2 소비대차로 전환되지 아니하였다.

*3 금융실명제대상이 아니다.

2. 인건비

구분	금액
대표자 병의 급여	50,000,000원
종업원 급여	300,000,000원
합계	350,000,000원

3. 사업용 건설기계(굴삭기) 처분이익: 5,000,000원
4. 산업재산권 양도이익: 3,000,000원

〈요구사항 1〉

병의 종합과세되는 이자소득 총수입금액과 이자소득(분리과세대상 포함)에 대한 소득세 원천징수세액을 다음의 답안 양식에 따라 제시하시오.

(답안 양식)

이자소득 총수입금액	
이자소득 원천징수세액	

〈요구사항 2〉

병의 사업소득금액을 다음의 답안 양식에 따라 제시하시오.

(답안 양식)

손익계산서상 당기순이익		
가산조정	총수입금액산입 · 필요경비불산입	
차감조정	총수입금액불산입 · 필요경비산입	
사업소득금액		

[물음 3] 정의 2024년 연말정산 관련 자료이다.

〈자료〉

1. 본인 및 생계를 같이하는 부양가족의 현황

구분	나이	내용
본인	42세	총급여액 80,000,000원
배우자	39세	소득 없음
부친	74세	양도소득금액 10,000,000원
장인	73세	장애인, 소득 없음
딸	17세	고등학교 재학 중, 소득 없음
아들	0세	2024. 4. 1. 출생, 소득 없음
위탁아동	10세	7개월 양육, 소득 없음
동생	35세	장애인, 소득 없음

2. 신용카드, 직불카드 및 현금영수증 사용내역(단, 2024년 신용카드 등 사용금액은 2023년 신용카드 등 사용금액의 105%를 초과하지 않는다)

구분		금액
신용카드 사용액	본인의 정당기부금(정치자금세액공제 적용)	300,000원
	본인의 신차 구입에 따른 취득세	2,000,000원
	본인의 가전제품 구입	19,900,000원
	배우자의 국외 사용	900,000원
	장인의 대중교통 이용	200,000원
	동생의 도서·공연 사용	800,000원
기타 사용액	배우자의 전통시장 현금영수증 사용	1,500,000원
	부친의 직불카드 사용	5,500,000원

3. 의료비 지출내역

구분	금액
본인의 건강진단비	1,200,000원
본인과 배우자의 시력보정용 안경 구입비(각 400,000원)	800,000원
배우자의 난임시술비	1,000,000원
배우자의 산후조리원 비용	2,000,000원
부친의 건강증진용 약품 구입비	900,000원
장인의 보청기 구입비	2,000,000원
딸의 허리디스크 수술비	10,000,000원
딸의 미용성형수술비	2,000,000원
동생의 장애인 보장구 구입비	3,000,000원

〈요구사항 1〉

정의 인적공제액과 자녀세액공제액을 다음의 답안 양식에 따라 제시하시오.

(답안 양식)

인적	기본공제액	
공제액	추가공제액	
자녀세액공제액		

〈요구사항 2〉

정의 신용카드 등 사용금액에 대한 소득공제액을 다음의 답안 양식에 따라 제시하시오.

(답안 양식)

신용카드 등	40% 공제율 적용대상	
사용금액	30% 공제율 적용대상	
	15% 공제율 적용대상	
신용카드 등 사용 소득공제액		

〈요구사항 3〉

특별세액공제를 항목별로 신청한 정의 의료비세액공제액을 다음의 답안 양식에 따라 제시하시오.

(답안 양식)

의료비세액공제액	

문제 2 (5점)

다음은 거주자 갑의 부담부증여 관련 자료이다.

〈자료〉

1. 갑은 2014년 5월 20일 취득한 토지(등기됨)를 아들 을(29세)에게 2024년 8월 13일에 증여하였다. 증여한 토지에는 갑이 A은행으로부터 차입한 차입금 100,000,000원에 대한 근저당권이 설정되어 있으며, 을은 토지를 증여받고 동 채무를 인수하였음이 객관적으로 입증된다.

2. 증여한 토지의 취득 당시 가액은 다음과 같다.

실지거래가액	기준시가	지방세 시가표준액
확인되지 않음	200,000,000원	180,000,000원

3. 증여한 토지의 증여 당시 가액은 다음과 같다.

시가	기준시가	지방세 시가표준액
500,000,000원	400,000,000원	250,000,000원

4. 증여한 토지에 대한 자본적 지출액과 양도비용은 확인되지 않는다.

5. 을은 갑(부친)으로부터 처음 증여를 받았으며, 모친으로부터 2021년 3월 14일 현금 80,000,000원을 증여받고 증여세를 납부한 바 있다.

〈요구사항 1〉

토지 증여로 인한 갑의 양도차익을 다음의 답안 양식에 따라 제시하시오.

(답안 양식)

양도가액	
취득가액	
기타의 필요경비	
양도차익	

〈요구사항 2〉

토지 증여에 따른 을의 증여세 과세가액을 다음의 답안 양식에 따라 제시하시오.

(답안 양식)

증여세 과세가액	

문제 3 (15점)

[물음 1] 다음은 상호 독립적인 각 과세사업자의 2024년 제1기 부가가치세 관련 자료이다. 별도의 언급이 없는 한 제시된 금액은 부가가치세가 포함되지 않은 금액이며, 세금계산서는 적법하게 발급되었다. 1년은 365일로 가정한다.

〈자료〉

1. ㈜A는 다음과 같이 기계장치를 매각하는 계약을 체결하였다.

구분	기계장치 A	기계장치 B[*1]
계약금	10,000,000원 (2024. 3. 20.)	8,000,000원 (2024. 5. 20.)
중도금	10,000,000원 (2024. 6. 20.)	8,000,000원 (2024. 8. 20.)
잔금	10,000,000원 (2024. 9. 20.)	8,000,000원 (2024. 11. 20.)
인도일	2024. 3. 20.	2024. 11. 20.

*1 2024년 5월 20일에 계약금만 수령하고 기계장치 공급가액 전액에 대하여 세금계산서를 발급하였다.

2. ㈜B는 2024년 4월 4일에 장부가액 25,000,000원인 기계장치 A(시가 20,000,000원)를 개인사업자 갑의 기계장치 B(시가 불분명)와 교환하였다. 교환시점의 기계장치 B의 감정가액은 19,000,000원, 「상속세 및 증여세법」상 보충적 평가액은 17,000,000원이다.

3. ㈜C는 외국에서 반입한 원재료를 가공하여 생산한 제품을 국내에 공급하는 보세구역 내의 사업자이다. ㈜C는 보세구역 밖에 있는 국내사업자 갑과 을에게 다음과 같이 제품을 공급하였다.

   ① 제품 A(인도일 2024년 4월 25일)를 사업자 갑에게 10,000,000원에 공급하였다. 이에 대한 관세의 과세가격은 5,000,000원, 관세는 500,000원, 개별소비세는 1,500,000원이다.

   ② 제품 B(인도일 2024년 6월 25일)를 사업자 을에게 20,000,000원에 공급하였다. 이에 대하여 세관장이 징수한 부가가치세는 1,700,000원이다.

4. ㈜D는 도시지역 안에 있는 겸용주택을 다음과 같이 임대하고 있다. 겸용주택은 2층 건물로 1층(500㎡)은 상가로, 2층(500㎡)은 주택으로 임대하고 있으며, 부수토지면적은 3,000㎡이다. 각 층의 면적에 지하층 및 주차용 면적은 제외되어 있다.

   ① 임대계약조건

구분	내용
임대기간	2024. 4. 1. ~ 2026. 3. 31.
월 임대료	2,000,000원
임대보증금	146,000,000원[*2]

*2 임대보증금 운용수입으로 155,200원의 이자수익이 발생하였다.

② 2024년 6월 30일 현재 겸용주택의 감정가액 및 기준시가내역

구분	감정가액	기준시가
토지	250,000,000원	160,000,000원
건물	150,000,000원	160,000,000원
합계	400,000,000원	320,000,000원

③ 2024년 6월 30일 현재 계약기간 1년의 정기예금이자율은 1.8%이다.

5. ㈜E는 2024년 5월 30일에 국내사업장이 없는 외국법인과 직접 판매계약을 체결하고 그 외국법인이 지정하는 국내사업자 갑과 을에게 각각 다음과 같이 제품을 인도한 후, 그 대금을 외국환은행에서 원화로 수령하였다.

① 제품 A(공급가액 10,000,000원)를 갑에게 인도하였으며, 갑은 제품 A를 그대로 외국법인에 반출하였다.

② 제품 B(공급가액 20,000,000원)를 을에게 인도하였으며, 을은 제품 B 중 70%를 과세사업에, 30%를 면세사업에 사용하였다.

〈요구사항〉

각 사업자가 2024년 제1기 부가가치세 확정신고 시 신고해야 할 과세표준을 다음의 답안 양식에 따라 제시하시오. 단, 2024년 제1기 부가가치세 예정신고는 적법하게 이루어졌다.

(답안 양식)

구분	과세표준	
	과세	영세율
㈜A		
㈜B		
㈜C		
㈜D		
㈜E		

[물음 2] 다음은 과세사업과 면세사업을 겸영하고 있는 ㈜한국의 부가가치세 신고 관련 자료이다. 별도의 언급이 없는 한 제시된 금액은 부가가치세가 포함되지 않은 금액이다.

〈자료〉

1. 다음은 ㈜한국이 2024년 3월 20일 현재 사업에 사용하던 자산의 내역이다. 아래 자산 중 구축물과 토지는 과세사업과 면세사업 겸용자산이며, 다른 자산은 과세사업 전용자산이다.

구분[1]	취득일	취득가액	시가
원재료	2023. 12. 5.	10,000,000원	7,000,000원
구축물	2021. 7. 15.	80,000,000원	90,000,000원
토지	2016. 10. 5.	40,000,000원	80,000,000원
차량	2023. 2. 19.	30,000,000원	18,000,000원
기계장치	2023. 7. 10.	20,000,000원	15,000,000원
비품	2021. 9. 13.	5,000,000원	2,000,000원

[1] 위 자산 중 토지와 차량(소형승용차)은 매입 당시 매입세액공제를 받지 못하였으며, 나머지 자산은 매입 당시 매입세액공제를 받았다.

2. ㈜한국은 2024년 1월 10일 제품을 인도하고 1월 31일부터 매월 말일에 1,000,000원씩 총 12회에 걸쳐 대금을 수령하기로 약정하였다. 이 건 이외에 2024년 제1기의 과세매출은 없다.

3. 각 과세기간별 과세공급가액과 면세공급가액비율은 다음과 같다.

과세기간	과세공급가액	면세공급가액
2023년 제2기	80%	20%
2024년 제1기	70%	30%

〈요구사항〉

㈜한국이 2024년 3월 20일에 폐업하는 경우, 2024년 제1기 부가가치세 과세표준을 각 재화별로 다음의 답안 양식에 따라 제시하시오.

(답안 양식)

구분	과세표준
원재료	
구축물	
토지	
차량	
기계장치	
비품	
제품	
합계	

문제 4 (5점)

다음은 과세사업과 면세사업을 겸영하는 ㈜대한의 부가가치세 관련 자료이다. 별도의 언급이 없는 한 제시된 금액은 부가가치세가 포함되지 않은 금액이며, 세금계산서 및 계산서는 적법하게 발급·수취되었다.

〈자료〉

1. ㈜대한의 과세기간별 공급가액의 내역은 다음과 같다.

구분	과세공급가액	면세공급가액
2024년 제1기*1	500,000,000원	–
2024년 제2기	600,000,000원	200,000,000원
2025년 제1기	700,000,000원	300,000,000원
2025년 제2기	600,000,000원	400,000,000원

*1 2024년 제1기 과세사업 관련 매입가액과 면세사업 관련 매입가액은 각각 240,000,000원(전액 매입세액공제대상임)과 60,000,000원이다. 이 매입가액에는 공통매입가액은 포함되어 있지 않다.

2. ㈜대한은 2024년 4월 15일 기계장치 A를 40,000,000원에 구입하여 과세사업과 면세사업에 공통으로 사용하였다. 구입 당시 면세사업과 과세사업의 예정공급가액비율은 35:65이다.

3. ㈜대한은 2025년 10월 20일 기계장치 A를 20,000,000원에 매각하였다.

〈요구사항 1〉

2024년 제1기 부가가치세 납부세액을 다음의 답안 양식에 따라 제시하시오.

(답안 양식)

매출세액	
매입세액	
납부세액	

〈요구사항 2〉

2024년 제2기 확정신고 시 기계장치 A에 대한 공통매입세액 정산액을 다음의 답안 양식에 따라 제시하시오. 단, 정산액이 납부세액을 증가시키면 (+), 감소시키면 (−) 부호를 금액과 함께 기재하시오.

(답안 양식)

공통매입세액 정산액	

〈요구사항 3〉

2025년 제1기와 제2기의 기계장치 A에 대한 납부(환급)세액 재계산액을 다음의 답안 양식에 따라 제시하시오. 단, 재계산액이 납부세액을 증가시키면 (+), 감소시키면 (-) 부호를 금액과 함께 기재하시오.

(답안 양식)

2025년 제1기	
2025년 제2기	

〈요구사항 4〉

2025년 제2기의 기계장치 A 매각에 대한 부가가치세 과세표준을 다음의 답안 양식에 따라 제시하시오.

(답안 양식)

과세표준	

문제 5 (25점)

[물음 1] 다음은 제조업을 영위하는 ㈜백두의 제24기 사업연도(2024년 1월 1일 ~ 2024년 12월 31일) 법인세 신고 관련 자료이다.

〈자료〉

1. ㈜백두는 2024년 3월 1일에 대표이사로부터 토지 A를 100,000,000원에 매입하고, 매입가액을 취득원가로 회계처리하였다. 매입 당시 토지 A의 시가는 불분명하며, 감정평가법인의 감정가액은 70,000,000원, 개별공시지가는 80,000,000원, 지방세 시가표준액은 60,000,000원이다.

2. ㈜백두는 2024년 5월 5일에 최대주주(지분율 5%)인 갑(개인)으로부터 비상장주식 B 1,000주를 1주당 5,000원에 매입하고, 매입가액을 취득원가로 회계처리하였다. 비상장주식 B의 시가는 불분명하며, 감정평가법인의 감정가액은 1주당 6,000원, 「상속세 및 증여세법」의 보충적 평가방법을 준용한 평가가액은 1주당 7,000원이다.

3. ㈜백두는 2023년에 전무이사로부터 토지 C(시가 70,000,000원)를 100,000,000원에 매입하고, 매입가액을 취득원가로 회계처리하였다. 이에 대한 전기의 세무조정은 적법하게 이루어졌다. ㈜백두는 2024년 12월 1일에 토지 C를 150,000,000원에 매각하고 다음과 같이 회계처리하였다.

   (차) 현금   150,000,000   (대) 토지 C   100,000,000
                                       유형자산처분이익   50,000,000

4. ㈜백두는 전기 말에 비상장주식 D 1,000주를 주당 7,000원에 매입하고, 매입가액을 취득원가로 회계처리하였다. 당기 중 제3자 간에 비상장주식 D가 주당 12,000원에 거래된 것을 확인하고 이를 시가로 간주하여 2024년 12월 31일에 다음과 같이 회계처리하였다.

   (차) 기타포괄손익   5,000,000   (대) 금융자산평가이익   5,000,000
      -공정가치측정금융자산   (기타포괄손익)

〈요구사항〉

㈜백두의 제24기 세무조정 및 소득처분을 다음의 답안 양식에 따라 제시하시오.

(답안 양식)

자료 번호	익금산입 및 손금불산입			손금산입 및 익금불산입		
	과목	금액	소득처분	과목	금액	소득처분
1						
2						
3						
4						

[물음 2] 다음은 제조업을 영위하는 ㈜한라의 제24기 사업연도(2024년 1월 1일 ~ 2024년 12월 31일) 법인세 신고 관련 자료이다. 전기까지의 세무조정은 적법하게 이루어졌다.

〈자료〉

1. 보유주식 ㈜A

   ① ㈜한라는 비상장법인 ㈜A의 주식 6,000주(액면가액 1,000원)를 보유하고 있으며, 그 구체적인 내역은 다음과 같다.

취득일	주식 수	비고
2018. 6. 5.	3,000주	1주당 10,000원에 유상 취득
2020. 9. 8.	2,000주	㈜A의 이익준비금 자본전입으로 취득
2022. 5. 22.	1,000주	㈜A의 주식발행초과금 자본전입으로 취득
합계	6,000주	

   ② ㈜A는 2024년 4월 11일에 총발행주식의 20%를 1주당 15,000원의 현금을 지급하고 소각하였다.

2. 보유주식 ㈜B

   ① ㈜한라는 2023년 5월 29일에 비상장법인 ㈜B의 주식 10,000주(액면가액 5,000원)를 취득하였다. 이는 ㈜B 총발행주식의 20%에 해당한다.

   ② 2024년 9월 1일 ㈜B가 잉여금을 자본전입함에 따라 ㈜한라는 무상주 1,000주를 수령하였다. 잉여금 자본전입결의일은 2024년 8월 1일이다.

   ③ 자본전입결의일 현재 ㈜B가 보유하고 있는 자기주식은 10,000주이다.

   ④ ㈜B의 주주 중 ㈜한라의 특수관계인은 없으며, 자본전입에 사용된 재원은 다음과 같다.

구분	금액
주식발행초과금	6,000,000원
자기주식처분이익(처분일 2021. 3. 1.)	2,000,000원
자기주식소각이익(소각일 2022. 10. 15.)	4,000,000원
이익준비금	8,000,000원
합계	20,000,000원

〈요구사항〉

㈜한라의 제24기 「법인세법」상 의제배당액을 다음의 답안 양식에 따라 제시하시오.

(답안 양식)

구분	의제배당액
㈜A	
㈜B	

[물음 3] 다음은 제조업을 영위하는 ㈜태백의 제24기 사업연도(2024년 1월 1일 ~ 2024년 12월 31일) 법인세 신고 관련 자료이다.

〈자료〉

1. 손익계산서상 인건비
   ① 이사회 결의에 의한 급여지급기준에 따르면 상여금은 일반급여의 30%이며, 인건비의 내역은 다음과 같다.

구분	일반급여	상여금	퇴직급여
대표이사	150,000,000원	40,000,000원	–
상무이사[*1]	100,000,000원	50,000,000원	100,000,000원
회계부장	50,000,000원	100,000,000원	–
기타 직원	450,000,000원	250,000,000원	300,000,000원[*2]
합계	750,000,000원	440,000,000원	400,000,000원

   *1 상무이사는 2021년 6월 15일부터 근무하기 시작하여 2024년 12월 31일에 퇴사하였으며, 당사는 임원에 대한 퇴직급여 규정이 없다.
   *2 기타 직원의 퇴직급여 중 200,000,000원은 실제 퇴직한 자에게 지급한 것이며, 100,000,000원은 「근로자퇴직급여 보장법」의 규정에 따라 퇴직금을 중간정산하여 지급한 것이다.

   ② 노동조합의 업무에만 종사하는 전임자의 급여로 지급한 금액은 40,000,000원이며, 이는 「노동조합 및 노동관계조정법」을 위반한 것이다.

2. 손익계산서상 기타경비
   ① ㈜태백의 지배주주인 갑(지분율 5%, 임직원 아님)에게 지급한 여비 5,000,000원을 비용으로 계상하였다.
   ② 비출자공동사업자인 ㈜A(특수관계인 아님)와 수행하고 있는 공동사업의 경비는 각각 50%를 부담하기로 약정되어 있으나, 당기에 발생한 공동경비 20,000,000원을 ㈜태백이 전액 부담하고 비용으로 계상하였다.
   ③ 환경미화 목적으로 구입한 미술품(취득가액 6,000,000원)을 복도에 전시하고 소모품비로 계상하였다.
   ④ 대표이사(지분율 10%)가 사용하고 있는 사택유지비 9,000,000원과 회계부장(지분율 0.5%)이 사용하고 있는 사택유지비 3,000,000원을 비용으로 계상하였다.

〈요구사항 1〉
㈜태백의 제24기 인건비와 관련된 세무조정 및 소득처분을 다음의 답안 양식에 따라 제시하시오.

(답안 양식)

익금산입 및 손금불산입			손금산입 및 익금불산입		
과목	금액	소득처분	과목	금액	소득처분

<요구사항 2>

㈜태백의 제24기 경비와 관련된 세무조정 및 소득처분을 다음의 답안 양식에 따라 제시하시오.

(답안 양식)

익금산입 및 손금불산입			손금산입 및 익금불산입		
과목	금액	소득처분	과목	금액	소득처분

[물음 4] 다음은 제조업을 영위하는 ㈜소백(중소기업 아님)의 제24기 사업연도(2024년 1월 1일 ~ 2024년 12월 31일) 법인세 신고 관련 자료이다. 전기까지의 세무조정은 적법하게 이루어졌다.

〈자료〉

1. 손익계산서상 매출액은 15,000,000,000원이며, 이 중 3,000,000,000원은 특수관계인에 대한 매출액이다.

2. 손익계산서상 판매비와 관리비에 계상된 기업업무추진비는 105,300,000원이며, 그 내역은 다음과 같다.

구분	건당 3만원 이하	건당 3만원 초과	합계
영수증 수취건	2,500,000원	12,800,000원	15,300,000원
신용카드 매출전표 수취건[1]	15,000,000원	75,000,000원	90,000,000원
합계	17,500,000원	87,800,000원	105,300,000원

[1] 음반 및 음악영상물을 구입하여 거래처에 제공한 금액 5,000,000원과 미술품 1점을 구입하여 거래처에 제공한 금액 7,000,000원이 포함되어 있다.

3. 손익계산서상 잡손실로 계상된 기업업무추진비 15,000,000원은 건당 3만원을 초과하며, 적격증명서류가 없다. 이 중 지출사실이 객관적으로 명백한 경우로서 국외지역에서 지출되어 적격증명서류를 구비하기 어려운 것으로 확인되는 금액은 6,000,000원이다.

4. 거래처인 ㈜A에 직접 생산한 제품(원가 5,000,000원, 시가 6,000,000원)을 접대 목적으로 무상제공하고 다음과 같이 회계처리하였다.

(차) 광고선전비	5,000,000	(대) 제품	5,000,000
세금과공과	600,000	부가세예수금	600,000

5. 기업업무추진비 수입금액 적용률

수입금액	적용률
100억원 이하	3/1,000
100억원 초과 500억원 이하	2/1,000

〈요구사항〉

㈜소백의 제24기 기업업무추진비 한도초과액을 다음의 답안 양식에 따라 제시하시오.

(답안 양식)

시부인대상 기업업무추진비 해당액		
기업업무추진비	일반기업업무추진비 한도액	
한도액	문화기업업무추진비 한도액	
기업업무추진비 한도초과액		

[물음 5] 다음은 제조업과 도매업을 영위하는 ㈜설악(중소기업 아님)의 제24기 사업연도(2024년 1월 1일 ~ 2024년 12월 31일) 법인세 신고 관련 자료이다.

〈자료〉

1. ㈜설악의 전기 말 재무상태표상 채권잔액은 12,460,000,000원이며, 전기 자본금과 적립금 조정명세서(을)의 기말잔액은 다음과 같다.

과목	기말잔액
대손충당금 한도초과액	25,000,000원
매출채권 대손부인액[1]	48,000,000원
소멸시효 완성채권	△8,000,000원

[1] 전기에 대손부인된 매출채권은 모두 당기에 소멸시효가 완성되었다.

2. ㈜설악의 제24기 대손충당금 계정의 변동내역은 다음과 같다.

대손충당금

당기 상계	200,000,000원	전기 이월	250,000,000원
차기 이월	280,000,000원	당기 설정	230,000,000원
합계	480,000,000원	합계	480,000,000원

3. 대손충당금 당기 상계내역은 다음과 같다.

① 전기에 소멸시효가 완성된 채권: 8,000,000원

② 당기 3월 1일에 부도가 발생하여 받을 수 없게 된 외상매출금: 25,000,000원

③ 당기에 채무자의 강제집행으로 회수할 수 없게 된 미수금: 12,000,000원

④ 당기에 소멸시효가 완성된 채권: 155,000,000원

4. 당기 말 재무상태표상 채권내역은 다음과 같다.

구분	금액
거래처에 대한 외상매출금	12,700,000,000원
수탁판매한 물품의 판매대금 미수금	500,000,000원
원재료 매입을 위한 선급금	1,100,000,000원
토지 양도 미수금[2]	600,000,000원
무주택 종업원에 대한 주택자금 대여금	100,000,000원
합계	15,000,000,000원

[2] 특수관계인 ㈜A에게 시가 400,000,000원인 토지를 600,000,000원에 양도한 것이다.

〈요구사항 1〉

㈜설악의 당기 대손실적률을 다음의 답안 양식에 따라 제시하시오. 단, 대손실적률 계산 시 소수점 셋째 자리에서 절사하여 제시하시오. (예 2.567% → 2.56%)

(답안 양식)

당기 대손금	
전기 말 대손충당금 설정대상 채권잔액	
당기 대손실적률	

〈요구사항 2〉

㈜설악의 당기 대손충당금 한도초과액을 다음의 답안 양식에 따라 제시하시오. 단, 당기 대손실적률은 1.60%로 가정한다.

(답안 양식)

당기 말 대손충당금 설정대상 채권잔액	
당기 대손충당금 한도액	
당기 대손충당금 한도초과액	

[물음 1] 다음은 제조업을 영위하는 ㈜한국의 제23기 사업연도(2023년 1월 1일 ~ 2023년 12월 31일) 및 제24기 사업연도(2024년 1월 1일 ~ 2024년 12월 31일) 법인세 신고 관련 자료이다.

〈자료〉

1. ㈜한국은 2023년 1월 10일 사용하고 있던 기계장치 A를 다른 기업의 동종 기계장치 B와 교환하고, 다음과 같이 회계처리하였다. 교환 당시 기계장치 B의 시가는 20,000,000원이다.

(차) 기계장치 B	25,000,000	(대) 기계장치 A	28,000,000
감가상각누계액	4,000,000	기계장치처분이익	1,000,000

2. 기계장치 B에 대한 수선비(자본적 지출이며 주기적 수선에 해당하지 않음)로 지출한 금액은 다음과 같으며, 이를 모두 손익계산서상 비용으로 회계처리하였다.

구분	금액
제23기	8,000,000원
제24기	5,000,000원

3. 제24기 말 기계장치 B에 대한 회수가능가액을 검토하여 3,000,000원의 손상차손을 손익계산서상 비용으로 계상하였다. 해당 손상차손은 물리적 손상에 따른 시장가치 급락을 반영한 것이다.

4. 제23기와 제24기에 손익계산서에 계상한 감가상각비는 각각 5,000,000원이다.

5. 회사는 기계장치에 대한 감가상각 방법 및 내용연수를 신고하지 않았으며, 기계장치의 기준내용연수는 8년이다. 내용연수별 상각률은 다음과 같다.

내용연수	6년	8년	10년
정액법	0.166	0.125	0.100
정률법	0.394	0.313	0.259

〈요구사항〉

㈜한국의 세무조정 및 소득처분을 다음의 답안 양식에 따라 제시하시오.

(답안 양식)

구분	익금산입 및 손금불산입			손금산입 및 익금불산입		
	과목	금액	소득처분	과목	금액	소득처분
제23기						
제24기						

해커스 세무회계 기출문제집

2020년

[물음 2] ㈜한국(영리내국법인)은 제24기 사업연도(2024년 1월 1일 ~ 2024년 12월 31일) 말에 해산등기하였고, 청산절차에 착수하였다.

〈자료〉

1. ㈜한국의 해산등기일 현재 재무상태표상 자산 및 환가내역은 다음과 같으며, 모든 부채는 재무상태표상 금액인 565,000,000원에 상환하였다.

구분	장부가액	환가액
현금·예금	15,000,000원	15,000,000원
토지	250,000,000원	450,000,000원
건물	400,000,000원	280,000,000원
기계장치	100,000,000원	60,000,000원
합계	765,000,000원	805,000,000원

2. 자본잉여금을 자본금에 전입한 내역은 다음과 같다.

전입일	금액
2023. 2. 25.	30,000,000원
2021. 2. 28.	50,000,000원

3. 해산등기일 현재 재무상태표상 ㈜한국의 자본내역은 다음과 같다.

구분	금액
자본금	180,000,000원
이익잉여금	20,000,000원

4. 당기 말 자본금과 적립금 조정명세서(갑)의 이월결손금 잔액은 50,000,000원이다.

5. 당기 말 자본금과 적립금 조정명세서(을)의 기말잔액은 다음과 같다.

구분	기말잔액
건물 감가상각비 한도초과액	5,000,000원
토지 자본적 지출	20,000,000원

〈요구사항〉

㈜한국의 청산소득금액을 다음의 답안 양식에 따라 제시하시오.

(답안 양식)

구분	금액
잔여재산가액	
자기자본	
청산소득금액	

문제 7 (10점)

[물음 1] 다음은 2024년 6월 6일 사망한 거주자 갑의 상속세 관련 자료이다.

〈자료〉

1. 상속재산현황은 다음과 같다.
   ① 주택: 300,000,000원
   아들과 동거한 주택으로 법에서 정하는 동거주택상속공제의 요건을 갖추고 있다.
   ② 생명보험금: 600,000,000원
   생명보험금의 총납입보험료는 120,000,000원으로 갑이 부담한 보험료는 80,000,000원이며 나머지는 상속인이 부담한 것이다.
   ③ 예금: 800,000,000원
2. 갑이 사망 전 처분한 재산내역은 다음과 같다.

구분	처분일	처분금액	용도입증금액
토지	2024. 2. 5.	250,000,000원	210,000,000원
건물	2023. 5. 12.	450,000,000원	250,000,000원
주식	2023. 7. 25.	300,000,000원	60,000,000원

3. 상속개시 전 증여내역은 다음과 같다.

구분	증여일	증여일 시가	상속개시일 시가
아들	2013. 11. 1.	50,000,000원	200,000,000원
딸	2017. 5. 12.	70,000,000원	140,000,000원
친구	2021. 3. 10.	30,000,000원	80,000,000원

4. 상속개시일 현재 갑의 공과금과 채무는 없으며, 장례비용은 12,000,000원(봉안시설비용 제외), 봉안시설비용은 7,000,000원으로 모두 증명서류에 의해 입증된다.
5. 갑의 동거가족으로 배우자(75세), 아들(35세), 딸(28세)이 있으며, 배우자는 상속을 포기하였다.

〈요구사항〉

갑의 사망에 따른 상속세 과세표준을 다음의 답안 양식에 따라 제시하시오.

(답안 양식)

구분	금액
총상속재산가액	
과세가액공제액	
합산되는 증여재산가액	
상속세 과세가액	
상속공제액	
상속세 과세표준	

[물음 2] 다음은 을의 증여세 관련 자료이다.

〈자료〉

1. 거주자 을은 비상장법인 ㈜무한의 최대주주 병(지분율 70%)으로부터 2022년 5월 1일 ㈜무한의 주식 10,000주를 1주당 5,000원에 취득하였다. 을과 병은 특수관계인이다.
2. ㈜무한의 주식은 유가증권시장에 상장되어 2024년 3월 5일 최초로 매매가 시작되었다. ㈜무한 주식의 평가액은 다음과 같다.

일자	「상속세 및 증여세법」에 의한 1주당 평가액
2024. 3. 5.	15,000원
2024. 6. 5.	25,000원

3. 을의 주식 취득 이후 1주당 기업가치의 실질적인 증가로 인한 이익은 6,000원이다.

〈요구사항〉

을이 취득한 주식의 상장에 따른 이익의 증여재산가액을 다음의 답안 양식에 따라 제시하시오.

(답안 양식)

구분	금액
정산기준일 현재 1주당 평가가액	
취득일 현재의 1주당 취득가액	
1주당 기업가치의 실질적인 증가액	
1주당 증여이익	
증여재산가액	

제55회 공인회계사 세법 / 해답

문제 1

[물음 1]

갑의 총급여액	99,460,000
을의 총급여액	54,800,000

구분	갑	을	비고
기본급	70,000,000	48,000,000	
성과급	20,000,000	1,800,000	
식사대	360,000	2,760,000	2,760,000 - 2,400,000(갑)
자격증수당		240,000	
판공비	2,000,000		
자가운전보조금	600,000		3,000,000 - 2,400,000(월 20만원 한도)(갑)
건강보험료	4,500,000	2,000,000	
직무발명보상금	1,000,000		연 700만원 한도 비과세
주택자금 대여	1,000,000		
합계	99,460,000	54,800,000	

1. 식사대

   식사와 식사대를 동시에 제공받으면 식사대를 과세한다. 을이 받은 식사대는 전액 과세하고 갑이 받은 식사대는 월 200,000원 한도를 초과하는 분만 과세한다.

2. 판공비

   기밀비(판공비를 포함)·교제비 기타 이와 유사한 명목으로 받는 것으로서 업무를 위하여 사용된 것이 분명하지 아니한 급여는 근로소득에 포함한다. 매월 균등하게 지급받는 판공비는 업무를 위한 것으로 보기 어렵기 때문에 근로소득에 포함된다.

3. 건강보험료 대납액

   회사부담분은 비과세한다. 본인부담분을 회사가 대납한 경우에는 근로소득에 포함하고 과세한다.

4. 주택자금 대여

   종업원이 주택(주택에 부수된 토지를 포함)의 구입·임차에 소요되는 자금을 저리 또는 무상으로 대여받음으로써 얻는 이익은 근로소득에 포함한다. 다만, **중소기업 종업원**이 주택(주택에 부수된 토지를 포함)의 구입·임차에 소요되는 자금을 저리 또는 무상으로 대여받음으로써 얻는 이익은 근로소득에서 제외한다.

[물음 2]

〈요구사항 1〉

이자소득 총수입금액	30,000,000
이자소득 원천징수세액	5,660,000

1. 이자소득구분

구분	금액	원천징수세액	비고
비영업대금의 이익	10,000,000	2,500,000	25%
연체이자			사업소득
정기예금이자	20,000,000	2,800,000	14%
공익신탁의 이익			비과세 이자소득
비실명이자소득		360,000	분리과세 이자소득(45%)
합계	30,000,000	5,660,000	

금융기관으로부터 수령한 비실명이자가 아닌 경우에는 45% 세율을 적용하고, 금융기관으로부터 수령한 비실명이자는 90% 세율을 적용한다.

〈요구사항 2〉

32,800,000 - 500,000

		손익계산서상 당기순이익	100,000,000	
가산조정		총수입금액산입·필요경비불산입	50,000,000	대표자급여 50,000,000
차감조정		총수입금액불산입·필요경비산입	35,300,000	이자수익 32,300,000 산업재산권 양도 3,000,000
		사업소득금액	114,700,000	

① 이자수익으로 계상한 금액 중 사업소득 해당분(연체이자)을 제외한 금액은 모두 사업소득에 차감한다.
② 산업재산권의 양도로 인해 발생한 소득은 기타소득에 해당한다.
③ 복식부기의무자의 유형자산처분이익은 사업소득에 포함된다.

[물음 3]

〈요구사항 1〉 인적공제와 자녀세액공제

인적 공제액	기본공제액	10,500,000	1,500,000 × 7
	추가공제액	5,000,000	3,000,000 + 2,000,000
자녀세액공제액		850,000	350,000(딸, 아들, 위탁아동) + 500,000(둘째)

1. 인적공제액

구분	기본공제	추가공제	비고
본인	○		
배우자	○		소득요건 충족
부친			과세기간의 소득금액 합계액이 100만원 초과
장인	○	3,000,000	장애인(200만원), 경로우대자(100만원)
딸	○		소득요건, 연령요건 충족
아들	○		소득요건, 연령요건 충족
위탁아동	○		해당 과세기간에 6개월 이상 직접 양육
동생	○	2,000,000	장애인은 소득요건만 충족하면 됨
합계	10,500,000	5,000,000	

2. 자녀세액공제액

(1) 자녀수공제

종합소득이 있는 거주자의 기본공제대상자에 해당하는 자녀(입양자 및 위탁아동을 포함)로서 8세 이상의 사람에 대해서는 다음 구분에 따른 금액을 종합소득산출세액에서 공제한다.

① 1명인 경우: 15만원

② 2명인 경우: 35만원

③ 3명 이상인 경우: 35만원 + 2명을 초과하는 1명당 30만원

(2) 출산·입양공제

출산하거나 입양신고한 공제대상 자녀가 있는 경우 다음 구분에 따라 세액공제한다.

첫째: 30만원, 둘째: 50만원, 셋째 이상: 70만원

출산·입양신고한 순서를 기준으로 적용하는 것이며, 세액공제대상 자녀의 범위는 가족관계등록부상의 자녀를 기준으로 판단하는 것임(기획재정부 소득세제과 – 523, 2019. 9. 18.)

〈요구사항 2〉 신용카드공제

신용카드 등 사용금액	40% 공제율 적용대상	1,700,000
	30% 공제율 적용대상	0
	15% 공제율 적용대상	19,900,000
신용카드 등 사용 소득공제액		640,000

1. 신용카드공제 구분

$21,600,000 - 80,000,000 \times 25\%$

구분	사용금액	공제대상	공제율	공제금액	추가한도
전통시장	1,500,000	1,500,000	× 40%	600,000	기본한도 이내 금액이므로 추가한도 고려할 필요 없음
대중교통	200,000	100,000	× 40%	40,000	
직불카드			× 30%		
신용카드	19,900,000		× 15%		
합계	21,600,000	1,600,000		640,000[*1]	

[*1] 해당 과세연도의 총급여액이 7천만원 초과인 경우의 기본한도는 연간 250만원

⑴ 공제대상 카드 사용자(→ 부친과 동생의 카드 사용액은 제외)

   ① 본인

   ② 배우자(소득요건 충족하여야 함)

   ③ 생계를 같이하는 직계존비속(소득요건만 충족하면 됨, 연령요건은 충족하지 않아도 됨, 배우자의 직계존속 포함, 다른 거주자의 기본공제를 적용받는 자는 제외)

⑵ 공제대상 제외 사용금액

   ① 정당의 기부금(정치자금세액공제 및 기부금세액공제를 받는 경우)

   ② 국외 사용분

   ③ 신차 구입비(비교 중고차 구입은 중고차 가격의 10%를 한도로 공제 적용)

   ④ 해당 과세연도의 총급여액이 7천만원을 초과하는 경우에는 도서·신문·공연·박물관·미술관 사용분에 대한 공제는 적용하지 아니한다.

〈요구사항 3〉 의료비세액공제

의료비세액공제액	2,340,000

1. 의료비 구분

구분	난임	특정	일반	비고
본인의 건강진단비		1,200,000		
본인과 배우자의 시력보정용 안경 구입비(각 400,000원)		400,000	400,000	1명당 연간 50만원 한도
배우자의 난임시술비	1,000,000			
배우자의 산후조리원 비용			2,000,000	
부친의 건강증진용 약품 구입비				보약은 제외
장인의 보청기 구입비		2,000,000		65세 이상
딸의 허리디스크 수술비			10,000,000	
딸의 미용성형수술비				미용·성형 목적 제외
동생의 장애인 보장구 구입비		3,000,000		연령, 소득요건 관계없음
합계	1,000,000	6,600,000	12,400,000	

2. 의료비세액공제

700만원 한도

유형	지출액	대상액	공제율	세액공제액
1. 난임시술비	1,000,000	1,000,000	30%	300,000
2. 미숙아 등			20%	
3. 특정의료비	6,600,000	6,600,000	15%	990,000
4. 일반의료비	12,400,000	7,000,000	15%	1,050,000
합계	20,000,000	17,600,000		2,340,000

$20,000,000 - 80,000,000 \times 3\%$

문제 2

〈요구사항 1〉

양도가액	100,000,000	채무인수액
취득가액	50,000,000	500,000,000 × 2억/4억 × 20%
기타의 필요경비	1,200,000	200,000,000 × 3% × 20%
양도차익	48,800,000	

① 부담부증여 당시 시가를 알 수 있으므로 시가 대비 채무인수비율 20%를 먼저 계산한다.

② 실제 취득가액을 알 수 없으므로 환산취득가액을 먼저 계산한 후, 채무인수비율을 반영하여 최종 취득가액을 계산한다.

③ 취득가액을 추계로 계산한 경우(환산취득가액도 추계임)에는 기타의 필요경비는 기준시가의 3%(토지)로 한다. 다만, 이때도 채무인수비율은 반영하여야 한다.

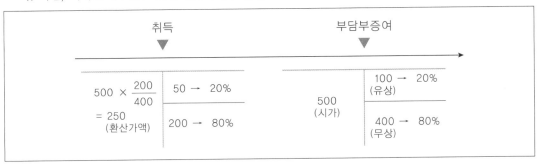

〈요구사항 2〉

증여재산가액	500,000,000	
증여재산가산액	80,000,000	10년 이내 동일인(배우자 포함)으로부터 증여
채무액	100,000,000	부담부증여의 채무인수액
증여세 과세가액	480,000,000	500,000,000 + 80,000,000 - 100,000,000
증여재산공제	50,000,000	동일인으로부터 수증받은 경우는 계속 적용
증여세 과세표준	430,000,000	

해당 증여일 전 10년 이내에 동일인(증여자가 직계존속인 경우에는 그 직계존속의 배우자를 포함한다)으로부터 받은 증여재산가액을 합친 금액이 1천만원 이상인 경우에는 그 가액을 증여세 과세가액에 가산한다. 다만, 합산 배제증여재산의 경우에는 그러하지 아니하다.

[물음 1]

구분	과세표준	
	과세	영세율
㈜A	8,000,000	
㈜B	20,000,000	
㈜C	6,000,000	10,000,000 + 20,000,000 × 70%
㈜D	3,604,900 (20,000,000 × 30%)	
㈜E	6,000,000	24,000,000

1. 할부판매, 선발급세금계산서 − ㈜A
   ① 기계장치 A: 인도일 이후 대가를 분할하여 수령하지만 인도일의 다음 날부터 최종 할부금 지급기일까지의 기간이 1년 미만이므로 **단기할부판매**에 해당한다. 따라서 공급시기는 2024. 3. 20.로서 2024년 제1기 예정신고 시 과세표준에 포함하여야 한다.
   ② 기계장치 B: 역법적 계산에 따라 2024. 5. 21.부터 6개월이 되는 때는 2024. 11. 21.의 전일인 2024. 11. 20.이다. 따라서 계약금을 받기로 한 날의 다음 날부터 6개월 이상에 해당하므로 **중간지급조건부 재화의 공급**에 해당한다. 한편, 세금계산서를 선발급하였으나 그 대가를 전부 수령하지 않았으므로 공급시기 특례규정은 인정되지 않는다.

2. 재화의 교환 − ㈜B
   자기가 공급한 재화(기계장치 A)의 시가를 공급가액으로 하는 것이 원칙이다. 자기가 공급한 재화의 시가와 공급받은 재화의 시가가 불분명한 경우에 공급한 자의 감정가액, 「상속세 및 증여세법」상 보충적 평가액을 시가로 볼 수 있다.

3. 보세구역 이외의 국내에 재화를 공급하는 경우 − ㈜C
   ① 재화의 공급가액에서 세관장이 부가가치세를 징수하고 발급한 수입세금계산서에 적힌 공급가액을 뺀 금액을 공급가액으로 한다. 다만, 세관장이 부가가치세를 징수하기 전에 같은 재화에 대한 선하증권이 양도되는 경우에는 선하증권의 양수인으로부터 받은 대가를 공급가액으로 할 수 있다.
   ② 세관장은 재화의 수입에 대해 부가가치세를 징수하며, 재화의 수입에 대한 과세표준은 그 재화에 대한 관세의 과세가격과 관세, 개별소비세, 주세, 교육세, 농어촌특별세 및 교통·에너지·환경세를 합한 금액으로 한다.

구분	공급가액	비고
제품 A	3,000,000	10,000,000 − (5,000,000 + 500,000 + 1,500,000)
제품 B	3,000,000	20,000,000 − 1,700,000 ÷ 10%

4. 겸용주택임대

(1) 과세비율 산정

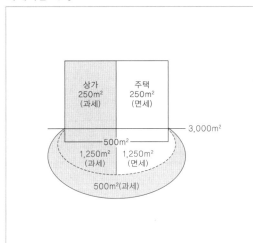

① 2층 이상의 겸용주택의 부수토지는 연면적과 정착면적으로 안분한 면적의 5배(10배) 중 큰 면적으로 한다.
　→ 현실적으로 연면적을 고려할 필요는 없음
② 건물과 토지의 과세비율이 다르므로 총임대료를 건물과 토지의 기준시가로 안분하여 건물임대료와 토지임대료를 각각 계산하여야 한다.
③ 과세비율

구분	과세	면세
건물	50%	50%
토지	$\dfrac{1,750}{3,000}$	$\dfrac{1,250}{3,000}$

(2) 총임대료

월 임대료	6,000,000	$2,000,000 \times 3$
간주임대료	655,200	$146,000,000 \times 1.8\% \times \dfrac{91}{365}$
총임대료	6,655,200	

(3) 상가분 임대료(과세)

구분	공급가액	비고
상가 건물분	1,663,800	$6,655,200 \times \dfrac{160,000,000}{320,000,000} \times 50\%$
상가 토지분	1,941,100	$6,655,200 \times \dfrac{160,000,000}{320,000,000} \times \dfrac{1,750}{3,000}$
합계	3,604,900	

5. 외국법인(비거주자)에 대한 공급

① 제품 A: 국내사업장이 없는 외국법인(비거주자)과 직접 계약에 따라 외국법인(비거주자)이 지정하는 국내의 다른 사업자에게 인도한 경우로서 국내의 다른 사업자가 비거주자 등과 계약에 따라 인도받은 재화를 그대로 반출하거나 제조·가공한 후 반출하는 경우에는 재화의 수출로 본다. 다만, 그 대금을 외국환은행에서 원화로 수령한 것에 한한다.

② 제품 B: 국내사업장이 없는 외국법인(비거주자)이 지정하는 국내사업자에게 제품을 인도한 경우, 해당 국내사업자가 과세사업에 사용하는 때에만 영세율을 적용한다. 면세사업 사용분은 부가가치세 과세대상이다.

[물음 2]

구분	과세표준	비고
원재료	7,000,000	재고자산은 시가로 계산함 직전 과세기간의 공급가액비율
구축물	48,000,000	$80,000,000 \times (1 - 5\% \times 5) \times 80\%$
토지	0	면세
차량	0	매입세액공제받은 경우에 한하여 재화의 공급으로 봄
기계장치	15,000,000	$20,000,000 \times (1 - 25\% \times 1)$
비품	0	취득 후 2년 이상 경과
제품	12,000,000	단기할부판매
합계	82,000,000	

1. **구축물의 공급가액**
   ① 과세사업과 면세사업을 겸영하는 일반사업자가 사업을 폐지하는 때에 잔존하는 감가상각자산에 대한 자가공급의 부가가치세 과세표준은 과세사업과 면세사업 등에 공통으로 사용되는 재화를 공급하는 경우의 안분규정에 따라 안분계산한 가액으로 한다. (서면3팀-2380, 2005. 12. 28.)
   ② 구축물은 건물과 마찬가지로 「부가가치세법」상 감가율을 과세기간별로 5%로 한다.

2. **제품의 공급가액**
   ① 폐업하는 사업자가 폐업 전에 공급한 재화의 공급시기가 폐업일 이후에 도래하는 경우에는 그 폐업일을 공급시기로 본다.
   ② 그러나 사안은 인도일(2024년 1월 10일) 이후 최종 할부금 지급기간이 1년 미만으로 장기할부조건에 해당하지 않는다.

문제 4

〈요구사항 1〉

$$4,000,000 \times \frac{240}{240 + 60}$$

매출세액	50,000,000	$500,000,000 \times 10\%$
매입세액	27,200,000	$24,000,000 + 4,000,000 \times 80\%$
납부세액	22,800,000	

해당 과세기간 중 과세사업과 면세사업 등의 공급가액이 없거나 그 어느 한 사업의 공급가액이 없는 경우에 해당 과세기간에 공통매입세액(면세사업분으로서 불공제되는 매입세액)의 안분계산은 다음 순서에 따른다. 다만, 건물 또는 구축물을 신축하거나 취득하여 과세사업과 면세사업 등에 제공할 예정면적을 구분할 수 있는 경우에는 ③을 ① 및 ②에 우선하여 적용한다.

> ① 총매입가액(공통매입가액은 제외한다)에 대한 면세사업 등에 관련된 매입가액의 비율
> ② 총예정공급가액에 대한 면세사업 등에 관련된 예정공급가액의 비율
> ③ 총예정사용면적에 대한 면세사업 등에 관련된 예정사용면적의 비율

〈요구사항 2〉

면세비율 증가하므로 납부세액

공통매입세액 정산액	(+)200,000	$4,000,000 \times 25\% - 800,000$

2024년 제1기 매입세액불공제

1. 과세기간별 과세, 면세비율 정리

과세기간	과세	면세	기준	비고
2024년 제1기	80%	20%	매입가액비율	−
2024년 제2기	75%	25%	공급가액비율	정산
2025년 제1기	70%	30%	공급가액비율	납부세액 재계산
2025년 제2기	60%	40%	공급가액비율	납부세액 재계산

2. 공통매입세액 정산

공통매입세액을 매입가액비율, 예정공급가액비율 또는 예정사용면적비율에 의하여 안분계산한 경우 그 정확성이 불안정하므로 이를 보완하기 위해 공통매입세액의 정산절차가 필요하다.

구분	임시비율	정산비율
매입가액비율	매입가액비율	실제공급가액비율
공급가액비율	예정공급가액비율	
사용면적비율	예정사용면적비율	실제사용면적비율

〈요구사항 3〉

사용시점부터 기산

2025년 제1기	(+)100,000	$4,000,000 \times (1 - 25\% \times 2) \times (30\% - 25\%)$
2025년 제2기	0	재화 매각 → 재계산 적용하지 않음

〈요구사항 4〉

직전 과세기간의 과세공급가액비율

과세표준	14,000,000	$20,000,000 \times 70\%$

문제 5

[물음 1]

$(7,000 - 5,000) \times 1,000주$

자료 번호	익금산입 및 손금불산입			손금산입 및 익금불산입		
	과목	금액	소득처분	과목	금액	소득처분
1	부당행위계산부인	30,000,000	상여	토지 A	30,000,000	유보
2	비상장주식 B	2,000,000	유보			
3	토지 C	30,000,000	유보			
4	금융자산평가이익	5,000,000	기타	비상장주식 D	5,000,000	유보

1. 자산의 고가매입

   특수관계인으로부터 자산을 고가매입한 경우 시가로 취득하고 매입가액과 시가의 차액은 사외유출된 것으로 본다. 자산(주식은 제외)의 시가가 불분명한 경우 감정가액, 「상속세 및 증여세법」의 보충적 평가방법을 준용한 가액의 순서로 적용한 가액을 시가로 한다.

2. 유가증권 저가매입

   특수관계인인 개인으로부터 유가증권을 시가보다 낮은 가액으로 매입하는 경우 시가와 그 매입가액의 차액에 상당하는 금액은 익금에 산입한다. 이때 **주권상장법인**이 발행한 주식의 시가는 **최종 시세가액**으로 하고 **비상장법인**인 주식의 시가는 「**상속세 및 증여세법**」의 **보충적 평가방법**을 준용한 시가로 한다.

3. 고가매입한 자산의 처분

   (1) 세무상 처분손익

   $150,000,000 - 70,000,000(취득 당시 시가) = 80,000,000$

   취득 당시 특수관계인으로부터 자산을 고가매입하였으므로 **시가로 취득하고 그 차액은 사외유출**된 것으로 본다.

   (2) 세무조정

   $80,000,000(세무상 처분손익) - 50,000,000(회계상 처분손익) = 30,000,000(익금산입)$

4. 자산의 임의평가

   내국법인이 보유하는 자산과 부채의 장부가액을 평가한 경우에는 그 평가일이 속하는 사업연도와 그 후의 각 사업연도의 소득금액을 계산할 때 그 자산과 부채의 장부가액은 **평가 전의 가액**으로 한다.

[물음 2]

구분	의제배당액	비고
㈜A	16,720,000	
㈜B	3,800,000	2,800,000 + 1,000,000

1. 감자 시 의제배당(A주식)

구분	금액	비고
감자대가	18,000,000	6,000주 × 20% × @15,000
취득가액	1,280,000	1,000주 × @0 + 200주 × @6,400
의제배당	16,720,000	

주식의 소각일로부터 과거 2년 이내에 의제배당으로 과세되지 않은 무상주를 취득한 경우에는 그 주식이 먼저 소각된 것으로 보며, 그 주식의 취득가액은 영(0)으로 한다. 그 외의 경우에는 취득단가를 평균법을 적용하여 계산한다.

2. 무상주 수령(B주식)

구분	무상주 재원	1차 배정분(20%)	2차 배정분(5%)	합계
주식발행초과금	6,000,000		300,000	
자기주식처분이익	2,000,000	400,000	100,000	
자기주식소각이익	4,000,000	800,000	200,000	
과세되는 잉여금	8,000,000	1,600,000	400,000	
합계	20,000,000	2,800,000	1,000,000	3,800,000

① 자기주식처분이익은 처분일에 관계없이 과세되는 재원이다.

② 자기주식소각이익은 소각일로부터 2년 이내 자본에 전입하였으므로 과세되는 재원이다.

③ ㈜한라가 보유한 주식 수와 자기주식수가 동일하므로 자기주식의 지분비율은 20%이다.

④ 자본전입으로 인한 총발행주식수는 4,000주(20,000,000 ÷ 5,000)이며, 이 중 1차 배정분으로 800주 (4,000주 × 20%)를 수령하고 2차 배정분으로 200주(4,000주 × 5%)를 수령한 것이다.

[물음 3]

〈요구사항 1〉

익금산입 및 손금불산입			손금산입 및 익금불산입		
과목	금액	소득처분	과목	금액	소득처분
상무이사 상여금	20,000,000	상여			
상무이사 퇴직금	54,500,000	상여			
업무무관비용	40,000,000	기타소득			

$$100,000,000 - 45,500,000$$

1. **임원상여**

   임원의 상여금 중 정관·주주총회 또는 사원총회나 이사회의 결의에 의하여 결정된 급여지급기준을 초과하여 지급된 상여금에 한해 손금에 산입하지 아니한다.

   ① 대표이사: 40,000,000 < 45,000,000(이사회 결의에 따른 지급기준 이내 금액)

   ② 상무이사: 50,000,000 − 100,000,000 × 30% = 20,000,000(한도초과)

2. **임원퇴직금**

   임원이 현실적으로 퇴직함에 따라 지급하는 퇴직급여는 다음의 한도 내에서 손금에 산입된다.

   > ① 정관에 퇴직급여(퇴직위로금 등 포함)로 지급할 금액이 정하여진 경우에는 정관에 정하여진 금액
   > ② 위 ① 외의 경우에는 '총급여액 × 1/10 × 근속연수'

   근속연수는 1년 미만의 기간은 월수로 계산하되, 1월 미만의 기간은 이를 산입하지 아니한다.

   > 상무이사 퇴직금 한도 $= (100,000,000 + 30,000,000) \times 10\% \times 3\frac{6}{12} = 45,500,000$

3. **직원퇴직금**

   직원의 퇴직금은 현실적으로 퇴직한 경우에는 전부 손금에 산입한다. 따라서 직원에게 퇴직급여지급 규정상의 금액을 초과하여 퇴직위로금 등을 지급하는 경우에도 손금산입이 인정된다. 「근로자퇴직급여 보장법」의 규정에 따라 퇴직금을 중간정산하여 지급하는 것은 현실적인 퇴직으로 본다.

4. **노동조합 전임자의 급여**

   「노동조합 및 노동관계조정법」을 위반하여 지급하는 급여는 업무와 관련 없는 지출로 보아 손금에 산입하지 아니하고 그 귀속자는 기타소득으로 과세한다.

〈요구사항 2〉

익금산입 및 손금불산입			손금산입 및 익금불산입		
과목	금액	소득처분	과목	금액	소득처분
업무무관비용	5,000,000	배당			
과다경비	10,000,000	기타사외유출			
업무무관비용 (사택유지비)	9,000,000	상여			

$$20,000,000 \times (1 - 50\%)$$

1. 여비교통비

법인이 임원 또는 직원이 아닌 지배주주에게 지급한 여비 또는 교육훈련비는 해당 사업연도의 소득금액을 계산할 때 손금에 산입하지 아니한다.

2. 공동경비

⑴ 출자관계

출자비율을 초과하지 않는 범위 내에서만 손금에 산입한다.

⑵ 출자 외의 관계

① 특수관계가 있는 경우: 매출액 또는 총자산의 비율을 고려하여 산정한 금액을 초과하여 지출한 비용은 손금에 산입하지 아니한다.

② 특수관계가 없는 경우: 약정에 따른 분담비율을 적용한 금액의 범위 내에서 손금에 산입한다.

3. 소액 미술품

법인이 장식·환경미화 등의 목적으로 사무실·복도 등 여러 사람이 볼 수 있는 공간에 항상 전시하는 미술품은 손금불산입 대상 업무무관자산의 취득 관련비용에서 제외한다.

한편, 그 취득가액이 거래단위별로 1천만원 이하인 소액 미술품은 그 취득일이 속하는 사업연도에 법인이 손비로 계상한 경우 손금으로 인정된다.

4. 사택유지비

소액주주를 제외한 법인의 주주 등 또는 출연자인 임원 및 그 친족이 사용하는 사택의 유지·관리·사용료를 법인이 부담하는 경우에 동 비용은 손금불산입한다.

한편, 근로자에게 제공한 사택제공이익(임차료 상당액)은 비과세되나, 사택유지비(전기료, 수도료 등)는 법인의 손금으로 인정하되 근로소득으로 과세한다.

[물음 4]

시부인대상 기업업무추진비 해당액	105,100,000	105,300,000 − 12,800,000 + 6,000,000 + 6,600,000
기업업무추진비 한도액	일반기업업무추진비 한도액	46,600,000	
	문화기업업무추진비 한도액	5,000,000	Min(5,000,000, 46,600,000 × 20%)
기업업무추진비 한도초과액	53,500,000	105,100,000 − (46,600,000 + 5,000,000)

1. 시부인대상 기업업무추진비 해당액

(1) 직부인(법정증명서류 미수취)

건당 3만원 초과 기업업무추진비 중 영수증 수취건은 전액 손금불산입한다. (12,800,000)

(2) 잡손실

지출사실이 객관적으로 명백한 경우로서 국외지역에서 지출되어 적격증명서류를 구비하기 어려운 것으로 확인되는 금액은 적격증명서류를 수취하지 않아도 기업업무추진비 해당액으로 본다. 따라서 6,000,000은 기업업무추진비 해당액으로 보고 법정증명서류를 수취하지 않은 기업업무추진비(9,000,000)는 직부인한다.

(3) 사업상 증여

현물로 접대한 경우 시가로 접대한 것으로 보고, 관련 부가가치세도 기업업무추진비에 포함한다.

2. 기업업무추진비 한도액

(1) 일반기업업무추진비 한도액

12,000,000 + 100억원 × 0.3% + 20억원 × 0.2% + 30억원 × 0.2% × 10% = 46,600,000

(2) 문화기업업무추진비 한도액

미술품의 구입액은 취득가액이 거래단위별로 100만원 이하인 것으로 한정하여 문화기업업무추진비로 본다. 미술품 구입액이 100만원을 초과하므로 문화기업업무추진비에 해당하지 않는 것일 뿐, 일반기업업무추진비로는 인정되므로 별도로 세무조정하지 않는다.

[물음 5]

〈요구사항 1〉

당기 대손금	215,000,000	
전기 말 대손충당금 설정대상 채권잔액	12,500,000,000	12,460,000,000 + 40,000,000
당기 대손실적률	1.72%	215,000,000 ÷ 12,500,000,000

1. 당기 대손금

구분	대손 인정	대손 불인정	비고
기초	48,000,000		전기 부인액 당기 소멸시효 완성
당기 상계		8,000,000	전기 소멸시효 완성분
		25,000,000	부도발생 외상매출금 상계(중소기업 아님)
	12,000,000		강제집행 회수불능(결산조정)
	155,000,000		소멸시효 완성
합계	215,000,000	33,000,000	

2. 대손금 유보

구분	기초	감소	증가	기말
매출채권	48,000,000	48,000,000		
소멸시효 완성	△8,000,000	△8,000,000		
부도 외상매출금			25,000,000	25,000,000
합계	40,000,000	40,000,000	25,000,000	25,000,000

〈요구사항 2〉

당기 말 대손충당금 설정대상 채권잔액	14,225,000,000	15,000,000,000 − 500,000,000 − 200,000,000 − 100,000,000 + 25,000,000(유보잔액)
당기 대손충당금 한도액	227,600,000	14,225,000,000 × Max(1.6%, 1%)
당기 대손충당금 한도초과액	52,400,000	280,000,000 − 227,600,000

① 수탁업자의 수탁판매 미수금의 경우 수탁판매법인의 수입금액을 구성하는 채권이 아니므로 수탁업자는 수탁 물품 미수금에 대해 대손충당금을 설정하지 못한다. (법인22601-1818, 1990. 9. 14.)

② 특수관계인과의 거래에서 발생한 시가초과액에 상당하는 채권에 대하여는 대손충당금을 설정할 수 없다.

③ 무주택 종업원에 대한 주택자금 대여금은 업무무관가지급금에 해당한다. 따라서 대손충당금 설정대상 채권에서 제외한다.

문제 6

[물음 1]

구분	익금산입 및 손금불산입			손금산입 및 익금불산입		
	과목	금액	소득처분	과목	금액	소득처분
제23기	기계장치 B	1,000,000	유보	기계장치 B	5,000,000	유보
	상각부인액	3,236,000	유보			
제24기	기계장치 B	1,600,000	유보			
	상각부인액	379,132	유보			

1. 교환 시 취득원가

「법인세법」상 교환으로 취득한 자산의 취득가액은 상업적 실질의 유무, 이종자산 또는 동종자산 간의 교환 여부에 불구하고 법인이 취득하는 자산의 취득 당시 시가(20,000,000원)로 한다.

2. 자산감액에 대한 감가상각

5,000,000 + 3,000,000(손상차손)

구분	제23기	제24기
감가상각비	5,000,000	8,000,000
자산감액분 손금불산입	1,000,000	1,600,000

5,000,000 × 5,000,000/25,000,000

8,000,000 × 5,000,000/25,000,000

감가상각자산이 진부화, 물리적 손상 등에 따라 시장가치가 급격히 하락하여 법인이 기업회계기준에 따라 손상차손을 계상한 경우에는 해당 금액을 감가상각비로서 손비로 계상한 것으로 본다.

3. 감가상각 시부인(정률법)

	5,000,000 − 1,000,000		5,000,000 + 3,000,000 − 1,600,000
	제23기		제24기
(1) 회사계상액		12,000,000	6,400,000
① 손익계산서	4,000,000		6,400,000
② 즉시상각의제	8,000,000		
(2) 상각범위액		8,764,000	6,020,868
① 취득가액	20,000,000		20,000,000
② 상각누계액			(4,000,000)
③ 유보			3,236,000
④ 즉시상각의제	8,000,000		
소계	28,000,000		19,236,000
상각률	× 0.313		× 0.313
(3) 상각부인액(시인부족액)		3,236,000	379,132

① 개별 자산별로 수선비로 지출한 금액이 600만원 미만인 경우에는 이를 자본적 지출에 포함하지 아니하고 손금에 산입한다.

② 회사계상액 중 손익계산서 반영분은 손상차손금액을 감가상각비에 포함하고, 자산감액분 손금불산입액은 차감한다.

③ 취득가액은 세무상 취득가액을 기준으로 조정하고, 자산감액에 대한 유보는 반영하지 않는다. 재무상태표 상 취득가액으로 한 후, 자산감액으로 인한 유보를 가감하여도 결과는 동일하기 때문이다.

[물음 2]

구분	금액	비고
잔여재산가액	240,000,000	805,000,000 − 565,000,000
자기자본	175,000,000	
청산소득금액	65,000,000	240,000,000 − 175,000,000

1. 세무상 자기자본

구분	금액	비고
1. 자본금	150,000,000	180,000,000 − 30,000,000
2. 세무상 잉여금	75,000,000	20,000,000 + 30,000,000 + 25,000,000
3. 이월결손금	△50,000,000	잉여금의 금액을 공제 한도로 한다.
4. 법인세 환급액		청산기간 중 법인세 환급액은 가산한다.
5. 세무상 자기자본	175,000,000	

① 자본금에는 잉여금의 자본전입액을 포함하되, 해산등기일 전 2년 이내에 자본금에 전입한 잉여금이 있는 경우에는 해당 금액을 자본금에 전입하지 아니한 것으로 본다.

② 세무상 잉여금은 회계상 잉여금에 유보를 가감한다.

문제 7

[물음 1]

구분	금액	비고
총상속재산가액	1,780,000,000	1,100,000,000 + 400,000,000 + 280,000,000
과세가액공제액	15,000,000	10,000,000(일반 장례비용) + 5,000,000(봉안시설)
합산되는 증여재산가액	100,000,000	70,000,000 + 30,000,000
상속세 과세가액	1,865,000,000	1,780,000,000 − 15,000,000 + 100,000,000
상속공제액	1,500,000,000	1,000,000,000 + 200,000,000 + 300,000,000
상속세 과세표준	365,000,000	

1. 총상속재산가액

(1) 상속재산가액

300,000,000(주택) + 800,000,000(예금) = **1,100,000,000**

(2) 의제상속재산(보험금)

600,000,000 × (80,000,000/120,000,000) = **400,000,000**

피상속인이 부담한 보험료비율에 상당하는 보험료만 상속재산으로 의제한다.

(3) 추정상속재산

100,000,000(토지·건물 2년 이내 처분) + 180,000,000(주식) = **280,000,000**

구분	처분 (인출)일	처분금액	미입증금액 (A)	추정 제외 (B)	추정상속재산 (A−B)
토지·건물	1년 이내	250,000,000	40,000,000	Min(2.5억원 × 20%, 2억원)	−
	2년 이내	700,000,000	240,000,000	Min(7억원 × 20%, 2억원)	100,000,000
주식	1년 이내	300,000,000	240,000,000	Min(3억원 × 20%, 2억원)	180,000,000

추정상속재산은 재산 종류별로 계산한다. 이때 재산의 종류는 ① 현금·예금 및 유가증권, ② 부동산 및 부동산에 관한 권리, ③ 기타재산으로 구분한다.

2. 사전증여재산

① 아들: 상속개시일로부터 소급하여 10년 이전에 증여받았으므로 증여재산가액을 합산하지 아니한다.

② 딸: 상속개시일로부터 소급하여 10년 이내에 증여받았으므로 증여재산가액을 합산한다.

③ 친구: 상속개시일로부터 소급하여 5년 이내에 증여받았으므로 증여재산가액을 합산한다.

3. 상속공제액

(1) 배우자공제: **500,000,000**

배우자가 상속을 포기하더라도 최소 5억원은 공제한다.

(2) 일괄공제: **500,000,000**

기초공제(2억원)와 그 밖의 인적공제(자녀공제 1억원)의 합계액이 5억원에 미달하므로 일괄공제를 적용한다.

(3) 금융재산상속공제

Min[(400,000,000 + 800,000,000) × 20%, 2억원] = **200,000,000**

(4) 동거주택상속공제

주택에 담보된 피상속인 채무

Min[(300,000,000 − 0) × 100%, 6억원] = **300,000,000**

[물음 2]

1. 증여재산가액

구분	금액	비고
정산기준일 현재 1주당 평가가액	25,000	
취득일 현재의 1주당 취득가액	(-)5,000	
1주당 기업가치의 실질적인 증가액	(-)6,000	
1주당 증여이익	14,000	
증여재산가액	140,000,000	14,000 × 10,000주

정산기준일이란 해당 주식 등의 상장일(증권시장에서 최초로 주식 등의 매매거래를 시작한 날)부터 3개월이 되는 날을 말한다.

2. 기준금액

상기의 이익에 상당하는 금액이 다음의 기준금액 미만인 경우는 과세 제외한다.

> Min[①, ②]
> ① (주식 등을 증여받은 날 현재의 1주당 증여세 과세가액 + 1주당 기업가치의 실질적인 증가로 인한 이익) × 증여받거나 유상으로 취득한 주식 등의 수 × 30%
> ② 3억원

여기서 취득의 경우, '주식 등을 증여받은 날 현재의 1주당 증여세 과세가액'은 취득일 현재의 1주당 취득가액으로 한다.

Min[(5,000 + 6,000) × 10,000 × 30%, 3억원] = 33,000,000

문제 1

다음은 거주자 갑의 2024년도 귀속 소득과 관련된 자료이다. 각 물음에 답하시오. (단, 제시된 금액은 원천징수되기 전의 금액이고 별도의 언급이 없는 한 원천징수는 적법하게 이루어졌으며 주어진 자료 이외에는 고려하지 말 것) (30점)

---

1. 갑의 금융소득 관련 자료
   (1) 국내의 은행으로부터 받은 예금의 이자 ₩3,000,000이 있다.
   (2) 비영업대금의 이익(원천징수되지 아니함) ₩5,000,000을 수령하였다.
   (3) 비상장법인인 ㈜A의 주주(지분율 40%)로서 받은 무상주의 액면가액은 ₩20,000,000 이다. ㈜A는 주식발행초과금 ₩50,000,000을 재원으로 무상증자를 실시하였는데 자기 주식(지분율 20%)에 배정될 부분은 실권처리하였다.
   (4) 상장법인 ㈜B로부터 받은 현금배당 ₩8,000,000이 있다.
   (5) 출자공동사업자의 소득분배액 ₩30,000,000이 있다.
   (6) 집합투자기구로부터의 이익(60%를 채권에 투자한 상태이고 전액 과세대상임) ₩3,000,000 이 있다.

2. 갑의 근로소득 및 연금소득 관련 자료
   (1) 갑은 제조업을 영위하는 중소기업의 생산직 근로자로서 갑이 2024년도에 수령한 시간외근무 수당은 ₩3,000,000이다(월정액급여는 ₩2,050,000이며 직전연도 총급여는 ₩28,000,000 이었음).
   (2) 갑은 회사로부터 주택구입자금을 무상으로 대여받고 있는데 그 이익은 ₩5,000,000이다.
   (3) 회사로부터 식권을 제공받은 가액 ₩3,000,000(= ₩250,000×12월)이 있다(이 식권 은 외부 음식업자와 계약에 의해 제공되며 현금으로 환급되지 아니함).
   (4) 자녀학비보조금으로 ₩3,000,000과 본인의 직업능력개발훈련시설 수업료(업무와 관련 된 교육으로 규정에 따라서 지급되었으며 교육기간이 6개월 미만임) ₩2,000,000을 수 령하였다.
   (5) 위 항목 이외에 급여로 받은 금액 ₩20,000,000이 있다.
   (6) 갑은 2013. 1. 1. 연금저축계좌에 가입하여 총 ₩50,000,000을 납입하였는데 이 금액 중 연금계좌세액공제를 받지 못한 금액 ₩4,000,000이 포함되어 있다고 가정한다.

(7) 갑은 위 연금저축계좌로부터 연금수령 개시가 가능한 시기인 2024. 1. 1.부터 연금을 수령하기 시작하였는데, 2024년도 연금수령액은 ₩18,000,000이다(의료 목적이나 천재지변 등 부득이한 사유에 의한 인출은 없음).

(8) 2024. 1. 1. 현재 연금계좌 평가액은 ₩70,000,000이며 갑은 2024년 현재 60세이다.

3. 갑의 양도소득 관련 자료

(1) 갑은 2024. 3. 1.에 배우자 을로부터 상가 건물을 증여받고(증여 당시 시가 8억원) 2024. 10. 5.에 이를 9억원에 양도하였다. 증여 당시 증여세 산출세액은 ₩30,000,000이었고 신고세액공제 ₩900,000을 제외한 ₩29,100,000을 납부하였다.

(2) 갑이 양도한 상가 건물과 관련된 자료는 다음과 같다.

구분	을의 취득내역	증여내역	갑의 양도내역
일자	2015. 4. 1.	2024. 3. 1.	2024. 10. 5.
실거래가액	₩600,000,000	₩800,000,000	₩900,000,000
자본적 지출과 양도비용	15,000,000	–	20,000,000

(3) 장기보유특별공제율은 보유기간 8년 이상 9년 미만의 경우 16%이고 9년 이상 10년 미만의 경우 18%이다.

4. 기타 관련 자료

(1) 근로소득공제액 계산을 위한 자료는 다음과 같다.

총급여액	근로소득공제액
500만원 초과 1,500만원 이하	350만원 + (총급여액 − 500만원)×40%
1,500만원 초과 4,500만원 이하	750만원 + (총급여액 − 1,500만원)×15%

(2) 연금소득공제액 계산을 위한 자료는 다음과 같다.

총연금액	연금소득공제액
700만원 초과 1,400만원 이하	490만원 + (총연금액 − 700만원)×20%
1,400만원 초과	630만원 + (총연금액 − 1,400만원)×10%

(3) 소득세 기본세율은 다음과 같다.

과세표준	기본세율
8,800만원 초과 1억 5천만원 이하	1,536만원 + (과세표준 − 8,800만원)×35%
1억 5천만원 초과 3억원 이하	3,706만원 + (과세표준 − 1억 5천만원)×38%

[물음 1] 금융소득과 관련하여 다음 양식에 따른 해답을 제시하시오. (9점)

구분	해답
① 자산소득에 합산할 이자소득금액	
② 배당가산액(Gross-Up 금액)	
③ 종합소득금액에 합산할 배당소득금액	

[물음 2] 근로소득 및 연금계좌 인출과 관련하여 다음 양식에 따른 해답을 제시하시오. 연금소득은 종합과세를 선택하는 것으로 가정한다. (12점)

구분	해답
① 종합소득금액에 합산할 근로소득금액	
② 연금수령한도	
③ 연금계좌 인출 시 원천징수할 소득세액	
④ 종합소득금액에 합산할 연금소득금액	

[물음 3] 양도소득과 관련하여 다음 양식에 따른 해답을 제시하시오. (9점)

구분	이월과세를 적용하는 경우	이월과세를 적용하지 않는 경우
① 양도소득금액		
② 양도소득산출세액		
③ 갑에게 적용될 양도소득산출세액		

제조업을 영위하는 비상장내국법인 ㈜A는 2024. 10. 10.(합병등기일)에 동종업종을 영위하는 특수관계인이 아닌 비상장내국법인 ㈜B를 흡수합병하였다. ㈜A와 ㈜B의 정관상 사업연도는 매년 1. 1.부터 12. 31.까지이다. 각 물음은 서로 독립적이다. (20점)

〈자료 1〉

다음은 ㈜B의 합병 직전 재무상태표와 시가 자료이다.

1. 합병 직전 ㈜B의 재무상태표

재무상태표 (단위: 원)

유동자산	40,000,000	부채	50,000,000
토지	100,000,000	자본금	20,000,000
건물	20,000,000	주식발행초과금	30,000,000
		이익잉여금	60,000,000
합계	160,000,000	합계	160,000,000

2. ㈜B가 합병 직전 보유한 자산의 시가 자료는 아래와 같으며, 부채의 장부가액과 시가는 동일하다.

구분	금액
유동자산	₩40,000,000
토지	120,000,000
건물	40,000,000
합계	₩200,000,000

3. ㈜B의 자산 및 부채와 관련된 유보(또는 △유보)는 없다고 가정한다.

4. ㈜A가 납부하는 ㈜B의 법인세는 없다고 가정한다.

〈자료 2〉

다음은 ㈜B의 주주 관련 사항 및 합병대가와 관련된 자료이다.

1. 합병 직전 ㈜B의 주주 관련 사항은 다음과 같다.

주주	취득가액	지분비율
㈜A	₩20,000,000	40%
㈜C	30,000,000	60%

2. ㈜A는 ㈜C와 특수관계가 아니며, ㈜A는 ㈜B의 주식을 2022. 10. 15.에 취득하였다.

3. ㈜A는 ㈜C에게 합병대가로 시가 ₩40,000,000(액면가액 ₩20,000,000)인 ㈜A의 신주를 교부하고, 추가적으로 합병교부금 ₩8,000,000을 지급하였다. 합병포합주식에 대해서는 ㈜A의 주식과 합병교부금을 지급하지 않았다.

4. 과세를 이연하기 위한 조건은 피합병법인의 주주가 합병으로 인하여 받은 합병대가의 총합계액 중 합병법인의 주식가액이 80% 이상이어야 한다는 조건을 제외하고는 모두 충족하였다고 가정한다.

[물음 1] 〈자료 1〉과 〈자료 2〉를 이용하여 다음 요구사항에 답하시오. (10점)

    (1) 합병 시 금전교부 간주액은 얼마인지 구체적으로 제시하시오.

    (2) 합병대가의 총합계액 중 합병법인의 주식가액이 차지하는 비율을 구체적으로 제시하고, 이에 따른 ㈜C의 의제배당금액을 제시하시오.

〈자료 3〉

다음은 합병등기일 현재 ㈜A와 ㈜B의 합병 관련 자료이다.

1. 합병등기일 현재 ㈜B의 자본금과 적립금 조정명세서(을)에는 토지의 취득세와 관련된 세무조정사항 ₩2,000,000(△유보)이 있다.

2. ㈜C는 유일한 ㈜B의 주주이며, ㈜A는 ㈜B의 합병대가로 ㈜C에게 시가 ₩150,000,000(액면가액 ₩80,000,000)인 ㈜A의 신주를 교부하였다. 또한 ㈜A는 합병교부금으로 ₩20,000,000을 ㈜C에게 지급하였다. ㈜C는 ㈜B의 주식을 ₩40,000,000에 취득하였으며, ㈜A와 ㈜C는 특수관계가 아니다.

3. ㈜A는 합병등기일 현재 시가로 ㈜B의 자산과 부채를 취득하였으며 한국채택국제회계기준에 따라 아래와 같이 회계처리하였다.

(차) 유동자산	40,000,000	(대) 부채	50,000,000
토지	120,000,000	현금	20,000,000
건물	40,000,000	자본금	80,000,000
영업권	20,000,000	주식발행초과금	70,000,000

4. ㈜B의 합병 직전 재무상태표상 자산의 장부가액은 ₩160,000,000이고 부채의 장부가액은 ₩50,000,000이다.

5. 위의 합병은 적격합병이 아니다.

[물음 2] 〈자료 3〉을 이용하여 다음 요구사항에 답하시오. (단, 세부담 최소화를 가정함) (10점)

    (1) 합병과 관련된 ㈜A의 세무조정을 하시오.

    (2) ㈜B의 합병으로 인한 양도손익을 제시하시오.

    (3) ㈜C의 합병으로 인한 의제배당금액을 제시하시오.

문제 3

다음 자료를 기초로 각 물음에 답하시오. 같은 자료에 세무조정이 2개 이상 있는 경우 상계하지 말고 모두 표시하시오. (단, 법인세부담 최소화를 가정하고 전기까지의 세무조정은 정상적으로 처리되었으며, 각 물음은 상호 독립적이고 주어진 자료 이외의 사항은 고려하지 않는다) (30점)

〈자료 1〉

다음은 제조업을 영위하는 중소기업인 ㈜내국의 제24기(2024. 1. 1. ~ 2024. 12. 31.) 토지 매각과 관련된 자료이다.

1. ㈜내국은 2024. 5. 1.에 토지를 ₩50,000,000(장부가액은 양도가액의 60%임)에 매각하면서 아래의 표와 같이 대금을 수령하는 조건으로 계약을 체결하였다.

2024. 5. 1. (계약금)	2024. 8. 1. (1차 중도금)	2025. 9. 1. (2차 중도금)	2026. 9. 1. (잔금)
₩5,000,000	₩5,000,000	₩10,000,000	₩30,000,000

(1) 토지의 사용수익일은 2024. 8. 1.이고, 토지의 소유권이전등기일은 잔금 수령일이다.

(2) ㈜내국은 2024. 5. 1.에 계약금 ₩2,000,000을 수령하고, 2024. 8. 1.에 ₩8,000,000을 수령하였다. 그리고 나머지 금액은 2026. 9. 1.에 수령하기로 하였다.

(3) ㈜내국은 토지 매각과 관련하여 인도기준으로 수익과 비용을 계상하였다.

(4) ㈜내국은 2025. 8. 1.에 폐업하였다.

[물음 1] 〈자료 1〉을 이용하여 제24기와 제25기 사업연도의 세무조정을 다음의 양식에 따라 하시오. (4점)

사업연도	조정유형	과목	금액	소득처분
제24기				
제25기				

[물음 2] 〈자료 1〉을 이용하되 ㈜내국이 폐업하지 않았다고 가정하고, 제24기와 제25기 사업연도의 세무조정을 다음의 양식에 따라 하시오. (4점)

사업연도	조정유형	과목	금액	소득처분
제24기				
제25기				

〈자료 2〉

다음은 제조업을 영위하는 내국영리법인(중소기업이 아님)인 ㈜내국의 제24기(2024. 1. 1. ~2024. 12. 31.) 기업업무추진비와 관련된 자료이다.

1. 손익계산서상 매출액은 ₩28,000,000,000(특수관계인과의 거래는 없음)이며, 이외의 사항은 다음과 같다.

   ① 부산물 매출액 ₩500,000,000이 영업외수익으로 계상되어 있다.

   ② 중단사업부문의 매출액 ₩350,000,000이 포함되어 있다.

   ③ 임대보증금에 대한 간주익금 ₩220,000,000이 포함되어 있다.

   ④ 반제품 매출 ₩130,000,000이 누락되어 있다.

2. 손익계산서상 기업업무추진비 계정의 금액은 ₩150,000,000이며, 이와 관련된 사항은 다음과 같다.

   ① 대표이사의 동창회비로 지출한 금액을 기업업무추진비로 계상한 금액 ₩6,000,000이 있다.

   ② 건당 ₩30,000 초과 적격증빙 수취분(문화기업업무추진비 ₩17,000,000 포함)은 ₩45,000,000이다.

   ③ 건당 ₩30,000 초과 영수증 수취분은 ₩23,000,000이다.

   ④ 위의 ①, ②, ③을 제외한 나머지는 건당 ₩30,000 이하이며, 모두 적격증빙을 수취하였다.

[물음 3] 〈자료 2〉를 이용하여 제24기 사업연도의 기업업무추진비 한도액 계산의 기준이 되는 수입금액과 기업업무추진비 손비 한도액을 다음의 양식에 따라 제시하시오. (3점)

구분	금액
기업업무추진비 한도액 계산상 수입금액	
기업업무추진비 손비 한도액	

[물음 4] 〈자료 2〉를 이용하여 제24기 사업연도의 기업업무추진비 관련 세무조정을 다음 양식의 예시에 따라 하시오. (단, 기업업무추진비 손비 한도액은 [물음 3]의 결과를 이용할 것) (4점)

조정유형	과목	금액	소득처분
익금산입	제품	×××	유보
…	…	…	…

〈자료 3〉

다음은 제조업을 영위하는 내국영리법인(사회적 기업은 아님)인 ㈜내국의 제24기(2024. 1. 1.~2024. 12. 31.) 법인세 신고 관련 자료이다.

1. 제24기의 손익계산서상 당기순이익은 ₩255,000,000이다.

2. 제24기 세무조정사항은 다음과 같다.

① 법인세비용 ₩36,000,000이 비용으로 계상되어 있다.

② 손익계산서상 기부금내역서를 보면, 한국장학재단 시설비에 지출한 금액은 ₩10,000,000, 국민건강보험공단에 지출한 금액은 ₩20,000,000, 에너지공과대학 연구비에 지출한 금액은 ₩20,000,000이다.

③ 특례기부금과 일반기부금의 사업연도별 한도초과액을 살펴보면 다음 표와 같다.

사업연도	특례기부금 한도초과액	우리사주조합 기부금 한도초과액	일반기부금 한도초과액
제13기(2013. 1. 1.~2013. 12. 31.)	₩2,000,000	–	₩3,000,000
제16기(2016. 1. 1.~2016. 12. 31.)	5,000,000	–	4,000,000
제18기(2018. 1. 1.~2018. 12. 31.)	10,000,000	–	–
제20기(2020. 1. 1.~2020. 12. 31.)	12,000,000	–	1,000,000

④ 회사의 손익계산서상 이자비용 ₩80,000,000이 계상되어 있으며, 이 중 ₩10,000,000은 본사 건물 건설 관련 특정차입금의 건설자금이자이며, 제24기 말 현재 동 건물은 완공되지 아니하였다.

⑤ 영업외수익에는 자산수증이익 ₩50,000,000(국고보조금 ₩10,000,000 포함)이 계상되어 있다.

⑥ 주식의 포괄적 교환차익 ₩30,000,000을 주식발행초과금으로 계상하였다.

3. 사업연도별 이월결손금내역은 다음과 같다.

사업연도	발생액	잔액
제13기(2013. 1. 1.~2013. 12. 31.)	₩100,000,000	₩90,000,000
제14기(2014. 1. 1.~2014. 12. 31.)	80,000,000	80,000,000
제15기(2015. 1. 1.~2015. 12. 31.)	70,000,000	70,000,000

4. ㈜내국은 「조세특례제한법」상 중소기업이 아니며, 회생계획을 이행 중인 기업 등의 범위에 포함되지 않는다.

[물음 5] 〈자료 3〉을 이용하여 제24기 사업연도의 소득금액조정합계표를 다음 양식의 예시에 따라 작성하시오. (4점)

익금산입 및 손금불산입			손금산입 및 익금불산입		
과목	금액	소득처분	과목	금액	소득처분
제품	×××	유보	제품	×××	유보
…	…	…	…	…	…

[물음 6] 〈자료 3〉을 이용하여 제24기 사업연도의 기부금 관련 세무조정을 다음 양식의 예시에 따라 하시오. (4점)

조정유형	과목	금액	소득처분
익금산입	제품	×××	유보
…	…	…	…

[물음 7] 〈자료 3〉을 이용하여 제24기 사업연도의 각사업연도소득금액과 과세표준을 다음의 양식에 따라 제시하시오. (2점)

구분	해답
각사업연도소득금액	
과세표준	

〈자료 4〉
다음은 제조업을 영위하는 내국영리법인(중소기업 아님)인 ㈜내국의 제24기(2024. 1. 1.~ 2024. 12. 31.) 토지 등 양도소득에 관련된 자료이다.
1. ㈜내국은 제24기에 토지(비사업용)를 양도하였다. 양도가액은 ₩600,000,000(실지거래가액)이며 이 자산의 매입가액은 ₩150,000,000(실지거래가액)이고 매입부대비용은 ₩20,000,000 이다.
2. 위의 자료 외의 제24기 ㈜내국의 소득금액은 ₩250,000,000이다.
3. ㈜내국은 해당 토지를 2019. 1. 1.에 취득하였으며, 미등기 상태이다.

[물음 8] 〈자료 4〉를 이용하여 제24기 사업연도의 각사업연도소득에 대한 법인세의 과세표준과 산출세액을 다음 양식에 따라 제시하시오. (2점)

구분	해답
과세표준	
산출세액	

[물음 9] 〈자료 4〉를 이용하여 제24기 사업연도의 토지 등 양도소득과 토지 등 양도소득에 대한 법인세의 산출세액을 다음 양식에 따라 제시하시오. (3점)

구분	해답
토지 등 양도소득	
토지 등 양도소득에 대한 법인세의 산출세액	

다음의 자료를 바탕으로 물음에 답하시오. 각 자료는 상호독립적이다. (20점)

〈자료 1〉

다음은 일반과세자인 ㈜세무의 2024년 제2기 부가가치세 관련 자료이다. (단, 제시된 금액은 별도의 언급이 없는 한 부가가치세가 포함되지 아니한 금액이며, 세금계산서는 공급시기에 적법하게 발급 및 수취된 것으로 가정한다)

1. 2024. 12. 1.에 제품을 할부조건으로 ₩50,000,000(회계기준에 따른 현재가치는 ₩45,000,000임)에 판매하였다. 대금은 인도일에 ₩10,000,000을 수령하고, 나머지는 4회로 분할하여 매 6개월마다 ₩10,000,000씩 수령하기로 하였다. 2024. 12. 1.에 계약금을 수령하면서 거래상대방의 요청으로 계약금과 할부금을 합한 ₩50,000,000에 대하여 전자세금계산서를 발급하였다.

2. 2024. 10. 1.에 거래처에 판매장려 목적으로 원가 ₩5,000,000(시가 ₩8,000,000)의 제품(매입세액공제를 받음)을 무상으로 제공하고 세금계산서는 발급하지 아니하였다.

3. 2024. 11. 30.에 업무용 소형승용차(배기량 2,000cc, 취득 시 매입세액불공제됨)를 ₩12,000,000에 6개월 할부조건으로 매각하고 인도하였다. 대금은 2024. 11. 30.부터 매월 말에 ₩2,000,000씩 수령하기로 하였다.

4. 제품을 2025. 1. 20.에 인도할 예정이나 2024. 12. 30.에 거래처의 요청으로 ₩17,000,000에 대하여 전자세금계산서를 발급하였다. 거래내역은 다음과 같으며, 대금청구시기 및 지급시기에 관한 약정 등은 없다.

구분	세금계산서 발급일	제품인도일	대금수령일	금액
제품 A	2024. 12. 30.	2025. 1. 20.	2025. 1. 5.	₩9,000,000
제품 B	2024. 12. 30.	2025. 1. 20.	2024. 6. 30.	₩8,000,000

5. 2024. 11. 1.에 장부가액 ₩25,000,000인 기계장치 A를 동종업종 타 회사의 기계장치 B(시가 ₩20,000,000)와 교환하였다. 기계장치 A의 시가는 불분명하나 교환 당시 감정평가업자의 감정가액은 ₩23,000,000이다.

6. 제품을 다음과 같이 중간지급조건부로 직수출하기로 하였다. 총공급가액은 $40,000이며, 선적일에 잔금을 수령한다.

일자	2024. 10. 10. (계약일)	2024. 12. 20. (1차 중도금)	2025. 2. 20. (2차 중도금)	2025. 4. 20. (선적일)
수령금액	$10,000	$10,000	$10,000	$10,000
기준환율(₩/$)	1,000	1,050	1,100	1,150

7. 제품을 다음과 같이 국내거래처에 내국신용장에 의하여 공급하였다.

매출처	거래금액	제품인도일	내국신용장 개설일
㈜A	₩10,000,000	2024. 10. 1.	2024. 6. 30.
㈜B	12,000,000	2024. 11. 1.	2025. 1. 25.
㈜C	13,000,000	2024. 12. 1.	2025. 1. 30.

8. 국내사업장이 없는 비거주자에게 $20,000의 제품을 2024. 10. 10.에 인도하고 그 대금은 2024. 12. 10.에 미화($)로 수령하였다.

일자	2024. 10. 10.	2024. 12. 10.
기준환율(₩/$)	1,000	1,100
대고객외국환매입률(₩/$)	990	1,080

9. 2024. 11. 10.에 동종업종의 다른 사업자에게 제품의 원재료(수량 100개, 장부가액 ₩15,000,000, 시가 ₩16,000,000)를 대여하고 2024. 12. 10.에 동일한 원재료(수량 100개, 시가 ₩17,000,000)를 반환받았다.

[물음 1] 〈자료 1〉을 이용하여 ㈜세무의 2024년 제2기 과세기간 최종 3개월(2024. 10. 1.~2024. 12. 31.)의 부가가치세 과세표준과 세율 및 매출세액을 다음의 답안 양식에 따라 제시하시오. (10점)

(답안 양식)

〈자료 1〉의 항목번호	과세표준	세율	매출세액
1			
·			
·			
9			
합계			

〈자료 2〉
다음은 과세사업(생선통조림 제조판매사업)과 면세사업(생선판매사업)을 겸영하는 ㈜대한(중소기업 아님)의 2024년 과세기간의 자료이다. (단, 세부담 최소화를 가정하고 별도의 언급이 없는 한 세금계산서 및 계산서는 적법하게 발급 및 수취한 것으로 가정한다)

1. 과세기간별 공급가액

구분	2024년 제1기	2024년 제2기		
		7. 1.~9. 30.	10. 1.~12. 31.	계
생선판매사업	₩125,000,000	₩70,000,000	₩123,750,000	₩193,750,000
생선통조림 제조판매사업	375,000,000	180,000,000	251,250,000	431,250,000
계	₩500,000,000	₩250,000,000	₩375,000,000	₩625,000,000

2. 2024. 12. 20.에 생선판매사업과 생선통조림 제조판매사업에 공통으로 사용하던 건물 A와 부수토지를 ₩253,500,000(부가가치세 포함)에 일괄양도하고 잔금을 수령하였다(이 금액은 상기 '1. 과세기간별 공급가액'에 포함되어 있지 않음). 건물 A와 부수토지의 공급가액의 구분은 불분명하다. 단, 건물 A는 매입 시 공급가액을 기준으로 매입세액을 공제하였으며, 양도일 현재의 가액(부가가치세 제외 금액)은 다음과 같다.

구분	장부가액	감정가액[1]	기준시가
건물 A	₩60,000,000	₩120,000,000	₩80,000,000
토지	40,000,000	40,000,000	40,000,000
계	₩100,000,000	₩160,000,000	₩120,000,000

[1] 2024. 6. 20. 감정평가업자의 감정가액임

3. 2024. 10. 11.에 생선통조림 제조판매사업에 사용하던 건물 B(취득가액은 ₩250,000,000이며 매입세액공제를 받았음, 취득일 2020. 8. 7.)를 생선판매사업에도 사용하기로 하였다. 겸용사용일 현재 건물 B의 감정가액은 ₩200,000,000이다.

4. 세금계산서 수취분 매입세액

구분	2024. 7. 1.~2024. 9. 30.	2024. 10. 1.~2024. 12. 31.
생선판매사업	₩3,000,000	₩4,000,000
생선통조림 제조판매사업	6,000,000	8,000,000[1]
공통매입세액[2]	3,000,000	5,000,000

[1] 기업업무추진비 관련 매입세액 ₩1,000,000이 포함되어 있음

[2] 공통매입세액은 생선판매사업, 생선통조림 제조판매사업의 공통매입세액으로서 실지귀속을 확인할 수 없음

5. 2024년 제2기 과세기간 중 생선판매사업과 생선통조림 제조판매사업에 사용될 생선의 매입과 사용내역은 다음과 같으며, 의제매입세액공제 요건을 충족한다. ㈜대한은 생선의 매입시기가 한 과세기간에 집중되는 법인이 아니며, 2024년 제1기 과세기간에서 이월된 재고는 없다. 2024년 제2기 예정신고는 적정하게 이루어졌다.

기간	매입	사용		기간 말일 재고[1]
		생선판매	생선통조림 원료	
7. 1.~9. 30.	₩109,660,000	₩41,260,000	₩60,900,000	₩7,500,000
10. 1.~12. 31.	172,900,000	75,000,000	95,400,000	10,000,000

[1] 면세사업과 과세사업에 대한 실지귀속을 확인할 수 없음

6. 2023. 10. 1.에 면세사업과 과세사업에 공통으로 사용하기 위해 운반용 트럭을 ₩60,000,000(부가가치세 ₩6,000,000 별도)에 취득하였다. 2023년 제2기 면세사업과 과세사업 공급가액은 각각 ₩79,200,000과 ₩280,800,000이었다.

[물음 2] 〈자료 2〉를 이용하여 ㈜대한의 2024년 제2기 과세기간 최종 3개월(2024. 10. 1.~ 2024. 12. 31.)의 부가가치세 과세표준 매출세액을 다음의 답안 양식에 따라 제시하시오. (4점)

(답안 양식)

〈자료 2〉의 항목번호	과세표준	세율	매출세액
1			
2			
3			

[물음 3] 〈자료 2〉를 이용하여 ㈜대한의 2024년 제2기 과세기간 최종 3개월(2024. 10. 1.~ 2024. 12. 31.)의 매입세액공제액과 매입세액불공제액을 다음의 답안 양식에 따라 제시하시오. (2점)

(답안 양식)

〈자료 2〉의 항목번호	매입세액공제액	매입세액불공제액
4		

[물음 4] 〈자료 2〉를 이용하여 ㈜대한의 2024년 제2기 과세기간 최종 3개월(2024. 10. 1.~ 2024. 12. 31.)의 의제매입세액공제액을 제시하시오. (단, 의제매입세액공제율은 2/102 이며, 의제매입세액공제 한도는 고려하지 않는다) (2점)

(답안 양식)

〈자료 2〉의 항목번호	의제매입세액공제액
5	

[물음 5] 〈자료 2〉를 이용하여 ㈜대한의 운반용 트럭과 관련하여 2024년 제2기의 납부세액 또는 환급세액을 재계산하고, 납부세액에 가산 또는 차감 여부를 표시하시오. (2점)

(답안 양식)

〈자료 2〉의 항목번호	세액	가산 또는 차감 여부
6		

문제 1

[물음 1]

구분	해답
① 자산소득에 합산할 이자소득금액	8,000,000
② 배당가산액(Gross-up 금액)	300,000
③ 종합소득금액에 합산할 배당소득금액	45,300,000

1. 금융소득구분

구분	이자	배당	비고
1. 은행예금이자	3,000,000		
2. 비영업대금이익	5,000,000		
3. 무상주 수령		4,000,000	Gross-up 대상 아님
4. 상장법인 배당		(G)8,000,000	
5. 집합투자기구		3,000,000	
소계	8,000,000	15,000,000	23,000,000
6. 출자공동사업자 배당		30,000,000	
합계	8,000,000	45,000,000	

2. 무상주 수령

① 법인이 자기주식 또는 자기출자지분을 보유한 상태에서 과세되지 않는 자본잉여금을 자본전입함에 따라 그 법인 외의 주주 등의 지분비율이 증가한 경우 증가한 지분비율에 상당하는 주식 등의 가액을 배당소득으로 본다.

구분		1차 배정분 (40%)	2차 배정분 (20% × 40%/80%)	비고
주식발행초과금	40,000,000	16,000,000	4,000,000	1차 배정분은 과세(×)

② 당초 이사회에서 결의된 자본전입금액은 50,000,000원이었으나, 자기주식 배정분을 실권하였으므로 처음부터 10,000,000원(50,000,000 × 20%)을 제외한 40,000,000원을 자본에 전입한 것으로 가정하고 풀이하면 된다.

3. Gross-up 금액

$Min[8,000,000, \ (23,000,000 - 20,000,000)] \times 10\% = 300,000$

[물음 2]

구분	해답
① 종합소득금액에 합산할 근로소득금액	14,810,000
② 연금수령한도	16,800,000
③ 연금계좌 인출 시 원천징수할 소득세액	820,000
④ 종합소득금액에 합산할 연금소득금액	6,740,000

1. 근로소득금액

구분	금액	비고
1. 시간외근무수당	600,000	$3,000,000 - 2,400,000$
2. 주택구입자금 대여이익		과세 제외(중소기업의 종업원)
3. 식사대		현물식대(비과세)
4. 학비보조금	3,000,000	자녀학비보조금만 과세
5. 기타 급여	20,000,000	
6. 총급여(합계)	23,600,000	
7. 근로소득공제	8,790,000	$7,500,000 + (23,600,000 - 15,000,000) \times 15\%$
8. 근로소득금액	14,810,000	

① 시간외근무수당: 직전 과세기간의 총급여액이 3,000만원 이하이고 월정액급여액이 210만원 이하인 생산직 근로자 등에게 지급하는 연장근로 · 휴일 · 야간근로수당은 연간 240만원까지 비과세한다.

② 주택구입자금 대여이익: 중소기업 종업원이 주택(주택에 부수된 토지를 포함)의 구입 · 임차에 소요되는 자금을 저리 또는 무상으로 대여받음으로써 얻는 이익은 근로소득에서 제외한다.

③ 식대: 사용자가 기업 외부의 음식업자와 식사 · 기타 음식물 공급계약을 체결하고 그 사용자가 교부하는 식권에 의하여 제공받는 식사 · 기타 음식물로서 당해 식권을 현금으로 환급할 수 없는 경우 비과세되는 식사 · 기타 음식물(현물식대)로 본다. 실비변상적 급여 외의 비과세급여는 월정액급여액에는 포함하여야 한다.

④ 학비보조금: 자녀학비보조금은 근로소득으로 과세한다. 본인의 학자금은 다음 요건을 충족하는 경우에는 비과세한다. ㉠ 업무관련 교육일 것, ㉡ 사내규칙에 따라 일정한 지급기준이 정해져 있고, ㉢ 교육기간이 6개월 이상인 경우에는 반환조건이 있어야 한다. 따라서 6개월 미만의 교육에서는 반환조건 여부와 관계없이 업무관련성 등이 있으면 비과세한다.

2. 연금소득

(1) 연금수령한도

$$\frac{연금계좌의 \ 평가액}{11 - 연금수령연차} \times 120\% = \frac{70,000,000}{11 - 6} \times 120\% = 16,800,000$$

① 연금수령연차: 최초로 연금수령할 수 있는 날이 속하는 과세기간을 기산연차로 하여 그 다음 과세기간을 누적 합산한 연차를 말한다. (예 1년차: 1, 2년차: 1 + 1 = 2) 다만, 2013년 3월 1일 전에 가입한 연금계좌의 수령기산연차는 6년차로 한다.

② 문제에서 연금수령 개시가 가능한 시기를 2024년으로 제시하였으므로 2024년을 기산연차(6년차)로 본다.

(2) 소득구분

구분	연금수령액		소득구분	
	연금수령	연금외수령	연금소득 (조건부)	기타소득 (분리과세)
① 과세 제외 기여금	4,000,000			
② 이연퇴직소득				
③ 공제액·운용수익	12,800,000	1,200,000	12,800,000	1,200,000
합계	16,800,000	1,200,000	12,800,000	1,200,000

> 18,000,000 − 16,800,000

(3) 원천징수

구분	원천징수세액	비고
연금수령	640,000	12,800,000 × 5%
연금외수령	180,000	1,200,000 × 15%
합계	820,000	

(4) 종합소득에 합산할 연금소득금액

$$12,800,000 - [4,900,000 + (12,800,000 - 7,000,000) \times 20\%] = 6,740,000$$

[물음 3]

구분	이월과세를 적용하는 경우	이월과세를 적용하지 않는 경우
① 양도소득금액	192,700,000	80,000,000
② 양도소득산출세액	52,336,000	38,750,000
③ 갑에게 적용될 양도소득산출세액		52,336,000

1. 이월과세를 적용(배우자로부터 증여받은 토지 10년 이내 양도)하는 경우(단, 23년 1/1(22년 12/31) 이전 증여받는 경우는 5년)

구분	금액	비고
1. 양도가액	900,000,000	
2. 취득가액	600,000,000	취득가액만 증여자의 취득가액으로 의제함
3. 기타 필요경비	65,000,000	20,000,000 + 30,000,000(증여세 산출세액) + 15,000,000 (을 자본적 지출도 필요경비산입 가능)
4. 양도차익	235,000,000	
5. 장기보유특별공제	42,300,000	18%(을의 취득일부터 계산)
6. 양도소득금액	192,700,000	
7. 양도소득기본공제	2,500,000	
8. 양도소득과세표준	190,200,000	
9. 양도소득산출세액	52,336,000	37,060,000 + (190,200,000 − 150,000,000) × 38%

2. 이월과세를 적용하지 않는 경우

구분	금액	비고
1. 양도가액	900,000,000	
2. 취득가액	800,000,000	증여 당시 시가
3. 기타 필요경비	20,000,000	이월과세가 적용되지 않는 경우는 증여세 제외
4. 양도차익	80,000,000	
5. 장기보유특별공제		3년 미만 보유(수증받은 날부터 양도일까지)
6. 양도소득금액	80,000,000	
7. 양도소득기본공제	2,500,000	
8. 양도소득과세표준	77,500,000	
9. 양도소득산출세액	38,750,000	77,500,000 × 50%(1년 미만 보유)

문제 2

[물음 1]

(1) 금전교부 간주액

① 1설(합병법인에는 금전을 교부하지 않은 것으로 보는 학설)

구분	주식	교부금	합계
㈜A(40%)	26,666,666	0	26,666,666
㈜C(60%)	40,000,000	8,000,000	48,000,000
합계	66,666,666	8,000,000	74,666,666

합병교부주식 중 금전교부 간주금액

$$26,666,666 \times \frac{40\% - 20\%}{40\%} = 13,333,333$$

㈜A는 지배주주가 아니므로 2년 내 취득한 주식 중 지분의 20%를 초과하는 분에 대해 교부금을 수령한 것으로 본다.

② 2설(합병법인에도 금전을 교부한 것으로 보는 학설)

구분	주식	교부금	합계
㈜A(40%)	26,666,667	5,333,333	32,000,000
㈜C(60%)	40,000,000	8,000,000	48,000,000
합계	66,666,667	13,333,333	80,000,000

합병교부주식 중 금전교부 간주금액

$$32,000,000 \times \frac{40\% - 20\%}{40\%} = 16,000,000$$

㈜A는 지배주주가 아니므로 2년 내 취득한 주식 중 지분의 20%를 초과하는 분에 대해 교부금을 수령한 것으로 본다.

(2) 주식교부비율

① 주식교부비율

㉠ 1설(합병법인에는 금전을 교부하지 않은 것으로 보는 학설)

$$주식교부비율 = \frac{74,666,666 - 13,333,333 - 8,000,000}{74,666,666} = 71.4\% < 80\%$$

㉡ 2설(합병법인에도 금전을 교부한 것으로 보는 학설)

$$주식교부비율 = \frac{80,000,000 - 16,000,000 - 8,000,000}{80,000,000} = 70\% < 80\%$$

② 의제배당

㉠ 합병대가: 40,000,000(비적격합병이므로 시가) + 8,000,000 = 48,000,000

㉡ 취득가액: 30,000,000

㉢ 의제배당: 48,000,000 - 30,000,000 = 18,000,000

[물음 2]

(1) 세무조정

[손금산입]	영업권	20,000,000	△유보
[익금산입]	합병매수차손	20,000,000	유보
[손금산입]	합병매수차손	1,000,000	△유보

$$20,000,000 \times \frac{1}{5} \times \frac{3}{12}$$

① 합병매수차손

$(200,000,000 - 50,000,000) - (150,000,000 + 20,000,000) = △20,000,000$

영업권가액은 합병매수차손 그 자체에 해당하므로 순자산가액에 포함하지 아니한다.

② 세무조정

㉠ 세무상 자산으로 인정되지 아니하는 영업권을 손금에 산입한다.

㉡ 피합병법인의 상호·거래관계, 그 밖의 영업상의 비밀 등에 대하여 사업상 가치가 있다고 보아 대가를 지급한 경우 합병매수차손은 5년간 균등하게 나누어 손금에 산입한다.

(2) ㈜B의 양도손익

① 양도가액: 150,000,000 + 20,000,000 = 170,000,000

② 순자산장부가액: 160,000,000 - 50,000,000 - 2,000,000 = 108,000,000

③ 양도손익: 170,000,000 - 108,000,000 = 62,000,000

(3) ㈜C의 의제배당

① 합병대가: 150,000,000 + 20,000,000 = 170,000,000

② 취득가액: 40,000,000

③ 의제배당: 170,000,000 - 40,000,000 = 130,000,000

문제 3

[물음 1]

사업연도	조정유형	과목	금액	소득처분
제24기	익금불산입	미수금	40,000,000	△유보
	손금불산입	토지	24,000,000	유보
제25기	익금산입	미수금	40,000,000	유보
	손금산입	토지	24,000,000	△유보

1. 장기할부판매 조건

   인도일(단, 상품 등 외 자산의 경우에는 소유권이전등기일·등록일, 인도일 또는 사용수익일 중 빠른 날)의 다음 날(2024. 8. 2.)부터 최종 할부금(잔금)의 지급기일(2026. 9. 1.)까지의 기간이 1년 이상이므로 장기할부판매 조건을 충족한다.

2. 장기할부판매 손익귀속시기

   ① 법인이 장기할부조건에 따라 상품 등을 판매한 경우에는 인도일(상품 등 외 자산의 경우에는 대금청산일, 소유권이전등기일·등록일, 인도일 또는 사용수익일 중 빠른 날)을 그 귀속시기로 하며, 명목가액 전체를 익금으로 인식하여야 한다.

   ② 다만, 법인이 회수기일도래기준을 결산에 반영한 경우나, 중소기업의 경우에는 회수기일도래기준으로 익금과 손금을 계상할 수 있다. 이때 인도일 이전에 회수하였거나 회수할 금액은 인도일에 회수한 것으로 보며, 법인이 장기할부기간 중에 폐업한 경우에는 그 폐업일 현재 익금에 산입하지 아니한 금액과 이에 대응하는 비용을 폐업일이 속하는 사업연도의 익금과 손금에 각각 산입한다.

3. 세무조정

   상품 외 자산의 인도일은 이전등기일·인도일 또는 사용수익일 중 빠른 날로 한다. 따라서 회사는 2024. 8. 1.에 처분손익을 모두 결산에 반영하였다. 다만, 회사는 중소기업에 해당하므로 조세부담을 최소화하는 방향에서 회수기일도래기준을 적용하여 세무조정한다. 다만, 잔금 수령 전에 폐업하였으므로 2026. 9. 1. 회수기일도래분도 2025년 사업연도 귀속으로 처리하여야 한다.

[물음 2]

사업연도	조정유형	과목	금액	소득처분
제24기	익금불산입	미수금	40,000,000	△유보
	손금불산입	토지	24,000,000	유보
제25기	익금산입	미수금	10,000,000	유보
	손금산입	토지	6,000,000	△유보

폐업하지 않았으므로 회수기일도래기준을 적용한다. 따라서 2025. 9. 1. 회수기일도래분만 익금과 손금에 반영하여야 한다. 2026. 9. 1. 회수기일도래분은 2026년 사업연도에 귀속한다.

[물음 3]

구분	금액	비고
기업업무추진비 한도액 계산상 수입금액	28,410,000,000	28,000,000,000 + 500,000,000 − 220,000,000 + 130,000,000
기업업무추진비 손비 한도액	94,584,000	78,820,000 + 15,764,000

1. 수입금액

① 부산물·반제품 매출액은 수입금액에 포함한다. 영업외수익에 계상된 부산물 매출액과 매출액에서 누락된 반제품 매출액 모두 가산한다.

② 중단사업부문의 매출액은 수입금액에 포함한다. 매출액에 이미 포함되어 있으므로 별도로 조정하지 않는다.

③ 간주임대료는 수입금액에 포함하지 아니하므로 매출액에서 차감하여야 한다.

2. 기업업무추진비 한도금액

⑴ 일반기업업무추진비 한도액

$12{,}000{,}000 + 10{,}000{,}000{,}000 \times 0.3\% + 18{,}410{,}000{,}000 \times 0.2\% = 78{,}820{,}000$

⑵ 문화기업업무추진비 한도액

$\text{Min}[17{,}000{,}000, \ 78{,}820{,}000 \times 20\%] = 15{,}764{,}000$

[물음 4]

조정유형	과목	금액	소득처분
손금불산입	비지정기부금	6,000,000	상여
손금불산입	법정증명서류 미수취	23,000,000	기타사외유출
손금불산입	기업업무추진비 한도초과액	26,416,000	기타사외유출

1. 직부인

① 특례기부금 또는 일반기부금 손금산입 한도초과액은 기타사외유출로 처리하나, 비지정기부금은 실제 귀속에 따라 소득처분하여야 한다.

② 대표이사 동창회비를 대표이사가 개인적으로 부담하여야 할 성질의 비용으로 보아 손금부인한 경우에는 상여로 소득처분한다. 법인은 동창회의 구성원이 될 수 없으므로 대표이사가 부담할 성질의 비용으로 보는 것이 타당하다.

2. 기업업무추진비 한도초과액

⑴ 기업업무추진비 해당액

$150{,}000{,}000 - 6{,}000{,}000(\text{직부인}) - 23{,}000{,}000(\text{적격증명서류 미수취}) = 121{,}000{,}000$

⑵ 기업업무추진비 한도초과액

$121{,}000{,}000 - 94{,}584{,}000 = 26{,}416{,}000$

[물음 5]

익금산입 및 손금불산입			손금산입 및 익금불산입		
과목	금액	소득처분	과목	금액	소득처분
법인세비용	36,000,000	기타사외유출	자산수증이익	40,000,000	기타
건설자금이자	10,000,000	유보			

1. 자산수증이익

① 자산수증이익과 채무면제이익 중 이월결손금 보전에 충당한 금액은 익금에 산입하지 않는다. 다만, 국고보조금 등의 경우 이월결손금 보전에 충당 시 익금에 산입하지 아니하는 자산수증이익의 범위에서 제외한다.

② 자산수증이익을 이월결손금 보전에 충당하는 경우 기한의 제한을 받지 않으므로 제13기 발생 이월결손금 잔액에서 먼저 차감한다.

2. 주식의 포괄적 교환차익

주식의 포괄적 교환차익은 법인의 각사업연도소득금액 계산 시 익금에 산입하지 아니한다. 회사는 당기손익에 반영하지 않았으므로 별도로 세무조정할 것은 없다.

[물음 6]

조정유형	과목	금액	소득처분
손금산입	특례기부금 이월액 손금	27,000,000	기타
손금산입	일반기부금 이월액 손금	5,000,000	기타
손금불산입	일반기부금 한도초과	14,600,000	기타사외유출

1. 기준금액

(1) 차가감소득금액: 255,000,000 + 46,000,000 − 40,000,000 = 261,000,000

(2) 기준소득금액: 261,000,000 + 30,000,000(특례) + 20,000,000(일반) = 311,000,000

(3) 기준금액: 기준소득금액 − Min(이월결손금, 기준소득금액 × 80%)
= 311,000,000 − Min(150,000,000, 311,000,000 × 80%) = 161,000,000

① 한국장학재단, 에너지공과대학에 지출하는 시설비, 교육비, 연구비, 장학금은 특례기부금이고 국민건강보험공단은 일반기부금 단체이다.

② 기준소득금액의 80% 내에서 공제하는 이월결손금은 15년 이내 발생한 결손금에 한한다. 단, 2019. 12. 31. 이전에 개시한 사업연도에 발생한 결손금은 공제기한이 10년이다.

2. 특례기부금

구분	지출액	한도액	전기 이월액 손금	한도초과액
전기	27,000,000	27,000,000	27,000,000	
당기	30,000,000	53,500,000		
합계	57,000,000	80,500,000	27,000,000	

한도액: 161,000,000 × 50% = 80,500,000

3. 일반기부금

구분	지출액	한도액	전기 이월액 손금	한도초과액
전기	5,000,000	5,000,000	5,000,000	
당기	20,000,000	5,400,000		14,600,000
합계	25,000,000	10,400,000	5,000,000	14,600,000

한도액: (161,000,000 − 57,000,000) × 10% = 10,400,000

기부금 이월액은 10년으로 하되 2013. 12. 31. 이전에 발생한 기부금은 적용하지 아니한다.

[물음 7]

구분	해답	비고
각사업연도소득금액	243,600,000	261,000,000 − 27,000,000 − 5,000,000 + 14,600,000
과세표준	93,600,000	243,600,000 − Min(243,600,000 × 80%, 150,000,000)

[물음 8]

구분	해답	비고
과세표준	680,000,000	250,000,000 + (600,000,000 − 170,000,000)
산출세액	109,200,000	18,000,000 + (680,000,000 − 200,000,000) × 19%

[물음 9]

구분	해답	비고
토지 등 양도소득	430,000,000	600,000,000 − (150,000,000 + 20,000,000)
토지 등 양도소득에 대한 법인세의 산출세액	172,000,000	430,000,000 × 40%(미등기)

장부가액이란 세무상 장부가액을 의미하므로, 자산의 세무상 취득가액에 자본적 지출을 가산하되, 판매수수료와 같이 자산을 양도하기 위해 지출하는 비용은 장부가액에 포함되지 아니한다.

문제 4

[물음 1]

항목번호	과세표준	세율	매출세액	비고
1	50,000,000	10%	5,000,000	
2	8,000,000	10%	800,000	
3	12,000,000	10%	1,200,000	단기할부판매에 해당
4	17,000,000	10%	1,700,000	9,000,000 + 8,000,000
5	20,000,000	10%	2,000,000	기계장치 B의 시가
6	0	0%	0	공급시기(선적일)
7	22,000,000	0%	0	10,000,000 + 12,000,000
	13,000,000	10%	1,300,000	과세기간 종료일로부터 25일 이후 발급
8	20,000,000	10%	2,000,000	20,000 × 1,000(공급시기의 기준환율)
9	16,000,000	10%	1,600,000	교환
합계	178,000,000		15,600,000	

1. 장기할부조건

장기할부판매로 재화를 공급하거나 전력이나 그 밖에 공급단위를 구획할 수 없는 재화를 계속적으로 공급하는 경우에는 원칙적으로는 대가의 각 부분을 받기로 한 때를 재화의 공급시기로 본다. 또한, 장기할부조건부로 용역을 공급하거나 공급단위를 구획할 수 없는 용역을 계속적으로 공급하는 경우에도 원칙적으로는 대가의 각 부분을 받기로 한 때를 용역의 공급시기로 본다. 다만, 다음의 거래에 대해서는 대가를 받기 전에라도 세금계산서 또는 영수증을 발급하는 때를 공급시기로 본다.

① 장기할부판매로 재화를 공급하거나 장기할부조건부로 용역을 공급하는 경우
② 전력이나 그 밖에 공급단위를 구획할 수 없는 재화를 계속적으로 공급하는 경우
③ 그 공급단위를 구획할 수 없는 용역을 계속적으로 공급하는 경우

2. 사업상 증여

사업자가 자기의 고객이나 불특정 다수에게 재화를 증여하는 경우는 재화를 공급하는 것으로 본다. 이때 공급가액은 공급한 재화의 시가로 한다. 다만, 다음의 경우는 재화의 공급으로 보지 않는다.

> ① 사업을 위하여 대가를 받지 않고 다른 사업자에게 인도하거나 양도하는 견본품
> ② 「재난 및 안전관리 기본법」의 적용을 받아 특별재난지역에 공급하는 물품
> ③ 자기적립마일리지 등으로만 전부를 결제받고 공급하는 재화

3. 비업무용 소형승용차 매각

장기할부판매가 되기 위해서는 다음 요건을 모두 충족하여야 한다.

> ① 2회 이상으로 분할하여 대가를 받을 것
> ② 해당 재화의 인도일의 다음 날부터 최종 할부금 지급기일까지의 기간이 1년 이상일 것

4. 공급시기 전 세금계산서 발급

⑴ 제품 A

사업자가 재화 또는 용역의 공급시기가 되기 전에 세금계산서를 발급하고 그 세금계산서 발급일부터 7일 이내에 대가를 받으면 해당 세금계산서를 발급한 때를 재화 또는 용역의 공급시기로 본다. 세금계산서 발급일로부터 대금수령일이 7일 이내이므로 세금계산서 발급일(2024. 12. 30.)을 공급시기로 본다.

⑵ 제품 B

사업자가 재화 또는 용역의 공급시기가 되기 전에 재화 또는 용역에 대한 대가의 전부 또는 일부를 받고, 그 받은 대가에 대하여 세금계산서 또는 영수증을 발급하면 그 세금계산서 등을 발급하는 때(2024. 12. 30.)를 각각 그 재화 또는 용역의 공급시기로 본다.

5. 재화의 교환

자기가 공급한 재화의 시가를 공급가액으로 한다. 이때 시가는 다음과 같다.

> ① 사업자가 특수관계인이 아닌 자와 해당 거래와 유사한 상황에서 계속적으로 거래한 가격 또는 제3자 간에 일반적으로 거래된 가격
> ② ①의 가격이 없는 경우에는 사업자가 그 대가로 받은 재화 또는 용역의 가격(공급받은 사업자가 특수관계인이 아닌 자와 해당 거래와 유사한 상황에서 계속적으로 거래한 해당 재화 및 용역의 가격 또는 제3자 간에 일반적으로 거래된 가격을 말함)
> ③ ①이나 ②에 따른 가격이 없거나 시가가 불분명한 경우에는 「소득세법 시행령」 또는 「법인세법 시행령」에 따른 가격

6. 수출재화

① 수출재화의 공급시기는 선적일이다. 중간지급조건부 수출의 경우도 마찬가지이다.

② 재화나 용역을 공급하고 그 대가를 외국통화나 그 밖의 외국환으로 받은 경우에는 ㉠ 외화로 대가를 공급시기가 되기 전에 원화로 환가한 경우는 환가한 금액, ㉡ 공급시기 이후에 외국통화나 그 밖의 외국환 상태로 보유하거나 지급받는 경우에는 공급시기의 「외국환거래법」에 따른 기준환율 또는 재정환율에 따라 계산한 금액으로 한다.

7. 내국신용장의 공급

내국신용장에 의한 공급이라고 하더라도 국내거래의 공급시기는 인도일이고 영세율을 적용한다. 일반적으로 내국신용장을 개설받고 재화·용역을 공급하게 되나, 내국신용장의 개설 전에 재화·용역을 공급하는 경우에도 공급시기가 속하는 과세기간이 끝난 후 25일 이내에 발급하는 경우에 한하여 영세율을 적용한다.

8. 국내사업장이 없는 비거주자에게 재화를 인도

국내에서 직접 비거주자(외국법인)에게 인도한 것이므로 영세율 적용대상이 아니다. 비거주자(외국법인)에게 재화를 국내에서 공급한 경우 영세율이 적용되기 위해서는 ㉠ 비거주자 또는 외국법인이 지정하는 국내사업자에게 인도되는 재화로서 해당 사업자의 과세사업에 사용되거나, ㉡ 국내의 다른 사업자가 비거주자 등과 계약에 따라 인도받은 재화를 그대로 반출하거나 제조·가공한 후 반출하여야 한다.

9. 원재료 등의 차용

사업자 간에 상품·제품·원재료 등의 재화를 차용하여 사용하거나 소비하고 동종 또는 이종의 재화를 반환하는 소비대차의 경우에 해당 재화를 차용하거나 반환하는 것은 각각 재화의 공급에 해당한다.

[물음 2]

항목번호	과세표준	세율	매출세액	비고
1	251,250,000	10%	25,125,000	과세사업 매출액
2	135,000,000	10%	13,500,000	148,500,000 × (100/110)
3	46,500,000	10%	4,650,000	

1. 공통사용 부동산의 일괄매각

$$120,000,000 \times \frac{375}{500} \qquad 253,500,000 \times \frac{99}{169}$$

구분	감정가액 (1차 안분)	직전 과세기간 공급가액비율(2차)	공급대가(부가세포함)
건물 A(과세)	120,000,000	90,000,000	148,500,000
건물 A(면세)		30,000,000	45,000,000
토지	40,000,000	40,000,000	60,000,000
합계	160,000,000	160,000,000	253,500,000

공급시기(중간지급조건부 또는 장기할부판매의 경우는 최초 공급시기)가 속하는 과세기간의 직전 과세기간 개시일부터 공급시기가 속하는 과세기간의 종료일까지의 감정가액은 인정된다.

2. 면세일부전용

$$250,000,000 \times (1 - 5\% \times 8) \times \frac{193,750,000}{625,000,000} = 46,500,000$$

[물음 3]

항목번호	매입세액공제액	매입세액불공제액
4	10,360,000	6,640,000
비고	$(8,000,000 - 1,000,000) + 3,360,000$	$4,000,000 + 1,000,000 + 1,640,000$

1. 공통매입세액

(1) 과세사업분

$$(3,000,000 + 5,000,000) \times \frac{431,250,000}{625,000,000} - 3,000,000 \times \frac{180,000,000}{250,000,000} = 3,360,000$$

(2) 면세사업분

$$(3,000,000 + 5,000,000) \times \frac{193,750,000}{625,000,000} - 3,000,000 \times \frac{70,000,000}{250,000,000} = 1,640,000$$

[물음 4] 의제매입세액공제

항목번호	의제매입세액공제액
5	1,900,000

구분	예정(A)	합계(B)	확정(B − A)
당기사용(과세)	60,900,000	156,300,000	
기말재고	5,400,000	6,900,000	
적용대상 매입액	66,300,000	163,200,000	(한도: 215,625,000)
공제율	2/102	2/102	2/102
의제매입세액공제액	1,300,000	3,200,000	1,900,000

$7,500,000 \times 72\%$ $60,900,000 + 95,400,000$ $10,000,000 \times 69\%$

[물음 5] 공통매입세액 재계산

항목번호	세액	가산(또는 차감) 여부	비고
6	270,000	가산	$6,000,000 \times (1 - 25\% \times 2) \times (31\% - 22\%)$

감가상각자산에 대하여 공통매입세액의 안분계산에 따라 매입세액이 공제된 후 공통매입세액 안분기준에 따른 비율과 감가상각자산의 취득일이 속하는 과세기간(그 후의 과세기간에 재계산한 때는 그 재계산한 과세기간)에 적용되었던 공통매입세액 안분기준에 따른 비율이 5% 이상 차이가 나면 납부세액 또는 환급세액을 다시 계산하여 해당 과세기간의 확정신고와 함께 관할 세무서장에게 신고·납부하여야 한다.

구분	2023년 제2기	2024년 제1기	2024년 제2기
과세	78%	75%	69%
면세	22%	25%	31%

직전 과세기간 대비 5% 미만 차이이므로 계산 생략함

해커스 세무회계 기출문제집

회계사 · 세무사 · 경영지도사 단번에 합격!
해커스 경영아카데미 cpa.Hackers.com

2019년 세무회계
기출문제 & 해답

※ 답안 작성 시 유의사항
1. 답안은 문제 순서대로 작성할 것
2. 계산문제는 계산근거를 반드시 제시할 것
3. 답안은 아라비아 숫자로 원단위까지 작성할 것
   (예 2,000,000 − 1,000,000 = 1,000,000원)
4. 별도의 언급이 없는 한 관련 자료·증빙의 제출 및 신고·납부절차는 적법하게 이행된 것으로 가정할 것

문제 1 (15점)

[물음 1] 다음은 과세사업을 영위하고 있는 ㈜한국의 2024년 제1기 부가가치세 관련 자료이다. 단, 별도의 언급이 없는 한 제시된 금액은 부가가치세가 포함되지 않은 금액이며, 세금계산서는 적법하게 발급된 것으로 가정한다.

〈자료〉
1. ㈜한국은 상품 A(개당 장부가액: 800,000원, 개당 시가: 1,000,000원)를 다음과 같이 판매 또는 제공하였다. 단, 판매 또는 제공된 상품은 모두 매입 시 매입세액공제를 받았다.
   ① 2024년 4월 15일 상품 A 1개를 자기적립마일리지로만 전부 결제를 받고 판매
   ② 2024년 5월 15일 상품 A 1개를 창립기념 사내체육대회에서 추첨을 통해 당첨된 직원에게 경품으로 지급
   ③ 2024년 6월 15일 상품 A 1개를 특수관계인이 아닌 갑에게 500,000원에 판매
2. ㈜한국은 2024년 4월 20일 창고에 보관 중인 제품 B에 대한 창고증권(임치물의 반환이 수반됨)을 10,000,000원에 양도하였다.
3. ㈜한국은 2024년 6월 20일(인도일) 내국신용장(개설일: 2024년 7월 20일)에 의하여 수출업자 ㈜태백에게 제품 C 10개를 20,000,000원에 공급하였다. 다만, ㈜태백이 해당 재화를 수출용도로 사용하였는지 여부는 확인되지 않는다.
4. ㈜한국은 2024년 5월 10일에 제품 D를 수출하기 위하여 선적하였으며, 수출대금 $10,000 중 $5,000는 2024년 5월 1일에 수령하여 5월 8일에 원화로 환가하였고, 나머지 $5,000는 5월 20일에 수령하여 5월 25일에 원화로 환가하였다. 각 시점별 기준환율은 다음과 같으며, 각 시점의 기준환율로 실제 환가한 것으로 가정한다.

5. 1.	5. 8.	5. 10.	5. 20.	5. 25.
1,000원	1,100원	1,200원	1,150원	1,000원

5. ㈜한국은 다음과 같이 대금을 회수하는 조건으로 잔금 수령과 동시에 기계장치를 인도하는 계약을 체결하였으며, 회수약정일에 대금을 모두 회수하였다. 그러나 매수자와 협의하여 기계장치를 2024년 6월 30일에 조기인도하였다.

① 계약금(2023년 12월 1일 회수약정): 10,000,000원

② 중도금(2024년 4월 1일 회수약정): 15,000,000원

③ 잔금(2024년 8월 1일 회수약정): 20,000,000원

6. ㈜한국은 2023년 1월 5일 40,000,000원에 취득한 차량운반구(매입 시 매입세액공제를 받음)를 2024년 6월 30일에 거래처에 무상으로 제공하였다. 제공할 당시 차량운반구의 장부가액은 10,000,000원(시가: 15,000,000원)이다.

7. ㈜한국의 대손채권 관련 자료는 다음과 같다. 단, 채권금액은 부가가치세가 포함된 금액이다.

구분	채권금액	공급일	대손사유
외상매출금 A	2,200,000원	2013. 11. 20.	2024. 1. 10. 소멸시효완성
외상매출금 B	3,300,000원	2022. 12. 15.	2024. 5. 16. 채무자파산[1]
받을어음	8,800,000원	2021. 10. 16.	2024. 4. 10. 부도발생

*1 채무자의 파산으로 회수할 수 없는 채권임

〈요구사항〉

㈜한국이 2024년 제1기 부가가치세 확정신고 시 신고해야 할 과세표준과 매출세액을 다음의 답안 양식에 따라 제시하시오.

(답안 양식)

자료번호	과세표준	세율	매출세액
1			
...			
7			

[물음 2] 다음은 과세사업과 면세사업을 겸영하고 있는 ㈜대한의 부가가치세 관련 자료이다. 단, 별도의 언급이 없는 한 제시된 금액은 부가가치세가 포함되지 않은 금액이며, 세금계산서 및 계산서는 적법하게 수취된 것으로 가정한다.

〈자료〉

1. 2024년 제2기 과세기간 공급가액은 다음과 같다.

구분	7. 1. ~ 9. 30.	10. 1. ~ 12. 31.	합계
과세사업	6억원	7억원	13억원
면세사업	4억원	3억원	7억원

2. 각 과세기간별 과세공급가액과 면세공급가액비율은 다음과 같다.

과세기간	과세공급가액	면세공급가액
2023년 제2기	72%	28%
2024년 제1기	69%	31%

3. 2024년 제2기 과세기간의 세금계산서상 매입세액내역은 다음과 같다.

(단위: 원)

구분	7. 1. ~ 9. 30.	10. 1. ~ 12. 31.	합계
과세사업	25,000,000[*1]	25,000,000	50,000,000
면세사업	15,000,000	–	15,000,000
공통매입	5,000,000	9,000,000[*2]	14,000,000
합계	45,000,000	34,000,000	79,000,000

*1 기업업무추진비 지출 관련 매입세액 1,000,000원 포함

*2 과세사업과 면세사업에 함께 사용하다가 2024년 10월 5일에 매각한 기계장치(매각대금: 30,000,000원)의 매입세액 4,000,000원을 포함. 상기 자료의 과세기간별 공급가액에는 기계장치 매각대금이 포함되어 있지 않음

4. ㈜대한은 면세사업에만 사용하던 차량(트럭)을 2024년 7월 20일부터 과세사업과 면세사업에 함께 사용하기 시작하였다. ㈜대한은 동 차량을 2023년 9월 20일 40,000,000원에 취득하였다.

5. ㈜대한은 2023년 제2기에 공급자가 대손세액공제를 받음에 따라 대손처분받은 세액 700,000원을 매입세액에서 차감한 바 있다. ㈜대한은 2024년 12월 20일에 대손처분받은 세액 700,000원을 포함한 매입채무 7,700,000원을 모두 변제하였다.

〈요구사항 1〉

㈜대한의 2024년 제2기 부가가치세 예정신고 시 매입세액공제액을 다음의 답안 양식에 따라 제시하시오.

(답안 양식)

(1) 세금계산서 수취분 매입세액	
(2) 그 밖의 공제매입세액	
(3) 공제받지 못할 매입세액	
차가감 계: (1) + (2) − (3)	

〈요구사항 2〉

㈜대한의 2024년 제2기 부가가치세 확정신고 시 매입세액공제액을 다음의 답안 양식에 따라 제시하시오.

(답안 양식)

(1) 세금계산서 수취분 매입세액	
(2) 그 밖의 공제매입세액	
(3) 공제받지 못할 매입세액	
차가감 계: (1) + (2) − (3)	

문제 2 (5점)

다음은 숙박업과 음식점업(과세유흥장소가 아님)을 겸영하는 간이과세자 갑(간편장부대상자)의 2024년 과세기간(2024년 1월 1일 ~ 2024년 12월 31일) 자료이다. 단, 별도의 언급이 없는 한 세금계산서 및 계산서는 적법하게 수취된 것으로 가정한다.

〈자료〉
1. 연도별 공급대가는 다음과 같으며, 전액 신용카드매출전표를 발행하였다.

구분	숙박업	음식점업
2023년	22,500,000원	27,500,000원
2024년	30,000,000원	20,000,000원

2. 숙박업과 음식점업에 공통으로 사용하던 비품을 공급대가 3,000,000원에 매각하였다.
3. 2024년 매입내역은 다음과 같다.

구분	세금계산서 수취분	기타분
숙박업 매입액	5,500,000원[*1]	–
음식점업 매입액	3,300,000원[*2]	1,090,000원[*3]
공통매입액	1,100,000원[*4]	–

[*1] 부가가치세를 포함한 금액이며, 이 중 1,100,000원은 기업업무추진비로 지출한 것임
[*2] 부가가치세를 포함한 금액임
[*3] 농민으로부터 면세농산물을 직접 매입하여 계산서 또는 신용카드매출전표를 수취하지 못한 금액임
[*4] 숙박업과 음식점업에 공통으로 사용하는 비품 매입액(귀속이 불명확함)으로 부가가치세를 포함한 금액임

4. 업종별 부가가치율은 다음과 같다.

숙박업	음식점업
20%	10%

[물음 1] 간이과세자 갑의 2024년 부가가치세 납부세액을 다음의 답안 양식에 따라 제시하시오.

(답안 양식)

납부세액	

[물음 2] 간이과세자 갑의 2024년 부가가치세 공제세액을 다음의 답안 양식에 따라 제시하시오. 단, 납부세액 초과 여부는 고려하지 아니한다.

(답안 양식)

구분	공제세액
세금계산서 등 수취세액공제	
의제매입세액공제	
신용카드매출전표 등 발행세액공제	

문제 3 (10점)

다음은 내국법인인 A법인~D법인의 법인세 신고 관련 자료이다. 4개 법인의 사업연도는 모두 제24기 사업연도(2024년 1월 1일 ~ 2024년 12월 31일)로 동일하다.

〈자료〉

1. 사회적 기업인 A법인의 제24기 차가감소득금액은 1억원이다. 제24기에 지출한 기부금내역은 다음과 같으며, 제23기 특례기부금 한도초과액 10,000,000원이 있다(세무상 공제 가능한 이월결손금 없음).
   ① 이재민 구호금품(특례기부금): 20,000,000원
   ② 어음지급 일반기부금(어음만기일: 2025년 2월 10일): 5,000,000원
   ③ 사회복지법인 일반기부금(현금): 30,000,000원

2. 제조업을 영위하는 B법인은 2023년 6월 1일에 국고보조금 20,000,000원을 수령하고, 2023년 7월 1일에 기계장치를 50,000,000원에 취득하여 사업에 사용하기 시작하였다. 회사는 국고보조금을 기계장치에서 차감하는 형식으로 표시하고 있으며, 국고보조금을 감가상각비와 상계처리하고 있다.
   ① 회사는 기계장치에 대하여 정액법(「법인세법」상 신고한 상각방법)을 적용하여 5년(신고내용연수) 동안 상각하고 있다(잔존가액 없음).
   ② 제23기에 세법 규정에 따라 일시상각충당금을 설정하였으며, 제23기와 제24기에 기계장치에 대한 상각부인액 또는 시인부족액은 없다.

3. 건설업을 영위하는 C법인은 2024년 7월 1일 특례기부금 해당 단체에 건물(취득가액: 200,000,000원, 감가상각누계액: 140,000,000원, 시가: 100,000,000원)을 기부하고 이후 20년간 사용수익하기로 하였다.
   ① 사용수익에 대한 회계처리는 다음과 같다.

(차) 사용수익기부자산	100,000,000	(대) 건물	200,000,000
감가상각누계액	140,000,000	유형자산처분이익	40,000,000

   ② 제24기 사용수익기부자산에 대한 결산서상 감가상각비 계상액은 2,500,000원이다.

4. 제조업을 영위하는 D법인은 2024년 4월 20일에 외국자회사(배당기준일 현재 1년간 의결권 있는 발행주식 총수의 50%를 보유함)인 E법인으로부터 현금배당금 18,000,000원(E법인 소재지국 원천징수세액 2,000,000원을 제외한 금액임)을 수령하였다.
   ① E법인의 각사업연도소득금액은 50,000,000원이며, 소재지국에서 납부한 법인세액은 10,000,000원이다.
   ② 현금배당에 대한 원천징수세액은 세금과공과(비용)로 회계처리하였으며, 회사는 외국납부 세액공제를 적용하고자 한다.

〈요구사항〉

각 법인의 제24기 세무조정 및 소득처분을 다음의 답안 양식에 따라 제시하시오. 단, 세부담 최소화를 가정한다. (단, 기부금 한도초과액도 아래 답안 양식에 기재한다)

(답안 양식)

구분	익금산입 및 손금불산입			손금산입 및 익금불산입		
	과목	금액	소득처분	과목	금액	소득처분
A법인						
B법인						
C법인						
D법인						

해커스 세무회계 기출문제집

2019년

문제 4 (30점)

[물음 1] 다음은 ㈜퇴직의 제24기 사업연도(2024년 1월 1일 ~ 2024년 12월 31일) 법인세 신고 관련 자료이다.

〈자료〉

1. 제24기 확정급여형 퇴직연금과 관련된 퇴직연금운용자산의 변동내역은 다음과 같다. 당기 지급액은 현실적으로 퇴직한 임직원에게 지급된 금액이다.

전기 이월	800,000,000원	당기 지급	160,000,000원
당기 예치	450,000,000원	기말잔액	1,090,000,000원

2. ㈜퇴직의 보험수리적기준 퇴직급여추계액은 960,000,000원이며, 일시퇴직기준 퇴직급여추계액은 880,000,000원이다.

3. ㈜퇴직은 제24기 말 현재 퇴직급여충당금과 퇴직금전환금이 없다.

4. ㈜퇴직은 결산조정에 의하여 퇴직연금충당금을 설정하고 있으며, 퇴직연금충당금의 제24기 변동내역은 다음과 같다.

당기 감소	160,000,000원	기초잔액	800,000,000원
기말잔액	1,090,000,000원	당기 증가	450,000,000원

5. 전기 말 현재 퇴직연금충당금에 대한 손금불산입 유보잔액은 100,000,000원이다.

〈요구사항 1〉

㈜퇴직의 제24기 세무조정 및 소득처분을 다음의 답안 양식에 따라 제시하시오.

(답안 양식)

익금산입 및 손금불산입			손금산입 및 익금불산입		
과목	금액	소득처분	과목	금액	소득처분

〈요구사항 2〉

㈜퇴직이 퇴직연금충당금을 신고조정한다고 가정할 경우 ㈜퇴직의 제24기 세무조정 및 소득처분을 다음의 답안 양식에 따라 제시하시오. 단, 전기까지 신고조정에 의해 손금산입된 퇴직연금충당금은 800,000,000원이다(자료상의 4번 사항과 5번 사항은 무시한다).

(답안 양식)

익금산입 및 손금불산입			손금산입 및 익금불산입		
과목	금액	소득처분	과목	금액	소득처분

〈요구사항 3〉

〈요구사항 2〉에 따라 퇴직연금충당금을 신고조정하는 경우 ㈜퇴직의 제24기 자본금과 적립금 조정명세서(을)를 다음의 답안 양식에 따라 제시하시오.

(답안 양식)

과목	기초	당기 중 증감		기말
		감소	증가	

[물음 2] 다음은 제조업을 영위하는 ㈜투자(지주회사 아님)의 제24기 사업연도(2024년 1월 1일 ~ 2024년 12월 31일) 법인세 신고 관련 자료이다. 단, 전기까지의 세무조정은 적법하게 이루어진 것으로 가정한다.

〈자료〉

1. 보유주식 ㈜A
   ① 2019년 5월 1일에 ㈜투자는 비상장법인 ㈜A의 주식 1,800주(주당 액면가액: 5,000원)를 주당 10,000원에 취득하였다. ㈜A에 대한 지분율은 10%이다.
   ② ㈜투자는 2023년에 ㈜A의 잉여금 자본전입으로 인한 무상주 500주를 수령하였으며, 그 내역은 다음과 같다.

자본전입결의일	무상주식수	무상주 재원
2023. 7. 1.	300주	건물의 재평가적립금(재평가세율: 3%)
2023. 9. 1.	200주	자기주식처분이익

   ③ ㈜A가 유상감자를 실시함에 따라 ㈜투자는 보유주식 중 400주를 반환하고, 감자대가로 주당 21,000원의 현금을 2024년 3월 15일(자본감소결의일: 2024년 3월 2일)에 수령하였다. 이에 대한 ㈜투자의 회계처리는 다음과 같다. ㈜A의 주식취득 이후 해당 주식에 대한 공정가치평가는 없었다.

   (차) 현금　　　　　　　8,400,000　　(대) 금융자산　　　　　　8,400,000

2. 보유주식 ㈜B
   ① 2023년 2월 1일에 ㈜투자는 비상장법인 ㈜B의 주식 20,000주를 취득하였다. ㈜B에 대한 지분율은 10%이다.
   ② 2024년 7월 1일에 ㈜투자는 잉여금 자본전입으로 인한 무상주 10,000주를 수령하였다. 잉여금 자본전입결의일은 2024년 6월 1일이다.
   ③ 자본전입결의일 현재 ㈜B의 발행주식 총수는 200,000주(주당 액면가액: 5,000원)이며, 자기주식수는 40,000주이다.
   ④ ㈜B의 주주 중에 ㈜투자와 특수관계인은 없다. 무상증자 시 자기주식에 배정할 무상주는 ㈜투자를 포함한 다른 주주들에게 지분비율에 따라 배정하였다.

⑤ ㈜B의 무상주 재원은 다음과 같다.

구분	금액
주식발행초과금	40,000,000원
자기주식소각이익(소각일: 2023. 6. 5.)	20,000,000원
자기주식처분이익	60,000,000원
이익잉여금	280,000,000원
합계	400,000,000원

⑥ ㈜투자는 무상주 수령에 대해 회계처리를 하지 않았다.

3. ㈜투자는 무차입경영을 하고 있다.

〈요구사항 1〉

㈜투자의 제24기 「법인세법」상 의제배당액을 피출자법인별로 다음의 답안 양식에 따라 제시하시오.

(답안 양식)

피출자법인	의제배당액
㈜A	
㈜B	

〈요구사항 2〉

㈜투자의 제24기 세무조정 및 소득처분을 다음의 답안 양식에 따라 제시하시오.

(답안 양식)

익금산입 및 손금불산입			손금산입 및 익금불산입		
과목	금액	소득처분	과목	금액	소득처분

[물음 3] 다음은 제조업을 영위하는 ㈜제조(지주회사 아님)의 제24기 사업연도(2024년 1월 1일 ~ 2024년 12월 31일) 법인세 신고 관련 자료이다. 단, 전기까지의 세무조정은 적법하게 이루어진 것으로 가정한다.

〈자료〉

1. 이자수익

㈜제조는 2023년 1월 2일 국내은행에 2년 만기 정기예금을 가입하였다. 동 이자는 매년 1월 2일에 지급된다. 이자수익과 관련된 ㈜제조의 회계처리는 다음과 같다.

〈제23기〉

| 2023. 12. 31. | (차) 미수이자 | 7,000,000 | (대) 이자수익 | 7,000,000 |

〈제24기〉

2024. 1. 2.	(차) 현금	6,020,000	(대) 미수이자	7,000,000
	선급법인세	980,000		
	(원천징수세액)			
2024. 12. 31.	(차) 미수이자	6,000,000	(대) 이자수익	6,000,000

2. 배당금수익

① ㈜제조는 2022년 1월 27일에 상장법인 ㈜생산의 주식 10%를 취득하였다.

② ㈜제조는 ㈜생산으로부터 현금배당금 3,000,000원과 주식배당 200주(주당 액면가액: 5,000원, 주당 발행가액: 9,000원)를 수령하였다. 동 배당의 배당기준일은 2024년 12월 1일, 배당결의일은 2024년 12월 23일, 배당지급일은 2025년 1월 2일이다.

③ ㈜제조는 현금배당에 대해 제24기에 다음과 같이 회계처리하였으나, 주식배당에 대해서는 회계처리를 하지 않았다.

| (차) 미수배당금 | 3,000,000 | (대) 배당금수익 | 3,000,000 |

3. ㈜제조는 제24기에 차입금과 지급이자가 없다.

〈요구사항 1〉

㈜제조의 제24기 이자수익과 관련된 세무조정 및 소득처분을 다음의 답안 양식에 따라 제시하시오.

(답안 양식)

익금산입 및 손금불산입			손금산입 및 익금불산입		
과목	금액	소득처분	과목	금액	소득처분

〈요구사항 2〉

㈜제조의 제24기 배당금수익과 관련된 세무조정 및 소득처분을 다음의 답안 양식에 따라 제시하시오.

(답안 양식)

익금산입 및 손금불산입			손금산입 및 익금불산입		
과목	금액	소득처분	과목	금액	소득처분

[물음 4] 다음은 제조업을 영위하는 ㈜주행의 제24기 사업연도(2024년 1월 1일 ~ 2024년 12월 31일) 법인세 신고 관련 자료이다.

〈자료〉

1. ㈜주행은 2024년 1월 1일에 임직원 사용 목적의 업무용 승용차 1대를 50,000,000원(취득세 등 부대비용 포함)에 취득하여 업무에 사용하고 있다.

2. 동 업무용 승용차는 임직원이 직접 운전하는 경우 보상하는 업무전용 자동차보험에 2024년 1월 1일 가입되었다.

3. 제24기 사업연도에 발생한 업무용 승용차 관련비용은 다음과 같으며 기업회계기준에 따라 손익계산서에 계상되었다.

항목	금액
감가상각비	8,000,000원
유류비	3,500,000원
보험료	800,000원
자동차세	1,000,000원
그 밖의 유지비용	700,000원
합계	14,000,000원

4. 회사가 작성한 운행기록부상의 총주행거리와 업무상 주행거리는 다음과 같다.

구분	주행거리
총주행거리	20,000km
업무상 주행거리	19,000km

〈요구사항 1〉

㈜주행의 제24기 세무조정 및 소득처분을 다음의 답안 양식에 따라 제시하시오.

(답안 양식)

익금산입 및 손금불산입			손금산입 및 익금불산입		
과목	금액	소득처분	과목	금액	소득처분

〈요구사항 2〉

㈜주행이 운행기록을 작성·비치하지 않았다고 가정할 경우 ㈜주행의 제24기 세무조정 및 소득처분을 다음의 답안 양식에 따라 제시하시오.

(답안 양식)

익금산입 및 손금불산입			손금산입 및 익금불산입		
과목	금액	소득처분	과목	금액	소득처분

[물음 5] 다음은 제조업을 영위하는 ㈜접대(중소기업 아님)의 제24기 사업연도(2024년 1월 1일 ~ 2024년 12월 31일) 법인세 신고 관련 자료이다. 〈자료 1〉과 〈자료 2〉는 각각 독립적 상황이다.

〈자료 1〉

1. 손익계산서상 매출액은 10,780,000,000원(특수관계인 매출 없음)이며, 관련 세부내역은 다음과 같다.
   ① 2024년 12월 31일에 제품 A를 인도하였으나, 당기 매출로 계상하지 않아 익금산입한 금액 15,000,000원이 있다.
   ② 매출할인 20,000,000원 및 매출환입 10,000,000원을 영업외비용으로 회계처리하였다.
   ③ 2024년 12월 28일에 대금을 선수령(인도일: 2025년 2월 3일)하고 전자세금계산서를 발행한 공급가액 30,000,000원이 매출액에 포함되어 있다.

2. 손익계산서상 판매비와 관리비에 계상된 기업업무추진비는 49,700,000원이며 이에 대한 내역은 다음과 같다.

구분	건당 3만원 이하	건당 3만원 초과	합계
신용카드매출전표 수취건	–	42,000,000원	42,000,000원
영수증 수취건	700,000원	2,500,000원	3,200,000원
현물기업업무추진비	–	4,500,000원	4,500,000원
합계	700,000원	49,000,000원	49,700,000원

위의 기업업무추진비 중 현물기업업무추진비는 업무상 접대 목적으로 ㈜접대의 제품(원가: 4,000,000원, 시가: 5,000,000원)을 제공한 것으로 회사는 다음과 같이 회계처리하였다.

(차) 기업업무추진비   4,500,000   (대) 제품   4,000,000
                                    부가세예수금   500,000

3. ㈜접대는 기업업무추진비와 관련하여 매입세액불공제된 금액 5,000,000원을 세금과공과(비용)로 회계처리하였다. 동 비용은 신용카드를 사용하여 지출되었다.

4. 문화기업업무추진비 및 전통시장에서 지출된 금액은 없다.

5. 기업업무추진비 한도액 계산 시 수입금액에 대한 비율은 다음과 같다.

수입금액	적용률
100억원 이하	3/1,000
100억원 초과 500억원 이하	2/1,000

〈요구사항 1〉

〈자료 1〉을 이용하여 ㈜접대의 제24기 적격증명서류 미수취 손금불산입 기업업무추진비, 시부인대상 기업업무추진비 및 기업업무추진비 한도액을 다음의 답안 양식에 따라 제시하시오.

(답안 양식)

적격증명서류 미수취 손금불산입 기업업무추진비	
시부인대상 기업업무추진비	
기업업무추진비 한도액	

〈자료 2〉
1. 시부인대상 기업업무추진비는 39,000,000원이고, 기업업무추진비 한도액은 12,000,000원이다.
2. 기업업무추진비는 다음과 같이 계상되었다.
   ① 판매비와 관리비: 21,000,000원
   ② 건물: 18,000,000원
3. 기업업무추진비를 포함한 건물(2024년 취득)의 취득가액은 300,000,000원이며, 제24기에 감가상각비로 20,000,000원(「법인세법」상 감가상각 손금한도 내 금액임)을 계상하였다.

〈요구사항 2〉

〈자료 2〉를 이용하여 ㈜접대의 제24기 사업연도 기업업무추진비와 건물 감가상각비 관련 세무조정 및 소득처분을 다음의 답안 양식에 따라 제시하시오.

(답안 양식)

익금산입 및 손금불산입			손금산입 및 익금불산입		
과목	금액	소득처분	과목	금액	소득처분

문제 5 (24점)

다음은 거주자 갑, 을, 병의 2024년 귀속 종합소득 신고를 위한 자료이다. 단, 제시된 금액은 원천징수하기 전의 금액이며, 별도의 언급이 없는 한 원천징수는 모두 적법하게 이루어졌다고 가정한다.

[물음 1] 제조업을 영위하는 거주자 갑의 2024년 금융소득과 관련된 내역이 〈자료 1〉과 같을 때 아래 요구사항에 답하시오.

〈자료 1〉

1. 비실명금융자산에서 발생한 이자: 3,000,000원(금융회사를 통하여 지급되었음)
2. 「상호저축은행법」에 따른 신용부금으로 인한 이익: 10,000,000원
3. 「민사집행법」에 따라 법원에 납부한 보증금에서 발생한 이자: 1,200,000원
4. 외상매출금의 지급기일 연장이자: 7,000,000원(소비대차로 전환된 외상매출금에서 발생한 이자 4,000,000원 포함)
5. 「국세기본법」에 의해 법인으로 보는 단체로부터 받은 현금배당: 5,000,000원
6. 국외은행 예금이자: 7,000,000원(국내에서 원천징수되지 아니함)
7. 자기주식소각이익(소각 당시 시가가 취득가액을 초과하였음)의 자본전입으로 받은 무상주 액면금액: 2,000,000원
8. 종합소득세율(일부)

과세표준	세율
1,400만원 초과 5,000만원 이하	84만원 + 1,400만원을 초과하는 과세표준의 15%
5,000만원 초과 8,800만원 이하	624만원 + 5,000만원을 초과하는 과세표준의 24%

〈요구사항 1〉

갑의 무조건 분리과세되는 금융소득에 대한 소득세 원천징수세액을 다음의 답안 양식에 따라 제시하시오.

(답안 양식)

원천징수세액	

〈요구사항 2〉

갑의 종합과세되는 이자소득 총수입금액, 배당소득 총수입금액 및 배당가산액(Gross-up 금액)을 다음의 답안 양식에 따라 제시하시오.

(답안 양식)

이자소득 총수입금액	
배당소득 총수입금액	
배당가산액(Gross-up 금액)	

〈요구사항 3〉

갑의 종합소득산출세액을 다음의 답안 양식에 따라 제시하시오. 단, 과세표준은 50,000,000원이 며, 이자소득 총수입금액은 15,000,000원, 배당소득 총수입금액은 10,000,000원(배당소득은 전액 Gross-up 대상임)이라고 가정한다.

(답안 양식)

일반산출세액	
비교산출세액	

[물음 2] 제조업을 영위(복식부기의무자)하는 거주자 을(62세, 남성)의 연금소득 및 사업소득 내역이 〈자료 2〉와 같을 때 아래 요구사항에 답하시오.

〈자료 2〉

〈연금소득내역〉

1. 2024년 1월 1일 현재 연금계좌(2019년 1월 1일 가입) 평가액의 구성내역은 다음과 같다.

구분	금액
이연퇴직소득	10,000,000원
이연퇴직소득 외 평가액	290,000,000원
합계	300,000,000원

2. 이연퇴직소득 외 평가액에는 연금계좌 불입 시 연금세액공제를 받지 못한 금액 20,000,000 원이 포함되어 있다.
3. 이연퇴직소득에 대하여 과세이연된 퇴직소득세는 500,000원이다.
4. 을은 연금을 2024년 1월 1일부터 신청하여 5년간 수령하기 시작하였고 2024년 수령액은 65,000,000원이다(의료 목적, 천재지변이나 그 밖의 부득이한 사유로 인출한 금액은 없음).

〈사업소득내역〉

1. 손익계산서상 당기순이익: 15,000,000원
2. 손익계산서상 대표자 을의 급여: 2,000,000원
3. 차입금(2023년에 차입)에 대한 손익계산서상 이자비용의 세부내역은 다음과 같다.
   ① 채권자 불분명 사채이자: 2,000,000원(연이자율 14%)
   ② 저축은행 차입금이자: 7,300,000원(연이자율 10%)
4. 손익계산서상 기업업무추진비 지출액: 500,000원(증명서류를 분실함)
5. 손익계산서상 업무용 승용차의 처분손실: 9,500,000원
6. 재해로 인하여 발생한 재해손실: 4,000,000원(손익계산서에 미계상됨)
7. 외화매출채권에 대한 외환차손: 3,000,000원(손익계산서에 미계상됨)
8. 60일 동안 부채 합계가 사업용 자산 합계를 초과하였으며, 초과인출금 적수는 532,900,000 원이다.

〈요구사항 1〉

을의 연금계좌로부터의 연금수령한도를 다음의 답안 양식에 따라 제시하시오.

(답안 양식)

연금수령한도	

〈요구사항 2〉

을의 총연금액 및 사적연금소득 원천징수세액을 다음의 답안 양식에 따라 제시하시오. 단, 연금수령한도는 50,000,000원이라고 가정한다. (사적연금소득에 대하여 종합과세를 선택한 것으로 가정한다)

(답안 양식)

총연금액(연금계좌)	
사적연금소득 원천징수세액	

〈요구사항 3〉

을의 사업소득금액을 다음의 답안 양식에 따라 제시하시오. 단, 세부담 최소화를 가정한다. 1년은 365일로 가정한다.

(답안 양식)

손익계산서상 당기순이익	
총수입금액산입 · 필요경비불산입	
총수입금액불산입 · 필요경비산입	
사업소득금액	

[물음 3] 거주자 병(43세, 여성)의 2024년 종합소득 신고와 관련된 내역이 〈자료 3〉과 같을 때 아래 요구사항에 답하시오.

〈자료 3〉

1. 종합소득금액의 내역은 다음과 같다.

구분	금액	비고
근로소득금액	16,000,000원	총급여액 25,000,000원
사업소득금액(부동산 매매업)	14,000,000원[1]	
종합소득금액	30,000,000원	

*1 미등기토지(보유기간 10년)의 양도로 인한 소득으로 양도가액 200,000,000원, 취득가액 180,000,000원, 양도비용 6,000,000원(기타 필요경비로 인정됨)임

2. 생계를 같이하는 부양가족의 현황은 다음과 같다.

구분	나이	비고
부친	67세	소득 없음
모친	71세	장애인, 2024년 3월 4일 사망
배우자	46세	퇴직소득금액 80만원, 총급여액 400만원(일용근로자 아님)
장남	20세	근로소득 연 200만원(일용근로자로서 받은 급여)
차남	18세	소득 없음

3. 교육비의 지출내역은 다음과 같다.
   ① 본인의 대학원 등록금: 8,000,000원
   ② 장남의 직업훈련을 위하여 직업훈련개발시설에 지급한 수강료: 5,000,000원
   ③ 차남에 대한 고등학교 수업료: 2,000,000원
   ④ 차남에 대한 교복비: 600,000원
   ⑤ 차남의 고등학교가 교육과정으로 실시하는 현장체험학습에 지출한 비용: 500,000원

4. 사업소득에 대해서는 복식부기 장부를 기장하고 있으며, 「소득세법」에 따라 장부 및 증명서류를 보관하고 있다(간편장부대상자이며 신고해야 할 소득금액을 누락하지 않음).

5. 주택자금(병은 무주택세대주임) 및 보험료의 지출내역은 다음과 같다.
   ① 주택청약저축 납입액: 2,000,000원
   ② 주택임차자금의 원리금 상환액: 4,000,000원(국민주택규모의 주택임차자금임)
   ③ 「국민건강보험법」에 따라 본인이 부담하는 건강보험료 납입액: 1,000,000원
   ④ 「국민연금법」에 따라 본인이 부담하는 국민연금보험료 납입액: 4,000,000원

6. 보유기간 10년 이상 11년 미만 토지의 장기보유특별공제율은 20%이다.

7. 종합소득세율(일부)

과세표준	세율
1,400만원 초과 5,000만원 이하	84만원 + 1,400만원을 초과하는 과세표준의 15%
5,000만원 초과 8,800만원 이하	624만원 + 5,000만원을 초과하는 과세표준의 24%

〈요구사항 1〉

병의 인적공제액 및 특별소득공제액을 다음의 답안 양식에 따라 제시하시오.

(답안 양식)

인적공제액	기본공제액	
	추가공제액	
특별소득공제액		

〈요구사항 2〉

병의 일반산출세액과 비교산출세액을 다음의 답안 양식에 따라 제시하시오. 단, 종합소득공제는
3,000,000원이라고 가정한다.

(답안 양식)

일반산출세액	
비교산출세액	

〈요구사항 3〉

특별세액공제를 항목별로 신청한 병의 교육비세액공제액 및 기장세액공제액을 다음의 답안 양식에
따라 제시하시오. 단, 종합소득산출세액은 9,000,000원이라고 가정한다.

(답안 양식)

교육비세액공제액	
기장세액공제액	

거주자 갑의 토지 A에 대한 양도소득과 관련된 다음의 자료를 이용하여 아래 요구사항에 답하시오.

〈자료〉

1. 토지 A(등기된 비사업용 토지)의 취득 및 양도와 관련된 내역은 다음과 같다.

양도일	2024. 12. 12.
취득일	2012. 10. 18.
실지양도가액	200,000,000원
실지취득가액	80,000,000원
양도비용	4,000,000원

2. 갑은 토지 A를 아들 을에게 양도하였다(양도 당시 시가: 220,000,000원).

3. 토지 A의 실지양도가액은 양도 후 매 3개월마다 25,000,000원씩 수령하기로 하였다(현재가치평가금액: 180,000,000원).

4. 토지 A의 실지취득가액에는 취득세 3,000,000원(「지방세법」에 의한 감면액 600,000원을 감면하기 전 금액임)이 포함되어 있다(적격증명서류 분실).

5. 양도비용은 부동산 매매계약의 해약으로 인하여 지급한 위약금 2,000,000원, 공증비용 500,000원 및 부동산중개수수료 1,500,000원으로 구성되어 있다(적격증명서류를 보관하고 있음).

6. 토지 A는 토지투기지역으로 지정된 지역에 소재하고 있으며, 갑은 2024년에 토지 A 외에 양도한 다른 자산은 없다.

7. 보유기간 12년 이상 13년 미만 토지의 장기보유특별공제율은 24%이다.

8. 종합소득세율(일부)

과세표준	세율
8,800만원 초과 1억 5천만원 이하	1,536만원 + 8,800만원을 초과하는 과세표준의 35%

〈요구사항 1〉

갑의 토지 A 양도에 따른 양도소득금액을 다음의 답안 양식에 따라 제시하시오. 단, 세부담 최소화를 가정한다.

(답안 양식)

양도가액	
취득가액	
기타 필요경비	
장기보유특별공제	
양도소득금액	

〈요구사항 2〉

갑의 토지 A 양도에 따른 양도소득산출세액을 다음의 답안 양식에 따라 제시하시오. 단, 양도소득금액은 100,000,000원이라고 가정한다.

(답안 양식)

양도소득과세표준	
양도소득산출세액	

[물음 1] ㈜대한과 ㈜민국의 최대주주인 거주자 갑은 외아들인 거주자 을의 재산을 증대시키기 위하여 다음 자료와 같은 사항을 순차적으로 수행할 계획을 수립하였다.

〈자료〉

1. 갑은 ㈜대한과 ㈜민국의 주식 70%를 각각 보유하고 있다. ㈜대한과 ㈜민국은 모두 비상장회사이다.
2. 갑은 보유하고 있던 ㈜대한의 주식 중 80%를 을에게 액면가로 양도한다.
3. 골프장을 운영하는 ㈜민국은 직영하던 클럽하우스 내 식당 운영권을 ㈜대한에게 무상으로 제공한다.
4. 갑이 을에게 ㈜대한의 주식을 양도한 시점으로부터 3년 이내에 ㈜대한을 코스닥시장에 상장시킨다.

〈요구사항〉

을에게 발생 가능한 모든 증여세 과세문제에 대해 간략하게 기술하시오.

[물음 2] 다음은 거주자 병(45세)의 증여세 관련 자료이다.

〈자료〉

1. 병이 증여받은 내역은 다음과 같으며, 그 외 증여받은 재산은 없다.

증여자	증여일자	유형	증여재산가액
외조모	2022. 5. 1.	토지	15,000,000원
조부	2022. 7. 1.	현금	10,000,000원
부친	2023. 6. 1.	현금	15,000,000원
모친	2024. 3. 1.	현금	50,000,000원
조모	2024. 3. 1.	토지	25,000,000원

2. 증여받은 재산에 대해 당사자 간 합의에 따라 반환한 내역은 다음과 같으며, 반환하기 전에 과세표준과 세액을 결정받은 바 없다.

증여자	증여일자	유형	반환일자
외조모	2022. 5. 1.	토지	2022. 8. 2.
조부	2022. 7. 1.	현금	2022. 9. 2.

3. 상속세 및 증여세율(일부)

과세표준	세율
1억원 이하	과세표준의 10%
1억원 초과 5억원 이하	1천만원 + 1억원을 초과하는 금액의 20%

〈요구사항〉

병의 증여세 과세표준 및 증여세 산출세액을 다음의 답안 양식에 따라 제시하시오.

(답안 양식)

증여자	증여세 과세표준	증여세 산출세액
외조모		
조부		
부친		
모친		
조모		

문제 1

[물음 1]

900,000 + 500,000

자료번호	과세표준	세율	매출세액
1	1,400,000	10%	140,000
2	10,000,000	10%	1,000,000
3	20,000,000	0%	0
4	11,500,000	0%	0
5	35,000,000	10%	3,500,000
6	20,000,000	10%	2,000,000
7			(500,000)

15,000,000 + 20,000,000

1. 개인적 공급 등

   ① 사기적립마일리지로 결제한 금액은 과세표준에서 제외한다.

   ② 창립기념 사내체육대회 추첨에 의하여 당첨된 직원에게 경품을 제공하는 것은 개인적 공급에 해당하여 재화의 공급으로 본다. 직원 1명당 연간 10만원을 초과하는 재화를 제공하는 경우에는 10만원 초과분을 공급가액으로 한다. 다만, 체육대회에서 사용·소비되는 경우에는 실비변상적 재화에 해당하므로 과세하지 않으나, 경품으로 제공한 경우에는 실비변상으로 보기 어렵다.

   ③ 특수관계인이 아닌 자에게 시가보다 저가로 공급한 경우는 실제로 받은 대가를 공급가액으로 한다.

2. 창고증권

   임치물의 반환이 수반되는 경우는 재화의 공급으로 본다.

3. 내국신용장

   ① 공급시기가 속하는 과세기간이 끝난 후 25일 이내에 개설하는 신용장은 영세율을 적용하며, 공급시기는 재화를 인도하는 때이다.

   ② 내국신용장 또는 구매확인서에 의하여 정당하게 공급된 경우에는 해당 재화를 수출용도에 사용하였는지의 여부에 관계없이 영세율이 적용된다.

4. 직수출(외화로 대가를 수령한 경우)

   공급시기(선적일: 2024. 5. 10.) 전에 원화로 환가한 경우에는 그 환가한 금액, 공급시기 이후 환가한 경우에는 공급시기의 기준환율을 적용한 금액으로 한다.

$$(\$5,000 \times 1,100) + (\$5,000 \times 1,200) = 11,500,000$$

5월 8일 환가　　　공급시기 후 환가

5. 중간지급조건부

중간지급조건부로 재화를 공급하기로 하였으나 그 계약이 변경되어 중간지급조건부 계약이 성립되지 않은 경우에 해당한다. 계약 변경 전 계약금과 중도금(2024. 4. 1.)은 당초 대가를 받기로 한 날을 공급시기로 하며, 잔금은 인도일(2024. 6. 30.)을 공급시기로 한다.

6. 사업상 증여

감가상각대상 자산을 고객 또는 불특정 다수에게 사업상 증여하는 경우 간주시가를 공급가액으로 한다.

$$40,000,000 \times (1 - 25\% \times 2) = 20,000,000$$

7. 대손세액공제

대손세액공제는 과세표준에서 차감하지 아니하고 매출세액에서 차감한다.

구분	대손세액	비고
외상매출금 A	(200,000)	공급일로부터 10년이 경과하는 날이 속하는 과세기간의 확정신고기한(2024. 1. 25.)까지 대손확정됨
외상매출금 B	(300,000)	채무자의 파산은 대손사유에 해당함
받을어음	–	부도발생일로부터 6개월이 경과하지 않음
합계	(500,000)	

대손세액은 그 대손이 확정된 날이 속하는 과세기간(2024년 제1기)의 매출세액에서 뺄 수 있다. 예정신고 시에는 공제하지 못하고 확정신고 시에만 공제 가능하다.

[물음 2]

〈요구사항 1〉

(1) 세금계산서 수취분 매입세액	45,000,000	
(2) 그 밖의 공제매입세액	–	과세사업 전환 매입세액은 확정신고 시 공제
(3) 공제받지 못할 매입세액	18,000,000	$1,000,000 + 15,000,000 + 5,000,000 \times 40\%$
차가감 계: (1) + (2) − (3)	27,000,000	

1. 공제받지 못할 매입세액

  ① 기업업무추진비 관련 매입세액은 공제하지 않는다.

  ② 면세사업 등 관련 매입세액은 공제하지 않는다. (면세사업에만 제공하는 매입세액)

  ③ 공통매입세액 중 면세공급가액비율에 해당하는 부분은 매입세액을 공제하지 않는다.

2. 공급가액비율

구분	2024. 7. 1. ～ 2024. 9. 30.	2024. 7. 1. ～ 2024. 12. 31.
과세공급가액비율	6억원(60%)	13억원(65%)
면세공급가액비율	4억원(40%)	7억원(35%)

〈요구사항 2〉

(1) 세금계산서 수취분 매입세액	34,000,000	
(2) 그 밖의 공제매입세액	2,000,000	1,300,000 + 700,000
(3) 공제받지 못할 매입세액	2,740,000	1,500,000 + 1,240,000
차가감 계: (1) + (2) − (3)	33,260,000	

1. 그 밖의 공제매입세액

   ① 과세사업 전환 매입세액(차량)

   $$40,000,000 \times (1 - 25\% \times 2) \times 65\%(\text{과세공급가액비율}) \times 10\% = 1,300,000$$

   ② 대손세액 변제: 700,000

   ☑ 공급받은 자가 대손금을 변제한 경우에는 대손금액을 변제한 날이 속하는 과세기간의 매입세액에 더한다.

2. 공제받지 못할 매입세액(공통매입세액 면세사업분)

구분	금액	비고
기계장치 외(일반)	1,500,000	(5,000,000 + 5,000,000) × 35% − 5,000,000 × 40%
기계장치	1,240,000	4,000,000 × 31%

   ① 공통사용재화를 공급받은 과세기간 중에 매각하여 과세표준을 직전 과세기간비율로 안분계산한 경우 그 재화의 공통매입세액도 직전 과세기간 공급가액비율로 안분한다.

   ② 동 기계장치는 확정신고기간에 매입한 후 같은 확정신고기간에 매각하였으므로 과세표준 계산 시 공급가액의 안분비율과 공통매입세액 안분비율이 일치한다. 그런데 동 기계장치를 예정신고기간에 매입하고 확정신고기간에 매각하게 되면, 공급 전에 우선 공통매입세액을 안분하였으므로 최종 매입세액 안분비율이 변경되어야 하는 문제점이 발생하게 된다. (참고 해설)

   참고 예정신고기간에 매입하여 확정신고기간에 매각한 경우

   만일 기계장치를 예정신고기간(7. 1. ~ 9. 30.)에 매입하였다면 예정신고 때에는 예정신고기간의 공급가액비율로 일단 안분한 후에 확정신고 때 직전 과세기간의 공급가액비율로 안분하여 정산하여야 한다. 이 경우 공제받지 못할 매입세액은 다음과 같다.

   $$4,000,000 \times (31\% - 40\%) = \Delta 360,000$$

   직전 과세기간 면세공급가액비율   예정신고기간의 면세공급가액비율

   ③ 과세사업과 면세사업에 공통으로 사용하여 실지귀속을 구분할 수 없는 공통매입세액을 「부가가치세법 시행령」에 따라 안분계산함에 있어서 "총공급가액" 및 "면세공급가액"이라 함은 공통매입세액에 관련된 당해 과세기간의 총공급가액 및 면세공급가액을 말하는 것으로서 공통매입세액과 관련이 없는 고정자산의 매각에 따른 공급가액은 총공급가액 및 면세공급가액에 포함되지 않는다. (서면3팀−2433, 2004. 12. 2.)

문제 2

[물음 1] 납부세액

납부세액		848,000
구분	금액	비고
숙박업	600,000	30,000,000 × 2%
음식점업	200,000	20,000,000 × 1%
공통사용재화	48,000	3,000,000 × 16% × 10%
합계	848,000	

20% × 60% + 40% × 10%

[물음 2] 세액공제

5,500,000 − 1,100,000

구분	공제세액	비고
세금계산서 등 수취세액공제	44,000	(4,400,000 + 3,300,000 + 1,100,000) × 0.5%
의제매입세액공제	0	간이과세자는 의제매입세액공제 적용하지 않음
신용카드매출전표 등 발행세액공제	650,000	50,000,000 × 1.3%

비품은 신용카드매출전표 등을 발행했다는 언급이 없으므로 신용카드매출전표 등 발행세액공제를 적용하지 않음

문제 3

구분	익금산입 및 손금불산입			손금산입 및 익금불산입		
	과목	금액	소득처분	과목	금액	소득처분
A법인	미지급기부금	5,000,000	유보	특례기부금(전기)	10,000,000	기타
	일반기부금	6,000,000	기타사외유출			
B법인	일시상각충당금	4,000,000	유보	국고보조금	4,000,000	유보
C법인	사용수익기부자산	1,000,000	유보	사용수익기부자산	40,000,000	유보
D법인	외국납부세액(직접)	2,000,000	기타사외유출			
	외국납부세액(간접)	5,000,000	기타사외유출			

1. A법인

(1) 미지급기부금

법인이 기부금의 지출을 위하여 어음을 발행한 경우에는 그 어음이 실제로 결제된 날에 지출한 것으로 보며, 수표를 발행한 경우에는 당해 수표를 교부한 날에 지출한 것으로 본다. 따라서 2025년 결제될 어음은 당기 손금에 산입하지 아니한다.

(2) 기준소득

100,000,000 + 20,000,000(특례) + 30,000,000(일반) = 150,000,000

(3) 특례기부금

구분	지출액	한도액	전기 이월액 손금	한도초과액
전기	10,000,000	10,000,000	10,000,000	
당기	20,000,000	65,000,000		
합계	30,000,000	75,000,000	10,000,000	

한도액: $150,000,000 \times 50\% = 75,000,000$

(4) 일반기부금

구분	지출액	한도액	전기 이월액 손금	한도초과액
당기	30,000,000	24,000,000		6,000,000

한도액: $(150,000,000 - 30,000,000) \times 20\%(사회적 기업) = 24,000,000$

2. B법인

국고보조금 수령액 20,000,000원을 익금산입하고, 동시에 일시상각충당금으로 같은 금액을 익금불산입한다. 이후 감가상각비와 상계되는 국고보조금은 익금불산입하고 일시상각충당금 환입액은 익금산입한다.

제23기 일시상각충당금 환입액: $20,000,000 \times \dfrac{10,000,000}{50,000,000} = 4,000,000$

3. C법인

(1) 사용수익기부자산

금전 외의 자산을 특례기부금 단체 또는 일반기부금 단체에 기부한 후 그 자산을 사용하거나 그 자산으로부터 수익을 얻는 경우 해당 자산의 세무상 장부가액을 취득원가로 한다.

(2) 회계처리와 세무상 처리

회계처리	(차) 사용수익기부자산 감가상각누계액	100,000,000 140,000,000	(대) 건물 유형자산처분이익	200,000,000 40,000,000
세법	(차) 사용수익기부자산	60,000,000	(대) 건물	60,000,000

사용수익기부자산은 건물의 세무상 취득가액으로 취득한 것으로 보고 처분손익은 인식하지 아니한다. 그 결과 장부상 자산이 40,000,000원 과대계상되었으므로 이를 감액하기 위하여 손금산입한다.

(3) 자산의 감가상각

① 자산감액분 감가상각비(1단계)

$$2,500,000 \times \dfrac{40,000,000}{100,000,000} = 1,000,000$$

② 감가상각 시부인(2단계)

구분	금액	비고
1. 회사계상액	1,500,000	$2,500,000 - 1,000,000$
2. 상각범위액	1,500,000	$60,000,000 \times \dfrac{1}{20} \times \dfrac{6}{12}$
3. 상각부인액		

4. D법인

(1) 직접외국납부세액

원천징수세액 2,000,000원이 직접외국납부세액이며 세금과공과로 비용처리한 것은 손금불산입한다.

(2) 간접외국납부세액

외국자회사로부터 수령한 배당금의 원천인 국외자회사 소득 중 외국에서 납부한 법인세는 간접외국납부세액이다. 간접외국납부세액을 익금산입한 후 외국납부세액공제를 적용하여야 한다.

$$10,000,000 \times \frac{20,000,000}{50,000,000 - 10,000,000} = 5,000,000$$

간접외국납부세액공제액을 계산할 때 국외원천소득은 직접외국납부세액을 차감하기 전의 소득금액으로 한다.

문제 4

[물음 1]

〈요구사항 1〉

익금산입 및 손금불산입			손금산입 및 익금불산입		
과목	금액	소득처분	과목	금액	소득처분
퇴직연금충당금	30,000,000	유보			

1. 결산조정

당기 퇴직연금운용자산에서 지급한 퇴직금 160,000,000원은 당기 퇴직연금충당금과 먼저 상계하였다. 기손금된 퇴직연금충당금에서 지급하였으므로 별도의 세무조정은 없다.

(차) 퇴직연금충당금	160,000,000	(대) 퇴직연금운용자산	160,000,000

2. 퇴직연금충당금 한도액: Min[A, B] = 420,000,000

구분	추계액 기준(A)	운용자산 기준(B)
① 퇴직급여추계액(운용자산)	960,000,000	1,090,000,000
② 세무상 퇴직급여충당금 잔액		
③ 퇴직연금충당금 설정 전 잔액	(−)540,000,000	(−)540,000,000
한도액	420,000,000	550,000,000

② 세무상 퇴직급여충당금 기말잔액: 0

③ 퇴직연금충당금 설정 전 잔액: (800,000,000 − 100,000,000) − 160,000,000 = 540,000,000
          └→ 전기 말 세무상 퇴직연금충당금

3. 퇴직연금충당금 세무조정

450,000,000 − 420,000,000 = 30,000,000

4. 자본금과 적립금 조정명세서(을)

과목	기초잔액	감소	증가	기말잔액
퇴직연금충당금	100,000,000		30,000,000	130,000,000

5. 당기 말 세무상 퇴직연금충당금

1,090,000,000 − 130,000,000 = 960,000,000 → **퇴직금추계액과 일치함**

〈요구사항 2〉

익금산입 및 손금불산입			손금산입 및 익금불산입		
과목	금액	소득처분	과목	금액	소득처분
퇴직연금충당금	160,000,000	유보	퇴직연금충당금	320,000,000	유보

1. 퇴직급여 지급 시

(차) 퇴직급여	160,000,000	(대) 퇴직연금운용자산	160,000,000

퇴직연금운용자산으로 지급된 퇴직금은 퇴직연금충당금과 먼저 상계하여야 한다. 만일, 퇴직연금충당금을 설정하지 않은 경우에는 퇴직급여로 처리하여야 한다. 따라서 신고조정으로 손금산입한 퇴직연금충당금을 퇴직급여충당금과 상계한 부분은 익금산입(퇴직연금충당금)한다.

2. 퇴직연금충당금 한도액: Min[A, B] = 320,000,000

구분	추계액 기준(A)	운용자산 기준(B)
① 퇴직급여추계액(운용자산)	960,000,000	1,090,000,000
② 세무상 퇴직급여충당금 잔액		
③ 퇴직연금충당금 설정 전 잔액	(−)640,000,000	(−)640,000,000
한도액	**320,000,000**	450,000,000

② 세무상 퇴직급여충당금 기말잔액: 0
③ 퇴직연금충당금 설정 전 잔액: (800,000,000) − 160,000,000 = 640,000,000
    └→ 전기 말 세무상 퇴직연금충당금

3. 퇴직연금 세무조정

당기 퇴직연금충당금 설정액 한도인 320,000,000원만큼 신고조정으로 손금산입한다.

〈요구사항 3〉

과목	기초	당기 중 증감		기말
		감소	증가	
퇴직연금충당금	△800,000,000	△160,000,000	△320,000,000	△960,000,000

당기 말 세무상 퇴직연금충당금 잔액은 추계액과 일치한다.

[물음 2]

〈요구사항 1〉 의제배당액

피출자법인	의제배당액	비고
㈜A	7,450,000	400주 × 21,000 − (300주 × 0 + 100주 × 9,500)
㈜B	46,000,000	36,000,000 + 10,000,000

1. ㈜A주식의 취득원가

취득일	주식 수	취득단가	평균단가	비고
최초취득	1,800주	@10,000	@10,000	2019. 5. 1. 취득
무상증자(1)	300주	@0		재평가적립금(3%) 자본전입
무상증자(2)	200주	@5,000	@9,500	자기주식처분이익 자본전입
합계	2,300주			

$$\frac{1,800 \times 10,000 + 200 \times 5,000}{1,800 + 200}$$

$$20\% \times \frac{10\%}{80\%}$$

2. ㈜B 의제배당

구분	잉여금(재원)	1차 배정분(10%)	2차 배정분(2.5%)
주식발행초과금	40,000,000		1,000,000
자기주식소각이익	20,000,000	2,000,000	500,000
자기주식처분이익	60,000,000	6,000,000	1,500,000
이익준비금	280,000,000	28,000,000	7,000,000
합계	400,000,000	36,000,000	10,000,000

$$400,000,000 \times 2.5\%$$

자기주식소각이익은 소각일로부터 2년 이내 자본에 전입하였으므로 과세대상이고, 자기주식처분이익은 발생일에 관계없이 과세대상이다.

〈요구사항 2〉 세무조정

익금산입 및 손금불산입			손금산입 및 익금불산입		
과목	금액	소득처분	과목	금액	소득처분
㈜A주식	7,450,000	유보	수입배당금	13,500,000	기타
㈜B주식	46,000,000	유보			

(46,000,000 − 1,000,000) × 30%(지분율 10%) = 13,500,000

[물음 3]

〈요구사항 1, 2〉

익금산입 및 손금불산입			손금산입 및 익금불산입		
과목	금액	소득처분	과목	금액	소득처분
전기 미수이자	7,000,000	유보	당기 미수이자	6,000,000	유보
의제배당	1,800,000	유보	수입배당금	1,440,000	기타

1. 이자수익

   ① 보통예금·정기예금·적금 또는 부금의 이자는 실제로 이자를 지급받는 날이 속하는 사업연도가 귀속시기이다.

   ② 금융회사 이외의 법인은 원천징수되는 이자소득을 제외한 이자소득에 대하여 법인이 결산을 확정할 때 이미 경과한 기간에 대응하는 미수이자를 해당 사업연도의 수익으로 계상한 경우에는 그 계상한 사업연도의 익금으로 한다. 따라서 원천징수대상이 되는 이자소득에 대해서는 미수이자를 인정하지 아니한다.

2. 배당금수익

(1) 주식배당

   200주 × 9,000(발행가액) = 1,800,000

(2) 수입배당금 익금불산입

   (1,800,000 + 3,000,000) × 30% = 1,440,000

[물음 4]

〈요구사항 1〉 운행일지 작성한 경우

익금산입 및 손금불산입			손금산입 및 익금불산입		
과목	금액	소득처분	과목	금액	소득처분
업무 외 사용분	800,000	상여	감가상각비	2,000,000	유보
감가상각비	1,500,000	유보			

1. 감가상각비(정액법, 5년)

   $8,000,000 - 50,000,000 × \dfrac{1}{5} = \Delta 2,000,000$(시인부족액)

2. 업무 외 사용금액

   $\dfrac{(20,000 - 19,000)}{20,000}$

   (10,000,000 + 6,000,000) × 업무 외 사용비율(5%) = 800,000

3. 감가상각비 연간 한도

   $\dfrac{19,000}{20,000}$

   10,000,000 × 업무사용비율(95%) − 8,000,000 = 1,500,000

〈요구사항 2〉 운행일지 작성하지 않은 경우

익금산입 및 손금불산입			손금산입 및 익금불산입		
과목	금액	소득처분	과목	금액	소득처분
업무 외 사용분	1,000,000	상여	감가상각비	2,000,000	유보
감가상각비	1,375,000	유보			

1. 감가상각비(정액법, 5년)

$$8,000,000 - 50,000,000 \times \frac{1}{5} = \Delta 2,000,000 \text{(시인부족액)}$$

2. 업무 외 사용금액

$(10,000,000 + 6,000,000) - 15,000,000 = 1,000,000$

운행기록 등을 작성·비치하지 않은 경우 연간 15,000,000원까지는 업무사용금액으로 인정하고, 이를 초과하는 금액은 업무 외 사용금액으로 본다.

3. 감가상각비 연간 한도

$$10,000,000 \times \frac{15,000,000}{16,000,000} - 8,000,000 = 1,375,000$$

업무사용비율

[물음 5]

〈요구사항 1〉

		5,500,000 − 4,500,000	세금과공과 처리한 기업업무추진비
적격증명서류 미수취 손금불산입 기업업무추진비	2,500,000	3만원 초과분 중 영수증 수취분	
시부인대상 기업업무추진비	53,200,000	$49,700,000 - 2,500,000 + 1,000,000 + 5,000,000$	
기업업무추진비 한도액	43,470,000	$12,000,000 + 100억원 \times 0.3\% + 735,000,000 \times 0.2\%$	

1. 기준수입금액

구분	금액	비고
매출액	10,780,000,000	
매출누락	15,000,000	상품의 인도일이 기업회계기준상 매출액의 귀속시기이다. 회계처리 누락 세무조정 시 이를 익금산입한 경우 세무조정 후 금액이 기업회계기준상 매출액이 된다.
매출할인, 매출환입	(30,000,000)	매출차감항목
선수금	(30,000,000)	상품(부동산을 제외한다)·제품 또는 기타의 생산품의 판매는 그 상품 등을 인도한 날이 속하는 때 매출로 인식한다.
합계	10,735,000,000	

〈요구사항 2〉

익금산입 및 손금불산입			손금산입 및 익금불산입		
과목	금액	소득처분	과목	금액	소득처분
기업업무추진비 한도초과	27,000,000	기타사외유출	건물 (기업업무추진비)	6,000,000	유보
건물 (기업업무추진비)	400,000	유보			

1. 기업업무추진비 한도초과액 관련 세무조정

구분	기업업무추진비 해당액	한도초과액	자산조정
판매비와 관리비	21,000,000	21,000,000	
건설중인자산			
건물	18,000,000	6,000,000	△6,000,000
합계	39,000,000	27,000,000	

2. 자산감액분 조정

$$6,000,000 \times \frac{20,000,000}{300,000,000} = 400,000(손금불산입)$$

「법인세법」상 손금한도 내에서 손금에 산입하였으므로 시부인 계산은 생략한다.

문제 5

[물음 1]

〈요구사항 1〉 원천징수세액

원천징수세액	2,868,000

구분	금액	비고
비실명금융자산	2,700,000	3,000,000 × 90%
법원보증금이자	168,000	1,200,000 × 14%
합계	2,868,000	

비실명이자: 분리과세대상이며 원천징수세율은 45%이다. 단, 금융실명제가 적용되는 비실명금융자산(주로 금융기관에서 발생하는 소득을 말한다)의 경우에는 90%로 원천징수한다.

〈요구사항 2〉

이자소득 총수입금액	21,000,000
배당소득 총수입금액	7,000,000
배당가산액(Gross-up 금액)	500,000

1. 금융소득의 구분

구분	이자	배당	비고
1. 비실명예금이자			무조건 분리과세
2. 상호저축 신용부금이익	10,000,000		
3. 법원보증금이자			무조건 분리과세
4. 비영업대금이익	4,000,000		3,000,000원은 사업소득
5. 법인으로 보는 단체		(G)5,000,000	
6. 국외예금이자	7,000,000		무조건 종합과세
7. 무상주		2,000,000	소각 당시 시가 > 취득가액
합계	21,000,000	7,000,000	28,000,000

2. 금전소비대차계약

거래상대방에게 지급기일을 연장하면서 외상매출금을 소비대차로 전환하고 추가로 지급받은 금액은 이자소득에 해당한다.

3. 법인으로 보는 단체로부터의 분배금

「국세기본법」에 의한 법인으로 보는 단체(예 입주자 대표회의)가 수익의 전부 또는 일부를 구성원에게 분배하는 경우 해당 분배금액은 배당소득으로 보는 것이며, 동 분배금액은 수익을 분배하는 법인으로 보는 단체의 손금에 산입되지 않는다. Gross-up 대상 배당소득에도 포함된다.

4. Gross-up 금액

Min[5,000,000, (28,000,000 − 20,000,000)] × 10% = 500,000

〈요구사항 3〉 산출세액

일반산출세액	6,040,000
비교산출세액	5,915,000

1. 종합소득과세표준

구분	금액	원천징수세율	구분	금액
이자	15,000,000	14%	금융외소득	24,500,000
배당	10,000,000	14%		
Gross-up	500,000			
금융소득금액	25,500,000		과세표준	50,000,000

$50,000,000 − 25,500,000$

$(25,000,000 − 20,000,000) × 10\%$

2. 산출세액: Max[①, ②] = 6,040,000

① 일반산출세액

$(50,000,000 − 20,000,000) × 기본세율 + 20,000,000 × 14\% = 6,040,000$

② 비교산출세액

$(50,000,000 − 25,500,000) × 기본세율 + 25,000,000 × 14\% = 5,915,000$

↳ 금융외소득: 24,500,000   ↳ 금융소득

[물음 2]

〈요구사항 1〉

연금수령한도	36,000,000

$$\frac{300,000,000}{11 − 1} × 120\% = 36,000,000$$

연금을 2024년 1월 1일부터 신청하여 수령하기로 하였으므로 기산연차는 1로 하였다. 이연퇴직소득이 있는 경우에는 가입기간요건(가입일로부터 5년이 경과한 후 인출)을 적용하지 않으므로 연금수령 개시신청과 관계없이 연령요건(55세)만 충족되는 시기를 기산연차로 볼 수도 있다. (이렇게 되면 '11−8'을 적용) 그러나 소액의 이연퇴직소득이 연금계좌에 있을 때 연금수령한도가 급증하는 것을 이해하기 어렵다. 이 문제에서 이연퇴직소득이 없다면 연금수령한도는 34,800,000원[290,000,000 ÷ (11 − 1) × 1.2]인데, 10,000,000원의 이연퇴직소득을 연금계좌에 이체할 경우 연금수령한도가 116,000,000원[290,000,000 ÷ (11 − 8) × 1.2]으로 증가하게 된다.

〈요구사항 2〉

총연금액(연금계좌)	30,000,000	분리과세 연금소득 포함
사적연금소득 원천징수세액	1,350,000	

「소득세법」상 총연금액의 정의 규정에 따르면 비과세소득의 금액은 제외한 연금형태로 인출하는 금액이다. 한편, 연금계좌는 연금저축계좌와 퇴직연금계좌를 포함한 것이다. 따라서 총연금액(연금계좌)에 분리과세대상인 연금소득도 포함하였다.

1. 소득구분

구분	연금수령액		소득구분		
	연금수령	연금외수령	연금소득(분리과세)	연금소득(조건부)	기타소득(분리과세)
① 과세 제외 금액	20,000,000				
② 이연퇴직소득	10,000,000		10,000,000		
③ 공제액·운용수익	20,000,000	15,000,000		20,000,000[1]	15,000,000[2]
합계	50,000,000	15,000,000	10,000,000	20,000,000	15,000,000

[1] 분리과세 선택 가능

[2] 무조건 분리과세(원천징수세율 15%)

2. 사적연금소득 원천징수세액

구분	원천징수세액	비고
연금소득(이연퇴직소득)	350,000	$500,000 \times \dfrac{10,000,000}{10,000,000} \times 70\%$
연금소득(조건부)	1,000,000	$20,000,000 \times 5\%$(70세 미만)
합계	1,350,000	

〈요구사항 3〉

손익계산서상 당기순이익	15,000,000
총수입금액산입·필요경비불산입	6,146,000
총수입금액불산입·필요경비산입	3,000,000
사업소득금액	18,146,000

1. 세무조정 요약

구분	가산조정	차감조정	비고
2. 대표자급여	2,000,000		대표자 본인 급여는 필요경비불산입
3. 지급이자	2,000,000		채권자 불분명 사채이자는 필요경비불산입
4. 기업업무추진비 지출액	500,000		증명서류 자체가 없는 것은 필요경비불산입
5. 업무용 승용차	1,500,000		9,500,000 − 8,000,000(한도액)
6. 재해손실			결산조정사항(손익미계상)
7. 외환차손		3,000,000	결산반영 여부에 관계없이 필요경비 인정
8. 초과인출금이자	146,000		
합계	6,146,000	3,000,000	

2. 업무용 승용차 처분손실

복식부기의무자가 업무용 승용차를 처분하여 발생하는 손실로서 업무용 승용차별로 8백만원을 초과하는 금액은 필요경비에 산입하지 않는다. 필요경비에 산입하지 않은 금액은 처분한 다음 과세기간부터 8백만원씩 균등하게 필요경비에 산입한다.

3. 외환차손

개인사업자의 경우에는 화폐성 외화자산·부채의 평가손익을 인정하지 아니하나, 외환차손익은 인정한다.

4. 초과인출금 관련 이자

$$7,300,000 \times \frac{532,900,000}{26,645,000,000^*} = 146,000$$

* 차입금 적수: 7,300,000 ÷ 10% × 365 = 26,645,000,000

[물음 3]

〈요구사항 1〉

인적공제액	기본공제액	7,500,000	1,500,000 × 5
	추가공제액	3,500,000	500,000 + 1,000,000 + 2,000,000
특별소득공제액		2,600,000	1,600,000 + 1,000,000(건강보험료)

1. 인적공제액

구분	기본공제	추가공제	비고
본인	○	500,000	부녀자공제(종합소득금액 3천만원 이하)
부친	○		
모친	○	3,000,000	경로우대자(70세 이상), 장애인
배우자			연간 소득: [400만원 × (1 − 70%)] + 80만원 = 200만원
장남	○		일용근로자(분리과세소득), 자녀세액공제(8세 이상)
차남	○		자녀세액공제(8세 이상)
합계	7,500,000	3,500,000	

2. 주택자금공제 한도(청약저축 납입액 포함)

구분	금액	비고
① 청약저축 납입액	800,000	Min[2,000,000, 3,000,000] × 40%
② 임차자금 원리금 상환액	1,600,000	4,000,000 × 40%
합계	2,400,000	Min[① + ②, 4,000,000]

출제자가 「조세특례제한법」상 청약저축 납입액을 제외하고 임차자금 원리금 상환액만을 특별소득공제에 포함하라고 하였는지는 의문이기는 하지만, 특별소득공제액에서 청약저축 납입액 소득공제(「조세특례제한법」)를 제외하였다.

〈요구사항 2〉

일반산출세액	2,790,000	$(30,000,000 - 3,000,000) \times t$
비교산출세액	10,580,000	$(16,000,000 - 3,000,000) \times t + 14,000,000 \times 70\%$

부동산 매매업자로서 종합소득금액에 주택(비사업용 토지, 미등기 부동산) 등 매매차익이 있는 자는 ① 주택 등 매매차익을 포함하여 산출한 종합소득과세표준에 종합소득세율을 적용하여 계산한 종합소득산출세액과 ② 주택 등 매매차익에 대하여는 양도소득세율을, 그 외의 종합소득금액에 대하여는 종합소득세율을 적용한 산출세액의 합계액 중 큰 금액을 종합소득산출세액으로 한다.

〈요구사항 3〉

교육비세액공제액	1,620,000	$10,800,000 \times 15\%$
기장세액공제액	840,000	$4,200,000 \times 20\%$

1. 교육비세액공제액(인원별 공제)

구분	금액	비고
본인	8,000,000	본인에 한하여 대학원 등록금도 포함
장남		직업능력개발훈련을 위하여 지급한 수강료는 본인만 가능
차남	2,800,000	교복비는 1인당 50만원 한도, 현장체험학습비는 1인당 30만원 한도
합계	10,800,000	

다음의 교육비 지출액은 거주자 본인을 위하여 지출한 교육비에 한하여 공제대상으로 한다.

> ① 대학원 학비
> ②「근로자직업능력 개발법」에 따른 직업능력개발훈련시설에서 실시하는 직업능력개발훈련을 위하여 지급한 수강료. 다만, 지원금 등을 받는 경우에는 이를 뺀 금액으로 한다.
> ③ 학자금 대출의 원리금 상환에 지출한 교육비. 다만, 대출금의 상환 연체로 인하여 추가로 지급하는 금액 등 대통령령으로 정하는 지급액은 제외한다.

2. 기장세액공제액

$$9,000,000 \times \frac{14,000,000}{30,000,000} \times 20\% = 840,000(한도: 1,000,000)$$

간편장부대상자가 복식부기로 기장한 경우에는 기장세액공제를 적용한다. 다만, 연간 100만원을 한도로 공제한다.

3. 세액공제한도

보험료, 의료비, 교육비, 월세 세액공제는 근로소득이 있는 거주자를 대상으로 하므로 산출세액에서 근로소득금액 비율을 한도로 세액공제 가능하다.

$$한도 = 산출세액 \times \frac{근로소득금액}{종합소득금액}$$

$$= 9,000,000 \times \frac{16,000,000}{30,000,000}$$

$$= 4,800,000$$

문제 6

〈요구사항 1〉

양도가액	220,000,000	부당행위계산부인 규정 적용됨(현저한 이익 5% 차이에 해당)
취득가액	79,400,000	$(77,000,000 + 3,000,000) - 600,000$
기타 필요경비	2,000,000	$500,000 + 1,500,000$
장기보유특별공제	33,264,000	$(220,000,000 - 79,400,000 - 2,000,000) \times 24\%$
양도소득금액	105,336,000	

1. 양도가액
(1) 부당행위계산부인

> 시가 − 양도가액$(220,000,000 - 200,000,000) \geq$ 시가의 5%$(220,000,000 \times 5\%)$

(2) 현재가치평가

양도가액과 취득가액은 원칙적으로 명목가액으로 한다. 다만, 취득 시 계상한 현재가치할인차금을 사업소득 계산 시 필요경비로 처리한 경우에는 이를 취득원가에서 차감한다.

2. 취득가액

취득세는 납부영수증이 없는 경우에도 양도소득금액 계산 시 필요경비로 공제한다. 다만, 「지방세법」 등에 의하여 취득세가 감면된 경우의 당해 세액은 공제하지 아니한다.

3. 양도비용
① 부동산 매매계약의 해약으로 인하여 지급하는 위약금 등은 해당 자산의 양도거래와 직접 관련 없이 발생한 비용이므로 필요경비에 해당되지 아니한다.
② 자산을 양도하기 위하여 직접 지출한 비용으로서 다음의 비용은 양도비용으로 인정한다.

> ㉠ 「증권거래세법」에 따라 납부한 증권거래세
> ㉡ 양도소득세 과세표준신고서 작성비용 및 계약서 작성비용
> ㉢ 공증비용, 인지대 및 소개비
> ㉣ 매매계약에 따른 인도의무를 이행하기 위하여 양도자가 지출하는 명도비용

〈요구사항 2〉

양도소득과세표준	97,500,000	$100,000,000 - 2,500,000$
양도소득산출세액	18,685,000	$15,360,000 + (97,500,000 - 88,000,000) \times 35\%$

1. 비사업용 토지의 양도세율(양도소득세 집행기준 104-0-8, 2022. 10. 28.)

구분		세율
일반적인 경우	일반지역	기본세율 + 10%
	투기지역	기본세율 + 20%
2009. 3. 16. ~ 2012. 12. 31. 기간에 취득		기본세율(부칙적용)

2. 세액 계산(가정)

만일, 기본세율의 20%를 적용한다고 가정할 때 산출세액은 다음과 같이 계산한다.

$$[15,360,000 + (97,500,000 - 88,000,000) \times 35\%] + \mathbf{97,500,000 \times 20\%} = 38,185,000$$

문제 7

[물음 1]

1. 자산의 저가양수

특수관계인 갑으로부터 주식을 저가로 양수한 경우에는 증여세가 과세될 수 있다. 시가와 거래금액의 차액이 주식 시가의 30% 또는 3억원 이상인 경우에는 시가와 거래금액 차이에서 기준금액(주식 시가의 30% 또는 3억원 중 적은 금액)을 차감한 금액을 증여재산으로 한다.

2. 사업기회의 제공

㈜대한의 지배주주인 을의 특수관계에 있는 법인 ㈜민국으로부터 사업기회를 제공받은 경우에는 사업기회로 발생한 이익을 증여받은 것으로 의제한다. 이때 사업기회는 특수관계법인이 직접 수행하거나 다른 사업자가 수행하고 있던 사업기회를 임대차계약, 입점계약 등의 방법으로 제공받는 경우를 말한다.

3. 주식 등의 상장 등에 따른 이익의 증여

최대주주 등의 특수관계인이 비상장법인의 주식 등을 증여받거나 취득한 날부터 5년 이내에 그 주식이 증권 시장에 상장됨에 따라 그 가액이 증가한 경우로서 그 주식을 증여받거나 취득한 자가 당초 증여세 과세가액 또는 취득가액을 초과하여 이익을 얻은 경우에는 그 이익에 상당하는 금액을 그 이익을 얻은 자의 증여재산가 액으로 한다.

[물음 2]

증여자	증여세 과세표준	증여세 산출세액	비고
외조모	0	0	
조부	0	0	10,000,000 − 10,000,000(증여재산공제)
부친	0	0	15,000,000 − 15,000,000(증여재산공제)
모친	33,750,000	3,375,000	
조모	16,250,000	2,112,500	16,250,000 × 10% × 130%(할증과세)

1. 외조모

당초 증여의 증여세 신고기한(2022. 8. 31.) 이내에 반환하였으므로 처음부터 증여가 없는 것으로 본다.

2. 조부

금전은 증여재산 반환에 관한 특례 규정이 적용되지 않는다.

3. 부친

직계존속(혼인 중의 배우자를 포함)으로부터 증여받은 경우의 증여재산공제는 5천만원이다. 이때 수증자를 기준으로 그 증여를 받기 전 10년 이내에 공제받은 금액과 해당 증여가액에서 공제받을 금액을 합친 금액이 증여재산공제금액을 초과하는 경우에는 공제하지 아니한다.

4. 모친과 조모

(1) 합산과세
해당 증여일 전 10년 이내에 동일인(증여자가 직계존속인 경우에는 그 직계존속의 배우자를 포함한다)으로부터 받은 증여재산가액을 합친 금액이 1천만원 이상인 경우에는 그 가액을 증여세 과세가액에 가산한다. 따라서 부친으로부터 증여받은 증여재산과 합산한다.

(2) 증여재산공제
① 2 이상의 증여가 그 증여시기를 달리하는 경우에는 2 이상의 증여 중 최초의 증여세 과세가액에서부터 순차로 공제한다.

② 2 이상의 증여가 동시에 있는 경우에는 각각의 증여세 과세가액에 대하여 안분하여 공제한다.

③ 동일인(직계존속의 경우 그 배우자를 포함)으로부터 증여받은 경우 증여재산가액은 합산(10년간 합산)하고 증여재산공제를 한도금액까지 계속하여 적용한다.

(3) 계산

구분	모친	조모	비고
증여재산가액	50,000,000	25,000,000	
증여재산가산액	15,000,000	10,000,000	모친 + 부친, 조부 + 조모
증여세 과세가액	65,000,000	35,000,000	합계: 100,000,000
증여재산공제(1)	15,000,000	10,000,000	동일인(배우자 포함) 계속 적용
증여재산공제(2)	16,250,000	8,750,000	동시증여(안분계산)
증여재산공제합계	31,250,000	18,750,000	합계: 50,000,000
과세표준	33,750,000	16,250,000	증여세 과세가액 − 증여재산공제

$$(50,000,000 - 10,000,000 - 15,000,000) \times \frac{65,000,000}{100,000,000}$$

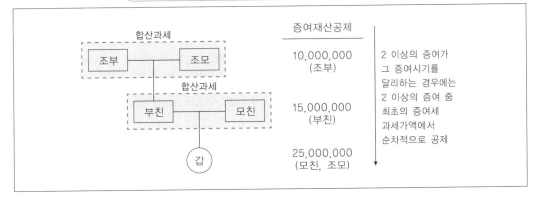

〈문제공통적용〉〈자료〉에서 다른 언급이 없는 한 조세부담 최소화를 가정하며, 금액계산의 경우 원 단위 미만에서 반올림한다. 각 문제의 물음에 대해 계산근거를 표시하여 답하시오.

문제 1

다음은 거주자 갑의 2024년도 귀속 소득에 대한 자료이다. 각 물음에 답하시오. (단, 제시된 금액은 원천징수 전의 금액이며 별도의 언급이 없는 한 원천징수는 모두 적법하게 이루어졌다고 가정한다) (30점)

1. 갑의 금융소득 관련 자료
   (1) 국내은행에 예치된 정기예금이자: 8,000,000원
   (2) 「상호저축은행법」에 따른 신용부금으로 인한 이익: 6,000,000원
   (3) 집합투자기구로부터의 이익(전액 이자수익으로 구성됨): 9,000,000원
   (4) 발행일에 매입하여 계속 보유 중인 장기채권의 이자(2012. 11. 30. 발행, 만기 12년): 4,000,000원
   (5) 출자공동사업자의 소득분배액: 12,000,000원
   (6) 외국법인으로부터 받은 현금배당(국내에서 원천징수한 금액은 없음): 5,000,000원
2. 갑의 근로소득 및 기타소득 관련 자료
   (1) 갑은 제조업을 영위하는 ㈜A(중소기업 및 벤처기업이 아님)의 기업부설연구소의 비출자임원으로 근무하고 있으며 매월 6,000,000원의 급여를 12개월간 수령하였다.
   (2) 갑은 기업부설연구소에서 연구활동을 직접 수행하여 연구보조비를 매월 500,000원씩 12개월간 수령하였다.
   (3) 갑은 「법인세법」상 연간 적정임대료가 30,000,000원인 사택을 12개월간 무상으로 제공받았다.
   (4) 갑은 임원기밀비(업무를 위하여 사용하였는지 분명치 않음)로 매월 1,000,000원을 12개월간 수령하였다.
   (5) 갑이 40,000원(1매당 가격 5,000원)에 구입한 복권 중 1매가 3등에 당첨되어 30,000,000원의 당첨금을 수령하였다.
   (6) 갑은 5년간 소유하고 있던 특허권(취득가액이 확인되지 않음)을 20,000,000원에 양도하였다.
   (7) 갑은 ㈜A가 조직한 지역사회봉사동아리 회장으로 봉사한 공적을 인정받아 지방자치단체로부터 봉사상과 부상으로 3,000,000원을 받았다.
   (8) 갑이 11년간 소유하고 있는 150년 전 제작된 골동품 1점을 양도하고 120,000,000원을 수령하였다. (골동품 소유로 실제 사용된 필요경비는 100,000,000원임)

3. 갑의 양도소득 관련 자료

갑은 본인 소유의 거주 주택 및 주식을 특수관계 없는 을과 병에게 각각 양도하였으며 이외에 다른 양도는 없었다. 양도한 주택 및 주식과 관련된 자료는 다음과 같다.

구분	주택	비상장주식
양도일	2024. 3. 5.	2024. 8. 17.
보유기간	5년 4개월	5년
양도가액(실지거래가액)	2,000,000,000원	200,000,000원
양도가액(기준시가)	1,600,000,000원	180,000,000원
취득가액(실지거래가액)	1,000,000,000원	-
취득가액(기준시가)	700,000,000원	90,000,000원

(1) 주택은 1세대 1주택 비과세요건을 충족하며 조정대상지역에 있는 등기된 주택이다. 취득 및 양도와 관련하여 부동산 매매계약의 해약으로 인한 위약금 50,000,000원과 부동산중개수수료 15,000,000원이 발생하였다. (위약금 및 중개수수료의 적격증명서류를 수취하여 보관하고 있음)

(2) 비상장주식은 제조업을 영위하고 있는 ㈜B(중소기업 및 중견기업에 해당하지 않음)가 발행한 것이며 갑은 ㈜B의 대주주가 아니다.

(3) 비상장주식의 취득 당시 실지거래가액은 확인되지 않으며 취득 당시 매매사례가액은 100,000,000원이고 감정가액은 95,000,000원이다. (매매사례가액 및 감정가액은 특수관계인과의 거래에 따른 가액이 아니며 객관적으로 부당하다고 인정되는 경우의 가액도 아님)

(4) 주식의 양도와 관련하여 증권거래세 2,000,000원(적격증명서류를 수취하여 보관하고 있지 않음)이 발생하였다.

(5) 갑은 주택 취득일부터 양도일까지 해당 주택에서 거주하였다.

(6) 1세대 1주택 장기보유특별공제율은 3년 이상 보유한 주택의 보유기간에 대하여 연간 4%(40% 한도)와 2년 이상 거주한 주택의 거주기간에 대하여 연간 4%(40% 한도)이다.

4. 근로소득공제액의 계산식은 다음과 같다.

총급여액	근로소득공제액
500만원 이하	총급여액 × 70%
500만원 초과 1,500만원 이하	350만원 + (총급여액 − 500만원) × 40%
1,500만원 초과 4,500만원 이하	750만원 + (총급여액 − 1,500만원) × 15%
4,500만원 초과 1억원 이하	1,200만원 + (총급여액 − 4,500만원) × 5%
1억원 초과	1,475만원 + (총급여액 − 1억원) × 2%

5. 소득세 기본세율은 다음과 같다.

과세표준	세율
1,400만원 이하	과세표준 × 6%
1,400만원 초과 5,000만원 이하	84만원 + (과세표준 − 1,400만원) × 15%
5,000만원 초과 8,800만원 이하	624만원 + (과세표준 − 5,000만원) × 24%
8,800만원 초과 1억 5천만원 이하	1,536만원 + (과세표준 − 8,800만원) × 35%
1억 5천만원 초과 3억원 이하	3,706만원 + (과세표준 − 1억 5천만원) × 38%
3억원 초과 5억원 이하	9,406만원 + (과세표준 − 3억원) × 40%
5억원 초과	1억 7,406만원 + (과세표준 − 5억원) × 42%

[물음 1] 종합소득금액에 합산될 ① 이자소득금액과 ② 배당소득금액 및 ③ 금융소득에 대한 소득세 원천징수세액(분리과세금액 포함)을 다음 양식에 따라 제시하시오. (단, 분리과세 신청이 가능한 경우 적법하게 분리과세 신청을 하였다고 가정한다) (10점)

구분	해답
① 종합소득금액에 합산될 이자소득금액	
② 종합소득금액에 합산될 배당소득금액	
③ 금융소득에 대한 소득세 원천징수세액(분리과세금액 포함)	

[물음 2] 종합소득과세표준에 포함될 ① 근로소득금액과 ② 기타소득금액 및 ③ 기타소득에 대한 소득세 원천징수세액(분리과세금액 포함)을 다음 양식에 따라 제시하시오. (10점)

구분	해답
① 종합소득금액에 합산될 근로소득금액	
② 종합소득금액에 합산될 기타소득금액	
③ 기타소득에 대한 소득세 원천징수세액(분리과세금액 포함)	

[물음 3] ① 주택의 양도소득과세표준과 ② 비상장주식의 양도소득과세표준 및 ③ 양도소득산출세액을 다음 양식에 따라 제시하시오. (단, 조세부담 최소화를 가정하며 ③ 양도소득산출세액 계산 시 주택의 양도소득과세표준은 31,200,000원, 비상장주식의 양도소득과세표준은 82,900,000원으로 한다) (10점)

구분	해답
① 주택의 양도소득과세표준	
② 비상장주식의 양도소득과세표준	
③ 양도소득산출세액	

문제 2

다음 자료를 기초로 각 물음에 답하시오. 각 자료는 상호 독립적이며 주어진 자료 이외의 사항은 고려하지 않는다. (20점)

〈자료 1〉

다음은 제조업을 영위하는 ㈜대한(상장내국법인이며 중소기업이 아님)의 「보조금 관리에 관한 법률」에 따른 국고보조금 관련 자료이다.

1. ㈜대한은 2023. 3. 1. 국고보조금 ₩20,000,000을 현금으로 수령하고 다음과 같이 회계처리하였다.

   (차) 현금　　　　　　　　20,000,000　　(대) 이연국고보조금수익　　20,000,000

2. ㈜대한은 수령한 국고보조금으로 2023. 4. 30.에 취득가액 ₩40,000,000의 기계장치를 구입하여 사업에 사용하고 다음과 같이 회계처리하였다.

   (차) 기계장치　　　　　　40,000,000　　(대) 현금　　　　　　　　　40,000,000

3. 2023. 12. 31. ㈜대한은 위 기계장치에 대해 감가상각을 하고 다음과 같이 회계처리하였다. 기계장치의 잔존가치는 없으며 신고내용연수는 5년, 감가상각방법은 정액법으로 신고하였다.

   (차) 감가상각비　　　　　　6,000,000　　(대) 감가상각누계액　　　　　6,000,000
   　　　이연국고보조금수익　　3,000,000　　　　　국고보조금수령이익　　　3,000,000

4. ㈜대한은 2024. 1. 1. 위 기계장치를 ₩25,000,000에 처분하고 다음과 같이 회계처리하였다.

   (차) 현금　　　　　　　　25,000,000　　(대) 기계장치　　　　　　　40,000,000
   　　　감가상각누계액　　　　6,000,000
   　　　유형자산처분손실　　　9,000,000
   (차) 이연국고보조금수익　17,000,000　　(대) 국고보조금수령이익　　17,000,000

[물음 1] 〈자료 1〉을 이용하여 ㈜대한의 법인세부담이 최소화되도록 제23기(2023. 1. 1. ~ 2023. 12. 31.)와 제24기(2024. 1. 1. ~ 2024. 12. 31.)의 세무조정을 다음 양식에 따라 작성하시오. (6점)

구분		익금산입 및 손금불산입			손금산입 및 익금불산입		
		과목	금액(단위: 원)	소득처분	과목	금액(단위: 원)	소득처분
제23기	3. 1.						
	4. 30.						
	12. 31.						
제24기	1. 1.						

<자료 2>

다음은 ㈜민국(비상장영리법인)의 유상증자와 관련된 자료이다.

1. ㈜민국은 유상증자를 위해 50,000주의 신주를 발행하기로 하였다. 증자 전 ㈜민국의 주주현황은 다음과 같다.

주주	보유주식수	지분비율
A법인주주	80,000주	40%
B개인주주	40,000주	20%
C법인주주	60,000주	30%
D개인주주	20,000주	10%
합계	200,000주	100%

2. 주주 중 A법인주주와 B개인주주가 신주인수를 포기하였다.
3. A법인주주와 C법인주주는 비상장영리법인이며, B개인주주와 D개인주주는 거주자이다.
4. A법인주주, C법인주주, D개인주주는 특수관계인에 해당한다.
5. ㈜민국의 유상증자 전 1주당 평가액은 ₩20,000이다.

[물음 2] <자료 2>를 이용하여 각 경우별로 이익분여액에 대한 개별주주의 세법상 처리를 다음 양식에 따라 제시하시오. (6점)

(1) 증자 시 발행되는 신주 1주당 인수가액이 ₩35,000이고 A법인주주와 B개인주주가 포기한 신주를 증자 전의 지분비율대로 다른 주주에게 추가 배정하는 경우

구분	익금산입 및 손금불산입			손금산입 및 익금불산입		
	과목	금액(단위: 원)	소득처분	과목	금액(단위: 원)	소득처분
A법인주주						
B개인주주						
C법인주주						
D개인주주						

(2) 증자 시 발행되는 신주 1주당 인수가액이 ₩36,500이고 A법인주주와 B개인주주가 포기한 신주를 재배정하지 않는 경우

구분	익금산입 및 손금불산입			손금산입 및 익금불산입		
	과목	금액(단위: 원)	소득처분	과목	금액(단위: 원)	소득처분
A법인주주						
B개인주주						
C법인주주						
D개인주주						

〈자료 3〉

다음은 「조세특례제한법」 제100조의32에 규정된 '투자·상생협력 촉진을 위한 과세특례' 적용대상으로 제조업을 영위하는 ㈜만세(지주회사 아님)의 제24기(2024. 1. 1. ~ 2024. 12. 31.) 미환류소득에 대한 법인세 과세 자료이다.

1. ㈜만세의 제24기 각사업연도소득금액 및 과세표준내역은 다음과 같다.

	당기순이익	₩3,000,000,000
(+)	익금산입·손금불산입	700,000,000
(−)	손금산입·익금불산입	500,000,000
	차가감소득금액	3,200,000,000
(+)	특례기부금 한도초과액	50,000,000
(−)	일반기부금 한도초과액 손금산입	250,000,000
	각사업연도소득금액	3,000,000,000
(−)	이월결손금	400,000,000
	과세표준	₩2,600,000,000

2. 익금산입·손금불산입내역
   (1) 법인세비용: ₩365,000,000(법인지방소득세 ₩25,000,000, 법인세감면분에 대한 농어촌특별세 ₩50,000,000 전기분 법인세 추징세액 ₩15,000,000 포함)
   (2) 대손충당금 한도초과액: ₩135,000,000
   (3) 기업업무추진비 한도초과액: ₩200,000,000

3. 손금산입·익금불산입내역
   (1) 전기분 종합부동산세 환급가산금: ₩20,000,000
   (2) 수입배당금 중 익금불산입액: ₩470,000,000
   (3) 정기예금 미수이자: ₩10,000,000

4. 당기의 잉여금처분에 따른 금전배당은 ₩400,000,000이고, 주식배당은 ₩200,000,000이며, 「상법」에 따라 적립하는 이익준비금은 ₩50,000,000이다.

5. 당기에 사업에 사용하기 위해 토지 ₩800,000,000과 차량운반구 ₩640,000,000(중고품 ₩80,000,000과 시설대여업자로부터 1년 이내 단기 임차(운용리스)한 금액 ₩60,000,000 포함)을 취득하였다.

6. 당기에 세법상 손금으로 인정되는 감가상각비는 ₩250,000,000이며, 동 금액에는 당기에 취득한 차량운반구에 대한 감가상각비 ₩50,000,000이 포함되어 있다.

7. 전기 대비 당기의 상시근로자 수는 증가하지 않았으며, 전기 대비 당기의 상시근로자 임금 증가액은 ₩200,000,000, 당기에 정규직으로 신규 전환된 근로자의 임금 증가액은 ₩100,000,000이다. 회사의 상시근로자 중 청년 정규직 근로자는 없으며, 상시근로자와 정규직 전환 근로자는 모두 「조세특례제한법 시행령」 제26조의4에서 규정하는 근로자에 해당한다.

8. 당기 중에 「근로복지기본법」에 따른 공동근로복지기금에 ₩10,000,000을 출연하였다.

[물음 3] 〈자료 3〉을 이용하여 다음의 각 물음에 답하시오. (8점)

   (1) ㈜만세의 제24기 기업소득을 아래와 같이 나누어 계산하시오.

     ① 투자액 제외방식에 따른 기업소득(미환류소득 계산 시 투자액을 차감하는 방식)

     ② 투자액 포함방식에 따른 기업소득(미환류소득 계산 시 투자액을 차감하지 않는 방식)

   (2) 투자액 제외방식에 따른 기업소득이 ₩2,900,000,000(투자액으로 차감되는 자산에 대한 감가상각비 손금산입액 ₩100,000,000 포함)이라고 가정할 때, ㈜만세의 제24기 미환류소득을 아래와 같이 나누어 계산하시오.

     ① 투자액 제외방식에 따른 미환류소득

     ② 투자액 포함방식에 따른 미환류소득

   (3) ㈜만세의 제24기 미환류소득에 대한 법인세를 계산하시오. (단, 제23기에서 이월된 초과환류액 ₩30,000,000(제22기 발생분 중 제23기의 미환류소득에서 공제하고 남은 잔액임)이 있으며 ㈜만세는 제24기 미환류소득 전액에 대하여 법인세를 납부하고자 한다. 그리고 제24기의 미환류소득은 위 '(2)의 ①과 ②에서 계산된 미환류소득' 중 미환류소득에 대한 법인세부담이 최소화되는 방식을 선택한다고 가정한다)

문제 3

다음 자료를 기초로 각 물음에 답하시오. 별도의 언급이 없는 한 전기의 세무조정은 정상적으로 이루어진 것으로 가정한다. (30점)

〈자료 1〉

다음은 제조업을 영위하는 ㈜한국(사회적 기업 아니고 중소기업에 해당함)의 제24기(2024. 1. 1.~2024. 12. 31.) 기부금과 관련된 자료이다.

1. 법인세비용차감전순이익: ₩20,000,000

2. 손익계산서상 기부금내역

   (1) 당기 중 「사립학교법」에 따른 사립대학교에 시설비로 지출한 기부금 ₩10,000,000(2025. 1. 2. 만기어음으로 지급)에 대하여 다음과 같이 회계처리하였다.

   (차) 기부금   10,000,000   (대) 미지급금   10,000,000

   (2) 전기에 국방헌금으로 납부한 현금기부금에 대하여 선급금으로 회계처리한 것을 당기 중 다음과 같이 회계처리하였다.

   (차) 기부금   5,000,000   (대) 선급금   5,000,000

   (3) 당기 중 회사의 제품(장부가액 ₩15,000,000, 시가 ₩20,000,000)을 불우이웃돕기 성금으로 특수관계 있는 일반기부금 단체에 기증하고 다음과 같이 회계처리하였다.

   (차) 매출원가   15,000,000   (대) 제품   15,000,000

   (4) 2024. 12. 31.에 특수관계 없는 일반기부금 단체로부터 건물(시가 ₩80,000,000)을 ₩110,000,000에 매입하고 매입금액을 취득원가로 회계처리하였다. 건물을 시가보다 고가로 매입한 정당한 사유는 없다.

   (5) 당기 중 지방자치단체에 토지(장부가액 ₩50,000,000, 시가 ₩80,000,000)를 ₩55,000,000에 매각하고 장부가액과 처분가액과의 차이를 처분이익으로 회계처리하였다. 토지를 시가보다 저가로 매각한 정당한 사유는 없다.

   (6) 당기 중 ㈜한국이 피투자법인의 우리사주조합에 지출한 현금기부금 ₩15,000,000에 대하여 손익계산서상 기부금으로 회계처리하였다.

3. 과세표준을 계산할 때 공제대상이 되는 이월결손금은 ₩5,000,000이다.

4. 기부금 손금한도초과액의 내역은 다음과 같다.

발생사업연도	특례기부금	우리사주조합기부금	일반기부금
18기(2018. 1. 1. ~2018. 12. 31.)	₩2,500,000	–	₩2,000,000
17기(2017. 1. 1.~2017. 12. 31.)	–	₩3,000,000	450,000
13기(2013. 1. 1.~2013. 12. 31.)	1,000,000	–	–

5. 위 자료 이외의 추가적인 세무조정사항은 없다고 가정한다.

[물음 1] 〈자료 1〉을 이용하여 아래 물음에 답하시오. (8점)

(1) 기부금 한도계산을 제외한 세무조정을 다음 양식에 따라 작성하시오. (단, 세무조정란은 가산조정이면 'A', 차감조정이면 'B'로 기입할 것)

세무조정	과목	금액(단위: 원)	소득처분
A	×××	×××	×××
·			
·			
·			

(2) 기부금 세무조정을 다음 양식에 따라 작성하시오. (단, 세무조정란은 가산조정이면 'A', 차감조정이면 'B'로 기입할 것)

세무조정	과목	금액(단위: 원)	소득처분
A	×××	×××	×××
·			
·			
·			

〈자료 2〉

다음은 제조업을 영위하는 영리내국법인 ㈜대한(중소기업)의 제24기(2024. 1. 1.~2024. 12. 31.) 감가상각과 관련된 자료이다.

1. ㈜대한은 2023. 5. 1. 개인주주(지분율 3%)가 취득 후 3년간 사용하던 기계장치를 ₩500,000,000(시가 ₩400,000,000)에 매입하여 즉시 사업에 사용하고, 취득원가를 매입가액으로 계상하였다.

(1) 동 기계장치와 관련하여 손익계산서상 수선비로 계상한 내역은 다음과 같다.

구분	제23기	제24기
자본적 지출액[1]	₩50,000,000	₩20,000,000
수익적 지출액	10,000,000	2,000,000

1) 자본적 지출액은 주기적인 수선을 위한 지출이 아님

(2) 동 기계장치의 손익계산서상 감가상각비로 제23기 ₩40,000,000, 제24기 ₩20,000,000을 계상하였다.

(3) 기계장치의 법정내용연수는 10년이며 상각률은 다음과 같다.

구분	8년	10년	12년
정액법	0.125	0.100	0.083
정률법	0.313	0.259	0.221

(4) 동 기계장치는 「조세특례제한법」에 의한 중소기업특별세액감면을 적용받는 사업에 사용하고 있으며 당기에 해당 세액감면을 받았다.

2. ㈜대한은 2023. 1. 1. 회사보유 토지 위에 제1공장 건물의 건설에 착공하여 2024. 4. 1. 완공하고 즉시 사업에 사용하기 시작하였다.

(1) 건물의 취득가액은 ₩1,000,000,000이다.

(2) 공장건설을 위해 2023. 7. 1. ₩800,000,000(이자율 10%)을 차입하고, 당기 말 현재 상환하지 않고 있다.

(3) ㈜대한은 차입금으로부터 전기 및 당기에 발생한 모든 이자비용을 장부상 비용으로 처리하였다.

(4) 당기에 장부상 감가상각비로 계상한 금액은 ₩30,000,000이다.

(5) 건물에 대한 법정내용연수는 20년으로 가정한다.

3. ㈜대한은 기계장치 및 건물에 대한 감가상각방법을 신고하지 않았다.

4. ㈜대한은 한국채택국제회계기준을 적용하지 않으며, 설비투자자산의 감가상각비 손금산입특례를 적용하지 않는 것으로 한다.

[물음 2] 〈자료 2〉를 이용하여 ㈜대한의 세무조정을 다음 양식에 따라 작성하시오. (7점) (세무조정은 가산조정이면 'A', 차감조정이면 'B'로 표시할 것)

구분	세무조정	과목	금액(단위: 원)	소득처분
제23기	A	×××	×××	×××
	·			
	·			
	·			
제24기				

〈자료 3〉

다음은 제조업을 영위하는 영리내국법인 ㈜국세(중소기업임)의 제24기(2024. 1. 1.~2024. 12. 31.) 대손금 및 대손충당금 관련 자료이다.

1. 제23기 자본금과 적립금 조정명세서(을) 기말잔액의 내역은 다음과 같다.

과목 또는 사항	기말잔액
미수금 대손부인액	₩8,000,000
대손충당금 한도초과액	1,603,200
㈜A 외상매출금 대손부인액	3,000,000
㈜B 받을어음 대손부인액	2,000,000
㈜C 매출채권 소멸시효 완성분 신고조정액	△3,200,000

(1) 제23기의 미수금 대손부인액 중 ₩2,500,000은 제24기에 회수하여 대손충당금의 증가로 처리하였으며, ₩1,000,000은 2024. 5. 31. 「민사소송법」에 의한 화해로 회수불능 채권으로 확정되었다.

(2) ㈜A 외상매출금 대손부인액 중 제24기에 소멸시효가 완성된 채권금액은 ₩2,000,000이다.

(3) ㈜B 받을어음 대손부인액은 2023. 7. 25. 부도가 발생한 어음(2매, 저당권을 설정하지 않음)이다.

2. 제24기 재무상태표상 대손충당금 계정의 내역은 다음과 같다.

대손충당금

(단위: 원)

당기 상계액	9,000,000	기초잔액	12,000,000
		상각채권 추심	2,500,000
기말잔액	19,500,000	당기 설정액	14,000,000
합계	28,500,000	합계	28,500,000

(1) 당기 상계액 중 ₩7,800,000은 부도발생일로부터 6개월이 지난 ㈜D 외상매출금(부도발생일 이전의 것)으로 채무자의 재산에 충분한 저당권을 설정하고 있다.

(2) 당기 상계액 중 ₩1,200,000은 ㈜C 매출채권으로 제23기에 「상법」상 소멸시효 완성에 따라 신고조정으로 손금산입한 금액의 일부이다.

3. 제24기 중 외상으로 판매한 제품(원가 ₩2,000,000, 시가 ₩2,600,000(부가가치세 제외 금액))에 대하여 회계처리를 하지 않았다.

4. 제24기 말 재무상태표상 채권 잔액의 내역은 다음과 같다.

과목	금액	비고
외상매출금	₩70,000,000	당기 중 「상법」상 소멸시효가 완성된 채권 ₩1,500,000 포함 금액임
받을어음	60,000,000	부도발생일로부터 6개월 이상 지난 어음상 채권 ₩20,000,000(저당권을 설정하고 있지 않음) 포함 금액임
미수금	120,000,000	대손세액공제를 받은 부가가치세 매출세액 미수금 ₩24,000,000과 부당행위계산에 해당하는 고가양도에 따른 시가초과 상당금액 ₩16,000,000 포함 금액임
대여금	133,700,000	특수관계인 아닌 자에 대한 채무보증대위변제로 인한 구상채권 ₩5,000,000 및 종업원(임원이나 지배주주 아님)에 대한 주택구입자금 대여금 ₩30,000,000 포함 금액임
합계	₩383,700,000	

5. 전기의 대손실적률은 2.4%이다.

[물음 3] 〈자료 3〉을 이용하여 다음 물음에 답하시오. (8점)

(1) ㈜국세의 당기 대손실적률을 다음 양식에 따라 계산하시오.

당기 대손금(①)	
전기 말 채권잔액(②)	
당기 대손실적률(① ÷ ②)	

(2) ㈜국세의 대손충당금 한도초과액을 다음 양식에 따라 제시하시오.

당기 말 채권잔액	
당기 대손충당금 한도액	
당기 대손충당금 한도초과액	

〈자료 4〉

다음은 제조업을 영위하는 영리내국법인 ㈜세무의 제24기 사업연도(2024. 1. 1. ~ 2024. 12. 31.)의 법인세 과세표준 및 세액 계산 관련 자료이다.

1. 손익계산서상 당기순이익은 ₩150,000,000이며 아래 주어진 자료 이외의 세무조정사항은 없다.

2. 이월결손금의 내역은 다음과 같으며 모두 국내소득에서 발생하였다.

발생사업연도	발생액
제22기(2022. 1. 1.~2022. 12. 31.)	₩20,000,000
제16기(2016. 1. 1.~2016. 12. 31.)	40,000,000[1]

1) 이 중 ₩10,000,000은 제20기에 자산수증이익으로 충당되었고, ₩15,000,000은 제21기 법인세 과세표준계산에서 공제함

3. 외국에 본점을 둔 해외투자처인 C사(지분율 30%, 취득일 2023. 1. 1.)로부터 지급받은 배당금 관련 내용은 다음과 같다. ㈜세무는 외국납부세액공제방식을 선택하였으며, 직접 납부한 국외원천징수세액은 손익계산서상 비용으로 회계처리하였다. 단, 외국자회사 수입배당금의 익금불산입 규정은 적용되지 아니한다.

구분	수입배당금 (원천징수세액 포함)	수입배당금 국외원천징수세액	C사 소득금액	C사 법인세액
금액	₩20,000,000	₩2,000,000	₩300,000,000	₩50,000,000

4. 연구 및 인력개발비 관련 자료는 다음과 같다.

(1) 연구 및 인력개발비 발생액

사업연도	제24기	제23기	제22기	제21기	제20기
발생액	₩20,000,000	₩19,000,000	₩16,000,000	₩18,000,000	₩15,000,000

(2) 연구 및 인력개발비에는 신성장동력·원천기술연구개발비는 없다.

(3) ㈜세무는 전기에 중소기업유예기간이 종료되었으며, 2024년부터 중견기업에 해당한다.

5. 당기 중에 납부한 중간예납세액은 ₩2,500,000이다.

6. ㈜세무는 법에서 정하는 회생계획, 기업개선계획 및 경영정상화계획을 이행 중에 있지 않다.

[물음 4] 〈자료 4〉를 이용하여 다음 물음에 답하시오. (7점)

        (1) 연구 및 인력개발비 세액공제액을 계산하시오. (단, 적용 공제율은 당기 발생분은 15%, 전기 대비 초과발생분은 40%로 한다)

        (2) 외국납부세액공제액에 대한 세무조정을 하시오.

        (3) 최저한세를 계산하시오. (단, 최저한세율은 8%로 한다)

        (4) 차감납부할 세액을 계산하시오.

문제 4

다음의 자료를 바탕으로 각 물음에 답하시오. 각 자료는 상호 독립적이다. (20점)

〈자료 1〉

다음은 일반과세자인 ㈜대한의 2024년 제2기 부가가치세 관련 자료이다. (단, 제시된 금액은 별도의 언급이 없는 한 부가가치세가 포함되지 아니한 금액이며, 세금계산서는 공급시기에 적법하게 발급 및 수취된 것으로 가정한다)

1. 국내 수출업자인 ㈜서울에 내국신용장에 의하여 $120,000의 제품을 2024. 11. 25. 인도하였다. 인도대금 중 $50,000은 2024. 11. 1. 선수하여 원화 60,500,000원으로 환가하였으며, 나머지 $70,000은 2025. 1. 5. 수령하였다. 내국신용장은 2025. 1. 10. 개설되었다. 2024. 11. 25. 기준환율은 1,250원이며 2025. 1. 5. 기준환율은 1,270원이다.

2. 국내사업장이 없는 외국법인이 지정하는 국내사업자 ㈜부산에게 50,000,000원의 제품을 인도하고 대금은 외국환은행에서 원화로 수령하였다. ㈜부산은 인도된 제품 중 70%는 과세사업에 30%는 면세사업에 사용하였다.

3. 제조업을 영위하는 ㈜대구(수출업자 ㈜인천에게 내국신용장으로 재화를 공급하고 있음)에게 직접도급계약에 의하여 7,000,000원의 수출재화 임가공용역을 제공하였다.

4. 국내에서 대한적십자사에 30,000,000원의 재화를 공급하고 원화로 수령하였다. 대한적십자사는 공급받은 재화의 80%를 해외구급봉사에 무상으로 반출하고 20%는 국내에서 사용하였다.

5. ㈜대전에 제품 A와 제품 B를 다음과 같은 대금회수조건으로 판매하기로 계약을 체결하였으며, 잔금지급약정일에 인도하기로 하였다.

구분	계약금		중도금		잔금	
	일자	금액	일자	금액	일자	금액
제품 A[1]	2024. 10. 4.	3,000,000원	2025. 1. 20.	5,000,000원	2025. 6. 15.	2,000,000원
제품 B[2]	2024. 10. 5.	4,000,000원	2024. 11. 20.	6,000,000원	2025. 2. 15.	5,000,000원

  1) 2024. 10. 10.에 계약자와의 합의로 제품 A에 대한 중도금 및 잔금 7,000,000원을 2025. 6. 15.에 일시에 수령하기로 변경하였다. (계약금은 2024. 10. 4.에 수령함)

2) 2024. 10. 30.에 계약자와의 합의로 제품 B에 대한 중도금 6,000,000원은 2024. 12. 30.에 잔금 5,000,000원은 2025. 6. 20.에 수령하기로 계약조건을 변경하였다. (계약금과 중도금은 해당 일자에 수령함)

6. 2024. 10. 5.에 ㈜광주에 제품 C를 27,000,000원에 외상으로 판매하고 세금계산서를 발급하였으며 대금은 2024. 12. 5.에 지급기간 연장에 따른 연체이자 450,000원을 포함하여 27,450,000원을 수령하였다.

7. 2024. 12. 30.에 거래처 ㈜서울에게 2024. 7. 1.~2024. 12. 31.까지의 거래 실적에 따라 판매장려금 3,000,000원 및 판매장려품(시가 1,560,000원, 원가 1,200,000원)을 지급하였다.

8. 2024. 11. 1. 고객에게 공기청정기(시가 800,000원, 원가 600,000원)를 판매하고 대금은 S신용카드사가 제공한 마일리지로 전액 결제되었으나, S신용카드사로부터 보전받지 못하였다.

9. 2024. 10. 27.에 과세사업에 사용하던 토지, 건물, 구축물에 대하여 ㈜울산과 일괄양도계약을 체결하였으며, 대금청산일(소유권이전등기일)은 2024. 12. 27.이다. 양도와 관련된 자료는 다음과 같으며, 매매계약서상 토지, 건물, 구축물의 공급가액을 구분하여 기재하였다. 장부가액과 기준시가는 계약일 현재 가액이며, 감정가액은 2024. 6. 30. 기준으로 평가한 가액이다.

구분	취득가액	장부가액	기준시가	감정가액	매매계약서상 공급가액
토지	140,000,000	140,000,000	160,000,000	180,000,000	350,000,000
건물	160,000,000	120,000,000	100,000,000	150,000,000	140,000,000
구축물	100,000,000	50,000,000	–	70,000,000	50,000,000
합계	400,000,000	310,000,000	260,000,000	400,000,000	540,000,000

[물음 1] 〈자료 1〉을 이용하여 ㈜대한의 2024년 제2기 과세기간 최종 3개월(2024. 10. 1.~2024. 12. 31.)의 부가가치세 과세표준 및 매출세액을 다음 양식에 따라 기입하시오. (12점)

자료번호	과세표준	세율	매출세액
1			
·			
·			
·			
9			

〈자료 2〉

다음은 과세사업(햄통조림제조업)과 면세사업(육류도매업)을 겸영하는 일반과세자인 ㈜한국의 2024년 제2기 부가가치세 관련 자료이다. (단, 별도의 언급이 없는 한 제시된 금액은 부가가치세가 포함되지 않은 금액이고, 세금계산서 및 계산서 발급 및 수취와 매입세액공제를 받기 위한 모든 절차는 적법하게 이루어진 것으로 가정한다)

1. 2024년 제2기 공급가액

구분	2024년 제2기		
	7. 1.~9. 30.	10. 1.~12. 31.	합계
면세사업	25,000,000	35,000,000	60,000,000
과세사업	95,000,000	145,000,000	240,000,000
합계	120,000,000	180,000,000	300,000,000

2. 2024년 제2기 세금계산서 수취내역

일자(기간)	공급가액	내역
10. 1.~12. 31.	7,500,000	면세사업을 위한 매입임
10. 1.~12. 31.	14,500,000	과세사업을 위한 매입임
10. 11.	400,000	거래처 직원에게 접대 목적으로 지출한 음식대금임
10. 20.	20,000,000	개별소비세 과세대상 차량운반구로 제품 판매활동을 지원하기 위하여 구입함
11. 7.	12,000,000	과세사업을 위해 사용하던 공장이 노후화되어 기존 공장을 허물고 신축하기 위한 기존 공장의 철거비용임
12. 17.	9,000,000	과세사업과 면세사업에 공통으로 사용하기 위해 기계장치를 구입함
합계	63,400,000	

3. 2024. 9. 30. 과세사업과 면세사업에 공통으로 사용하는 비품을 매입하고 세금계산서(공급가액 3,000,000원)를 발급받았으나 예정신고 시 누락되어 확정신고와 함께 신고하기로 하였다.

4. 2024. 10. 18. 과세사업과 면세사업에 공통으로 사용하기 위하여 소모품 700,000원을 법인 신용카드로 구입하였다.

5. 면세사업에 사용하기 위하여 2023. 10. 8. 구입한 트럭을 2024. 11. 1.부터 과세사업에 공통으로 사용하고 있다. 트럭의 취득 시 공급가액은 35,000,000원으로 매입세액불공제되었다.

6. 2023년 제1기 부가가치세 확정신고 시 대손처분받은 7,700,000원(부가가치세 포함)을 2024. 11. 3. 변제하였다.

7. 2024. 11. 20. 과세사업에 사용할 컴퓨터 4대를 8,000,000원에 외상으로 구매하였으며, 대금은 2025. 1. 20.에 지급하고 동 일자에 세금계산서를 발급받았다.

8. 2024년 제2기 과세기간 최종 3개월(2024. 10. 1.~2024. 12. 31.)의 과세사업과 면세사업에 사용된 돼지고기 매입과 관련된 자료는 다음과 같다. ㈜한국은 매입시기가 한 과세기간에 집중되는 법인이 아니다. (단, 의제매입세액공제율은 2/102이고, 의제매입세액공제 한도는 고려하지 않으며 기초재고는 없다고 가정한다)

구분	2024. 10. 1.~2024. 12. 31.
매입	52,700,000
과세사업에 전용하여 사용됨	18,700,000
과세사업과 면세사업에 원재료로 사용됨	27,500,000
기말재고액[1]	6,500,000

1) 과세사업과 면세사업에 대한 실지귀속 여부는 확인할 수 없음

[물음 2] 〈자료 2〉를 이용하여 ㈜한국의 2024년 제2기 확정신고 시 매입세액공제액을 다음 양식에 따라 제시하시오. (8점)

구분	세액
1. 세금계산서 수취분 매입세액	
2. 예정신고 누락분	
3. 신용카드매출전표 등 수령명세서 제출분	
4. 의제매입세액	
5. 과세사업 전환 매입세액	
6. 변제대손세액	
7. 공제받지 못할 매입세액	
8. 공통매입세액 면세사업등분	
9. 차가감 계(1 + 2 + 3 + 4 + 5 + 6 − 7 − 8)	

문제 1

[물음 1]

구분	해답
① 종합소득금액에 합산될 이자소득금액	14,000,000
② 종합소득금액에 합산될 배당소득금액	26,000,000
③ 금융소득에 대한 소득세 원천징수세액(분리과세금액 포함)	7,420,000

1. 금융소득구분

구분	이자	배당	비고
1. 정기예금이자	8,000,000		
2. 신용부금이익	6,000,000		
3. 집합투자기구이익		9,000,000	
4. 장기채권이자			분리과세 신청(30%)
6. 국외배당		5,000,000	무조건 종합과세
소계	14,000,000	14,000,000	28,000,000
5. 출자공동사업자		12,000,000	원천징수세율 25%
합계	14,000,000	26,000,000	40,000,000

2. 장기채권이자

2013. 1. 1. 전에 발행된 채권으로 만기가 10년 이상이므로 보유기간에 관계없이 분리과세 신청 가능하다.

3. 출자공동사업자 배당소득

무조건 종합과세하지만 Gross-up 대상은 아니다. 종합과세 여부를 판단할 때에도 고려하지 아니한다.

4. 원천징수세액 계산

구분	금액	비고
정기예금이자	1,120,000	8,000,000 × 14%
신용부금이익	840,000	6,000,000 × 14%
집합투자기구	1,260,000	9,000,000 × 14%
장기채권이자	1,200,000	4,000,000 × 30%
출자공동사업자	3,000,000	12,000,000 × 25%
합계	7,420,000	

[물음 2]

구분	해답
① 종합소득과세표준에 합산될 근로소득금액	75,750,000
② 종합소득과세표준에 합산될 기타소득금액	8,000,000
③ 기타소득에 대한 소득세 원천징수세액(분리과세금액 포함)	9,999,000

1. 근로소득

구분	금액	비고
1. 급여	72,000,000	6,000,000 × 12
2. 연구보조비	6,000,000	500,000 × 12(중소기업 또는 벤처기업 아님)
3. 사택제공이익		비출자임원(비과세)
4. 기밀비	12,000,000	1,000,000 × 12
총급여	90,000,000	
근로소득공제	14,250,000	12,000,000 + (90,000,000 − 45,000,000) × 5%
근로소득금액	75,750,000	

(1) 연구보조비

「기초연구진흥 및 기술개발지원에 관한 법률 시행령」에 따른 중소기업 또는 벤처기업의 기업부설연구소와 연구개발 전담부서에서 연구활동에 직접 종사하는 자가 받는 연구보조비 또는 연구활동비 중 월 20만원 이내의 금액은 실비변상적 급여로 비과세한다.

(2) 사택제공이익

주택을 제공받음으로써 얻는 이익은 근로소득에 포함한다. 다만, 다음 중 어느 하나에 해당하는 사람이 사택을 제공받는 경우는 비과세한다.

① 주주 또는 출자자가 아닌 임원

② 소액주주인 임원: 지분율(특수관계인 지분 포함)이 1% 미만이면서 액면가액이 3억원을 초과하지 않는 주주를 말함

③ 임원이 아닌 종업원(비영리법인 또는 개인의 종업원을 포함)

④ 국가 또는 지방자치단체로부터 근로소득을 지급받는 사람

2. 기타소득

구분	기타소득금액	원천징수세액	비고
5. 복권당첨금		5,999,000	(30,000,000 − 5,000) × 20%(분리과세)
6. 특허권 양도	8,000,000	1,600,000	[20,000,000 × (1 − 60%)] × 20%
7. 상금			국가 또는 지자체로부터 받는 상금은 비과세
8. 골동품 양도		2,400,000	[120,000,000 × (1 − 90%)] × 20%
합계	8,000,000	9,999,000	

(1) 복권당첨소득

무조건 분리과세하며, 필요경비로 인정되는 금액은 단위투표금액이다.

(2) 서화·골동품의 양도

개당·점당 또는 조당 양도가액이 6천만원 이상인 서화·골동품(국내 생존작가의 작품 제외)의 양도로 발생하는 소득은 원천징수로서 납세의무가 종결되는 분리과세 기타소득에 해당하며, 종합소득의 과세표준에 합산할 수 없다. 한편, 10년 이상 보유한 서화·골동품 양도의 경우 양도금액에 관계없이 의제필요경비를 90% 인정한다. 의제필요경비가 실제 필요경비(100,000,000원) 이상이므로 의제필요경비를 적용한다.

[물음 3]

구분	해답
① 주택의 양도소득과세표준	233,900,000
② 비상장주식의 양도소득과세표준	96,600,000
③ 양도소득산출세액	20,000,000

1. 주택의 양도소득과세표준

구분	금액	비고
양도가액	2,000,000,000	
취득가액	1,000,000,000	실지거래가액
기타 필요경비	15,000,000	매매계약 위약금은 취득과 관련된 것이 될 수 없으므로 자본적 지출에 포함하지 않으며, 해당 자산의 양도와 관련된 비용도 아니므로 양도비용에도 포함되지 않는다.
양도차익	394,000,000	$(2,000,000,000 - 1,000,000,000 - 15,000,000) \times \dfrac{20억원 - 12억원}{20억원}$
장기보유특별공제	157,600,000	$394,000,000 \times (20\% + 20\%)$
양도소득금액	236,400,000	
기본공제	2,500,000	다른 부동산을 양도한 바 없음
양도소득과세표준	233,900,000	

2. 비상장주식의 양도소득과세표준

구분	금액	비고
양도가액	200,000,000	
취득가액	100,000,000	비상장주식은 매매사례가액은 인정되고, 감정가액은 인정되지 않는다.
기타 필요경비	900,000	90,000,000(기준시가) × 1%
양도차익	99,100,000	
장기보유특별공제		토지, 건물, 조합원입주권에 한하여 적용
양도소득금액	99,100,000	
기본공제	2,500,000	다른 주식(국외주식 포함)을 양도한 바 없음
양도소득과세표준	96,600,000	

3. 양도소득산출세액

구분	금액	비고
주택	3,420,000	기본세율(조정대상지역이더라도 1세대 1주택이므로 기본세율 적용)
비상장주식	16,580,000	20% 세율(대주주가 아닌 자가 양도하는 중소기업 외의 주식)
합계	20,000,000	

문제 2

[물음 1]

구분		익금산입 및 손금불산입			손금산입 및 익금불산입		
		과목	금액	소득처분	과목	금액	소득처분
제23기	3. 1.	국고보조금	20,000,000	유보			
	4. 30.				일시상각충당금	20,000,000	유보
	12. 31.	일시상각충당금	3,000,000	유보	국고보조금	3,000,000	유보
제24기	1. 1.	일시상각충당금	17,000,000	유보	국고보조금	17,000,000	유보

1. 국고보조금 수령 시

   익금에 산입하여야 함에도 불구하고 이연수익으로 계상하였으므로 보조금 수령액을 전액 익금에 산입한다. 추후 회사가 이익을 계상하는 때 익금불산입한다.

2. 일시상각충당금

   국고보조금 등에 대한 일시상각충당금의 손금산입 시기는 당해 국고보조금 등을 지급받은 날이 속하는 사업연도이다. 따라서 2023. 12. 31.에 세무조정하는 것으로 처리하여도 무방하다. 다만, 「법인세법」 통칙 36 - 64⋯1 【국고보조금에 대한 세무조정방법】의 세무조정 예시에 따라 날짜를 제시한 것으로 보인다.

3. 감가상각비

구분	금액	비고
1. 회사계상액	6,000,000	
2. 상각범위액	6,000,000	$40,000,000 \times \dfrac{1}{5} \times \dfrac{9}{12}$
3. 상각부인액		

4. 일시상각충당금 상계

   $20,000,000 \times \dfrac{6,000,000}{40,000,000} = 3,000,000$

5. 처분 시 세무조정

   국고보조금과 일시상각충당금 유보잔액은 처분 시 전액 추인된다.

[물음 2]

(1)

구분	익금산입 및 손금불산입			손금산입 및 익금불산입		
	과목	금액	소득처분	과목	금액	소득처분
A법인주주	유가증권	240,000,000	유보			
C법인주주	부당행위 계산부인	180,000,000	기타사외유출	유가증권	180,000,000	유보

이익을 분여한 자가 개인(B)인 경우에는 과세할 것이 없으며, 이익을 분여받은 개인주주(D)는 증여세 과세 여부만 문제되므로 위 소득금액조정합계표에는 반영하지 아니한다.

1. 증자 후 주가

   $(200,000주 \times 20,000 + 50,000주 \times 35,000) \div 250,000주 = 23,000$

2. 현저한 이익

   실권주를 재배정하는 경우 현저한 이익 여부에 관계없이 부당행위계산부인 규정을 적용한다.

3. 분여이익의 계산(A법인)

   $(23,000 - 20,000) \times 80,000주 = 240,000,000$

   주식 수의 변동이 없는 법인의 이익 또는 손해를 계산한다.

4. 분여이익의 안분

이익을 분여한 자		이익을 분여받은 자	
주주	이익분여액	A법인$\left(\dfrac{40\%}{60\%}\right)$	B개인$\left(\dfrac{20\%}{60\%}\right)$
C법인(75%)	270,000,000	180,000,000	90,000,000
D개인(25%)	90,000,000	60,000,000	30,000,000
합계	360,000,000	240,000,000	120,000,000

(2)

구분	익금산입 및 손금불산입			손금산입 및 익금불산입		
	과목	금액	소득처분	과목	금액	소득처분
A법인주주	유가증권	120,000,000	유보			
C법인주주	부당행위	90,000,000	기타사외유출	유가증권	90,000,000	유보

1. 증자 후 가액

   $(200,000주 \times 20,000 + 20,000주 \times 36,500) \div 220,000주 = 21,500$

2. 현저한 이익

   $(36,500 - 21,500) \geq 21,500 \times 30\%$

3. 분여이익의 계산(A법인)

   $(21,500원 - 20,000원) \times 80,000주 = 120,000,000$

   주식 수의 변동이 없는 법인의 이익 또는 손해를 계산한다.

4. 분여이익의 안분

이익을 분여한 자		이익을 분여받은 자	
주주	이익분여액	A법인$\left(\dfrac{40\%}{60\%}\right)$	B개인$\left(\dfrac{20\%}{60\%}\right)$
C법인(75%)	135,000,000	90,000,000	45,000,000
D개인(25%)	45,000,000	30,000,000	15,000,000
합계	180,000,000	120,000,000	60,000,000

[물음 3]

(1) 기업소득

① 투자액 제외방식에 따른 기업소득 (미환류소득 계산 시 투자액을 차감하는 방식)	2,480,000,000	3,000,000,000 + 320,000,000 − 840,000,000
② 투자액 포함방식에 따른 기업소득 (미환류소득 계산 시 투자액을 차감하지 않는 방식)	2,430,000,000	2,480,000,000 − 50,000,000

구분	가산항목	차감항목
1. 기부금 한도초과액		50,000,000
2. 기부금 한도초과 이월액 손금산입	250,000,000	
3. 이월결손금		400,000,000
4. 법인세비용		350,000,000
5. 종합부동산세 환급가산금	20,000,000	
6. 「상법」상 이익준비금		40,000,000
7. 차량운반구 감가상각비	50,000,000	
합계	320,000,000	840,000,000

① 해당 사업연도의 법인세액은 「법인세법」상 각 사업연도 소득에 대한 과세표준에 법인세율을 적용하여 계산한 금액을 의미하므로, 추징세액은 포함하지 않는다.

② 미환류소득에 대한 법인세 계산 시 각사업연도소득금액에서 차감하는 이익준비금은 관련 법에 의무적으로 적립하는 금액만을 말하는 것이다. (서면−2016−법령해석법인−6033, 2017. 7. 5.) 「상법」상 주식배당은 이익준비금 적립의무가 없으므로 현금배당의 10%만 이익준비금으로 인정한다.

③ 법인의 미환류소득 계산 시 가산할 감가상각비는 해당 사업연도에 취득하여 투자자산으로 차감한 자산과 관련한 감가상각비로서 해당 사업연도에 손금으로 산입한 금액으로 한정된다. (서면−2017−법인−0039, 2017. 5. 17.) 문제에서 중고자산에 대해 계상된 감가상각비를 구체적으로 파악할 수 없으므로 감가상각비 전액을 가산한다. 투자액 포함방식에서는 감가상각비를 가산하지 않는다.

(2) 미환류소득

① 투자액 제외방식에 따른 미환류소득	1,200,000,000
② 투자액 포함방식에 따른 미환류소득	90,000,000

① 투자액 제외방식
  ㉠ 투자액
    640,000,000 − 80,000,000(중고자산) − 60,000,000(운용리스) = 500,000,000
  ㉡ 임금 증가액
    200,000,000(상시근로자) + 100,000,000(정규직 전환 근로자) = 300,000,000
  ㉢ 상생협력금액
    10,000,000 × 300% = 30,000,000
  ㉣ 투자액 제외방식에 따른 미환류소득(투자액을 차감하는 방법)
    2,900,000,000 × 70% − (500,000,000 + 300,000,000 + 30,000,000) = 1,200,000,000

② 투자액 포함방식(투자액을 차감하지 않는 방법)
  (2,900,000,000 − 100,000,000) × 15% − (300,000,000 + 30,000,000) = 90,000,000

(3) 미환류소득에 대한 법인세

$$(90,000,000 - 30,000,000) \times 20\% = \mathbf{12,000,000}$$

해당 사업연도에 초과환류액(초과환류액으로 차기 환류적립금을 공제한 경우에는 그 공제 후 남은 초과환류액)이 있는 경우에는 그 초과환류액을 그 다음 2개 사업연도까지 이월하여 그 다음 2개 사업연도 동안 미환류소득에서 공제할 수 있다.

참고

> 미환류소득에 대한 법인세 신고서【별지 제114호 서식】상 투자 포함방식(A방식)은 미환류소득 계산 시 투자액을 차감하는 방식이고, 투자 제외방식(B방식)은 미환류소득 계산 시 투자액을 차감하지 않는 방식이다.

문제 3

[물음 1]

(1)

세무조정	과목	금액	소득처분
A	미지급기부금	10,000,000	유보
A	선급기부금	5,000,000	유보
B	건물	6,000,000	△유보

1. 미지급기부금

   어음만기일(2025. 1. 2.)이 속하는 사업연도가 손금귀속시기이다.

2. 전기 지급 기부금

   전기 기부금에 해당하므로 전기에 손금산입하고, 당기에는 손금불산입한다. 당기 기부금에 해당하지 아니하므로 기부금 지출액에 포함하지 아니한다.

3. 현물기부(일반기부금)

   특수관계인에 해당하는 일반기부금 단체에 지출한 기부금은 시가와 장부가액 중 큰 금액으로 한다. 따라서 일반기부금 금액은 20,000,000원으로 한다. 공익단체 등에 무상으로 재화를 공급한 경우는 부가가치세 면세 대상이다.

4. 자산의 고가매입(의제기부금, 일반)

   의제기부금: $110,000,000 - 80,000,000 \times 130\% = 6,000,000$

   특수관계인 이외의 자에게 정당한 사유 없이 자산을 고가매입한 경우 정상가액으로 취득하고, 정상가액과 매입가액의 차액은 기부금으로 의제한다. 한편, 자산이 과대계상되었으므로 정상가액과 취득원가의 차액은 감액하고 손금산입한다.

5. 저가양도(의제기부금, 특례)

   의제기부금: $80,000,000 \times 70\% - 55,000,000 = 1,000,000$

   특수관계인 이외의 자에게 정당한 사유 없이 자산을 저가양도한 경우 정상가액으로 양도하고, 양도가액과 정상가액의 차액은 기부금으로 의제한다.

(2)

세무조정	과목	금액	소득처분
B	특례기부금 한도초과 이월액	2,500,000	기타
B	일반기부금 한도초과 이월액	2,450,000	기타
A	일반기부금 한도초과액	23,700,000	기타사외유출

1. 당기 기부금의 분류

(1) 특례기부금: 1,000,000(의제기부금)

(2) 우리사주조합기부금: 15,000,000

(3) 일반기부금: 20,000,000 + 6,000,000(의제기부금) = 26,000,000

2. 기준소득

(1) 차가감소득금액: 20,000,000 + 10,000,000 + 5,000,000 − 6,000,000 = 29,000,000

(2) 기준소득금액: 29,000,000 + 1,000,000 + 15,000,000 + 26,000,000 = 71,000,000

(3) 기준소득: 71,000,000 − 5,000,000(이월결손금) = 66,000,000

3. 특례기부금

구분	지출액	한도액	전기 이월액 손금	한도초과액
전기	2,500,000	2,500,000	2,500,000	
당기	1,000,000	30,500,000		
합계	3,500,000	33,000,000	2,500,000	

① 한도액: 66,000,000 × 50% = 33,000,000

② 2014. 1. 1. 이후 발생한 기부금 한도초과 이월액에 한하여 10년간 이월하여 손금에 산입할 수 있다.

4. 우리사주조합기부금

구분	지출액	한도액	한도초과액
당기	15,000,000	18,750,000	

① 한도액: (66,000,000 − 3,500,000) × 30% = 18,750,000

② 우리사주조합기부금은 이월손금산입 규정이 없다.

5. 일반기부금

구분	지출액	한도액	전기 이월액 손금	한도초과액
전기	2,450,000	2,450,000	2,450,000	
당기	26,000,000	2,300,000		23,700,000
합계	28,450,000	4,750,000	2,450,000	23,700,000

한도액: (66,000,000 − 18,500,000) × 10% = 4,750,000

[물음 2]

구분	세무조정	과목	금액	소득처분
제23기	A	부당행위	100,000,000	배당
	B	기계장치	100,000,000	△유보
	A	기계장치(자산감액분)	8,000,000	유보
	A	감가상각비(기계장치)	4,300,000	유보
	A	건설자금이자	40,000,000	유보
제24기	A	기계장치(자산감액분)	4,000,000	유보
	B	감가상각비(기계장치)	80,425,700	△유보
	A	감가상각비(건물)	10,250,000	유보

1. 고가매입(기계장치)

특수관계인으로부터 자산을 고가매입한 경우 시가로 매입하고 그 차액을 사외유출한 것으로 본다. 따라서 과대계상된 자산을 감액(손금산입)하고 사외유출된 금액은 손금불산입한다. 세법상 처리는 다음과 같다.

(차) 기계장치	400,000,000	(대) 현금	500,000,000
사외유출	100,000,000		

2. 자산감액분 상각비(기계장치)

(1) 제23기

$$40,000,000 \times \frac{100,000,000}{500,000,000} = 8,000,000$$

(2) 제24기

$$20,000,000 \times \frac{100,000,000}{500,000,000} = 4,000,000$$

3. 감가상각 시부인(기계장치)

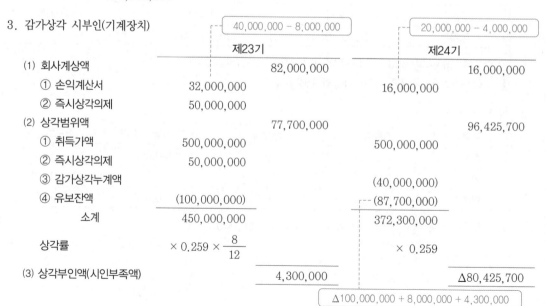

	제23기	제24기
(1) 회사계상액	82,000,000	16,000,000
① 손익계산서	32,000,000	16,000,000
② 즉시상각의제	50,000,000	
(2) 상각범위액	77,700,000	96,425,700
① 취득가액	500,000,000	500,000,000
② 즉시상각의제	50,000,000	
③ 감가상각누계액		(40,000,000)
④ 유보잔액	(100,000,000)	(87,700,000)
소계	450,000,000	372,300,000
상각률	$\times\, 0.259 \times \frac{8}{12}$	$\times\, 0.259$
(3) 상각부인액(시인부족액)	4,300,000	△80,425,700

제23기 회사계상액 산식: 40,000,000 − 8,000,000

제24기 회사계상액 산식: 20,000,000 − 4,000,000

유보잔액 산식: △100,000,000 + 8,000,000 + 4,300,000

① 감가상각방법을 신고한 바 없으므로 정률법을 적용한다. 내용연수를 신고하였는지에 대해서는 별도의 언급이 없다. 통상 상각방법과 내용연수의 신고는 함께 이루어지므로 내용연수도 신고하지 않은 것으로 가정하였다.

② 제24기에 지출한 수선비 금액(22,000,000원)은 전기 말 재무상태표상 장부가액의 5%(460,000,000원 × 5% = 23,000,000원)에 미달하므로 즉시상각의제 특례 규정에 따라 감가상각한 것으로 보지 않는다.

4. 건설자금이자

(1) 제23기

$$800,000,000 \times 10\% \times \frac{6}{12} = 40,000,000$$

각 사업연도 말에 건설이 진행 중인 유형·무형자산에 대해 과소계상된 건설자금이자는 손금불산입하고, 건설이 완료되어 사용하는 날이 속하는 사업연도부터 동 손금불산입된 건설자금이자를 상각부인액으로 보아서 해당 사업연도 시인부족액의 범위 내에서 손금추인한다.

(2) 제24기

$$800,000,000 \times 10\% \times \frac{3}{12} = 20,000,000$$

당해 연도에 건설 등이 완료된 경우 법인이 손비로 계상한 건설자금이자는 감가상각한 것으로 의제한다.

5. 감가상각 시부인(건물)

	제24기	
(1) 회사계상액		50,000,000
① 손익계산서	30,000,000	
② 즉시상각의제	20,000,000	
(2) 상각범위액		39,750,000
① 취득가액	1,000,000,000	
② (누적)즉시상각의제	60,000,000	40,000,000 + 20,000,000
소계	1,060,000,000	
상각률	$\times 0.05 \times \dfrac{9}{12}$	
(3) 상각부인액		10,250,000

[물음 3]

(1)

당기 대손금(①)	6,498,000	
전기 말 채권잔액(②)	433,200,000	$(12,000,000 - 1,603,200) \div 2.4\%$
당기 대손실적률(① ÷ ②)	1.5%	$6,498,000 \div 433,200,000$

1. 당기 대손금

구분	대손 인정	비고
기초	4,998,000	$1,000,000 + 2,000,000 + (2,000,000 - 2,000)$
당기 상계		㈜D 외상매출금은 저당권 설정, ㈜C 매출채권은 전기 손금
기말	1,500,000	당기 소멸시효 완성
합계	6,498,000	

① 재판상 화해 등 확정판결과 같은 효력을 가지는 것은 대손사유로 인정된다. 손금의 귀속시기가 도래하기 전에 손비로 계상하여 손금불산입한 대손금은 그 후 대손금 귀속시기가 속하는 사업연도에 세무조정으로 손금에 산입할 수 있다.

② 부도발생일로부터 6개월이 지난 어음상 채권은 결산조정사항이므로 장부에 대손처리하지 않은 경우에는 당기 대손금으로 보지 않는다.

2. 대손금 유보

구분	기초	감소	증가	기말
미수금	8,000,000	3,500,000		4,500,000
㈜A 외상매출금	3,000,000	2,000,000		1,000,000
㈜B 받을어음	2,000,000	1,998,000		2,000
㈜C 매출채권	△3,200,000	△1,200,000	$2,600,000 \times 1.1$	△2,000,000
부도어음			7,800,000	7,800,000
외상매출누락			2,860,000	2,860,000
외상매출금			△1,500,000	△1,500,000
합계	9,800,000	6,298,000	9,160,000	12,662,000

① 전기 이전 대손부인액이 당기 회수된 경우 당기 대손금에는 영향이 없으나 손금부인된 금액이 환입되는 것이므로 익금불산입하고 △유보 처분한다.

② 저당권 설정된 채권은 대손처리할 수 없다.

③ 외상매출누락분 중 부가가치세 매출세액은 세무상 채권에 포함된다.

3. 전기 말 채권잔액

$(12,000,000 - 1,603,200) \div 2.4\% = 433,200,000$
  └→ 전기 말 대손충당금 한도액

(2)

당기 말 채권잔액	351,362,000	$383,700,000 - 45,000,000 + 12,662,000$
당기 대손충당금 한도액	5,270,430	$351,362,000 \times \text{Max}(1.5\%, 1\%)$
당기 대손충당금 한도초과액	14,229,570	$19,500,000 - 5,270,430$

1. 설정제외 채권

24,000,000(대손세액공제받은 매출세액) + 16,000,000(고가양도 시가차액) + 5,000,000(구상채권)

= 45,000,000

① 채무보증대위변제로 인한 구상채권은 대손충당금 설정대상 채권에서 제외한다. 보증의 상대방이 특수관계인인지 여부와 관계없다.

② 특수관계인에게 자산을 고가양도함에 따라 발생한 미수금 중 시가와의 차액은 대손충당금 설정대상 채권에서 제외한다.

[물음 4]

(1) 연구 및 인력개발비 세액공제액: Max[①, ②] = 3,000,000

① 당기 발생액 기준: $20,000,000 \times 15\% = 3,000,000$

② 증가 발생액 기준: $(20,000,000 - 19,000,000) \times 40\% = 400,000$

직전 4년간의 평균

$= (19,000,000 + 16,000,000 + 18,000,000 + 15,000,000) \div 4년 = 17,000,000 < 19,000,000$

단, 최저한세액에 걸린 부분을 감안하면, 1,210,000원이다. 구체적으로 당기 연구 및 인력개발비 세액공제 신청은 3,000,000원으로 하고 공제액은 1,210,000원으로 한다.

(2) 외국납부세액

① 직접외국납부세액: 2,000,000

② 간접외국납부세액: $50,000,000 \times \dfrac{20,000,000}{300,000,000 - 50,000,000} = 4,000,000$

[손금불산입]	직접외국납부세액	2,000,000	기타사외유출
[익금산입]	간접외국납부세액	4,000,000	기타사외유출

(3), (4)

구분	감면 후 세액	최저한세 계산	재계산
1. 과세표준	121,000,000	121,000,000	121,000,000
× 세율	9%	8%	9%
2. 산출세액	10,890,000	9,680,000	10,890,000
3. 연구·인력개발비 세액공제(ㄱ)	(−)3,000,000		(−)1,210,000
4. 감면 후 세액	7,890,000		9,680,000
5. 외국납부세액공제(ㄴ)	외국납부세액공제 한도액		(−)2,160,000
6. 총부담세액	$10,890,000 \times \dfrac{20,000,000 + 4,000,000}{121,000,000}$		7,520,000
7. 기납부세액			(−)2,500,000
8. 차감납부할 세액	= 2,160,000		5,020,000

과세표준 칸 위 주석: 150,000,000 + 6,000,000 − 35,000,000(이월결손금)

자산수증이익으로 충당된 이월결손금, 전기 이전 과세표준 계산 시 공제한 이월결손금을 차감한 이월결손금을 당해 사업연도의 과세표준 계산 시 공제한다.

문제 4

[물음 1]

자료번호	과세표준	세율	매출세액
1	148,000,000	0%	−
2	35,000,000	0%	−
	15,000,000	10%	1,500,000
3	7,000,000	10%	700,000
4	24,000,000	0%	−
	6,000,000	10%	600,000
5	13,000,000	10%	1,300,000
6	27,000,000	10%	2,700,000
7	1,560,000	10%	156,000
8	800,000	10%	80,000
9	297,000,000	10%	29,700,000

자료번호 1 과세표준 위 주석: 60,500,000 + 70,000 × 1,250
자료번호 3 과세표준 옆 주석: 30,000,000 × 80%

1. 내국신용장 수출
   ① 공급시기가 속하는 과세기간이 끝난 후 25일 이내에 개설하는 신용장은 영세율을 적용한다.
   ② 내국신용장 또는 구매확인서에 의하여 공급하는 재화의 공급시기는 재화를 인도하는 때이다.
   ③ 공급시기(인도일: 2024. 11. 25.) 전에 원화로 환가한 경우에는 그 환가한 금액, 공급시기 이후 환가한 경우에는 공급시기의 기준환율을 적용한 금액으로 한다.

2. 비거주자가 지정하는 국내사업자에게 인도
   국내사업장이 없는 비거주자가 지정하는 국내사업자에게 제품을 인도한 경우, 해당 국내사업자가 과세사업에 사용하는 때는 영세율을 적용하고 면세사업에 사용하는 경우에는 일반세율(10%)을 적용한다.

3. 수출재화 임가공용역

내국신용장 또는 구매확인서에 의하여 수출재화를 수출업자에게 공급하는 사업자와 임가공계약을 체결하고 수출재화를 임가공하는 때에는 일반세율(10%)을 적용한다. 다만, 내국신용장에 의하여 수출재화를 수출업자에게 임가공하는 사업자와 계약을 체결한 경우라도 내국신용장 또는 구매확인서에 의하여 공급하는 수출재화 임가공용역은 영세율을 적용한다.

4. 대한적십자사 공급

사업자가 대한적십자사(한국국제협력단, 한국국제보건의료재단)에 공급하는 재화로서 대한적십자사가 구호사업 등을 위하여 외국에 무상으로 반출하는 재화는 영세율이 적용된다. 국내에서 사용한 경우에는 영세율이 적용되지 않는다.

5. 중간지급조건부 계약(변경)

구분	제품 A	제품 B
계약금	계약금 수령 시에는 중간지급조건부 계약에 해당한다. 이후 계약변경이 되더라도 당초 공급시기에는 변동 없다.	계약 당시에는 중간지급조건부 계약이 아니었지만, 계약변경으로 중간지급조건부로 변경됨에 따라 계약변경일(2024. 10. 30.)을 계약금 수령대가의 공급시기로 한다.
중도금 잔금	2024. 10. 10. 계약변경으로 중간지급조건부 계약에 해당하지 않게 됨에 따라 공급시기는 인도일(2025. 6. 15.)로 변경된다.	중도금과 잔금은 대가의 각 부분을 받기로 한 때를 공급시기로 한다.
2024년 제2기 공급가액	3,000,000 (계약금)	4,000,000 + 6,000,000 (계약금) (중도금)

6. 연체이자

연체이자(손해배상금)는 과세표준에 포함하지 않는다. 다만, 「소득세법」상 사업소득에는 포함된다.

7. 판매장려금 등

판매장려금 현금지급액은 과세표준에서 차감하지 아니한다. 단, 현물로 지급하는 판매장려금은 사업상 증여에 해당하여 재화의 공급으로 보며 공급가액은 시가로 한다.

8. 자기적립마일리지 등 외의 마일리지

자기적립마일리지 등 외의 마일리지 등으로 대금의 전부 또는 일부를 결제받은 경우로서 다음 중 어느 하나에 해당하는 경우에는 공급한 재화 또는 용역의 시가를 공급가액으로 한다.

① 대가를 보전받지 않고 자기생산·취득재화를 공급한 경우

② 특수관계인으로부터 부당하게 낮은 금액을 보전받거나 아무런 금액을 받지 않아서 조세의 부담을 부당하게 감소시킬 것으로 인정되는 경우

$$540,000,000 \times \frac{180,000,000}{400,000,000}$$

9. 일괄양도

구분	계약서	법정산식	차이
토지	350,000,000	243,000,000	(350,000,000 − 243,000,000) ÷ 243,000,000 = 44%
건물	140,000,000	202,500,000	(202,500,000 − 140,000,000) ÷ 202,500,000 = 31%
구축물	50,000,000	94,500,000	(94,500,000 − 50,000,000) ÷ 94,500,000 = 47%
합계	540,000,000	540,000,000	

① 공급가액의 차이가 30% 이상 발생하므로 계약서상 금액으로 공급가액을 정할 수 없고, 법정산식에 따른 금액(감정가액비율)으로 안분한 금액을 공급가액으로 한다.

② 공급시기(2024. 12. 27.)가 속하는 과세기간의 직전 과세기간 개시일부터 공급시기가 속하는 과세기간의 종료일까지의 감정가액은 인정되므로, 감정가액을 최우선 안분비율로 한다.

[물음 2]

구분	세액	비고
1. 세금계산서 수취분 매입세액	7,140,000	6,340,000 + 800,000
2. 예정신고 누락분	300,000	
3. 신용카드매출전표 등 수령명세서 제출분	70,000	
4. 의제매입세액	900,000	
5. 과세사업 전환 매입세액	1,400,000	$3,500,000 \times (1 - 25\% \times 2) \times 80\%$
6. 변제대손세액	700,000	
7. 공제받지 못할 매입세액	2,790,000	750,000 + 40,000 + 2,000,000
8. 공통매입세액 면세사업등분	254,000	180,000 + 60,000 + 14,000
9. 차가감 계(1 + 2 + 3 + 4 + 5 + 6 − 7 − 8)	7,466,000	

1. 세금계산서 수취분 매입세액

   재화 또는 용역의 공급시기 이후에 발급받은 세금계산서로서 해당 공급시기가 속하는 과세기간에 대한 확정신고기한까지 발급받은 경우는 사실과 다른 세금계산서로 보지 않는다.

2. 예정신고 누락분

   예정신고 때 공제받지 못한 공통매입세액이 있는 경우에도 우선 매입세액을 전부 신고서식에 기재하고 면세사업 관련 매입세액은 '공통매입세액 면세사업등분'에 기재한다.

3. 신용카드매출전표 등 수령명세서 제출분

   신용카드매출전표 등 수령명세서를 제출하라는 의미이다. 단, 매입세액공제대상이 되는 것만 적는다. 예를 들어 기업업무추진비를 지출하고 신용카드명세서를 제출하는 것은 허용되지 않는다. 그러나 공통매입세액으로서 안분이 필요한 경우는 '신용카드매출전표 등 수령명세서'에서 안분하여 기재하는 것이 아니라 전부 수령명세서에 기재한 후 '공통매입세액 면세사업등분'에 기재한다. 일선 실무 역시 위와 같이 작성한다.

   참고 신고서식 작성요령

   > 1. 신용카드매출전표 등 수령명세서 제출분
   >   사업과 관련한 재화나 용역을 공급받고 발급받은 신용카드매출전표 등을 신용카드매출전표 등 수령명세서에 작성하여 제출함으로써 매입세액을 공제하는 경우에 일반 매입과 고정자산 매입을 구분하여 적습니다.
   > 2. 공제받지 못할 매입세액
   >   발급받은 세금계산서 중 매입세액을 공제받지 못할 세금계산서의 공급가액, 세액의 합계액을 적습니다.
   > 3. 공통매입세액 면세사업등분
   >   부가가치세 과세사업과 면세사업 등에 공통으로 사용하는 공통매입세액 중 면세사업 등 해당분으로 안분계산한 공급가액과 세액을 적습니다.

4. 의제매입세액

구분	금액	비고
1. 과세사업	18,700,000	
2. 공통사용 및 기말	27,200,000	$(27,500,000 + 6,500,000) \times 80\%$ $\frac{240}{300}$
3. 합계	45,900,000	
4. 의제매입세액	900,000	$45,900,000 \times \dfrac{2}{102}$

면세농산물의 실지귀속이 구분되지 않는 경우와 기말재고는 모두 과세사업에 사용된 공급가액의 비율을 곱한 금액을 과세사업에 사용된 것으로 본다. 이때 전체 과세기간의 공급가액비율에 따른다. 예정신고기간에 매입한 의제매입세액이 있는 경우에는 이를 정산하지만, 문제 자료에서 예정신고기간의 매입세액이 제시되지 않았으므로 정산하지 않았다.

5. 과세사업 전환 매입세액

면세사업 등에 사용·소비되던 감가상각자산을 과세사업용으로 전환하여 사용·소비하는 경우에는 당초 공제받지 못한 매입세액 중 일부를 공제받을 수 있다. 이때 공제되는 매입세액은 간주시가에 대한 매입세액에 전용한 과세기간에 전체 공급가액 중 과세사업의 공급가액비율을 공급한 금액으로 한다.

6. 변제대손세액

재화 또는 용역을 공급받은 사업자가 매입세액에서 대손세액에 해당하는 금액을 뺀 이후에 대손금액의 전부 또는 일부를 변제한 경우에는 변제한 대손금액에 관련된 대손세액에 해당하는 금액을 변제한 날이 속하는 과세기간의 매입세액에 더한다. 신고서식에는 '그 밖의 매입세액'에 기재한다.

7. 공제받지 못할 매입세액

① 면세사업: 750,000

② 기업업무추진비: 40,000

③ 비영업용 소형승용차: 2,000,000

면세사업 등에 직접 관련된 매입세액은 **공제받지 못할 매입세액**에 포함되고, 과세사업과 면세사업에 공통으로 사용하는 매입세액은 '공통매입세액 면세사업등분'으로 별도 기재한다.

8. 공통매입세액 면세사업등분

$\dfrac{60}{300}$

① 기계장치: $9,000,000 \times 10\% \times 20\% = 180,000$

② 비품: $3,000,000 \times 10\% \times 20\% = 60,000$

③ 소모품: $700,000 \times 10\% \times 20\% = 14,000$

해커스 세무회계 기출문제집

회계사 · 세무사 · 경영지도사 단번에 합격!
해커스 경영아카데미 cpa.Hackers.com

2018년 세무회계
기출문제 & 해답

※ 답안 작성 시 유의사항
1. 답안은 문제 순서대로 작성할 것
2. 계산문제는 계산근거를 반드시 제시할 것
3. 답안은 아라비아 숫자로 원단위까지 작성할 것
   (예) 2,000,000 − 1,000,000 = 1,000,000원)
4. 별도의 언급이 없는 한 관련 자료·증빙의 제출 및 신고·납부절차는 적법하게 이행된 것으로 가정할 것

문제 1 (24점)

다음은 거주자 갑, 을, 병 및 정의 2024년 귀속 종합소득 신고를 위한 자료이다. 단, 제시된 금액은 원천징수하기 전의 금액이며, 별도의 언급이 없는 한 원천징수는 모두 적법하게 이루어졌다고 가정한다.

[물음 1] 거주자 갑의 2024년 금융소득과 관련된 내역이 〈자료 1〉과 같을 때 갑의 종합소득에 합산될 이자소득 총수입금액, 배당소득 총수입금액 및 배당가산액을 다음의 답안 양식에 따라 제시하시오.

(답안 양식)

이자소득 총수입금액	
배당소득 총수입금액	
배당가산액(Gross-up 금액)	

〈자료 1〉
1. 집합투자기구로부터 지급받은 이익: 4,500,000원(이자 2,000,000원, 배당 1,500,000원, 상장주식처분이익 1,000,000원으로 구성됨)
2. 환매조건부 채권의 매매차익: 5,000,000원
3. 외국법인으로부터 받은 현금배당금: 3,000,000원(국내에서 원천징수되지 않음)
4. ㈜A의 2023년 사업연도 법인세 신고 시 「법인세법」에 따라 배당으로 처분된 금액(결산확정일: 2024년 2월 20일): 1,600,000원
5. ㈜B가 자기주식소각이익(2021년 6월 5일에 소각하였으며, 소각 당시 시가가 취득가액을 초과함)을 자본전입함에 따라 ㈜B로부터 수령한 무상주의 액면가액: 10,000,000원(시가는 12,000,000원임)
6. 사업 목적이 아닌 일시적인 금전대여로 인해 수령한 원금 초과액 및 수수료: 2,000,000원(원천징수되지 않음)

7. 매매계약의 위약으로 인해 받은 손해배상금에 대한 법정이자: 1,400,000원

8. 2019년에 가입한 저축성 보험의 중도해지 환급금: 15,000,000원(납입보험료 총액은 12,000,000 원임)

[물음 2] 거주자 을은 2024년 6월 30일까지 ㈜A의 생산직 사원으로 근무하다가 2024년 7월 1일부터 ㈜B의 영업직 사원으로 이직하여 근무하고 있다. 을의 2024년 근로소득과 관련된 내역이 〈자료 2〉와 같을 때 ㈜A로부터 받은 총급여액, ㈜B로부터 받은 총급여 액을 다음의 답안 양식에 따라 제시하시오. 단, 을이 2023년에 ㈜A로부터 받은 총급 여액은 30,000,000원이다.

(답안 양식)

㈜A 총급여액	
㈜B 총급여액	

〈자료 2〉

1. 을이 ㈜A로부터 받은 소득내역은 다음과 같다.
   ① 기본급(월 1,500,000원): 9,000,000원
   ② 자격수당(월 100,000원): 600,000원
   ③ 상여금: 1,000,000원
   ④ 식사대(월 250,000원)*1: 1,500,000원
      *1 식사 및 기타 음식물을 제공받지 않음
   ⑤ 잉여금처분에 의한 상여금*2: 800,000원
      *2 전년도 실적을 바탕으로 한 상여금으로서 잉여금처분결의일은 2024년 2월 25일임
   ⑥ 연장근로수당: 2,800,000원
   ⑦ 을의 자녀를 수익자로 하는 교육보험의 보험료를 회사가 부담한 금액: 3,000,000원

2. 을이 ㈜B로부터 받은 소득내역은 다음과 같다.
   ① 기본급(월 1,000,000원): 6,000,000원
   ② 영업수당: 5,000,000원
   ③ 식사대(월 300,000원)*3: 1,800,000원
      *3 식사 및 기타 음식물을 제공받지 않음
   ④ 자가운전보조금(월 250,000원)*4: 1,500,000원
      *4 을의 소유차량을 본인이 직접 운전하여 회사의 업무수행에 이용하고 시내출장 등에 소요된 실제 여비를 받는 대신에 그 소요경비를 회사의 지급기준에 따라 받은 금액임
   ⑤ 연장근로수당: 800,000원
   ⑥ 사택을 무상으로 제공받음으로 인해 얻은 이익: 3,000,000원
   ⑦ 건강보험료 및 고용보험료의 본인 부담분을 회사가 납부한 금액(월 80,000원): 480,000원
   ⑧ 「발명진흥법」에 따라 받은 직무발명보상금: 2,000,000원

[물음 3] 거주자 병의 2024년 기타소득과 관련된 내역이 〈자료 3〉과 같을 때 병의 종합과세되는 기타소득금액과 기타소득(분리과세대상 포함)에 대한 소득세 원천징수세액을 다음의 답안 양식에 따라 제시하시오.

(답안 양식)

종합과세되는 기타소득금액	
기타소득 원천징수세액	

〈자료 3〉
1. 고려시대 골동품의 양도로 받은 금액: 80,000,000원(5년 보유 후 양도하였음)
2. 공익사업과 관련 없는 지역권의 대여로 인해 받은 금품: 25,000,000원(지역권의 대여와 관련하여 실제 발생한 경비는 22,000,000원임)
3. ㈜C의 2023년 각사업연도소득금액에 대한 세무조정 시 기타소득으로 병에게 처분된 금액: 6,000,000원(결산확정일: 2024년 2월 24일)
4. 일시적으로 잡지에 원고를 기고하고 6월 30일에 받은 원고료: 2,500,000원
5. 주택매수자가 계약을 해약함에 따라 계약금이 위약금으로 대체된 금액: 5,000,000원
6. 연금계좌에서 이연퇴직소득의 일부를 일시금으로 연금외수령한 금액: 8,000,000원

[물음 4] 거주자 정(45세, 남성이며 배우자 없음)의 2024년 종합소득신고와 관련된 내역이 〈자료 4〉와 같을 때 아래 요구사항에 답하시오.

〈자료 4〉
1. 종합소득금액의 내역은 다음과 같다.

구분	금액	비고
이자소득금액	15,000,000원	정기예금이자 10,000,000원과 비영업대금의 이익 5,000,000원으로 구성됨
배당소득금액	21,500,000원	배당가산액 1,500,000원 포함
근로소득금액	28,750,000원	총급여액 40,000,000원
기타소득금액	19,900,000원	
종합소득금액	85,150,000원	

2. 생계를 같이하는 부양가족의 현황은 다음과 같다.

구분	나이	소득	비고
부친	72세	1,200만원	작물재배로 인한 사업소득금액임
모친	68세	없음	2024년 3월 사망
누나	46세	총급여액 500만원	장애인임
장녀	15세	없음	기숙사 생활로 별거하고 있음
차녀	5세	없음	

3. 보험료 등의 납입내역은 다음과 같다.
① 「국민연금법」에 따라 본인이 부담하는 국민연금보험료 납입액: 4,000,000원
② 보험회사에 개설하고 있는 연금저축계좌 납입액: 5,000,000원
③ 「국민건강보험법」에 따라 본인이 부담하는 건강보험료 납입액: 1,500,000원
④ 「고용보험법」에 따라 본인이 부담하는 고용보험료 납입액: 300,000원
⑤ 본인을 피보험자로 하는 자동차보험료 납입액: 900,000원
⑥ 누나를 피보험자로 하는 장애인전용 보장성 보험료 납입액: 1,300,000원

4. 의료비 지출내역은 다음과 같다.
① 본인의 질병치료비용: 2,000,000원
② 모친의 입원치료비용: 5,000,000원
③ 누나의 장애인 보장구 구입비용: 3,500,000원
④ 차녀의 맹장염 수술비용: 800,000원

5. 종합소득세율(일부)

과세표준	세율
1,400만원 이하	과세표준의 6%
1,400만원 초과 5,000만원 이하	84만원 + 1,400만원을 초과하는 과세표준의 15%
5,000만원 초과 8,800만원 이하	624만원 + 5,000만원을 초과하는 과세표준의 24%
8,800만원 초과 1억 5천만원 이하	1,536만원 + 8,800만원을 초과하는 과세표준의 35%

〈요구사항 1〉

거주자 정의 인적공제액을 다음의 답안 양식에 따라 제시하시오.

(답안 양식)

기본공제액	
추가공제액	

〈요구사항 2〉

거주자 정의 특별소득공제액과 연금보험료공제액을 다음의 답안 양식에 따라 제시하시오.

(답안 양식)

특별소득공제액	
연금보험료공제액	

〈요구사항 3〉

거주자 정의 일반산출세액, 비교산출세액 및 배당세액공제액을 다음의 답안 양식에 따라 제시하시오. 단, 종합소득공제는 10,000,000원이라고 가정한다.

(답안 양식)

일반산출세액	
비교산출세액	
배당세액공제액	

〈요구사항 4〉

특별세액공제를 항목별로 신청한 거주자 정의 보험료 및 의료비세액공제액을 다음의 답안 양식에 따라 제시하시오. 단, 세액공제액은 전액 근로소득에 대한 산출세액에서 공제 가능한 것으로 가정한다.

(답안 양식)

보험료세액공제액	
의료비세액공제액	

문제 2 (6점)

다음은 거주자 갑의 주택 A 양도소득과 관련된 자료이다. 이 자료를 이용하여 갑의 주택 A 양도로 인한 양도소득금액을 다음의 답안 양식에 따라 제시하시오. 단, 세부담 최소화를 가정한다.

(답안 양식)

1. 양도가액	
2. 취득가액	
3. 기타 필요경비	
4. 양도차익	
5. 장기보유특별공제	
6. 양도소득금액	

〈자료〉

1. 주택 A(등기된 주택임)의 취득 및 양도와 관련된 내역은 다음과 같다.

양도일	2024. 6. 5.
취득일	2018. 9. 8.
실지양도가액	1,200,000,000원
실지취득가액	불분명
양도비용	6,500,000원
자본적 지출액	4,000,000원

2. 주택 A는 1세대 1주택 비과세요건을 충족하며, 조정대상지역 밖에 소재하고 있다.
3. 갑은 시가가 1,500,000,000원인 주택 A를 특수관계가 있는 ㈜K에게 양도하였다.
4. 주택 A의 실지취득가액은 불분명하며, 매매사례가액 및 감정가액은 확인되지 않는다.
5. 주택 A의 양도 당시 기준시가는 1,200,000,000원이며, 취득 당시의 기준시가는 800,000,000원이다.
6. 양도비용은 주택 A 양도 시 부동산중개수수료로 지급한 금액이며, 자본적 지출액은 주택 A의 리모델링 비용이다. 양도비용과 자본적 지출액에 대해 현금영수증을 수취하였다.
7. 갑은 2020년 2월 1일부터 양도 시까지 양도한 주택에서 거주하였다.
8. 1세대 1주택 장기보유특별공제율은 3년 이상 보유한 주택의 보유기간에 대하여 연 4%(40% 한도)와 2년 이상 거주한 주택의 거주기간에 대하여 연 4%(한도 40%)이다.

[물음 1] 다음은 ㈜동해의 제24기 사업연도(2024년 1월 1일 ~ 2024년 12월 31일) 법인세 신고 관련 자료이다.

〈자료〉

1. ㈜동해는 2024년 3월 6일 특수관계인이 아닌 A은행과 채무를 출자로 전환하는 내용이 포함된 경영정상화계획 이행을 위한 협약을 체결하였다.

2. ㈜동해는 2024년 4월 6일 A은행 차입금 100,000,000원을 출자로 전환하면서 신주 10,000주(주당 액면가액: 5,000원, 주당 시가: 6,000원)를 A은행에 교부하고 다음과 같이 회계처리하였다.

    (차) 차입금   100,000,000   (대) 자본금   50,000,000
                                              주식발행초과금   50,000,000

3. ㈜동해의 제23기 말 현재 세무상 이월결손금 잔액의 내역은 다음과 같다.
    ① 제10기 발생분: 10,000,000원
    ② 제15기 발생분: 5,000,000원*
        * 합병 시 승계받은 결손금임
    ③ 제23기 발생분: 20,000,000원

4. ㈜동해는 2024년 5월 6일 A은행 차입금의 출자전환으로 인해 발생한 주식발행초과금 50,000,000원을 재원으로 하여 무상증자를 실시하였다. 무상증자 직전의 ㈜동해 발행주식총수는 100,000주이며, 자기주식은 없다.

5. A은행은 ㈜동해가 2024년 7월 6일 주당 9,000원에 유상감자를 실시함에 따라 ㈜동해 주식 2,200주를 반납하고 다음과 같이 회계처리하였다.

    (차) 현금   19,800,000   (대) 단기매매금융자산   19,800,000

〈요구사항 1〉

〈자료〉의 1번 ~ 3번을 이용하여 ㈜동해의 제24기 세무조정 및 소득처분을 다음의 답안 양식에 따라 제시하시오. 단, 각사업연도소득금액의 최소화를 가정한다.

(답안 양식)

익금산입 및 손금불산입			손금산입 및 익금불산입		
과목	금액	소득처분	과목	금액	소득처분

〈요구사항 2〉

〈자료〉 4번과 5번의 무상증자 및 유상감자와 관련하여 A은행이 행하여야 할 세무조정 및 소득처분을 다음의 답안 양식에 따라 제시하시오. 단, 수입배당금액 익금불산입에 대한 세무조정은 제외하시오.

(답안 양식)

익금산입 및 손금불산입			손금산입 및 익금불산입		
과목	금액	소득처분	과목	금액	소득처분

[물음 2] 다음은 ㈜서해(중소기업 아님)의 제24기 사업연도(2024년 1월 1일 ~ 2024년 12월 31일) 법인세 신고 관련 자료이다. 단, 1년은 365일로 가정한다.

〈자료〉

1. 손익계산서상 이자비용의 내역은 다음과 같다.

구분	이자율	이자비용	차입금	차입금 적수
①	8%	16,000,000원	2억원	730억원
②	6%	8,926,027원	3억원	543억원
③	4%	6,049,315원	3억원	552억원

① 회사채이자로서 금융회사를 통해 채권자에게 지급되었으며, 이자비용에는 사채할인발행차금 상각액 4,000,000원이 포함되어 있다.
(차입기간: 2022년 7월 1일 ~ 2027년 6월 30일)
② A은행 차입금으로 당기에 상환한 운영자금 차입금이다.
(차입기간: 2022년 7월 1일 ~ 2024년 6월 30일)
③ B은행 차입금으로 당기에 신규로 차입한 운영자금 차입금이며, 이자비용에는 기간경과분 미지급이자 1,000,000원이 포함되어 있다.
(차입기간: 2024년 7월 1일 ~ 2026년 6월 30일)

2. ㈜서해는 2023년 10월 1일 업무에 직접 사용하지 않는 자동차를 특수관계인으로부터 100,000,000원(시가 60,000,000원)에 취득하여 보유하고 있다. 동 자동차와 관련하여 당기 중 감가상각비 20,000,000원(내용연수 5년, 정액법 상각)을 비용으로 계상하였다.

3. 가지급금의 내역은 다음과 같다.

구분	지급일	금액	대여금 적수
①	2024. 3. 7.	100,000,000원	300억원
②	2024. 6. 15.	30,000,000원	60억원
③	2024. 9. 23.	36,500,000원	36.5억원

① 대표이사 대여금으로 대표이사에게 업무와 무관하게 무상으로 대여한 금액이다. 한편 당기 말 현재 대표이사로부터 별도의 상환 약정 없이 차입한 차입금(가수금 적수는 154억원임)이 있다.
② 학자금 대여액으로 직원에게 자녀학자금을 무상으로 대여한 금액이다.
③ 주택자금 대여액으로 무주택직원에게 국민주택 취득자금으로 대여한 금액이다. 동 대여금과 관련하여 약정에 의한 이자수익 400,000원을 손익계산서에 이자수익으로 계상하였다.

4. ㈜서해는 가중평균차입이자율을 적용하여 인정이자를 계산한다.

5. ㈜서해는 A은행 및 B은행과 특수관계가 없다.

〈요구사항〉

㈜서해의 제24기 세무조정 및 소득처분을 다음의 답안 양식에 따라 제시하시오.

(답안 양식)

익금산입 및 손금불산입			손금산입 및 익금불산입		
과목	금액	소득처분	과목	금액	소득처분

[물음 3] 다음은 ㈜남해(사회적 기업 아님)의 제24기 사업연도(2024년 1월 1일 ~ 2024년 12월 31일) 법인세 신고 관련 자료이다.

〈자료〉

1. 손익계산서상 기부금내역은 다음과 같다.

일자	구분	금액
3. 15.	이재민 구호금품	20,000,000원
5. 10.	사립대학교 장학금	15,000,000원
7. 20.	사회복지법인 기부금	30,000,000원
9. 12.	영업자단체 협회비	10,000,000원

① 이재민 구호금품은 천재지변에 의한 이재민에게 자사제품(시가 30,000,000원)으로 기부한 것이다.

② 사립대학교 장학금은 대표이사의 모교인 사립대학교에 약속어음(결제일 2025년 1월 20일)으로 기부한 것이다.

③ 사회복지법인 기부금은 사회복지법인의 고유목적사업비를 현금으로 기부한 것이다.

④ 영업자단체 협회비는 영업자가 조직한 단체로서 주무관청에 등록된 단체에 납부한 회비이며, 특별회비 3,000,000원이 포함되어 있다.

2. ㈜남해는 2024년 10월 1일 보유하고 있던 건물(취득가액 4억원, 감가상각누계액 2억원, 상각부인액 1억원)을 10년간 회사가 사용수익하는 조건으로 대표이사의 향우회에 기부하고 건물의 시가인 5억원을 무형자산으로 계상하였다. ㈜남해는 동 무형자산에 대한 상각비 10,000,000원을 비용으로 계상하였다.

3. ㈜남해의 결산서상 당기순이익은 450,000,000원, 법인세비용은 52,000,000원이다.

4. 세무상 이월결손금은 없으며, 위에서 제시한 것 외에 다른 세무조정사항은 없다고 가정한다.

〈요구사항 1〉

제24기 차가감소득금액을 다음의 답안 양식에 따라 제시하시오.

(답안 양식)

당기순이익	×××
익금산입 및 손금불산입	×××
1) ……	×××
2) ……	×××
⋮	⋮
손금산입 및 익금불산입	×××
1) ……	×××
2) ……	×××
⋮	⋮
차가감소득금액	×××

〈요구사항 2〉

제24기 차가감소득금액이 250,000,000원이라고 가정할 경우 기부금 해당액과 기부금 한도초과(미달)액을 다음의 답안 양식에 따라 제시하시오.

(답안 양식)

특례기부금 해당액	
일반기부금 해당액	
특례기부금 한도초과(미달)액	
일반기부금 한도초과(미달)액	

[물음 4] 다음은 ㈜백두의 제24기 사업연도(2024년 1월 1일 ~ 2024년 12월 31일) 법인세 신고 관련 자료이다.

〈자료〉

1. ㈜백두는 2023년 4월 1일 착공한 본사 사옥을 당기 중 준공하고 2024년 7월 1일부터 사업에 사용하기 시작하였다. 본사 사옥에 대한 사용승인서 교부일은 2024년 10월 1일이다.

   ① 본사 사옥의 건설을 위하여 2023년 3월 1일 A은행으로부터 500,000,000원을 연이자율 6%로 차입하였으며, 2024년 12월 31일 전액 상환하였다. 동 차입금에 대한 지급이자를 전액 각사업연도의 이자비용으로 각각 계상하였다.

   ② 제24기 중 운영자금이 일시적으로 부족하여 위 차입금 중 100,000,000원을 2024년 3월 1일부터 5월 31일까지 운영자금으로 전용하여 사용하였다.

   ③ 건설기간 중 건설자금의 일시예치로 인한 수입이자는 제23기 5,000,000원, 제24기 3,500,000원으로 이를 각사업연도의 이자수익으로 각각 계상하였다.

④ 본사 사옥의 건설원가 10억원을 장부상 취득가액으로 계상하였으며, 본사 사옥에 대한 당기 감가상각비 15,000,000원을 비용으로 계상하였다.

⑤ 본사 사옥에 대한 내용연수를 20년으로 신고하였으며, 감가상각방법은 신고하지 않았다.

2. ㈜백두는 2024년 1월부터 신제품 개발을 시작하여 2024년 10월 1일 제품 개발을 완료하였으며, 2024년 12월 1일부터 신제품의 판매를 시작하였다.

① 개발비 지출액 전액(5억원)을 무형자산(개발비)으로 계상하였으며, 개발비 지출액의 내역은 다음과 같다.

구분	개발비 지출액
개발부서 인건비	250,000,000원
개발관련 재료비	100,000,000원
개발부서 관리비	150,000,000원

② 개발부서 재료비에는 판매비와 관리비로 처리되어야 할 소모품비 5,000,000원이 포함되어 있다.

③ 개발부서 관리비에는 「개인정보보호법」의 규정에 따라 지급한 손해배상액 30,000,000원이 포함되어 있다. 손해배상액 중 실제 발생한 손해는 알 수 없으며 「개인정보보호법」에 따른 손해배상액의 상한이 되는 배수는 3이다. 동 손해배상액은 신제품 개발과 무관한 일반관리비이며, 손해배상액과 관련하여 실제 발생한 손해액이 분명하지 않다.

④ 개발비의 상각기간을 5년으로 신고하였으며, 개발비 상각비 14,000,000원을 비용으로 계상하였다.

〈요구사항 1〉

〈자료〉 1번을 이용하여 ㈜백두의 제24기 세무조정 및 소득처분을 다음의 답안 양식에 따라 제시하시오. 단, 건설자금이자의 계산은 편의상 월할계산하는 것으로 하며, 전기의 세무조정은 적법하게 이루어진 것으로 가정한다.

(답안 양식)

익금산입 및 손금불산입			손금산입 및 익금불산입		
과목	금액	소득처분	과목	금액	소득처분

〈요구사항 2〉

〈자료〉 2번을 이용하여 ㈜백두의 제24기 세무조정 및 소득처분을 다음의 답안 양식에 따라 제시하시오.

(답안 양식)

익금산입 및 손금불산입			손금산입 및 익금불산입		
과목	금액	소득처분	과목	금액	소득처분

[물음 5] 다음은 제24기 사업연도(2024년 1월 1일 ~ 2024년 12월 31일) 말에 해산하기로 결의하고 청산절차에 착수한 ㈜한라의 청산소득 관련 자료이다. ㈜한라의 청산소득금액을 다음의 답안 양식에 따라 제시하시오.

(답안 양식)

잔여재산가액	
자기자본	
청산소득금액	

〈자료〉

1. 해산등기일 현재의 재무상태표는 다음과 같다.

(단위: 원)

현금	50,000,000	부채	200,000,000
재고자산	200,000,000	자본금	100,000,000
기계장치	100,000,000	이익잉여금	50,000,000
합계	350,000,000	합계	350,000,000

2. ㈜한라는 재고자산과 기계장치를 다음과 같이 환가하였으며, 부채는 200,000,000원에 상환하였다.

① 재고자산: 250,000,000원

② 기계장치: 80,000,000원

3. ㈜한라의 제24기 말 자본금과 적립금 조정명세서(을)의 유보잔액은 다음과 같다.

① 재고자산 평가감: 10,000,000원

② 기계장치 상각부인액: 20,000,000원

4. ㈜한라는 2023년 10월 15일 자본잉여금 20,000,000원을 자본금에 전입하고 무상주 4,000주를 발행하였다.

5. ㈜한라의 제24기 말 현재 세무상 이월결손금 잔액의 내역은 다음과 같다.

① 제10기 발생분: 50,000,000원

② 제20기 발생분: 70,000,000원

6. 위에서 제시한 것 외에 다른 사항은 고려하지 않는다.

다음은 제조업을 영위하고 있는 ㈜갑의 제24기 사업연도(2024년 1월 1일 ~ 2024년 12월 31일) 법인세 신고 관련 자료이다. 이 자료를 이용하여 아래 물음에 답하시오. 단, 세부담 최소화를 가정한다.

〈자료〉

1. 각사업연도소득금액은 180,000,000원이며, 과세표준도 동일하다.

2. 위 금액은 「조세특례제한법」상 최저한세대상 익금불산입액 120,000,000원이 차감된 금액이다.

3. 일반 연구 및 인력개발비 내역은 다음과 같다.

구분	금액
당기 발생분	20,000,000원[*1]
전기 발생분	10,000,000원[*2]

*1 수입금액 대비 일반 연구 및 인력개발비는 2%임

*2 전기 발생분은 소급하여 4년간 연평균발생액보다 적음

4. 외국납부세액은 12,000,000원이다. ㈜갑은 외국납부세액에 대한 세무조정은 적절하게 이루어졌다. 과세표준에 포함된 국외원천소득은 104,550,000원이다.

5. 적격증명서류 미수취가산세가 1,000,000원 있다.

6. 최저한세율은 다음과 같다.
   ① 중소기업: 7%
   ② 비중소기업: 10%

[물음 1] ㈜갑이 중소기업일 경우 다음 요구사항에 답하시오.

〈요구사항 1〉

㈜갑의 제24기 연구 및 인력개발비 세액공제액을 계산하시오.

〈요구사항 2〉

〈요구사항 1〉의 정답이 1,000,000원이라고 가정하고, ㈜갑의 제24기 다음 각 금액을 답안 양식에 따라 제시하시오.

(답안 양식)

「조세특례제한법」상 익금불산입 적용 배제 금액	
외국납부세액공제액	
총부담세액	

[물음 2] ㈜갑이 비중소기업일 경우(최초로 중소기업에 해당하지 않게 된 과세연도부터 10년이 경과하였으며, 중견기업이 아님) 다음 요구사항에 답하시오.

〈요구사항 1〉
㈜갑의 제24기 연구 및 인력개발비 세액공제액을 계산하시오.

〈요구사항 2〉
〈요구사항 1〉의 정답이 1,000,000원이라고 가정하고, ㈜갑의 제24기 다음 각 금액을 답안 양식에 따라 제시하시오.

(답안 양식)

「조세특례제한법」상 익금불산입 적용 배제 금액	
외국납부세액공제액	
총부담세액	

문제 5 (14점)

[물음 1] 다음은 ㈜갑과 ㈜을의 2024년 제1기 부가가치세 관련 자료이다. 단, 별도의 언급이 없는 한 제시된 금액은 부가가치세를 포함하지 않은 금액이며, 세금계산서는 적법하게 발급하였고 1년은 365일로 가정한다.

〈자료 1〉

1. ㈜갑은 5월 1일 거래처에 중간지급조건부로 상품 A^{*1}와 장기할부조건부로 상품 B^{*2}를 판매하였다. 동 일자에 대금 수령 없이 상품 A는 10,000,000원, 상품 B는 20,000,000원으로 세금계산서를 발급하였다.

   *1 5월부터 매월 초 1,000,000원씩 10개월 수령 조건

   *2 5월부터 매월 초 1,000,000원씩 20개월 수령 조건

2. ㈜갑은 은행 차입금 10,000,000원을 보유 중이던 건물 C(시가 10,000,000원)로 변제하였으며, 사업에 사용하던 건물 D(시가 13,000,000원)로 조세를 물납하였다.

3. ㈜갑은 기계장치 E(시가 불분명)를 거래처 기계장치 F(시가 불분명)와 교환하였다. 기계장치 E와 F의 평가액은 다음과 같다.

구분	「상속세 및 증여세법」상 보충적 평가액	감정평가법인의 감정가액
기계장치 E	11,000,000원	12,000,000원
기계장치 F	13,000,000원	14,000,000원

4. ㈜갑은 6월 1일 「공익사업을 위한 토지 등의 취득 및 보상에 관한 법률」에 따라 건물 G와 H를 수용당하고 각각 80,000,000원과 20,000,000원을 현금으로 수령하였다. 건물 G는 ㈜갑이 철거하는 조건이고, 건물 H는 법에 따른 사업시행자가 철거하는 조건이다.

5. ㈜갑은 상가 건물 I를 다음의 조건으로 임대하였으며, 임차인이 5월분 임대료를 지급하지 않아 보증금에서 충당하였다. 정기예금이자율은 연 3.65%로 가정한다.

구분	내용
계약기간	2024. 4. 1. ~ 2026. 3. 31.
월 임대료	1,000,000원(매월 말 지급)
임대보증금	40,000,000원
특약사항	임대료 미지급 시 다음 달 1일 보증금에서 충당

〈자료 2〉

㈜을은 6월 1일 토지, 건물 및 기계장치를 100,000,000원에 일괄양도하였다. 자산별 양도가액 구분이 불분명하며, 각 자산가액의 내역은 다음과 같다.

(단위: 원)

구분	기준시가	장부가액	감정가액[*]
토지	45,000,000	40,000,000	54,000,000
건물	15,000,000	20,000,000	18,000,000
기계장치	–	20,000,000	18,000,000
합계	60,000,000	80,000,000	90,000,000

* 2024년 6월 30일 기준 감정가액임

〈요구사항 1〉

〈자료 1〉을 이용하여 과세사업자인 ㈜갑이 2024년 제1기 부가가치세 확정신고 시 신고해야 할 과세 표준과 매출세액을 다음의 답안 양식에 따라 제시하시오.

(답안 양식)

자료번호	과세표준	세율	매출세액
1			
...			
5			

〈요구사항 2〉

〈자료 2〉를 이용하여 과세사업과 면세사업을 겸영하는 ㈜을이 2024년 제1기 부가가치세 확정신고 시 신고해야 할 매출세액을 계산하시오. 단, 토지, 건물 및 기계장치는 과세사업과 면세사업에 공통으로 사용되어 왔으며 직전 과세기간의 과세공급가액비율은 60%, 당해 과세기간의 과세공급가액비율은 70%로 가정한다.

[물음 2] 다음은 ㈜대한과 ㈜민국의 부가가치세 관련 자료이다. 단, 별도의 언급이 없는 한 제시된 금액은 부가가치세를 포함하지 않은 금액이며, 세금계산서 및 계산서는 적법하게 수취한 것으로 가정한다.

〈자료〉

1. ㈜대한은 햄버거 제조업(중소기업)을 영위하고 있으며 2024년 제1기 확정신고기간(4월 1일 ~ 6월 30일) 자료는 다음과 같다.

① 매입내역

구분	매입가액
돼지고기	10,000,000원
소고기	20,000,000원*
채소	4,000,000원
소금	1,000,000원
설탕 및 조미료	2,000,000원
수돗물	1,040,000원

* 소고기는 수입산이며 관세의 과세가격은 20,000,000원, 관세는 1,400,000원임

② 돼지고기 사용내역

구분	당기 매입분	전기 이월분
햄버거 제조	8,000,000원	1,000,000원
거래처증정	1,000,000원	500,000원
기말재고	1,000,000원	–
계	10,000,000원	1,500,000원

2. ㈜민국은 과세사업과 면세사업을 겸영하고 있으며, 과세기간별 공급가액은 다음과 같다.

과세기간	기간구분	과세공급가액	면세공급가액
2023년 제1기	1. 1. ~ 3. 31.	4.8억원	5.2억원
	4. 1. ~ 6. 30.	5.2억원	4.8억원
2023년 제2기	7. 1. ~ 9. 30.	5억원	5억원
	10. 1. ~ 12. 31.	5.8억원	4.2억원
2024년 제1기	1. 1. ~ 3. 31.	5억원	5억원
	4. 1. ~ 6. 30.	7억원	3억원
2024년 제2기	7. 1. ~ 9. 30.	7억원	3억원
	10. 1. ~ 12. 31.	7억원	3억원

① 건물 A를 2023년 1월 1일 55,000,000원(부가가치세 포함)에 구입한 후 과세사업과 면세사업에 공통으로 사용하였으며, 2024년 12월 31일 40,000,000원에 매각하였다.

② 기계장치 B를 2024년 7월 1일 22,000,000원(부가가치세 포함)에 구입한 후 과세사업과 면세사업에 공통으로 사용하였으며, 2024년 11월 1일 10,000,000원에 매각하였다.

〈요구사항 1〉

㈜대한의 2024년 제1기 부가가치세 확정신고 시 공제할 의제매입세액과 관련된 다음 각 금액을 답안 양식에 따라 제시하시오. 단, 제1기 과세기간의 햄버거 공급과 관련된 과세표준은 500,000,000원이며, 제1기 예정신고 시 공제받은 의제매입세액은 1,000,000원인 것으로 가정한다.

(답안 양식)

의제매입세액공제액	
전기 의제매입세액공제분 추징액	

〈요구사항 2〉

㈜민국의 건물 A와 기계장치 B의 취득과 관련된 다음 각 금액을 답안 양식에 따라 제시하시오. 단, 정산 및 재계산의 경우 납부세액을 증가시키면 (+), 감소시키면 (−) 부호를 금액과 함께 기재하시오.

(답안 양식)

건물 A	금액
2023년 제1기 확정신고 시 공통매입세액 정산액	
2023년 제2기 납부(환급)세액 재계산액	
2024년 제1기 납부(환급)세액 재계산액	
2024년 제2기 납부(환급)세액 재계산액	

기계장치 B	금액
2024년 제2기 예정신고 시 공제받지 못할 매입세액	
2024년 제2기 확정신고 시 공통매입세액 정산액	

문제 6 (6점)

다음은 2024년 7월 1일부터 일반과세자에서 간이과세자로 전환된 사업자 갑의 2024년 거래내역이다.

〈자료〉

1. 과자 제조업을 영위하고 있는 갑의 2024년 7월 1일부터 2024년 12월 31일까지의 매출과 매입 자료는 다음과 같다.
   ① 공급대가: 30,000,000원
      (신용카드매출전표 발행분은 10,000,000원이고, 2,200,000원은 거래처의 파산으로 대손이 확정됨)
   ② 매입금액(부가가치세 포함): 22,000,000원
      (신용카드매출전표 수취분은 11,000,000원이고, 세금계산서 수취분은 11,000,000원임)
2. 2024년 7월 1일 현재 보유자산 현황

구분	취득일자	취득가액[*1]	시가
원재료	–	1,100,000원	2,000,000원
기계장치	2023. 12. 1.	불분명[*2]	10,000,000원
건물	2021. 2. 1.	44,000,000원	50,000,000원

   *1 취득가액은 일반과세자가 매입한 경우 공급가액, 간이과세자가 매입한 경우 공급대가로 봄
   *2 기계장치는 관련 증명서류의 분실로 인하여 취득가액 및 장부가액이 확인되지 않음
3. 과자 제조업의 업종별 부가가치율은 다음의 비율로 가정한다.

2023년 이전	2024년
10%	20%

[물음 1] 간이과세자 갑의 2024년 부가가치세 납부세액(재고납부세액 제외) 및 세액공제액을 다음의 답안 양식에 따라 제시하시오.

(답안 양식)

	납부세액(재고납부세액 제외)	
세액 공제	매입세금계산서 등 수취세액공제	
	신용카드매출전표 등 발행세액공제(한도는 고려하지 말 것)	

[물음 2] 간이과세자 갑의 2024년 부가가치세 재고납부세액을 다음의 답안 양식에 따라 제시하시오.

(답안 양식)

구분	재고납부세액
원재료	
기계장치	
건물	

[물음 3] 사업자 갑이 2024년 7월 1일부터 간이과세자에서 일반과세자로 전환되었다고 가정하고, 일반과세자 갑의 2024년 부가가치세 재고매입세액을 다음의 답안 양식에 따라 제시하시오.

(답안 양식)

구분	재고매입세액
원재료	
기계장치	
건물	

문제 7 (10점)

[물음 1] 거주자 갑이 상속받은 ㈜대한의 주식과 관련된 다음 자료를 이용하여 요구사항에 답하시오.

〈자료〉
1. 상속받은 주식 수는 70,000주이며, 상속개시일은 2024년 7월 1일이다.
2. 12월 말 비상장법인인 ㈜대한은 부동산과다법인이 아니며, 「중소기업기본법」에 따른 중소기업 또는 중견기업도 아니다.
3. 상속개시일 현재 「상속세 및 증여세법」에 따른 ㈜대한의 자산과 부채는 다음과 같다.

자산 총계	부채 총계
100억원	50억원

① 자산 총계에는 개발비 500,000,000원이 포함되어 있고, 세무상 영업권 평가액 500,000,000원은 포함되어 있지 않다.
② 부채 총계에는 퇴직급여충당금 계상액 800,000,000원이 포함되어 있고, 이는 상속개시일 현재 퇴직금추계액의 50%에 해당한다.
4. ㈜대한의 총발행주식수는 2012년 설립 이후 변동 없이 100,000주이다.
5. ㈜대한의 각사업연도 순손익액을 구하기 위한 자료는 다음과 같다.

사업연도	내역
2023년	• 각사업연도소득금액: 650,000,000원 • 국세 환급금이자: 5,000,000원 • 당해 연도 법인세 등: 150,000,000원
2022년	• 각사업연도소득금액: 580,000,000원 • 기업업무추진비 한도초과액: 20,000,000원 • 당해 연도 법인세 등: 110,000,000원
2021년	• 각사업연도소득금액: 470,000,000원 • 지급이자 손금불산입액: 15,000,000원 • 당해 연도 법인세 등: 80,000,000원

6. 순손익가치 계산 시 적용할 이자율은 10%이다.

〈요구사항 1〉
상속재산인 ㈜대한의 비상장주식 평가액을 다음 답안 양식에 따라 제시하시오. 단, ㈜대한의 비상장주식 평가는 순자산가치만 평가하는 경우에 해당하지 아니한다.

(답안 양식)

1주당 순자산가치	
1주당 순손익가치	
1주당 평가액	
비상장주식평가액	

〈요구사항 2〉

「상속세 및 증여세법」상 비상장주식 평가방법과 「소득세법」상 비상장주식 평가방법의 차이에 대해 5줄 이내로 기술하시오.

[물음 2] 비상장 영리내국법인인 ㈜갑은 2024년 3월 2일 정기주주총회 결의로 이익잉여금을 처분하여 배당을 실시하였다. 다음 자료를 이용하여 증여세 납세의무자를 모두 제시하고 납세의무자별로 증여재산가액 및 증여세 산출세액을 답안 양식에 따라 계산하시오.

(답안 양식)

납세의무자	증여재산가액	증여세 산출세액

〈자료〉

1. ㈜갑의 사업연도는 매년 1월 1일 ~ 12월 31일이다.
2. ㈜갑의 주주 구성 및 실제배당내역은 다음과 같다.

주주	관계	지분비율	실제배당
A(70세)		40%	20억원
B(45세)	A의 아들	10%	30억원
C(18세)	B의 딸	5%	90억원
D(60세)		30%	30억원
E(30세)	D의 딸	5%	20억원
㈜F		10%	10억원
합계		100%	200억원

3. A, B, C, D, E는 모두 거주자이며, ㈜F는 영리내국법인이다. A와 D는 특수관계인이 아니다.
4. 초과배당에 대한 소득세 상당액은 42% 세율을 적용한 금액으로 가정한다.
5. 상속세 및 증여세율(일부)

과세표준	세율
1억원 초과 5억원 이하	1천만원 + 1억원을 초과하는 금액의 20%
5억원 초과 10억원 이하	9천만원 + 5억원을 초과하는 금액의 30%
10억원 초과 30억원 이하	2억 4천만원 + 10억원을 초과하는 금액의 40%

문제 1

[물음 1]

이자소득 총수입금액	10,000,000
배당소득 총수입금액	18,100,000
배당가산액(Gross-up 금액)	160,000

1. 금융소득구분

구분	이자	배당	비고
1. 집합투자기구이익		3,500,000	상장주식처분(평가)이익 제외
2. 환매조건부 채권	5,000,000		
3. 외국법인 배당		3,000,000	무조건 종합과세
4. 인정배당		(G)1,600,000	수입시기(결산확정일)
5. 무상주		10,000,000	소각 당시 시가 > 취득가액
6. 비영업대금의 이익	2,000,000		무조건 종합과세
7. 손해배상금 법정이자			금융소득 아님
8. 저축성 보험 환급금	3,000,000		15,000,000 − 12,000,000
합계	10,000,000	18,100,000	28,100,000

2. 자기주식소각이익

소각 당시	시가 < 취득가액	시가 > 취득가액
소각일로부터 2년 이내 자본전입	의제배당	의제배당
소각일로부터 2년 이후 자본전입	과세하지 않음	의제배당

3. 손해배상금 법정이자
   ① 매매계약의 위반으로 인해 받은 손해배상금은 재산권에 관한 계약의 위약 또는 해약으로 인해 받는 손해배상으로서 그 명목 여하에 불구하고 본래의 계약의 내용이 되는 지급 자체에 대한 손해를 넘는 손해에 대하여 배상하는 금전 또는 그 밖의 물품의 가액은 기타소득으로 과세한다.
   ② 계약의 위약 또는 해약으로 인하여 받는 소득으로서 부당이득 반환 시 지급받는 이자는 기타소득에 해당한다. 문제에 제시된 법정이자가 위에서 말하는 '부당이득 반환 시 지급받는 이자'에 해당한다고 단정할 수는 없으나, 적어도 이자소득에 해당하지 않는 것은 분명하다.

4. 저축성 보험차익
   보험계약(가입)기간이 10년 미만인 것은 이자소득으로 과세한다.

5. Gross-up 금액
   $Min[1,600,000, (28,100,000 − 20,000,000)] \times 10\% = 160,000$

[물음 2]

㈜A 총급여액	15,100,000
㈜B 총급여액	13,180,000

1. ㈜A 총급여액

구분	월정액급여	총급여	비고
① 기본급	1,500,000	9,000,000	
② 자격수당	100,000	600,000	100,000 × 6개월
③ 상여금		1,000,000	
④ 식사대	250,000	300,000	(250,000 − 200,000) × 6개월
⑤ 잉여금처분		800,000	귀속시기(잉여금처분결의일)
⑥ 연장근로수당		400,000	2,800,000 − 2,400,000(연간 한도)
⑦ 교육보험료		3,000,000	단체보험에 해당하지 아니함
합계	1,850,000	15,100,000	월정액급여 210만원 이하

① 교육보험료: 종업원이 계약자이거나 종업원 또는 그 배우자 기타 가족을 수익자로 하는 보험·신탁 등과 관련하여 사용자가 부담하는 보험료·신탁부금 등은 근로소득에 포함한다. 단체 보장성 보험의 보험료 중 연 70만원 이하의 금액은 비과세한다.

② 연장근로수당: 생산직 근로자 등에게 지급하는 비과세요건을 갖춘 연장근로·휴일·야간근로수당은 연간 240만원까지 비과세한다. 당해 과세기간에 생산직 근로자로 근무한 기간에 관계없이 연간 240만원을 한도로 비과세하며 월할계산하지 않는다.

2. ㈜B 총급여액(비과세 제외)

구분	총급여	비고
① 기본급	6,000,000	
② 영업수당	5,000,000	
③ 식사대	600,000	(300,000 − 200,000) × 6개월
④ 자가운전보조금	300,000	(250,000 − 200,000) × 6개월
⑤ 연장근로수당	800,000	
⑥ 사택제공이익		출자임원이 아님
⑦ 건강보험료, 고용보험료	480,000	80,000 × 6개월, 회사 대납분만 포함
⑧ 직무발명보상금		연 700만원 이하의 금액은 비과세
합계	13,180,000	

① 별도의 식사를 제공받지 않는 경우 월 20만원까지의 식사대는 비과세한다. 식사 및 식사대 비과세는 월 단위로 계산하며 두 개 이상의 회사에 근무하는 경우에도 월 20만원을 한도로 한다.

② 종업원의 소유차량을 종업원이 직접 운전하여 사용자의 업무수행에 이용하고 시내출장 등에 소요된 실제 여비를 받는 대신에 그 소요경비를 당해 사업체의 규칙 등에 의하여 정하여진 지급기준에 따라 받는 금액 중 월 20만원 이내의 금액은 **실비변상적 급여**로 보아 비과세하며, 20만원 초과분에 대해서만 과세한다.

③ 을은 ㈜B의 생산직 근로자가 아니기 때문에 비과세 적용대상이 아니다. 이에 따라 월정액급여도 별도로 계산하지 않았다.

④ 비출자임원, 소액주주(특수관계인 지분을 포함하여 지분율 1% 미만이면서 액면가액 3억원을 초과하지 않는 주주)인 임원과 임원이 아닌 종업원이 사택을 무상으로 제공받음으로 인해 얻은 이익은 비과세한다.

[물음 3]

종합과세되는 기타소득금액	12,000,000
기타소득 원천징수세액	3,000,000

구분	기타소득금액	원천징수세액	비고
1. 서화·골동품		1,600,000	[80,000,000 × (1 − 90%)] × 20%
2. 지역권 대여소득			사업소득(공익사업 무관)
3. 인정기타소득	6,000,000	1,200,000	6,000,000 × 20%, 결산확정일
4. 원고료	1,000,000	200,000	[2,500,000 × (1 − 60%)] × 20%
5. 위약금	5,000,000		원천징수의무 없음
6. 이연퇴직소득			이연퇴직소득은 연금외수령 시 퇴직소득
합계	12,000,000	3,000,000	

[물음 4]

〈요구사항 1〉

기본공제액	9,000,000	1,500,000 × 6
추가공제액	4,000,000	한부모, 경로우대자, 장애인공제

1. 인적공제액

구분	기본공제	추가공제	비고
본인	○	1,000,000	한부모공제(배우자 없음)
부친	○	1,000,000	식량작물재배(과세 제외), 기타작물재배(비과세)
모친	○		사망일 전날의 상황에 따름
누나	○	2,000,000	형제자매 가능, 장애인공제(소득요건 충족함)
장녀	○		직계비속은 별거 여부에 관계없음
차녀	○		8세 이상이 아니므로 자녀세액공제 ×
합계	9,000,000	4,000,000	

〈요구사항 2〉

특별소득공제액	1,800,000	1,500,000(건강보험료) + 300,000(고용보험료)
연금보험료공제액	4,000,000	국민연금보험료

〈요구사항 3〉

일반산출세액	10,276,000	(75,150,000 − 20,000,000) × t + 20,000,000 × 14%
비교산출세액	9,987,500	38,650,000 × t + 5,000,000 × 25% + 30,000,000 × 14%
배당세액공제액	288,500	Min[1,500,000, (10,276,000 − 9,987,500)]

1. 종합소득과세표준

$85,150,000 - 10,000,000 = 75,150,000$

2. 종합소득과세표준의 구분

① 금융소득: $10,000,000 + 5,000,000(비영업대금) + 20,000,000 + 1,500,000 = 36,500,000$

② 금융외소득: $28,750,000 + 19,900,000 - 10,000,000 = 38,650,000$

〈요구사항 4〉

보험료세액공제액	258,000	Min(90만원, 100만원) × 12% + Min(130만원, 100만원) × 15%
의료비세액공제액	1,515,000	(11,300,000 - 40,000,000 × 3%) × 15%

1. 의료비세액공제

$2,000,000 + 5,000,000(65세 이상) + 3,500,000(장애인) + 800,000(6세 이하 자녀)$

유형	지출액	대상액	공제율	세액공제액
1. 난임시술비			30%	
2. 미숙아 등			20%	
3. 특정의료비	11,300,000	10,100,000	15%	1,515,000
4. 일반의료비			15%	
합계	11,300,000	10,100,000		1,515,000

* 6세 이하 자녀 의료비도 특정의료비에 해당

$11,300,000 - 40,000,000 × 3\%$

문제 2

1. 양도가액	1,500,000,000	부당행위계산부인 적용(시가)
2. 취득가액	1,000,000,000	$1,500,000,000 × \dfrac{800,000,000}{1,200,000,000}$(환산취득가액)
3. 기타 필요경비	24,000,000	800,000,000(기준시가) × 3%
4. 양도차익	95,200,000	$476,000,000(전체 양도차익) × \dfrac{15억원 - 12억원}{15억원}$
5. 장기보유특별공제	34,272,000	95,200,000 × [20%(보유기간) + 16%(거주기간)]
6. 양도소득금액	60,928,000	95,200,000 - 34,272,000

1. 양도가액(부당행위계산부인)

특수관계인에게 자산을 시가보다 저가로 양도한 경우로서 시가와 양도가액의 차액이 3억원 이상이거나 시가의 5% 이상인 경우에는 시가를 실지거래가액으로 한다.

2. 기타 필요경비

① 취득가액을 실지거래가액에 의하여 양도차익을 계산하는 경우 기타경비는 자본적 지출액과 양도비용의 합계로 한다.

② 취득가액을 매매사례가액, 감정가액 및 환산가액에 의하여 양도차익을 계산하는 경우 기타경비는 개산공제액으로 한다.

문제 3

[물음 1]

〈요구사항 1〉 채무자(피출자법인)의 세무조정

익금산입 및 손금불산입			손금산입 및 익금불산입		
과목	금액	소득처분	과목	금액	소득처분
채무면제이익	40,000,000	기타	이월결손금 보전	30,000,000	기타
			과세이연	10,000,000	기타(유보)

1. 출자전환 시 세무상 처리

						시가
(차) 차입금		100,000,000	(대)	자본금(액면가액)	50,000,000	
(발행가액)				주식발행초과금	10,000,000	
				채무면제이익	40,000,000	

세무상 채무면제이익에 해당하는 40,000,000원을 주식발행초과금으로 처리하였으므로 이를 익금산입(기타)한다.

2. 채무면제이익을 이월결손금 보전에 충당

채무의 출자전환 시 발생하는 채무면제이익은 세무상 이월결손금(합병·분할 시 승계한 이월결손금은 제외)이 있으면 이와 충당하고 익금불산입(30,000,000원, 제10기 + 제23기)한다.

3. 채무면제이익에 대한 과세이연

채무면제이익과 상계할 이월결손금이 부족한 경우로서 회생계획인가의 결정을 받은 법인 등은 **채무의 출자전환 시 채무면제이익을 바로 과세하지 아니하고, 향후 발생하는 결손금과 상계할 수 있다.**

〈요구사항 2〉 채권자(출자법인)의 세무조정

익금산입 및 손금불산입			손금산입 및 익금불산입		
과목	금액	소득처분	과목	금액	소득처분
의제배당(무상주)	4,000,000	유보			
의제배당(감자)	540,000	유보			

1. 무상주 수령

10,000주 ÷ 100,000주

구분	잉여금(재원)	의제배당(10%)	비고
주식발행초과금	10,000,000		(60,000,000 − 50,000,000) × 10%
채무면제이익	40,000,000	4,000,000	(100,000,000 − 60,000,000) × 10%
합계	50,000,000	**4,000,000**	

2. 의제배당(감자)

(1) 의제배당

구분	금액	비고
1. 감자대가	19,800,000	2,200주 × 9,000
2. 취득원가	19,260,000	200주 × '0' + 2,000주 × 9,630(원단위 절상)
3. 의제배당	540,000	

(2) 취득원가

취득일	주식 수	취득단가	평균단가	비고
출자전환	10,000주	@10,000	@10,000	채권의 장부가액
무상증자(1)	800주	@5,000	@9,630	채무면제이익 자본전입
무상증자(2)	200주	@0		주식발행초과금 자본전입
합계	11,000주			

① 출자전환 시 주식의 취득가액은 시가를 원칙으로 하나, 채무자가 과세이연요건을 충족한 경우에는 출자전환된 채권의 장부가액(100,000,000원)을 주식의 취득원가로 한다.

② 무상증자 시 취득한 주식은 과세되는 무상주와 과세되지 않은 무상주를 구분하여 각 무상주별로 취득단가를 계산한다.

[물음 2]

익금산입 및 손금불산입			손금산입 및 익금불산입		
과목	금액	소득처분	과목	금액	소득처분
업무무관자산	20,000,000	유보			
지급이자	9,292,602	기타사외유출			
인정이자(대표이사)	2,720,000	상여			
인정이자(직원)	160,000	상여			

1. 업무무관자산의 감가상각

업무에 사용하지 아니하는 자산은 감가상각대상 자산에서 제외하므로 회사계상 감가상각비는 전부 손금불산입한다.

2. 지급이자

(1) 업무무관자산 및 업무무관가지급금의 적수

구분	적수	비고
비업무용 승용차	36,500,000,000	100,000,000 × 365
대표이사 대여금	14,600,000,000	300억원 − 154억원
주택자금 대여금	3,650,000,000	
합계	54,750,000,000	

① 특수관계인으로부터 업무무관자산을 시가를 초과하여 구입한 경우, 시가초과금액도 업무무관자산에 포함한다. 실제로 자산을 취득하는 데 소요된 자금이기 때문이다.

② 가지급금과 가수금은 서로 상계하지 아니한다는 별도의 약정이 없는 한 상계한다.

③ 직원에 대한 학자금 대여액은 업무무관가지급금으로 보지 아니한다. 반면, ㈜서해가 중소기업이 아니므로 종업원에 대한 주택자금 대출액은 업무무관가지급금에 해당한다.

(2) 업무무관자산 등 관련 이자

$$30,975,342 \times \frac{54,750,000,000}{182,500,000,000} = 9,292,602$$

3. 가지급금 인정이자

(1) 대여시점의 가중평균차입이자율

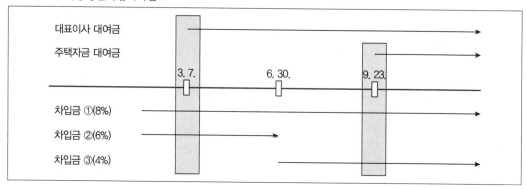

① 대표이사 대여금

$$8\% \times \frac{2억}{2억 + 3억} + 6\% \times \frac{3억}{2억 + 3억} = 6.8\%$$

② 주택자금 대여금

$$8\% \times \frac{2억}{2억 + 3억} + 4\% \times \frac{3억}{2억 + 3억} = 5.6\%$$

(2) 인정이자 계상액

① 대표이사 대여금

$$(300억원 - 154억원) \times 6.8\% \times \frac{1}{365} - 0 = 2,720,000$$

② 직원에 대한 주택자금 대여금

$$36.5억원 \times 5.6\% \times \frac{1}{365} - 400,000 = 160,000 \geq 560,000 \times 5\%$$

[물음 3]

〈요구사항 1〉

당기순이익	450,000,000	
익금산입 및 손금불산입	580,000,000	
1) 미지급기부금	15,000,000	어음결제일이 속하는 2025년 기부금
2) 특별회비	3,000,000	
3) 비지정기부금	500,000,000	대표이사 향우회 기부금
4) 감가상각비	10,000,000	자산감액분 상각비(전액 부인됨)
5) 법인세비용	52,000,000	
손금산입 및 익금불산입	600,000,000	
1) 무형자산	500,000,000	사용수익기부자산에 해당하지 않으므로 전부 감액
2) 건물상각부인액	100,000,000	유보추인
차가감소득금액	430,000,000	

1. 특별회비

   영업자가 조직한 단체로서 주무관청에 등록된 단체에 대한 일반회비는 전액 손금 인정되나, 특별회비(경비충당 목적 이외의 회비)는 전액 손금불산입하고 기타사외유출로 소득처분한다.

2. 현물기부

   ① 비지정 현물기부금은 시가와 장부가액 중 큰 금액으로 평가한다.

   ② 사용수익기부자산은 금전 외의 자산을 국가 또는 지방자치단체에 사용수익을 조건으로 무상지출한 것을 말한다. 따라서 국가 또는 지방자치단체 이외의 단체에 사용수익을 조건으로 무상지출한 것은 사용수익기부자산에 해당하지 않고, 비지정기부금으로 본다.

(1) 회계처리				
(차) 무형자산	500,000,000	(대)	건물	400,000,000
감가상각누계액	200,000,000		유형자산처분이익	300,000,000
(2) 세법상 처리				
(차) 비지정기부금	500,000,000	(대)	건물	400,000,000
감가상각누계액	100,000,000		유형자산처분이익	200,000,000

   결산상 유형자산처분이익과 세법상 유형자산처분이익의 차액(100,000,000원)을 세무조정한다. 동 금액은 유보추인액과 동일하다.

〈요구사항 2〉

250,000,000 + 20,000,000(특례) + 30,000,000(일반)

특례기부금 해당액	20,000,000	이재민 구호금품(특례기부금, 장부가액)
일반기부금 해당액	30,000,000	사회복지법인기부금(고유목적사업비)
특례기부금 한도초과(미달)액	(130,000,000)	300,000,000 × 50% = 150,000,000
일반기부금 한도초과(미달)액	2,000,000	(300,000,000 − 20,000,000) × 10% = 28,000,000

[물음 4]

〈요구사항 1〉

익금산입 및 손금불산입			손금산입 및 익금불산입		
과목	금액	소득처분	과목	금액	소득처분
			전기 건설자금이자	687,500	유보

1. 건설자금이자

(1) 제23기   23. 4. 1. ~ 23. 12. 31.

$$500,000,000 \times 6\% \times \frac{9}{12} - 5,000,000 = 17,500,000$$

(2) 제24기   24. 1. 1. ~ 24. 6. 30.   운영자금 전용 차입금이자(24. 3. 1. ~ 24. 5. 31.)

$$500,000,000 \times 6\% \times \frac{6}{12} - 100,000,000 \times 6\% \times \frac{3}{12} - 3,500,000 = 10,000,000$$

① 건설자금이자는 사업용 유형·무형자산의 매입·제작·건설을 개시한 날로부터 준공된 날까지 발생한 총 지급이자를 말한다.

② 건설자금이자 계산의 기산일은 건설을 개시한 날, 매입의 경우에는 계약금을 지급한 날, 제작·건설의 경우 관련비용이 지출된 때를 개시일로 본다.

③ 건설자금이자 계산기간의 종료일은 건설이 준공된 날로 한다. 각 자산별 준공일은 다음과 같다.

구분	내용
토지매입	대금청산일. 단, 대금청산 전 토지를 사업에 사용한 경우에는 그 사업에 사용되기 시작한 날(→ '사업에 사용되기 시작한 날'이라 함은 공장 등의 건설에 착공한 날 또는 해당 사업용 토지로 업무에 직접 사용한 날)
건축물	「소득세법 시행령」에 의한 취득일 또는 사용개시일 중 빠른 날
기타 유형·무형자산	사용개시일

2. 건설자금이자 세무조정

당해 과세기간 중 본사 사옥의 건설이 완료되었으므로, 해당 건설자금이자를 즉시상각비로 의제한다.

구분	금액	비고
1. 회사상각비	25,000,000	15,000,000 + 10,000,000
2. 상각범위액	25,687,500	$(1,000,000,000 + 27,500,000) \times \frac{1}{20} \times \frac{6}{12}$
3. 시인부족액	△687,500	손금산입액: Min(687,500, 17,500,000)

17,500,000 + 10,000,000

〈요구사항 2〉

익금산입 및 손금불산입			손금산입 및 익금불산입		
과목	금액	소득처분	과목	금액	소득처분
징벌적 손해배상금	20,000,000	기타사외유출	개발비 감액	35,000,000	유보
자산감액분 상각비	980,000	유보			
개발비 상각부인액	5,270,000	유보			

1. 개발비 감액

소모품비(5,000,000원)와 손해배상액(30,000,000원)은 세법상 개발비(자산)로 인정받을 수 없다. 따라서 자산계상 개발비를 손금산입하고 유보 처분한다.

2. 징벌적 손해배상

내국법인이 지급한 손해배상금 중 실제 발생한 손해를 초과하여 지급하는 금액은 내국법인의 각 사업연도의 소득금액을 계산할 때 손금에 산입하지 아니한다. 징벌적손해배상금 중 실제 발생한 손해액이 분명하지 않은 경우에는 다음 금액을 손금불산입 대상 손해배상금으로 한다.

$$\text{법률에 따라 지급한 손해배상액} \times \frac{\text{상한배수} - 1\text{배}}{\text{상한배수}}$$

3. 개발비 상각 시부인

(1) 자산감액분 세무조정

$$14,000,000 \times \frac{35,000,000}{500,000,000} = 980,000$$

(2) 감가상각비 시부인

구분	금액	비고
1. 회사상각비	13,020,000	14,000,000 − 980,000
2. 상각범위액	7,750,000	$(500,000,000 - 35,000,000) \times \dfrac{1}{5} \times \dfrac{1}{12}$
3. 상각부인액	5,270,000	

사업연도 중에 새로이 취득한 자산의 상각범위액은 신규로 취득한 자산의 사용일로부터 사업연도 종료일까지 월수를 12월로 나누어 계산한다. 세법상 감가상각은 사용 가능일이 아닌 실제로 사용하는 날부터 개시하며, 개발비의 경우 관련 제품의 판매 또는 사용이 가능한 시점부터 상각한다.

[물음 5]

잔여재산가액	180,000,000	50,000,000 + 250,000,000 + 80,000,000 − 200,000,000
자기자본	80,000,000	
청산소득금액	100,000,000	180,000,000 − 80,000,000

1. 잔여재산의 가액

   잔여재산가액은 실제로 환가한 금액을 기준으로 산정한다. 현금은 환가대상이 아니므로 별도로 잔여재산가액에 합산하여야 한다.

2. 자기자본의 총액

구분	금액	비고
1. 자본금	80,000,000	100,000,000 − 20,000,000
2. 잉여금 합계액	70,000,000	50,000,000 + 20,000,000
3. 유보잔액	30,000,000	10,000,000 + 20,000,000
4. 법인세 환급액		
5. 이월결손금	(−)100,000,000	Min(120,000,000, 100,000,000)
6. 자기자본의 총액	80,000,000	

(1) 자본금

   해산등기일 전 2년 이내에 자본금에 전입한 잉여금이 있는 경우에는 이를 자본에 전입하지 아니한 것으로 본다.

(2) 잉여금

   회사의 장부가액을 기준으로 회계상 잉여금을 산정한다. 회계상 잉여금은 재무상태표상 자산금액에서 부채총액을 차감한 것이 순자산장부가액이 된다. 세무상 잉여금은 여기에 다시 유보를 가감한다.

(3) 이월결손금

   청산소득 계산 시 자기자본에서 차감하는 세무상 이월결손금은 그 발생시점에 제한이 없다. 또한 세무상 자기자본을 계산할 때 차감하는 세무상 이월결손금은 잉여금을 한도로 한다.

3. 청산소득금액

   180,000,000 − 80,000,000 = 100,000,000원

문제 4

[물음 1]

〈요구사항 1〉

연구 및 인력개발비 세액공제	5,000,000	20,000,000 × 25%

전기 발생액이 과거 4년 평균 지출액보다 적은 경우에는 당기 지출액 기준만 적용한다.

〈요구사항 2〉

「조세특례제한법」상 익금불산입 적용 배제 금액	35,789,474
외국납부세액공제액	10,174,500
총부담세액	10,825,500

1. 총부담세액

$180,000,000 + 35,789,474$

구분	감면 후 세액	최저한세 계산	재계산
조특법상 익금불산입		120,000,000	
1. 과세표준	180,000,000	300,000,000	215,789,474
× 세율	9%	7%	9%, 19%
2. 산출세액	16,200,000	21,000,000	21,000,000
3. 감면 후 세액	16,200,000		21,000,000
4. 연구·인력개발비 세액공제(ㄴ)			(−)1,000,000
5. 외국납부세액공제	외국납부세액공제(한도)		(−)10,174,500
6. 가산세	$21,000,000 × \dfrac{104,550,000}{215,789,474} = 10,174,500$		1,000,000
7. 총부담세액			10,825,500

2. 감면 배제해야 할 금액

적용 배제 순서	배제되는 세액	비고
① 익금불산입	4,800,000	20,000,000 × 9% + 15,789,474 × 19%
② 세액공제		익금불산입액을 먼저 배제함
합계	4,800,000	21,000,000 − 16,200,000

[물음 2]

〈요구사항 1〉

연구 및 인력개발비 세액공제	200,000	20,000,000 × Min(2% × 50%, 2%)

〈요구사항 2〉

「조세특례제한법」상 익금불산입 적용 배제 금액	88,421,053
외국납부세액공제액	12,000,000
총부담세액	19,000,000

1. 총부담세액

구분	감면 후 세액	최저한세 계산	재계산
조특법상 익금불산입		120,000,000	$180,000,000 + 20,000,000 + 68,421,053$
1. 과세표준	180,000,000	300,000,000	268,421,053
× 세율	9%	10%	9%, 19%
2. 산출세액	16,200,000	30,000,000	31,000,000
3. 연구·인력개발비 세액공제(ㄱ)	(−)1,000,000		(−)1,000,000
4. 감면 후 세액	15,200,000		30,000,000
5. 외국납부세액공제	외국납부세액공제(한도)		(−)12,000,000
6. 가산세	$31,000,000 \times \dfrac{104,550,000}{268,421,053} = 12,074,500$		1,000,000
7. 총부담세액			19,000,000

2. 감면 배제해야 할 금액

적용 배제 순서	배제되는 세액	비고
① 익금불산입	14,800,000	$20,000,000 \times 9\% + 68,421,053 \times 19\%$
② 세액공제		익금불산입액을 먼저 배제함
합계	14,800,000	$30,000,000 - 15,200,000$

문제 5

[물음 1]

〈요구사항 1〉

자료번호	과세표준	세율	매출세액
1	22,000,000	10%	2,200,000
2	10,000,000	10%	1,000,000
3	12,000,000	10%	1,200,000
4	−	−	−
5	3,361,000	10%	336,100
합계	47,361,000		4,736,100

과세표준 22,000,000 = $1,000,000 \times 2 + 20,000,000$

1. 중간지급조건부, 장기할부판매
   ① 상품 A: 중간지급조건부 공급의 경우 대가의 각 부분을 받기로 한때를 공급시기로 한다. 단, 중간지급조건부 공급의 경우 공급시기 전에 세금계산서를 발급하더라도 공급시기 특례 규정이 적용되지 않는다.
   ② 상품 B: 장기할부판매와 전력 기타 공급단위를 구획할 수 없는 재화를 계속 공급하는 경우 대가를 수반하지 않더라도 공급시기 전 세금계산서 발급을 예외적으로 인정하며 그 발급하는 때를 공급시기로 본다.

2. 대물변제, 조세물납
   ① 대물변제는 교환거래에 해당하여 재화의 공급으로 보아 과세하나, 조세의 물납은 재화의 공급으로 보지 않는다.
   ② 대물변제로 부가가치세 과세대상인 다른 재화나 용역을 공급하는 경우에는 '자기가 공급한 재화 또는 용역의 시가'를 공급가액으로 한다.

3. 교환거래

① 공급한 재화의 시가를 공급가액으로 한다.

② 공급한 재화의 시가가 불분명한 경우에는 공급받은 재화의 시가를 공급가액으로 한다.

③ 둘 다 불분명한 경우에는 공급한 재화(기계장치 E)의 감정평가가액(12,000,000원), 「상속세 및 증여세법」상 보충적 평가액을 순차적으로 적용한다.

4. 수용

「도시 및 주거환경정비법」, 「공익사업을 위한 토지 등의 취득 및 보상에 관한 법률」 등에 따른 수용절차에서 수용대상 재화의 소유자가 수용된 재화에 대한 대가를 받는 경우는 재화의 공급으로 보지 않는다. 이때 **소유자의 직접 철거 여부와 관계없이 재화의 공급으로 보지 아니한다.**

5. 임대차계약

구분	금액	비고
임대료	3,000,000	1,000,000 × 3개월
간주임대료	361,000	$40,000,000 \times 3.65\% \times \dfrac{61}{365} + 39,000,000 \times 3.65\% \times \dfrac{30}{365}$
합계	3,361,000	

사업자가 계약에 따라 전세금이나 임대보증금을 임대료에 충당하였을 때에는 그 금액을 제외한 가액을 전세금 또는 임대보증금으로 한다. 따라서 5월분 임대료를 지급하지 않아 6월 1일 보증금에서 충당하였으므로 6월분은 1,000,000을 차감하여 간주임대료를 계산한다.

〈요구사항 2〉

1. 겸영사업자의 부동산 등 일괄양도(부가가치세 제외)

감정가액비율 ┄ 직전 과세기간의 공급가액비율

$$100,000,000 \times \frac{18,000,000 + 18,000,000}{90,000,000} \times 60\% = 24,000,000$$

① 토지, 건물, 기계장치의 실지거래가액이 구분되어 있지 않으므로 감정가액을 사용한다.

② 감정가액은 공급시기가 속하는 과세기간의 직전 과세기간 개시일(2023. 7. 1.)부터 공급시기가 속하는 과세기간의 종료일(2024. 6. 30.)까지의 감정가액이므로 적용 가능하다.

2. 매출세액

24,000,000 × 10% = **2,400,000**

[물음 2]

〈요구사항 1〉

의제매입세액공제액	1,307,692
전기 의제매입세액공제분 추징액	19,230

1. 공제대상 매입액

거래처증정

$$(10,000,000 - 1,000,000) + 20,000,000 + 4,000,000 + 1,000,000 = 34,000,000$$

① 부가가치세를 면제받아 공급받거나 수입한 면세농산물 등을 원재료로 하여 제조·가공한 재화 또는 창출한 용역의 공급에 대하여 부가가치세가 과세되는 경우에 한하여 의제매입세액공제를 적용한다. 따라서 타인에게 면세농산물을 사용·소비하게 하는 사업상 증여는 제조·가공한 재화에 해당하지 아니하므로 의제매입세액공제를 적용하지 아니한다.

② 소금은 면세농산물은 아니지만 의제매입세액공제대상에 포함한다. 김치, 두부 등 단순가공식품(단순하게 운반편의를 위하여 일시적으로 관입·병입 등의 포장을 하는 경우)과 농·축·수·임산물의 1차 가공 과정에서 발생하는 부산물도 의제매입공제대상에 포함한다.

③ 설탕 및 조미료는 과세재화이므로 적용하지 않고 수돗물은 면세재화이지만 면세농산물에 해당하지 않으므로 적용하지 않는다.

④ 의제매입세액은 구입한 과세기간에 적용하므로 기말재고 농산물도 공제대상에 포함한다. 다만, 겸영사업자의 경우 기말재고 농산물을 안분하여 적용하여야 한다.

2. 의제매입세액공제액

① 공제대상액	2,307,692	$34,000,000 \times \dfrac{4}{104} + 1,000,000$(예정신고)
② 한도	9,615,385	$500,000,000 \times 50\% \times \dfrac{4}{104}$
③ 의제매입세액공제액	1,307,692	$\text{Min}[2,307,692,\ 9,615,385] - 1,000,000$(예정신고)

전기 이월재고액 추징을 반영하기 전의 금액과 한도를 비교하여야 할지, 또는 추징액을 반영한 후의 금액과 한도를 비교하여야 할지에 관해 명문의 규정이 없다. 전기 이월재고액 추징액 차감 전 금액과 한도액을 비교하기로 한다.

3. 전기 의제매입세액공제분 추징액

$$500,000(\text{거래처증정}) \times \dfrac{4}{104} = 19,230$$

취득 시 의제매입세액을 계산하여 매입세액으로서 공제한 것을 의제매입세액의 공제대상이 되지 아니하는 것으로 사용 또는 소비한 때, 그 면세농산물 등을 그대로 양도 또는 인도하거나 부가가치세가 면제되는 사업, 기타의 목적을 위하여 사용하거나 소비한 때에는 예정신고기간 또는 과세기간의 납부세액에 가산하거나 환급세액에서 공제한다.

〈요구사항 2〉

1. 건물 A

건물 A	금액	비고 (예정신고 시 면세공급가액비율)
2023년 제1기 확정신고 시 공통매입세액 정산액	(−)100,000	$5,000,000 \times (50\% - 52\%)$
2023년 제2기 납부세액 재계산액	−	면세비율 5% 미만 증가
2024년 제1기 납부세액 재계산액	(−)450,000	$5,000,000 \times (1 - 5\% \times 2) \times (40\% - 50\%)$
2024년 제2기 납부세액 재계산액	−	공통사용재화 매각(재계산 생략)

2. 기계장치 B

직전 과세기간의 면세공급가액비율

기계장치 B	금액	비고
2024년 제2기 예정신고 시 공제받지 못할 매입세액	(+)600,000	$2,000,000 \times 30\%$
2024년 제2기 확정신고 시 공통매입세액 정산액	(+)200,000	$2,000,000 \times 40\% - 600,000$

같은 과세기간 중 매입하여 공급한 재화는 직전 과세기간의 공급가액비율로 안분계산한다.

3. 과세기간별 과세, 면세비율 정리

과세기간	과세	면세	합계	5% 증감
2023년 제1기	50%	50%	100%	—
2023년 제2기	54%	46%	100%	부
2024년 제1기	60%	40%	100%	여
2024년 제2기	70%	30%	100%	

[물음 1]

	납부세액(재고납부세액 제외)	600,000	30,000,000 × 2%
세액 공제	매입세금계산서 등 수취세액공제	110,000	22,000,000 × 0.5%
	신용카드매출전표 등 발행세액공제 (한도는 고려하지 말 것)	130,000	10,000,000 × 1.3%

1. 납부의무 면제

   과세기간 중 과세유형이 전환되는 경우 간이과세자의 공급대가는 연환산 금액으로 한다. 문제에서 연환산 공급대가는 60,000,000원이므로 납부의무 면제자에 해당하지 아니한다.

2. 대손세액공제

   간이과세자는 부가가치세를 거래징수하여 납부하는 것이 아니다. 따라서 대손세액공제는 적용하지 아니한다.

[물음 2] 재고납부세액

구분	재고납부세액	비고
원재료	103,950	1,100,000 × 10% × (1 − 5.5%)
기계장치	472,500	10,000,000 × 10% × (1 − 25% × 2) × (1 − 5.5%)
건물	3,118,500	44,000,000 × 10% × (1 − 5% × 5) × (1 − 5.5%)

① 재고납부세액의 경우 취득가액을 알 수 없는 경우, 재고품 등의 가액은 시가에 의한다.
② 경과된 과세기간 수는 6개월 단위로 계산한다.

[물음 3] 재고매입세액

구분	재고매입세액	비고
원재료	94,500	$1,100,000 \times \dfrac{10}{110} \times (1 - 5.5\%)$
기계장치	−	
건물	2,160,000	$44,000,000 \times \dfrac{10}{110} \times (1 - 10\% \times 4) \times (1 - 10\%)$

1. 기계장치

   재고매입세액의 경우 취득가액을 알 수 없는 경우, 재고매입세액공제를 적용하지 아니한다.

2. 건물

   경과된 과세기간 수는 1년 단위로 계산하며, 재고매입세액 계산에 있어 체감률은 건물 및 구축물에 대하여 10%를 적용한다.

3. 재고매입세액 계산 시

   - 2021. 6. 30. 이전 공급받은 경우: (1 − 부가가치율)로 계산
   - 2021. 7. 1. 이후 공급받은 경우: (1 − 5.5%)로 계산

문제 7

[물음 1]

〈요구사항 1〉

1주당 순자산가치	42,000	
1주당 순손익가치	46,500	
1주당 평가액	44,700	Max[(42,000 × 40% + 46,500 × 60%), 42,000 × 80%]
비상장주식평가액	3,754,800,000	44,700 × 70,000주 × 1.2(할증평가, 최대주주)

1. 1주당 순자산가치

자산총액	10,000,000,000	100억원 − 5억원(개발비) + 5억원(영업권)
부채총액	5,800,000,000	50억원 − 8억원(퇴직급여충당금) + 16억원(퇴직금추계액)
주식 수	100,000주	
1주당 가치	42,000	(100억원 − 58억) ÷ 100,000주

당해 법인의 순자산가액을 평가기준일 현재의 발행주식 총수로 나누어 1주당 순자산가치를 계산한다. 이 경우 순자산가액이란 법인의 자산총액에서 부채총액을 공제한 가액을 의미한다. 다만, 다음 항목은 순자산가치 계산 시 자산·부채에서 조정하여야 한다.

포함항목	제외항목
① 「법인세법」상의 유보금액(다만, 「상속세 및 증여세법」에 의하여 평가한 자산의 가액에 포함된 부인 유보액은 제외) ② 평가기준일 현재 지급받을 권리가 확정된 가액 ③ 영업권(「상속세 및 증여세법」상 평가된 금액) ④ 부채로 계상되지 아니한 평가기준일까지 발생한 소득에 대한 법인세·농어촌특별세 ⑤ 평가기준일 현재 재직하는 전 임·직원이 일시 퇴직할 경우에 퇴직급여로 지급하여야 할 추계액의 100%를 부채에 가산	① 선급비용 ② 개발비 ③ 이연법인세자산·부채 ④ 평가기준일 현재 비용으로 확정된 충당금을 제외한 제충당금(퇴직급여충당금, 단체퇴직급여충당금, 대손충당금 등)의 합계액은 부채가액에서 제외

2. 1주당 순손익가치

(1) 각사업연도의 1주당 순손익액

구분	2023년	2022년	2021년
(1) 각사업연도소득	650,000,000	580,000,000	470,000,000
(2) 가산항목			
① 국세환급금이자	5,000,000		
(3) 차감항목			
① 법인세 등	150,000,000	110,000,000	80,000,000
② 기업업무추진비 한도초과액		20,000,000	
③ 지급이자 손금불산입			15,000,000
(4) 순손익액	505,000,000	450,000,000	375,000,000
(5) 발행주식수	100,000주	100,000주	100,000주
(6) 1주당 순손익액	5,050	4,500	3,750

가산항목	차감항목
① 국세 및 지방세 과오납 환급금이자 ② 수입배당금 익금불산입액 ③ 기부금 이월공제액의 손금산입액 ④ 업무용 승용차 손금불산입 이월손금신입액	① 벌금·과료·과태료·강제징수비 ② 손금으로 인정되지 않는 공과금 ③ 업무와 관련 없는 지출 ④ 업무용 승용차 관련비용 손금불산입액 ⑤ 각 세법상 징수불이행 납부세액 ⑥ 기부금 한도초과액 ⑦ 기업업무추진비 한도초과액 ⑧ 지급이자 손금불산입액 ⑨ 감가상각비 시인부족액 ⑩ 법인세총결정세액(농특세·지방소득세 포함) ⑪ 손금불산입한 외국법인세액

(2) 1주당 순손익가치

$$\left(5,050 \times \frac{3}{6} + 4,500 \times \frac{2}{6} + 3,750 \times \frac{1}{6}\right) \div 10\% = 46,500$$

〈요구사항 2〉

비상장주식의 시가가 불분명한 경우 법률의 규정에 따라 보충적으로 평가한다. 「상속세 및 증여세법」상 비상장주식의 평가는 1주당 손익가치와 1주당 순자산가치를 3:2로 가중평균하여 계산한다. 「소득세법」상 비상장주식 평가도 「상속세 및 증여세법」상 평가방법과 거의 유사하다. 다만, 순손익가치를 계산할 때 「상속세 및 증여세법」은 직전 3개 사업연도의 순손익가치를 가중평균하지만 「소득세법」은 직전 사업연도 1년 동안의 순손익가치를 이용하여 계산한다.

[물음 2]

납세의무자	증여재산가액	증여세 산출세액	비고
B	348,000,000	49,600,000	$10,000,000 + 198,000,000 \times 20\%$
C	2,784,000,000	1,323,840,000	$(240,000,000 + 1,764,000,000 \times 40\%) \times 140\%$

1. 최대주주

   A, B, C의 지분을 합하여 55%이므로 A, B, C가 최대주주 등에 해당한다.

2. 초과배당금액

주주	지분비율	과소배당	초과배당	초과배당금액	비고
A(70세)	40%	△60억원			
B(45세)	10%		10억원	6억원	$10억원 \times \dfrac{60억원}{100억원}$
C(18세)	5%		80억원	48억원	$80억원 \times \dfrac{60억원}{100억원}$
D(60세)	30%	△30억원			
E(30세)	5%		10억원		
㈜F	10%	△10억원			
합계	100%	△100억원	100억원		지배주주와 비특수관계인

3. 증여재산금액

주주	초과배당금액	소득세 상당액	증여재산가액	과세표준
B(45세)	600,000,000	252,000,000	348,000,000	298,000,000
C(18세)	4,800,000,000	2,016,000,000	2,784,000,000	2,764,000,000

미성년자는 2천만원 공제

4. 세대를 건너뛴 상속·증여 할증과세

구분		할증률	비고
일반		30%	상속인이나 수유자 또는 수증자가 피상속인의 자녀를 제외한 직계
미성년자	20억 이하	30%	비속인 경우에는 할증과세한다.
	20억 초과	40%	

〈문제공통적용〉〈자료〉에서 다른 언급이 없는 한 조세부담 최소화를 가정하며, 금액계산의 경우 원 단위 미만에서 반올림한다. 각 문제의 물음에 대해 계산근거를 표시하여 답하시오.

문제 1

거주자 김국세 씨(남성, 65세)의 2024년도 소득에 대한 다음의 자료에 근거하여 각 물음에 답하시오. (단, 제시된 금액들은 국내외에서 원천징수된 세액을 차감하지 않은 금액이다) (30점)

1. 금융소득 관련 자료

   (1) 2017. 9. 1.에 ㈜A의 직장공제회에 가입하여 2024. 6. 30.에 탈퇴할 때까지 총 30,000,000원의 공제료를 납입하였으며, 탈퇴 시 40,000,000원의 반환금을 수령하였다.

   (2) 2024. 2. 1.에 은행으로부터 100,000,000원을 차입하여 동 금액을 고교동창인 甲에게 빌려주었다가, 2024. 11. 30.에 원금과 이자를 합한 107,000,000원을 甲으로부터 회수하였다. 그리고 2024. 11. 30.에 상기 차입금에 대한 원금과 이자를 합한 104,000,000원을 은행에 상환하였다.

   (3) 미국소재 외국법인의 이익잉여금 처분에 따른 배당액은 14,000,000원이며, 이에 대하여 외국에서 원천징수된 금액은 1,000,000원이고 국내에서 원천징수된 금액은 없다.

   (4) 비상장내국법인인 ㈜B의 법인세 세무조정에 따라 김국세 씨에게 배당으로 소득처분된 금액내역은 다음과 같다.

㈜B의 사업연도	결산확정일	소득처분액
2023. 1. 1. ~ 2023. 12. 31.	2024. 3. 15.	18,000,000원
2024. 1. 1. ~ 2024. 12. 31.	2025. 3. 12.	15,000,000원

2. 퇴직소득 및 근로소득 관련 자료

   (1) 김국세 씨는 2011. 7. 1.에 ㈜A에 임원으로 입사하여 근무하다가 2024. 6. 30.에 퇴직하면서 1,092,000,000원의 퇴직급여를 지급받았다.

   (2) 김국세 씨가 2017. 1. 1.부터 2019. 12. 31.까지 ㈜A로부터 받은 총급여(비과세소득과 인정상여는 제외)는 630,000,000원이고, 2021. 7. 1.부터 2023. 12. 31.까지 받은 총급여(비과세 소득과 인정상여는 제외)는 183,000,000원이다.

   (3) 김국세 씨가 2011. 12. 31.에 퇴직한다고 가정할 때 ㈜A의 규정에 따라 지급받을 퇴직급여는 120,000,000원이다.

   (4) 김국세 씨가 퇴직급여 이외에 ㈜A로부터 2024년에 지급받은 금액은 다음과 같다.

   ① 급여액: 132,000,000원(근무기간 중 수령액임)

② 상여금: 20,000,000원(근무기간 중 수령액이며, 2023. 11. 30.에 잉여금처분결의에 따라 지급된 2,000,000원을 포함함)

③ 근무 중 발생한 부상에 대한 위자료로 받은 금액: 20,000,000원

④ 「발명진흥법」에 따라 직무발명보상금으로 받은 금액: 14,000,000원(이 중에서 5,000,000원은 퇴사한 이후에 지급받은 것임)

3. 연금소득 관련 자료

   (1) 김국세 씨가 2024년에 수령한 국민연금은 12,000,000원이다. 총납입기간 동안의 환산소득누계액은 750,000,000원이고, 2002. 1. 1. 이후 납입기간의 환산소득누계액은 450,000,000원이다. 그리고 2002. 1. 1. 이후에 연금보험료공제를 받지 아니하고 납입한 국민연금보험료는 3,200,000원으로 확인된다.

   (2) 김국세 씨는 2011. 1. 1. 연금저축계좌에 가입한 이후 가입기간 동안 총 50,000,000원을 연금저축계좌에 납입하였으며, 이 중에서 10,000,000원에 대하여는 연금계좌세액공제를 받지 아니하였다. 당해 연금저축계좌는 2024년 초부터 연금수령하는 조건의 계약이다. 김국세 씨는 2024. 1. 1.에 연금수령 개시를 신청하였으며, 신청일 현재 연금저축계좌 평가액은 65,000,000원이다. 그리고 김국세 씨는 2024. 1. 10.에 법령에서 정하는 의료 목적으로 당해 연금저축계좌에서 8,000,000원을 인출하였고, 그 이후 2024년 말까지 당해 연금저축계좌에서 22,000,000원(법령에서 정하는 의료 목적이나 부득이한 인출요건에 해당하지 않음)에 인출하였다.

4. 종합소득세율표

종합소득과세표준	세율
1,400만원 이하	과세표준의 6%
1,400만원 초과 5,000만원 이하	84만원 + 1,400만원을 초과하는 금액의 15%
5,000만원 초과 8,800만원 이하	624만원 + 5,000만원을 초과하는 금액의 24%
8,800만원 초과 1억 5천만원 이하	1,536만원 + 8,800만원을 초과하는 금액의 35%
1억 5천만원 초과 3억원 이하	3,706만원 + 1억 5천만원을 초과하는 금액의 38%
3억원 초과 5억원 이하	9,406만원 + 3억원을 초과하는 금액의 40%
5억원 초과 10억원 이하	1억 7,406만원 + 5억원을 초과하는 금액의 42%
10억원 초과	3억 8,406만원 + 10억원을 초과하는 금액의 45%

5. 근로소득공제표

총급여액	공제액
500만원 이하	총급여액의 70%
500만원 초과 1,500만원 이하	350만원 + 500만원을 초과하는 금액의 40%
1,500만원 초과 4,500만원 이하	750만원 + 1,500만원을 초과하는 금액의 15%
4,500만원 초과 1억원 이하	1,200만원 + 4,500만원을 초과하는 금액의 5%
1억원 초과	1,475만원 + 1억원을 초과하는 금액의 2%

6. 퇴직소득공제표
   (1) 근속연수공제

근속연수	공제액
5년 이하	100만원 × 근속연수
5년 초과 10년 이하	500만원 + 200만원 × (근속연수 − 5년)
10년 초과 20년 이하	1,500만원 + 250만원 × (근속연수 − 10년)
20년 초과	4,000만원 + 300만원 × (근속연수 − 20년)

   (2) 환산급여공제

환산급여	공제액
800만원 이하	환산급여의 100%
800만원 초과 7,000만원 이하	800만원 + 800만원 초과분의 60%
7,000만원 초과 1억원 이하	4,520만원 + 7,000만원 초과분의 55%
1억원 초과 3억원 이하	6,170만원 + 1억원 초과분의 45%
3억원 초과	1억 5,170만원 + 3억원 초과분의 35%

7. 연금소득공제표

총연금액	공제액
350만원 이하	총연금액
350만원 초과 700만원 이하	350만원 + 350만원을 초과하는 금액의 40%
700만원 초과 1,400만원 이하	490만원 + 700만원을 초과하는 금액의 20%
1,400만원 초과	630만원 + 1,400만원을 초과하는 금액의 10%

   * 다만, 공제액이 900만원을 초과하는 경우에는 900만원을 공제한다.

8. 직장공제회 초과반환금 납입연수공제

납입연수	공제액
5년 이하	30만원 × 납입연수
5년 초과 10년 이하	150만원 + 50만원 × (납입연수 − 5년)
10년 초과 20년 이하	400만원 + 80만원 × (납입연수 − 10년)
20년 초과	1,200만원 + 120만원 × (납입연수 − 20년)

[물음 1] 금융소득 이외의 종합과세되는 소득금액이 115,000,000원이고 종합소득공제가 10,000,000원이라고 가정할 경우, ① 종합소득과세표준과, ② 종합소득산출세액을 다음의 양식에 따라 제시하시오. (6점)

구분	해답
① 종합소득과세표준	
② 종합소득산출세액	

[물음 2] ① 직장공제회 초과반환금에 대하여 원천징수할 소득세액과, ② 퇴직소득 한도초과액(가급적 금액을 작게 하는 것으로 가정함) 및 ③ 연금계좌로부터의 연금수령한도액을 다음의 양식에 따라 제시하시오. (9점)

구분	해답
① 직장공제회 초과반환금에 대하여 원천징수할 소득세액	
② 퇴직소득 한도초과액	
③ 연금계좌로부터의 연금수령한도액	

[물음 3] 위 [물음 2]에서 '퇴직소득 한도초과액'의 해답이 257,000,000원이라고 가정할 경우, ① 근로소득금액과, ② 「소득세법」 규정에 따른 퇴직소득과세표준을 다음의 양식에 따라 제시하시오. (6점)

구분	해답
① 근로소득금액	
② 퇴직소득과세표준	

[물음 4] 위 [물음 2]에서 '연금계좌로부터의 연금수령한도액'의 해답이 16,000,000원이라고 가정할 경우, ① 종합과세되는 연금소득금액과, ② 원천징수대상 기타소득금액을 다음의 양식에 따라 제시하시오. (단, 사적연금소득에 대하여 종합과세를 선택한 것으로 가정한다) (9점)

구분	해답
① 종합과세되는 연금소득금액	
② 원천징수대상 기타소득금액	

다음은 ㈜한국의 제24기 사업연도(2024. 1. 1. ~ 2024. 12. 31.)와 관련된 자료이다.
㈜한국은 지주회사가 아닌 내국상장법인으로 제조업을 영위하고 있다. ㈜한국은 2024년 말 재무상태표상 자산총액이 ₩1,000,000,000이고, 차입경영을 하지 않는 무부채기업이며「법인세법」상 지급이자에 해당하는 금액도 없다고 가정한다. ㈜한국으로부터 출자를 받은 회사는 모두 내국상장법인으로 제조업을 영위하고 있으며, 지급배당에 대한 소득공제와「조세특례제한법」상 감면 규정 및 동업기업과세특례를 적용받지 않는다.

다음의 각 자료는 서로 독립적이며, 주어진 자료 이외의 사항은 고려하지 않는다. 같은 자료에 2개 이상의 세무조정이 있는 경우, 상계하지 말고 모두 표시하시오. (20점)

〈자료 1〉

1. ㈜한국은 ㈜대한(발행주식 총수 200,000주, 1주당 액면가액 ₩5,000)의 주식을 보유하고 있으며, 취득내역은 아래와 같다. ㈜한국은 유상 취득한 주식에 대해서만 2021년에 회계처리 하였으며, 2021년 주식의 취득과 무상주 수령에 대한 세무조정은 2021년에 적정하게 이루어 졌다. ㈜한국이 보유하고 있는 ㈜대한 주식의 2024년 기초 장부가액은 원가법을 적용하여 ₩63,400,000이다.

취득일	주식 수	취득내역	1주당 취득가액	장부가액
2021. 4. 20.	4,000	유상 취득	₩7,500	₩30,000,000
2021. 8. 20.	4,000	유상 취득	₩8,350	₩33,400,000
2021. 10. 20.	1,000	보통주 주식발행초과금 자본전입으로 무상주 수령	–	–
2021. 12. 10.	1,000	이익준비금 자본전입으로 무상주 수령	–	–
계	10,000	–		₩63,400,000

2. ㈜대한은 2024. 4. 1.에 1주당 ₩20,000의 현금을 지급하고 발행주식 총수의 20%(40,000주)를 감자하였다. ㈜대한은 이와 관련하여 아래와 같이 회계처리하였다.

(차) 자본금	200,000,000	(대) 현금	800,000,000
감자차손	600,000,000		

3. ㈜한국은 2024. 4. 1.에 ㈜대한으로부터 감자대가를 수령하고 아래와 같이 회계처리하였다.

(차) 현금	40,000,000	(대) 유가증권	12,680,000
		유가증권처분이익	27,320,000

4. ㈜한국은 2024년 말 재무상태표상 자산총액이 1,000,000,000원이고, 차입경영을 하지 않는 무부채기업이며「법인세법」상 지급이자에 해당하는 금액도 없다고 가정한다.

[물음 1] 〈자료 1〉을 이용하여 ㈜한국의 ① 의제배당금액(감자대가, 소멸하는 주식가액을 표시) 을 제시하고, ② 감자와 관련된 세무조정을 하시오. (4점)

〈자료 2〉

1. ㈜한국은 2023. 10. 10.에 비상장법인 ㈜민국(발행주식 총수 10,000주, 1주당 액면가액 ₩5,000)의 주식 2,000주를 1주당 ₩15,000에 취득하였다. ㈜한국의 ㈜민국에 대한 지분율 은 20%이며, 주식의 장부가액은 원가법을 적용하여 제24기 초 재무상태표에 ₩30,000,000 으로 계상하고 있다.

2. ㈜민국은 2024. 4. 1. 현재 자기주식을 2,000주 보유하고 있다. ㈜민국은 2024. 4. 1.에 잉여금을 자본전입하여 10,000주의 무상주를 배부하려고 하였으나, 기존 주주에게 8,000주 를 배정하고 자기주식 배정분을 기존 주주에게 추가 배정하지 않았다. 당초 무상주 10,000주 의 배정재원과 8,000주 배정에 따른 회계처리는 아래와 같다.

(1) 배정재원

잉여금 구분	금액	비고
보통주 주식발행초과금	₩15,000,000	주식의 액면초과 발행금액임
자기주식소각이익	₩15,000,000	주식소각일은 2022. 7. 10.임
자기주식처분이익	₩10,000,000	자기주식처분일은 2023. 9. 10.임
이익준비금	₩10,000,000	
계	₩50,000,000	

(2) 배정에 따른 회계처리

(차) 주식발행초과금   12,000,000   (대) 자본금   40,000,000
     자기주식소각이익   12,000,000
     자기주식처분이익   8,000,000
     이익준비금   8,000,000

3. ㈜한국은 무상주 2,000주를 수령하고 회계처리를 하지 않았다.

[물음 2] 〈자료 2〉를 이용하여 아래 물음에 답하시오. (6점)

(1) ㈜한국의 ① 의제배당금액을 제시하고, ② 무상주 수령과 관련된 세무조정을 하시오.

(2) ㈜한국의 수입배당금에 대한 이중과세조정과 관련한 세무조정을 하시오.

〈자료 3〉

1. ㈜한국은 2024. 1. 1. 현재 ㈜서울(발행주식 총수 20,000주, 1주당 액면가액 ₩5,000)의 주식 47.5%를 보유하고 있다. ㈜한국이 보유하고 있는 ㈜서울 주식의 취득내역은 다음과 같으며, 2024년 중에 보유하고 있는 ㈜서울의 주식 수는 변동이 없었다.

취득일	주식 수	취득단가 (처분단가)	지분율	장부가액	비고
2023. 4. 11.	5,500	₩5,500	27.5%	₩30,250,000	1주당 시가가 ₩6,000이나 ㈜한국의 대표이사인 김국한으로부터 1주당 ₩5,500에 취득하였다.
2023. 10. 26.	4,500	₩7,000	22.5%	31,500,000	제3자로부터 1주당 시가인 ₩7,000에 정상적으로 유상 취득한 것이다.
2023. 12. 18.	△500	₩(5,500)	-2.5%	△2,750,000	1주당 시가인 ₩7,500에 정상적으로 매각한 것이다. 회사는 선입선출법을 적용한 원가를 장부가액에서 차감하였다.
계	9,500	-	47.5%	₩59,000,000	

2. ㈜한국의 2024년도 손익계산서상 이자비용으로 계상된 금액이 ₩18,000,000이라고 가정한다. 이자비용 중 ₩1,700,000은 채권자 불분명 사채이자이며, 이것을 제외하고 지급이자와 관련된 손금불산입 금액은 없다. 채권자 불분명 사채이자에 대한 세무조정은 적절하게 이루어졌다.

3. ㈜서울은 2023. 12. 31.을 배당기준일로 하여 2024. 1. 15.에 1주당 ₩500의 현금배당 결의를 하였다. 실제로 배당금은 2024. 1. 25.에 지급되었고, 아래와 같이 회계처리하였다.

   (차) 미지급배당금　　　　　10,000,000　　(대) 현금　　　　　　　　　10,000,000

4. ㈜한국은 2024년 배당금 수령을 기업회계기준에 따라 적정하게 회계처리하였다.

[물음 3] 〈자료 3〉을 이용하여 아래 물음에 답하시오. (10점)

(1) ㈜한국이 2023년에 수행한 ① 주식취득 관련 세무조정과 ② 주식처분 관련 세무조정을 각각 제시하시오.

(2) ㈜한국의 ① 수입배당금 총액을 제시하고, 수입배당금에 대한 이중과세조정과 관련된 ② 익금불산입 대상 배당금액, ③ 지급이자 차감액을 제시하고 ④ 세무조정을 하시오.

문제 3

다음 자료를 기초로 각 물음에 답하시오. 세무조정 물음에 대한 답안은 아래와 같은 형식으로 작성하고, 같은 자료에 세무조정이 2개 이상 있는 경우 상계하지 말고 모두 표시하시오. (단, 전기까지의 세무조정은 정상적으로 처리되었으며, 각 물음은 상호 독립적이고 주어진 자료 이외의 사항은 고려하지 않는다) (30점)

(답안 양식)

물음번호	조정유형	과목	금액	소득처분
	〈익금산입〉	토지 A	××	(유보)
	…	…	…	…
	〈손금산입〉	토지 B	××	(△유보)
	…	…	…	…

〈자료 1〉

다음은 제조업을 영위하는 중소기업인 ㈜대한(사업연도: 1. 1. ~ 12. 31.)의 제품과 토지의 판매 등에 관한 자료이다.

1. ㈜대한은 제24기 사업연도 2024. 8. 5.에 제품 A를 ₩20,000,000(원가율 70%)에 판매 하면서 다음과 같이 대금을 수령하는 조건으로 계약을 체결하였다.

2024. 9. 5.(계약금)	2024. 10. 5.(중도금)	2025. 10. 5.(잔금)
₩2,000,000	₩8,000,000	₩10,000,000

   (1) ㈜대한은 2024. 9. 5. 계약금 ₩2,000,000을 수령하면서 제품 A를 인도하였으며, 2024. 10. 5. 중도금 중 ₩7,000,000을 수령하였고, 2025. 10. 5. 나머지 잔금인 ₩11,000,000 을 수령하였다.

   (2) ㈜대한은 제품 A의 판매에 대해 실제 회수한 대금을 기준으로 수익과 비용을 계상하였다.

2. ㈜대한은 2024. 7. 1.에 토지(장부가액 ₩80,000,000)를 다음과 같이 양도하기로 계약하 였다.

   (1) 토지의 양도대금은 ₩200,000,000이며 대금의 수령 계약조건은 다음과 같다.

2024. 7. 1.(계약금)	2024. 10. 1.(중도금)	2025. 9. 1.(잔금)
₩30,000,000	₩70,000,000	₩100,000,000

   (2) 토지의 사용수익일은 중도금 수령일이고, 토지의 소유권이전등기일은 잔금 수령일이다.

   (3) ㈜대한은 토지 양도의 계약금과 중도금을 수령하면서 모두 선수금으로 계상하였으며, 2025. 9. 1. 잔금을 수령하면서 토지처분이익 ₩120,000,000을 계상하였다.

[물음 1] 〈자료 1〉을 이용하여 아래 물음에 답하시오. (8점)

    (1) ㈜대한의 제품 A 판매에 대한 제24기 사업연도와 제25기 사업연도의 세무조정을 하시오.

    (2) ㈜대한의 토지 양도에 대한 제24기 사업연도와 제25기 사업연도의 세무조정을 하시오.

〈자료 2〉

다음은 제조업 및 부동산 임대업을 영위하며 중소기업인 ㈜대한의 제24기 사업연도(2024. 1. 1. ~ 2024. 12. 31.)의 기업업무추진비 등에 관한 자료이다.

1. 손익계산서상 수익내역은 다음과 같다.

    ① 매출액 ₩10,000,000,000(제품매출액 ₩9,800,000,000, 본사 건물의 임대료수입 ₩200,000,000)이며, 제품매출액 중 ₩1,000,000,000은 특수관계인에 대한 매출액이다.

    ② 영업외수익 ₩700,000,000(기계장치의 임대료수입 ₩500,000,000, 부산물매각대 ₩200,000,000)

2. 손익계산서상 기업업무추진비 계정총액은 ₩70,000,000이며 다음의 항목이 포함되어 있다.

    ① 임직원의 단합을 위하여 지출한 회식비 ₩2,000,000

    ② 거래처 임원 자녀의 결혼축의금 지급액 ₩500,000(1회, 적격증명서류 미수취)

    ③ 임원 개인명의의 신용카드를 사용한 거래처 접대액 ₩3,000,000(거래건당 3만원 초과분)

    ④ 거래처에게 접대용으로 제공한 생산제품의 시가 ₩1,000,000(적격증명서류 미수취)

3. 기업업무추진비 이외의 비용 계정에는 다음의 사항이 포함되어 있다.

    ① 종업원이 구성한 노동조합으로서 법인인 단체에 지출한 운영비(복리시설비) ₩5,000,000

    ② 약정에 따라 포기한 거래처 매출채권에 대한 대손상각비 ₩10,000,000

    ③ 기업업무추진비 관련 부가가치세 불공제매입세액 ₩400,000

    ④ 생산한 제품으로 거래처에게 제공한 기업업무추진비에 대한 부가가치세 매출세액 ₩100,000

    ⑤ 사전 약정 없이 특정거래처에게 지급한 판매장려금 ₩1,200,000

[물음 2] 〈자료 2〉를 이용하여 아래 물음에 답하시오. (7점)

    (1) ㈜대한의 제24기 사업연도 기업업무추진비에 대한 세무조정을 하시오.

    (2) ㈜대한이 중소기업이 아니며, 부동산 임대업을 주된 사업으로 하는 법령으로 정한 기업업무추진비 한도액 축소대상 특정내국법인인 경우 ㈜대한의 제24기 사업연도 기업업무추진비 한도초과액을 계산하시오. (단, 기업업무추진비 한도초과액 계산 시 기업업무추진비 해당액은 ₩50,000,000(문화기업업무추진비 ₩1,000,000 포함)이고 수입금액은 ₩5,000,000,000으로 한다)

〈자료 3〉

다음은 ㈜대한의 제24기 사업연도(2024. 1. 1. ~ 2024. 12. 31.)의 사용수익기부자산 등에 관한 자료이다.

1. ㈜대한은 서울특별시가 보유하고 있는 토지에 건물을 신축하여 무상으로 기부하고 완공 후 10년간 동 건물을 무상으로 사용하기로 하였다.

2. ㈜대한이 2024. 7. 1. 건물의 완공시점까지 투입한 건설자금의 장부가액은 ₩200,000,000이며, 완공 건물에 대한 취득세는 ₩20,000,000이다.

3. ㈜대한은 동 건물을 2024. 7. 1. 완공시점에 서울특별시에 기부하였으며, 건물의 시가인 ₩300,000,000을 사용수익기부자산으로 계상하고 다음과 같이 회계처리하였다.

　(1) 건물 완공 회계처리

(차) 건물	220,000,000	(대) 건설중인자산	200,000,000
		현금	20,000,000

　(2) 사용수익기부자산 회계처리

(차) 사용수익기부자산	300,000,000	(대) 건물	220,000,000
		유형자산처분이익	80,000,000

4. ㈜대한은 제24기 사업연도 사용수익기부자산의 감가상각비로 ₩30,000,000을 계상하였다.

[물음 3] 〈자료 3〉을 이용하여 아래 물음에 답하시오. (7점)

　(1) ㈜대한의 제24기 사업연도 사용수익기부자산에 대한 세무조정을 하시오.

　(2) ㈜대한이 사용수익기부자산에 대하여 2024. 10. 31. 건물피난시설에 대한 설치비 ₩10,000,000을 수선비로 계상한 경우 ㈜대한의 제24기 사업연도 사용수익기부자산 상각부인액을 계산하시오. (단, 사용수익기부자산 상각부인액 계산 시 사용수익기부자산의 취득가액은 ₩200,000,000이고 회계상 감가상각비는 ₩20,000,000으로 한다)

<자료 4>

다음은 ㈜서울의 제24기 사업연도(2024. 1. 1. ~ 2024. 12. 31.)의 특수관계인인 ㈜부산의 흡수합병 등에 관한 자료이다.

1. ㈜서울과 ㈜부산은 모두 비상장법인이며 합병 직전 각 법인의 발행주식 총수와 1주당 평가액 및 액면가액은 다음과 같다.

구분	㈜서울	㈜부산
발행주식 총수	30,000주	20,000주
1주당 평가액	₩50,000	₩10,000
액면가액	₩5,000	₩5,000

2. ㈜서울과 ㈜부산의 주주현황은 다음과 같다.

구분	주주	지분율
㈜서울	㈜대한	75%
	㈜민국	15%
	거주자 A	10%
㈜부산	㈜화성	40%
	㈜금성	55%
	거주자 B	5%

3. ㈜대한과 ㈜화성은 특수관계인이고, ㈜민국과 거주자 B는 특수관계인이며, 그 밖에 특수관계 인에 해당하는 주주는 없다.

4. ㈜서울은 ㈜부산을 흡수합병하면서 ㈜부산의 주식 2주당 ㈜서울의 주식 1주를 ㈜부산의 주주 에게 교부하였으며, 합병교부금은 지급하지 않았다.

[물음 4] 〈자료 4〉를 이용하여 아래 물음에 답하시오. (8점)

    (1) ㈜서울의 제24기 사업연도에 ㈜부산의 흡수합병으로 인한 ① ㈜대한의 세무조정 과 ② ㈜민국의 세무조정을 각각 하시오.

    (2) ㈜서울의 제24기 사업연도에 ㈜부산의 흡수합병으로 인한 ㈜화성의 세무조정을 하시오.

문제 4

다음의 각 자료를 바탕으로 각 물음에 답하시오. 각 자료는 상호 독립적이다. (20점)

〈자료 1〉

다음은 제조업과 건설업을 겸영하는 일반과세자인 ㈜대한(중소기업 아님)의 2024년 제2기 과세기간 최종 3개월(2024. 10. 1. ~ 2024. 12. 31.)의 거래내역이다. 세금계산서는 적법하게 발급하였으며, 별도의 언급이 없는 한 재화는 매입세액공제를 받았다. 금액은 부가가치세가 포함되어 있지 않다.

1. 제품 50,000,000원을 2024. 10. 15.에 외상판매하였다. 거래상대방은 대금할인기간 이내인 2024. 10. 25.에 외상대금을 변제하였으므로 매출할인 1,500,000원이 발생하였다. ㈜대한은 동 거래처에 판매장려금 1,000,000원을 2024. 11. 1.에 별도로 지급하였다.

2. 수탁회사인 ㈜부산에 위탁판매를 위하여 제품 140,000,000원(장부가액)을 적송하였다. 수탁회사는 2024. 12. 31.에 동 제품 중 절반을 80,000,000원에 현금판매하였고, 2025. 1. 3.에 나머지를 80,000,000원에 현금판매하였다.

3. 2024. 12. 30.에 할부조건으로 40,000,000원(유효이자율로 할인한 현재가치는 38,000,000원임)에 제품을 판매하기로 계약을 체결하고 인도하였다. 할부대금은 인도일에 10,000,000원을 수령하고, 나머지는 3회로 분할하여 매 6개월마다 회수하기로 약정하였다.

4. ㈜서울의 특별주문에 따라 제품 A와 제품 B를 생산하여 잔금회수약정일에 인도하기로 하고 2024. 11. 25.에 계약을 체결하였다. 동 계약내용에 의한 대금회수조건은 다음과 같다. 2024. 12. 31. 현재 제품 A와 제품 B의 완성도는 각각 20%와 30%이다.

구분	제품 A		제품 B	
	금액	회수 약정일	금액	회수 약정일
계약금	20,000,000원	2024. 11. 25.	15,000,000원	2024. 11. 25.
중도금	–	–	15,000,000원	2025. 3. 25.
잔금	20,000,000원	2025. 7. 25.	15,000,000원	2025. 6. 25.
대금 계	40,000,000원	–	45,000,000원	–

5. 제품을 타 계정으로 대체한 내역은 다음과 같다.

계정과목	내용	원가	시가
복리후생비	장기근속 종업원 포상	3,000,000원	4,000,000원
기부금	국가에 제품 무상 제공	6,000,000원	8,000,000원

6. 2024. 10. 1.에 기계장치 A를 제품생산과 관련된 협력업체에 무상으로 이전하였다. 기계장치 A는 2023. 7. 10.에 9,000,000원에 취득과 동시에 사용하여 왔으며, 무상이전 시 장부가액과 시가는 각각 7,000,000원과 5,000,000원이다.

7. 2024. 10. 2.에 건물을 신축하는 도급공사계약을 ㈜민국과 체결하였다. 총계약대금은 200,000,000이며, 공사대금은 아래의 완성도 조건에 따라 지급받기로 하였다. 2024. 12. 31. 현재 공사진행률은 40%이다.

공사진행률	0%(계약 시)	50% 도달 시	70% 도달 시	100% 도달 시
대금회수 약정내용	10% 지급	30% 지급	30% 지급	30% 지급

8. 기계장치 B와 건물(토지 제외)을 ㈜광장에게 다음과 같은 대금회수조건으로 매각하기로 하고 2024. 10. 1.에 계약을 체결하였다. 계약내용에 의하면 기계장치 B는 잔금 수령일에 인도하는 조건이며, 매수인의 건물 이용 가능일은 2024. 12. 15.이다.

구분	기계장치 B		건물	
	대금회수 약정일	금액	대금회수 약정일	금액
계약금	2024. 10. 1.	2,000,000원	2024. 10. 1.	100,000,000원
중도금	2024. 12. 1.	4,000,000원	2024. 12. 1.	200,000,000원
잔금	2025. 2. 1.	4,000,000원	2025. 2. 1.	200,000,000원

[물음 1] 〈자료 1〉을 이용하여 ㈜대한의 2024년 제2기 과세기간 최종 3개월(2024. 10. 1.~2024. 12. 31.)의 부가가치세 과세표준을 다음의 답안 양식에 따라 제시하시오. (8점)

(답안 양식)

자료번호	과세표준
1	
:	
8	
합계	

〈자료 2〉

다음은 과세사업과 면세사업을 겸영하는 ㈜한국(중소기업 아님)의 2024년 과세기간의 자료이다. (단, 별도의 언급이 없는 한 세금계산서 및 계산서는 적법하게 발급 및 수취한 것으로 가정한다)

1. 공급가액

구분	2024년 제1기	2024년 제2기		
		7. 1. ~ 9. 30.	10. 1. ~ 12. 31.	계
과일판매사업	90,000,000원	62,500,000원	83,300,000원	145,800,000원
과일통조림사업	247,500,000원	132,812,500원	207,387,500원	340,200,000원
부동산 임대사업	112,500,000원	54,687,500원	59,312,500원	114,000,000원
계	450,000,000원	250,000,000원	350,000,000원	600,000,000원

2. 세금계산서 수취분 매입세액

구분	2024. 7. 1. ~ 2024. 9. 30.	2024. 10. 1. ~ 2024. 12. 31.
과일판매사업	4,000,000원	4,500,000원
과일통조림사업	10,000,000원	14,000,000원
부동산 임대사업	1,000,000원	1,500,000원
공통매입세액[*1]	5,000,000원	4,000,000원
합계	20,000,000원	24,000,000원

[*1] 공통매입세액은 과일판매사업, 과일통조림사업 및 부동산 임대사업의 공통매입세액으로서 실지귀속을 확인할 수 없다.

3. 2024년 제2기 과세기간 최종 3개월(2024. 10. 1. ~ 2024. 12. 31.)에 신용카드매출전표를 수취한 매입세액은 다음과 같으며, 신용카드매출전표 수령명세서는 적법하게 제출하였다.
   ① 과일판매사업과 과일통조림사업에 공통으로 사용되는 소모품의 매입세액 500,000원
   ② 과일판매사업, 과일통조림사업과 부동산 임대사업에 공통으로 사용되는 비품의 매입세액 1,000,000원

4. 트럭을 2023. 4. 10.에 구입(취득 시 매입세액 3,000,000원)하여 과일판매사업에서 사용해오던 중, 2024. 11. 25.부터 과일통조림사업에도 공통으로 사용하였다.

5. 2024년 제2기 과세기간 중 과일판매사업과 과일통조림사업에 사용될 과일의 매입과 사용내역은 다음과 같으며, 의제매입세액공제 요건을 충족한다. ㈜한국은 과일의 매입시기가 한 과세기간에 집중되는 법인이 아니며, 2024년 제1기 과세기간에서 이월된 재고는 없다.

구분	적요	2024. 7. 1.~ 2024. 9. 30.	2024. 10. 1.~ 2024. 12. 31.
입고	기간 초일 과일재고액	0원	7,000,000원
	과일매입	80,640,000원	111,260,000원
출고	과일판매로 사용	32,500,000원	41,800,000원
	과일통조림 원료로 사용	41,140,000원	66,960,000원
	기간 말일 과일재고액[*1]	7,000,000원	9,500,000원

*1 면세사업과 과세사업에 대한 실지귀속을 확인할 수 없다.

6. 2024년 제2기 예정신고는 적정하게 이루어졌으며, 세부담 최소화를 가정한다.

[물음 2] 〈자료 2〉를 이용하여 ㈜한국의 2024년 제2기 확정신고 시 매입세액공제액을 다음의 답안 양식에 따라 제시하시오. (단, 의제매입세액공제율은 2/102이며, 의제매입세액 공제 한도는 고려하지 않는다) (8점)

(답안 양식)

구분	세액
(1) 세금계산서 수취분 매입세액	
(2) 신용카드매출전표 등 수령명세서 제출분	
(3) 의제매입세액	
(4) 과세사업 전환 매입세액	
(5) 공제받지 못할 매입세액	
(6) 공통매입세액 면세사업등분	
(7) 차가감 계{(1) + (2) + (3) + (4) − (5) − (6)}	

〈자료 3〉

다음은 숙박업(부가가치율 20%)과 소매업(부가가치율 10%)을 겸영하는 간이과세자 김공단 씨의 2024년 과세기간(2024. 1. 1. ~ 2024. 12. 31.)의 자료이다. (단, 별도의 언급이 없는 한 세금계산서 및 계산서는 적법하게 수취한 것으로 가정하고, 2024. 7. 1. 이후 적용되는 규정으로 답하기로 한다)

1. 과세기간 중 사업별 공급대가는 다음과 같다.

구분	공급대가	비고
숙박업	20,000,000원	신용카드매출전표 발행분 18,000,000원 포함
소매업	30,000,000원	신용카드매출전표 발행분 28,000,000원 포함
합계	50,000,000원	

2. 숙박업과 소매업에 공통으로 사용하던 비품을 4,000,000원(공급대가)에 매각하였다. 단, 김공단 씨는 세금계산서 발급의무자에 해당하지 아니한다.

3. 과세기간 중 매입세액의 내용
   ① 세금계산서 수취 매입금액(부가가치세 포함)은 숙박업 귀속분이 11,000,000원이고 소매업 귀속분이 17,600,000원이다.
   ② 일반과세자가 발급한 신용카드매출전표 수취 매입금액(부가가치세 포함)은 11,000,000원이며, 이는 숙박업과 소매업에 공통사용되는 비품의 매입세액으로서 귀속이 불분명하다. 신용카드매출전표 수령명세서는 적법하게 제출하였다.

4. 예정부과기간의 신고납부세액은 220,000원이다.

[물음 3] 〈자료 3〉을 이용하여 김공단 씨의 2024년 부가가치세 차가감납부세액(지방소비세 포함)을 다음의 답안 양식에 따라 제시하시오. (4점)

(답안 양식)

구분		세액
납부세액		
공제세액	·	
	·	
	계	
예정고지세액		
차가감 납부할 세액(△환급세액)		

문제 1

[물음 1]

구분	해답
① 종합소득과세표준	145,800,000
② 종합소득산출세액	31,390,000

1. 금융소득의 구분

구분	이자	배당	비고
1. 직장공제회			무조건 분리과세
2. 비영업대금이익	7,000,000		이자소득은 필요경비 인정되지 않음
3. 국외배당		14,000,000	원천징수세액은 외국납부세액공제 적용
4. 인정배당		(G)18,000,000	결산확정일(수입시기)
합계	7,000,000	32,000,000	39,000,000

2. Gross-up 금액

$\text{Min}[18,000,000, \ (39,000,000 - 20,000,000)] \times 10\% = 1,800,000$

3. 종합소득과세표준

$(39,000,000 + 1,800,000) + (115,000,000 - 10,000,000) = 145,800,000$

구분	금액	원천징수세율	구분	금액
이자	7,000,000	25%	금융외소득	105,000,000
배당	32,000,000	14%		
Gross-up	1,800,000			
금융소득금액	40,800,000		과세표준	145,800,000

4. 산출세액: $\text{Max}[(1), (2)] = 31,390,000$

$115,000,000 - 10,000,000$

(1) 일반산출세액

$(145,800,000 - 20,000,000) \times \text{기본세율} + 20,000,000 \times 14\% = 31,390,000$

(2) 비교산출세액

$(145,800,000 - 40,800,000) \times \text{기본세율} + 7,000,000 \times 25\% + 32,000,000 \times 14\% = 27,540,000$

↳ 금융외소득: 105,000,000

① 국외배당소득은 국내에서 원천징수되지 않았으나 비교산출세액 계산 시 원천징수세율을 적용하여야 한다.

② 마찬가지로 국외 비영업대금이익이 있는 경우, 원천징수되지 않았더라도 비교산출세액 계산 시에는 25%의 세율을 적용하여야 한다.

[물음 2]

구분	해답	비고
① 직장공제회 초과반환금에 대하여 원천징수할 소득세액	210,000	
② 퇴직소득 한도초과액	368,100,000	1,092,000,000 − 723,900,000(퇴직소득)
③ 연금계좌로부터의 연금수령한도액	15,600,000	

1. 직장공제회 초과반환금

① 과세표준 = (초과반환금 − 초과반환금 × 40%) − 납입연수공제

② 산출세액 = 과세표준 × $\dfrac{1}{\text{납입연수}}$ × 기본세율 × 납입연수

구분	금액	비고
1. 초과반환금	10,000,000	40,000,000 − 30,000,000
2. 기본공제	(4,000,000)	10,000,000 × 40%
3. 납입연수공제	(2,500,000)	1,500,000 + 500,000 × (7 − 5)
4. 과세표준	3,500,000	
5. 산출세액(원천징수세액)	210,000	(3,500,000 ÷ 7년 × 기본세율) × 7년

> 1년 미만은 1년으로 봄

→ 98. 12. 31. 이전에 직장공제회에 가입한 경우에는 직장공제회 초과반환금을 과세하지 아니하며, 99. 1. 1. 이후 최초로 직장공제회에 가입하여 불입하는 것부터 과세한다.

2. 임원 퇴직소득의 분류

구분	금액	비고
'11. 12. 31. 이전분	120,000,000	Max[①, ②] = 126,000,000 ① 120,000,000 [11. 7. 1.~11. 12. 31.] ② 1,092,000,000 × $\dfrac{6}{156}$ = 42,000,000 [11. 7. 1.~24. 6. 30. 1개월 미만은 1개월로 봄]
'12. 1. 1. 이후분 (① + ②)	603,900,000	① (630,000,000 ÷ 3년) × 30% × 8년 [12. 1. 1.~19. 12. 31.] ② [(183,000,000 + 132,000,000 + 18,000,000) × $\dfrac{12}{36}$] × 20% × $\dfrac{54}{12}$
합계	723,900,000	

① 임원의 퇴직소득 한도 계산 시 총급여액(비과세소득 제외)에는 ㉠ 근로를 제공함으로써 받는 봉급·급료·보수·세비·임금·상여·수당과 이와 유사한 성질의 급여와 ㉡ 법인의 주주총회·사원총회 또는 이에 준하는 의결기관의 결의에 따라 상여로 받는 소득만 포함한다. 따라서 인정상여, 퇴직함으로써 받는 소득으로서 퇴직소득에 속하지 아니하는 소득, 직무발명보상금은 포함하지 아니한다.

② 2023. 11. 30. 잉여금처분결의에 따라 수령한 근로소득금액은 2023년 귀속분이며 이는 문제에 제시된 2023년 귀속 총급여액(183,000,000원)에 포함되어 있는 것이다.

③ 법률상 임원 퇴직소득 한도액은 2012. 1. 1. 이후 퇴직금 중 한도액을 의미한다. 따라서 임원 퇴직소득 한도초과액을 계산할 때에는 2011. 12. 31. 이전 퇴직금도 반영하여 계산하여야 하지만 임원 퇴직소득 한도액만 계산할 것을 요구하면 2012. 1. 1. 이후 퇴직소득 한도액만 계산하여야 한다.

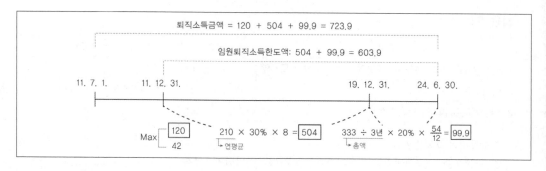

퇴직소득금액 = 120 + 504 + 99.9 = 723.9

임원퇴직소득한도액: 504 + 99.9 = 603.9

$$\text{Max}\begin{bmatrix} 120 \\ 42 \end{bmatrix} \quad 210 \times 30\% \times 8 = \boxed{504} \quad 333 \div 3년 \times 20\% \times \frac{54}{12} = \boxed{99.9}$$

3. 사적연금 한도액

$$\frac{65,000,000}{11 - 6} \times 120\% = 15,600,000$$

문제에서 당해 연금저축계좌는 2024년 초부터 연금수령하는 조건의 계약이고, 연금수령 개시가 가능한 시기를 2024년으로 제시하였으므로 2024년을 기산연차로 본다. 다만, 2013년 3월 1일 전에 가입한 연금계좌의 수령기산연차는 6년차로 한다.

[물음 3]

구분	해답	비고
① 근로소득금액	389,000,000	409,000,000 − 20,000,000(근로소득공제 한도)
② 퇴직소득과세표준	440,800,000	환산급여 − 환산급여공제

1. 총급여액(근로소득)

구분	금액	비고
1. 급여액	132,000,000	
2. 상여금	18,000,000	20,000,000 − 2,000,000(귀속시기: 잉여금처분결의일)
3. 위자료		비과세
4. 직무발명보상금	2,000,000	(14,000,000 − 5,000,000) − 7,000,000(비과세)
5. 퇴직소득 한도초과액	257,000,000	퇴직함으로써 받는 소득으로서 퇴직소득에 속하지 아니하는 소득
합계	409,000,000	

해당 과세기간에 근로소득에 대한 직무발명보상금과 기타소득에 대한 직무발명보상금이 동시에 발생한 경우 비과세소득 700만원은 근로소득에서 먼저 차감한다.

2. 퇴직소득과세표준

1년 미만 1년으로 봄

구분	금액	비고
1. 퇴직소득금액	835,000,000	1,092,000,000 − 257,000,000
2. 근속연수공제	(−)22,500,000	15,000,000 + 2,500,000 × (13년 − 10년)
3. 환산급여	750,000,000	$(835,000,000 − 22,500,000) \times \frac{12}{13}$
4. 환산급여공제	(−)309,200,000	151,700,000 + (750,000,000 − 300,000,000) × 35%
5. 퇴직소득과세표준	440,800,000	

[물음 4]

구분	해답
① 종합과세되는 연금소득금액	11,300,000
② 원천징수대상 기타소득금액	11,000,000

1. 공적연금

$$12,000,000 \times \frac{450,000,000}{750,000,000} - 3,200,000 = 4,000,000$$

2. 사적연금

(1) 연금계좌 인출순서

① 연금계좌에서 일부금액이 인출되는 경우

연금계좌에서 일부금액이 인출되는 경우 ㉠ 과세 제외 기여금, ㉡ 이연퇴직소득, ㉢ 세액공제를 받은 연금계좌 납입액 및 연금계좌 운용실적에 따라 증가된 금액의 순서로 인출되는 것으로 본다.

② 연금수령한도를 초과하여 인출하는 경우

인출된 금액이 연금수령한도를 초과하는 경우에는 연금수령분이 먼저 인출되고 그 다음으로 연금외수령분이 인출된 것으로 본다.

③ 의료비 인출 등이 있는 경우

연금수령분 중에서 의료비 인출(부득이한 사유로 인한 인출 포함)과 연금수령한도 인출이 함께 있는 경우에는 실제 인출된 시기에 따른다.

(2) 소득구분(연금수령한도 16,000,000원 가정)　　　　　　　　　　　　　　금액에 상관없이 분리과세 선택 가능

구분	연금수령액		소득구분		
	연금수령	연금외수령	연금소득 (분리과세)	연금소득 (조건부종합)	기타소득 (분리과세)
① 과세 제외 금액	10,000,000		8,000,000	2,000,000	
② 이연퇴직소득					
③ 공제액 · 운용수익	14,000,000	6,000,000		14,000,000	6,000,000
합계	24,000,000	6,000,000	8,000,000	16,000,000	6,000,000

16,000,000 + 8,000,000

① 2024. 1. 10.에 의료비 목적 인출이 먼저 있었으므로 의료비 인출을 먼저 적용하고 나머지 금액이 연금계좌에서 인출된 것으로 본다.

② 의료비 인출은 무조건 분리과세한다. 다만, 인출된 연금계좌의 재원이 과세 제외 기여금이므로 원천징수할 세액은 없다.

3. 종합과세되는 연금소득금액

(1) 총연금액

$4,000,000 + 14,000,000 = 18,000,000$

(2) 연금소득금액

$18,000,000 - [6,300,000 + (18,000,000 - 14,000,000) \times 10\%] = 11,300,000$

4. 원천징수대상 기타소득금액

$$6,000,000(연금외수령) + 5,000,000(직무발명보상금) = 11,000,000$$

구분	금액	내용	비과세 한도
총급여(근로)	2,000,000	종업원이 근무하는 기간 중 사용자로부터 받는 직무발명보상금	700만원
기타소득	5,000,000	종업원이 퇴직한 후에 사용자로부터 받는 직무발명보상금	해당 과세기간에 근로소득에 따라 비과세되는 금액이 있는 경우 근로소득부터 비과세 적용

$9,000,000 - 7,000,000$

문제 2

[물음 1]

1. 의제배당

구분	금액	비고
1. 감자대가	40,000,000	2,000주 × 20,000
2. 취득원가	13,680,000	2,000주 × 6,840
3. 의제배당	26,320,000	

단기소각주식특례가 적용되지 않으므로(과세되지 아니한 무상주를 수령한 시점으로부터 2년 이후에 감자하였으므로), 총평균법에 따라 주식의 취득단가를 산정한다.

2. 소각되는 주식의 단가

취득일	주식 수	취득단가	평균단가	비고
2021. 4. 20.	4,000주	@7,500	@7,500	
2021. 8. 20.	4,000주	@8,350	@7,925	
2021. 10. 20.	1,000주	@0		단기소각주식특례 적용 없음
2021. 12. 10.	1,000주	@5,000	@6,840	$\dfrac{4,000 \times 7,500 + 4,000 \times 8,350 + 1,000 \times 5,000}{10,000}$
합계	10,000주			

3. 세무조정

$26,320,000(세무상 처분이익) - 27,320,000(회계상 처분이익)$

[익금불산입]	유가증권(의제배당)	1,000,000	△유보

[물음 2]

(1)

1. 의제배당

$15,000,000 \times 80\%$

$20\% \times \dfrac{20\%}{80\%}$

구분	잉여금(재원)	1차 배정분(20%)	2차 배정분(5%)
주식발행초과금	12,000,000		600,000
자기주식소각이익	12,000,000	2,400,000	600,000
자기주식처분이익	8,000,000	1,600,000	400,000
이익준비금	8,000,000	1,600,000	400,000
합계	40,000,000	5,600,000	2,000,000

$50,000,000 \times (1 - 20\%)$

① 실권주를 재배정하지 않더라도 총 8,000주를 발행하고 다시 재배정하는 것으로 가정하여야 한다. 즉, 잉여금을 40,000,000원 전입하고 다시 재배정하는 것으로 가정하여야 한다. 그렇지 않으면 실권주를 재배정한 것과 경제적 결과는 동일함에도 불구하고 과세되지 않을 수 있기 때문이다.

② 자기주식소각이익은 소각일로부터 2년 이내 자본에 전입하였으므로 과세대상이고, 자기주식처분이익은 발생일에 관계없이 과세대상이다.

2. 세무조정

[익금산입]	유가증권	7,600,000	유보

(2)

[익금불산입]	수입배당금	5,600,000	기타

$7,000,000 \times 80\%$

자본잉여금의 재원으로 무상증자 시, 자기지분 보유로 인한 지분 증가분은 수입익금불산입을 적용하지 않는다.

[물음 3]

(1)

1. 주식취득 관련 세무조정

$(6,000 - 5,500) \times 5,500주$

[익금산입]	유가증권	2,750,000	유보

특수관계인인 개인으로부터 유가증권(주식, 채권)을 저가로 매입한 경우에는 시가와 매입가액의 차액을 익금산입한다.

2. 주식처분 관련 세무조정

1) 처분손익

$55\% \times @6,000 + 45\% \times @7,000$

구분	금액	비고
회계상 처분손익	1,000,000	$(7,500 - 5,500) \times 500주$
세무상 처분손익	525,000	$(7,500 - 6,450) \times 500주$
익금불산입	475,000	

① 세무상 유가증권의 취득단가는 2023. 4. 11. 취득분과 2023. 10. 26. 취득분을 가중평균하여 계산한다. 이때 2023. 4. 11. 취득단가는 세무상 취득원가에 해당하는 시가로 하여야 한다.

② 주식처분 시 장부상과 세법상의 단가 적용방법이 다르므로 주식에 대한 유보잔액(2,750,000)에 주식처분 비율(5%)을 곱한 금액을 추인해서는 안 된다.

2) 세무조정

[익금불산입]	유가증권	475,000	△유보

(2)

1. 수입배당금 총액

$10,000,000 \times 47.5\% = 4,750,000$

배당기준일(2023. 12. 31.)현재 보유주식에 대해서는 배당금을 지급하므로 47.5%를 기준으로 한다.

2. 익금불산입 대상 배당금액

$4,750,000 \times \dfrac{5,000주}{9,500주} \times 80\% = 2,000,000$

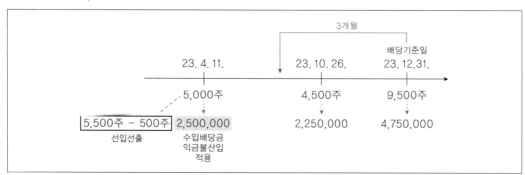

① 법인이 주식 등의 보유기간 중에 동일 종목의 주식 등의 보유주식 수에 변동이 있는 경우에는 먼저 취득한 주식 등을 먼저 양도한 것으로 본다. 즉, 피투자회사 주식의 보유기간 중 당해 주식의 보유주식 수에 변동이 있는 경우에 배당기준일 전 3월 이내 취득한 주식 수를 계산하는 방법은 선입선출법에 따른다.
② 수입배당금액에 대한 익금불산입률은 배당기준일 현재 3개월 이상 계속 보유하고 있는 주식인 5,000주 (지분율: 25%)를 기준으로 계산한다.

3. 지급이자 차감액

$$(18,000,000 - 1,700,000) \times \dfrac{6,000 \times 5,000주}{1,000,000,000} \times 80\% = 391,200$$

① 위 산식에서 주식가액 및 자산총액 등은 적수로 계산한다. 이때 '출자주식 등의 장부가액'은 세무계산상 장부가액을 의미하며, 수입배당금의 익금불산입에서 제외되는 수입배당금액이 발생하는 주식 등의 장부가액은 포함하지 아니한다. 따라서 2023. 10. 26. 취득한 주식은 포함하지 아니한다.
② '차입금이자, 재무상태표상 자산총액의 적수, 출자주식 등의 장부가액 합계액의 적수'는 배당지급법인(피출자법인)으로부터 받는 수입배당금액이 당해 출자법인의 익금으로서 확정된 날이 속하는 사업연도로 한다. (통칙 18의 2-17의 2…1) 적수 계산 시 주식의 취득일은 포함하여 계산하고 양도일은 포함하지 않는다.

4. 수입배당금 익금불산입액 및 세무조정

$2,000,000 - 391,200$

[익금불산입]	수입배당금	1,608,800	기타

문제 3

[물음 1]

(1) 제품 A

제24기	[익금산입]	매출채권	1,000,000	유보
	[손금산입]	재고자산	700,000	△유보
제25기	[익금불산입]	매출채권	1,000,000	△유보
	[손금불산입]	재고자산	700,000	유보

1. 장기할부판매 요건

인도일(2024. 9. 5.)의 다음 날부터 최종 할부금의 지급기일(2025. 10. 5.)까지의 기간이 1년 이상이고, 대가를 2회 이상으로 분할하여 수령하므로 장기할부판매의 요건을 충족한다.

2. 장기할부판매 손익귀속시기

① 인도일을 원칙적인 손익귀속시기로 하지만, ㉠ 결산상 회수기일도래기준을 적용한 경우 또는 ㉡ 중소기업의 경우에는 회수기일도래기준으로 손익을 인식할 수 있다. 특히 중소기업의 경우에는 신고조정도 가능하다.

② 법인이 회수기준(실제 회수된 금액만을 손익처리)에 의해 회계처리한 경우에도 회수기일도래기준을 적용한 것으로 간주하고 회수기일도래기준과의 차액만 세무조정한다.

(2) 토지

제24기	[익금산입]	선수금	100,000,000	유보
	[익금산입]	미수금	100,000,000	유보
	[손금산입]	토지	80,000,000	△유보
제25기	[익금불산입]	선수금	100,000,000	△유보
	[익금불산입]	미수금	100,000,000	△유보
	[손금불산입]	토지	80,000,000	유보

부동산을 양도한 경우 대금청산일이 속하는 사업연도를 「법인세법」상 손익의 귀속시기로 하되, 대금청산 전에 소유권이전등기를 하거나 자산을 인도 또는 매입자가 사용수익하는 경우에는 소유권이전등기일(등록일 포함)·인도일 또는 사용수익 중 빠른 날을 귀속시기로 한다. 따라서 토지 양도의 손익귀속시기는 사용수익일(2024. 10. 1.)이 속하는 제24기이다.

[물음 2]

(1)

[손금불산입]	법정증명서류 미수취	3,500,000	기타사외유출
[손금불산입]	기업업무추진비 한도초과액	16,120,000	기타사외유출

1. 기업업무추진비 직부인(법정증명서류 미수취)
   ① 임원 개인명의의 신용카드 사용액은 법정증명서류로 인정하지 않으며, 20만원 초과 경조사비 중 법정증명 서류 미수취분은 손금불산입하고 기타사외유출로 처분한다.
   ② 현물기업업무추진비의 경우 신용카드매출전표 등이나 신용카드 등 법정증명서류 수취 의무 규정을 적용하지 않는다.

2. 기업업무추진비 해당액
   $70,000,000 - 3,500,000$(직부인) $- 2,000,000$(회식비) $+ 5,000,000$(법인 종업원 단체) $+ 10,000,000$(채권의 임의포기) $+ 400,000$(기업업무추진비 관련 부가가치세) $+ 100,000$(사업상 증여, 부가가치세) $= 80,000,000$
   ① 임직원 회식비는 복리후생비로 전액 손금에 산입하고, 기업업무추진비 해당액에서 제외한다.
   ② 종업원이 조직한 단체가 법인인 경우에는 해당 단체에 지출한 복리시설비는 기업업무추진비로 본다. 실제 출제는 복리시설비가 아닌 운영비로 출제되었다. 관련 조문에 따르면 복리시설비에 한하고 있으므로 운영 비로 지출한 것은 전액 손금불산입할 수도 있다. 그러나 복리시설비를 운영비로 오기한 것 정도로 생각하 고 수정하여 기재하였다.
   ③ 약정에 따른 채권포기액은 기업업무추진비로 본다.
   ④ 기업업무추진비 관련 매입세액불공제액은 기업업무추진비로 본다.
   ⑤ 현물기업업무추진비는 사업상 증여에 해당하고, 사업상 증여에 해당하여 부담한 부가가치세는 기업업무추 진비로 본다.
   ⑥ 판매장려금 및 판매수당의 경우 사전약정 없이 지급하는 경우에도 전액 손금 인정하고, 기업업무추진비 로 보지 않는다.

3. 기업업무추진비 한도액 [100억원 − 10억원(특수관계인 매출) + 2억원(부산물 매출)]

   $36,000,000 + \begin{bmatrix} 92억원 \times 0.3\% \\ 8억원 \times 0.3\% \times 10\% + 2억원 \times 0.2\% \times 10\% \end{bmatrix} = 63,880,000$

   기업회계기준상 매출액은 주된 업종에서 발생하는 매출액을 말한다. 회사는 제조업 및 부동산 임대업을 영위 하므로 건물 임대료수입은 매출액에 포함한다. 부산물매각대는 수입금액에 포함하지만, 기계장치 임대료수입 은 부동산 임대업 매출에 포함하지 않는다.

4. 기업업무추진비 한도초과액
   $80,000,000 - 63,880,000 = 16,120,000$

(2)

1. 기업업무추진비 한도액
   ① 일반기업업무추진비 한도액: $(12,000,000 + 50억 \times 0.3\%) \times 50\% = 13,500,000$
   ② 문화기업업무추진비 한도액: $Min[1,000,000, 13,500,000 \times 20\%] = 1,000,000$
   ③ 기업업무추진비 한도액: ① + ② $= 14,500,000$

2. 기업업무추진비 한도초과액
   $50,000,000 - 14,500,000 = 35,500,000$

[물음 3]

(1)

[손금산입]	사용수익기부자산	80,000,000	△유보
[손금불산입]	감가상각비(자산감액분)	8,000,000	유보
[손금불산입]	감가상각비	11,000,000	유보

1. 사용수익기부자산
   ① 사용수익기부자산의 범위
      사용수익기부자산가액이란 법인이 소유하거나 법인의 부담으로 취득한 금전 외의 자산을 일정한 기간 동안 사용하거나 또는 수익을 얻을 것을 조건으로 하여 국가 · 지방자치단체, 특례기부금 대상 법인 또는 일반기부금 대상 법인에게 무상으로 기부하는 자산의 세무상 장부가액을 말한다.
   ② 비지정기부금
      법인이 국가 · 지방자치단체 · 기부금 단체 등이 아닌 자에게 사용 · 수익하는 조건으로 무상으로 기부하는 자산은 사용수익기부자산이 아닌 비지정기부금으로 보아 손금에 산입하지 아니한다.
   ③ 부가가치세 포함 여부
      사용수익기부자산가액은 기부 당시 당해 자산의 세무상 장부가액을 말한다. 여기에는 법인이 당해 기부자산에 대하여 부담하기로 한 부가가치세가 포함된다.

2. 사용수익기부자산 취득 시 세무조정

회계처리		세무상 처리	
(차) 사용수익기부자산 300,000,000		(차) 사용수익기부자산 220,000,000	
(대) 건물	220,000,000	(대) 건물	220,000,000
유형자산처분이익	80,000,000		

   사용수익기부자산은 건물의 세무상 취득가액으로 취득한 것으로 보고 처분손익은 인식하지 아니한다. 그 결과 자산이 80,000,000원 과대계상되었으므로 이를 손금산입한다. 기부채납하고 그 반대급부로 무상사용권을 취득하였으므로 부가가치세 과세대상이나, 부가가치세에 대해서는 별도의 언급이 없으므로 이를 반영하지 않았다.

3. 자산의 감가상각
   ① 자산감액분 상각비(1단계)

$$30,000,000 \times \frac{80,000,000}{300,000,000} = 8,000,000$$

   ② 감가상각 시부인(2단계)

구분	금액	비고
1. 회사상각비	22,000,000	$30,000,000 - 8,000,000$
2. 상각범위액	11,000,000	$(300,000,000 - 80,000,000) \times \frac{1}{10} \times \frac{6}{12}$
3. 상각부인액	11,000,000	

(2)

| [손금불산입] | 감가상각비 | 19,500,000 | 유보 |

1. 자본적 지출

사용수익기부자산의 기부 당시 또는 그 이후에 추가적으로 발생하는 비용의 경우에는 그 성격에 따라 자본적 지출 또는 수익적 지출로 구분하여 한다.

2. 감가상각비 세무조정

구분	금액	비고
1. 회사상각비	30,000,000	20,000,000 + 10,000,000(즉시상각의제)
2. 상각범위액	10,500,000	$(200,000,000 + 10,000,000) \times \frac{1}{10} \times \frac{6}{12}$
3. 상각부인액	19,500,000	

[물음 4]

(1)

1. ㈜대한의 세무조정

| [익금산입] | 부당행위계산부인 | 67,500,000 | 기타사외유출 |

자본거래로 인하여 특수관계인인 다른 주주(㈜화성) 등에게 이익을 분여한 경우에는 부당행위계산의 부인 규정을 적용한다.

2. ㈜민국의 세무조정

| [익금산입] | 부당행위계산부인 | 1,687,500 | 기타사외유출 |

자본거래로 인하여 특수관계인인 다른 주주(거주자 B) 등에게 이익을 분여한 경우에는 부당행위계산의 부인 규정을 적용한다.

(2)

| [익금산입] | 투자주식(서울) | 67,500,000 | 유보 |

자본거래로 인하여 특수관계인(㈜대한)으로부터 분여받은 이익은 익금에 산입한다.

1. 합병 후 주가 계산

$$\frac{\text{합병법인 기업가치} + \text{피합병법인 기업가치}}{\text{합병 후 주식 수}}$$

$$= \frac{30,000주 \times 50,000 + 20,000주 \times 10,000}{30,000주 + 10,000주} = 42,500$$

2. 현저한 이익

  $42,500 - 10,000 \times 2$주 $= 22,500 \geq 42,500 \times 30\%$

3. 분여이익의 계산 - ㈜대한

  $\underset{\underset{30,000주 \times 75\%}{}}{(50,000원 - 42,500원) \times 22,500주} = 168,750,000$

  주식이동이 없는 주주의 손해 또는 이익을 가장 먼저 계산한다.

4. 분여이익 금액 계산

이익을 분여한 주주		이익을 분여받은 주주		
주주	이익분여액	㈜화성(40%)	㈜금성(55%)	거주자 B(5%)
㈜대한	168,750,000	67,500,000	92,812,500	8,437,500
㈜민국	33,750,000	13,500,000	18,562,500	1,687,500
거주자 A	22,500,000	9,000,000	12,375,000	1,125,000
합계	225,000,000	90,000,000	123,750,000	11,250,000

[물음 1]

자료번호	과세표준	비고
1	48,500,000	50,000,000 − 1,500,000
2	80,000,000	
3	10,000,000	
4	15,000,000	
5	4,000,000	시가
6	4,500,000	간주시가: $9,000,000 \times (1 - 25\% \times 2)$
7	20,000,000	$200,000,000 \times 10\%$
8	500,000,000	
합계	682,000,000	

1. 외상판매
   ① 매출할인은 그 사유가 발생한 날이 속하는 과세기간의 과세표준에서 차감한다.
   ② 판매장려금은 과세표준에서 공제하지 아니한다.

2. 위탁판매
   위탁판매에 의한 매매의 경우에는 공급시기는 수탁자가 최종 소비자에게 공급한 때를 기준으로 하고, 위탁자의 공급가액은 최종소비자에 대한 공급가액으로 수탁자의 공급가액은 위탁자에게 청구한 중개수수료로 한다.

3. 장기할부판매
   대가를 2회 이상 분할하여 받는 경우로서 해당 재화의 인도일의 다음 날부터 최종 할부금 지급기일까지의 기간이 1년 이상인 것은 장기할부판매 조건에 해당하고, 대가의 각 부분을 받기로 한 때를 공급시기로 한다.

4. 중간지급조건부판매
   ① 제품 A: 계약금 외의 대가를 분할하여 받지 않았으므로 중간지급조건부에 해당하지 않는다. 인도일(2025. 7. 25.)을 공급시기로 하고 40,000,000원을 2025년 제2기 과세기간의 공급가액으로 한다.
   ② 제품 B: 계약금 외의 대가를 분할하여 수령하고 계약금 지급약정일로부터 인도일까지의 기간이 6개월 이상이므로 중간지급조건부 요건을 충족한다. 따라서 2024년 제2기 확정신고기간의 과세표준에 포함되는 금액은 15,000,000원이다.

5. 타 계정 대체
   ① 복리후생비: 간주공급(개인적 공급)에 해당하며, 자기가 공급한 재화의 시가를 공급가액으로 한다. 경조사 또는 명절·기념일과 관련한 실비변상적이거나 복리후생적인 재화로 보기는 어렵다고 판단하여 10만원 이하의 금액도 포함하여 전액 과세되는 것으로 하였다.
   ② 기부금: 국가, 지방자치단체, 지방자치단체조합 또는 대통령령으로 정하는 공익단체에 무상으로 공급하는 재화는 면세이다. 해당 재화의 매입세액은 면세사업 관련 재화로 볼 수 없으므로 공제된다.

6. 사업상 증여

　사업자가 자기가 생산한 재화를 다른 사업자에게 무상으로 공급하는 경우는 사업상 증여에 해당하고 감가상각자산은 간주시가를 공급가액으로 한다.

7. 완성도지급조건부

　완성도지급조건부에 해당하므로 대가의 각 부분을 받기로 한 때를 공급시기로 한다. 2024. 12. 31. 현재 공사진행률은 40%로서 50%에 도달하지 못하여 계약금액의 10%만 지급받을 수 있다.

8. 중간지급조건부

　① 기계장치 B: 계약금을 받기로 한 날(2024. 10. 1.)의 다음 날부터 재화를 인도하는 날(2025. 2. 1.) 또는 이용 가능하게 하는 날까지의 기간이 6개월 이상이 아니므로 중간지급조건부에 해당하지 않는다. 따라서 인도일이 공급시기이므로 2025년 제1기 과세기간의 과세표준에 10,000,000원을 모두 포함하여야 한다.

　② 건물: 중간지급조건부에 해당하지 않으며 부동산의 경우(재화의 이동이 필요하지 아니한 경우) 이용 가능한 때(2024. 12. 15.)를 공급시기로 한다. 따라서 2024년 제2기 과세기간의 과세표준에 500,000,000원 전부를 포함하여야 한다.

[물음 2]

구분	세액
(1) 세금계산서 수취분 매입세액	24,000,000
(2) 신용카드매출전표 등 수령명세서 제출분	1,500,000
(3) 의제매입세액	1,350,000
(4) 과세사업 전환 매입세액 〔과일만매사업분〕	525,000
(5) 공제받지 못할 매입세액	4,500,000
(6) 공통매입세액 면세사업등분 〔150,000 + 1,180,000〕	1,330,000
(7) 차가감 계{(1) + (2) + (3) + (4) − (5) − (6)}	21,545,000

1. 공급가액비율 산정

구분		예정신고기간	전체 과세기간
부동산 임대업 제외	면세사업	$\dfrac{62,500,000}{195,312,500} = 32\%$	$\dfrac{145,800,000}{486,000,000} = 30\%$
	과세사업	68%	70%
전체사업	면세사업	$\dfrac{62,500,000}{250,000,000} = 25\%$	$\dfrac{145,800,000}{600,000,000} = 24.3\%$
	과세사업	75%	75.7%

2. 신용카드매출전표 등 수령명세서 제출분

　① 신용카드매출전표 등 수령명세서는 매입세액공제대상액만 순액으로 기재하는 것이 원칙이다. 다만, 신용카드매출전표 등을 수령한 공통매입세액은 일단 전부기재하고, 공통매입세액 면세사업등분에서 다시 불공제로 기입하는 것이 일반적인 서식 작성요령이다.

② 서식 작성요령과 관계없이 신용카드매출전표 등 수령분 매입세액을 공제세액(순액)으로 작성하면 다음과 같다.

> ㉠ 과일판매, 과일통조림사업 공통매입세액
> $500,000 \times 70\% = 350,000$
> ㉡ 과일판매, 과일통조림, 부동산 임대 공통매입세액
> $1,000,000 \times 75.7\% = 757,000$
> ㉢ 신용카드매출전표 등 수령명세서 제출분(㉠ + ㉡) = 1,107,000

3. 의제매입세액공제

구분	예정(A)	합계(B)	확정(B − A)
1. 당기사용(과세)	41,140,000	108,100,000	
2. 기말재고	4,760,000	6,650,000	
3. 적용대상 매입액	45,900,000	114,750,000	
4. 공제율	$\dfrac{2}{102}$	$\dfrac{2}{102}$	
5. 의제매입세액공제액	900,000	2,250,000	1,350,000

$7,000,000 \times 68\%$

$41,140,000 + 66,960,000$

$9,500,000 \times 70\%$

4. 과세사업 전환 매입세액

부동산 임대업 매출액 제외하고 안분

$$3,000,000 \times (1 - 25\% \times 3) \times 70\% = 525,000$$

5. 공통매입세액 면세사업등분

(1) 과일판매, 과일통조림사업 공통매입세액

$$500,000 \times \frac{145,800,000}{145,800,000 + 340,200,000} = 150,000$$

(2) 과일판매, 과일통조림, 부동산 임대 공통매입세액

구분	불공제매입세액	비고
과세기간 전체	2,430,000	$(9,000,000 + 1,000,000) \times 24.3\%$
예정신고기간	1,250,000	$5,000,000 \times 25\%$
확정신고	1,180,000	

$\dfrac{62,500}{250,000}$

$\dfrac{145,800}{600,000}$

[물음 3]

$20\% \times 40\% + 10\% \times 60\%$

구분		세액	비고
납부세액		756,000	$20,000,000 \times 2\% + 30,000,000 \times 1\% + 4,000,000 \times 14\% \times 10\%$
공제세액	세금계산서 등 수취세액공제	198,000	$(11,000,000 + 17,600,000 + 11,000,000) \times 0.5\%$
	신용카드매출전표 등 발행세액공제	598,000	$(18,000,000 + 28,000,000) \times 1.3\%$
	계	756,000	Min[공제세액(796,000), 납부세액(756,000)]
예정고지세액		220,000	
차가감 납부할 세액(△환급세액)		△220,000	

1. 예정신고(부과)세액
   ① 간이과세자는 예정신고하더라도 확정신고 때 전체 과세기간의 공급대가를 기준으로 다시 계산한다.
   ② 세금계산서를 발급한 간이과세자는 일반과세자의 매입세액공제와 대응되는지를 확인하기 위하여 부가가치세 신고의무가 있다.

2. 공제세액 한도
   간이과세자의 경우 매입세금계산서 등 수취세액공제액, 신용카드 등의 사용에 따른 세액공제액의 합계액이 각 과세기간의 납부세액을 초과하는 경우에는 그 초과하는 부분은 없는 것으로 본다.

2017년 세무회계
기출문제 & 해답

※ 답안 작성 시 유의사항
1. 답안은 문제 순서대로 작성할 것
2. 계산문제는 계산근거를 반드시 제시할 것
3. 답안은 아라비아 숫자로 원단위까지 작성할 것
   (예) 2,000,000 − 1,000,000 = 1,000,000원)
4. 별도의 언급이 없는 한 관련 자료·증빙의 제출 및 신고·납부절차는 적법하게 이행된 것으로 가정할 것

문제 1 (9점)

다음은 건설업을 영위하는 중소기업인 ㈜정건설의 자료이다. 2024년 제1기 확정신고와 제2기 예정신고는 정확하게 이루어졌고, 과세거래에 대해서는 세금계산서를, 면세거래에 대해서는 계산서를 발급하고 수취하였다. 제시된 금액은 별도의 언급이 없는 한 부가가치세가 포함되지 않은 금액이다.

〈자료〉
1. 회사는 토지를 구입하여 국민주택과 상가를 건설하여 판매하고 있으며, 해외에서도 국민주택 건설용역을 제공하고 있는데, 해외국민주택 건설용역에 대해서는 면세의 포기를 신고하였다.
2. 2024년 토지의 매입내역은 다음과 같다.

(단위: 원)

구분	1. 1. ~ 6. 30.	7. 1. ~ 9. 30.	10. 1. ~ 12. 31.
국내국민주택 건설 용도	900,000,000	500,000,000	600,000,000
상가 건설 용도	300,000,000	100,000,000	200,000,000

3. 2024년의 매출내역은 다음과 같다.

(단위: 원)

구분		1. 1. ~ 6. 30.	7. 1. ~ 9. 30.	10. 1. ~ 12. 31.
국내국민주택	건물분	3,000,000,000	700,000,000	900,000,000
	토지분	1,250,000,000	850,000,000	890,000,000
상가	건물분	1,200,000,000	409,000,000	700,000,000
	토지분	850,000,000	341,000,000	519,000,000
해외국민주택 건설용역		2,000,000,000	800,000,000	891,000,000
합계		8,300,000,000	3,100,000,000	3,900,000,000

4. 2024년에 발급받은 세금계산서상 매입세액내역은 다음과 같다.

(단위: 원)

구분	1. 1. ~ 6. 30.	7. 1. ~ 9. 30.	10. 1. ~ 12. 31.
국내국민주택 건물 건설 관련	200,000,000	50,000,000	60,000,000
상가 건물 건설 관련	100,000,000	40,000,000	50,000,000
해외국민주택 건설용역 관련	150,000,000	60,000,000	70,000,000
공통매입세액 ①*1	30,000,000	10,000,000	20,000,000
공통매입세액 ②*2	–	–	50,000,000
합계	480,000,000	160,000,000	250,000,000

*1 공통매입세액 ①은 회사의 모든 사업과 관련하여 발생한 매입세액이며, 실지귀속을 확인할 수 없다.
*2 2024년 10월 10일에 구입한 새 레미콘믹서기의 매입세액이다.

5. 국내국민주택 건물 건설과 상가 건물 건설에 공통으로 사용하던 구 레미콘믹서기(2020년 4월 4일 400,000,000원에 구입)를 2024년 10월 10일에 100,000,000원에 매각(장부가액 80,000,000원)하고, 같은 날 동일한 용도의 새 레미콘믹서기를 500,000,000원에 구입하였다.

[물음 1] 2024년 제2기 부가가치세 확정신고 시의 매출세액을 다음 양식으로 제시하시오. 단, 과세표준 또는 매출세액이 없는 경우에는 "0" 또는 "없음"으로 표시하시오.

(답안 양식)

구분	과세표준	세율	매출세액
1. 국내국민주택 공급			
2. 상가 공급			
3. 해외국민주택 건설용역			
4. 레미콘믹서기 매각			
합계			

[물음 2] 2024년 제2기 부가가치세 확정신고 시 공제되는 매입세액을 다음의 답안 양식에 따라 계산하시오.

(답안 양식)

구분	금액
세금계산서 수취분	
공제받지 못할 매입세액	
공통매입세액 면세사업분	
매입세액공제액	

문제 2 (11점)

각 물음은 독립적이다.

[물음 1] ㈜박눈물은 부동산 임대업을 영위하는 법인이다. 2024년 11월 30일 임대의 어려움과 자금난으로 인하여 폐업하게 되었다. 2024년 제2기 확정신고기간의 부가가치세 매출세액을 계산하시오. 2024년 제1기 확정신고와 제2기 예정신고는 정확하게 이루어졌으며, 폐업 시 사업장에 남아 있는 재화는 다음과 같다.

〈자료〉

1. 임대용 건물은 주택 50m², 상가 150m², 부수토지 1,000m²로 구성된 단층의 겸용주택이며, 2023년 11월 1일부터 2024년 10월 31일까지 임대보증금 없이 매달 1일에 40,000,000원의 임대료를 받았다.

2. 위의 겸용주택 및 부수토지는 2022년 9월 1일 취득하였으며, 건물의 취득가액은 5,000,000,000원, 부수토지의 취득가액은 3,000,000,000원이고, 폐업일 현재의 감정평가액은 건물 6,000,000,000원, 부수토지 4,000,000,000원이다.

3. 사업장 출퇴근 및 업무용으로 사용하던 개별소비세 과세대상인 승용자동차는 2023년 4월 1일에 10,000,000원에 구입하였으며, 구입 시 부가가치세액 1,000,000원은 매입세액공제를 받지 못하였고, 폐업 시 시가는 6,000,000원이다.

4. 사업장에 있는 비품은 2023년 7월 1일에 2,000,000원에 구입하였으며, 부가가치세액 200,000원은 매입세액공제를 받았고, 폐업 시 시가는 800,000원이다.

[물음 2] 다음은 2024년 4월 1일 개업한 간이과세자 김조류의 2024년 과세기간(2024년 4월 1일 ~ 2024년 12월 31일) 자료이다.

〈자료〉

1. 김조류는 닭을 구입하여 털을 제거한 후 생닭으로 판매하는 식료품점과 프라이드치킨으로 판매하는 음식점을 겸영하고 있다.

2. 2024년 공급대가

(단위: 원)

구분	식료품점	음식점
현금영수증 발행분	9,000,000	10,000,000
신용카드매출전표 발행분	30,000,000	8,000,000
세금계산서 발행분	–	36,000,000
계산서 발행분	14,000,000	–
자기적립마일리지 결제분[*1]	6,000,000	4,000,000
통신사 마일리지 결제분[*2]	1,000,000	2,000,000
합계	60,000,000	60,000,000

---

*1 매출액에 대하여 3%의 마일리지를 부여하고 있으며, 이 마일리지를 이용하여 결제한 금액이다.

*2 K통신사가 자기 고객에게 제공한 마일리지를 식료품점과 음식점에서 사용할 수 있도록 하고, 사용액의 70%를 K통신사가 보전해 준다. 위 금액은 K통신사 고객이 사용한 마일리지의 70%를 K통신사로부터 현금으로 보전받은 금액이다.

3. 2024년 매입내역

(단위: 원)

구분	식료품점	음식점
계산서 수취	9,000,000[*1]	
세금계산서 수취	1,100,000[*2]	3,300,000[*3]
	4,400,000[*4]	

*1 닭 구입액으로 실지 귀속은 불분명하며, 가능한 의제매입세액공제에 대해서는 필요한 서류를 제출함

*2 부가가치세가 포함된 금액임

*3 부가가치세가 포함된 금액이며, 이 중 1,100,000원은 기업업무추진비로 지출된 것임

*4 부가가치세가 포함된 금액이며, 공통매입세액의 실지귀속은 불분명함

4. 음식점업의 업종별 부가가치율은 10%이다.

〈요구사항 1〉

김조류의 2024년 과세기간 부가가치세 납부세액을 계산하시오.

〈요구사항 2〉

김조류의 2024년 공제세액을 다음의 답안 양식에 따라 제시하시오. 단, 납부세액 초과 여부는 고려하지 아니한다.

(답안 양식)

구분	공제세액
1. 세금계산서 등 수취세액공제	
2. 신용카드매출전표 등 발행세액공제	

문제 3 (14점)

다음은 거주자 갑의 2024년 귀속 종합소득 신고를 위한 자료이다. 단, 제시된 금액은 원천징수하기 전의 금액이며, 원천징수는 적법하게 이루어졌다.

[물음 1] 갑의 금융소득과 관련된 내역이 〈자료 1〉과 같을 때 요구사항에 답하시오.

〈자료 1〉
갑의 금융소득내역은 다음과 같다.
1. 물가연동국고채의 원금 증가분(발행일 2016년 1월 2일): 5,000,000원
2. 「상호저축은행법」에 의한 신용부금으로 인한 이익: 3,000,000원
3. 「법인세법」에 따라 법인으로 보는 단체로부터 받은 현금배당: 7,000,000원
4. 파생결합사채로부터 발생한 수익의 분배금(「상법」상 파생결합사채의 요건을 충족함): 4,000,000원
5. 자기주식소각이익을 자본전입함에 따라 ㈜A로부터 수령한 무상주의 액면가액(2023년 12월 10일 소각하였으며 소각 당시 자기주식의 시가가 취득가액을 초과함): 20,000,000원
6. 집합투자기구(사모투자전문회사 아님)로부터의 이익: 2,000,000원
7. 비상장법인인 ㈜B로부터 받은 현금배당(㈜B는 「중소기업법」에 의한 중소기업에 해당함): 8,000,000원
8. 「법인세법」상 소득공제를 적용받은 유동화전문회사로부터 받은 현금배당: 1,000,000원

〈요구사항 1〉
종합과세되는 이자소득 총수입금액, 배당소득 총수입금액을 다음의 답안 양식에 따라 제시하시오.
(답안 양식)

이자소득 총수입금액	
배당소득 총수입금액	

〈요구사항 2〉
배당가산액(Gross-up 금액), 종합과세대상 금융소득금액을 다음의 답안 양식에 따라 제시하시오.
(답안 양식)

배당가산액(Gross-up 금액)	
종합과세대상 금융소득금액	

[물음 2] 〈자료 2〉와 〈자료 3〉을 이용하여 아래 요구사항에 답하시오.

〈자료 2〉

(2024년 1월 1일 ～ 2024년 6월 30일의 소득자료)

갑은 ㈜C(제조업)의 생산직 근로자로 근무하였다.

1. ㈜C로부터의 기본급여 수령액(월 900,000원): 5,400,000원
2. ㈜C로부터의 상여금 수령액(1회 수령하였음): 2,000,000원
3. ㈜C로부터의 식사대 수령액(월 300,000원): 1,800,000원
4. 산불재해로 인하여 ㈜C가 지급한 급여(월 400,000원): 2,400,000원
5. 본인부담분 건강보험료를 ㈜C가 대신하여 부담한 금액(월 100,000원): 600,000원
6. ㈜C로부터 수령한 연장근로수당(월 500,000원): 3,000,000원
7. 전세권을 대여하고 받은 대가: 8,000,000원
8. 일시적으로 라디오에 출연하여 출연료로 받은 수당: 7,000,000원
9. ㈜C를 퇴사한 후 운영할 예정인 치킨집 개업과 관련하여 ㈜C에게서 지원받은 개업축하금: 5,000,000원
10. ㈜C의 사내장기자랑 행사에서 1등을 하여 수령한 상금: 2,000,000원
11. ㈜C로부터 수령한 「발명진흥법」에 따른 직무발명보상금: 8,000,000원
12. ㈜C로부터 수령한 휴일근로수당: 1,000,000원

〈자료 3〉

(2024년 7월 1일 ～ 2024년 12월 31일의 소득자료)

갑은 2024년 6월 30일에 ㈜C에서 현실적으로 퇴사하였다.

1. 유가증권을 일시적으로 ㈜D사(특수관계 없음)에게 대여하고 받은 금품: 6,000,000원
2. ㈜C로부터 지급받기로 한 「발명진흥법」에 따른 직무발명보상금 미수금 수령액: 2,000,000원
3. 제작된 지 300년이 경과된 골동품을 A은행에 양도하고 받은 대가(보유기간: 13년, 확인되는 필요경비금액: 82,000,000원): 90,000,000원
4. 근로소득공제액표

총급여액	공제액
1,500만원 초과 4,500만원 이하	750만원 + (총급여액 − 1,500만원) × 15%
4,500만원 초과 1억원 이하	1,200만원 + (총급여액 − 4,500만원) × 5%

〈요구사항 1〉

생산직 근로자로서 받은 초과근로수당의 비과세 여부를 결정하기 위한 갑의 월정액급여와 과세대상 초과근로수당금액을 다음의 답안 양식에 따라 제시하시오. (직전 근로기간의 총급여액은 30,000,000원이었음)

(답안 양식)

월정액급여	
과세대상 초과근로수당금액	

〈요구사항 2〉

근로소득 총수입금액 및 근로소득금액을 답안 양식에 따라 제시하시오(단, 생산직 초과근로수당의 비과세요건을 충족한다고 가정함).

(답안 양식)

근로소득 총수입금액	
근로소득금액	

〈요구사항 3〉

종합과세되는 기타소득금액과 기타소득(분리과세대상 포함)에 대한 소득세 원천징수세액을 다음의 답안 양식에 따라 제시하시오.

(답안 양식)

기타소득금액	
기타소득 원천징수세액	

문제 4 (8점)

다음은 거주자 을(48세, 남성)의 2024년 귀속 종합소득 신고를 위한 자료이다. 이 자료를 이용하여 아래 물음에 답하시오.

〈자료〉

1. 종합소득금액의 내역은 다음과 같다.

금융소득금액	30,200,000원(비영업대금의 이익 10,000,000원, 정기적금이자 18,000,000원, 배당소득금액 2,200,000원으로 구성됨)
사업소득금액	10,000,000원(제조업)
근로소득금액	5,880,000원(총급여액 12,300,000원)
기타소득금액	3,920,000원
종합소득금액	50,000,000원

2. 부양가족의 현황은 다음과 같다.

구분	나이	비고
부친	73세	무료로 슬롯머신을 1회 이용하여 받은 당첨액 2,000,000원 수령
모친	71세	법원보증금으로 인한 이자소득 20,000,000원 수령
동생	42세	장애인이며 소득이 없음
장남	16세	중학생이며 소득이 없음
장녀	5세	유치원생이며 소득이 없음(입양자로 2024년에 입양신고하였음)

3. 의료비의 지출내역은 다음과 같다.
   ① 모친의 교통사고치료비: 5,860,000원
   ② 동생의 재활치료비: 1,009,000원
   ③ 장남의 시력보정용 안경 구입비: 800,000원

4. 교육비 지출내역은 다음과 같다.
   ① 장남에 대한 중학교 수업료: 1,000,000원
   ② 장녀에 대한 유치원 수업료: 1,500,000원
   ③ 장남의 현장체험 학습비: 600,000원(교육과정에 의한 현장체험 학습임)

5. 사업장에 자연재해가 발생하여 50,000,000원의 사업용 자산이 상실되었다. 상실 전의 사업용 자산총액은 200,000,000원이었다.

6. 종합소득세율

과세표준	세율
1천 400만원 초과 5천만원 이하	84만원 + 1천 400만원을 초과하는 금액의 100분의 15
5천만원 초과 8천 800만원 이하	624만원 + 5,000만원을 초과하는 금액의 100분의 24

[물음 1] 을의 인적공제액을 다음의 답안 양식에 따라 제시하시오.
(답안 양식)

기본공제액	
추가공제액	

[물음 2] 을의 종합소득산출세액을 다음의 답안 양식에 따라 제시하시오. 단, 배당소득 총수입금액은 전액 배당가산액(Gross-up 금액) 대상인 배당소득이며, 을의 종합소득공제는 10,000,000원이라고 가정한다.
(답안 양식)

일반산출세액	
비교산출세액	

[물음 3] 을의 자녀세액공제액, 의료비세액공제액, 교육비세액공제액 및 재해손실세액공제액을 다음의 답안 양식에 따라 제시하시오. 단, 을의 종합소득산출세액은 6,000,000원이며 기장세액공제, 배당세액공제 및 외국납부세액공제는 없고, 의료비세액공제와 교육비세액공제는 전액 근로소득에 대한 산출세액에서 공제 가능한 것으로 가정한다.
(답안 양식)

자녀세액공제액	
의료비세액공제액	
교육비세액공제액	
재해손실세액공제액	

문제 5 (5점)

거주자 병(계속 5년 이상 국내에 주소를 둠)의 2024년 귀속 양도소득 관련 내역이 다음과 같을 때 물음에 답하시오.

〈자료〉
1. 국내건물과 국외건물의 취득 및 양도내역은 다음과 같다.

구분	국내건물	국외건물
양도일	2024. 4. 20.	2024. 8. 22.
취득일	2023. 1. 26.	2021. 7. 14.
실지양도가액	500,000,000원	$400,000
실지취득가액	400,000,000원	$100,000

2. 국내건물(상가, 등기되었음)을 취득하면서 리모델링비용(자본적 지출에 해당함) 30,000,000원을 지출하였고 신용카드매출전표를 수취하였다.
3. 국내건물을 양도하면서 부동산중개수수료로 10,000,000원이 발생하였고 양도 관련 공증비용 5,000,000원이 발생하였다.
4. 국외건물(주택, 미등기임) 취득일의 「외국환거래법」에 의한 기준환율은 1,300원/$(대고객외국환매입률: 1,200원/$)이고 양도일의 기준환율은 1,000원/$(대고객외국환매입률: 900원/$)이다.
5. 국외건물을 양도하면서 $4,000의 부동산중개수수료가 발생하였다.
6. 장기보유특별공제율은 3년 이상 4년 미만의 경우에 6%이다(1세대 1주택의 경우에는 24%).

[물음 1] 병의 국내건물 및 국외건물의 양도소득금액을 다음의 답안 양식에 따라 제시하시오.

(답안 양식)

국내건물	
국외건물	

[물음 2] 병의 국내건물 및 국외건물의 양도소득과세표준을 다음의 답안 양식에 따라 제시하시오. 단, 국내건물의 양도소득금액은 8,000,000원, 국외건물의 양도소득금액은 9,000,000원이고, 세부담 최소화를 가정한다.

(답안 양식)

구분	국내건물	국외건물
양도소득금액		
기본공제		
양도소득과세표준		

[물음 1] 다음은 ㈜한강(중소기업 아님)의 제24기 사업연도(2024년 1월 1일 ~ 2024년 12월 31일) 법인세 신고 관련 자료이다.

〈자료〉

1. 손익계산서상 매출액은 10,560,000,000원이며, 세부내역은 다음과 같다.

(단위: 원)

과목	손익계산서상 매출액	비고
제품매출	10,000,000,000	①, ②
용역매출	560,000,000	③
합계	10,560,000,000	

① 2024년 12월 31일에 제품을 인도하였으나, 당기 제품매출로 계상하지 않아 익금산입한 금액 12,000,000원이 있다.

② 기업회계기준과 「법인세법」과의 손익귀속시기 차이로 당기 제품매출로 계상하지 않은 금액 15,000,000원을 익금산입하였다.

③ 용역매출의 세부내역은 다음과 같다. 기타의 용역매출은 특수관계인 외의 자에게 제공한 유사한 용역제공거래에서 발생한 것이며, 용역제공의 시가는 불분명하다.

(단위: 원)

과목	특수관계인 용역매출	기타의 용역매출
용역매출액	280,000,000	280,000,000
용역매출원가	250,000,000	200,000,000

④ 손익계산서상 중단사업부문손익에는 중단한 사업부문의 제품매출 23,000,000원이 포함되어 있다.

⑤ 회사의 제품매출은 전액 특수관계 없는 자와의 거래에서 발생한 것이다.

2. 손익계산서상 기업업무추진비 계정의 총액은 50,000,000원이며, 이 중에는 다음의 사항이 포함되어 있다.

① 문화예술공연입장권을 5,000,000원에 구입하여 거래처에 제공하였다.

② 거래처(특수관계 없음)에 업무상 접대 목적으로 제품(시가 1,500,000원, 제조원가 1,250,000원)을 무상 제공하고, 다음과 같이 회계처리하였다.

(차) 기업업무추진비	1,400,000	(대) 제품	1,250,000
		부가세예수금	150,000

③ ㈜한강은 판촉을 위하여 임의단체(우수고객이 조직한 법인 아닌 단체)에 복리시설비로 20,000,000원을 지급하였다.

3. 회사는 현물기업업무추진비를 제외한 모든 지출건에 대하여 신용카드 등 적격증명서류를 수취하였다.

---

4. 기업업무추진비 수입금액 적용률

수입금액	적용률
100억원 이하	3/1,000
100억원 초과 500억원 이하	2/1,000

〈요구사항 1〉

「법인세법」에 따라 계산한 회사의 제24기 특수관계인에 대한 용역매출금액을 제시하시오.

〈요구사항 2〉

제24기 시부인대상 기업업무추진비, 기업업무추진비 한도액 및 기업업무추진비 한도초과(미달)액을 다음의 답안 양식에 따라 제시하시오.

(답안 양식)

시부인대상 기업업무추진비	
기업업무추진비 한도액	
기업업무추진비 한도초과(미달)액	

[물음 2] 다음은 제조업을 영위하는 중소기업 ㈜동해(일반기업회계기준 적용)의 제24기 사업연도(2024년 1월 1일 ~ 2024년 12월 31일) 법인세 신고 관련 자료이다.

〈자료〉

1. 전기 말 자본금과 적립금 조정명세서(을)상 기말잔액의 내역

(단위: 원)

과목	기말잔액	비고
대손충당금 한도초과액	3,000,000	
소멸시효 완성채권	△12,000,000	①
단기대여금 대손부인액	9,000,000	②

① 소멸시효 완성채권은 제23기에 「상법」상 소멸시효가 완성된 외상매출금(A)을 신고조정에 의하여 손금산입한 것이다.

② 단기대여금 대손부인액은 제22기에 임원에 대한 주택자금 대여액을 대손부인한 것이다.

2. 재무상태표상 채권 및 대손충당금내역

(단위: 원)

과목	제24기	제23기	비고
매출채권	1,000,000,000	978,500,000	①
(대손충당금)	(25,000,000)	(17,000,000)	
미수수익	12,000,000	10,000,000	②
미수금	100,000,000	150,000,000	③
장기대여금	300,000,000	300,000,000	④
(대손충당금)	(10,000,000)	(10,000,000)	

① 당기 말 매출채권에는 채무자의 파산으로 회수할 수 없는 채권 4,500,000원과 「민사집행법」에 따라 채무자의 재산에 대한 경매가 취소된 압류채권 7,000,000원이 포함되어 있다.
② 미수수익은 정기예금 미수이자이다.
③ 미수금은 비품 매각대금으로 대손가능성이 없다고 판단되어 대손충당금을 설정하지 않았다.
④ 장기대여금은 해외현지법인(특수관계인)에 회사의 영업활동과 관련하여 시설 및 운영자금을 대여한 것이다.

3. 제24기의 손익계산서상 대손상각비는 27,500,000원이다.
4. 대손충당금 당기 상계액의 내역
   ① 제23기에 「상법」상 소멸시효가 완성되어 전기에 신고조정에 의하여 손금산입한 외상매출금(A): 12,000,000원
   ② 부도발생일부터 6개월 이상 지난 받을어음 2매(부도발생일 이전의 것으로 저당권이 설정되어 있지 않음)에 대한 외상매출금 전액: 7,700,000원
   ③ 채무자의 사업폐지로 회수할 수 없는 외상매출금: 2,300,000원
5. 회사는 전기에 대손금으로 손금 인정된 매출채권 2,500,000원을 당기 중 회수하여 대손충당금의 증가로 회계처리하였다.
6. 전기 이전의 세무조정은 적법하며, 세부담 최소화를 가정한다.

〈요구사항 1〉
당기의 대손실적률을 다음의 답안 양식에 따라 제시하시오. 단, 대손실적률은 %로 제시하며, 소수점 셋째 자리에서 절사한다. (예 1.2345% → 1.23%)

(답안 양식)

당기 대손금(Ⓐ)	
전기 말 채권잔액(Ⓑ)	
당기 대손실적률(= Ⓐ ÷ Ⓑ)	

〈요구사항 2〉
당기의 대손충당금 한도초과액을 계산하시오. 단, 〈요구사항 1〉에 의한 당기의 대손실적률은 0.70%로 가정한다.

[물음 3] 다음은 제조업을 영위하는 영리내국법인 ㈜한국(지주회사 아님)의 제24기 사업연도 (2024년 1월 1일 ~ 2024년 12월 31일) 법인세 신고 관련 자료이다.

〈자료〉

1. 당기 말 투자주식 명세

(단위: 원)

보유주식	㈜한국의 지분율	당기 수령 현금배당금	당기 말 결산서상 장부가액
㈜갑(상장)	40%	1,500,000	300,000,000
㈜을(상장)	60%	10,000,000	65,000,000
㈜병(비상장)	70%	1,200,000	210,000,000

① ㈜갑과 ㈜을은 제조업을 영위하는 영리내국법인이고, ㈜병은 해외현지법인이다.
② 피투자회사 중 법인세감면을 받은 기업은 없다.

2. 당기에 수취한 현금배당금(배당기준일: 2023년 12월 31일)에 대한 회사의 회계처리는 다음과 같다.

(차) 현금   12,700,000   (대) 관계기업투자(갑주식)   1,500,000
                                                종속기업투자(을주식)   10,000,000
                                                종속기업투자(병주식)   1,200,000

3. 투자주식의 취득 및 처분내역은 다음과 같다. 단, 주식의 취득과 처분은 시가로 이루어진 것으로 가정한다.

(단위: 원)

일자	취득·처분내역	취득금액
2021. 2. 1.	㈜병주식 70% 취득	20,000,000
2022. 8. 10.	㈜갑주식 40% 취득	100,000,000
2022. 11. 22.	㈜을주식 60% 취득	50,000,000
2023. 10. 20.	㈜갑주식 30% 취득	180,000,000
2023. 11. 2.	㈜갑주식 30% 처분	–

4. 회사는 ㈜을로부터 무상주 600주(1주당 액면가액 5,000원, 무상주 배정기준일 2024년 1월 1일)를 교부받았다. 동 무상주는 건물의 재평가잉여금 3,000,000원과 이익준비금 2,000,000원을 자본에 전입하여 발행된 것이다.

5. 손익계산서상 이자비용 명세

(단위: 원)

내역	금액
사채표시이자	10,000,000
사채할인발행차금 상각액	1,500,000
장기미지급금의 현재가치할인차금 상각액	2,500,000
기업구매자금대출이자	500,000
합계	14,500,000

6. 제24기 말 현재 재무상태표상의 자산총액은 1,000,000,000원이다.
7. 수입배당금 익금불산입비율

지분율	익금불산입비율
① 50% 이상	100%
② 20% 이상 50% 미만	80%
③ 20% 미만	30%

〈요구사항〉

㈜한국의 제24기 수입배당금 익금불산입액을 다음의 답안 양식에 따라 제시하시오.

(답안 양식)

구분	익금불산입 대상금액(Ⓐ)	지급이자 관련 익금불산입 배제금액(Ⓑ)	익금불산입액(Ⓒ = Ⓐ − Ⓑ)
㈜갑			
㈜을			
㈜병			

[물음 4] 다음은 제조업을 영위하는 국제회계기준 적용기업 ㈜세계(중소·중견기업 아님)의 제24기 사업연도(2024년 1월 1일 ~ 2024년 12월 31일)의 법인세 신고 관련 자료이다.

〈자료〉

1. 기계장치 관련 자료
   ① 제24기 사업연도의 감가상각대상 자산의 내역은 다음과 같다.

(단위: 원)

구분	기계장치 A	기계장치 B	기계장치 C
재무상태표상 기말 취득가액	20,000,000	20,000,000	20,000,000
재무상태표상 기말 감가상각누계액	7,000,000	6,000,000	3,000,000
당기 감가상각비 계상액	6,000,000	3,000,000	1,000,000

   ② 기계장치 A, B, C는 2015년 1월 1일 이후에 취득한 감가상각자산으로서 동종자산에 해당한다. 회사는 국제회계기준을 도입하였으며, 위의 기계장치는 동일 종류로서 동일 업종에 사용되는 자산이다.
   ③ 회사의 결산상각방법은 정액법이고, 기준내용연수는 5년이다.
   ④ 회사가 세무서에 신고한 상각방법은 정액법이고, 신고내용연수는 4년이다.
   ⑤ 기준상각률은 0.33이다.
   ⑥ 회사는 원가모형을 사용하며, 전기 말 기계장치 관련 유보잔액은 없다.

2. 업무용 승용차 관련 자료
   ① 회사는 2023년 1월 1일에 임직원 사용 목적의 업무용 승용차 D와 E를 취득하였으며, 제 23기 관련비용은 다음과 같다.

(단위: 원)

구분	업무용 승용차 D	업무용 승용차 E
취득가액	100,000,000	20,000,000
감가상각비	20,000,000	6,000,000
기타 관련비용	2,000,000	1,000,000

   ② 기타 관련비용은 유류비, 보험료, 수선비, 자동차세, 통행료의 합계금액이다.
   ③ 회사는 업무전용 자동차보험에 가입하였다.
   ④ 회사는 업무용 승용차 D에 대해서만 운행기록을 작성·비치하였으며, 운행기록부상 확인된 업무용 승용차 D의 업무사용비율은 100%이다.
   ⑤ 회사는 2024년 1월 1일에 업무용 승용차 D와 E를 매각하고 다음과 같이 회계처리하였다.

(차) 감가상각누계액   20,000,000   (대) 차량운반구(D)   100,000,000
    현금   50,000,000
    유형자산처분손실   30,000,000

(차) 감가상각누계액   6,000,000   (대) 차량운반구(E)   20,000,000
    현금   10,000,000
    유형자산처분손실   4,000,000

3. 전기 이전의 세무조정은 적법하며, 세부담 최소화를 가정한다.

〈요구사항 1〉

기계장치 B와 C의 제24기 말 세무상 장부가액을 제시하시오.

(답안 양식)

기계장치 B	
기계장치 C	

〈요구사항 2〉

회사가 업무용 승용차 D, E의 매각과 관련하여 제24기에 하여야 할 세무조정 및 소득처분을 다음의 답안 양식에 따라 제시하시오.

(답안 양식)

익금산입 및 손금불산입			손금산입 및 익금불산입		
과목	금액	소득처분	과목	금액	소득처분

[물음 5] 다음은 제조업을 영위하는 ㈜동백(중소기업이며, 사회적 기업 아님)의 제24기 사업연도(2024년 1월 1일 ~ 2024년 12월 31일) 법인세 신고 관련 자료이다.

〈자료〉

1. 회사의 결산서상 당기순이익은 433,400,000원이며, 아래 제시된 내역을 제외하고 세무조정 사항은 없는 것으로 가정한다. (단, 외국자회사 수입배당금 익금불산입 규정은 적용되지 아니한다)
   ① 손익계산서상 법인세비용: 10,000,000원
   ② 영업외수익으로 계상한 자산수증이익 25,000,000원을 이월결손금 보전에 사용하였다.
   ③ 2024년 12월 5일에 불우이웃돕기성금(10% 한도 기부금 단체, 일반기부금 단체)으로 20,000,000원을 지출하였다. 회사는 제20기 과세표준 및 세액신고 시 일반기부금 한도초과액이 50,000,000원 있었다.
   ④ 회사는 2024년 2월 2일에 의결권 있는 지분 80%(지분취득일: 2021. 1. 20.)를 보유하고 있는 중국소재 자회사 ㈜상해로부터 배당금을 수취하였다. 회사는 배당금 20,000,000원 중 중국정부에 납부한 원천징수세액 1,000,000원을 차감한 잔액을 송금받고, 다음과 같이 회계처리하였다. 동 수입배당금에 대응되는 과세기간의 ㈜상해의 소득금액과 법인세액은 각각 27,000,000원과 2,000,000원이다.

   | (차) 현금 | 19,000,000 | (대) 배당금수익 | 20,000,000 |
   | 법인세비용 | 1,000,000 | | |

2. 결손금 발생내역

   (단위: 원)

발생 사업연도	발생액	전기까지 과세표준 계산상 공제된 금액
2013년	100,000,000	85,000,000
2023년	80,000,000	30,000,000

3. 회사는 사업용 자산의 구입을 위하여 2024년 12월에 계약금으로 30,000,000원을 지출하였다. 잔금 20,000,000원은 사업용 자산의 인도일인 2025년 1월 10일에 지급한다. 이는 「조세특례제한법」상 통합세액공제대상이며 세액공제율은 3%로 가정한다.

4. 회사는 중소기업 등 투자세액공제(공제율: 3%)를 신청하였으며, 외국법인세액에 대해 세액공제방법을 선택하였다.

5. 회사는 수도권과밀억제권역 외에 소재하며, 기타의 공제·감면세액은 없다.

6. 중소기업의 최저한세율은 100분의 7이다.

〈요구사항 1〉

㈜동백의 제24기 각사업연도소득에 대한 법인세 과세표준을 다음의 답안 양식에 따라 제시하시오.

(답안 양식)

차가감소득금액	
각사업연도소득금액	
과세표준금액	

〈요구사항 2〉

㈜동백의 제24기 각사업연도소득에 대한 법인세 공제·감면세액과 총부담세액을 다음의 답안 양식에 따라 제시하시오. 단, 〈요구사항 1〉에 의한 과세표준금액은 300,000,000원으로 가정한다.

(답안 양식)

공제·감면세액	
총부담세액	

문제 7 (10점)

비상장내국법인인 ㈜갑은 특수관계인이 아닌 비상장내국법인 ㈜을을 흡수합병하였다(합병등기일: 2024년 7월 5일). 합병당사법인은 모두 제조업을 영위하고 있다. 정관상 사업연도는 매년 1월 1일부터 12월 31일까지이며, 각 물음과 관련된 공통 자료는 다음과 같다. 각 물음은 독립적이다.

〈공통 자료〉

1. ㈜을의 합병 직전 재무상태표

(단위: 원)

유동자산	50,000,000	부채	80,000,000
구축물	50,000,000	자본금	20,000,000
토지	100,000,000	주식발행초과금	30,000,000
		이익잉여금	70,000,000
합계	200,000,000	합계	200,000,000

2. 합병 직전 ㈜을이 보유한 자산의 시가는 다음과 같으며, 부채의 시가는 장부가액과 동일하다.

구분	금액
유동자산	50,000,000원
구축물	100,000,000원
토지	150,000,000원
합계	300,000,000원

3. 물음에서 별도의 언급이 없는 한 ㈜을의 자산 및 부채와 관련된 유보(또는 △유보) 사항은 없다고 가정한다.

4. 물음에서 별도의 언급이 없는 한 ㈜갑이 납부하는 ㈜을의 법인세는 없다고 가정한다.

[물음 1] 다음의 추가 자료를 이용하여 요구사항에 답하시오.

〈추가 자료〉

1. 합병 직전 ㈜을의 주주 관련 사항은 다음과 같다.

주주	지분비율	취득가액
㈜갑	30%	10,000,000원
㈜병	70%	40,000,000원

㈜갑은 ㈜을의 주식을 2022년 7월 10일에 취득하였으며, ㈜병과는 특수관계가 아니다.

2. ㈜갑은 ㈜병에게 합병대가로 액면가액 20,000,000원(시가 42,000,000원)의 ㈜갑의 신주를 교부하고 10,500,000원의 합병교부금을 지급하였다. 합병포합주식에 대해서는 ㈜갑 주식과 합병교부금을 지급하지 않았다.

3. 합병대가 중 주식가액이 차지하는 비율이 80% 이상이어야 한다는 요건을 제외하고 다른 과세이연 요건은 모두 충족된다고 가정한다.

〈요구사항 1〉

합병대가 중 주식가액이 차지하는 비율이 80% 이상인지 여부를 구체적으로 제시하시오.

〈요구사항 2〉

〈요구사항 1〉의 결과에 따른 ㈜병의 의제배당금액을 제시하시오.

[물음 2] 법인세부담 최소화를 가정하고 다음의 추가 자료를 이용하여 요구사항에 답하시오.

> 〈추가 자료〉
> 1. 합병등기일 현재 ㈜을의 토지 계정에는 취득세와 관련된 유보금액 4,000,000원이 있다.
> 2. ㈜갑은 ㈜을의 유일한 주주인 ㈜병에게 합병대가로 액면가액 50,000,000원(시가 150,000,000원)의 ㈜갑의 신주를 교부하고 20,000,000원의 합병교부금을 지급하였다. ㈜병은 ㈜을의 주식을 50,000,000원에 취득하였으며, ㈜갑과 특수관계가 아니다.
> 3. ㈜갑은 ㈜을의 자산과 부채를 합병등기일 현재 시가로 취득하고 한국채택국제회계기준에 따라 아래와 같이 회계처리하였다.
>
> | (차) 유동자산 | 50,000,000 | (대) 부채 | 80,000,000 |
> |---|---|---|---|
> | 구축물 | 100,000,000 | 현금 | 20,000,000 |
> | 토지 | 150,000,000 | 자본금 | 50,000,000 |
> | | | 주식발행초과금 | 100,000,000 |
> | | | 염가매수차익(수익) | 50,000,000 |

〈요구사항〉

위의 합병이 비적격합병으로 간주될 경우 다음의 금액을 답안 양식에 따라 제시하시오.

① 합병으로 인한 ㈜을의 양도손익

(답안 양식)

양도가액	
순자산장부가액	
양도손익	

② 합병과 관련된 ㈜갑의 2024 사업연도의 세무조정

(답안 양식)

익금산입 및 손금불산입			손금산입 및 익금불산입		
과목	금액	소득처분	과목	금액	소득처분

③ 합병으로 인해 발생하는 ㈜병의 의제배당금액

각 물음은 독립적이다.

[물음 1] 아래의 자료를 이용하여 요구사항에 답하시오.

〈자료〉

1. ㈜대한은 비상장영리법인으로 중소기업에 해당하며, 구체적인 주주현황은 다음과 같다. 단, ㈜대한의 총발행주식수는 설립 이후 변동된 적이 없다.

주주	주식 수	지분비율
갑(본인)	50,000주	50%
을(배우자)	30,000주	30%
병(아들)	20,000주	20%
합계	100,000주	100%

2. ㈜대한은 부동산과다법인 및 순자산가치만으로 주식을 평가하는 법인에 해당하지 않으며, 가업상속공제대상에도 해당하지 아니한다. ㈜대한의 1주당 순손익가치 및 순자산가치는 각각 20,000원이다.

3. 갑, 을, 병은 모두 거주자이다.

4. 갑은 2024년 3월 1일에 사망하면서 소유하고 있던 ㈜대한의 주식 전체를 ㈜대한에게 유증하였다. 「상법」상 ㈜대한이 갑의 주식을 유증받는 데 문제가 없으며, 회사는 수증한 자기주식을 소각할 계획이 없다.

5. ㈜대한의 주식 이외에 갑의 상속재산은 없다.

6. 상속세 및 증여세 세율

과세표준	세율
1억원 이하	과세표준의 10%
1억원 초과 5억원 이하	1천만원 + 1억원을 초과하는 금액의 20%
5억원 초과 10억원 이하	9천만원 + 5억원을 초과하는 금액의 30%
10억원 초과 30억원 이하	2억 4천만원 + 10억원을 초과하는 금액의 40%
30억원 초과	10억 4천만원 + 30억원을 초과하는 금액의 50%

〈요구사항 1〉
갑의 유증과 관련하여 을과 병에게 부과되는 지분 상당액의 상속세를 계산하시오.

〈요구사항 2〉
갑의 유증과 관련하여 을과 병에게 상속세를 부과하는 이유를 기술하시오.

[물음 2] 다음 자료를 이용하여 물음에 답하시오.

〈자료〉

1. 을은 갑의 토지(「상속세 및 증여세법」상 시가 150억원)를 2024년 1월 1일부터 무상으로 사용 중이다.
2. 갑은 2024년 9월 30일 해당 토지를 을에게 양도하였다.
3. 을은 해당 토지를 병에게 양도하였다.
4. 갑, 을, 병은 모두 거주자이다.
5. 이자율 10%의 5년 연금현가계수는 3.7907이다.
6. 기획재정부령으로 정한 부동산 무상사용 연간 이익률은 2%이다.

〈요구사항 1〉

을에게 증여세가 부과되기 위해서는 어떤 요건이 필요한지 기술하시오.

〈요구사항 2〉

을에게 증여세가 부과되는 경우 증여세 산출세액을 계산하시오. (단, 증여재산공제는 없는 것으로 가정한다)

〈요구사항 3〉

「소득세법」의 규정에도 불구하고 갑과 을에게 토지 양도에 따른 소득세가 부과되지 않고, 최종적으로 토지를 양도받은 병에게 증여추정에 따라 증여세가 부과되기 위한 요건을 기술하시오.

문제 9 (8점)

비상장 영리내국법인인 ㈜갑은 특수관계인인 비상장 영리내국법인인 ㈜을을 흡수합병하고 2024년 6월 5일 합병등기를 하였다. 아래의 자료를 이용하여 물음에 답하시오. 각 물음은 독립적이다.

〈자료〉

1. 합병 직전 ㈜갑의 주식 1주당 평가액은 500,000원(액면가액 100,000원)이며, ㈜을의 주식 1주당 평가액은 100,000원(액면가액 50,000원)이다.

2. 합병 직전 ㈜갑과 ㈜을의 주주구성은 다음과 같다.

회사	주주	주식 수	지분비율
㈜갑	A	1,400주	70%
	B	600주	30%
	합계	2,000주	100%
㈜을	X	1,125주	75%
	Y	363주	24.2%
	Z	12주	0.8%
	합계	1,500주	100%

3. ㈜갑은 ㈜을의 주주들에게 ㈜을의 주식 3주당 ㈜갑의 신주 1주를 교부하였다.

4. ㈜갑의 주주 B와 ㈜을의 주주 Y는 특수관계인이며, 그 이외에는 서로 특수관계인에 해당하는 주주가 없다.

[물음 1] ㈜갑의 주주 A, B와 ㈜을의 주주 X, Y, Z가 모두 개인인 경우 각각의 과세문제(구체적인 금액 포함)를 답안 양식에 따라 제시하시오. 만일 과세문제가 없다면 "없음"이라고 적고 그 이유를 기술하시오.

(답안 양식)

구분	세무처리 내용
A	
B	
X	
Y	
Z	

[물음 2] ㈜갑의 주주 A, B와 ㈜을의 주주 X, Y, Z가 모두 영리내국법인인 경우 각각의 과세
문제(구체적인 금액 포함)를 답안 양식에 따라 제시하시오. 만일 과세문제가 없다면
"없음"이라고 적고 그 이유를 기술하시오.

(답안 양식)

구분	세무처리 내용
A	
B	
X	
Y	
Z	

문제 1

[물음 1]

구분	과세표준	세율	매출세액
1. 국내국민주택 공급	–	–	–
2. 상가 공급	700,000,000	10%	70,000,000
3. 해외국민주택 건설용역	891,000,000	0%	0
4. 레미콘믹서기 매각	28,571,428	10%	2,857,142
합계	1,619,571,428		72,857,142

1. 과세 및 면세의 구분

① 「조세특례제한법」상 국민주택 및 국민주택 건설용역의 공급에 대해서는 부가가치세를 면제한다.

② 영세율이 적용되는 재화 또는 용역의 공급이 「조세특례제한법」에 따라 면세되는 경우 해당 재화 또는 용역의 공급에 대하여 면세포기신고를 하는 때에는 영세율을 적용한다. (집행기준 28－57－1)

구분		과세 여부	근거
국내국민주택	토지분	면세	토지의 공급
	건물분	면세	국민주택의 공급
상가	토지분	면세	토지의 공급
	건물분	과세	상가의 공급
해외국민주택	건설용역	과세	면세포기 (국외제공용역)

2. 레미콘믹서기 매각

$$100,000,000 \times \frac{1,200,000,000}{3,000,000,000 + 1,200,000,000} = 28,571,428$$

① 공통사용재화를 매각하는 경우에는 직전 과세기간의 과세·면세비율로 안분계산한다.

② 레미콘믹서기는 토지의 공급과는 무관하다. 따라서 국민주택(건물)의 공급가액과 상가 건물의 공급가액을 기준으로 안분하여야 한다.

[물음 2] 매입세액

구분	금액	비고
세금계산서 수취분	250,000,000	
공제받지 못할 매입세액	60,000,000	면세사업(국내국민주택) 관련 매입세액
공통매입세액 면세사업분	41,431,192	11,900,000 + 29,531,192
매입세액공제액	148,568,808	

1. 공통매입세액(①) 중 면세사업분

구분	금액	비고
과세기간 전체	18,000,000	30,000,000 × 60%
예정신고분	(6,100,000)	10,000,000 × 61%
확정신고기간	11,900,000	

회사의 모든 사업과 관련한 매입세액이므로 토지의 공급도 사업에 포함하여 계산하여야 한다. 주택 및 상가 신축판매 사업은 건물과 토지의 공급을 함께 하는 사업에 해당하기 때문이다.

구분			예정	전체 과세기간
국내국민주택	건물분	면세	$\dfrac{1,891}{3,100} = 61\%$	$\dfrac{4,200}{7,000} = 60\%$
	토지분	면세		
상가	토지분	면세	$\dfrac{1,209}{3,100} = 39\%$	$\dfrac{2,800}{7,000} = 40\%$
	건물분	과세		
해외국민주택	건설용역	과세		

2. 공통매입세액(②) 중 면세사업분

$$50,000,000 \times \frac{1,600,000,000}{2,709,000,000} = 29,531,192$$

구분			전체 과세기간
국내국민주택	건물분	면세	1,600,000,000
상가	건물분	과세	1,109,000,000
합계			2,709,000,000

문제 2

[물음 1]

1. 임대료 과세표준(2024. 10. 1. ~ 2024. 10. 31.)

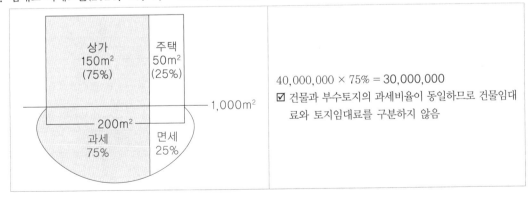

$40,000,000 \times 75\% = 30,000,000$

☑ 건물과 부수토지의 과세비율이 동일하므로 건물임대료와 토지임대료를 구분하지 않음

2. 폐업 시 잔존재화의 과세표준

구분	금액	비고
건물	3,000,000,000	$5,000,000,000 \times (1 - 5\% \times 4) \times \dfrac{150\text{m}^2}{200\text{m}^2}$
토지	–	면세
승용차	–	매입세액불공제
비품	1,000,000	$2,000,000 \times (1 - 25\% \times 2)$
합계	3,001,000,000	

① 건물: 부동산 임대사업자가 과세사업(상가임대)과 면세사업(주택임대)에 공통으로 사용하던 건물을 공급할 때 공급가액은 직전 과세기간의 공급가액비율에 따른다. 문제에서 별다른 언급은 없었으나 사용면적비율에 따라 안분하여 공제받은 경우에는 공급가액도 사용면적비율에 따라 안분하여야 한다. 다만, 문제에서 직전 과세기간 사용면적비율과 직전 과세기간 공급가액비율은 일치한다.

② 비품: 취득 당시 매입세액을 전부 공제받았으므로 과세사업에만 사용한 것으로 볼 수 있다. 따라서 간주시가를 공급가액으로 하고 별도로 안분하지 않는다.

3. 매출세액

$(30,000,000 + 3,001,000,000) \times 10\% = 303,100,000$

[물음 2]

〈요구사항 1〉

납부세액	560,000	$(60,000,000 - 4,000,000) \times 1\%$

1. 겸영사업자

생닭을 판매하는 것은 면세사업에 해당한다. 음식점업은 과세사업에 해당한다.

2. 마일리지

① 자기적립마일리지로 결제받은 금액은 과세표준에서 제외한다.

② 자기적립마일리지 이외의 마일리지 등으로 결제받은 부분에 대하여 재화 또는 용역을 공급받는 자 외의 자로부터 보전받았거나 보전받을 금액을 공급가액으로 한다. K통신사로부터 공급대가의 70%를 보전받은 것이므로 그 금액만 공급대가로 하고 별도로 시가로 환산하지 아니한다.

〈요구사항 2〉

구분	공제세액	비고
1. 세금계산서 등 수취세액공제	22,200	① + ② ① $(3,300,000 - 1,100,000) \times 0.5\%$ ② $4,400,000 \times \dfrac{56}{110} \times 0.5\%$ $\left[\dfrac{56}{56 + 54} \right]$
2. 신용카드매출전표 등 발행세액공제	234,000	$18,000,000 \times 1.3\%$

1. 공통매입세액

① 과세사업과 면세사업을 겸영하는 간이과세자가 세금계산서 등을 수취하는 경우 공급대가비율로 안분하여 과세사업에 해당하는 분만 수취세액공제를 적용한다.

② 공급대가에서 자기적립마일리지는 차감한다. 면세공급대가에서도 자기적립마일리지는 차감한다.

2. 신용카드매출전표 등 발행세액공제

　① 신용카드매출전표, 현금영수증, 전자화폐 등을 발행한 경우 적용한다.

　② 업종에 관계없이 발행금액의 1.3%를 공제세액으로 하며 연간 한도금액은 10,000,000원으로 한다.

문제 3

[물음 1]

〈요구사항 1〉

이자소득 총수입금액	8,000,000
배당소득 총수입금액	42,000,000

1. 금융소득구분

구분	이자	배당	비고
1. 물가연동국고채	5,000,000		2015. 1. 1. 이후 발행분 과세
2. 신용부금	3,000,000		
3. 법인으로 보는 단체		(G)7,000,000	
4. 파생결합사채		4,000,000	2025. 1. 1. 이후는 이자소득
5. 무상주		20,000,000	소각 당시 시가 > 취득가액
6. 집합투자기구이익		2,000,000	
7. 비상장법인 배당		(G)8,000,000	
8. 유동화전문회사 배당		1,000,000	Gross-up 제외
합계	8,000,000	42,000,000	50,000,000

2. Gross-up 제외 배당소득

　다음의 배당소득은 Gross-up을 적용하지 않는다.

　① 소각 당시 시가가 취득가액을 초과하는 자기주식소각이익의 자본전입에 따른 의제배당

　② 소각일로부터 2년이 경과하지 아니한 자기주식소각이익의 자본전입에 따른 의제배당

　③ 토지의 재평가차액(1% 재평가세율을 적용받는 재평가적립금)의 자본전입

　④ 자기주식 보유상태에서의 자본전입에 따른 의제배당

　⑤ 유동화전문회사 등에 대한 소득공제 및 동업기업과세제도의 적용을 받는 법인으로부터 받는 배당

　⑥ 「조세특례제한법」 제63조의2(법인의 공장 및 본사를 수도권 밖으로 이전하는 경우 법인세 등 감면)를 적
　용받는 법인은 직전 2개 사업연도의 감면소득에 해당하는 분과 관련된 배당소득

〈요구사항 2〉

배당가산액(Gross-up 금액)	1,500,000
종합과세대상 금융소득금액	51,500,000

1. Gross-up 금액

　Min[15,000,000, (50,000,000 − 20,000,000)] × 10% = 1,500,000

[물음 2]

〈요구사항 1〉

월정액급여	1,300,000	
과세대상 초과근로수당금액	1,600,000	$(3,000,000 + 1,000,000) - 2,400,000$

〈요구사항 2〉

근로소득 총수입금액	16,200,000	
근로소득금액	8,520,000	$16,200,000 - [7,500,000 + (16,200,000 - 15,000,000) \times 15\%]$

〈요구사항 3〉

기타소득금액	12,800,000
기타소득 원천징수세액	4,160,000

1. 월정액급여, 총급여액

구분	월정액급여	총급여	비고
1. 기본급	900,000	5,400,000	
2. 상여금		2,000,000	부정기적 급여
3. 식사대	300,000	600,000	$(300,000 - 200,000) \times 6개월$
4. 산불재해급여			실비변상적 급여
5. 건강보험료대납액	100,000	600,000	회사 대납분은 총급여액에 포함
6. 연장근로수당		600,000	휴일근로수당과 합하여 연 240만원 비과세
7. 전세권대여대가			사업소득
8. 라디오출연료			기타소득
9. 개업축하금		5,000,000	
10. 장기자랑 상금			기타소득(회사업무와 관련성 없는 것으로 봄)
11. 직무발명보상금		1,000,000	기타소득과 합하여 연 700만원 비과세
12. 휴일근로수당		1,000,000	연장근로수당과 합하여 연 240만원 비과세
합계	1,300,000	16,200,000	

(1) 산불재해급여

근로자가 천재·지변 기타 재해로 인하여 받는 급여는 실비변상적 급여로서 비과세 근로소득이다.

(2) 전세권대여대가

전세권, 공익사업과 관련 없는 지역권·지상권을 대여함으로써 발생하는 소득은 사업소득에 해당한다.

(3) 라디오출연료

고용관계 없이 수당 또는 이와 유사한 성질의 대가를 받고 일시적으로 제공하는 용역의 경우 기타소득으로 본다.

⑷ 개업축하금

종업원이 받는 공로금·위로금·개업축하금·학자금·장학금(종업원의 수학 중인 자녀가 사용자로부터 받는 학자금·장학금을 포함) 기타 이와 유사한 성질의 급여는 근로소득에 포함된다. 월정액급여에는 포함되지 않는다.

⑸ 사내장기자랑 상금

상금, 현상금, 포상금, 보로금 또는 이에 준하는 금품은 기타소득으로 본다. 일반 시민을 대상으로 "시민노래자랑"을 개최하고 수상자에게 상금을 지급하는 경우 해당 상금의 80%에 상당하는 금액을 기타소득의 필요경비로 할 수 있는 것이나, 직원 및 직원가족을 대상으로 "직원가족의 밤"을 개최하고 수상자에게 상금을 지급하는 경우 해당 상금은 80%에 상당하는 금액을 기타소득의 필요경비로 할 수 없다. (법규소득2009-0317, 2009. 9. 14.)

⑹ 직무발명보상금

「발명진흥법」에 따라 사용자로부터 받는 직무발명보상금은 연 700만원을 한도(근로소득 및 기타소득 포함)로 비과세한다. 단, 퇴직 후에 지급받는 직무발명보상금은 기타소득(연 700만원 이내 비과세)으로 과세한다.

2. 기타소득금액(원천징수세액 포함)

구분	기타소득금액	원천징수세액	비고
1. 출연료	2,800,000	560,000	$7,000,000 \times (1 - 60\%) \times 20\%$
2. 장기자랑 상금	2,000,000	400,000	$2,000,000 \times (1 - 0\%) \times 20\%$
3. 자산의 일시대여	6,000,000	1,200,000	$6,000,000 \times (1 - 0\%) \times 20\%$
4. 직무발명보상금	2,000,000	400,000	$2,000,000 \times (1 - 0\%) \times 20\%$
5. 골동품 양도소득 (분리과세)		1,600,000	$[90,000,000 - Max(90,000,000 \times 90\%, 82,000,000)] \times 20\%$
합계	12,800,000	4,160,000	

3. 기타소득 수입시기

구분	수입시기
일반적인 기타소득	그 지급을 받은 날(현금주의)
인정 기타소득	결산확정일
무형자산 등의 양도	대금청산일, 인도일 또는 사용수익일 중 가장 빠른 날. 다만, 대금을 청산하기 전에 자산을 인도 또는 사용수익하였으나 대금이 확정되지 아니한 경우에는 그 대금지급일로 함 → 무형자산의 대여 대가는 현금주의임
계약금이 위약금·배상금으로 대체되는 경우의 기타소득	계약의 위약·해약이 확정된 날
연금계좌에서 연금외수령한 기타소득	연금외수령한 날

[물음 1]

기본공제액	9,000,000	1,500,000 × 6
추가공제액	5,000,000	한부모공제, 경로우대자(2인), 장애인

1. 인적공제

구분	기본공제	추가공제	비고
본인	○	1,000,000	한부모공제(배우자 없음)
부친	○	1,000,000	과세최저한, 경로우대자
모친	○	1,000,000	분리과세소득, 경로우대자
동생	○	2,000,000	장애인의 경우 연령요건 없음
장남	○		자녀세액공제대상(8세 이상)
장녀	○		자녀세액공제대상(둘째)
합계	9,000,000	5,000,000	

[물음 2]

$18,000,000 + 2,000,000$

일반산출세액	4,540,000	$(40,000,000 - 20,000,000) \times t + 20,000,000 \times 14\%$
비교산출세액	5,888,000	$9,800,000 \times t + 10,000,000 \times 25\% + 20,000,000 \times 14\%$

1. 종합소득과세표준: $50,000,000 - 10,000,000 = 40,000,000$

2. 종합소득과세표준의 구분
   ① 금융소득: $10,000,000 + 18,000,000 + 2,000,000 + 200,000(\text{Gross-up}) = 30,200,000$
   ② 금융외소득: $10,000,000 + 5,880,000 + 3,920,000 - 10,000,000 = 9,800,000$
   이자·배당소득 총수입금액이 28,000,000으로 20,000,000을 초과하므로 배당소득 총수입금액의 10%가 Gross-up 금액이 된다.

[물음 3]

자녀세액공제액	650,000	$150,000(장남) + 500,000(둘째 입양)$
의료비세액공제액	1,050,000	$[(5,860,000 + 1,009,000 + 500,000) - 12,300,000 \times 3\%] \times 15\%$
교육비세액공제액	420,000	$[(1,000,000 + 300,000) + 1,500,000] \times 15\%$
재해손실세액공제액	300,000	

1. 교육비세액공제
   초, 중, 고등학교에서 교육과정으로 실시하는 현장체험학습비의 경우 학생 1명당 연 30만원을 한도로 공제한다.

2. 재해손실세액공제
   (1) 재해상실비율
   $$\frac{50,000,000}{200,000,000} = 25\% \geq 20\% \text{ (재해상실비율이 20\% 이상이므로 요건 만족)}$$

(2) 세액공제액: Min[①, ②] = 300,000

구분	금액	비고
① 세액공제액	300,000	$6,000,000 \times \dfrac{10,000,000}{50,000,000} \times 25\%$
② 한도액	50,000,000	상실된 자산가액

문제 5

[물음 1]

국내건물	55,000,000
국외건물	266,000,000

1. 국내건물

구분	금액	비고
1. 양도가액	500,000,000	
2. 취득가액	400,000,000	
3. 기타 필요경비	45,000,000	30,000,000(자본적 지출) + 15,000,000(양도비용)
4. 양도차익	55,000,000	
5. 장기보유특별공제		보유기간 3년 미만
6. 양도소득금액	55,000,000	

2. 국외건물

구분	금액	비고
1. 양도가액	400,000,000	$400,000 × 1,000
2. 취득가액	130,000,000	$100,000 × 1,300
3. 기타 필요경비	4,000,000	$4,000 × 1,000(양도일의 기준환율)
4. 양도차익	266,000,000	
5. 장기보유특별공제		국외자산은 장기보유특별공제를 적용하지 않음
6. 양도소득금액	266,000,000	

① 양도차익: 양도가액 및 필요경비를 수령하거나 지출한 날 현재 「외국환거래법」에 의한 기준환율 또는 재정환율에 의하여 계산한다.

② 국외에서 외화를 차입하여 취득한 자산을 양도하여 발생하는 소득으로서 환율변동으로 인하여 외화차입금으로부터 발생하는 환차익을 포함하고 있는 경우에는 해당 환차익을 양도소득의 범위에서 제외한다.

[물음 2]

구분	국내건물	국외건물
양도소득금액	8,000,000	9,000,000
기본공제	2,500,000	2,500,000
양도소득과세표준	5,500,000	6,500,000

① 국내자산과 국외자산의 양도소득과세표준 및 산출세액은 이를 각각 구분하여 계산한다.

② 국내 양도분·국외 양도분을 구분하여 그룹별로 각각 양도소득기본공제를 적용한다.

③ 국외자산은 등기 여부와 관계없이 양도소득기본공제를 적용한다.

문제 6

[물음 1]

〈요구사항 1〉

1. 용역매출의 시가

해당 용역제공의 시가: 250,000,000 × (1 + 40%) = 350,000,000

$$\frac{280,000,000 - 200,000,000}{200,000,000}$$

건설 기타 용역을 제공하거나 제공받는 경우 시가, 감정가액 및 「상속세 및 증여세법」에 의한 보충적 평가액을 순차적으로 적용하는 것이나, 이를 적용할 수 없는 경우에는 다음 산식에 의한 금액을 시가로 한다.

용역의 투입원가 × (1 + 특수관계인 외의 자에게 제공한 유사한 용역제공거래의 수익률)

① 용역의 투입원가는 직접비 및 간접비를 포함한다.

② 용역제공거래의 수익률은 기업회계기준에 의한 매출액 대비 원가이다.

③ 시가(350,000,000)와 거래가격의 차이금액(70,000,000)이 시가의 5% 이상이므로 부당행위계산부인 규정을 적용한다.

〈요구사항 2〉

시부인대상 기업업무추진비	50,250,000	50,000,000 + 250,000
기업업무추진비 한도액	47,686,000	
기업업무추진비 한도초과액	2,564,000	50,250,000 − 47,686,000

1. 기업업무추진비 해당액

(1) 현물기업업무추진비

현물기업업무추진비는 시가와 장부가액 중 큰 금액을 기업업무추진비 해당액으로 본다. 따라서 기업업무추진비 해당액은 1,650,000[1,500,000(시가) + 150,000(예수금)]인데 회사계상 기업업무추진비는 1,400,000이므로 그 차액인 250,000을 기업업무추진비 해당액에 가산한다.

(2) 고객이 조직한 단체의 기업업무추진비

복리시설비라 함은 법인이 종업원을 위하여 지출한 복리후생의 시설비, 시설구입비 등을 말한다. 따라서 고객이 조직한 단체에 지출한 복리시설비는 기업업무추진비로 보며, 손익계산서상 기업업무추진비에 포함되어 있으므로 별도의 조정은 없다.

2. 기준수입금액

(1) 일반매출액: $10,560,000,000 - 280,000,000 + 12,000,000$(매출누락) $+ 23,000,000$(중단사업)
$$= 10,315,000,000$$

(2) 특수관계인 매출액: $280,000,000$

① 매출누락: 제품을 인도하였으나, 당기 제품매출로 계상하지 않아 익금산입한 금액은 기업회계기준에 따른 매출액을 누락한 것이므로 매출액에 가산한다.

② 손익귀속시기 차이: 기업회계기준과 「법인세법」과의 손익귀속시기 차이금액은 매출액에 가산하지 않는다.

③ 부당행위계산부인: 부당행위계산부인 규정에 따른 매출액은 기업회계기준상의 매출액이 아니므로 해당 차액을 매출액에 포함하지 아니한다.

3. 기업업무추진비 한도액

(1) 일반기업업무추진비 한도액
$12,000,000 + 100억원 \times 0.3\% + 315,000,000 \times 0.2\% + 280,000,000 \times 0.2\% \times 10\% = 42,686,000$

(2) 문화기업업무추진비 한도액
$Min[5,000,000,\ 42,686,000 \times 20\%] = 5,000,000$

(3) 기업업무추진비 한도액: (1) + (2) = $47,686,000$

[물음 2]

〈요구사항 1〉

당기 대손금(Ⓐ)	16,998,000	
전기 말 채권잔액(Ⓑ)	1,416,500,000	$978,500,000 + 150,000,000 + 300,000,000 - 12,000,000$
당기 대손실적률(= Ⓐ ÷ Ⓑ)	1.2%	$16,998,000 \div 1,416,500,000$

1. 당기 대손금

구분	대손 인정	비고
기초		
당기 상계	9,998,000	$(7,700,000 - 2,000) + 2,300,000$
기말	7,000,000	기말 재무상태표상 채권 중 신고조정사항
합계	16,998,000	

① 채무자의 파산으로 회수할 수 없는 채권(4,500,000원)은 결산조정사항이고, 「민사집행법」에 따라 채무자의 재산에 대한 경매가 취소된 압류채권(7,000,000원)은 신고조정사항이다.

② 소멸시효 완성채권을 당기 대손충당금과 상계하여도 당기 대손금으로 보지 않는다. 소멸시효가 완성된 때 대손금이기 때문이다.

2. 대손금 유보

구분	기초	감소	증가	기말
소멸시효 완성채권(A)	△12,000,000	△12,000,000		
경매취소채권			△7,000,000	△7,000,000
부도어음(2매)			2,000	2,000
합계	△12,000,000	△12,000,000	△6,998,000	△6,998,000

임원 甲에 대한 주택자금 대여액은 특수관계인에 대한 업무무관가지급금에 해당되므로 대손충당금 설정대상 채권에서 제외된다. 따라서 대손금 유보관리내역에서 처음부터 제외하여 혼선을 줄인다. 즉, 유보잔액에 그대로 두면 대손충당금 설정 채권에 유보로 포함되고 다시 대손채권에서 제외하여야 하므로 처음부터 유보에 기재하지 않는다.

3. 전기 말 채권잔액

① 「법인세법」상 익금의 귀속시기가 도래하지 아니한 미수이자의 경우에는 대손충당금의 설정대상이 되는 채권잔액에 포함되지 아니한다.

② 내국법인이 해외현지법인의 시설 및 운영자금을 대여한 경우에 그 자금의 대여가 사실상 내국법인의 영업활동과 관련된 것인 때에는 이를 업무무관가지급금 등으로 보지 아니한다. (「법인세법」 집행기준 28-53-2)

〈요구사항 2〉

		기말유보
당기 말 채권잔액	1,393,002,000	1,000,000,000 + 100,000,000 + 300,000,000 − 6,998,000
대손충당금 한도초과액	21,069,980	35,000,000 − 1,393,002,000 × Max(0.7%, 1%)

25,000,000 + 10,000,000

[물음 3]

구분	익금불산입 대상금액(Ⓐ)	지급이자 관련 익금불산입 배제금액(Ⓑ)	익금불산입액 (Ⓒ = Ⓐ − Ⓑ)
㈜갑	375,000 × 30% = 112,500	90,000	22,500
㈜을	11,200,000 × 100% = 11,200,000	600,000	10,600,000
㈜병	1,200,000 × 95% = 1,140,000	0	1,140,000

1. 피투자회사별 주식 정리

구분	적용대상 지분율	세무상 장부가액	배당금액
㈜갑	10%	25,000,000	$1,500,000 × \dfrac{10\%}{40\%} = 375,000$
㈜을	60%	50,000,000	10,000,000 + 1,200,000 = 11,200,000

(1) ㈜갑

배당기준일 3개월 이전 일부 주식을 처분한 경우 최초 취득한 주식을 처분한 것으로 본다. (선입선출법) 따라서 수입배당금 익금불산입 규정이 적용되는 주식의 지분은 10%이고, 세무상 장부가액은 25,000,000원(= 100,000,000원의 25%)이다.

(2) ㈜을

이익준비금의 자본전입으로 인해 수령한 무상주만 과세대상이다. 과세되는 배당금액은 1,200,000원(= 2,000,000 × 60%)이다. 무상주는 현금배당 이후 수령하였으므로 주식 적수에 반영하지 아니한다.

(3) ㈜병

출자비율이 10% 이상인 외국자회사의 경우 95%의 익금불산입률을 적용한다.

2. 지급이자

(1) 적용대상 지급이자

14,500,000 − 2,500,000(현재가치할인차금) = 12,000,000

구매자금대출이자는 지급이자 손금불산입 규정 적용 시 제외한다. (어음의 대체수단으로 도입된 구매자금 제도를 지원하기 위한 정책특례임) 그러나 구매자금대출이자를 수입배당금 익금불산입 규정과 관련된 지급이자에서 별도로 제외한다는 규정이 없으므로 이를 제외하지 않는다.

(2) 지급이자 관련 익금불산입 배제금액

① ㈜갑: $12,000,000 \times \dfrac{25,000,000}{1,000,000,000} \times 30\% = 90,000$

② ㈜을: $12,000,000 \times \dfrac{50,000,000}{1,000,000,000} \times 100\% = 600,000$

[물음 4]

〈요구사항 1〉

기계장치 B	13,250,000	(20,000,000 − 6,000,000) − 750,000
기계장치 C	14,750,000	(20,000,000 − 3,000,000) − 2,250,000

1. 감가상각 시부인 및 개별 자산 추가 손금

자산	감가상각비	신고내용연수 (0.25)	기준내용연수 (0.2)	손금불산입	손금산입 (결산−기준)
A	6,000,000	5,000,000	4,000,000	1,000,000	
B	3,000,000	5,000,000	4,000,000		1,000,000
C	1,000,000	5,000,000	4,000,000		3,000,000
합계	10,000,000	15,000,000	12,000,000	1,000,000	4,000,000

2. 동종자산 한도

(1) 한도액

① $60,000,000 \times 0.2(기준내용연수) − 9,000,000 = 3,000,000$

② $60,000,000 \times 0.33(기준상각률) − 9,000,000 = 10,800,000$

(2) 추가 손금 검토

if, ② × 25% > ① → ② × 25% 적용함

$10,800,000 \times 25\% = 2,700,000 < 3,000,000 → 3,000,000$

3. 개별 자산별 추가 손금산입

B: $3,000,000 \times \dfrac{1,000,000}{4,000,000} = 750,000$

C: $3,000,000 \times \dfrac{3,000,000}{4,000,000} = 2,250,000$

〈요구사항 2〉

익금산입 및 손금불산입			손금산입 및 익금불산입		
과목	금액	소득처분	과목	금액	소득처분
업무용 승용차 D	34,000,000	기타사외유출	업무용 승용차 D	12,000,000	유보
			업무용 승용차 E	2,000,000	유보

1. 업무용 승용차 유보

연간 800만원 초과

구분	감가상각비	한도 (5년, 정액법)	시부인액	연간 한도초과	세무상 유보
D	20,000,000	20,000,000		12,000,000	12,000,000
E	6,000,000	4,000,000	2,000,000		2,000,000

업무용 승용차 E는 전체 유지비용이 5,000,000원(4,000,000원 + 1,000,000원)으로서 15,000,000원 이하이므로 업무사용비율은 100%이다.

2. 처분 시 세무조정

(1) 세무상 처분손익

구분	처분손익	비고
D	△42,000,000	50,000,000 − (100,000,000 − 20,000,000 + 12,000,000)
E	△6,000,000	10,000,000 − (20,000,000 − 6,000,000 + 2,000,000)

(2) 처분손익 세무조정(유보추인)

① 업무용 승용차(D): △42,000,000 − (△30,000,000) = △12,000,000

② 업무용 승용차(E): △6,000,000 − (△4,000,000) = △2,000,000

(3) 처분손실 이월액 손금불산입

업무용 승용차(D): 42,000,000 − 8,000,000 = 34,000,000

업무용 승용차를 처분하여 발생하는 손실로서 업무용 승용차별로 800만원을 초과하는 금액은 해당 사업연도의 다음 사업연도부터 800만원을 균등하게 손금에 산입하되, 남은 금액이 800만원 미만인 사업연도에는 남은 금액을 모두 손금에 산입한다.

[물음 5]

〈요구사항 1〉

차가감소득금액	420,000,000
각사업연도소득금액	400,000,000
과세표준금액	360,000,000

1. 과세표준금액

구분	금액	비고
1. 당기순이익	433,400,000	
2. 법인세비용	(+)10,000,000	법인세비용에 직접외국납부세액이 포함되어 있음
3. 자산수증이익	(−)25,000,000	2013년 발생분: 15,000,000, 2023년 발생분: 10,000,000
4. 간접외국납부세액	(+)1,600,000	$2,000,000 \times \dfrac{20,000,000}{27,000,000 - 2,000,000}$
5. 차가감소득금액	420,000,000	
6. 기부금 한도초과액	(+)20,000,000	
7. 기부금 손금산입	(−)40,000,000	
8. 각사업연도소득금액	400,000,000	
9. 이월결손금	(−)40,000,000	80,000,000 − 30,000,000(기공제) − 10,000,000(보전)
10. 비과세소득		
11. 과세표준	360,000,000	

2. 기부금 한도액

(1) 기준소득금액

420,000,000 + 20,000,000(일반) − 40,000,000(10년 이내분) = 400,000,000

(2) 일반기부금

구분	지출액	한도액	전기 이월액 손금	한도초과액
전기	50,000,000	40,000,000	40,000,000	
당기	20,000,000			20,000,000
합계	70,000,000	40,000,000	40,000,000	20,000,000

한도액: 400,000,000 × 10% = 40,000,000

〈요구사항 2〉

공제·감면세액	3,500,000	900,000 + 2,600,000
총부담세액	33,500,000	

1. 총부담세액

30,000,000 × 3%

구분	감면 후 세액	최저한세 계산	재계산
1. 과세표준	300,000,000	300,000,000	300,000,000
× 세율	9%, 19%	7%	9%, 19%
2. 산출세액	37,000,000	21,000,000	37,000,000
3. 통합투자세액공제	(−)900,000		(−)900,000
4. 감면 후 세액	36,100,000		36,100,000
5. 외국납부세액공제			(−)2,600,000
6. 총부담세액			33,500,000

투자가 2개 이상의 과세연도에 걸쳐서 이루어지는 경우에는 그 투자가 이루어지는 과세연도마다 해당 과세연도에 투자한 금액에 대하여 투자세액공제를 적용받을 수 있다.

2. 외국납부세액공제

구분	금액	비고
1. 외국납부세액	2,600,000	1,000,000(직접) + 1,600,000(간접)
2. 한도액	2,664,000	$37,000,000 \times \dfrac{20,000,000(배당금수익)+1,600,000(간접)}{300,000,000}$

문제 7

[물음 1]

〈요구사항 1〉

1. 관련 쟁점

> 합병법인이 합병등기일 전 취득한 합병포합주식이 있는 경우에는 그 합병포합주식에 대하여 합병교부주식을 교부하지 아니하더라도 그 지분비율에 따라 합병교부주식을 교부한 것으로 보아 합병교부주식의 가액을 계산한다. (「법인세법 시행령」 제80조 제1항 가목 단서)

쟁점은 기타 주주에 대하여 주식과 교부금을 함께 지급한 경우, 합병포합주식에 대하여 기타 주주에게 지급한 주식에 상당하는 부분만 주식을 교부한 것으로 볼지 아니면 기타 주주에게 지급한 주식과 교부금을 포함한 금액에 대해 주식을 교부한 것으로 볼지 여부이다. '합병교부주식을 교부하지 않더라도'라는 문언에 충실하게 '주식에 상당하는 부분만' 주식을 교부한 것으로 본다는 의견(1설)과 논리적으로 기타 주주에게 지급한 교부금에 해당하는 부분까지 합쳐서 주식을 교부한 것으로 본다는 의견(2설)으로 나뉜다. 명문의 규정이 미비하므로 어느 설로 풀이하여도 상관없겠으나, 2설로 풀이하는 것으로 한다.

2. 적격합병 여부 판단

(1) 1설(합병법인에는 금전을 교부하지 않은 것으로 보는 학설)

구분	주식	교부금	합계
갑(30%)	18,000,000	0	18,000,000
병(70%)	42,000,000	10,500,000	52,500,000
합계	60,000,000	10,500,000	70,500,000

① 합병교부주식 중 금전교부 간주금액

$$18,000,000 \times \frac{30\% - 20\%}{30\%} = 6,000,000$$

갑은 지배주주가 아니므로 2년 내 취득한 주식 중 지분의 20%를 초과하는 분에 대해 교부금을 수령한 것으로 본다.

② 합병대가 중 주식교부비율

> $$주식교부비율 = \frac{70,500,000 - 6,000,000 - 10,500,000}{70,500,000} = 76.6\% < 80\%$$

(2) 2설(합병법인에도 금전을 교부한 것으로 보는 학설)

구분	주식	교부금	합계
갑(30%)	18,000,000	4,500,000	22,500,000
병(70%)	42,000,000	10,500,000	52,500,000
합계	60,000,000	15,000,000	75,000,000

① 합병교부주식 중 금전교부 간주금액

$$22,500,000 \times \frac{30\% - 20\%}{30\%} = 7,500,000$$

갑은 지배주주가 아니므로 2년 내 취득한 주식 중 지분의 20%를 초과하는 분에 대해 교부금을 수령한 것으로 본다.

② 합병대가 중 주식교부비율

$$주식교부비율 = \frac{75,000,000 - 7,500,000 - 10,500,000}{75,000,000} = 76\% < 80\%$$

〈요구사항 2〉

1. 합병대가: 42,000,000 + 10,500,000 = 52,500,000
   ① 비적격합병이므로 합병교부주식은 시가로 평가한다.
   ② 의제배당 계산 시 합병대가에는 주식가액과 금전 등 기타 재산가액의 합계액으로 하며, 합병포합주식 교부 간주액과 합병법인의 법인세 대납액은 포함하지 아니한다.

2. 피합병법인 주식의 장부가액: 40,000,000

3. 의제배당금액: 52,500,000 − 40,000,000 = 12,500,000

[물음 2]

① 합병으로 인한 ㈜을의 양도손익

양도가액	170,000,000	150,000,000 + 20,000,000
순자산장부가액	124,000,000	(200,000,000 − 80,000,000) + 4,000,000(유보)
양도손익	46,000,000	

② 합병과 관련된 ㈜갑의 2024 사업연도의 세무조정

익금산입 및 손금불산입			손금산입 및 익금불산입		
과목	금액	소득처분	과목	금액	소득처분
합병매수차익	5,000,000	유보	합병매수차익	50,000,000	유보

1. 합병매수차익
   (300,000,000 − 80,000,000) − (150,000,000 + 20,000,000) = 50,000,000

2. 결산 시 익금산입할 합병매수차익(5년간 균등하게 익금)

$$50,000,000 \times \frac{1}{5} \times \frac{6}{12} = 5,000,000$$

③ 합병으로 인해 발생하는 ㈜병의 의제배당금액

150,000,000 + 20,000,000 − 50,000,000 = 120,000,000

[물음 1]

〈요구사항 1〉

1. 상속세 산출세액

구분	금액	비고
1. 상속재산가액	1,000,000,000	50,000주 × 20,000
2. 과세가액공제액	(−)5,000,000	5,000,000(장례비)
3. 상속세 과세가액	995,000,000	
4. 상속공제액		선순위 상속인이 아닌 자에게 전부 유증하였으므로 상속공제 적용 없음 (상속공제 종합한도)
5. 상속세 과세표준	995,000,000	
6. 상속세 산출세액	238,500,000	90,000,000 + (995,000,000 − 500,000,000) × 30%

2. 지분 상당액의 상속세

구분	금액	비고
을	41,550,000	(238,500,000 − 1,000,000,000 × 10%) × 30%
병	27,700,000	(238,500,000 − 1,000,000,000 × 10%) × 20%

이론적으로는 자기주식을 제외한 지분율로 계산하는 것이 타당한 듯하나, 자기주식을 제외한다는 규정이 별도로 없으므로 이를 제외하고 풀이하였다.

〈요구사항 2〉

영리법인은 상속세 납세의무자가 아닌 점, 법인세율이 상속세율보다 낮은 점을 이용하여 변칙 상속 수단으로 영리법인을 활용하는 사례가 있다. 이에 영리법인을 이용한 조세회피행위를 방지하기 위해 상속인과 그 직계비속이 영리법인의 주주인 경우 영리법인에게 면제된 상속세 중 지분 상당액을 그 상속인 및 직계비속이 납부하도록 한다.

[물음 2]

〈요구사항 1〉 부동산 무상사용에 따른 이익의 증여

을에게 증여세가 부과되기 위해서는 다음 요건을 모두 충족하여야 한다.

⑴ 갑과 을이 특수관계인에 해당하는 경우

부동산을 무상으로 사용하였고, 그 무상사용에 따른 증여이익이 1억원 이상인 경우에는 을에게 부동산 무상사용에 따른 증여이익을 과세한다.

⑵ 갑과 을이 특수관계인에 해당하지 않는 경우

갑과 을이 특수관계인에 해당하지 않는 경우에는 위의 요건에 추가하여 거래의 관행상 정당한 사유가 없는 경우에 한정하여 증여이익을 과세한다.

〈요구사항 2〉 증여세 산출세액

⑴ 증여재산가액

150억원 × 2% × 3.7907 = 1,137,210,000

⑵ 증여세 산출세액

240,000,000 + (1,137,210,000 − 1,000,000,000) × 40% = 294,884,000

참고로, 을은 토지를 양도한 때 증여세 경정청구를 할 수 있다.

〈요구사항 3〉 특수관계인에게 양도 후 배우자 등에게 양도 시 증여추정

다음 요건을 충족한 경우에는 병에게만 증여세를 부과한다.

① 갑과 을이 특수관계인에 해당할 것

② 을이 양수일부터 3년 이내 다시 갑의 배우자 등에게 양도할 것

③ 갑과 을이 부담한 양도소득세를 합친 금액이 병이 증여받은 것으로 추정할 경우의 증여세액보다 적을 것

문제 9

[물음 1]

구분	세무처리 내용
A	없음(이익을 분여한 자로서 개인)
B	없음(이익을 분여한 자로서 개인)
X	증여세 과세(증여재산가액은 60,000,000원)
Y	증여세 과세(증여재산가액은 19,360,000원)
Z	없음(대주주 아니므로 증여세 과세되지 않음)

1. 합병 후 주가

$$\frac{500,000 \times 2,000주 + 100,000 \times 1,500주}{2,000주 + 500주} = 460,000$$

2. 현저한 이익

$(460,000 − 100,000 × 3) \geq 460,000 × 30\%$

3. 분여이익의 계산(A)

$(500,000 − 460,000) × 1,400 = 56,000,000$

4. 분여이익의 안분

이익을 분여한 주주		이익을 분여받은 주주	
주주	이익분여액	X(75%)	Y(24.2%)
A	56,000,000	42,000,000	13,552,000
B	24,000,000	18,000,000	5,808,000
합계	80,000,000	60,000,000	19,360,000

① 이익을 분여한 자가 개인인 경우에는 과세문제가 발생하지 아니한다.

② 이익을 분여받은 자가 개인인 경우에는 특수관계인으로부터 분여받았는지 여부에 관계없이 증여세를 부과한다. 단, 이익을 분여받은 자는 대주주(1% 또는 3억원 이상)일 것을 요한다. 따라서 주주 Z는 제외한다.

[물음 2]

구분	세무처리 내용
A	없음(특수관계인에게 분여한 이익은 없음)
B	부당행위계산부인을 적용하여 5,808,000원을 익금에 산입한다.
X	없음(특수관계인으로부터 분여받은 이익은 없음)
Y	특수관계인으로부터 분여받은 이익 5,808,000원을 익금에 산입한다.
Z	없음(특수관계인으로부터 분여받은 이익은 없음)

1. 분여이익의 안분

이익을 분여한 주주		이익을 분여받은 주주	
주주	이익분여액	X(75%)	Y(24.2%)
A	56,000,000	42,000,000	13,552,000
B	24,000,000	18,000,000	5,808,000
합계	80,000,000	60,000,000	19,360,000

① 이익을 분여한 자가 법인인 경우에는 부당행위계산부인을 적용할 수 있다. 단, 이익을 분여받은 자와 특수 관계에 있어야 한다.

② 이익을 분여받은 자가 법인인 경우에는 순자산 증가로 보아 익금에 산입한다.

제54회 세무사 회계학 2부 / 문제

〈문제공통적용〉〈자료〉에서 다른 언급이 없는 한 조세부담 최소화를 가정하며, 금액계산의 경우 원 단위 미만에서 반올림한다. 각 문제의 물음에 대해 계산근거를 표시하여 답하시오.

문제 1

다음은 제조업을 영위하는 영리내국 상장법인으로서 중소기업이 아닌 ㈜한국의 제24기 사업연도(2024. 1. 1. ~ 2024. 12. 31.)의 세무조정을 위한 자료로서 별도의 언급이 없는 한 각각의 [물음]은 서로 독립적이다. 전기까지 세무조정은 적법하게 이루어졌다고 가정한다. (30점)

〈자료 1〉
다음은 ㈜한국의 개발비 등에 대한 자료이다.
1. ㈜한국은 2024. 1. 1.부터 신제품을 개발하기 시작하여 2024. 10. 1. 제품개발을 완료하였으며, 동 일자부터 신제품의 판매를 시작하였다.
2. ㈜한국은 신제품 개발기간에 지출한 ₩1,200,000,000을 개발비(무형자산) 계정으로 처리하였으며, 이 중에는 해당 신제품 개발부서의 임원으로 근무해 오다 2024. 9. 30. 퇴직한 갑의 인건비 ₩235,000,000이 포함되어 있다. 동 인건비는 당해 사업연도 중 임원 갑의 9개월분(2024. 1. 1. ~ 2024. 9. 30.)의 급여와 상여금 그리고 퇴직 시 지급한 퇴직금으로 구성된다.
3. 임원 갑의 퇴직 직전 1년간 지급한 급여는 ₩120,000,000(매월 ₩10,000,000 지급)이고, 퇴직 직전 1년간 별도로 상여금 ₩60,000,000(매월 ₩5,000,000 지급)을 지급하였으며, 퇴직시점(2024. 9. 30.)에 지급한 퇴직금은 ₩100,000,000이다. 해당 임원의 입사일은 2002. 7. 1.이고, 2020. 9. 10.에 임원으로 승진되었으며, 임원으로 승진하던 시점에 퇴직금을 수령한 바 있다.
4. ㈜한국의 이사회 결의사항에 따르면, 임원의 상여금 지급한도는 급여총액의 40%이고, 퇴직급여와 관련된 별도의 규정은 없다. 한편, ㈜한국은 퇴직급여충당금을 설정하지 않으므로 퇴직 시에 지급한 퇴직금을 모두 퇴직급여(당기비용)로 회계처리하거나 필요한 경우 적절한 자산의 원가로 배분하고 있다. 그리고 임원 갑에 대해 지급한 급여총액은 주주총회에서 승인된 금액이다.
5. ㈜한국의 개발비 상각기간은 5년으로 신고하였고, ₩240,000,000을 개발비 상각비 계정으로 당해 사업연도의 손익계산서상 당기비용으로 계상하였다.

다음은 ㈜한국의 재고자산과 관련된 자료이다.

1. ㈜한국의 제24기 사업연도 말 현재 재무상태표상 재고자산 금액과 「법인세법」상 평가금액은 다음과 같다.

구분	재무상태표상 금액	「법인세법」상 평가금액	
		선입선출법	총평균법
제품	₩10,000,000	₩15,000,000	₩10,000,000
재공품	4,000,000	4,000,000	3,200,000
원재료	1,800,000	1,900,000	1,500,000

2. ㈜한국은 제23기 사업연도까지 제품의 평가방법을 선입선출법으로 신고하고 평가하여 왔으나, 제24기 사업연도부터 총평균법으로 변경하기로 하고, 2024. 10. 31. 재고자산 평가방법 변경신고를 하였다.

3. ㈜한국은 제23기 사업연도까지는 재공품의 평가방법을 신고하지 아니하였으나, 2024. 8. 4. 재공품의 평가방법을 선입선출법으로 신고하였다.

4. ㈜한국은 원재료의 평가방법을 총평균법으로 신고하여 전기 사업연도 이전부터 적용하여 오고 있다. 따라서 ㈜한국은 제24기 사업연도에 신고한 방법(총평균법)에 의하여 평가하였으나 계산상의 착오로 실제금액과 다른 금액으로 평가하였다.

5. ㈜한국의 제24기 사업연도 말의 재고자산에 대한 실사결과, 저장품의 부족금액 ₩160,000을 발견하여 이를 손익계산서상의 기타비용으로 처리하였으며, 부족금액이 발생한 사유별 내역은 다음과 같다. 단, 부가가치세는 고려하지 않는다.

부족사유 구분	시가	원가
정상적인 파손	₩100,000	₩78,000
대주주*의 개인적 사용	80,000	59,000
사유를 알 수 없음	30,000	23,000
합계	₩210,000	₩160,000

* ㈜한국의 임원 또는 사용인이 아닌 개인임

〈자료 3〉

다음은 ㈜한국의 기업업무추진비 등에 대한 자료이다.

1. ㈜한국의 제24기 사업연도 기업업무추진비 지출액은 ₩7,000,000으로 ㈜한국은 이 중 ₩5,800,000을 손익계산서에 비용으로 계상하였으며, 나머지 ₩1,200,000은 모두 건물(당기 중 완공됨)의 원가로 계상하였다. 이러한 회계처리는 한국채택국제회계기준에 따른 것이다.

2. 손익계산서상 비용으로 계상한 기업업무추진비 ₩5,800,000 중에는 법정 증명서류를 수취하지 못한 금액 ₩1,000,000이 포함되어 있다. 동 금액 중 영수증을 수취한 금액은 ₩700,000이며, 나머지 ₩300,000에 대해서는 어떠한 증명서류도 수취하지 못하였다. ㈜한국의 모든 기업업무추진비 지출은 지출건당 3만원을 초과하였다.

3. 상기 건물은 2024. 4. 1. 준공과 동시에 사용되기 시작하였으며, 당해 사업연도의 감가상각비로 ₩3,600,000을 손익계산서상 비용으로 인식하였다. 동 건물의 취득원가는 ₩72,000,000 (기업업무추진비 지출액 ₩1,200,000 포함)이고, 신고한 내용연수는 20년(상각률 0.050)이다.

4. ㈜한국의 제24기 사업연도의 「법인세법」상 기업업무추진비 한도액은 ₩1,000,000으로 가정한다.

〈자료 4〉

다음은 ㈜세종이 발행한 주식의 취득 및 처분과 관련된 자료이다.

1. ㈜한국은 2024. 4. 1.에 당사의 전무이사로부터 ㈜세종의 보통주 20,000주를 증권시장 외에서 거래하는 방법으로 주당 ₩17,000에 매입하여 매입가격을 동 주식의 취득원가로 계상하였다.

2. ㈜세종의 보통주는 유가증권시장에 상장된 주식으로, ㈜세종의 총발행 보통주식수는 200,000주이며, 2024. 4. 1.에 ㈜한국은 동 주식의 취득으로 인하여 ㈜세종의 최대주주가 되는 것은 아니다.

3. ㈜한국은 2024. 6. 30.에 상기 주식 중 10,000주를 거주자인 당사의 대주주(당사의 임원 또는 사용인이 아님)에게 1주당 ₩16,000에 처분하였다.

4. ㈜세종 주식의 2024. 4. 1.과 2024. 6. 30.의 한국거래소 최종시세가액은 각각 주당 ₩20,000과 ₩21,000이다.

〈자료 5〉

다음은 ㈜고려가 발행한 주식의 취득 및 처분 등과 관련된 자료이다.

1. ㈜한국은 2022. 1. 1. ㈜고려의 주식 1,500주를 특수관계인이 아닌 자로부터 주당 ₩5,000에 매입하여, 매입가격을 동 주식의 취득원가로 계상하였다. ㈜고려는 「법인세법」상 지급배당에 대한 소득공제를 적용받는 법인에 해당한다.

2. ㈜한국은 2023. 1. 1. ㈜고려가 준비금을 자본에 전입함에 따라 1,875주의 무상주를 수령하였다. ㈜고려가 발행한 주식의 1주당 액면금액은 ₩5,000이고, ㈜고려의 무상주 교부내역은 다음과 같다.

주주구분	무상주 교부 직전		무상주 교부 수량
	보유 수량	보유 지분율	
㈜한국	1,500주	30%	1,875주
기타 주주	2,500주	50%	3,125주
자기주식	1,000주	20%	–
합계	5,000주	100%	5,000주

3. 상기 무상주 자본전입의 재원은 다음과 같으며, ㈜한국은 무상주의 수령 시 회계처리를 하지 않았다.
   (1) 주식발행액면초과액 ₩10,000,000
   (2) 자기주식소각이익(소각일: 2022. 2. 25.) ₩5,000,000
   (3) 이익잉여금 ₩10,000,000

4. ㈜한국은 2024. 3. 15. ㈜고려의 주식 675주를 주당 ₩4,000에 처분하고, 다음과 같이 회계처리하였다.

(차) 현금	2,700,000	(대) 금융자산	2,160,000
		금융자산처분이익	540,000

5. ㈜한국은 2024. 10. 1. ㈜고려가 유상감자를 실시함에 따라 ㈜고려의 주식 1,350주에 대한 감자대가로 주당 ₩4,000을 수령하고, 다음과 같이 회계처리하였다.

(차) 현금	5,400,000	(대) 금융자산	4,320,000
		금융자산처분이익	1,080,000

6. ㈜한국은 ㈜고려의 주식을 매 사업연도 말 시가로 평가하고 이에 따라 발생하는 평가손익을 당기손익으로 인식하고 있다. ㈜고려 주식의 각 사업연도 말 1주당 시가는 다음과 같다.

제22기 말	제23기 말	제24기 말
₩7,000	₩3,200	₩3,500

〈자료 6〉

다음은 ㈜한국의 주식선택권 등에 대한 자료이다.

1. ㈜한국은 2023. 1. 1. 영업부서 임직원 100명에게 1인당 100개의 현금결제형 주가차액보상권을 부여하였으며, 관련 내용은 다음과 같다.

   (1) 부여된 주가차액보상권은 권리부여일로부터 2년간 근로용역 제공을 전제로 약정된 시기에 권리행사시점의 ㈜한국 주식의 시가와 행사가격(₩3,000)의 차액을 현금으로 보상받을 수 있으며, 해당 임직원은 2024년 말부터 향후 2년간 부여된 권리를 행사할 수 있다.

   (2) 2024. 12. 31. 당초 부여된 주가차액보상권의 40%인 4,000개의 권리가 행사되었다.

   (3) ㈜한국은 부여한 주가차액보상권과 관련하여 한국채택국제회계기준에 따라 회계처리하고 있으며, 2024. 12. 31. 다음과 같이 회계처리하였다.

(차) 주식보상비용	8,500,000	(대) 장기미지급비용	8,500,000
(차) 장기미지급비용	4,800,000	(대) 현금	4,000,000
		주식보상비용	800,000

2. ㈜한국은 2022. 1. 1. 생산부서 임직원 50명에게 1인당 100개의 주식선택권을 부여하였으며, 관련 내용은 다음과 같다.

   (1) 부여된 주식선택권은 권리부여일로부터 2년간 근로용역 제공을 전제로 약정된 시기에 ㈜한국의 주식을 행사가격(₩3,000)에 매수할 수 있는 것이며, 해당 임직원은 2024년 초부터 향후 3년간 부여된 권리를 행사할 수 있다.

   (2) 2024. 12. 31. 당초 부여된 주식선택권 전부인 5,000개의 권리가 행사되었다.

   (3) ㈜한국은 부여한 주식선택권과 관련하여 한국채택국제회계기준에 따라 회계처리하고 있으며, 권리부여일 현재 주식선택권의 단위당 공정가치는 ₩240이다.

   (4) ㈜한국은 2024. 12. 31. 주식선택권과 관련하여 다음과 같이 회계처리하였다.

(차) 현금	15,000,000	(대) 자본금	5,000,000
주식선택권	1,200,000	주식발행초과금	11,200,000

3. 각 시점별 ㈜한국 주식의 1주당 시가와 부여된 주가차액보상권 및 주식선택권의 단위당 공정
가치는 다음과 같다.

구분	2023. 1. 1.	2023. 12. 31.	2024. 12. 31.
주식의 시가	₩3,000	₩3,600	₩4,000
주가차액보상권의 공정가치	200	700	1,200

4. 주가차액보상권 또는 주식선택권을 부여받은 ㈜한국의 모든 임직원은 2024. 12. 31.까지 계
속 근무하였고, 부여한 주식선택권 등은 세법에서 정하는 성과급의 손금산입 요건을 충족
한다.

(답안 양식)

물음에 대한 답안은 아래와 같은 형식으로 작성하고, 계산근거는 아래 양식과는 별도로 간단명료하
게 기술하며, 세무조정이 2개 이상 있는 경우 상계하지 말고 모두 표시하시오.

익금산입 및 손금불산입			손금산입 및 익금불산입		
과목	금액	소득처분	과목	금액	소득처분

[물음 1] 〈자료 1〉에 따라 ㈜한국의 제24기 사업연도 세무조정을 수행하시오. (5점)

[물음 2] 〈자료 2〉에 따라 ㈜한국의 제24기 사업연도 세무조정을 수행하시오. (4점)

[물음 3] 〈자료 3〉에 따라 ㈜한국의 제24기 사업연도 세무조정을 수행하시오. (6점)

[물음 4] 〈자료 4〉에 따라 ㈜한국의 제24기 사업연도 세무조정을 수행하시오. (3점)

[물음 5] 〈자료 5〉에 따라 ㈜한국의 제24기 사업연도 세무조정을 수행하시오. (6점)

[물음 6] 〈자료 6〉에 따라 ㈜한국의 제24기 사업연도 세무조정을 수행하시오. (6점)

문제 2

2023년부터 연결납세방식을 적용한 ㈜대한(연결모법인, 지주회사가 아님)과 ㈜민국(연결자법인)은 모두 중소제조업이며, 연결납세방식을 적용한 2024년에도 중소기업에 해당된다. ㈜대한의 ㈜민국에 대한 지분율은 100%이며, 2023년도 세무조정은 적법하게 이루어졌다. ㈜대한의 사업연도는 제24기(2024. 1. 1. ~ 2024. 12. 31.)이며, ㈜민국의 사업연도는 제13기(2024. 1. 1. ~ 2024. 12. 31.)이다. ㈜대한과 ㈜민국은 사회적 기업에 해당하지 아니한다. (20점)

〈자료 1〉
㈜대한과 ㈜민국의 각사업연도소득금액은 다음과 같다.

(단위: ₩)

구분	㈜대한	㈜민국
당기순이익	316,000,000	53,000,000
익금산입 및 손금불산입	58,000,000	7,500,000
법인세비용	44,000,000	4,500,000
적격증명서류 미수취 기업업무추진비	4,000,000	3,000,000
대손충당금 한도초과액	10,000,000	–
손금산입 및 익금불산입	38,820,000	7,290,000
수입배당금액 익금불산입	38,820,000	7,290,000
차가감소득금액	335,180,000	53,210,000
일반기부금 한도초과액	–	12,679,000
각사업연도소득금액	335,180,000	65,889,000

〈자료 2〉
㈜대한과 ㈜민국의 기업업무추진비에 대한 세부내역은 다음과 같다.

구분	㈜대한	㈜민국
기업업무추진비 총지출액[*1]	₩73,000,000	₩46,000,000
적격증명서류 수취분[*2]	69,000,000	43,000,000
영수증 수취분	4,000,000	3,000,000
매출액	₩12,500,000,000[*3]	₩8,460,000,000[*4]

[*1] 기업업무추진비는 모두 건당 3만원(경조사비 20만원) 초과하여 발생한 것이며, 문화기업업무추진비는 없다.

[*2] 적격증명서류 수취분 중 ㈜대한의 ₩4,000,000과 ㈜민국의 ₩8,000,000은 연결법인에 대한 기업업무추진비이다.

[*3] ㈜대한의 매출액에는 연결법인과의 거래분은 없으며, 이외 특수관계인과의 거래분도 없다.

[*4] ㈜민국의 매출액에는 ㈜대한에 대한 매출액 ₩6,000,000,000이 포함되어 있으며, 이외 특수관계인과의 거래는 없다.

〈자료 3〉

연결납세 대상법인 간 추가로 이루어진 거래내역은 다음과 같다.

1. ㈜대한은 2024. 7. 1. 건축물(장부가액 ₩100,000,000)을 ㈜민국에 ₩90,000,000에 매각하면서 유형자산처분손실을 정확하게 계상하였다. ㈜민국은 취득한 해당 건축물에 대해 신고내용연수 10년을 적용하여 정액법(잔존가치 ₩0)으로 상각하였다.

2. ㈜민국은 2024. 8. 3. 금융투자상품(장부가액 ₩100,000,000)을 ㈜대한에 시가 ₩105,000,000에 매각하고 금융투자상품처분이익을 정확하게 계상하였다. ㈜대한은 2024. 9. 2. ㈜민국으로부터 취득한 금융투자상품 중 30%를 ㈜부산에 ₩35,000,000에 처분하면서 적절하게 회계처리를 하였고, 70%는 2024. 12. 31. 현재 보유하고 있다.

3. ㈜대한은 연결대상 법인이 아닌 ㈜국세에 대한 매출채권(장부가액 ₩100,000,000)을 2024. 9. 5. ㈜민국에게 매각하면서 매출채권처분손실 ₩3,000,000을 계상하였다. ㈜민국은 2024. 12. 31. 현재 해당 매출채권을 보유하고 있지 않다.

〈자료 4〉

2024. 12. 31. 현재 재무상태표에 표시된 ㈜대한과 ㈜민국의 매출채권, 미수금 및 대손충당금은 다음과 같다.

구분	㈜대한	㈜민국
매출채권	₩600,000,000	₩250,000,000
대손충당금	(12,000,000)	(2,500,000)
미수금	₩400,000,000[*]	₩130,000,000
대손충당금	(8,000,000)	(1,300,000)

[*] ㈜대한의 미수금 ₩400,000,000 중 ₩180,000,000은 ㈜민국에 대한 미수금이며, 이것을 제외한 ㈜대한의 다른 채권과 ㈜민국의 채권은 특수관계가 없는 기업과의 거래에서 정상적으로 발생한 채권이다.

〈자료 5〉

㈜대한은 ㈜민국, ㈜국세 및 ㈜세무에, ㈜민국은 ㈜국세와 ㈜세무에 투자하고 있으며, 모든 투자는 최초 투자 후 2024년 말까지 지분율 변동은 없었다.

구분	㈜대한의 투자내역			㈜민국의 투자내역	
피투자회사	㈜민국	㈜국세	㈜세무	㈜국세	㈜세무
주식취득일	2021. 5. 31.	2021. 12. 5.	2022. 3. 20.	2022. 1. 20.	2022. 6. 30.
주식장부가액	₩300,000,000	₩200,000,000	₩100,000,000	₩100,000,000	₩80,000,000
지분율	100%	30%	30%	20%	20%
상장 여부	비상장	상장	비상장	상장	비상장
배당금수익	₩30,000,000	₩30,000,000	₩15,000,000	₩20,000,000	₩10,000,000
배당기준일	2023. 12. 31.	2023. 12. 31.	2024. 6. 30.	2023. 12. 31.	2024. 6. 30.
배당확정일	2024. 3. 23.	2024. 3. 11.	2024. 9. 24.	2024. 3. 11.	2024. 9. 24.
자산총액	₩1,000,000,000	₩500,000,000	₩400,000,000	₩500,000,000	₩400,000,000
지급이자	₩30,000,000	₩20,000,000	₩15,000,000	₩20,000,000	₩15,000,000

1. ㈜대한과 ㈜민국은 수입배당금액을 배당금수익으로 계상하였으며, 수입배당금액 익금불산입액은 출자비율에 따라 해당 연결법인에 배분한다.

2. ㈜대한의 자산총액은 ₩5,000,000,000이며, 연결법인 간 수취채권과 연결법인의 주식으로 자산총액에서 상계할 금액은 ₩600,000,000이다.

3. ㈜대한의 지급이자는 ₩60,000,000이며, ㈜대한과 ㈜민국의 지급이자는 모두 정상적인 차입거래를 통해 발생한 것이다. 한편, ㈜대한과 ㈜민국 간 차입거래는 없다.

〈자료 6〉
금전기부를 통해 손익계산서상 비용으로 계상된 기부금은 ㈜대한 ₩30,000,000과 ㈜민국 ₩20,000,000으로 모두 일반기부금이다. (단, 전기까지 일반기부금 한도초과액은 없으며, 일반기부금 이외 다른 기부금은 없다)

〈자료 7〉
2024. 8. 19. ㈜대한은 공익신탁의 신탁재산에서 발생한 소득 ₩5,000,000을 손익계산서상 수익으로 적절하게 계상하였다.

[물음 1] 2024년 연결사업연도소득금액의 계산과정을 다음 답안 양식에 따라 제시하고, 계산근거는 별도로 간단명료하게 기술하시오. (16점)

항목	㈜대한	㈜민국
1. 각사업연도소득금액		
2. 연결조정항목의 제거 ① ⋮		
3. 연결법인 간 거래손익의 조정 ① ⋮		
4. 연결조정항목의 연결법인별 배분 ① ⋮		
5. 연결 차가감소득금액		
6. 일반기부금 한도초과액		
7. 연결조정 후 연결법인별 소득금액		

* 각사업연도소득금액에서 가산될 경우 (+), 차감될 경우 (−) 부호를 금액 앞에 반드시 표시하시오.

[물음 2] ㈜대한과 ㈜민국의 2024년 연결조정 후 연결법인별 소득금액이 각각 ₩488,000,000과 ₩67,000,000이라고 가정할 경우, 연결법인별 산출세액과 연결세율을 계산하시오. (단, 세율은 반올림하여 0.00%와 같이 소수점 둘째 자리까지 표시하시오) (4점)

문제 3

다음은 거주자 갑(65세)의 2024년도 귀속 소득과 관련된 자료이다. 제시된 금액은 원천징수 전의 금액이다. 각 물음은 독립적이다. 물음에 답하시오. (30점)

1. 금융소득 관련 자료
    (1) 개인종합자산관리계좌(ISA)에서 발생한 이자 3,000,000원이 있다. 갑의 2023년도 종합소득금액은 38,000,000원을 초과한다.
    (2) 소기업·소상공인 공제부금(2015년 이전 가입분)의 이익 6,000,000원이 있다. 이와 관련하여 중소기업중앙회에 추가적인 신청을 한 적은 없다.
    (3) 외국에서 수령한 이자(국내 원천징수는 하지 않음)가 2,000,000원이 있다.
    (4) 비상장법인 A로부터 받은 무상주의 내역은 다음과 같다.
        ① 주식발행초과금 자본전입으로 받은 무상주 가액: 30,000,000원(자기주식에 배정하지 않아서 지분율의 상승을 유발한 금액 10,000,000원 포함)
        ② 이익잉여금 자본전입에 따라 받은 무상주 가액: 10,000,000원
2. 사업소득 관련 자료
    (1) 갑은 생계를 같이하는 특수관계인과 공동으로 소유하는 상가용 빌딩(갑의 지분율은 60%이며, 공동사업의 지분율은 사실과 합치된다)을 2023년도부터 임대하고 있는데, 2024년의 연간 임대료는 ₩10,000,000이다. 임대보증금은 ₩200,000,000이며 임대보증금을 운용하여 이자 ₩300,000과 유가증권처분이익 ₩500,000을 얻었다. 간주임대료 계산에 적용되는 이자율은 연 3%로 가정한다.
    (2) 임대용 건물의 실제 취득가액은 토지가액 ₩200,000,000을 포함하여 ₩300,000,000이다.
    (3) 위 상가 임대에 따른 필요경비는 ₩5,000,000이며, 이 필요경비에는 공동사업용 건물의 취득을 위해 조달한 차입금의 이자 ₩700,000이 포함되어 있다.
3. 근로소득 관련 자료
    (1) 급여 수령내역은 다음과 같다.

① 기본급(1,850,000원×12회)	22,200,000
② 상여금(연 8회)	8,000,000
③ 시간외근무수당	3,000,000
④ 자녀교육비 보조금	1,000,000
⑤ 식대보조비(200,000원×12회)	2,400,000*
	36,600,000

    * 회사가 외부 음식업자와 계약을 체결하여 제공하는 식권으로 받은 것이다. 이 식권은 현금으로 환급받을 수 없다.
    (2) 회사는 갑의 사회보장성 보험료 연간 총액 960,000원(매월 80,000원씩 12개월분이며, 이 금액은 종업원부담분과 회사부담분이 각각 50%씩 구성된다고 가정한다)을 전액 부담하였다.

(3) 회사는 2024. 3. 10.에 잉여금처분결의를 하면서 갑에게 성과급 10,000,000원을 지급하였으며, 2023년도분 법인세 신고(신고일 2024. 3. 15.)를 하면서 갑에게 인정이자로 2,000,000원을 처분하였다.

(4) 갑은 생산직 근로자이고, 직전연도 총급여가 30,000,000원 이하이다.

4. 연금소득 관련 자료

(1) 갑의 연금계좌는 2013. 3. 1. 전에 가입한 것으로 2023년부터 연금을 수령하고 있다. 연금은 5년간 수령하기로 하였으며, 갑이 2023년에 수령한 연금은 ₩2,000,000이다.

　① 2024. 1. 1. 현재 연금계좌 평가액: 150,000,000원

　② 연금계좌에 불입 시 연금계좌세액공제를 받지 못한 금액의 합계: 10,000,000원

　③ 연금계좌에 포함된 이연퇴직소득: 30,000,000원

(2) 갑은 2024년도에 위 연금계좌에서 50,000,000원을 수령하였다.

(3) 갑의 이연퇴직소득에 대하여 이연 당시에 산출한 퇴직소득세는 400,000원이다.

5. 양도소득 관련 자료

갑은 자신이 4년간 보유하던 상가 건물(등기자산)을 2024년도 중 특수관계가 있는 법인에게 200,000,000원에 양도하였다. 이 건물의 양도 당시 시가는 150,000,000원이었기에 「법인세법」상 부당행위계산부인 규정이 적용되어 갑에게 인정소득이 처분되었다.

양도한 건물과 관련된 자료는 다음과 같다.

(1) 취득가액: 85,000,000원[1]

(2) 감가상각누계액: 30,000,000원[2]

(3) 자본적 지출과 양도비용: 15,000,000원[3]

[1] 취득가액에는 2,000,000원의 취득세가 포함되어 있는데, 이에 대한 영수증은 분실한 상태이다.

[2] 건물은 사업용 자산으로 사용하던 것으로 감가상각누계액은 그 사업의 필요경비로 장부상 계상한 금액이다. (단, 양도 당시 상각부인액 4,000,000원이 있다)

[3] 공정가액보다 10%를 더하여 준 부동산중개수수료 5,500,000원이 포함되어 있다.

6. 소득금액 계산과 관련된 자료는 다음과 같다.

(1) 근로소득공제액은 다음과 같다.

총급여액	근로소득공제액
500만원 초과 1,500만원 이하	350만원 + (총급여 − 500만원) × 40%
1,500만원 초과 4,500만원 이하	750만원 + (총급여 −1,500만원) × 15%

(2) 연금소득공제액은 다음과 같다.

총연금액	연금소득공제액
350만원 초과 700만원 이하	350만원 + (총연금액 − 350만원) × 40%
700만원 초과 1,400만원 이하	490만원 + (총연금액 − 700만원) × 20%
1,400만원 초과	630만원 + (총연금액 − 1,400만원) × 10%

[물음 1] 종합과세할 금융소득을 다음의 구분별로 구하시오. (6점)

1. 금융소득의 종합과세 여부를 다음의 양식을 이용하여 판단하시오.

항목	금액		
	조건부 종합과세	무조건 종합과세	비과세 · 분리과세 등
계			

2. 배당가산액(Gross-Up 금액)을 구하시오.

3. 종합과세 금융소득금액을 구하시오.

[물음 2] 사업소득과 관련하여 다음을 구하시오. (6점)

1. 임대보증금에 대한 간주임대료를 구하시오.

2. 부동산 임대와 관련된 공동사업장의 소득금액을 구하시오.

3. 갑의 사업소득금액을 구하시오.

[물음 3] 근로소득과 관련하여 다음을 구하시오. (6점)

1. 시간외근무수당의 비과세 판단의 기준이 되는 월정액급여를 구하시오.

2. 근로소득 총수입금액(총급여액)을 구하시오.

3. 근로소득금액을 구하시오.

[물음 4] 연금소득과 관련하여 다음을 구하시오. (단, 종합소득금액 최소화를 가정한다) (6점)

1. 연금수령한도를 구하시오.

2. 연금수령과 관련한 원천징수세액을 구하시오.

3. 종합과세할 연금소득금액을 구하시오.

[물음 5] 양도소득금액을 다음의 양식에 따라서 구하시오. (6점)

구분	가액(계산내역 별도 제시)
양도가액	
– 취득가액	
– 기타비용	
= 양도차익	
– 장기보유특별공제	
= 양도소득금액	

문제 4

다음은 과세사업(제조 및 임대용역)과 면세사업(교육용역)을 겸영하는 ㈜서울의 2024년 제1기 부가가치세 확정신고기간(2024. 4. 1. ~ 2024. 6. 30.)과 관련된 자료이다. 각 자료는 상호 독립적이다. 다음의 자료를 근거로 물음에 답하시오. (단, 별도의 언급이 없는 한 제시금액은 부가가치세가 포함되지 않은 금액이며, 세금계산서는 공급시기에 정당하게 교부 및 수취된 것으로 가정한다) (20점)

〈자료 1〉

1. 수출업체에 제품을 다음과 같이 공급하였다.

거래처	매출액	내국신용장 개설일	제품 인도일
A	10,000,000원	2024. 3. 20.	2024. 4. 1.
B	20,000,000원	2024. 7. 30.	2024. 6. 25.

2. 고객에게 구매금액에 따라 마일리지를 적립해주고 있으며, 2024년 제1기 확정신고기간의 매출액 중 10,000,000원의 결제내역은 다음과 같다.
   (1) 마일리지로 결제받은 금액 5,000,000원
   (2) 신용카드사가 고객에게 적립해준 포인트로 결제받고 신용카드사에서 보전받은 금액 3,000,000원
   (3) 현금결제액 2,000,000원

3. 2024. 3. 10.에 동종업종을 영위하는 ㈜세종으로부터 동종의 원재료(원가 1,000,000원, 시가 1,200,000원)를 차용하였으며, 2024. 4. 10.에 동종의 원재료(원가 1,000,000원, 시가 1,300,000원)로 반환하였다.

4. 회사는 노후화된 장비를 매각하고 기존 장비를 인도하는 계약을 체결하였다. 기존 장비 처분내역은 다음과 같다.

장비	실제 인도일	계약금	중도금	잔금
C[*1]	2024. 5. 20.	10,000,000원 (2024. 2. 1.)	10,000,000원 (2024. 5. 1.)	10,000,000원 (2024. 8. 30.)
D[*2]	2024. 5. 30.	15,000,000원 (2024. 5. 30.)	15,000,000원 (2024. 12. 30.)	15,000,000원 (2025. 6. 30.)

*1 최초 계약 시에는 잔금지급일에 장비를 인도하기로 하였다.

*2 2024. 5. 30.에 장비를 인도하고 계약금만 수령한 상태에서 장비 공급가액 전액에 대하여 세금계산서를 발급하였다.

5. 임대용으로 사용하던 건물을 2024. 4. 1.부터 면세사업에 전용하였다. 건물의 취득가액은 525,000,000원(취득세 25,000,000원 포함)이며, 취득일은 2022. 5. 20.(사용개시일 2022. 7. 15.)이고 전용 당시 장부가액과 시가는 각각 400,000,000원과 600,000,000원이다.

6. 회사는 제조업과 교육사업에 겸용하던 토지와 건물 및 임대 중인 기계장치를 2024. 6. 1.에 500,000,000원(부가가치세 제외)에 일괄양도하였으며, 잔금지급일은 2024. 6. 30.이다. 기계장치는 2023. 12. 1.부터 1년간 보증금 10,000,000원, 월 임대료 1,000,000원에 임대 중이었으며, 임대료는 매월 말 수령하였다. 1년 만기 정기예금이자율은 1.6%이다. 매매계약서상 각각의 공급가액은 구분되어 있지 않다.

구분	취득가액	장부가액	기준시가	감정가액
토지	80,000,000	80,000,000	80,000,000	120,000,000
건물	200,000,000	180,000,000	120,000,000	160,000,000
기계장치	100,000,000	50,000,000	–	70,000,000
합계	380,000,000	310,000,000	200,000,000	350,000,000

장부가액과 기준시가는 계약일 현재 가액이며, 감정가액은 2023. 6. 30.을 기준일로 평가한 가액이다. 기계장치 장부가액은 회계상 장부가액으로서 세무상 감가상각비 상각부인액은 10,000,000원이다. 한편, 건물 취득 시 매입세액공제는 사용면적을 기준으로 안분하였으며, 취득 이후 과세사업과 면세사업에 1/2씩 사용하고 있다. 직전 과세기간의 과세사업과 면세사업의 공급가액은 각각 300,000,000원과 200,000,000원이다.

7. 매출채권 중 회수가 지연된 채권내역은 다음과 같다. 각 채권금액은 부가가치세가 포함된 금액이다.

(1) 2020. 4. 20.에 발생한 매출채권 110,000,000원을 회수하지 못하던 중 2024. 3. 25.에 거래처에 대하여 「채무자 회생 및 파산에 관한 법률」에 근거한 법원의 회생계획인가 결정으로 보통주 10,000주로 출자전환되었으며, 동시에 80%를 무상감자하여 2,000주를 보유하고 있다. 주식의 액면가액과 시가는 각각 10,000,000원과 30,000,000원이다.

(2) 회사는 매출채권 99,000,000원에 대하여 전액 대손세액공제를 받았으며, 2024. 5. 17.에 44,000,000원을 회수하고 잔액은 포기하였다.

[물음 1] 〈자료 1〉을 이용하여 2024년 제1기 부가가치세 확정신고기간의 매출세액 관련 신고 내용을 아래의 답안 양식에 기입하시오. (12점)

번호	과세표준	세율	매출세액
1			
2			
· · ·			

〈자료 2〉

1. ㈜서울의 제조부문과 관련된 예정신고 누락사항 및 매입세금계산서 등 지출증빙 수취내역은 다음과 같다.

   (1) 2024. 3. 30.에 원재료를 매입하고 발급받은 세금계산서 5,000,000원을 예정신고 시 누락하였다.

   (2) 2024. 4. 15.에 사내 워크샵에 독립적으로 강연용역을 제공하는 전문강사를 초빙하여 강연료 500,000원을 지급하였다.

   (3) 2024. 6. 1.에 공급받은 원재료 10,000,000원에 대하여 공급시기가 2024. 6. 1.로 기재된 전자세금계산서를 2024. 7. 25.에 수취하였다.

   (4) 2024. 6. 10.에 소모품을 구입하고 부가가치세가 별도로 구분 기재된 현금영수증 300,000원을 수취하였으며, 2024. 6. 15.에 간이과세자로부터 사무용품을 구입하고 1,000,000원의 영수증을 수취하였다.

   (5) 회사는 보유 중인 비상장주식을 매각하였으며, 이와 관련하여 법무사 수수료 및 중개수수료 5,000,000원을 2024. 6. 20.에 지급하였다.

   (6) 2023년 제2기에 기계장치 구입계약을 체결하고 계약금과 중도금을 각각 2023. 12. 1.에 10,000,000원, 2024. 3. 10.에 20,000,000원을 지급하고 매입세액공제를 받았으나 2024. 6. 25.에 계약이 취소되었다.

2. 2024년 제1기 확정신고기간 중 건물 신축을 위하여 건축물이 있는 토지를 구입한 후 기존 건축물을 철거하였으며, 옹벽공사를 완료하였다. 매매계약서상 토지와 건물의 가액은 구분되어 있지 않으며, 감정가액은 없다. 이와 관련된 세부내역은 다음과 같다.

   (1) 일괄구입가격: 300,000,000원(부가가치세 제외)
   (2) 기준시가: 토지 180,000,000원, 건물 20,000,000원
   (3) 건축물 철거비용: 20,000,000원
   (4) 옹벽공사비: 25,000,000원

3. 2024. 6. 20.에 임대 중인 건물과 부속 토지를 양도하기 위하여 부동산 컨설팅 회사와 자문계약을 체결하였으며, 자문수수료로 10,000,000원을 지급하였다. 토지와 건물의 기준시가는 각각 80,000,000원과 200,000,000원이다.

4. 면세사업에 사용하던 사무용 비품 등 일부를 인원변동에 따라 2024. 5. 10.에 과세사업으로 전환하였으며 그 내역은 다음과 같다.

구분	취득일	취득가액	매입세액
책상 및 의자	2021. 2. 10.	5,000,000	500,000
개인용 컴퓨터	2023. 4. 20.	6,000,000	600,000
회의실 비품*	2023. 7. 12.	10,000,000	1,000,000
소모품	2024. 3. 25.	3,000,000	300,000

* 과세사업과 면세사업에 공통으로 사용하며, 과세사업과 면세사업의 공급가액비율은 각각 40%와 60%이다.

[물음 2] 〈자료 2〉를 이용하여 2024년 제1기 부가가치세 확정신고기간의 매입세액 관련 신고
내용을 아래의 답안 양식에 기입하시오. (8점)

자료번호		매입세액	매입세액불공제액	매입세액공제액
1	(1)			
	(2)			
	・・・			
2				
・・・				

문제 1

[물음 1]

익금산입 및 손금불산입			손금산입 및 익금불산입		
과목	금액	소득처분	과목	금액	소득처분
임원상여금	9,000,000	상여	개발비	9,000,000	유보
임원퇴직금	32,800,000	상여	개발비	32,800,000	유보
무형자산상각비 (자산감액분)	8,360,000	유보			
무형자산상각비 (상각부인액)	173,730,000	유보			

1. 임원상여금 및 퇴직금 한도초과액

(1) 임원상여금 한도초과

$45,000,000 - 10,000,000 \times 9개월 \times 40\% = 9,000,000$

(2) 임원퇴직금 한도초과

> 2020. 9. 10. ~ 2024. 9. 30.(1개월 미만 절사)

$100,000,000 - (120,000,000 + 120,000,000 \times 40\%) \times \dfrac{1}{10} \times \dfrac{48}{12} = 32,800,000$

① 개발비로 계상된 임원상여금 및 퇴직금 한도초과액은 손금으로 인정될 수 없다. 사외유출되면서 손금으로 인정되지 않는 비용을 자산계상한 경우에는 자산을 감액(손금산입, △유보)하고 동 금액을 손금불산입하고 사외유출된 것으로 소득처분한다.

② 임원에 대한 퇴직급여가 정관에 정하여지지 아니한 경우에는 법정산식(총급여액 × 10% × 근속연수)에 따른다. 이때 근속연수는 임원으로 승진한 날부터 계산하는 것이 원칙이나, 근속연수를 계산함에 있어 해당 임원이 직원에서 임원으로 된 때에 퇴직금을 지급하지 아니한 경우에는 직원으로 근무한 기간을 근속연수에 합산할 수 있다.

2. 개발비 감가상각 시부인 계산

(1) 자산감액분 세무조정

> $9,000,000 + 32,800,000$

$240,000,000 \times \dfrac{41,800,000}{1,200,000,000} = 8,360,000$

(2) 감가상각비 시부인

> 관련 제품 판매 시부터 상각

구분	금액	비고
1. 회사상각비	231,640,000	$240,000,000 - 8,360,000$
2. 상각범위액	57,910,000	$(1,200,000,000 - 41,800,000) \times \dfrac{1}{5} \times \dfrac{3}{12}$
3. 상각부인액	173,730,000	

[물음 2]

익금산입 및 손금불산입			손금산입 및 익금불산입		
과목	금액	소득처분	과목	금액	소득처분
제품	5,000,000	유보	원재료	300,000	유보
저장품(개인적 사용)	80,000	배당			
저장품(사유 불분명분)	30,000	상여			

1. 제품
변경신고기한(9. 30.)이 지나서 변경신고하였으므로 임의변경에 해당한다. 따라서 세법상 평가액은 당초 신고한 평가방법(선입선출법)으로 한다.

2. 재공품
재고자산평가방법 변경신고는 사업연도 종료일로부터 3개월(9. 30.) 이전에 신고하여야 그 해당 사업연도부터 효력이 인정된다. 재공품은 2024. 8. 4.에 변경신고하였으므로, 2024 사업연도부터 변경된 것으로 본다.

3. 원재료
신고한 방법으로 평가하였으나 계산착오로 과대 또는 과소평가한 경우에는 임의변경으로 보지 않는다. 따라서 계산 차이금액만 세무조정한다.

4. 당기 말 재고자산별 평가

구분	장부가액	세무상 가액	세무조정	비고
제품	10,000,000	15,000,000	(+)5,000,000	선입선출법
재공품	4,000,000	4,000,000		선입선출법
원재료	1,800,000	1,500,000	(−)300,000	총평균법(계산착오)

5. 저장품
⑴ 정상적인 파손
객관적 사유가 있는 정상파손은 손금으로 인정한다. 별도로 세무조정할 것은 없다.

⑵ 대주주 개인사용분
대주주의 개인사용분은 부당행위계산부인에 해당하므로 시가 상당액을 익금산입하고 배당으로 소득처분한다. 다만, 재고자산부족분은 손금으로 인정되므로 원가에 대해 세무조정할 것은 없다.

⑶ 부족 사유를 알 수 없는 경우
사유를 알 수 없는 부족분은 매출누락으로 보아 시가 상당액을 익금산입하고 대표자에 대한 상여로 소득처분한다. 다만, 재고자산부족분은 손금으로 인정되므로 원가에 대해 세무조정할 것은 없다.

[물음 3]

익금산입 및 손금불산입			손금산입 및 익금불산입		
과목	금액	소득처분	과목	금액	소득처분
증명서류불비	300,000	상여	건물	200,000	유보
법정증명서류 미수취	700,000	기타사외유출			
기업업무추진비 한도초과액	5,000,000	기타사외유출			
건물(자산감액)	10,000	유보			
건물(감가상각비)	897,500	유보			

1. 기업업무추진비 한도초과액 및 자산조정 $\boxed{5,800,000 \sim 1,000,000(\text{직부인})}$

구분	기업업무추진비 해당액	한도초과액	자산조정
1. 비용계상 기업업무추진비	4,800,000	4,800,000	
2. 건물	1,200,000	200,000	△200,000
합계	6,000,000	5,000,000	

$\boxed{6,000,000 \sim 1,000,000}$

2. 감가상각비 세무조정

(1) 1단계(자산감액분 조정)

$$3,600,000 \times \frac{200,000}{72,000,000} = 10,000(\text{손금불산입})$$

(2) 2단계(시부인 계산)

구분	금액	비고
1. 회사상각비	3,590,000	3,600,000 − 10,000
2. 상각범위액	2,692,500	$(72,000,000 - 200,000) \times 0.05 \times \dfrac{9}{12}$
3. 상각부인액	897,500	

[물음 4]

익금산입 및 손금불산입			손금산입 및 익금불산입		
과목	금액	소득처분	과목	금액	소득처분
유가증권	60,000,000	유보	유가증권	30,000,000	유보
부당행위계산부인	50,000,000	배당			

1. 유가증권 저가매입

「법인세법」상 상장법인주식의 시가는 한국거래소 최종시세가액으로 한다. 특수관계인인 개인으로부터 유가증권을 저가매입한 경우는 시가와 매입가액의 차액을 익금산입한다.

$(20,000 - 17,000) \times 20,000주 = 60,000,000(\text{익금산입})$

2. 부당행위계산부인(저가양도)

특수관계인에게 자산을 저가로 양도한 경우 시가로 양도하고 그 차액은 사외유출된 것으로 본다. 상장주식을 한국거래소에서 거래한 경우에는 부당행위계산부인 규정을 적용하지 않으나, 장외에서 거래한 경우에는 부당행위계산부인 규정을 적용한다.

$(21,000 - 16,000) \times 10,000주 = 50,000,000(\text{익금산입})$

3. 유보추인

(1) 회계상 처분손익: $160,000,000 - 170,000,000 = 10,000,000(\text{처분손실})$

(2) 세무상 처분손익: $160,000,000 - 200,000,000 = 40,000,000(\text{처분손실})$

$$\text{유보추인 금액: } 60,000,000 \times \frac{10,000주}{20,000주} = 30,000,000(\text{손금산입})$$

4. 회계처리 및 세법상 재구성

회계처리		세법상 재구성	
(차) 현금 160,000,000		(차) 현금 160,000,000	
유가증권처분손실 10,000,000		처분손실 40,000,000	
(대) 유가증권	170,000,000	사외유출 ~~50,000,000~~	
		(대) 유가증권	200,000,000
		처분이익 ~~50,000,000~~	

[물음 5]

익금산입 및 손금불산입			손금산입 및 익금불산입		
과목	금액	소득처분	과목	금액	소득처분
			금융자산	615,000	유보
			금융자산	30,000	유보
			금융자산	405,000	유보

1. 주식 단가

취득일	주식 수	취득단가	비고
최초 취득	1,500주	@5,000	
무상증자(1)	900주	@5,000	5,000주 × 30% × 60%(과세분)
무상증자(2)	600주	@0	5,000주 × 30% × 40%(주식발행초과금)
무상증자(3)	375주	@5,000	자기주식실권에 따른 과세(5,000주 × 20% × $\frac{30\%}{80\%}$)
합계	3,375주		

> 자본전입 잉여금 중 이익잉여금과 자기주식소각이익 비율

2. 주식처분 시 손익

구분	금액	비고
양도가액	2,700,000	
세무상 취득원가	2,775,000	675주 × (2,775주 × 5,000) ÷ 3,375주
세무상 처분손실	(75,000)	회계상 손익 차이를 세무조정
세무조정	615,000	540,000(회계상 이익) + 75,000(세무상 손실)

[익금불산입]	금융자산	615,000	△유보

3. 의제배당(감자)

구분	금액	비고
1. 감자대가	5,400,000	1,350주 × @4,000
2. 취득가액	4,350,000	(600주 - 120주) × '0' + 870주 × @5,000
3. 의제배당	1,050,000	

① 2024. 3. 15. 주식처분 시 전체 주식의 20%가 처분되었으므로 단기주식소각특례를 적용받을 주식 수는 80%(480주)이다.

② 단기소각특례가 적용되므로, 과세되지 않은 무상주(480주)가 먼저 감자된 것으로 간주한다.

[익금불산입]	금융자산	30,000	△유보

> 1,050,000 - 1,080,000(장부상 처분이익) = (30,000)

4. 결산 시 세무조정

⑴ 결산일 현재 잔존 주식 수

3,375주 − 675주(처분) − 1,350주(감자) = 1,350주

⑵ 평가손익

1,350주 × (3,500 − 3,200) = 405,000(평가이익)

[익금불산입]	금융자산평가손실	405,000	△유보

내국법인이 보유하는 자산과 부채의 장부가액을 증액 또는 감액한 경우에는 그 평가일이 속하는 사업연도와 그 후의 각 사업연도의 소득금액을 계산할 때 그 자산과 부채의 장부가액은 평가 전의 가액으로 한다.

[물음 6]

익금산입 및 손금불산입			손금산입 및 익금불산입		
과목	금액	소득처분	과목	금액	소득처분
장기미지급비용	8,500,000	유보	장기미지급비용 (인건비)	4,800,000	유보
			주식보상비용 (인건비)	5,000,000	기타

1. 현금결제형 주식기준보상

현금결제형 주식매수선택권은 권리행사일이 속하는 사업연도의 손금으로 한다. 우선, 결산상 비용처리한 주식보상비용(8,500,000원)은 모두 손금불산입하고, 행사한 주식매수선택권의 시가와 행사가격의 차액(현금보상액)을 손금으로 처리한다.

현금보상액 = (4,000 − 3,000) × 4,000주 = 4,000,000(→ 실제 현금보상액과 일치함)

다만, 현금결제형 주식보상의 경우 행사 전에 비용처리한 것은 손금에 산입할 수 없고, 손금부인할 때 유보로 처리하였으므로, 관련 부채를 소멸시킬 때 손금산입하고 △유보로 처리한다.

2. 신주교부형 주식기준보상

주식매수선택권을 부여받은 경우 약정된 주식매수시기에 주식매수선택권 행사에 따라 주식을 시가보다 낮게 발행하는 경우 그 주식의 시가와 실제 매수가격의 차액은 손금에 산입한다.

손금산입액 = (4,000 − 3,000) × 5,000주 = 5,000,000

한편, 신주발행형 주식선택권을 세법상 재구성하면, 시가와 행사가격의 차이를 현금으로 지급하고 이를 다시 시가로 유상증자받은 것으로 본다.

(차) 인건비	5,000,000	(대) 현금	5,000,000
(차) 현금	20,000,000	(대) 자본금	5,000,000
		주식발행초과금	15,000,000

문제 2

[물음 1]

항목	㈜대한	㈜민국
1. 각사업연도소득금액	335,180,000	65,889,000
2. 연결조정항목의 제거 　① 기업업무추진비 손금불산입 　② 수입배당금 　③ 기부금 손금불산입	 (−)4,000,000 (+)38,820,000 	 (−)3,000,000 (+)7,290,000 (−)12,679,000
3. 연결법인 간 거래손익 조정 　① 연결실체 간 기업업무추진비 　② 양도손익이연자산(건물) 　③ 양도손익이연자산(건물) 　④ 양도손익이연(금융상품) 　⑤ 양도손익이연(금융상품) 　⑥ 대손충당금 　⑦ 수입배당금[1]	 (+)4,000,000 (+)10,000,000 (−)500,000 (+)1,800,000 (−)30,000,000	(+)8,000,000 (−)5,000,000 (+)1,500,000
4. 연결조정항목의 연결법인별 배분 　① 적격증빙미수취 기업업무추진비 　② 기업업무추진비 한도초과액 　③ 수입배당금 익금불산입	 (+)4,000,000 (+)14,872,000 (−)40,200,000	 (+)3,000,000 (+)8,008,000 (−)26,800,000
5. 연결 차가감소득금액	333,972,000	46,208,000
6. 일반기부금 한도초과액	(+)4,189,200	(+)2,792,800
7. 연결조정 후 연결법인별 소득금액	338,161,200	49,000,800

[1] 연결법인으로부터 수령한 수입배당금

1. 연결법인 간 기업업무추진비 조정

(1) 연결집단 기업업무추진비 해당액

구분	금액	비고
㈜대한	65,000,000	73,000,000 − 4,000,000[1] − 4,000,000[2]
㈜민국	35,000,000	46,000,000 − 3,000,000[1] − 8,000,000[2]
기업업무추진비 해당액 합계	100,000,000	

[1] 적격증빙미수취 기업업무추진비

[2] 연결실체 간 기업업무추진비

(2) 연결집단 기업업무추진비 한도액

$$36,000,000 + \left[\begin{array}{l} 10,000,000,000 \times 0.3\% + 4,960,000,000 \times 0.2\% \\ 6,000,000,000 \times 0.2\% \times 10\% \end{array} \right] = 77,120,000$$

① 일반매출: 12,500,000,000 + (8,460,000,000 − 6,000,000,000) = 14,960,000,000

② 특수관계인 매출: 6,000,000,000

　연결집단 간 내부매출은 특수관계인 매출에 포함되지만, 내부거래손익을 제거하지는 않는다. 따라서 특수관계인 매출액으로 본다.

(3) 연결집단 기업업무추진비 한도초과액

$$100,000,000 - 77,120,000 = 22,880,000$$

(4) 기업업무추진비 한도초과액 배분

$$㈜대한: 22,880,000 \times \frac{65,000,000}{100,000,000} = 14,872,000$$

$$㈜민국: 22,880,000 \times \frac{35,000,000}{100,000,000} = 8,008,000$$

2. 대손충당금

구분	금액	비고
연결법인 간 채권에 대한 대손충당금	3,600,000	$8,000,000 \times \frac{180,000,000}{400,000,000}$
연결법인 간 채권에 대한 한도초과액	(−)1,800,000	$3,600,000 - 180,000,000 \times 1\%^{*}$
연결법인 간 거래손익 조정 금액 (연결법인 채권에 대한 개별손금인정액)	1,800,000	

* ㈜대한의 개별 세무조정에서 대손충당금 설정액 20,000,000원(12,000,000 + 8,000,000)에 한도초과액이 10,000,000 원이므로 대손충당금 한도액은 10,000,000원이다. 이때 ㈜대한의 세무상 채권잔액이 1,000,000,000원이므로 대손 실적률은 1%이다.

3. 수입배당금

(1) 수입배당금 익금불산입 재계산

① ㈜국세

$$50,000,000 \times 100\% - (60,000,000 + 30,000,000) \times 100\% \times \frac{2억원 + 1억원}{(50억 - 6억) + 10억} = 45,000,000$$

② ㈜세무

$$25,000,000 \times 100\% - (60,000,000 + 30,000,000) \times 100\% \times \frac{1억원 + 0.8억원}{(50억 - 6억) + 10억} = 22,000,000$$

(2) 수입배당금 익금불산입 배분

$$㈜대한: 45,000,000 \times \frac{30\%}{50\%} + 22,000,000 \times \frac{30\%}{50\%} = 40,200,000$$

$$㈜민국: 45,000,000 \times \frac{20\%}{50\%} + 22,000,000 \times \frac{20\%}{50\%} = 26,800,000$$

4. 기부금

(1) 연결차가감소득금액 = 333,972,000 + 46,208,000 = 380,180,000

(2) 기준소득금액 = 380,180,000 + 30,000,000 + 20,000,000 = 430,180,000

(3) 일반기부금 한도초과액 = (30,000,000 + 20,000,000) − (430,180,000 × 10%) = 6,982,000

(4) 한도초과액 배분

$$
㈜대한: 6,982,000 \times \frac{30,000,000}{50,000,000} = 4,189,200
$$

$$
㈜민국: 6,982,000 \times \frac{20,000,000}{50,000,000} = 2,792,800
$$

[물음 2]

1. 연결산출세액

공익신탁이익

{(488,000,000 − 5,000,000) + 67,000,000} × 세율 = 84,500,000

2. 연결세율

$$
\frac{84,500,000}{550,000,000} = 15.36\%
$$

3. 연결법인별 산출세액

㈜대한: 483,000,000 × 15.36% = 74,188,800
㈜민국: 67,000,000 × 15.36% = 10,291,200

[물음 1]

1. 종합과세 여부

항목	조건부 종합과세	무조건 종합과세	비과세·분리과세 등	비고
(1)			3,000,000	
(2)	6,000,000			이자소득
(3)		2,000,000		원천징수되지 아니함
(4)	10,000,000			자기주식 실권주 재배정
(4)	(G)10,000,000			이익잉여금 자본전입
계	26,000,000	2,000,000	3,000,000	

(1) 개인종합자산관리계좌(ISA)

구분	비과세 한도(5년간)	비과세 한도초과
서민형	400만원	9% (무조건 분리과세)
농어민형	400만원	
일반형	200만원	

① 서민형은 총급여액 5,000만원 또는 종합소득금액 3,800만원 이하인 자가 가입한 것을 말한다.

② 직전 과세기간의 종합소득금액이 3,800만원을 초과하므로 비과세 금액은 200만원이며, 200만원을 초과하는 금액은 9% 세율로 분리과세한다.

(2) 소기업·소상공인 공제부금

구분	임의 해지 (예) 폐업 전)	사망·폐업·퇴임·노령(법정사유)	
		2015. 12. 31. 이전 가입	2016. 1. 1. 이후 가입
운용수익	기타소득	이자소득	퇴직소득
소득공제(O)		과세 제외	
소득공제(X)	과세 제외	과세 제외	과세 제외

문제에서 별도의 언급이 없으므로 법정사유로 해지한 것으로 해석하고 풀이하였다.

(3) 의제배당(자기주식 실권주 재배정)

무상주의 재원이 주식발행초과금이더라도 자기주식 보유분을 재배정함에 따라 지분율이 증가되는 경우에는 과세한다. 단, 주식발행초과금을 재원으로 하였으므로 Gross-up 대상은 아니다.

2. 배당가산액(Gross-up)

$Min[10,000,000, 28,000,000 - 20,000,000] \times 10\% = 800,000$

3. 종합과세 금융소득금액

$26,000,000 + 2,000,000 + 800,000 = 28,800,000$

사업소득 자료에서 제시된 임대보증금 운용이자는 금융소득 자료로 제시된 것이 아니므로 반영하지 않았다.

[물음 2]

1. 임대보증금 간주임대료	2,700,000	$(200,000,000 - 100,000,000) \times 3\% - 300,000$
2. 공동사업장의 소득금액	7,700,000	$10,000,000 + 2,700,000 - 5,000,000$
3. 갑의 사업소득금액	4,620,000	$7,700,000 \times 60\%$

1. 임대보증금에 대한 간주임대료

 ① 건설비에 토지는 제외한다.

 ② 간주임대료 계산 시 차감하는 금융수익에 유가증권처분손익은 제외한다.

2. 공동사업장의 소득금액 계산 시 이자비용

 거주자가 부동산 임대 공동사업에 출자하기 위하여 차입한 차입금의 지급이자는 당해 공동사업장의 소득금액 계산에 있어서 필요경비에 산입할 수 없는 것이나, 출자를 위한 차입금 외에 당해 공동사업을 위하여 차입한 차입금의 지급이자는 당해 공동사업의 필요경비에 산입할 수 있다. [서일－1201(2005. 10. 7.)]

3. 사업소득금액

 약정된 손익분배비율이 없으므로 지분비율을 적용한다. 또한, 공동사업의 지분비율이 사실과 합치되므로 지분비율을 거짓으로 정한 것이 아닌 것으로 보아 공동사업합산과세 특례 규정은 적용하지 않는다.

[물음 3]

1. 2. 월정액급여, 총급여액

구분	월정액급여	총급여	비고
기본급	1,850,000	22,200,000	
상여금		8,000,000	부정기적 급여
시간외근무수당		600,000	$3,000,000 - 2,400,000$
자녀교육비		1,000,000	부정기적 급여
식대보조비	200,000		비과세(월정액급여에는 포함)
사회보장성 보험료	40,000	480,000	회사 대납분만 총급여액에 포함
잉여금처분		10,000,000	잉여금처분결의일(귀속시기)
인정상여			근로를 제공한 때(귀속시기, 2023년)
합계	2,090,000	42,280,000	

(1) 시간외근무수당

 월정액급여 210만원 이하로서 직전 과세기간의 총급여액이 3,000만원 이하인 생산직 근로자가 받는 연장근로·야간근로 또는 휴일근로수당은 연간 240만원까지 비과세한다.

(2) 자녀교육비 보조금

 종업원이 받는 공로금·위로금·개업축하금·학자금·장학금(종업원의 수학 중인 자녀가 받는 학자금·장학금 포함) 기타 유사성질의 급여는 근로소득에 포함된다.

(3) 식대보조비

 사용자가 기업 외부의 음식업자와 식사·기타 음식물 공급계약을 체결하고 그 사용자가 교부하는 식권에 의하여 제공받는 식사·기타 음식물로서 당해 식권을 현금으로 환금할 수 없는 경우 비과세되는 식사·기타 음식물(현물식대)로 본다. 실비변상적 급여 외의 비과세급여는 월정액급여액에는 포함하여야 한다.

3. 근로소득금액

$$42,280,000 - [7,500,000 + (42,280,000 - 15,000,000) \times 15\%] = 30,688,000$$

[물음 4]

1. 연금수령한도	45,000,000	
2. 연금수령과 관련한 원천징수세액	630,000	
3. 종합과세할 연금소득금액	0	분리과세 선택

1. 연금수령한도

$$\frac{150,000,000}{11 - 7} \times 120\% = 45,000,000$$

2023년에 연금수령을 개시하였으므로 2023년을 기산연차로 본다. 다만, 2013. 3. 1. 전에 가입하였으므로 6년차부터 기산한다.

이 문제는 출제 당시를 기준으로 보면 연금계좌 가입일이 불분명하므로 가입기간 5년이 되는 시기를 산정하는 것 자체가 불가능하다. (17년에는 가입기간이 5년이 안 될 수 있기 때문임) 행정해석을 적용하기도 어렵다. 실제 출제된 문제의 문구를 변경하는 것은 적절하지 않기 때문에 행정해석과 관계없이 기산연차는 연금수령을 개시하는 때부터로 적용하였다.

2. 소득구분

$10,000,000 - 2,000,000$

구분	연금수령액		소득구분		
	연금수령	연금외수령	연금소득 (분리과세)	연금소득 (조건부)	기타소득 (분리과세)
① 과세 제외 금액	8,000,000				
② 이연퇴직소득	30,000,000		30,000,000		
③ 공제액 · 운용수익	7,000,000	5,000,000		7,000,000[*1]	5,000,000[*2]
합계	45,000,000	5,000,000	30,000,000	7,000,000	5,000,000

[*1] 분리과세 선택 가능

[*2] 무조건 분리과세(원천징수세율 15%)

2023년에 수령한 연금은 모두 과세 제외 기여금이다. 따라서 연금계좌 불입 시 연금계좌세액공제를 받지 못한 금액 10,000,000원 중 2,000,000원은 2023년에 수령한 것으로 본다.

3. 연금수령과 관련된 원천징수세액

$30,000,000 / 30,000,000$

구분	원천징수세액	비고
연금소득(이연퇴직소득)	280,000	$400,000 \times 100\% \times 70\%$
연금소득(조건부)	350,000	$7,000,000 \times 5\%$(70세 미만)
합계	630,000	

연금 실제 수령연차가 10년 이하인 경우 이연퇴직소득세의 70%

연금계좌 인출 시 원천징수세액이 아닌 연금수령과 관련한 원천징수세액이라고 하였으므로 연금외수령 (5,000,000원)분에 대한 원천징수세액은 제외하였다.

[물음 5]

구분	가액	비고
양도가액	150,000,000	200,000,000 − 50,000,000
− 취득가액	59,000,000	85,000,000 − (30,000,000 − 4,000,000)
− 기타비용	15,000,000	자본적 지출과 양도비용
= 양도차익	76,000,000	
− 장기보유특별공제	6,080,000	76,000,000 × 8%(4년 이상)
= 양도소득금액	69,920,000	

1. 양도가액(고가양도)

   다음 중 어느 하나에 해당하는 경우에는 그 가액을 해당 자산의 양도 당시의 실지거래가액으로 본다.

   ① 「법인세법」상 특수관계법인에 시가보다 높은 가격으로 양도한 경우로서 해당 거주자의 상여·배당 등으로 소득처분된 금액이 있는 경우에는 「법인세법」상 시가로 한다.

   ② 특수관계법인 외의 자에게 자산을 시가보다 높은 가격으로 양도한 경우로서 「상속세 및 증여세법」에 따라 해당 거주자의 증여재산가액으로 하는 금액이 있는 경우에는 그 양도가액에서 증여재산가액을 뺀 금액으로 한다.

2. 취득가액

   양도자산 보유기간에 그 자산에 대한 감가상각비로서 각 과세기간의 사업소득금액을 계산하면서 필요경비에 산입한 금액이 있을 때에는 취득가액에서 이를 공제한다. 이때 양도 당시 상각부인액은 필요경비에 산입된 것으로 보지 않는다.

구분	실거래가액	추계방식
필요경비산입한 감가상각비	취득가액 차감	취득가액 차감
필요경비산입한 현재가치할인차금	취득가액 차감	취득가액 차감하지 않음

3. 양도비용

   소개비가 통상의 부동산 취득에 따른 중개수수료에 비하여 다소 많다고 하더라도 필요경비의 공제는 특단의 사정이 없는 한 실제 지급된 금액에 따라야 하는 것이다. (2010두4933, 2010. 6. 10.)

[물음 1]

번호	과세표준	세율	매출세액	비고
1	10,000,000	0%	−	
	20,000,000	10%	2,000,000	7월 25일 이후 내국신용장 개설
2	5,000,000	10%	500,000	2,000,000 + 3,000,000
3	1,300,000	10%	130,000	자기가 공급한 재화의 시가
4	65,000,000	10%	6,500,000	20,000,000 + 45,000,000
5	425,000,000	10%	42,500,000	$(525,000,000 − 25,000,000) \times (1 − 5\% \times 3)$
6	2,000,000	10%	200,000	1,000,000 × 2개월(4월 말, 5월 말)
	215,625,000	10%	21,562,500	$500,000,000 \times \dfrac{78 + 60}{320}$
7	−	−	△7,272,727	$(110,000,000 − 30,000,000) \times \dfrac{10}{110}$
	−	−	4,000,000	$44,000,000 \times \dfrac{10}{110}$

1. 내국신용장

   내국신용장 및 구매확인서에 의하여 공급하는 재화는 공급시기가 속하는 과세기간 종료일로부터 25일 이내에 개설한 때에만 영세율을 적용받는다. 한편, 공급시기는 재화의 인도일이다.

2. 마일리지 결제액

   ① 자기적립마일리지(당초 재화 또는 용역을 공급하고 마일리지 등을 적립하여 준 사업자에게 사용한 마일리지)로 결제받은 금액은 공급가액에 포함하지 않는다.

   ② 자기적립마일리지 외의 마일리지로 결제받은 부분에 대하여 재화 또는 용역을 공급받는 자 외의 자로부터 마일리지 사용금액을 보전받는 금액은 공급가액에 포함한다.

3. 소비대차

   사업자 간에 상품·제품·원재료 등의 재화를 차용하여 사용·소비하고 같은 종류 또는 다른 종류의 재화로 반환하는 소비대차의 경우 각각 재화의 공급으로 본다. 공급가액은 자기가 공급한 재화의 시가로 한다.

   → 예정신고 시 매입세액은 120,000원

4. 중간지급조건부 등

구분	장비 C	장비 D
계약금	계약금 수령 시에는 중간지급조건부 계약에 해당한다. 이후 계약변경이 되더라도 당초 공급시기에는 변동 없다.	장기할부조건에 해당한다. 대가의 각 부분을 받기로 한 때를 공급시기로 한다. 다만, 장기할부판매에서 대가를 수령하기 전에 세금계산서를 발급한 경우, 세금계산서를 발급한 때(2024. 5. 30.)를 공급시기로 본다.
중도금 잔금	2024. 5. 20. 재화를 인도함에 따라 중간지급조건부 계약에 해당하지 않게 된다. 중도금과 잔금 모두 2024. 5. 20.을 공급시기로 본다.	
2024년 제1기 확정신고기간 공급가액	10,000,000 + 10,000,000 (중도금) + (잔금)	45,000,000 (세금계산서 발급금액)

5. 면세사업 전용

① 면세전용 시 취득가액은 매입세액공제를 받은 재화의 취득가액이므로 취득세는 제외한다.

② 면세전용의 경우 간주시가를 공급가액으로 한다. 매각하는 경우에 시가를 공급가액으로 하는 것이며 장부가액은 고려대상이 아니다.

③ 경과된 과세기간의 수를 산정함에 있어서 감가상각자산을 취득한 날이란 당해 재화가 실제로 사업에 사용되는 날을 말하는 것이므로 취득일이 아닌 **사용개시일(2022. 7. 15.)**부터 체감률을 계산한다. (부가 22601-210, 1989. 2. 13.)

6. 임대료 등

구분	장부가액(1차)	장부가액(2차)	구분
토지	260,000,000	104,000,000(40%)	면세
건물(면세)		78,000,000(30%)	면세
건물(과세)		78,000,000(30%)	과세
기계장치	60,000,000	60,000,000	과세
합계	320,000,000	320,000,000	43.125% 과세

세무상 장부가액

$\frac{120}{200} \times 50\%$(면적비율)

$\frac{78 + 60}{320}$

① 간주임대료는 부동산 임대용역에 한하여 과세하므로 기계장치 임대보증금은 간주임대료를 계산할 필요가 없다.

② 제시된 감정가액은 공급시기가 속하는 과세기간의 직전 과세기간 개시일(2023. 7. 1.)부터 공급시기가 속하는 과세기간의 종료일(2024. 6. 30.)까지의 감정가액이 아니므로 적용할 수 없다.

③ 건물 취득 시 공통매입세액을 사용면적을 기준으로 안분계산하였으므로 공급 시에도 직전 과세기간의 사용면적비율로 안분계산한다.

7. 대손세액공제

(1) 출자전환 대손세액공제

「채무자 회생 및 파산에 관한 법률」에 따른 회생계획인가의 결정에 따라 채무자의 주식으로 전환된 경우는 주식의 시가와 채권 장부가액의 차액을 대손금(부가가치세 포함된 금액)으로 하여 대손세액공제를 적용받을 수 있다. 회생계획인가 결정에 따라 주식이 무상감자된 경우에는 채권금액을 대손금으로 하여 대손세액공제를 적용받을 수 있다.

(2) 채권 회수

대손세액공제를 받은 채권을 회수하였으므로 회수한 금액에 대한 부가가치세를 매출세액에 가산한다.

[물음 2]

$30,000,000 \times \frac{20}{200} + 2,000,000 + 2,500,000$

자료번호		매입세액	매입세액불공제액	매입세액공제액
1	(1)	500,000	−	500,000
	(2)	−	−	−
	(3)	1,000,000	−	1,000,000
	(4)	30,000	−	30,000
	(5)	500,000	500,000	−
	(6)	△3,000,000		△3,000,000
2		7,500,000	5,000,000	2,500,000
3		1,000,000	−	1,000,000
4		600,000	−	600,000

1. (1) 예정신고 누락분

   예정신고기간에 공제받지 못한 매입세액은 확정신고 시 공제받을 수 있다. 공급시기에 제대로 발급된 세금계산서이므로 가산세도 적용되지 아니한다.

   (2) 인적용역

   개인이 물적시설 없이 근로자를 고용하지 않고 독립된 자격으로 용역을 공급하고 대가를 받는 인적용역은 면세이다. 이 경우 매입세액은 발생하지 않는다.

   (3) 공급시기 이후에 발급받은 세금계산서

   재화 또는 용역의 공급시기 이후에 발급받은 세금계산서로서 해당 공급시기가 속하는 과세기간에 대한 확정신고기한까지 발급받은 경우 매입세액공제가 가능하다. 다만, 지연수취가산세(공급가액의 0.5%)가 적용된다.

   (4) 현금영수증 등

   ① 부가가치세가 별도로 구분 기재된 현금영수증 수취분의 매입세액은 공제가 가능하다.
   ② 세금계산서 발급의무자가 아닌 간이과세자로부터 수취한 영수증은 매입세액공제대상이 아니다.

   (5) 법무사 수수료 및 중개수수료

   주식의 매각은 부가가치세 과세대상인 재화 또는 용역의 공급에 해당하지 아니하므로 관련 매입세액은 사업과 관련이 없는 매입세액으로서 매출세액에서 공제되지 아니한다. (부가가치세과-3066, 2008. 9. 16.)

   (6) 계약의 해제

   계약의 해제로 재화 또는 용역이 공급되지 아니한 경우 계약이 해제된 때에 수정세금계산서를 발급한다.

2. 토지 관련 매입세액

   ① 건축물이 있는 토지를 취득하여 그 건축물을 철거하고 토지만 사용하는 경우에는 철거한 건축물의 취득 및 철거비용과 관련된 매입세액은 토지의 조성 등을 위한 자본적 지출에 관련된 매입세액으로 보아 불공제한다.
   ② 토지와 건물의 일괄구입가격은 기준시가로 안분계산한다.
   ③ 감가상각자산인 구축물(옹벽, 석축, 하수도, 맨홀 등) 공사와 관련된 경우 토지와 구분된 것으로 보아 매입세액공제가 가능하다. (집행기준 39-80-1)

3. 부동산 컨설팅 중개수수료

   과세사업에 사용하던 건물과 그 부속 토지를 양도하기 위하여 부동산 컨설팅 및 중개수수료를 지급하면서 부담한 매입세액은 공제가 가능하다. 설령, 토지임대만 하던 사업자가 토지를 매각하면서 중개수수료를 지급하는 경우라도 관련 매입세액은 공제 가능하다. 토지임대는 과세사업이며, 면세사업 관련 매입세액을 불공제하는 것이지, 면세재화 관련 매입세액을 불공제하는 것은 아니기 때문이다.

4. 과세사업 전환

구분	금액	비고
책상 및 의자	–	4 과세기간 이상 경과
개인용 컴퓨터	300,000	600,000 × (1 − 25% × 2)
회의실 비품	300,000	1,000,000 × (1 − 25% × 1) × 40%
소모품	–	과세전환 매입세액은 감가상각자산만 대상임
합계	600,000	

① 소모품과 관련하여 예정신고 때 취득한 자산을 확정신고기간에 과세사업에 전용한 경우 확정신고 시 공제할 수 있는 매입세액인지 과세사업 전환 시 매입세액공제 특례대상인지는 불분명하다.

② 만일, 소모품이 공통매입세액 안분계산대상이라면 소모품이 감가상각대상 자산이 아니라고 하더라도 안분계산하는 것이 타당하다고 본다.

2016년 세무회계
기출문제 & 해답

※ 답안 작성 시 유의사항
1. 답안은 문제 순서대로 작성할 것
2. 계산문제는 계산근거를 반드시 제시할 것
3. 답안은 아라비아 숫자로 원단위까지 작성할 것
   (예 2,000,000 − 1,000,000 = 1,000,000원)
4. 별도의 언급이 없는 한 관련 자료·증빙의 제출 및 신고·납부절차는 적법하게 이행된 것으로 가정할 것

문제 1 (20점)

다음은 거주자 갑(72세, 남성)의 2024년 귀속 종합소득 신고를 위한 자료이다. 단, 제시된 금액은 원천징수하기 전의 금액이며, 별도의 언급이 없는 한 원천징수는 적법하게 이루어졌다고 가정한다.

[물음 1] 갑의 금융소득과 관련된 내역은 다음과 같다. 〈자료 1〉을 이용하여 종합과세되는 이자소득 총수입금액, 배당소득 총수입금액 및 배당가산액(Gross-up 금액)을 다음의 답안 양식에 따라 제시하시오.

(답안 양식)

이자소득 총수입금액	
배당소득 총수입금액	
배당가산액(Gross-up 금액)	

〈자료 1〉
1. 일시적인 금전대여로 인한 비영업대금의 이익: 1,800,000원
2. 「민사집행법」에 따라 법원에 납부한 보증금 및 경락대금에서 발생한 이자소득: 1,000,000원
3. 이익준비금을 자본전입함에 따라 상장법인 ㈜A로부터 수령한 무상주: 2,500주
   (1주당 액면가액 5,000원, 1주당 시가 7,000원)
4. 외국법인으로부터 받은 현금배당금: 5,000,000원(국내에서 원천징수되지 않음)
5. 「공익신탁법」에 따른 공익신탁의 이익: 1,400,000원
6. 출자공동사업자로서 받은 분배금: 10,000,000원
7. 「조세특례제한법」상 동업기업과세특례를 적용받는 동업기업 B로부터 수동적 동업자로서 배분받은 소득금액: 3,000,000원

[물음 2] 갑의 연금소득 및 기타소득과 관련된 내역은 다음과 같다. 〈자료 2〉를 이용하여 아래 요구사항에 답하시오.

〈자료 2〉

1. 고용관계 없이 다수인에게 강연을 하고 받은 강연료: 100,000원
2. 복권당첨금(1매당 5,000원인 복권 10매를 구입하여 이 중 1매가 당첨됨): 10,000,000원
3. 지상권을 양도하고 받은 대가: 7,000,000원
4. 주택매수자가 계약을 해약함에 따라 계약금이 위약금으로 대체된 금액: 3,000,000원
5. 일시적으로 신문에 원고를 기고하고 받은 원고료: 2,000,000원
6. 국민연금 수령액: 12,000,000원
   ① 2002년 1월 1일 이후 불입기간의 환산소득누계액은 480,000,000원(납입월수 234개월) 이고, 총불입기간의 환산소득누계액은 800,000,000원(납입월수 360개월)임
   ② 2002년 1월 1일 이후 불입한 국민연금보험료 중 연금보험료공제를 적용받지 않은 금액은 5,000,000원임
7. 연금계좌에서 연금형태로 인출한 금액: 15,000,000원
   (의료 목적, 천재지변이나 그 밖의 부득이한 사유로 인출한 금액은 없음)
   ① 2019년 1월 5일부터 연금계좌에 가입하였으며, 5년간 매년 10,800,000원씩 총 54,000,000 원을 불입함
   ② 2024년 1월 5일부터 연금을 수령하기 시작하였고, 불입액 중 1,400,000원은 소득공제 또는 연금계좌세액공제를 받지 못함
   ③ 연금수령 개시신청일 현재 연금계좌 운용수익누계액은 6,000,000원임

〈요구사항 1〉

연금수령한도, 총연금액 및 사적연금소득에 대한 소득세 원천징수세액을 다음의 답안 양식에 따라 제시하시오.

(답안 양식)

연금수령한도		
총연금액	공적연금(국민연금)	
	사적연금(연금계좌)	
사적연금소득 원천징수세액		

〈요구사항 2〉

종합과세되는 기타소득금액과 기타소득(분리과세대상 포함)에 대한 소득세 원천징수세액을 다음의 답안 양식에 따라 제시하시오.

(답안 양식)

기타소득금액	
기타소득 원천징수세액	

[물음 3] 〈자료 3〉을 이용하여 아래 요구사항에 답하시오. 단, 보험료소득공제액은 전액 근로소득금액에서 공제 가능하고, 보험료세액공제액은 전액 근로소득에 대한 산출세액에서 공제 가능한 것으로 가정한다.

〈자료 3〉

1. 생계를 같이하는 부양가족의 현황

구분	나이	비고
배우자	71세	2024년 6월 20일 사망
장남	27세	장애인, 소득 없음
차남	18세	총급여액 450만원
장녀	15세	외국유학 중으로 동거하지 않음

2. 보험료의 납입내역은 다음과 같다.
   ① 「고용보험법」상 고용보험료: 600,000원
   ② 본인을 피보험자로 하는 생명보험의 보험료(만기환급금이 납입보험료를 초과하지 않음): 400,000원
   ③ 장남을 피보험자로 하는 장애인전용 보장성 보험의 보험료: 1,600,000원
   ④ 「국민연금법」상 국민연금보험료: 4,200,000원
3. 기부금의 지출내역은 다음과 같다.
   ① 사립학교가 운영하는 병원에 지출한 시설비: 20,000,000원
   ② 차남이 다니는 고등학교의 장이 추천하는 학생에게 지급한 장학금: 600,000원
   ③ 장남이 다녔던 고등학교에 고유목적사업비로 지출한 기부금: 1,200,000원
   ④ 종교단체에 지출한 일반기부금: 3,600,000원

〈요구사항 1〉
갑의 인적공제액을 제시하시오.

〈요구사항 2〉
갑의 종합소득공제액을 제시하시오. 단, 위 〈요구사항 1〉에 의한 인적공제액은 10,000,000원이라고 가정한다.

〈요구사항 3〉
갑의 자녀세액공제액, 보험료세액공제액 및 기부금세액공제액을 다음의 답안 양식에 따라 제시하시오. 단, 갑의 2024년 종합소득금액은 이자소득금액 15,000,000원, 배당소득금액 5,000,000원, 근로소득금액 30,000,000원이라고 가정하며, 종합소득산출세액은 5,000,000원이라고 가정한다.

(답안 양식)

자녀세액공제액	
보험료세액공제액	
기부금세액공제액	

문제 2 (7점)

다음은 거주자 을의 퇴직소득과 관련된 자료이다. 세부담 최소화의 가정하에 이 자료를 이용하여 아래 물음에 답하시오.

〈자료〉

1. 거주자 을은 2011년 7월 20일에 ㈜배움의 임원으로 입사하여 근무하다가 2024년 12월 31일에 현실적으로 퇴직하였다.

2. 퇴직급여액은 400,000,000원이다.

3. 최근 8년간 과세기간별 총급여액

과세기간	총급여액
2017년	97,000,000원
2018년	115,000,000원
2019년	108,000,000원
2020년	110,000,000원
2021년	110,000,000원
2022년	101,000,000원
2023년	94,000,000원
2024년	90,000,000원

4. 거주자 을이 2011년 말에 퇴직하였다면 받았을 퇴직급여(정관의 위임에 의한 임원퇴직금 지급 규정에 의함)는 48,000,000원이다.

5. 근속연수에 따른 공제액

근속연수	근속연수에 따른 공제액
5년 이하	100만원 × 근속연수
5년 초과 10년 이하	500만원 + 200만원 × (근속연수 − 5년)
10년 초과 20년 이하	1,500만원 + 250만원 × (근속연수 − 10년)
20년 초과	4,000만원 + 300만원 × (근속연수 − 20년)

6. 환산급여공제액

환산급여	환산급여에 따른 차등공제액
800만원 이하	환산급여 × 100%
800만원 초과 7,000만원 이하	800만원 + (환산급여 − 800만원) × 60%
7,000만원 초과 1억원 이하	4,520만원 + (환산급여 − 7,000만원) × 55%
1억원 초과 3억원 이하	6,170만원 + (환산급여 − 1억원) × 45%
3억원 초과	1억 5,170만원 + (환산급여 − 3억원) × 35%

7. 퇴직소득세율

과세표준	세율
1천 400만원 이하	과세표준의 100분의 6
1천 400만원 초과 5천만원 이하	84만원 + 1천 400만원을 초과하는 금액의 100분의 15
5천만원 초과 8천 800만원 이하	624만원 + 5,000만원을 초과하는 금액의 100분의 24
8천 800만원 초과 1억 5천만원 이하	1,536만원 + 8천 800만원을 초과하는 금액의 100분의 35
1억 5천만원 초과 3억원 이하	3,706만원 + 1억 5천만원을 초과하는 금액의 100분의 38

[물음 1] 임원 퇴직소득 한도액과 퇴직소득금액을 다음의 답안 양식에 따라 제시하시오. 단, 1년은 365일로 가정한다.

(답안 양식)

임원 퇴직소득 한도액	
퇴직소득금액	

[물음 2] 퇴직소득금액이 200,000,000원이라고 가정하고, 퇴직소득산출세액을 제시하시오.

문제 3 (31점)

[물음 1] 다음은 ㈜태백(사회적 기업 아님)의 제24기 사업연도(2024년 1월 1일 ~ 2024년 12월 31일) 법인세 신고 관련 자료이다. 단, ㈜태백은 중소기업 또는 회생계획을 이행 중인 기업에 해당하지 아니한다.

〈자료〉
1. ㈜태백의 제24기 사업연도 손익계산서상 당기순이익은 300,000,000원이며, 제23기에 발생한 세무상 결손금은 280,000,000원이다.
2. ㈜태백은 당사가 제조한 제품을 정부로부터 인가를 받은 환경보호단체(특수관계 없음)에 고유목적사업비로 기부하였고, 제품의 장부가액인 5,000,000원(시가: 8,000,000원)을 손익계산서에 기부금으로 계상하였다.
3. ㈜태백의 전기 말 유보잔액은 다음과 같으며, 모두 일반기부금에 해당한다.
   ① 사회복지법인 미지급기부금: 4,000,000원(현금지급일: 2024년 3월 2일)
   ② 문화단체에 어음으로 지급한 기부금: 2,000,000원(어음만기일: 2024년 5월 30일)
4. ㈜태백은 2024년 중 근로복지진흥기금에 3,000,000원을 현금으로 출연하였으며, 수해가 발생한 지역의 이재민 구호사업을 위하여 60,000,000원을 현금으로 기부하였다. 해당 기부금을 모두 손익계산서에 기부금으로 계상하였다.
5. ㈜태백은 일반기부금 단체(특수관계 없음)로부터 A비품을 2024년 5월 1일에 전액 현금으로 매입하고 매입가액을 취득원가로 계상하였다. A비품의 매입가액은 9,000,000원이며, 시가는 6,000,000원이다. A비품을 시가보다 고가로 매입한 것에 대한 정당한 사유는 없다.
6. ㈜태백은 비품에 대한 감가상각방법 및 내용연수를 신고하지 않았다. ㈜태백은 당기에 2,400,000원을 A비품의 감가상각비로 손익계산서에 계상하였다(기준내용연수에 따른 세법상 정률법 상각률은 0.250, 정액법 상각률은 0.150으로 가정함).
7. 위에서 제시한 것 외에 다른 세무조정사항은 없다고 가정한다.

〈요구사항 1〉
제24기 세무조정 및 소득처분을 다음의 답안 양식에 따라 제시하시오. 단, 기부금 한도초과액에 대한 세무조정은 제외하시오.

(답안 양식)

익금산입 및 손금불산입			손금산입 및 익금불산입		
과목	금액	소득처분	과목	금액	소득처분

<요구사항 2>
제24기 차가감소득금액이 300,000,000원이라고 가정할 경우 기부금 한도초과(미달)액을 다음의 답안 양식에 따라 제시하시오.

(답안 양식)

특례기부금 한도초과(미달)액	
일반기부금 한도초과(미달)액	

[물음 2] 다음은 제조업을 영위하는 ㈜독도(지주회사 아님)의 제24기 사업연도(2024년 1월 1일 ~ 2024년 12월 31일) 법인세 신고 관련 자료이다.

<자료>

1. ㈜독도가 장기투자 목적으로 취득한 주식의 내역은 다음과 같다.

피투자회사	지분율	취득일	주식 수
			주당취득가액
㈜금강(상장)	10%	2024. 1. 10.	800주
			20,000원
㈜설악(비상장)	70%	2024. 1. 15.	900주
			30,000원

2. ㈜독도는 ㈜금강으로부터 무상주 100주(1주당 액면가액 5,000원, 배정기준일 2024년 5월 4일)를 교부받았다. 무상주는 재평가세가 1% 과세된 재평가적립금 5,000,000원을 자본에 전입하여 발행된 것이다.

3. ㈜독도는 ㈜설악으로부터 무상주 300주(1주당 액면가액 5,000원, 배정기준일 2024년 3월 2일)를 교부받았다. 동 무상주 중 60%는 자기주식처분이익을, 40%는 주식발행초과금을 자본에 전입하여 발행된 것이다.

4. ㈜독도는 2024년 1월 1일에 개별소비세 과세대상인 업무용 승용차(배기량 3,000cc) 1대를 90,000,000원에 구입하였다. ㈜독도가 제24기 손익계산서에 계상한 감가상각비는 10,000,000원이며, 감가상각비 외에 업무용 승용차 관련비용은 없다. 해당 차량에 대하여 총무부에서 관리하고 있는 내용은 다음과 같다.
   ① 사용자: 영업부 신차장
   ② 업무전용 자동차보험 가입
   ③ 운행기록 미작성

5. ㈜독도는 차입금 및 지급이자가 없으며, 무상주 수령과 관련하여 회계처리를 하지 않았다.

〈요구사항〉

제24기 세무조정 및 소득처분을 다음의 답안 양식에 따라 제시하시오.

（답안 양식）

익금산입 및 손금불산입			손금산입 및 익금불산입		
과목	금액	소득처분	과목	금액	소득처분

[물음 3] 다음은 ㈜한국(중소기업이 아님)의 제24기 사업연도(2024년 1월 1일 ～ 2024년 12월 31일) 법인세 신고 관련 자료이다.

〈자료〉

1. ㈜한국이 2023년부터 수행하고 있는 A공사(공사기간: 2023년 1월 1일 ～ 2025년 12월 31일)의 도급금액은 450,000,000원이며, 공사원가의 투입내역은 다음과 같다.

(단위: 원)

구분	2023년	2024년
발생원가누적액	100,000,000	250,000,000
추가공사예정원가	300,000,000	250,000,000

2. 공사에 사용한 기계장치의 유류비 9,760,000원(회계처리 누락)은 발생원가누적액에 포함되지 않았으나, 추가공사예정원가에는 포함되어 있다.

3. 공사손실충당금전입액 50,000,000원을 발생원가누적액에 포함하지 않고 비용으로 계상하였다고 가정한다.

4. 발생원가누적액에는 일반관리직으로 근무하던 비출자임원인 갑이 현실적으로 퇴직함에 따라 지급한 퇴직급여 38,000,000원이 포함되어 있다. ㈜한국은 퇴직급여지급 규정을 두고 있지 않으며, 퇴직급여충당금도 계상하지 않고 있다. 갑은 2024년 8월 5일에 퇴직(근속연수: 5년 6개월 10일)하였으며, 퇴직 전 1년간 총급여액은 40,000,000원이다.

5. ㈜한국은 공사진행률을 원가기준법에 의해 산정하고 있으며, 전기의 발생원가 및 추가공사예정원가는 전액 「법인세법」에서 인정되는 공사원가로 가정한다.

〈요구사항 1〉

임원 갑의 퇴직급여 한도초과액을 제시하시오.

〈요구사항 2〉

공사에 대한 제24기 누적공사진행률 및 공사수익을 다음의 답안 양식에 따라 제시하시오.

（답안 양식）

누적공사진행률	
공사수익	

[물음 4] 다음은 ㈜세계의 제24기 사업연도(2024년 1월 1일 ~ 2024년 12월 31일) 법인세 신고 관련 자료이다.

〈자료〉

1. ㈜세계는 임대수익을 목적으로 다음과 같이 상가와 사무실을 임대하고 있다.

구분	임대기간
상가	2024. 7. 1. ~ 2026. 6. 30.
사무실 A	2024. 12. 1. ~ 2025. 11. 30.
사무실 B	2024. 10. 1. ~ 2026. 9. 30.

2. 상가에 대한 월 임대료 1,000,000원을 매월 말일에 수령하기로 약정하였으나, 11월과 12월분 임대료를 회수하지 못하였다. ㈜세계는 실제 회수한 임대료 4,000,000원만 제24기 손익계산서에 임대료수익으로 계상하였다.

3. 사무실 A에 대한 월 임대료 1,000,000원을 임대기간 종료일에 일괄수령하기로 약정하였으나, 12월분 임대료를 12월 말에 수령하였다. ㈜세계는 수령한 임대료 1,000,000원을 제24기 손익계산서에 임대료수익으로 계상하였다.

4. 사무실 B에 대한 월 임대료 1,000,000원을 익월 10일에 수령하기로 약정하였다. ㈜세계는 10월과 11월분 임대료를 수령하고, 이를 제24기 손익계산서에 임대료수익으로 계상하였다. 한편, ㈜세계는 결산을 확정함에 있어서 미수임대료(12월분) 1,000,000원을 임대료수익으로 계상하였다.

5. ㈜세계는 결산서상 전기오류수정이익(이익잉여금)으로 80,000,000원을 계상하였다. 해당 전기오류수정이익의 내역은 다음과 같다.
   ① 전기에 해외정기예금(만기 이자지급조건, 만기일 2024년 6월 30일)에서 발생한 미수이자를 누락한 금액: 20,000,000원
   ② 전기에 외상매출을 누락한 금액: 60,000,000원(당기에 외상매출금 전액 회수)

〈요구사항〉

제24기 임대료수익 및 전기오류수정이익에 관한 세무조정 및 소득처분을 다음의 답안 양식에 따라 제시하시오. 단, 전기의 세무조정은 적법하게 이루어진 것으로 가정한다.

(답안 양식)

익금산입 및 손금불산입			손금산입 및 익금불산입		
과목	금액	소득처분	과목	금액	소득처분

[물음 5] 다음은 ㈜서해의 제24기 사업연도(2024년 1월 1일 ～ 2024년 12월 31일) 퇴직급여 관련 자료이다.

〈자료〉

1. 제24기 퇴직급여충당금 계정의 증감내역은 다음과 같다.

〈퇴직급여충당금〉

(단위: 원)

| 당기 감소액 | 20,000,000 | 기초잔액 | 841,000,000 |
| 기말잔액 | 840,000,000 | 당기 설정액 | 19,000,000 |

2. 퇴직급여충당금 기초잔액 중에는 한도초과로 부인되어 손금불산입된 금액이 826,500,000원 포함되어 있다.

3. 퇴직급여충당금 당기 감소액은 전액 당기에 현실적으로 퇴직한 종업원에게 지급한 퇴직금과 상계한 것이다. 퇴직금 중 퇴직연금운용자산에서 지급한 금액 이외의 금액은 ㈜서해가 직접 현금으로 지급하였다.

4. 제24기 확정급여형 퇴직연금과 관련된 퇴직연금운용자산의 변동내역은 다음과 같다.

(단위: 원)

전기 이월	당기 증가	당기 지급	기말잔액
827,000,000	80,000,000	7,000,000	900,000,000

5. ㈜서해는 신고조정에 의하여 퇴직연금충당금을 설정하고 있으며, 전기까지 827,000,000원이 손금에 산입되었다.

6. ㈜서해의 보험수리적기준 퇴직급여추계액은 820,000,000원이며, 일시퇴직기준 퇴직급여추계액은 840,000,000원이다.

7. 회사의 퇴직급여충당금 설정대상이 되는 임직원에게 지급한 총급여액은 500,000,000원이며, 제24기 말 현재의 국민연금전환금 잔액은 6,000,000이다.

〈요구사항〉

제24기 자본금과 적립금 조정명세서(을)를 제시하시오.

(답안 양식)

구분	기초잔액	감소	증가	기말잔액
퇴직급여충당금				
퇴직연금충당금				

문제 4 (8점)

다음은 제조업을 영위하는 ㈜한강(중소기업이 아님)의 제24기 사업연도(2024년 1월 1일 ~ 2024년 12월 31일) 법인세 신고 관련 자료이다. 단, 1년은 365일로 가정한다.

<자료>

1. ㈜한강의 제23기 사업연도(2023년 1월 1일 ~ 2023년 12월 31일) 법인세 신고납부내역은 다음과 같다.
   ① 산출세액: 40,000,000원(토지 등 양도소득에 대한 법인세 5,000,000원 포함)
   ② 공제감면세액: 4,000,000원
   ③ 중간예납세액: 15,000,000원
   ④ 원천징수세액: 2,000,000원
   ⑤ 가산세: 1,000,000원

2. ㈜한강의 제24기 중간예납기간(2024년 1월 1일 ~ 2024년 6월 30일)에 대한 자료는 다음과 같다.
   ① 손익계산서상 당기순이익: 250,000,000원
   ② 2024년 4월 1일에 대표이사에게 100,000,000원을 업무와 관련 없이 무상으로 대여하였다.
   ③ 차입금은 모두 제23기 중 차입한 것으로서 중간예납기간 중 변동은 없으며, 지급이자의 내역은 다음과 같다.

구분	차입금	이자율	지급이자
차입금 A	600,000,000원	6%	18,000,000원
차입금 B	400,000,000원	4.5%	9,000,000원

   ④ 중간예납기간 중 내국법인 현금배당(수입배당금액 익금불산입 대상이 아님) 20,000,000원과 국내은행 정기예금이자 10,000,000원을 수령하였다.
   ⑤ 외국납부세액공제: 8,600,000원
   ⑥ 연구·인력개발비에 대한 세액공제: 25,000,000원
   ⑦ 적격증명서류미수취가산세: 300,000원
   ⑧ 위에 제시된 자료 이외의 세무조정, 비과세소득, 소득공제, 수시부과세액, 세액공제 및 세액감면은 없다.

3. ㈜한강에 적용되는 최저한세율은 10%이다.

[물음 1] <자료>의 1번을 이용하여 직전 사업연도 실적기준에 의한 중간예납세액을 제시하시오.

[물음 2] 〈자료〉의 2번과 3번을 이용하여 아래 요구사항에 답하시오. 단, 1년은 365일로 한다.

〈요구사항 1〉

제24기 중간예납기간의 세무조정 금액을 다음의 답안 양식에 따라 제시하시오. 단, 인정이자 계산 시 가중평균차입이자율을 적용한다.

(답안 양식)

지급이자 손금불산입액	
인정이자 익금산입액	

〈요구사항 2〉

제24기 중간예납기간의 과세표준이 300,000,000원이라고 가정하고, 중간예납기간의 실적기준(가결산)에 의한 중간예납세액을 제시하시오.

(법인세율)

과세표준	세율
2억원 이하	과세표준 × 9%
2억원 초과 200억원 이하	1,800만원 + (과세표준 − 2억원) × 19%
200억원 초과 3,000억원 이하	37억 8천만원 + (과세표준 − 200억원) × 21%

문제 5 (17점)

[물음 1] 다음은 과세사업을 영위하고 있는 ㈜동해의 자료이다. 단, 별도의 언급이 없는 한 제시된 금액은 부가가치세를 포함하지 않은 금액이며, 세금계산서는 적법하게 발급한 것으로 가정한다. 1년은 365일로 가정한다.

<자료>

1. 2024년 10월 15일에 제품을 50,000,000원에 외상으로 판매(인도)하고, 2024년 11월 10일에 외상매출금 중 매출할인액 1,000,000원과 거래처에 대한 판매장려금 지급액 4,000,000원을 공제한 45,000,000원을 회수하였다.

2. 2024년 11월 1일에 다음과 같이 상품(개당 장부가액: 800,000원, 개당 시가: 1,000,000원)을 판매 또는 제공하였다. 단, 판매 또는 제공된 상품 3개는 매입 시 매입세액공제를 받지 못하였다.
   ① A(특수관계인)에게 상품 1개를 700,000원에 판매
   ② B(특수관계인 아님)에게 상품 1개를 600,000원에 판매
   ③ 개인적인 소비를 위하여 종업원에게 상품 1개를 무상제공

3. 2024년 12월 10일에 내국신용장에 의하여 수출업자(내국신용장수출업자가 아님)에게 수출재화 임가공용역을 10,000,000원에 제공하고, 부가가치세를 별도로 적은 세금계산서를 발급하였다.

4. 공장건물을 다음과 같은 계약조건으로 매각하였으며, 아래 금액은 토지가액이 제외된 금액이다. 약정에 의한 매수자의 공장건물 이용 가능일은 2024년 12월 10일이다.
   ① 계약금(2024. 5. 10. 회수약정): 10,000,000원
   ② 중도금(2024. 10. 10. 회수약정): 30,000,000원
   ③ 잔금(2025. 1. 10. 회수약정): 20,000,000원

5. 2024년 10월 31일에 제품을 인도하였다. 판매대금 중 1,000,000원은 인도일에 회수하였고, 나머지는 11월부터 매월 말일에 1,000,000원씩 총 19개월에 걸쳐 분할하여 회수하기로 약정하였다. ㈜동해는 제품 인도일에 공급가액이 20,000,000원으로 적힌 세금계산서를 거래상대방에게 발급하였다.

6. 2024년 11월 15일에 외국법인(국내사업장 없음)이 지정한 국내사업자인 갑에게 재화를 인도하였으며, 그 대금(50,000,000원)을 외국환은행에서 원화로 받았다. 갑은 인도받은 재화 중 60%는 과세사업에 사용하였고, 40%는 면세사업에 사용하였다.

7. 개인사업자인 을에게 2024년 11월 1일부터 2년간 창고를 임대하기로 하고, 임대개시일에 임대보증금 100,000,000원을 수령하였다. 월 임대료 1,000,000원은 매월 말일에 받기로 약정하였으나, 12월분 임대료는 2025년 1월에 수령하였다. 2024년 12월 31일 현재 기획재정부령이 정하는 정기예금이자율은 1.825%로 가정한다.

<요구사항>

㈜동해가 2024년 제2기 부가가치세 확정신고 시 신고해야 할 과세표준과 매출세액을 다음의 답안 양식에 따라 제시하시오.

(답안 양식)

자료번호	과세표준	세율	매출세액
1			
...	...	...	...
7			
합계		✕	

[물음 2] 다음은 과세사업과 면세사업을 겸영하고 있는 ㈜남해(중소기업 아님)의 자료이다. 단, 별도의 언급이 없는 한 세금계산서 및 계산서는 적법하게 수취한 것으로 가정한다.

〈자료〉

1. 2023년과 2024년 제1기의 공급가액은 다음과 같다.

(단위: 원)

구분	과세사업	면세사업
2023년 제1기	280,000,000	70,000,000
2023년 제2기	312,000,000	88,000,000
2024. 1. 1. ~ 2024. 3. 31.	150,000,000	50,000,000
2024. 4. 1. ~ 2024. 6. 30.	200,000,000	100,000,000

2. 실지귀속을 확인할 수 없는 공통매입세액의 내역은 다음과 같다.

(단위: 원)

구분	2024. 1. 1. ~ 3. 31.	2024. 4. 1. ~ 6. 30.
공통매입세액	10,000,000[*1]	15,000,000[*2]

*1 기업업무추진비 관련 매입세액 2,000,000원 포함

*2 2024년 4월 10일에 취득하여 과세사업과 면세사업에 함께 사용하다가 2024년 6월 20일에 다시 매각한 기계장치에 대한 매입세액 3,000,000원 포함

3. 과세사업과 면세사업에 함께 사용하기 위하여 신축하던 냉동창고를 2024년 6월에 완공하였으며, 관련 매입세액의 내역은 다음과 같다.
   ① 2023년 제1기: 10,000,000원
   ② 2023년 제2기: 30,000,000원
   ③ 2024년 제1기: 40,000,000원(예정신고기간분 25,000,000원 포함)

4. 과세사업과 면세사업에 함께 사용하기 위하여 2022년 제2기에 트럭을 취득하였으며, 관련 공통매입세액(4,000,000원)을 예정공급가액비율(면세사업의 예정공급가액비율은 25%임)로 안분하였다. 과세 및 면세공급가액이 확정된 2023년 제1기에 트럭 관련 공통매입세액을 정산하였으며, 이후 납부·환급세액을 재계산하고 있다.

5. 회사는 원재료인 면세축산물을 가공하여 과세재화를 생산·공급하고 있다. 면세축산물의 기초
   재고는 없으며, 2024년 제1기에 매입한 면세축산물의 사용내역은 다음과 같다.
   ① 과세사업에 사용: 91,800,000원
   ② 면세사업에 사용: 15,300,000원
   ③ 기말 재고액: 45,900,000원

〈요구사항 1〉

〈자료〉의 1번과 2번을 이용하여 2024년 제1기 확정신고 시 공통매입세액 중 면세사업분을 제시하시오.

〈요구사항 2〉

〈자료〉의 1번과 3번을 이용하여 2024년 제1기 확정신고 시 냉동창고 관련 공통매입세액 정산에 따라 납부세액에 가산(또는 차감)할 금액을 다음의 답안 양식에 따라 제시하시오. 단, 냉동창고 관련 매입세액은 예정사용면적비율(과세 70% : 면세 30%)로 안분계산하였으며, 2024년 6월 20일에 실제사용면적(과세 60% : 면세 40%)이 확정되었다.

(답안 양식)

납부세액에 가산할 금액인 경우: (+) 1,000,000원
납부세액에서 차감할 금액인 경우: (−) 1,000,000원

〈요구사항 3〉

〈자료〉의 1번과 4번을 이용하여 2024년 제1기 확정신고 시 트럭 관련 공통매입세액 재계산에 따라 납부세액에 가산(또는 차감)할 금액을 위 〈요구사항 2〉의 답안 양식에 따라 제시하시오.

〈요구사항 4〉

〈자료〉의 1번과 5번을 이용하여 2024년 제1기 확정신고 시 의제매입세액공제액을 제시하시오. 제1기 예정신고 시 의제매입세액공제액은 1,000,000원으로 가정하며, 의제매입세액공제 한도는 고려하지 아니한다.

문제 6 (5점)

다음은 제조업과 음식점업을 겸영하는 간이과세자 갑의 2024년 과세기간(2024년 1월 1일 ~ 2024년 12월 31일) 자료이다.

〈자료〉

1. 2024년 공급대가

(단위: 원)

구분	영수증 발행분	신용카드매출전표 발행분
제조업	6,000,000	22,000,000
음식점업	5,000,000	17,000,000
합계	11,000,000	39,000,000

※ 직전 과세기간의 제조업과 음식점업의 공급대가 비율은 40 : 60임

2. 2024년 6월 26일에 제조업과 음식점업에 공통으로 사용하던 승합차를 부가가치세 포함 5,500,000원에 매각하였다.

3. 2024년 매입내역(공급가액)

(단위: 원)

구분	세금계산서 수취분	계산서 수취분
제조업 매입액	5,000,000	–
음식점업 매입액	4,000,000	5,400,000[*1]
공통매입액	500,000[*2]	–

*1 원재료인 면세농산물 매입액으로 이에 대한 의제매입세액 공제신고서와 매입처별 계산서합계표를 제출할 예정임

*2 공통매입액의 실지귀속은 불분명함

4. 업종별 부가가치율은 다음과 같다.

① 전기 · 가스 · 증기 및 수도사업: 5%

② 음식점업: 10%

③ 제조업: 20%

[물음 1] 갑의 2024년 과세기간 부가가치세 납부세액을 다음의 답안 양식에 따라 제시하시오.
(답안 양식)

구분	부가가치세 납부세액
제조업	
음식점업	
공통사용재화	
합계	

[물음 2] 갑의 2024년 공제세액을 다음의 답안 양식에 따라 제시하시오. 단, 납부세액 초과 여부는 고려하지 아니한다.
(답안 양식)

구분	공제세액
세금계산서 등 수취세액공제	
의제매입세액공제	
신용카드매출전표 등 발행세액공제	

(8점)

비상장법인인 ㈜한국은 증자를 위해 10,000주의 신주를 발행하기로 결의하였다. 아래의 자료를 이용하여 물음에 답하시오. 단, 각 물음은 독립적이다.

〈자료〉

1. 신주인수권은 구 주주들에게 지분비율대로 균등하게 배정되었다.
2. ㈜한국의 증자 전 개인 주주현황은 다음과 같다.

개인 주주	주식 수	지분율
갑	4,000주	40%
을	3,000주	30%
병	2,000주	20%
정	1,000주	10%
합계	10,000주	100%

3. ㈜한국의 증자 전 1주당 평가액은 100,000원(액면가액 10,000원)이며, 1주당 인수가액은 50,000원이다.
4. 갑과 을은 특수관계인에 해당하며, 이 밖에는 특수관계인에 해당하는 주주가 없다.

[물음 1] 갑이 신주인수권의 전부를 포기하고, 그 실권주를 다시 배정하지 아니한 경우 증여재산가액을 다음의 답안 양식에 따라 제시하시오.

(답안 양식)

구분	증여재산가액
을	
병	
정	

[물음 2] 갑과 병이 신주인수권의 전부를 포기하여 다음과 같이 재배정한 경우 증여재산가액을 답안 양식에 따라 제시하시오.

주주	증자 전 주식 수	당초 인수 주식 수	재배정 주식 수	증자 후 주식 수
갑	4,000주	–	–	4,000주
을	3,000주	3,000주	4,500주	10,500주
병	2,000주	–	–	2,000주
정	1,000주	1,000주	1,500주	3,500주
합계	10,000주	4,000주	6,000주	20,000주

(답안 양식)

구분	증여재산가액
을	
정	

[물음 3] 증자 전 을의 주식은 갑이 명의신탁한 것이며, 병과 정의 증자 전 주식은 각기 본인들 소유이다. 신주 10,000주는 갑이 모두 인수하기로 하고 주금도 갑이 전부 납입하였으나, 형식적으로는 갑, 을, 병, 정의 지분비율대로 배정된 후 등록되었다. 이와 관련하여 유상증자 및 증자 후 명의신탁에 대한 증여세 과세내용을 간략히 기술하시오.

문제 8 (4점)

다음 자료를 이용하여 물음에 답하시오.

〈자료〉

1. 거주자 A는 2024년 6월 1일에 사망하면서 소유하고 있던 토지(상속개시일 현재 시가 500,000,000원)를 ㈜대한에게 유증하였다. 토지 이외에 A의 상속재산은 없다.

2. ㈜대한은 비상장법인으로 중소기업에 해당하며, 상속개시일 현재 주주현황은 다음과 같다.

주주	주식 수	지분율
갑	40,000주	40%
을	30,000주	30%
병	30,000주	30%
합계	100,000주	100%

3. 갑은 A의 아들이며, 을은 갑의 딸이다.

4. 갑, 을, 병은 모두 거주자이다.

[물음] 거주자 A의 유증과 관련한 ㈜대한, 갑, 을, 병의 과세문제를 다음 답안 양식으로 간략히 기술하시오. 단, 과세문제가 없다면 "없음"이라고 표시하시오.

〈답안 양식〉

구분	과세문제
㈜대한	
갑	
을	
병	

문제 1

[물음 1]

이자소득 총수입금액	1,800,000
배당소득 총수입금액	30,500,000
배당가산액(Gross-up 금액)	230,000

1. 금융소득구분

구분	이자	배당	비고
1. 비영업대금의 이익	1,800,000		
2. 경락대금이자			무조건 분리과세
3. 무상주 수령		(G)12,500,000	2,500 × 5,000(액면가액)
4. 외국법인 배당		5,000,000	무조건 종합과세
5. 공익신탁이익			비과세
7. 수동적 동업자		3,000,000	기준금액(2천만원) 판단 시 포함
소계	1,800,000	20,500,000	22,300,000
6. 출자공동사업자 배당		10,000,000	
합계	1,800,000	30,500,000	

2. 무조건 분리과세(「소득세법」)

「소득세법」상 다음의 금융소득은 무조건 분리과세한다.

① 「민사집행법」에 따라 법원에 납부한 보증금 및 경락대금에서 발생한 이자소득: 14%

② 실지명의가 확인되지 아니하는 소득: 45%. 다만, 「금융실명거래 및 비밀보장에 관한 법률」이 적용되는 경우(금융기관으로부터 수령)에는 90%의 세율을 적용한다.

3. 수동적 동업자

수동적 동업자(경영참여형 사모집합투자기구의 수동적 동업자 중 일부 수동적 동업자는 제외)의 경우에는 배분받은 소득금액을 배당소득으로 보며, 결손금은 배분받을 수 없다. 수동적 동업자로서 배분받은 소득은 조건부 종합과세대상이다. Gross-up은 적용하지 아니한다.

구분	업무집행 동업자	수동적 동업자
동업기업 소득 배분액	소득 원천별 구분	배당소득
동업기업으로부터 분배받은 자산의 시가 중 지분가액 초과액	배당소득	배당소득

4. Gross-up 금액

Min[12,500,000, (22,300,000 − 20,000,000)] × 10% = 230,000

[물음 2]

〈요구사항 1〉

연금수령한도		7,200,000	
총연금액	공적연금(국민연금)	2,200,000	
	사적연금(연금계좌)	5,800,000	
사적연금소득 원천징수세액		232,000	5,800,000 × 4%(70세 이상)

1. 공적연금

$$12,000,000 \times \frac{480,000,000}{800,000,000} - 5,000,000 = 2,200,000$$

2. 사적연금

(1) 연금수령한도

$$\frac{60,000,000}{11-1} \times 120\% = 7,200,000$$

2019. 1. 1. 가입 시 연령요건(55세)과 가입기간요건(5년)을 동시에 만족하는 과세기간은 2024년이므로 2024년을 기산연차로 한다. 2013. 3. 1. 이후 가입한 연금계좌는 1년차부터 기산한다.

(2) 소득구분

구분	연금수령액		소득구분	
	연금수령	연금외수령	연금소득(조건부)	기타소득(분리과세)
① 과세 제외 기여금	1,400,000		1,400,000	
② 이연퇴직소득				
③ 공제액 · 운용수익	5,800,000	7,800,000	5,800,000[*1]	7,800,000[*2]
합계	7,200,000	7,800,000	7,200,000	7,800,000

[*1] 분리과세 선택 가능

[*2] 무조건 분리과세(원천징수세율 15%)

〈요구사항 2〉

기타소득금액	3,800,000
기타소득 원천징수세액	3,329,000

1. 기타소득금액과 원천징수세액

구분	기타소득금액	원천징수세액	비고
1. 강연료			$100,000 \times (1 - 60\%) \rightarrow$ 과세최저한
2. 복권당첨금		1,999,000	$(10,000,000 - 5,000) \times 20\% \rightarrow$ 분리과세
3. 지상권 양도			부동산에 관한 권리의 양도(양도소득)
4. 위약금	3,000,000		원천징수의무 없음(계약금이 위약금으로 대체)
5. 원고료	800,000	160,000	$[2,000,000 \times (1 - 60\%)] \times 20\%$
6. 연금외수령		1,170,000	$7,800,000 \times 15\% \rightarrow$ 무조건 분리과세
합계	3,800,000	3,329,000	

2. 종합소득에 합산되는 기타소득

무조건 분리과세 기타소득과 무조건 종합과세 기타소득을 제외한 연간 300만원 이하의 기타소득금액(계약금이 위약금 또는 배상금으로 대체된 것 포함)은 분리과세를 선택할 수 있다. 다만, 계약금이 위약금(배상금)으로 대체된 것은 분리과세를 선택하더라도 종합소득신고 시 20%의 세율을 적용하여 신고하여야 한다. (합산과세만 하지 않음)

[물음 3]

〈요구사항 1〉 인적공제

인적공제액: $1,500,000 \times 5 + 4,000,000 = 11,500,000$

구분	기본공제	추가공제	비고
본인	○	1,000,000	해당 과세기간에 배우자가 사망한 경우로서 배우자에 대해 기본공제를 받는 경우 한부모공제는 적용하지 않는다. 본인 및 배우자 모두 경로우대자공제를 적용한다.
배우자	○	1,000,000	
장남	○	2,000,000	장애인
차남	○		총급여액 500만원 이하
장녀	○		직계비속·입양자는 생계를 같이하는 부양가족임
합계	7,500,000	4,000,000	

〈요구사항 2〉 종합소득공제

구분	금액	비고
인적공제액	10,000,000	
특별공제액	600,000	고용보험료만 적용, 보장성 보험료는 세액공제대상
연금보험료공제	4,200,000	국민연금보험료
합계	14,800,000	

자녀세액공제액	650,000	350,000 + (3명 − 2명) × 300,000
보험료세액공제액	198,000	400,000 × 12% + Min(1,600,000, 1,000,000) × 15%
기부금세액공제액	2,152,000	

1. 자녀세액공제액

   거주자의 기본공제대상자에 해당하는 자녀(입양자, 손자녀 및 위탁아동을 포함)로서 8세 이상의 사람이 적용 대상자이다. 장남은 장애인이므로 연령요건에 관계없이 기본공제대상자인 자녀에 해당한다.

2. 보험료세액공제액

구분	한도	공제율	비고
장애인전용 보장성	100만원	15%	기본공제대상자(장남)를 피보험자 또는 수익자로 함
일반 보장성	100만원	12%	기본공제대상자

3. 기부금세액공제액

(1) 기준소득금액

   원천징수세율 적용 금융소득

$$(15,000,000 + 5,000,000 + 30,000,000) − 20,000,000 = 30,000,000$$

(2) 기부금공제대상금액

   병원시설비

구분	지출액	한도액	공제대상금액
특례기부금	20,000,000	30,000,000 × 100% = 30,000,000	20,000,000
일반기부금(일반)	1,800,000	(30,000,000 − 20,000,000) × 10%	2,800,000
일반기부금(종교)	3,600,000	+ Min[10,000,000 × 20%, 1,800,000] = 2,800,000	
합계	25,400,000		22,800,000

   장학금, 고유목적사업비

(3) 기부금세액공제액

$$10,000,000 × 15% + (22,800,000 − 10,000,000) × 30% = 5,340,000$$

4. 세액공제 한도 적용 후 기부금세액공제액

구분	금액	비고
① 세액공제 합계액	6,138,000	650,000 + 198,000 + 5,340,000
② 세액공제 한도	(−)3,000,000	$5,000,000 − 5,000,000 × \dfrac{20,000,000}{50,000,000}$
③ 세액공제액 한도초과액	3,188,000	원천징수 적용대상 금융소득
④ 기부금세액공제(한도 적용 후)	2,152,000	5,340,000 − 3,188,000

세액공제 한도를 초과하는 금액은 다음 과세기간의 개시일부터 10년간 이월하여 기부금세액공제를 적용한다. 즉, 기부금세액공제가 있는 경우 세액공제 한도를 초과하는 금액은 기부금세액공제를 적용받지 않는 것으로 본다.

[물음 1]

임원 퇴직소득 한도액	351,000,000
퇴직소득금액	399,000,000

1. 임원 퇴직소득 한도액: ① + ② = 332,000,000

    ① $(97,000,000 + 115,000,000 + 108,000,000) \times \dfrac{12}{36} \times 30\% \times 8년 = 256,000,000$

    ② $(101,000,000 + 94,000,000 + 90,000,000) \times \dfrac{12}{36} \times 20\% \times 5년 = 95,000,000$

2. 퇴직소득금액: ① + ② = 399,000,000

    ① 2012년 12월 31일 이전분 Max[㉠, ㉡] = 48,000,000

      ㉠ $400,000,000 \times \dfrac{6}{162} = 14,814,814$

      ㉡ 48,000,000

    ② 351,000,000

[물음 2]

환산급여	150,000,000	$(200,000,000 - 25,000,000^{*1}) \times \dfrac{12}{14}$
환산급여공제	(−)84,200,000	$61,700,000 + (150,000,000 - 100,000,000) \times 45\%$
퇴직소득과세표준	65,800,000	
퇴직소득산출세액	11,704,000	65,800,000 × 기본세율 × 14년 ÷ 12년

*1 근속연수공제: 1,500만원 + 250만원 × (13년 − 10년) = 22,500,000

문제 3

[물음 1]

〈요구사항 1〉

익금산입 및 손금불산입			손금산입 및 익금불산입		
과목	금액	소득처분	과목	금액	소득처분
비품(자산감액분)	320,000	유보	전기 미지급기부금	4,000,000	유보
감가상각비(비품)	780,000	유보	전기 미지급기부금	2,000,000	유보
			비품(의제기부금)	1,200,000	유보

1. 전기 말 미지급기부금
    ① 법인이 기부금의 지출을 위하여 어음을 발행(배서를 포함)한 경우에는 그 어음이 실제로 결제된 날에 지출한 것으로 보며, 수표를 발행한 경우에는 해당 수표를 교부한 날에 지출한 것으로 본다.

② 전기 미지급금으로 계상한 기부금 중 해당 사업연도에 실제로 지급한 기부금은 법인의 각사업연도소득금액 계산상 이를 손금에 산입하고 △유보로 소득처분하며 동 금액은 기부금 해당액에 포함하여 시부인 계산을 한다.

2. 의제기부금(비품 고가매입): 9,000,000 − 6,000,000 × 130% = 1,200,000

비품을 정상가액에 매입하고 그 차액은 기부금으로 지출한 것으로 의제한다. 따라서 과대계상된 비품을 감액(손금산입)하고 그 감액된 금액을 일반기부금으로 보아 시부인한다.

3. 비품 감가상각비 세무조정
(1) 1단계(자산감액분 조정)

$$2,400,000 \times \frac{1,200,000}{9,000,000} = 320,000(손금불산입)$$

(2) 2단계(시부인 계산)

구분	금액	비고
회사계상액	2,080,000	2,400,000 − 320,000
상각범위액	1,300,000	$(9,000,000 - 1,200,000) \times 0.25 \times \frac{8}{12}$
상각부인액	780,000	

〈요구사항 2〉

특례기부금 한도초과(미달)액	12,400,000
일반기부금 한도초과(미달)액	10,440,000

1. 당기 기부금의 분류
(1) 특례기부금: 60,000,000(이재민 구호품)

(2) 일반기부금: 5,000,000 + 4,000,000 + 2,000,000 + 3,000,000 + 1,200,000 = 15,200,000
　　　　　　　↳ 환경보호단체　　　　　　　　　　　↳ 근로복지진흥기금 ↳ 의제기부금
특수관계인 외의 자에게 현물기부한 경우에는 기부금 가액은 장부가액으로 평가한다.

2. 기준소득금액
300,000,000(차가감소득금액) + 60,000,000 + 15,200,000 = 375,200,000

3. 특례기부금
(1) 한도액: [375,200,000 − Min(280,000,000, 375,200,000 × 80%)] × 50% = 47,600,000
　　　　↳ 기준금액 95,200,000

(2) 한도초과액: 60,000,000 − 47,600,000 = 12,400,000

4. 일반기부금
(1) 한도액: (95,200,000 − 47,600,000) × 10% = 4,760,000

(2) 한도초과액: 15,200,000 − 4,760,000 = 10,440,000

[물음 2]

익금산입 및 손금불산입			손금산입 및 익금불산입		
과목	금액	소득처분	과목	금액	소득처분
의제배당(금강)	500,000	유보	수입배당금	150,000	기타
의제배당(설악)	900,000	유보	업무용 승용차 (감가상각비)	8,000,000	유보
업무용 승용차	3,000,000	상여			
업무용 승용차 (감가상각비)	7,000,000	유보			

1. 무상주 의제배당(금강)

   100주 × 5,000 = 500,000

2. 무상주 의제배당(설악)

   300주 × 5,000 × 60%(자기주식처분이익) = 900,000

3. 수입배당금

   500,000 × 30%=150,000

   ㈜설악의 주식은 배당기준일로부터 3개월 이내 취득한 주식이므로 수입배당금 익금불산입 대상이 아니다.

4. 업무용 승용차

(1) 감가상각비(정액법, 5년)

   $10,000,000 - 90,000,000 \times \dfrac{1}{5} = \Delta 8,000,000$(시인부족액)

(2) 업무 외 사용금액

   18,000,000 - 15,000,000 = 3,000,000

   운행기록 등을 작성·비치하지 않은 경우 연간 15,000,000원까지는 업무사용금액으로 인정하고, 이를 초과하는 금액은 업무 외 사용금액으로 본다.

(3) 감가상각비 연간 한도

   $18,000,000 \times \dfrac{15,000,000}{18,000,000} - 8,000,000 = 7,000,000$

   └ 업무사용비율

[물음 3]

〈요구사항 1〉 임원퇴직금 한도초과액

1. 임원퇴직급여 한도액: $40,000,000 \times 10\% \times 5\dfrac{6}{12} = 22,000,000$

   퇴직급여지급 규정이 없는 경우에는 법정산식(총급여액 × 10% × 근속연수)에 따른 금액을 임원퇴직급여 한도액으로 한다.

2. 임원퇴직금 한도초과액: 38,000,000 - 22,000,000 = 16,000,000

〈요구사항 2〉 공사진행률 등

누적공사진행률	48%	$\dfrac{250,000,000 + 9,760,000 - 38,000,000}{(250,000,000 - 38,000,000) + 250,000,000}$
공사수익	103,500,000	$450,000,000 \times (48\% - 25\%)$

① 공사에 실제 사용한 유류비이므로 회계처리 여부와 관계없이 발생원가 누적액에 포함하여야 한다.

② 일반관리직으로 근무하므로 비출자임원인 갑의 퇴직급여는 공사원가에 해당하지 아니한다. 따라서 발생원가 누적액에서 제외하여야 한다.

③ 전기 누적공사진행률: $\dfrac{100,000,000}{100,000,000 + 300,000,000} = 25\%$

[물음 4]

익금산입 및 손금불산입			손금산입 및 익금불산입		
과목	금액	소득처분	과목	금액	소득처분
상가임대료	2,000,000	유보	매출채권	60,000,000	유보
이익잉여금	80,000,000	기타			

1. 상가임대료

임대료의 지급기간이 1년 이하이고 계약 등에 의하여 임대료의 지급일이 정하여진 경우에는 그 지급일이 속하는 사업연도의 익금으로 한다. 따라서 11월, 12월분 임대료를 익금에 산입하여야 한다.

2. 사무실 A

① 임대료의 지급기간이 1년 이하이고 계약 등에 의하여 임대료의 지급일이 정하여진 경우에는 그 지급일이 속하는 사업연도의 익금으로 한다. 당초 지급일보다 이전에 수령한 금액은 선수금에 해당한다.

② 그러나 결산을 확정함에 있어서 이미 경과한 기간에 대응하는 임대료 상당액을 당해 사업연도의 수익으로 계상한 경우 이미 경과한 기간에 대응하는 임대료 상당액은 이를 당해 사업연도의 익금으로 한다. 따라서 세무조정은 별도로 필요 없다. 만일, 사무실 A의 임대료 선수액이 1,000,000원을 초과한다면 그 초과분을 익금불산입하여야 하지만, 실제 수령한 금액과 발생주의에 따라 익금에 산입할 금액이 일치하므로 세무조정은 별도로 필요 없다.

3. 사무실 B

임대료의 지급기간이 1년 이하이므로 임대료 지급일이 속하는 사업연도의 익금으로 한다. 다만, 결산을 확정함에 있어 12월분 임대료를 수익으로 계상하였으므로 이를 수용한다. 따라서 세무조정은 별도로 필요 없다.

4. 해외정기예금이자

정기예금이자의 손익귀속시기는 실제로 이자를 지급받는 날이 속하는 사업연도이다. 제24기의 익금이므로 제23기에 미수이자 계상을 누락하더라도 제23기에 별도의 세무조정은 없다. 또한, 국외예금이자는 원천징수대상이 아니므로 미수이자를 계상하더라도 세무조정은 필요 없다.

> (1) 회계처리
>
> (차) 현금   20,000,000   (대) 이익잉여금   20,000,000
>
> (2) 세무조정
>
> [익금산입]   이익잉여금(이자수익)   20,000,000   기타

5. 전기 외상매출금

상품(부동산을 제외한다)·제품 또는 기타의 생산품 판매의 경우 그 상품 등의 인도일이 귀속시기이다. 따라서 전기의 익금이므로 당기에는 익금불산입한다.

(1) 전기 세무조정 → 전기의 세무조정은 적법하게 이루어진 것으로 가정			
[익금산입]	매출채권	60,000,000	유보
(2) 당기 회계처리			
(차) 현금	60,000,000 (대) 이익잉여금		60,000,000
(3) 당기 세무조정			
[익금산입]	전기오류수정이익	60,000,000	기타
[익금불산입]	매출채권(유보추인)	60,000,000	△유보

[물음 5]

구분	기초잔액	감소	증가	기말잔액
퇴직급여충당금	826,500,000	7,000,000	14,500,000	834,000,000
퇴직연금충당금	△827,000,000	△7,000,000	△14,000,000	△834,000,000

1. 퇴직급여 지급 시

(차) 퇴직급여충당금	20,000,000	(대) 현금	13,000,000
		퇴직연금운용자산	7,000,000

퇴직연금운용자산으로 지급된 퇴직금은 퇴직연금충당금과 먼저 상계하여야 한다. 따라서 신고조정으로 손금 산입한 퇴직연금충당금을 퇴직급여충당금과 상계한 부분은 익금산입(퇴직연금충당금)하고 동시에 손금산입 (퇴직급여충당금)하여야 한다.

2. 퇴직급여충당금 한도액: Min[(1), (2)] = 4,500,000

(1) 총급여액 기준: 500,000,000 × 5% = 25,000,000

(2) 추계액 기준: ① − ② + ③ = 4,500,000

① 추계액: Max[820,000,000, 840,000,000] × 0% = 0

② 세무상 퇴직급여충당금 설정 전 잔액

(841,000,000 − 819,500,000) − 20,000,000 = 1,500,000
└→ 826,500,000 − 7,000,000

③ 퇴직금전환금: 6,000,000

3. 퇴직급여충당금 한도초과액

19,000,000 − 4,500,000 = 14,500,000

4. 퇴직연금충당금 한도액: Min[A, B] = 14,000,000

구분	추계액 기준(A)	운용자산 기준(B)
① 퇴직급여추계액(운용자산)	840,000,000	900,000,000
② 세무상 퇴직급여충당금 잔액	(−)6,000,000	
③ 퇴직연금충당금 설정 전 잔액	(−)820,000,000	(−)820,000,000
한도액	14,000,000	80,000,000

② 세무상 퇴직급여충당금 기말잔액

$840,000,000 - (826,500,000 - 7,000,000 + 14,500,000) = 6,000,000$

↳ 퇴직급여충당금 세무조정 완료 후

③ 퇴직연금충당금 설정 전 잔액: $827,000,000 - 7,000,000 = 820,000,000$

5. 퇴직연금 세무조정

한도액 14,000,000원까지 신고조정으로 손금산입한다.

문제 4

[물음 1]

구분	금액	비고
1. 직전 사업연도 산출세액	36,000,000	$40,000,000 - 5,000,000 + 1,000,000$
2. 공제감면세액	$(-)4,000,000$	
3. 원천징수세액, 수시부과세액	$(-)2,000,000$	중간예납세액은 포함하지 않음
4. 가감 계	30,000,000	
5. 중간예납세액	15,000,000	$30,000,000 \times \dfrac{6}{12}$

[물음 2]

〈요구사항 1〉

지급이자 손금불산입액	1,357,458	$27,000,000 \times 9,100,000,000 \div 181,000,000,000$
인정이자 익금산입액	1,346,301	$9,100,000,000 \times 5.4\% \div 365$

1. 지급이자 손금불산입액

① 업무무관가지급금 적수: $100,000,000 \times 91일(4.\ 1.\ \sim 6.\ 30.) = 9,100,000,000$

② 차입금 적수: $(600,000,000 + 400,000,000) \times 181일(1.\ 1.\ \sim 6.\ 30.) = 181,000,000,000$

제시된 이자비용은 중간예납기간(1. 1. ~ 6. 30.)의 이자이다. 업무무관 적수, 차입금 적수도 모두 6개월을 기준으로 하여야 한다. 한편, 문제에 제시된 이자율은 일수를 정확히 반영한 이자가 아닌 연간 이자금액의 절반을 제시한 것이다. 이 경우 이자금액을 이자율로 나누고 365를 곱하여 계산하여도 정답으로 처리하는 것이 타당할 것이다.

2. 인정이자

⑴ 가중평균차입이자율

$6\% \times \dfrac{600,000,000}{1,000,000,000} + 4.5\% \times \dfrac{400,000,000}{1,000,000,000} = 5.4\%$

⑵ 인정이자

업무무관자산의 적수를 6개월로 반영하였으므로 연이자율(가중평균차입이자율)을 곱하고 365로 나눠서 6개월분의 이자만 계산하여 익금에 산입한다.

1. 중간예납세액

구분	감면 후 세액	최저한세 계산	재계산
1. 과세표준	300,000,000	300,000,000	300,000,000
× 세율	9%, 19%	10%	9%, 19%
2. 산출세액	47,000,000	30,000,000	47,000,000
3. 연구·인력개발비 세액공제(ㄱ)	(−)25,000,000		(−)17,000,000
4. 감면 후 세액	22,000,000		30,000,000
5. 외국납부세액공제(ㄴ)			(−)8,600,000
6. 가산세	중간예납 시 가산세는 고려하지 않음		
7. 총부담세액			21,400,000
8. 기납부세액			(−)1,400,000
9. 중간예납세액			20,000,000

2. 중간예납산출세액(가결산 시)

$$(300,000,000 \times \frac{12}{6}) \times 세율 \times \frac{6}{12} = 47,000,000$$

3. 기납부세액

10,000,000 × 14% = 1,400,000

내국법인의 소득 중 이자소득과 집합투자기구로부터의 이익 중 투자신탁의 이익에 대해서만 원천징수대상이다. 따라서 내국법인의 현금배당은 원천징수대상이 아니다.

문제 5

[물음 1]

자료번호	과세표준	세율	매출세액	비고
1	49,000,000	10%	4,900,000	50,000,000 − 1,000,000
2	1,600,000	10%	160,000	1,000,000 + 600,000
3	10,000,000	0%	0	
4	60,000,000	10%	6,000,000	10,000,000 + 30,000,000 + 20,000,000
5	20,000,000	10%	2,000,000	
6	30,000,000	0%	0	50,000,000 × 60%(과세사업 사용)
	20,000,000	10%	2,000,000	50,000,000 × 40%(면세사업 사용)
7	2,305,000	10%	230,500	$1,000,000 \times 2 + 100,000,000 \times 1.825\% \times \frac{61}{365}$
합계	192,905,000		15,290,500	

1. 매출에누리, 판매장려금

매출에누리는 공급가액에 포함하지 않고, 공급받는 자에게 지급하는 판매장려금은 과세표준에서 공제하지 않는다.

2. 저가공급, 개인적 공급

① 특수관계인에게 재화를 저가공급한 경우는 시가(1,000,000원)로 과세하고, 특수관계인 외의 자에게 저가 공급하더라도 실제로 받은 대가(600,000원)를 공급가액으로 한다.

② 취득 시 매입세액을 공제받지 못한 재화는 사업자 또는 종업원이 소비하더라도 재화의 공급(개인적 공급) 으로 보지 않는다.

3. 내국신용장에 의한 공급

① 수출업자와 직접 도급계약에 의하여 수출재화를 임가공하는 수출재화 임가공용역(수출재화 염색임가 공을 포함)은 영세율을 적용한다. 다만, 사업자가 부가가치세를 별도로 적은 세금계산서를 발급한 경우는 제외한다.

② 내국신용장 또는 구매확인서에 의하여 공급하는 수출재화 임가공용역은 영세율을 적용한다. → 부가가치 세를 별도로 적은 세금계산서를 발급하는 경우를 제외한다는 단서 규정이 없음

③ 영세율이 적용되는 재화 또는 용역의 공급에 대하여 부가가치세액(세율 10%)을 별도로 적은 세금계산서를 발급하고 이에 따라 과세표준과 납부세액을 신고·납부하는 등 조세탈루 사실이 없는 경우 해당 세금계산 서는 사실과 다른 세금계산서로 보지 아니하므로 공급자는 세금계산서 발급 불성실가산세를 적용하지 아 니하고, 공급받은 자는 해당 세금계산서의 매입세액을 매출세액에서 공제한다. (부가가치세 집행기준 60 −0−19) 이러한 집행기준에 따라 매입세액이 공제되므로 10%의 세율이 적용된다고 볼 여지도 있으나, 해당 집행기준은 가산세 면제에 관한 해석에 불과하므로 10% 세율의 적용근거로 보기 어렵다고 생각한다.

4. 중간지급조건부 계약

① 계약금을 받기로 한 날의 다음 날부터 재화를 인도하는 날 또는 재화를 이용 가능하게 하는 날까지의 기간 이 6개월 이상인 경우로서 그 기간 이내에 계약금 외의 대가를 분할하여 받는 경우는 중간지급조건부 계약 에 해당한다.

② 계약금을 받기로 한 날(2024. 5. 10.)의 다음 날부터 이용 가능일까지의 기간이 6개월 이상이지만, 그 기간(구체적으로 계약금을 받기로 한 날부터 이용 가능일) 이내 계약금 외의 대가를 분할하여 받은 것이 아니므로 중간지급조건부 계약의 조건을 충족하지 못하였다. 따라서 이용 가능일(2024. 12. 10.)을 공급시기로 한다.

5. 선발급세금계산서

다음의 거래에 대해서는 대가를 받기 전에라도 세금계산서 또는 영수증을 발급하는 때를 공급시기로 본다.

① 장기할부판매로 재화를 공급하거나 장기할부조건부로 용역을 공급하는 경우
② 전력이나 그 밖에 공급단위를 구획할 수 없는 재화를 계속적으로 공급하는 경우
③ 그 공급단위를 구획할 수 없는 용역을 계속적으로 공급하는 경우

6. 국내사업장이 없는 비거주자 또는 외국법인에게 공급되는 재화·용역

① 비거주자 또는 외국법인이 지정하는 국내사업자에게 인도되는 재화로서 해당 사업자의 과세사업에 사용되 는 재화는 영세율을 적용한다. 단, 비거주자 또는 외국법인과 직접 계약하고 외국환은행에서 원화로 받은 경우에 한한다.

② 비거주자 또는 외국법인이 지정하는 국내사업자에게 인도되는 재화로서 해당 사업자의 면세사업에 사용되 는 재화는 일반세율(10%)을 적용한다.

7. 부동산 임대

계속적 용역의 공급은 대가의 각 부분을 받기로 한 때를 공급시기로 한다. 따라서 대가를 수령하지 못한 경우 라도 공급가액에 포함하여야 한다.

[물음 2]

〈요구사항 1〉 공통매입세액 중 면세사업분

$$\frac{88}{400} \qquad \frac{50 + 100}{500}$$

구분	금액	비고
기계장치	660,000	$3,000,000 \times 22\%$ -----
기타	6,000,000	$(8,000,000 + 12,000,000) \times 30\%$ -----
예정신고분	(2,000,000)	$8,000,000 \times 25\%$
합계	4,660,000	납부세액에 가산

당해 과세기간에 취득하여 당해 과세기간에 공급한 공통사용재화는 직전 과세기간의 공급가액비율에 따라 안분하여야 한다.

〈요구사항 2〉 공통매입세액 정산액

$$(10,000,000 + 30,000,000 + 25,000,000) \times (40\% - 30\%) = (+)6,500,000(\text{납부세액 가산})$$

참고 신고서식(공통매입세액의 정산 명세)

일련 번호	⑮ 총공통매입 세액	⑯ 면세사업 등 확정비율	⑰ 불공제매입세액 총액(⑮×⑯)	⑱ 기 불공제 매입세액	⑲ 가산 또는 공제되는 매입세액(⑰−⑱)
1					
2					
합계					

〈서식 작성요령〉

⑮ 총공통매입세액란은 「부가가치세법 시행령」 제81조 제4항에 따른 예정공급가액의 비율 등에 따라 안분계산한 공통매입 세액의 합계액을 적습니다.

⑯ 면세사업 등 확정비율란은 과세·면세사업 등의 공급가액 또는 사용면적이 확정되는 과세기간의 공급가액 및 사용면적 비율을 적습니다.

⑰ 불공제매입세액 총액란은 ⑮ 총공통매입세액에 ⑯ 면세사업 등 확정비율을 곱하여 계산합니다.

⑱ 기 불공제매입세액란은 「부가가치세법 시행령」 제81조 제4항에 따른 예정공급가액의 비율 등에 따라 안분계산하여 면세 사업 등 관련 매입세액으로 불공제한 매입세액의 합계액을 적습니다.

⑲ 가산 또는 공제되는 매입세액란은 ⑰ 불공제매입세액 총액에서 ⑱ 기 불공제매입세액을 차감하여 적으며, 차감한 금액이 0 미만인 경우에는 음수(−)로 적습니다.

물음을 문리해석해볼 때 정산하는 세액을 적는 것을 요구하는 것으로 판단하여 위와 같이 답안을 제시하였다. 만일, 2024년 제1기 확정신고 시 냉동창고 관련 매입세액공제액(납부세액에서 차감할 금액)을 계산할 것을 요구한 경우의 답은 다음과 같다.

$$80,000,000 \times 60\% - (10,000,000 + 30,000,000 + 25,000,000) \times 70\% = (-)2,500,000$$
$$(\text{납부세액 차감})$$

〈요구사항 3〉 공통매입세액 재계산

1. 과세기간별 과세·면세비율 정리

과세기간	과세	면세	합계	5% 증감
2023년 제1기	80%	20%	100%	−
2023년 제2기	~~78%~~	~~22%~~	~~100%~~	부
2024년 제1기	70%	30%	100%	여

2. 납부세액의 재계산

$4,000,000 × (1 − 25\% × 3) × (30\% − 20\%) = (+)100,000$(납부세액 가산)

① 「부가가치세법」상 상각률(경과내용연수)은 취득일이 속하는 과세기간(2022년 제2기)부터 기산한다.

② 2023년 제1기에 안분비율이 확정되었으므로 그 이후 과세기간부터 납부세액 재계산을 적용하는 것이다. 2023년 제1기에는 임시비율(예정공급가액비율)로 적용한 안분비율을 확정비율로 정산하는 과세기간이다.

〈요구사항 4〉 의제매입세액공제액(한도는 고려하지 않음)

구분	금액	비고
1. 과세사업	91,800,000	
2. 공통사용 및 기말	32,130,000	$45,900,000 × 70\%$ ⟶ $\dfrac{150 + 200}{500}$
3. 적용대상 매입액	123,930,000	(참고) 한도: $350,000,000 × 50\% = 175,000,000$
4. 의제매입세액공제액	1,430,000	$123,930,000 × \dfrac{2}{102} − 1,000,000$(예정신고)

문제 6

[물음 1]

구분	부가가치세 납부세액	비고
제조업	560,000	$28,000,000 × 2\%$
음식점업	220,000	$22,000,000 × 1\%$
공통사용재화	85,800	$5,500,000 × 15.6\% × 10\%$
합계	865,800	

1. 세금계산서 발급의무

① 간이과세자 중 직전연도의 재화와 용역의 공급대가의 합계액이 4,800만원 미만인 자는 세금계산서 발급의무가 없다.

② 주로 사업자 아닌 자에게 재화 또는 용역을 공급하는 사업자로서 소매업, 음식점업, 숙박업, 목욕·이발·미용업, 여객운송업(전세버스 제외), 미용·성형의료용역, 동물진료용역, 무도·자동차운전학원 등의 업을 영위하는 자는 세금계산서를 발급하지 아니한다. 다만, 소매업, 음식점업, 숙박업 등은 공급받는 자가 요구하는 경우 세금계산서를 발급하여야 한다.

2. 간이과세자가 2 이상의 업종에 공통으로 사용하던 재화를 공급하면서 업종별 실지귀속을 구분할 수 없는 경우에는 가중평균부가가치율을 적용한다. 가중평균부가가치율은 해당 과세기간의 공급대가의 비율을 기준으로 산정한다.

$$20\% \times \frac{28,000,000}{50,000,000} + 10\% \times \frac{22,000,000}{50,000,000} = 15.6\%$$

[물음 2]

구분	공제세액	비고
세금계산서 등 수취세액공제	52,250	$9,500,000 \times 1.1 \times 0.5\%$
의제매입세액공제	0	
신용카드매출전표 등 발행세액공제	507,000	$39,000,000 \times 1.3\%$

문제 7

[물음 1] 불균등증자(실권주 재배정하지 않는 경우)

구분	증여재산가액
을	37,500,000
병	0
정	0

1. 현저한 이익

(1) 균등증자를 가정한 경우의 1주당 평가액: $\dfrac{100,000 \times 10,000주 + 50,000 \times 10,000주}{10,000주 + 10,000주} = 75,000$

(2) 현저한 이익: $[(75,000 - 50,000) \geq 75,000 \times 30\%]$

2. 증자 후 주가

$$\frac{100,000 \times 10,000주 + 50,000 \times 6,000주}{10,000주 + 6,000주} = 81,250$$

3. 분여이익 계산(갑): $(100,000 - 81,250) \times 4,000주 = 75,000,000$

4. 분여이익의 안분

이익을 분여한 주주		이익을 분여받은 주주		
주주	이익분여액	을(30%/60%)	병(20%/60%)	정(10%/60%)
갑	75,000,000	37,500,000	25,000,000	12,500,000

실권주를 재배정하지 않는 경우에는 특수관계인으로부터 이익을 분여받은 경우에 한하여 증여세를 과세한다.

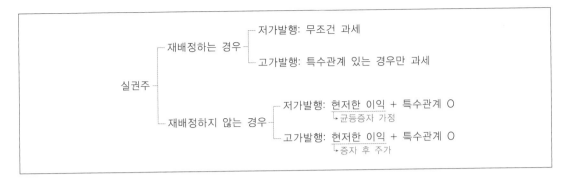

[물음 2] 불균등증자(실권주 재배정)

구분	증여재산가액
을	112,500,000
정	37,500,000

1. 증자 후 주가

$$\frac{100,000 \times 10,000주 + 50,000 \times 10,000주}{10,000주 + 10,000주} = 75,000$$

2. 현저한 이익

실권주를 재배정한 경우에는 현저한 이익 여부를 불문하고 과세한다.

3. 분여이익 계산(갑): $(100,000 - 75,000) \times 4,000주 = 100,000,000$

4. 분여이익의 안분

이익을 분여한 주주		이익을 분여받은 주주	
주주	이익분여액	을(75%)	정(25%)
갑	100,000,000	75,000,000	25,000,000
병	50,000,000	37,500,000	12,500,000
합계	150,000,000	112,500,000	37,500,000

저가발행 시 실권주를 재배정하는 경우에는 특수관계 여부에 관계없이 증여이익에 대해 무조건 증여세를 과세한다.

[물음 3] 유상증자와 명의신탁

1. 유상증자

저가발행 시 실권주를 인수한 자에게는 분여받은 이익에 증여세를 과세한다. 그러나 실질과세원칙에 따라 을이 신주인수권을 포기한 주식은 실권주를 인수한 것으로 볼 수 없으므로 병과 정이 포기한 주식을 인수한 것에 대해서만 증여세 납세의무를 진다.

2. 명의신탁

유상증자 시 실제소유주가 타인의 명의로 명의개서한 경우는 실제소유자가 명의자(을, 병, 정)에게 증여한 것으로 본다. 다만, 조세회피행위 목적이 없는 경우에는 그러하지 않다. 이때 증여세 납세의무자는 실제소유자인 갑이다.

문제 8

구분	과세문제
㈜대한	자산수증이익에 대해서 법인세가 과세되며, 상속세는 과세되지 아니한다.
갑	수유자가 영리법인인 경우로서 영리법인의 주주 중 상속인과 그 직계비속이 있는 경우에는 다음 산식에 따라 계산한 금액을 그 상속인 및 직계비속이 납부할 의무가 있다. (토지에 대한 상속세 상당액 − 500,000,000 × 10%) × 40%
을	수유자가 영리법인인 경우로서 영리법인의 주주 중 상속인과 그 직계비속이 있는 경우에는 다음 산식에 따라 계산한 금액을 그 상속인 및 직계비속이 납부할 의무가 있다. (토지에 대한 상속세 상당액 − 500,000,000 × 10%) × 30%
병	병은 상속인 또는 그 직계비속에 해당하지 않으므로 상속세 납세의무가 없다.

1. 영리법인이 유증을 받은 경우 상속인(그 직계비속)의 납세의무

상속세는 상속인 또는 수유자가 납세할 의무가 있으며 영리법인은 상속세 납세의무자가 되지 않는다. 다만, 수유자가 영리법인인 경우로서 영리법인의 주주 중 상속인과 그 직계비속이 있는 경우에는 다음 산식에 따라 계산한 금액을 그 상속인 및 직계비속이 상속세로 납부할 의무가 있다.

$$\left[\begin{array}{l} \text{영리법인에 귀속된 상속재산에} \\ \text{대한 상속세 상당액} \end{array} - \text{영리법인에 귀속된 상속재산} \times 10\% \right] \times \begin{array}{l} \text{상속인과} \\ \text{그 직계비속의 지분비율} \end{array}$$

2. 사례

만일, 거주자 A가 유증한 재산에 대해 ㈜대한이 면제받은 상속세가 2억원이라고 할 때 갑과 을이 부담할 상속세액을 계산하면 다음과 같다.

구분	상속세	비고
갑	60,000,000	(200,000,000 − 500,000,000 × 10%) × 40%
을	45,000,000	(200,000,000 − 500,000,000 × 10%) × 30%

제53회 세무사 회계학 2부 / 문제

〈문제공통적용〉〈자료〉에서 다른 언급이 없는 한 조세부담 최소화를 가정하며, 금액계산의 경우 원 단위 미만에서 반올림한다. 각 문제의 물음에 대해 계산근거를 표시하여 답하시오.

문제 1

다음 〈자료〉를 기초로 〈답안 양식〉에 따라 각 [물음]에 답하시오.(단, 전기까지의 세무조정은 정상적으로 처리되었으며, 법인세부담을 최소화하고자 한다는 것을 가정하며, 각 [물음]은 서로 독립적이다) 세무조정이 2개 이상 있는 경우 상계하지 말고 모두 표시하시오. (30점)

〈자료 1〉
다음은 제조업을 영위하는 ㈜한국의 제24기(2024. 1. 1. ~ 2024. 12. 31.) 업무용 승용차에 관련된 자료이다.
1. 업무용 승용차 A는 대표이사가 사용하는 것으로 2024. 1. 1. ₩150,000,000(부가가치세 ₩15,000,000 별도)에 취득하였다.
2. 손익계산서상 업무용 승용차 A 관련비용은 다음과 같다.

구분	금액
감가상각비	₩30,000,000
유지 관련비용*1	7,000,000

*1 유지 관련비용에는 부가가치세 ₩600,000이 포함되어 있다.
3. 업무용 승용차 A에 대하여 업무전용 자동차보험에 가입하였으며, 차량운반구에 대하여 감가상각방법은 정액법, 내용연수는 5년으로 신고하였다. (정액법, 내용연수 5년 상각률: 0.2)

〈자료 2〉
다음은 제조업을 영위하는 ㈜한국의 제24기(2024. 1. 1. ~ 2024. 12. 31.) 세무조정과 관련된 자료이다.
1. 이강남 씨는 2011. 1. 1. ㈜한국의 임원으로 입사하여 2024. 12. 31. 퇴사하며 퇴직금 ₩500,000,000을 수령하였다.
2. 정관에서 위임한 퇴직급여지급 규정에 따라 이강남 씨가 지급받을 퇴직금은 ₩420,000,000이지만, 재직기간의 공로를 감안하여 이사회 별도 결의로 퇴직위로금 ₩80,000,000을 추가하여 총 ₩500,000,000을 퇴직금으로 수령하였다.

3. 과거 8년간 ㈜한국이 이강남 씨에게 지급하거나 인정상여로 소득처분한 금액은 다음과 같다.

구분	급여 등	인정상여	비과세소득	합계
2017. 1. 1.~ 2017. 12. 31.	₩60,000,000	–	₩5,000,000	₩65,000,000
2018. 1. 1.~ 2018. 12. 31.	70,000,000	–	5,000,000	75,000,000
2019. 1. 1.~ 2019. 12. 31.	80,000,000	–	5,000,000	85,000,000
2020. 1. 1.~ 2020. 12. 31.	80,000,000	–	5,000,000	85,000,000
2021. 1. 1.~ 2021. 12. 31.	90,000,000	–	5,000,000	95,000,000
2022. 1. 1.~ 2022. 12. 31.	100,000,000	45,000,000	5,000,000	150,000,000
2023. 1. 1.~ 2023. 12. 31.	120,000,000	30,000,000	5,000,000	155,000,000
2024. 1. 1.~ 2024. 12. 31.	140,000,000	40,000,000	5,000,000	185,000,000

4. 2011. 12. 31.에 퇴직한다고 가정할 때 퇴직급여지급 규정에 따라 지급받을 퇴직소득금액은 ₩50,000,000이다.

〈자료 3〉

다음은 제조업을 영위하는 ㈜한국(중소기업 아님)의 제24기(2024. 1. 1. ~ 2024. 12. 31.) 기업업무추진비에 관한 자료이다.

1. 손익계산서상 기업업무추진비는 ₩120,000,000으로 세부내역은 다음과 같다. (문화기업업무추진비는 없음)

   (1) 일반기업업무추진비

구분	건당 3만원 이하	건당 3만원 초과	합계
신용카드매출전표 수취[1]	₩3,000,000	₩59,000,000	₩62,000,000
영수증 수취[2]	5,000,000	15,000,000	20,000,000
증명서류 미수취[3]	–	8,000,000	8,000,000
합계	8,000,000	82,000,000	90,000,000

   [1] 건당 3만원 초과한 기업업무추진비 중 신용카드매출전표를 수취한 금액에는 ㈜한국의 임원이 개인카드를 사용하여 거래처를 접대하고 지출한 ₩10,000,000이 포함되어 있다.

   [2] 영수증 수취한 금액은 모두 해외 출장 시 거래처 접대와 관련하여 발생한 비용으로 현금 외에 다른 지출수단이 없어 영수증을 수취하였다.

*3 증명서류 미수취한 기업업무추진비 ₩8,000,000은 ㈜한국의 제품(원가 ₩7,000,000, 시가 ₩10,000,000)을 거래처에 접대 목적으로 제공하고 다음과 같이 회계처리한 금액이다.

(차) 기업업무추진비	8,000,000	(대) 제품	7,000,000
		부가세예수금	1,000,000

(2) 경조사비

회사는 내부 지급 규정에 따라 임직원에게 사회통념상 타당하다고 인정되는 범위 안에서 경조사비 ₩30,000,000을 지급하고 기업업무추진비로 처리하였다.

2. 기업회계기준에 따른 회사의 매출액은 ₩30,000,000,000이고 당해 금액에는 특수관계인 과의 거래에서 발생한 매출액 ₩10,000,000,000이 포함되어 있다.

〈자료 4〉

다음은 제조업을 영위하는 ㈜한국의 제24기(2024. 1. 1. ~ 2024. 12. 31.) 보험차익에 관한 자료이다.

1. 2024. 1. 1. 건물 A에 화재가 발생하여 전소되었다. 화재발생 당시 건물 A의 재무상태표상 장부가액은 ₩40,000,000으로 세무상 가액과 동일하였다.

2. 2024. 4. 1. 동 화재와 관련하여 보험금 ₩80,000,000을 수령하고 보험차익 ₩40,000,000 을 손익계산서에 수익으로 계상하였다.

3. 2024. 7. 30. 건물 A와 동일한 종류의 건물 B를 ₩100,000,000에 취득하였다.

4. 건물 B에 대한 세무상 감가상각방법은 정액법, 내용연수는 20년을 적용하며, ㈜한국은 제24 기에 건물 B의 감가상각비로 ₩4,000,000을 계상하였다.

〈자료 5〉

다음은 제조업을 영위하는 ㈜한국(중소기업)의 제24기(2024. 1. 1. ~ 2024. 12. 31.) 대손금 및 대손충당금에 관한 자료이다.

1. 당기 중 대손충당금 변동내역은 다음과 같다.

대손충당금

상계액*1	₩20,000,000	전기 이월	₩30,000,000
기말잔액	60,000,000	설정액	50,000,000

*1 당기 상계액 ₩20,000,000은 「채무자 회생 및 파산에 관한 법률」에 따른 회생계획인가 결정에 따라 회수불능으로 확정된 받을어음을 대손처리한 금액이다.

2. 전기 말 자본금과 적립금 조정명세서(을)상 유보잔액은 다음과 같다.

과목	금액
대손충당금 한도초과액	₩5,000,000
외상매출금(대손부인액)*2	10,000,000
대여금(대손부인액)	100,000,000

*2 당기 중 「상법」상 소멸시효가 완성되었다.

3. 전기 말 현재 「법인세법」상 대손충당금 설정대상 채권금액은 ₩1,500,000,000이다.

4. 당기 말 현재 재무상태표상 채권내역은 다음과 같다.

과목	금액	비고
외상매출금	₩1,500,000,000	부가가치세 매출세액 ₩500,000,000 포함
미수금	400,000,000	2024. 2. 10. 특수관계인에게 시가 ₩300,000,000의 토지를 ₩400,000,000에 양도하며 발생한 미수금임
대여금	600,000,000	무주택 직원에 대한 주택자금 대여금 ₩100,000,000과 직원에 대한 경조사비 대여금 ₩100,000,000 포함함

〈자료 6〉

다음은 제조업을 영위하는 ㈜한국의 제24기(2024. 1. 1.~2024. 12. 31.) 세무조정과 관련된 자료이다. ㈜한국은 사회적 기업에 해당하지 아니한다.

1. 제24기 각사업연도소득금액 계산내역은 다음과 같다.

결산서상 당기순이익	₩100,000,000
익금산입	70,000,000
손금산입	20,000,000
차가감소득금액	150,000,000
기부금 한도초과액[1]	20,000,000
기부금 한도초과 이월액 손금산입[2]	4,500,000
각사업연도소득금액	165,500,000

[1] 당기 특례기부금 한도초과액이다.

[2] 제23기에 발생한 일반기부금 한도초과 이월액 ₩20,000,000 중 당기 한도 미달액 범위 내에서 손금산입한 금액이다.

2. 당기 중 우리사주조합에 지출한 기부금은 없다.

3. ㈜한국의 세무상 이월결손금은 ₩80,000,000이다. (제22기 발생금액임)

4. ㈜한국은 상기 세무조정 이외에 익금산입 항목 ₩20,000,000이 추가로 있음을 뒤늦게 발견하였다.

[물음 1] 〈자료 1〉에 따라 다음 각 물음에 답하시오. (5점)

[물음 1-1] 운행기록을 작성하지 않은 경우 ㈜한국의 제24기 사업연도 세무조정을 하시오.

[물음 1-2] 운행기록을 작성한 경우 ㈜한국의 제24기 사업연도 세무조정을 하시오. (운행기록에 따른 업무사용비율은 80%라고 가정한다)

[물음 2] 〈자료 2〉에 따라 다음 각 물음에 답하시오. (5점)

[물음 2-1] ㈜한국이 제24기 사업연도에 이강남 씨에게 지급한 퇴직금과 관련하여 손금불산입할 금액은 얼마인가?

[물음 2-2] 이강남 씨의 퇴직금 중 근로소득에 해당하는 금액은 얼마인가?

[물음 3] 〈자료 3〉에 따라 ㈜한국의 제24기 사업연도 세무조정을 하시오. (5점)

[물음 4] 〈자료 4〉에 따라 ㈜한국의 제24기 사업연도 세무조정을 하시오. (5점)

[물음 5] 〈자료 5〉에 따라 ㈜한국의 제24기 사업연도 세무조정을 하시오. (5점)

[물음 6] 〈자료 6〉에 따라 누락된 익금산입 항목 ₩20,000,000을 반영할 경우 ㈜한국의 제24기 사업연도 각사업연도소득금액은 얼마인가? (5점)

문제 2

다음 자료를 바탕으로 각 물음에 답하시오. (단, 각 자료는 상호 독립적이다) (20점)

〈자료 1〉

다음은 제조업을 영위하는 중소기업인 ㈜국세의 제24기 사업연도(2024. 1. 1. ~ 2024. 12. 31.) 법인세액 산출을 위한 자료이다. ㈜국세는 국내원천소득과 국외원천소득이 있으며, 국외원천소득은 A국과 B국에서 발생한 것이다. ㈜국세와 해외지점 및 해외자회사의 결산일은 동일하며, 자료 이외의 공제감면세액은 없는 것으로 가정한다.

1. 소득금액과 외국납부세액의 내역

구분	국내	A국	B국	합계
소득금액	₩400,000,000	₩200,000,000	₩100,000,000	₩700,000,000
직접 외국납부세액	-	25,000,000	15,000,000	40,000,000
의제 외국납부세액	-	-	5,000,000	5,000,000

2. A국과 B국의 직접외국납부세액은 위 소득금액 계산 시 손금불산입되었다.

3. A국 소득금액에는 ㈜국세가 의결권 있는 발행주식 중 지분율 30%에 해당하는 주식을 3년 전부터 보유하고 있는 해외자회사로부터 받은 배당금수익 ₩30,000,000(원천징수세액공제 전 금액이며, 원천징수세액 ₩4,000,000은 A국 직접외국납부세액에 포함되어 있음)이 포함되어 있으나, 간접외국납부세액은 포함되어 있지 않다. 해외자회사의 해당 사업연도소득금액은 ₩200,000,000이며, 법인세액은 ₩50,000,000이다.

4. B국의 의제외국납부세액은 B국에서 법인세를 감면받은 세액으로서 B국과의 조세조약에 따라 「법인세법」상 세액공제 또는 손금산입의 대상이 되는 것이나 위 소득금액 계산 시 손금산입되지 아니하였다.

5. 공제 가능한 이월결손금 ₩5,000,000이 있으며, 이는 A국에서 발생된 것이다.

6. ㈜국세는 외국자회사 수입배당금 익금불산입 규정을 적용하지 않는다.

7. 법인세율은 과세표준 2억원 이하 9%, 2억원 초과 200억원 이하는 19%이다.

〈자료 2〉

다음은 제조업을 영위하는 비상장법인인 ㈜세무의 제24기 사업연도(2024. 1. 1.~2024. 12. 31.) 자료이다. (단, ㈜세무는 지주회사가 아님)

1. 손익계산서에 계상된 이자비용의 내역

구분	연이자율	지급이자	차입금 적수
회사채이자[*1]	8%	₩16,000,000	₩73,000,000,000
차입금이자	6%	18,000,000	109,500,000,000
합계		34,000,000	182,500,000,000

*1 회사채이자에는 사채할인발행차금상각액 ₩2,000,000이 포함되어 있다.

2. 2022. 6. 30.에 취득한 업무무관자산인 토지의 당기 말 장부가액은 ₩40,000,000이며, 이 중 ₩10,000,000은 부당행위계산의 부인에 따른 시가초과취득액이다. 토지의 장부가액은 취득 이후 변동은 없다.

3. 2023. 5. 1.에 비상장법인인 ㈜한국 발행주식 중 지분율 20%에 해당하는 주식을 ₩30,000,000에 취득하였으며, 취득 이후 장부가액 변동 없이 당기 말 현재 보유하고 있다. ㈜한국으로부터 2024. 3. 15.(배당기준일 2023. 12. 31., 잉여금처분결의일 2024. 2. 20.)에 액면발행된 주식배당 ₩2,000,000을 받았으나 별도의 회계처리는 하지 않았다. 동 주식배당은 「법인세법」에 의한 내국법인이 다른 내국법인으로부터 받은 수입배당금액의 익금불산입대상에 해당한다.

4. 당기 말 재무상태표상 자산총액은 ₩600,000,000이다.

5. 「법인세법」에서 정한 지주회사가 아닌 일반법인(지분율 20% 이상 50% 미만)의 수입배당금액에 대한 익금불산입비율은 80%이다.

6. 1년은 365일로 가정한다.

[물음 1] 〈자료 1〉을 이용하여 ㈜국세가 외국납부세액에 대한 처리방법으로서 외국납부세액공제를 적용할 경우 ㈜국세의 법인세 산출세액과 외국납부세액공제액을 계산하시오. (10점)

[물음 2] 〈자료 2〉를 이용하여 ㈜세무의 지급이자와 수입배당금에 대한 필요한 세무조정을 하고 소득처분을 하시오. (10점)

(답안 양식)

익금산입 및 손금불산입			손금산입 및 익금불산입		
과목	금액	소득처분	과목	금액	소득처분

문제 3

다음은 거주자 김국세 씨(남성, 67세)의 2024년도 귀속 소득에 대한 자료이다. 이에 근거하여 각 물음에 답하시오. (단, 제시된 금액들은 원천징수세액을 차감하지 않은 금액이다) (30점)

1. 금융소득 관련 자료
   ① A법인(비상장내국법인)이 이익준비금을 자본전입함에 따라 무상주 3,000주를 교부받음 (1주당 시가는 6,000원이고, 1주당 액면가액은 5,000원임)
   ② 직장공제회(2007년도에 가입함)를 탈퇴하고 지급받은 초과반환금: 5,000,000원
   ③ 국외은행으로부터 받은 예금이자: 11,000,000원(국내에서 원천징수되지 아니함)
   ④ B법인(비상장내국법인)으로부터 받은 현금배당: 9,000,000원
   ⑤ 비실명배당소득: 8,000,000원
   ⑥ 저축성 보험(2015년 7월에 계약함)의 만기가 도래함으로 인하여 지급받은 환급금: 20,000,000원(불입한 보험료 총액은 16,000,000원임)

2. 김국세 씨는 C법인(중소벤처기업)의 연구개발전담부서에서 연구원으로 근무해 오다가 2024년 6월 말 퇴사하였다. 2024년도에 김국세 씨가 C법인으로부터 지급받은 금액 등의 내역은 다음과 같다.
   ① 급여 및 상여금: 30,000,000원(2024년 1월부터 6월까지)
   ② 연구보조비: 2,400,000원(2024년 1월부터 6월까지 매월 400,000원씩)
   ③ 2024년 3월에 사내임직원을 대상으로 강의를 하고 받은 강사료: 500,000원
   ④ C법인이 김국세 씨를 수익자로 하여 2024년 1월부터 6월까지 납부한 보험료
     • 상해보험료: 1,000,000원
     • 단체순수 보장성 보험료: 1,500,000원
   ⑤ 2019년도에 C법인으로부터 부여받은 주식매수선택권을 2024년 8월에 행사함에 따라, 1주당 시가가 9,000원인 주식을 사전에 약정된 가액인 1주당 5,000원에 2,000주를 취득하였다.

3. 김국세 씨가 C법인을 퇴사한 이후 2024년도 말까지 국민연금공단으로부터 연금으로 수령한 금액은 12,000,000원이다. 당해 국민연금 총납입기간 동안의 환산소득누계액은 800,000,000원이고, 2002. 1. 1. 이후 납입기간의 환산소득누계액은 600,000,000원이다. 그리고 당해 국민연금 총납입기간 동안에 납입한 연금보험료누계액은 70,000,000원이고, 2002. 1. 1. 이후의 납입기간에 납입한 연금보험료누계액은 49,000,000원이며, 2002. 1. 1. 이후에 납입한 연금보험료 중에서 연금보험료 소득공제를 받지 않은 금액은 없다.

4. 김국세 씨가 2024년도에 사적연금계좌(사망할 때까지 연금수령하는 종신계약에 해당하지 않음)에서 인출한 금액은 11,000,000원이다(의료 목적, 천재지변이나 그 밖의 부득이한 인출요건을 갖추지 아니함). 당해 11,000,000원은 사적연금계좌에 납입한 연금보험료 중 연금계좌세액공제를 받은 납입액과 연금계좌의 운용실적에 따라 증가된 금액으로부터 인출한 것이다. 그리고 당해 11,000,000원 중에서 6,000,000원은 연금수령분이고 나머지 5,000,000원은 연금외수령분이다.

5. 상기 이외에 김국세 씨의 2024년도 귀속 소득은 다음과 같다.
   ① 공익사업과 관련하여 지역권을 설정하고 받은 금액: 10,000,000원(이에 대하여 증빙이 갖추어진 필요경비는 8,500,000원임)
   ② 건물을 매수하기로 한 상대방이 계약을 해지함에 따라 계약금이 위약금으로 대체된 금액: 7,000,000원
   ③ 사업용 건물과 함께 영업권을 양도하고 받은 대가: 18,000,000원
   ④ 유실물의 습득으로 인하여 지급받은 보상금: 600,000원
   ⑤ 부친으로부터 상속받은 저작권의 사용대가로 받은 금액: 1,000,000원

6. 근로소득공제액의 계산식은 다음과 같다.

총급여액	근로소득공제액
1,500만원 초과 4,500만원 이하	750만원 + (총급여액 − 1,500만원) × 15%

7. 연금소득공제액의 계산식은 다음과 같다.

총연금액	연금소득공제액
700만원 초과 1,400만원 이하	490만원 + (총연금액 − 700만원) × 20%
1,400만원 초과	630만원 + (총연금액 − 1,400만원) × 10%

8. 소득세 기본세율은 다음과 같다.

과세표준	기본세율
1,400만원 초과 5,000만원 이하	84만원 + (과세표준 − 1,400만원) × 15%
5,000만원 초과 8,800만원 이하	624만원 + (과세표준 − 5,000만원) × 24%

9. 기타 참고사항
   ① 김국세 씨는 자신이 부담할 소득세 총액이 최소화되도록 종합소득과세표준을 신고하는 것으로 가정한다.
   ② 김국세 씨는 종합소득세와 관련한 세무처리를 함에 있어서 적용한 종합소득공제는 4,000,000원인 것으로 가정한다.

[물음 1] 종합과세하는 이자소득 총수입금액과 배당소득 총수입금액 및 배당가산액(Gross-up 금액)을 다음의 양식에 따라 제시하시오. (9점)

구분	해답
1. 종합과세하는 이자소득 총수입금액	
2. 종합과세하는 배당소득 총수입금액	
3. 배당가산액(Gross-up 금액)	

[물음 2] 위의 자료를 이용하여 김국세 씨의 2024년도 총급여액, 근로소득공제액 및 근로소득금액을 다음의 양식에 따라 제시하시오. (3점)

구분	해답
1. 총급여액	
2. 근로소득공제액	
3. 근로소득금액	

[물음 3] 소득세가 과세되는 기타소득금액과, 소득세가 과세되는 기타소득금액에 대하여 원천징수로 기납부한 소득세액을 다음의 양식에 따라 제시하시오. (6점)

구분	해답
1. 소득세가 과세되는 기타소득금액	
2. 소득세가 과세되는 기타소득금액에 대하여 원천징수로 기납부한 소득세액	

[물음 4] 종합소득과세표준에 포함할 연금소득금액괴, 종합소득과세표순에 포함할 연금소득금액에 대하여 원천징수로 기납부한 소득세액을 다음의 양식에 따라 제시하시오. (6점)

구분	해답
1. 종합소득과세표준에 포함할 연금소득금액	
2. 종합소득과세표준에 포함할 연금소득금액에 대하여 원천징수로 기납부한 소득세액	

[물음 5] 위의 [물음 1]에서의 정답이 다음과 같고, 종합소득과세표준에 포함할 근로소득금액과 기타소득금액 및 연금소득금액의 합계액이 53,000,000원이라고 가정하자.

> • 이자소득 총수입금액: 16,000,000원
> • 배당소득 총수입금액: 25,000,000원
> • 배당가산액(Gross-up 금액): 2,100,000원

이럴 경우 김국세 씨의 최종적인 종합소득산출세액은 「소득세법」에서 제시된 두 가지의 방식으로 계산한 산출세액 중에서 큰 금액이 된다. 여기서 큰 금액을 산출세액 A라고 하고 작은 금액을 산출세액 B라고 칭할 때, 산출세액 A와 산출세액 B를 다음의 양식에 따라 제시하시오. (6점)

구분	해답
1. 산출세액 A	
2. 산출세액 B	

다음 〈자료〉를 바탕으로 각 물음에 답하시오. (단, 각 〈자료〉는 상호 독립적이다) 아래 금액은 특별한 언급이 없는 한 부가가치세가 포함되지 아니한 금액이며 적법하게 세금계산서를 교부하였다고 가정한다. (20점)

〈자료 1〉

도매업 및 제조업을 영위하는 일반과세자인 ㈜대한(이하 "회사"라 함)의 2024년 제1기 과세기간 중 4. 1.부터 6. 30.까지의 부가가치세 관련 자료는 다음과 같다. 회사는 주사업장 총괄납부사업자, 사업자단위과세사업자 및 중소기업이 아니다.

1. 회사는 2024. 4. 1.에 다음과 같이 재고자산을 매입하였다.

매입처	품목	매입수량	매입단가	총매입금액	세금계산서 작성일자	세금계산서 발급일자
갑	휴대폰 A	100개	100,000	10,000,000	2024. 4. 1.	2024. 5. 10.
을	원재료 A	200개	50,000	10,000,000	2024. 4. 1.	2024. 7. 12.
병	원재료 B	50개	10,000	500,000	2024. 4. 1.	2024. 7. 28.

2. 회사는 2024. 6. 1.에 토지와 건물을 매입하였다. 계약서상 총매입가액은 300,000,000원이나, 토지와 건물의 실지거래가액 구분은 불분명하다. 2024. 6. 1. 현재 기준시가는 토지 50,000,000원, 건물 10,000,000원이고, 2023. 11. 1. 감정평가업자의 감정평가액은 토지 70,000,000원, 건물 30,000,000원이다.

3. 2024. 6. 1. 관계회사는 공동경비 100,000,000원을 지출하고, 총지출액 중 50,000,000원을 회사에 청구하였다. (단, 회사와 관계회사의 공동경비 분담비율은 회사가 40%, 관계회사가 60%이다)

4. 2024. 4. 1.부터 6. 30.까지 회사의 비품 및 차량 구입내역은 다음과 같다.

   ① 노트북을 2,000,000원에 구입하고 이를 비용처리하였다.

   ② 기계장치를 2024. 12. 31.에 인도받기로 하고 다음과 같이 그 대금을 지급하기로 하였다. 단, 회사는 계약금을 지급하는 때 공급가액 30,000,000원의 세금계산서를 일시에 발급받았다.

계약금(6월 10일)	중도금(9월 10일)	잔금(12월 31일)
10,000,000원	10,000,000원	10,000,000원

   ③ 업무용 트럭을 20,000,000원에 사업자 A로부터 구입하였는데, 세금계산서는 사업자 B로부터 발급받았다. 회사는 이러한 사정을 알지 못하였으며 이를 알지 못한데 과실도 없다.

5. 회사는 2024. 4. 1.에 매입한 휴대폰 A 100개를 다음과 같이 판매 또는 처분하였다. (단, 휴대폰 A의 시가(또는 판매가)는 1개당 150,000원이다)

   – 2024. 5. 1. 국외 잠정고객에게 견본품으로 10개를 무상 반출하였다.

   – 2024. 5. 30. 국내 거래처에 50개를 판매하였다.

   – 2024. 6. 15. 국내 고객에게 40개를 배달하는 중 교통사고로 전량 파손되었다. (단, 파손 변상금으로 가해자로부터 40개의 시가 상당금액을 보상받았다)

6. 회사는 2023. 12. 1.에 구매한 휴대폰 B 100개 중 일부를 다음과 같이 처분하였다. (단, 휴대폰 B의 시가(또는 판매가)는 1개당 120,000원이다)

  - 2024. 4. 30. 회사의 연구 개발활동 목적으로 연구소로 5개를 반출하였다.
  - 2024. 5. 1. 회사 창립기념일 체육대회를 개최하고 종업원에게 경품으로 3개를 제공하였다.
  - 2024. 5. 14. 본사 보관 장소가 협소한 관계로 경기도 파주에 위치한 회사 소유 창고로 50개를 반출하였다.
  - 2024. 6. 2. 회사 직매장에 광고 선전을 위한 진열품 목적으로 2개를 반출하였다.

7. 회사가 2023년에 제조한 휴대폰 부품 10,000개(1개당 제조원가 500원)를 검수조건부로 다음과 같이 수출하였다.

  - 수출면허일: 2024. 4. 29., 수출선적일: 2024. 5. 1., 수입통관일: 2024. 6. 15., 수입자 인도일: 2024. 7. 14., 수입자 검수일: 2024. 7. 15.
  - 총공급가액은 $10,000이고, 2024. 4. 30.에 $4,000을 지급받고 3,900,000원으로 환가하고, 2024. 7. 15.에 나머지 $6,000을 지급받고 원화로 환가함
  - 각 시점별 환율은 다음과 같다.

구분	2024. 4. 29.	2024. 4. 30.	2024. 5. 1.	2024. 6. 15.	2024. 7. 14.	2024. 7. 15.
기준환율	1,010원	1,000원	1,200원	1,300원	1,310원	1,290원
대고객외국환매입률	1,000원	975원	1,100원	1,150원	1,230원	1,120원

8. 회사가 2023년 제조한 휴대폰 부품 60,000개(1개당 제조원가 500원)를 국내 거래처에 검수조건부로 내국신용장에 의하여 공급하였다. 매출처별 거래내역은 다음과 같다.

매출처	거래금액	인도일	검수일	내국신용장 개설일
A	30,000,000	2024. 6. 1.	2024. 6. 30.	2024. 6. 15.
B	20,000,000	2024. 5. 1.	2024. 7. 15.	2024. 5. 10.
C	10,000,000	2024. 6. 15.	2024. 6. 30.	2024. 7. 24.

9. 회사가 2023. 3. 2.에 30,000,000원에 취득하여 영업부서에서 업무용으로 사용하던 「개별소비세법」 제1조 제2항 제3호에 따른 자동차(비영업용 승용자동차)를 2024. 6. 1.에 ㈜국세에 매각하였다. (단, 회사는 2023. 3. 2.에 비영업용 승용자동차를 매입하고 취득관련 매입세액은 불공제하였고, 내용연수 4년 정액법으로 감가상각하였다. 2024. 6. 1. 매각가액은 15,000,000원이다)

10. 회사는 2024. 6. 1. 매입한 토지를 회사와 특수관계 없는 ㈜조세가 부담하고 있는 채무의 담보로 제공하였다. 2024. 6. 1.부터 6. 30.까지 담보제공의 대가로 1,000,000원을 수령하였다. (단, 동일한 담보제공에 따른 대가의 시가는 2,000,000원이다)

11. 회사의 대손처리내역은 다음과 같다.

매출처	공급시점	대손금액(부가가치세 포함)	대손사유 확정시기
가	2013. 6. 28.	121,000,000	2024. 6. 1.
나	2013. 12. 3.	11,000,000	2024. 1. 25.
다	2019. 1. 4.	25,300,000	2024. 7. 23.
라	2021. 4. 1.	55,000,000	2024. 7. 25.

〈자료 2〉

과세사업과 면세사업을 겸업하는 일반과세자인 ㈜한국(이하 "회사"라 함)이 2024. 1. 18. 현재 사업에 사용하던 자산의 내역은 다음과 같다. 회사는 주사업장 총괄납부사업자, 사업자단위과세사업자 및 중소기업이 아니다.

구분	장부가액	비고
유가증권	200,000,000원	*1
원재료	30,000,000원	*2
토지	500,000,000원	*3
건물	150,000,000원	*3
기계장치	80,000,000원	*4
차량운반구	10,000,000원	*5
비품	50,000,000원	*6

*1 유가증권은 단기시세차익 목적으로 보유하고 있다. 2024. 1. 18. 현재 유가증권의 시가는 300,000,000원이다.

*2 원재료는 전액 과세사업용이다. 2024. 1. 18. 현재 원재료의 시가는 40,000,000원이다.

*3 토지 및 건물의 내역은 다음과 같다.

구분	취득일자	취득가액	비고
토지 A	2018. 1. 1.	200,000,000원	과세사업용
건물 A	2018. 1. 1.	100,000,000원	과세사업용
토지 B	2020. 3. 5.	300,000,000원	과세·면세사업 겸용
건물 B	2020. 3. 5.	100,000,000원	과세·면세사업 겸용

회사는 토지 B와 건물 B에 대한 매매계약을 2024. 1. 1.에 ㈜세무와 다음과 같이 체결하였다.
- 2024. 1. 1. 계약금 100,000,000원(토지분 80,000,000원, 건물분 20,000,000원) 수령
- 2024. 2. 15. 잔금 400,000,000원(토지분 320,000,000원, 건물분 80,000,000원) 수령 및 소유권이전등기

*4 기계장치는 과세·면세사업 겸용자산이고, 2023. 1. 3.에 160,000,000원에 취득하였다.

*5 차량운반구는 비영업용 승용자동차로서 과세·면세사업 겸용자산이고, 2023. 1. 15.에 20,000,000원에 취득하였다.

*6 과세·면세사업 겸용자산인 비품의 내역은 다음과 같다.

구분	취득가액	취득일자
소프트웨어 프로그램	10,000,000원	2022. 6. 2.
그림(1998년 창작품)	40,000,000원	2023. 7. 3.

*7 회사의 2023년 2기 과세공급가액은 100,000,000원, 면세공급가액은 400,000,000원이다.

[물음 1] 〈자료 1〉을 이용하여 과세표준 및 매출세액 관련 신고내용을 부가가치세 신고서 작성
요령에 따라 (양식 1)을 보고 답안 양식에 해당사항만 기입하시오. (단, 답안에 신고내
용 구분번호 (   )를 반드시 기입하시오) (10점)

(양식 1) 일반과세자 부가가치세 신고서 별지 제21호 서식임(이하 동일)

❶ 신고내용

구분			구분 번호	금액	세율	세액
과세 표준 및 매출 세액	과 세	세금계산서 발급분	(1)		10 / 100	
		매입자발행 세금계산서	(2)		10 / 100	
		신용카드 · 현금영수증 발행분	(3)		10 / 100	
		기타(정규영수증 외 매출분)	(4)			
	영 세 율	세금계산서 발급분	(5)		0 / 100	
		기타	(6)		0 / 100	
	예정신고누락분		(7)			
	대손세액가감		(8)			
	합계		(9)	기입불필요	㉒	기입불필요

(답안 양식)

구분번호	금액	세액
(1)	○○○○○○	××××
·		

[물음 2] 〈자료 1〉을 이용하여 매입세액 관련 자료의 신고내용을 부가가치세 신고서 작성요령
에 따라 (양식 2)를 보고 답안 양식에 해당사항만 기입하시오. (단, 답안에 신고내용
구분번호 (   )를 반드시 기입하시오) (4점)

(양식 2)

구분		구분 번호	금액	세율	세액
매입 세액	세금계산서 수취분	일반 매입	⑩			
		고정자산 매입	⑪			
	예정신고누락분		⑫			
	매입자발행 세금계산서		⑬			
	(중략)					
	납부(환급)세액 (매출세액㉒ − 매입세액㉔)			㉓	기입불필요

(답안 양식)

구분번호	금액	세액
(10)	○○○○○	×××
·		

[물음 3] 〈자료 1〉을 이용하여 공제받지 못할 매입세액 명세 신고내용을 부가가치세 신고서 작성요령에 따라 (양식 3)을 보고 답안 양식에 해당사항만 기입하시오. (단, 답안에 신고 내용 구분번호 (   )를 반드시 기입하시오) (2점)

(양식 3)

(16) 공제받지 못할 매입세액 명세	구분	구분 번호	금액	세율	세액
	공제받지 못할 매입세액	(50)			
	공통매입세액 면세사업등분	(51)			
	대손처분받은 세액	(52)			
	합계	(53)	기입불필요		기입불필요

(답안 양식)

구분번호	금액	세액
(50)	○○○○○	×××
·		

[물음 4] 〈자료 2〉를 이용하여 2024. 1. 18. 사업을 폐지하는 경우 2024년 제1기의 부가가치세 과세표준을 계산하시오. (4점)

문제 1

[물음 1]

[물음 1-1] 운행기록을 작성하지 않은 경우

익금산입 및 손금불산입			손금산입 및 익금불산입		
과목	금액	소득처분	과목	금액	소득처분
업무용 승용차	25,000,000	상여	업무용 승용차 (감가상각비)	3,000,000	유보
업무용 승용차 (감가상각비)	4,375,000	유보			

1. 감가상각비(정액법, 5년)

$$30,000,000 - 165,000,000 \times \frac{1}{5} = \triangle 3,000,000(\text{시인부족액})$$

비영업용 소형자동차의 구입과 관련된 부가가치세 매입세액은 공제되지 않으며, 「법인세법」상 취득원가에 가산한다.

2. 업무 외 사용금액

$$(33,000,000 + 7,000,000) - 15,000,000 = 25,000,000$$

운행기록 등을 작성·비치하지 않은 경우 연간 15,000,000원까지는 업무사용금액으로 인정하고, 이를 초과하는 금액은 업무 외 사용금액으로 본다.

3. 감가상각비 연간 한도

$$33,000,000 \times \frac{15,000,000}{40,000,000} - 8,000,000 = 4,375,000$$

업무사용비율

[물음 1-2] 운행기록을 작성한 경우

익금산입 및 손금불산입			손금산입 및 익금불산입		
과목	금액	소득처분	과목	금액	소득처분
업무용 승용차	8,000,000	상여	업무용 승용차 (감가상각비)	3,000,000	유보
업무용 승용차 (감가상각비)	18,400,000	유보			

1. 감가상각비(정액법, 5년)

$$30,000,000 - 165,000,000 \times \frac{1}{5} = \triangle 3,000,000(시인부족액)$$

2. 업무 외 사용금액

$$(33,000,000 + 7,000,000) \times (1 - 80\%) = 8,000,000$$

3. 감가상각비 연간 한도

$$33,000,000 \times 80\% - 8,000,000 = 18,400,000$$

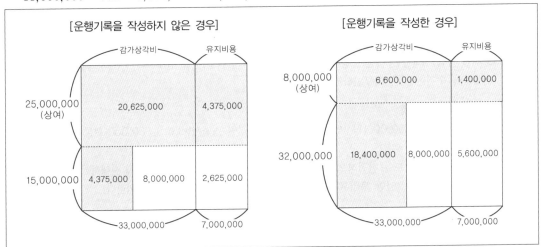

[물음 2]

[물음 2-1] 임원퇴직금 중 손금불산입액: 80,000,000원

정관에서 위임된 퇴직급여지급 규정이 있는 경우 해당 규정에 의한 금액을 한도액으로 한다. 따라서 이사회 별도 결의로 지급한 퇴직위로금 80,000,000원은 「법인세법」상 손금에 해당하지 아니한다.

[물음 2-2]

1. 임원퇴직소득

구분	금액	비고
'11. 12. 31. 이전분	50,000,000	Max[①, ②] = 50,000,000 ① 50,000,000 [11. 1. 1. ~ 11. 12. 31.] ② $420,000,000 \times \dfrac{12}{168} = 30,000,000$
'12. 1. 1. 이후분 (① + ②)	288,000,000	① $70,000,000 \times 30\% \times 8년$ [2017. 1. 1. ~ 2019. 12. 31. 평균급여] ② $120,000,000 \times 20\% \times 5년$
합계	338,000,000	[퇴직일로부터 소급하여 3년 평균급여]

2. 임원퇴직금 중 근로소득

$$80,000,000 + (420,000,000 - 338,000,000) = 162,000,000원$$

[물음 3]

익금산입 및 손금불산입			손금산입 및 익금불산입		
과목	금액	소득처분	과목	금액	소득처분
법정증명서류 미수취	10,000,000	기타사외유출			
기업업무추진비 한도초과액	19,000,000	기타사외유출			

1. 기업업무추진비 직부인(법정증명서류 미수취)
   ① 신용카드 등은 해당 법인의 명의로 발급받은 것에 한하여 법정증명서류로 인정한다. 따라서 임직원명의의 신용카드를 사용한 경우는 법정증명서류를 수취한 것으로 보지 않는다.
   ② 지출사실이 객관적으로 명백한 경우로서 증거자료를 구비하기 어려운 국외지역에서 지출하거나 농어민으로부터 직접 재화를 공급받은 경우에는 법정증명서류 수취 의무를 면제한다. 따라서 해외출장과 관련하여 영수증을 수취한 것은 직부인하지 않는다.

2. 기업업무추진비 해당액
   $120,000,000 - 10,000,000(직부인) - 30,000,000(직원 경조사비) + 3,000,000(현물기업업무추진비) = 83,000,000$
   직원 경조사비는 직접 또는 간접적으로 업무와 관련이 있는 자와 업무를 원활하게 진행하기 위하여 지출한 금액에 해당하지 않는다. 일반 복리후생비에 해당하므로 기업업무추진비에서 제외한다.

3. 기업업무추진비 한도초과액
   (1) 기업업무추진비 한도액
   $12,000,000 + 100억원 \times 0.3\% + 100억원 \times 0.2\% + 100억원 \times 0.2\% \times 10\% = 64,000,000$
   (2) 기업업무추진비 한도초과액
   $83,000,000 - 64,000,000 = 19,000,000$

[물음 4]

익금산입 및 손금불산입			손금산입 및 익금불산입		
과목	금액	소득처분	과목	금액	소득처분
감가상각비	1,500,000	유보	일시상각충당금	40,000,000	유보
일시상각충당금	1,000,000	유보			

1. 일시상각충당금
   (1) 과세 가능한 금액
   $80,000,000(보험금) - 100,000,000(신규자산 취득) = 0 \rightarrow$ 음수면 '0'으로 봄
   (2) 일시상각충당금 설정액
   $40,000,000(세무상 보험차익) - 0(과세 가능한 금액) = 40,000,000$
   보험금 수령액 중 신규자산(동종자산에 한함)을 취득하기 위한 금액을 제외한 금액만 당기 과세될 수 있도록 일시상각충당금액을 설정한다.

2. 감가상각자산 시부인
   $4,000,000 - 100,000,000 \times \dfrac{1}{20} \times \dfrac{6}{12} = 1,500,000$

3. 일시상각충당금 환입액

$$40,000,000 \times \frac{4,000,000 - 1,500,000}{100,000,000} = 1,000,000$$

[물음 5]

익금산입 및 손금불산입			손금산입 및 익금불산입		
과목	금액	소득처분	과목	금액	소득처분
대손충당금(당기)	10,000,000	유보	대손충당금(전기)	5,000,000	유보
			대손금(소멸시효)	10,000,000	유보

1. 당기 대손금

구분	대손 인정	대손금 유보			
기초	10,000,000	기초	감소	증가	기말
당기 상계	20,000,000	110,000,000	10,000,000		100,000,000
기말		당기 소멸시효 도래한 기초 외상매출금 부인액은 당기 손금처리하고 대손			
합계	30,000,000	금에 반영한다.			

「채무자 회생 및 파산에 관한 법률」에 의한 회생계획인가의 결정 또는 법원의 면책결정에 따라 회수불능으로 확정된 채권은 대손처리할 수 있다. (신고조정)

2. 대손실적률: 30,000,000 ÷ 1,500,000,000 = 2%

3. 대손충당금 설정 채권

1,500,000,000 + (400,000,000 − 100,000,000) + 600,000,000 + 100,000,000(기말유보)

= 2,500,000,000

① 대손충당금을 설정할 수 있는 채권이란 세무상 장부가액을 말하고, 이때 채권에 포함되어 있는 부가가치세 매출세액도 세무상 장부가액에 포함된다. 다만, 부가가치세 신고에 따른 환급금 미수금은 대손충당금 설정대상 채권에 해당되지 아니한다. 즉, 부가가치세 매입세액이 매출세액보다 커서 발생하는 환급세액은 설정대상 채권에서 제외한다.

② 특수관계인과의 거래에서 자산을 시가보다 높은 가액으로 거래한 경우, 매입자 입장에서는 부당행위계산 부인 규정이 적용되며, 매도자 입장에서는 시가초과액에 상당하는 채권에 대한 대손충당금 설정 부분이 부인된다.

③ 중소기업에 근무하는 직원(지배주주 등인 직원은 제외함)에 대한 주택구입 또는 전세자금의 대여액은 업무무관가지급금에 포함하지 아니한다. 직원에 대한 경조사비 또는 학자금(자녀의 학자금을 포함한다)의 대여액도 업무무관가지급금에 포함하지 아니한다.

4. 대손충당금 한도: 2,500,000,000 × Max[2%, 1%] = 50,000,000

5. 대손충당금 한도초과액: 60,000,000(기말) − 50,000,000 = 10,000,000

[물음 6]

구분	수정 전	수정 후	비고
결산서상 당기순이익	100,000,000	100,000,000	
익금산입	70,000,000	90,000,000	익금 누락액 반영
손금산입	20,000,000	20,000,000	
차가감소득금액	150,000,000	170,000,000	
기부금 한도초과액	20,000,000	10,000,000	20,000,000 − 10,000,000
기부금 한도초과 이월액 손금산입	4,500,000	5,500,000	4,500,000 + 1,000,000
각사업연도소득금액	165,500,000	174,500,000	

1. 특례기부금 한도액 증가

   $20,000,000 \times 50\% = 10,000,000$

   차가감소득금액이 20,000,000원 증가하므로 특례기부금 한도액도 10,000,000원 증가한다. 따라서 손금불산입(한도초과액)은 10,000,000원 감소한다.

2. 일반기부금 한도액 증가

   $(20,000,000 − 10,000,000) \times 10\% = 1,000,000$

   차가감소득금액이 20,000,000원 증가하지만, 특례기부금 손금산입액도 10,000,000원 증가한다. 따라서 일반기부금 한도액은 1,000,000원 증가한다. 전기 이월액이 20,000,000원이므로 수정 전 일반기부금 한도액은 4,500,000원이다. 따라서 일반기부금 한도 증가액은 모두 추가 손금산입 대상이 된다.

문제 2

[물음 1]

1. 간접외국납부세액

$$50,000,000 \times \frac{30,000,000}{200,000,000 − 50,000,000} = 10,000,000$$

의결권 있는 발행주식 총수의 10% 이상을 배당확정일 현재 6개월 이상 계속하여 보유한 경우에는 간접외국납부세액공제대상이다.

2. 법인세 산출세액

구분	국내	A국	B국	합계
1. 세무조정 전 소득	400,000,000	200,000,000	100,000,000	700,000,000
2. 간접외국납부세액		10,000,000		10,000,000
3. 세무조정 후 소득	400,000,000	210,000,000	100,000,000	710,000,000
4. 이월결손금		(5,000,000)		(5,000,000)
5. 과세표준	400,000,000	205,000,000	100,000,000	705,000,000
6. 산출세액				113,950,000
7. 유효법인세율		16.16%	16.16%	16.16%

3. 외국납부세액공제액

구분	① 외국납부세액	② 한도	③ 외국납부세액공제액 Min[①, ②]
A국	35,000,000[1]	$113,950,000 \times \dfrac{205,000,000}{705,000,000} = 33,134,397$	33,134,397
B국	20,000,000[2]	$113,950,000 \times \dfrac{100,000,000}{705,000,000} = 16,163,120$	16,163,120
합계	55,000,000		49,297,517

[1] 25,000,000(직접) + 10,000,000(간접) = 35,000,000

[2] 15,000,000(직접) + 5,000,000(의제) = 20,000,000

[물음 2]

익금산입 및 손금불산입			손금산입 및 익금불산입		
과목	금액	소득처분	과목	금액	소득처분
업무무관자산이자	2,720,000	기타사외유출	수입배당금	348,800	기타
의제배당(주식배당)	2,000,000	유보			

1. 세무조정 순서

지급이자 관련 세무조정과 수입배당금 익금불산입 세무조정사항이 동시에 제시된 경우에는 지급이자 관련 세무조정을 우선시하여야 한다. 수입배당금 익금불산입액을 계산하기 위해서는 손금산입되는 지급이자가 확정되어야 하기 때문이다.

2. 지급이자

(1) 사채할인발행차금

사채할인발행차금은 기업회계기준에 의한 사채할인발행차금의 상각방법에 따라 이를 손금에 산입한다. 업무무관자산 관련 지급이자에서 사채할인발행차금은 지급이자의 범위에 포함한다.

(2) 업무무관자산 관련 지급이자

지급이자 손금불산입액 계산 시 업무무관자산의 가액은 취득가액으로 한다. 이때 특수관계인으로부터의 고가매입 등으로 부당행위계산부인 규정이 적용되는 다음의 경우에는 시가초과액을 취득가액에 포함하여야 한다.

$$34,000,000 \times \frac{40,000,000 \times 365}{182,500,000,000} = 2,720,000$$

3. 수입배당금 익금불산입

기중 변동 없으므로 적수 고려하지 않음

구분	금액	비고
익금불산입 대상금액	1,600,000	2,000,000 × 80%
지급이자 차감액	1,251,200	$(34,000,000 - 2,720,000) \times \dfrac{30,000,000}{600,000,000} \times 80\%$
수입배당금 익금불산입	348,800	

문제 3

[물음 1]

구분	해답
1. 종합과세하는 이자소득 총수입금액	15,000,000
2. 종합과세하는 배당소득 총수입금액	24,000,000
3. 배당가산액(Gross-up 금액)	1,900,000

1. 금융소득의 구분

구분	이자	배당	비고
1. 무상주		(G)15,000,000	3,000주 × 5,000
2. 직장공제회			무조건 분리과세
3. 국외예금이자	11,000,000		무조건 종합과세
4. 비상장법인 배당		(G)9,000,000	
5. 비실명배당소득			무조건 분리과세(45%)
6. 저축성 보험	4,000,000		20,000,000 − 16,000,000
합계	15,000,000	24,000,000	39,000,000

2. Gross-up 금액

Min[24,000,000, (39,000,000 − 20,000,000)] × 10% = 1,900,000

[물음 2]

구분	해답	비고
1. 총급여액	33,500,000	
2. 근로소득공제액	10,275,000	7,500,000 + (33,500,000 − 15,000,000) × 15%
3 근로소득금액	23,225,000	33,500,000 − 10,275,000

1. 총급여액

구분	금액	비고
1. 급여 및 상여금	30,000,000	
2. 연구보조비	1,200,000	2,400,000 − 200,000 × 6개월
3. 사내 강사료	500,000	업무관련성 있음
4. 보험료	1,800,000	1,000,000 + (1,500,000 − 700,000)
5. 주식매수선택권 행사이익	−	기타소득에 해당
합계	33,500,000	

2. 연구보조비

중소기업 또는 벤처기업의 기업부설연구소와 연구개발전담부서(중소기업 또는 벤처기업에 설치하는 것으로 한정)에서 연구활동에 직접 종사하는 자가 받는 연구보조비 또는 연구활동비 중 월 20만원 이내의 금액은 실비변상적 급여로 본다.

3. 보험료
　① 종업원이 계약자이거나 종업원 또는 그 배우자 기타의 가족을 수익자로 하는 보험·신탁 또는 공제와 관련하여 사용자가 부담하는 보험료·신탁부금 또는 공제부금은 근로소득으로 본다.
　② 다만, 단체 보장성 보험의 보험료 중 연 70만원 이하의 금액은 비과세한다.

4. 주식매수선택권 행사이익
　① 퇴직 전에 부여받은 주식매수선택권을 퇴직 후에 행사하거나 고용관계 없이 주식매수선택권을 부여받아 이를 행사함으로써 얻는 이익은 기타소득으로 본다.
　② 벤처기업의 임직원이 해당 벤처기업으로부터 법률의 규정에 따라 부여받은 주식매수선택권을 행사(퇴직 후 행사하는 경우를 포함)함에 따라 얻은 행사이익 중 연간 2억원 이내(누적 5억원 이내)의 금액은 비과세한다.

[물음 3]

구분	해답
1. 소득세가 과세되는 기타소득금액	15,100,000
2. 소득세가 과세되는 기타소득금액에 대하여 원천징수로 기납부한 소득세액	1,370,000

1. 기타소득금액

구분	기타소득금액	원천징수세액	비고
1. 연금외수령	5,000,000	750,000	$5,000,000 \times 15\%$
2. 지역권설정대가	1,500,000	300,000	$10,000,000 - \text{Max}[8,500,000, \ 6,000,000]$
3. 위약금	7,000,000		원천징수대상 아님
4. 영업권 양도			양도소득
5. 유실물 습득	600,000	120,000	$600,000 \times 20\%$
6. 저작권 양도	1,000,000	200,000	$1,000,000 \times 20\%$
합계	15,100,000	1,370,000	기타소득금액 300만원 초과하므로 종합과세

2. 영업권 양도
　부동산 또는 부동산에 관한 권리와 함께 영업권을 양도하는 경우에는 양도소득으로 과세한다. 영업권만 양도하거나 기계장치 등과 함께 양도하는 영업권은 기타소득으로 과세한다.

3. 저작권 양도
　저작자 또는 실연자·음반제작자·방송사업자 외의 자가 저작권 또는 저작인접권의 양도 또는 사용의 대가로 받는 금품은 기타소득으로 과세한다. 다만, 의제필요경비는 인정되지 않는다.

4. 소득세가 과세되는 기타소득금액에 대하여 원천징수로 기납부한 소득세액
　보통은 기납부세액은 종합과세되는 소득에 대한 원천징수세액을 말한다. 그러나 물음은 '소득세가 과세되는 기타소득금액에 대하여 원천징수'로 기납부한 소득세액이라고 하여 분리과세되는 기타소득금액(연금외수령)에 대한 원천징수세액도 포함하였다.

[물음 4]

구분	해답
1. 종합소득과세표준에 포함할 연금소득금액	3,700,000
2. 종합소득과세표준에 포함할 연금소득금액에 대하여 원천징수로 기납부한 소득세액	0

1. 공적연금

$$12,000,000 \times \frac{600,000,000}{800,000,000} - 0 = 9,000,000$$

공적연금은 무조건 종합과세대상이다.

2. 종합과세 비교

$9,000,000 + 6,000,000$

구분	사적연금소득을 분리과세하는 경우	사적연금소득을 종합과세하는 경우
1. 총연금액	9,000,000	15,000,000
2. 연금소득공제	5,300,000	6,400,000
3. 연금소득금액(1 - 2)	3,700,000	8,600,000
4. 사업소득금액	10,000,000	10,000,000
5. 기타소득금액	18,100,000	18,100,000
6. 종합소득금액(3 + 4 + 5)	31,800,000	36,700,000
7. 종합소득공제	4,000,000	4,000,000
8. 종합소득과세표준(6 - 7)	27,800,000	32,700,000
사적연금부담세액	300,000	735,000

$6,000,000 \times 5\%(70세 미만)$

$(32,700,000 - 27,800,000) \times 15\%(한계세율)$

세부담 차이 측면(사적연금부담세액)에서 볼 때 사적연금은 분리과세하는 것이 유리하다.

3. 연금소득금액(종합소득)

분리과세

$$(9,000,000 + 0) - 5,300,000 = 3,700,000$$

4. 기납부세액

$$[3,700,000(공적연금소득) - 4,000,000(종합소득공제)] \times 세율 = 0(결정세액)$$

공적연금을 지급하는 자는 연금소득간이세액표에 의한 세액을 원천징수하고 1월분 연금지급 시 연말정산을 한다. 연말정산은 공적연금 외의 다른 종합소득이 없는 것으로 가정하고 계산한다. 종합소득과세표준에 포함할 연금소득금액에 대하여 원천징수로 기납부한 소득세액은 연말정산 시 연금소득금액에 대한 결정세액을 의미한다.

[물음 5]

구분	해답
1. 산출세액 A	14,344,000
2. 산출세액 B	11,830,000

1. 종합소득과세표준

구분	금액	원천징수세율	구분	금액
이자	16,000,000	14%	금융외소득	49,000,000
배당	25,000,000	14%		
Gross-up	2,600,000			
금융소득금액	43,100,000		과세표준	92,100,000

$53,000,000 - 4,000,000$

$43,100,000 + 49,000,000$

2. 산출세액: Max[①, ②] = 14,344,000

① 일반산출세액

$(92,100,000 - 20,000,000) \times$ 기본세율 $+ 20,000,000 \times 14\% = 14,344,000$

② 비교산출세액

$\underline{(92,100,000 - 43,100,000)} \times$ 기본세율 $+ \underline{41,000,000} \times 14\% = 11,830,000$

↳ 금융외소득: 49,000,000   ↳ 금융소득

문제 4

[물음 1]

구분번호	금액	세액	비고
(1)	23,500,000	2,350,000	$50 \times 150,000 + 15,000,000 + 1,000,000$
(4)	60,000	6,000	$3 \times (120,000 - 100,000)$
(5)	40,000,000	0	$30,000,000(A) + 10,000,000(C)$
(6)	11,100,000	0	$3,900,000 + 6,000 \times 1,200$
(8)	–	$\Delta 1,000,000$	

1. 휴대폰 A 판매

  ① 견본품을 국외로 반출하는 것은 재화의 공급으로 보지 않는다.

  ② 공급받는 자에게 도달하기 전에 파손되거나 훼손되거나 멸실한 재화의 가액은 공급가액에 포함하지 아니한다.

  ③ 각종 원인에 의하여 사업자가 받는 다음 각 호에 예시하는 손해배상금 등은 과세대상이 되지 아니한다. (부가가치세 기본통칙 4-0-1)

> ㉠ 소유재화의 파손·훼손·도난 등으로 인하여 가해자로부터 받는 손해배상금
>
> ㉡ 도급공사 및 납품계약서상 그 기일의 지연으로 인하여 발주자가 받는 지체상금
>
> ㉢ 공급받을 자의 해약으로 인하여 공급할 자가 재화 또는 용역의 공급 없이 받는 위약금 또는 이와 유사한 손해배상금
>
> ㉣ 대여한 재화의 망실에 대하여 받는 변상금
>
> ㉤ 부동산을 타인이 적법한 권한 없이 처음부터 계약상 또는 법률상의 원인 없이 불법으로 점유하여 법원의 판결에 따라 지급받는 부당이득금 및 지연손해금은 용역의 공급에 해당하지 아니한다.

2. 휴대폰 B 판매

  ① 1인당 연간 10만원 이하의 명절·기념일 등과 관련하여 종업원에게 무상으로 제공하는 재화는 재화의 공급으로 보지 않는다. 단, 10만원을 초과하는 경우에도 10만원 초과분만 재화의 공급으로 본다. 참고로 창립기념일 행사 경품이라고 하더라도 고객에게 제공하는 것은 사업상 증여로 본다.

  ② 창고로 이전하거나 연구개발 목적으로 사용하는 것은 소유권의 이전을 동반하지 않으므로 재화의 공급으로 보지 않는다. 직매장에 반출하더라도 판매 목적이 아닌 경우에는 재화의 공급으로 보지 않는다.

  ③ 사업자는 재화의 구입시점에 매입세액을 공제받고 이를 공급하는 때 재화의 공급으로 본다. 비록 100개를 구입하였더라도 이 중 일부만 처분된 것이므로 나머지 40개를 처분하였다고 가정하기는 어렵다.

3. 검수조건부 수출

  ① 설치나 검수 등의 조건을 수반하는 재화의 수출인 경우에도 그 공급시기는 설치 또는 검수 등이 완료된 시점이 아닌 해당 재화의 선(기)적일이 되는 것이다. (부가 46015-4393, 1999. 10. 29.; 서면3팀-3123, 2007. 11. 16.)

  ② 공급시기(선적일) 전에 환가한 금액(3,900,000원)은 환가한 금액으로 공급시기 이후 환가한 금액은 공급시기의 환율을 적용한다.

4. 내국신용장에 따른 공급(검수조건부)

  ① 내국신용장 또는 구매확인서에 의하여 공급하는 재화의 공급시기는 재화를 인도하는 때이다.

② 조건부계약의 인도시점은 조건이 성취되는 때이다. 이때 검수조건부계약의 검수완료일은 조건이 성취되는 때이다. 따라서 B거래처는 2024년 제2기 과세기간의 과세표준에 포함된다.

③ 재화나 용역의 공급시기가 속하는 과세기간이 끝난 후 25일 이내에 개설·발급받는 것에 한하여 영세율을 적용한다.

5. 비영업용 소형승용차의 매각

① 재화를 매각한 경우 공급가액은 그 거래상대방으로부터 수령한 대가로 한다. 재화의 공급특례 규정이 적용되지 않는 한 간주시가를 과세표준으로 하지 않는다.

② 재화를 매각한 경우 매입세액공제 여부는 재화의 공급 여부에 영향을 미치지 않는다.

6. 담보제공의 대가

① 담보를 제공하고 그에 대한 대가를 수령하는 것은 용역의 공급으로 본다.

② 특수관계 없는 자에게 용역대가를 시가보다 적게 수령하더라도 공급가액은 실제로 받은 대가이다.

7. 대손세액

① 사업자가 부가가치세가 과세되는 재화 또는 용역을 공급한 후 그 공급일부터 10년이 지난 날이 속하는 과세기간에 대한 확정신고기한까지 대손세액이 확정되어야 하므로 '가' 거래처의 대손세액은 공제할 수 없다.

② 「부가가치세법」상 대손세액은 대손이 확정된 날이 속하는 과세기간의 매출세액에서 뺄 수 있다. 따라서 거래처 '다, 라'의 채권은 2024년 제2기 과세기간에 대손세액공제를 적용한다.

[물음 2]

구분번호	금액	세액	비고(단위: 백만원)
⑩	72,000,000	7,200,000	10 + 10 + 50 + 2
⑪	140,000,000	14,000,000	90 + 30 + 20

1. 재고자산 매입분

① 휴대폰 A: 월합계세금계산서로 세금계산서 발급특례 규정이 적용된 것으로 볼 수 있다.

② 원재료 A: 공급시기가 속하는 과세기간의 확정신고기한까지 발급된 것은 매입세액공제 가능하다.

③ 원재료 B: 세금계산서 발급일자가 신고기한 이후이므로 2024. 7. 25. 작성하는 신고서식에 기입할 수 없다. 단, 세금계산서의 발급일이 확정신고기한 다음 날부터 6개월 이내 ㉠ 과세표준수정신고서와 경정청구서를 세금계산서와 함께 제출하는 경우 또는 ㉡ 해당 거래사실이 확인되어 납세지 관할 세무서장 등이 결정 또는 경정하는 경우에는 매입세액을 공제할 수 있다.

2. 토지와 건물의 매입

$$300,000,000 \times \frac{30,000,000}{70,000,000 + 30,000,000} = 90,000,000$$

공급일이 속하는 직전 과세기간부터 공급일이 속하는 과세기간의 종료일까지 감정가액은 인정됨

3. 비품 및 차량구입

① 일반 매입분과 고정자산 매입분은 회계처리에 따른다. 따라서 컴퓨터 구입분을 비용처리한 경우에는 일반 매입에 기재한다.

② 중간지급조건부 계약의 경우 선발급세금계산서는 인정되지 않는다. 다만, 계약금은 공급시기가 도래한 것이며 그 대가를 지급한 것에 대해 세금계산서를 발급한 것이므로 매입세액을 공제할 수 있다.

③ 공급하는 자가 달리 기재된 사실과 다른 세금계산서라고 할지라도 공급받는 자가 이에 대해 선의·무과실인 경우에는 매입세액을 공제받을 수 있다.

[물음 3]

구분번호	금액	세액
(50)	30,000,000	3,000,000

1. 공제받지 못할 매입세액 명세

매입세액불공제 사유	세금계산서		
	매수	공급가액	매입세액
① 필요적 기재사항 누락 등		20,000,000	2,000,000
② 사업과 직접 관련 없는 지출		10,000,000	1,000,000
③ 비영업용 소형승용자동차 구입·유지 및 임차			
④ 기업업무추진비 및 이와 유사한 비용 관련			
⑤ 면세사업 등 관련			
⑥ 토지의 자본적 지출 관련			
⑦ 사업자등록 전 매입세액			
⑧ 금·구리 스크랩 거래계좌 미사용 관련 매입세액			
⑨ 합계		30,000,000	3,000,000

① 필요적 기재사항 누락 등: 기계장치 매입에 대한 선발급세금계산서 중 중도금(10,000,000원)과 잔금(10,000,000원)에 관한 것이다. 중간지급조건부 계약의 경우 선발급세금계산서 발신시를 인정하지 않는다. 따라서 세금계산서 수령한 금액(30,000,000원) 전부를 고정자산 매입(11)란에 기재하고 불공제되는 매입세액 20,000,000원을 (50)란에 기재한다.

② 공동경비: 법인이 해당 법인 외의 자와 동일한 조직 또는 사업 등을 공동으로 운영하거나 영위함에 따라 발생되거나 지출된 손비 중 법정분담비율을 초과하여 지출한 비용은 사업과 관련 없는 비용으로 본다.

$$50,000,000 - 100,000,000 \times 40\% = 10,000,000$$

[물음 4]

구분	과세표준	비고
유가증권	–	유가증권은 재화에 해당하지 않으므로 과세대상 아님
원재료	40,000,000	폐업 시 잔존재화(재고자산은 시가)
토지	–	면세
건물 A	40,000,000	$100,000,000 \times (1 - 5\% \times 12)$
건물 B	20,000,000	$(20,000,000 + 80,000,000) \times 20\%$
기계장치	16,000,000	$160,000,000 \times (1 - 25\% \times 2) \times 20\%$
차량운반구	–	매입세액불공제
비품(소프트웨어)	–	$10,000,000 \times (1 - 25\% \times 4) \times 20\%$
합계	116,000,000	

건물의 공급가액 합계

$\dfrac{100,000,000}{500,000,000}$

1. 건물 A, B
   ① 건물 A는 폐업일 현재 잔존재화에 해당하므로 간주시가를 과세표준으로 한다.
   ② 건물 B는 폐업일 이전에 매매계약을 체결하였으므로 잔존재화에 해당하지 않으므로 간주시가를 과세표준으로 하지 않는다. 폐업일 이전에 매매계약을 체결하고 폐업일 이후 통상의 공급시기가 도래하는 때에는 그 폐업일을 공급시기로 본다. (집행기준 15-28-3)
   ③ 건물 B는 직전 과세기간의 공급가액비율로 안분한다. 다만, 사용면적을 기준으로 공통매입세액을 안분계산한 경우에는 직전 과세기간의 사용면적비율로 안분한다.

2. 겸영사업자의 폐업 시 잔존재화 안분계산(기계장치, 비품)
   과세사업과 면세사업을 겸영하는 일반사업자가 사업을 폐지하는 때에 잔존하는 감가상각자산에 대한 자가 공급의 부가가치세 과세표준은 과세사업과 면세사업 등에 공통으로 사용되는 재화를 공급하는 경우의 안분규정에 따라 안분계산한 가액으로 한다. (서면3팀-2380, 2005. 12. 28.) 따라서 직전 과세기간의 공급가액비율을 적용하여 계산한다.

3. 차량운반구 및 비품
   ① 비영업용 소형승용차는 매입세액을 공제받지 못하였으므로 폐업 시 잔존재화로 과세하지 아니한다.
   ② 미술, 음악, 사진, 연극 또는 무용에 속하는 예술창작품은 면세대상이다. 다만, 골동품은 과세대상이다.

해커스 세무회계 기출문제집

회계사 · 세무사 · 경영지도사 단번에 합격!
해커스 경영아카데미 cpa.Hackers.com

2015년 세무회계
기출문제 & 해답

※ 답안 작성 시 유의사항
1. 답안은 문제 순서대로 작성할 것
2. 계산문제는 계산근거를 반드시 제시할 것
3. 답안은 아라비아 숫자로 원단위까지 작성할 것
   (예 2,000,000 - 1,000,000 = 1,000,000원)
4. 별도의 언급이 없는 한 관련 자료·증빙의 제출 및 신고·납부절차는 적법하게 이행된 것으로 가정한다.
5. 별도의 언급이 없는 한 합법적으로 조세부담을 최소화할 수 있는 방법으로 문제를 풀이하시오.
6. 종합소득세율

과세표준	세율
1천 400만원 이하	과세표준의 100분의 6
1천 400만원 초과 5천만원 이하	84만원 + 1천 400만원을 초과하는 금액의 100분의 15
5천만원 초과 8천 800만원 이하	624만원 + 5,000만원을 초과하는 금액의 100분의 24
8천 800만원 초과 1억 5천만원 이하	1,536만원 + 8천 800만원을 초과하는 금액의 100분의 35
1억 5천만원 초과 3억원 이하	3,706만원 + 1억 5천만원을 초과하는 금액의 100분의 38

문제 1 (13점)

다음은 중소기업인 ㈜미래수산의 자료이다. 2024년 제1기 확정신고와 제2기 예정신고는 정확하게 이루어졌고, 과세거래에 대해서는 세금계산서를, 면세거래에 대해서는 계산서를 발급하고 수취하였다. 제시된 금액은 별도의 언급이 없는 한 부가가치세가 포함되지 않은 금액이다.

〈자료〉
1. 회사는 수산물을 매입하여 가공(과세) 또는 미가공(면세) 상태로 판매하고 있으며, 회사의 냉동창고 중 여유분을 임대하고 있다. 냉동창고 임대는 일정 면적을 제공하는 방식이 아니라, 일정 분량 이내의 보관용역을 제공하는 방식으로 계약하고 있어 냉동창고의 회사사용부분과 임대부분의 실질구분이 어렵다.
2. 구 냉동창고는 2019년 11월 1일에 600,000,000원(토지가 200,000,000원, 건물가 400,000,000원)에 구입하여 회사 수산물 보관에 사용하다 2024년 5월부터 창고 여유분을 ㈜현재수산에 임대하였다. 임대보증금은 없으며, 월 임대료는 10,000,000원으로 2024년 5월 1일에 6개월분을 수령하였다.

3. 회사는 2024년 10월 31일에 사용 중인 구 냉동창고를 800,000,000원(토지가 300,000,000 원, 건물가 500,000,000원)에 매각하고 대금은 다음과 같이 수령하였다.
   ① 2024년 6월 25일 계약금 100,000,000원
   ② 2024년 8월 31일 중도금 200,000,000원
   ③ 2024년 10월 31일 잔금 500,000,000원
4. 냉동창고의 공간부족으로 2024년 11월 1일에 신 냉동창고를 1,600,000,000원(토지가 600,000,000원, 건물가 1,000,000,000원)에 매입하여 이전하였다. 매입대금은 다음과 같이 지급하였다.
   ① 2024년 7월 7일 계약금 200,000,000원
   ② 2024년 8월 8일 중도금 600,000,000원
   ③ 2024년 11월 1일 잔금 800,000,000원
5. 신 냉동창고도 회사 수산물 보관과 임대용의 공용으로 사용하고 있다. 신 냉동창고의 월 임대료는 20,000,000원으로 2024년 11월 1일에 1년분을 수령하였으며, 임대보증금은 없다.
6. 2024년 수산물의 매출내역은 다음과 같으며, 회사는 면세재화의 수출에 대하여 면세의 포기를 신고하였다.

(단위: 원)

구분		1. 1. ~ 6. 30.	7. 1. ~ 9. 30.	10. 1. ~ 12. 31.
국내판매	미가공	4,000,000,000	900,000,000	800,000,000
	가공	3,000,000,000	800,000,000	700,000,000
수출	미가공	2,000,000,000	700,000,000	600,000,000
	가공	1,000,000,000	600,000,000	500,000,000
합계		10,000,000,000	3,000,000,000	2,600,000,000

7. 2024년에 발급받은 세금계산서상 매입세액내역은 다음과 같다.

(단위: 원)

구분	1. 1. ~ 6. 30.	7. 1. ~ 9. 30.	10. 1. ~ 12. 31.
국내 미가공판매 관련	40,000,000	9,000,000	8,000,000
국내 가공판매 관련	80,000,000	30,000,000	20,000,000
미가공수출 관련	20,000,000	7,000,000	6,000,000
가공수출 관련	30,000,000	20,000,000	15,000,000
공통매입세액*	–	–	100,000,000
합계	170,000,000	66,000,000	149,000,000

* 공통매입세액은 신 냉동창고의 매입에 따라 발생한 매입세액이다.

8. 면세수산물의 매입액은 다음과 같다. 면세수산물의 가공판매 또는 미가공판매에 대한 실지귀속이 불분명하다.

(단위: 원)

구분	1. 1. ~ 6. 30.	7. 1. ~ 9. 30.	10. 1. ~ 12. 31.
면세수산물 매입액	6,000,000,000	2,200,000,000	2,000,000,000

[물음 1] 2024년 제2기 부가가치세 확정신고 시의 매출세액을 다음 양식으로 제시하시오.

(답안 양식)

구분	과세표준	세율	매출세액
수산물 매출			
창고 임대			
창고 매각			
합계			

[물음 2] 2024년 제2기 부가가치세 확정신고 시의 매입세액과 관련된 다음의 요구사항에 답하시오.

〈요구사항 1〉

공통매입세액 중 면세사업분을 계산하시오.

〈요구사항 2〉

의제매입세액공제액을 계산하시오.

〈요구사항 3〉

공제되는 매입세액을 계산하시오.

문제 2 (7점)

공인회계사 정세무는 과세사업자인 ㈜과거전자의 신입직원이 작성하여 2024년 10월 25일 신고·납부한 2024년 제2기 부가가치세 예정신고서를 검토하던 중 다음 사항을 발견하였다.

〈자료〉

1. 회사는 온라인 매출에 대하여 마일리지를 적립해주고 결제대금의 50%까지 사용할 수 있도록 하고 있다. 예정신고기간 동안에 적립된 마일리지는 30,000,000원이며, 동 기간에 사용된 마일리지는 10,000,000원이다. 회사는 매출 시에 적립해주는 마일리지를 공급가액에서 차감하였으며, 마일리지를 사용하여 결제되는 매출에 대해서는 마일리지 결제액을 포함한 금액을 공급가액으로 하였다.

2. 회사는 일정 금액 이상의 매출거래처에 대하여 현금 또는 판매용 상품으로 판매장려금품을 지급하고 있는데, 예정신고기간 동안에 지급된 현금 판매장려금은 20,000,000원이고, 판매장려상품은 시가로 60,000,000원(원가 40,000,000원)이다. 회사는 지급한 판매장려금과 판매장려상품을 공급가액에서 차감하지 않고 판매비로 회계처리하였다.

3. 회사가 예정신고기간 동안 전자세금계산서를 발급하지 않고 종이세금계산서를 발급한 금액은 50,000,000원이다. 동 금액은 매출처별 세금계산서합계표에 기재되어 신고되었다.

4. 회사는 7월 15일에 재화를 인도하고 8월 25일에 대금 70,000,000원을 받은 거래에 대하여 8월 25일자 전자세금계산서를 발급하여 8월 26일에 전자세금계산서 발급명세를 전송하였고, 과세표준에 포함하여 신고하였다.

5. 특판 사업부의 매입 60,000,000원과 매출 80,000,000원에 대하여 실수로 세금계산서 수취 및 발급이 이루어지지 않았으며, 신고도 누락되었다.

[물음] 2025년 1월 25일 확정신고 시에 위 오류를 수정하여 신고할 경우 추가로 납부해야 하는 부가가치세(지방소비세 포함)와 가산세를 다음 양식에 따라 계산하시오. 단, 위 오류는 회사 직원의 세법 지식 부족으로 발생한 사항이며, 조세회피를 위한 고의적인 오류는 아니다.

(답안 양식)

자료번호	부가가치세 추가 납부세액	가산세 종류	계산식	가산세액
1				
2				
3				
4				
5				
합계				
	과소신고가산세		
	납부지연가산세		

전기 사업연도 이전의 세무조정은 적정하게 이루어졌으며, 별도의 언급이 없는 한 기업회계기준에 따라 회계처리한 것으로 가정한다.

[물음 1] 제조업을 영위하는 ㈜강북(중소기업이 아님)의 제24기 사업연도(2024년 1월 1일 ~ 2024년 12월 31일) 자료를 이용하여 답안 양식에 따라 세무조정 및 소득처분을 하시오. 단, ㈜강북은 법인의 본점을 지방으로 이전함에 따른 법인세감면이 적용된다.

〈자료〉

1. 제23기 4월 20일에 취득한 기계장치 A의 재무상태표상 취득가액과 손익계산서상 감가상각비는 다음과 같다.

구분	재무상태표상 취득가액	손익계산서상 감가상각비
제23기	49,000,000원	13,252,500원
제24기	57,000,000원	16,418,515원

 ① 제23기 9월 20일에 기계장치 A에 대한 자본적 지출에 해당하는 수선비 6,000,000원(주기적인 수선에 해당하지 아니함)을 비용으로 계상하였다.

 ② 제24기 4월 12일에 기계장치 A에 대한 자본적 지출에 해당하는 수선비 8,000,000원을 자산취득가액에 가산하였다.

2. 제24기 10월 15일에 특수관계인 ㈜강서로부터 기계장치 B(시가 60,000,000원)를 매입하고, 매입가액인 80,000,000원을 장부상 취득가액으로 계상하였다. 제24기에 기계장치 B에 대한 감가상각비 10,000,000원을 손익계산서에 비용으로 계상하였다. 기계장치 B는 ㈜강서가 2년간 사용한 것이다.

3. 제24기에 취득한 비품의 내역은 다음과 같다.

 ① 비품 A: 10월 2일에 복사기를 5,000,000원에 매입하고 손익계산서에 비용(소모품비)으로 계상하였다.

 ② 비품 B: 7월 15일에 회의용 탁자를 6,000,000원에 취득하고 유형자산으로 계상하였다. 제24기에 비품 B에 대한 감가상각비 584,000원을 손익계산서에 비용으로 계상하였다.

4. ㈜강북은 기계장치와 비품에 대한 감가상각방법을 정률법으로, 내용연수는 6년으로 신고(기준 내용연수: 기계장치 8년, 비품 5년)하였다. 내용연수별 상각률은 다음과 같다.

내용연수	4년	5년	6년	8년
상각률	0.528	0.451	0.394	0.313

(답안 양식)

익금산입 및 손금불산입			손금산입 및 익금불산입		
과목	금액	소득처분	과목	금액	소득처분

[물음 2] 다음은 제조업을 영위하는 중소기업인 ㈜남해의 제24기 사업연도(2024년 1월 1일 ~ 2024년 12월 31일) 대손금 및 대손충당금과 관련된 자료이다. 이 자료를 이용하여 아래 요구사항에 답하시오.

〈자료〉

1. 전기 말 자본금과 적립금 조정명세서(을)상 기말잔액의 내역

(단위: 원)

과목	기말잔액
대손충당금 한도초과액	4,000,000
외상매출금 대손부인액	10,000,000
받을어음 대손부인액	5,000,000

① 전기의 대손실적률은 0.6%이다.

② 외상매출금 대손부인액 중 4,000,000원은 당기에 「상법」상 소멸시효가 완성되었다.

③ 받을어음 대손부인액은 2023년 8월 20일에 부도발생한 어음 2매를 대손처리한 것이다. 그 중 1매(3,000,000원)를 당기 중 회수하여 대손충당금의 증가로 회계처리하였다.

2. 당기 대손충당금 계정의 내역

(단위: 원)

기초잔액	당기 상계액(감소)	당기 설정액(증가)	기말잔액
20,000,000	10,000,000	15,000,000	25,000,000

3. 당기 대손충당금 상계액의 내역

① 5월 20일에 부도발생한 거래처 A에 대한 외상매출금: 3,000,000원(부도발생일 이전의 채권으로서 채무자의 재산에 대하여 저당권을 설정하고 있지 않음)

② 거래처 B와의 거래관계 개선을 위하여 채권을 임의로 포기한 금액: 1,000,000원

③ 「채무자 회생 및 파산에 관한 법률」에 따른 회생계획인가의 결정에 따라 회수불능으로 확정된 외상매출금: 6,000,000원

4. 당기 말 재무상태표상 채권의 내역

과목	금액
외상매출금	600,000,000원
받을어음	400,000,000원
대여금	300,000,000원
합계	1,300,000,000원

① 외상매출금: 채무자의 파산으로 인하여 회수할 수 없는 외상매출금 20,000,000원과 법원의 면책결정에 따라 회수불능으로 확정된 외상매출금 7,000,000원 포함

② 받을어음: 기업회계기준에 따라 차입거래로 보는 할인어음 30,000,000원 포함

③ 대여금: 직원에 대한 주택자금 대여액 50,000,000원과 직원에 대한 학자금 대여액 100,000,000원 포함

〈요구사항 1〉

당기의 대손실적률을 다음의 답안 양식에 따라 제시하시오. 단, 대손실적률 계산 시 소수점 셋째 자리에서 절사한다. (예 2.627% → 2.62%)

(답안 양식)

당기 대손금(Ⓐ)	
전기 말 채권잔액(Ⓑ)	
당기 대손실적률(= Ⓐ ÷ Ⓑ)	

〈요구사항 2〉

당기의 대손충당금 한도초과액을 다음의 답안 양식에 따라 제시하시오. 단, 〈요구사항 1〉에 의한 당기의 대손실적률은 1.5%로 가정한다.

(답안 양식)

당기 말 채권잔액	
당기 대손충당금 한도액	
당기 대손충당금 한도초과액	

[물음 3] ㈜영남은 제24기 사업연도(2024년 1월 1일 ~ 2024년 12월 31일) 종료일 현재 「독점규제 및 공정거래에 관한 법률」에 따른 상호출자제한기업집단에 속하는 법인이다. 이 자료를 이용하여 아래 요구사항에 답하시오.

〈자료〉

1. ㈜영남의 제24기 각사업연도소득금액 및 과세표준의 내역은 다음과 같다.

(단위: 원)

당기순이익	1,800,000,000
(+)익금산입·손금불산입	650,000,000
(−)손금산입·익금불산입	420,000,000
차가감소득금액	2,030,000,000
(+)일반기부금 한도초과액	15,000,000
(−)기부금 한도초과 이월액 손금산입	45,000,000
각사업연도소득금액	2,000,000,000
(−)이월결손금	400,000,000
과세표준	1,600,000,000

2. 익금산입·손금불산입의 내역
   ① 법인세비용: 300,000,000원
   ② 기업업무추진비 한도초과액: 150,000,000원
   ③ 퇴직급여충당금 한도초과액: 200,000,000원

3. 손금산입·익금불산입의 내역
   ① 국세환급가산금: 20,000,000원
   ② 수입배당금액 익금불산입: 350,000,000원
   ③ 정기예금 미수이자: 50,000,000원
4. 제24기 사업연도의 이익잉여금 처분내역
   ① 현금배당: 500,000,000원
   ② 주식배당: 200,000,000원
   ③ 「상법」상 이익준비금: 70,000,000원
5. 제24기 사업용 자산 투자 및 감가상각비 내역

(단위: 원)

과목	취득가액	감가상각비
기계장치	800,000,000	60,000,000
차량운반구	30,000,000	5,000,000
비품	50,000,000	10,000,000
합계	880,000,000	75,000,000

   ① 사업용 자산에 대한 투자 중 리스에 의한 투자는 없으며, 차량운반구는 중고자산을 취득한 것이다.
   ② 사업용 자산에 대한 감가상각비는 상각범위액 이내 금액으로 전액 손금에 산입된다.
6. 제23기와 제24기의 임금지급액 내역

(단위: 원)

구분	임원	사용인
제23기	500,000,000	1,000,000,000
제24기	600,000,000	1,300,000,000
증가액	100,000,000	300,000,000

   전체 상시근로자의 수는 증가하지 않았으나 청년정규직 근로자 수는 증가하였고 이에 대한 임금 증가액은 50,000,000원이다.
7. 제24기 특수관계 없는 자에게 지출한 상생협력출연금: 5,000,000원

〈요구사항 1〉
제24기의 기업소득을 투자액 차감방식(미환류소득 계산 시 투자액을 차감하는 방식)을 적용하여 다음의 답안 양식에 따라 제시하시오.

(답안 양식)

각사업연도소득금액	2,000,000,000원
(+) 가산액	
(−) 차감액	
기업소득	

〈요구사항 2〉

제24기의 미환류소득 계산을 위한 투자액, 임금 증가액 및 상생협력지출금액을 다음의 답안 양식에 따라 제시하시오.

(답안 양식)

투자금액	
임금 증가액	
상생협력지출금액	

〈요구사항 3〉

제24기의 미환류소득을 투자액 차감방식과 투자액 미차감방식(미환류소득 계산 시 투자액을 차감하지 않는 방식)에 의하여 각각 계산하고, 다음의 답안 양식에 따라 제시하시오. 단, 〈요구사항 1〉에 의한 기업소득은 3,000,000,000원(투자액으로 차감되는 자산에 대한 감가상각비 손금산입액 100,000,000원 포함)으로 가정한다.

(답안 양식)

미환류소득(투자액 차감방식)	
미환류소득(투자액 미차감방식)	

[물음 4] 다음은 제조업을 영위하는 ㈜호남의 제24기 사업연도(2024년 1월 1일 ~ 2024년 12월 31일) 법인세 신고 관련 자료이다. 이 자료를 이용하여 아래 요구사항에 답하시오.

〈자료〉

1. ㈜호남의 결산서상 당기순이익은 800,000,000원이며, 아래 제시된 내역을 제외하고는 세무조정사항이 없는 것으로 가정한다.

   ① 회사는 10월 5일에 제품을 인도하고 그 대금을 10월 말일부터 매월 말일에 2,000,000원씩 총 20개월에 걸쳐 회수하기로 약정하였다. 이와 관련하여 회사는 인도기준에 의하여 인도일에 할부매출액 40,000,000원과 할부매출원가 32,000,000원(원가율: 80%)을 계상하였다.

   ② 특수관계인이 아닌 거래처에 대한 전기 외상매출 누락액 100,000,000원을 당기에 회수하고 매출액으로 계상하였다.

   ③ 손익계산서상 매출액은 5,000,000,000원(특수관계인에 대한 매출액 1,000,000,000원 포함)이며, 기업업무추진비는 50,000,000원이다.

2. 제23기에 300,000,000원의 결손금이 발생하였으며, 제22기의 법인세 신고내용은 다음과 같다.

   ① 각사업연도소득에 대한 법인세 과세표준: 500,000,000원

   ② 산출세액: 100,000,000원(토지 등 양도소득에 대한 법인세 20,000,000원 포함)

   ③ 공제ㆍ감면세액: 50,000,000원

3. 사업연도별 연구 및 인력개발비(신성장동력연구개발비 또는 원천기술연구개발비는 없음)의 내역은 다음과 같다.

사업연도	연구 및 인력개발비
제20기	100,000,000원
제21기	200,000,000원
제22기	50,000,000원
제23기	150,000,000원
제24기	200,000,000원

〈요구사항 1〉
㈜호남이 중소기업일 경우와 중소기업이 아닐 경우로 구분하여 각사업연도소득에 대한 과세표준을 다음의 답안 양식에 따라 제시하시오. 단, 결손금을 소급공제하는 경우에는 공제 한도까지 최대한 소급공제하는 것으로 가정한다.

(답안 양식)

구분	중소기업	비중소기업
각사업연도소득금액		
(-) 이월결손금		
과세표준		

〈요구사항 2〉
㈜호남이 중소기업일 경우와 중소기업이 아닐 경우(최초로 중소기업에 해당하지 않게 된 과세연도부터 10년이 경과하였으며, 중견기업이 아님)로 구분하여 연구 및 인력개발비 세액공제액을 다음의 답안 양식에 따라 제시하시오.

(답안 양식)

중소기업	
비중소기업	

제조업을 영위하는 ㈜영동(사회적 기업 아님)의 제24기 사업연도(2024년 1월 1일 ~ 2024년 12월 31일) 자료는 다음과 같다.

〈자료〉

1. 당기 주식취득 및 감자내역
   ① 1월 20일에 상장법인인 ㈜A의 주식 900주(지분비율 9%)를 9,000,000원에 취득하고, 실제 매입가액을 당기손익－공정가치금융자산으로 회계처리하였다.
   ② 2월 20일에 ㈜A로부터 주식발행초과금의 자본전입으로 인한 무상주 100주를 수령(1주당 액면가 5,000원, 시가 11,000원)하였다.
   ③ 3월 30일에 ㈜A의 유상감자로 인하여 보유주식 중 500주를 반납하고 다음과 같이 회계처리하였다.

   (차) 현금   6,000,000   (대) 당기손익－   4,500,000
                                             공정가치금융자산
                                             금융자산처분이익   1,500,000

2. 당기 현물출자내역
   ① 특수관계인이 아닌 비상장법인 ㈜B(현물출자 당시 계속 사업을 영위하던 기존 법인임)에 토지(시가 80,000,000원, 장부가액 50,000,000원)를 현물출자하고, 주식 5,000주(시가 60,000,000원, 액면가액 25,000,000원)를 수령하였다.
   ② 현물출자(적격현물출자에 해당함)에 대하여 다음과 같이 회계처리하였다.

   (차) 관계기업투자주식   80,000,000   (대) 토지   50,000,000
                                               토지처분이익   30,000,000

3. 당기 기부금내역
   ① 손익계산서상 당기순이익에 기부금 관련 세무조정을 제외한 모든 세무조정이 반영된 후의 소득금액은 33,000,000원이다.
   ② 일반기부금 해당 단체에 정당한 사유 없이 시가 300,000,000원인 토지를 200,000,000원에 매각하고 장부가액과 양도가액의 차이 30,000,000원을 유형자산처분손실로 계상하였다.
   ③ 서울시청으로부터 시가 100,000,000원인 토지를 정당한 사유 없이 150,000,000원에 매입하고 매입가액을 토지 취득가액으로 계상하였다.
   ④ 특수관계인인 일반기부금 단체에 고유목적사업비로 현물(장부가액 3,000,000원, 시가 4,000,000원)을 기부하고, 장부가액을 손익계산서에 기부금으로 계상하였다.
   ⑤ 세무상 이월결손금은 2013년 발생분 5,000,000원, 2021년 발생분 7,000,000원이다.

[**물음**] 아래의 답안 양식에 따라 세무조정 및 소득처분을 하시오.

(답안 양식)

익금산입 및 손금불산입			손금산입 및 익금불산입		
과목	금액	소득처분	과목	금액	소득처분

문제 5 (13점)

다음은 거주자 갑의 2024년 귀속 종합소득 신고를 위한 자료이다. 단, 제시된 금액은 원천징수하기 전의 금액이며, 원천징수는 적법하게 이루어졌다.

[물음 1] 〈자료 1〉을 이용하여 갑의 2024년도 종합과세대상 금융소득금액을 답안 양식에 따라 제시하시오.

〈자료 1〉

갑의 금융소득내역은 다음과 같다.

1. ㈜A의 2023년 사업연도(결산확정일: 2024년 2월 25일)에 대한 법인세 신고 시 「법인세법」에 따라 배당으로 처분된 금액: 1,000,000원
2. 채권의 환매조건부 매매차익: 7,000,000원
3. 2021년 3월 1일 발행된 장기채권(만기 12년)으로부터 발생한 2024년 귀속 이자소득(보유기간 3년 8개월): 4,000,000원
4. ㈜B의 잉여금처분결의에 따른 현금배당: 3,000,000원(㈜B는 12월 말 결산법인으로 잉여금처분결의일은 2024년 3월 20일임)
5. 출자공동사업자의 분배금: 10,000,000원
6. 외국법인으로부터의 배당소득: 5,000,000원(국내에서 원천징수하지 아니함)
7. 보유 중인 ㈜C 주식 1,000주의 유상감자로 현금 12,000,000원을 수령하였으며, 해당 주식의 취득내역은 다음과 같다.
   ① 2022년 5월 2,000주를 25,000,000원에 취득
   ② 2023년 5월 이익준비금의 자본전입으로 인한 무상주 500주 수령(1주당 액면가 10,000원, 시가 15,000원)
   ③ 2024년 1월 주식발행초과금의 자본전입으로 인한 무상주 500주 수령(1주당 액면가 10,000원, 시가 12,000원)
8. 집합투자기구로부터의 이익: 7,000,000원(이자 1,500,000원, 배당 4,000,000원, 상장주식처분이익 1,500,000원으로 구성됨)

(답안 양식)

이자소득 총수입금액	
배당소득 총수입금액	
귀속법인세액(Gross-up 금액)	
종합과세대상 금융소득금액	

[물음 2] 〈자료 2〉를 이용하여 갑의 2024년도 총급여액, 근로소득공제액 및 근로소득금액을 답안 양식에 따라 제시하시오.

〈자료 2〉

㈜D(중소기업 아님)의 회계과장으로 근무하는 갑의 근로소득 관련 자료는 다음과 같다.

1. 급여합계액(월 3,000,000원): 36,000,000원
2. 2024년에 제공한 근로에 대해 2025년 2월 주주총회에서 결정된 잉여금처분에 의한 상여금: 4,000,000원
3. 회사가 갑의 퇴직급여로 지급하기 위하여 당기에 적립한 금액: 2,500,000원(회사는 별도의 퇴직연금 적립규칙이 없음)
4. 회사의 2024년 과세기간(1. 1.~12. 31.)에 대한 법인세 신고 시 상여로 소득처분된 금액: 3,000,000원
5. 회사 업무를 위하여 사용하는 차량의 자가운전보조금(월 250,000원): 3,000,000원(갑은 시내출장에 대한 여비를 받지 않음)
6. 회사로부터 주택구입자금의 무상대여로 얻은 이익: 1,500,000원
7. 신입직원 교육을 위한 사내 강사료: 2,000,000원
8. 근로소득공제액표

총급여액	공제액
1,500만원 초과 4,500만원 이하	750만원 + (총급여액 − 1,500만원) × 15%
4,500만원 초과 1억원 이하	1,200만원 + (총급여액 − 4,500만원) × 5%

(답안 양식)

총급여액	
근로소득공제액	
근로소득금액	

[물음 3] 〈자료 3〉을 이용하여 갑의 2024년도 기타소득금액(분리과세 포함) 및 이에 대한 소득세 원천징수세액을 답안 양식에 따라 제시하시오.

〈자료 3〉

갑의 기타소득 관련 자료는 다음과 같으며 필요경비는 확인되지 않는다.

1. 「공익사업을 위한 토지 등의 취득 및 보상에 관한 법률」 제4조에 따른 공익사업과 관련하여 지상권을 대여하고 받은 금액(2024년 5월 수령분): 3,000,000원

2. 연금계좌에서 연금외수령한 기타소득금액: 4,000,000원

3. 계약의 위약으로 받은 배상금으로 계약금이 배상금으로 대체된 금액: 2,000,000원

4. ㈜E의 제14기(2024년 1월 1일 ~ 2024년 12월 31일) 법인세 신고 시 「법인세법」에 따라 기타소득으로 처분된 금액: 2,500,000원

5. 소기업·소상공인 공제부금의 일시해지환급금(폐업 등의 사유로 수령한 것이 아님): 20,000,000원(총납입금은 17,000,000원이고 7,000,000원은 소득공제받음)

(답안 양식)

구분	기타소득금액	원천징수세액
1		
2		
3		
4		
5		
합계		

문제 6 (11점)

다음은 거주자 갑(남성, 52세)의 2024년 귀속 종합소득 신고를 위한 자료이다.

〈자료〉

1. 종합소득금액의 내역은 다음과 같다.

이자소득금액	25,000,000원(정기예금이자)
근로소득금액	28,750,000원(총급여액: 40,000,000원)
사업소득금액	8,750,000원(복식부기의무자임)
합계	62,500,000원

2. 생계를 같이하는 부양가족의 현황은 다음과 같다.
   ① 배우자(총급여액 5,000,000원 있음)
   ② 장남(20세, 장애인, 총급여액 6,000,000원 있음)
   ③ 장녀(6세, 유치원생)
   ④ 차남(2024년도 출생)
   ⑤ 부친(85세, 소득 없으며 2024년 5월 22일 사망)

3. 종합소득세 계산에 필요한 기타 지출내역은 다음과 같다.
   ① 「국민건강보험법」에 따른 건강보험료 본인부담분: 750,000원
   ② 본인의 자동차 종합보험료 납부액: 800,000원
   ③ 무주택 세대주로서 주택 관련 지출내역
      가. 주택청약저축 납입액: 3,200,000원
      나. 국민주택임차를 위한 차입금의 원리금 상환액: 3,000,000원
      다. 국민주택임차를 위한 월세지급액: 6,000,000원
   ④ 본인 및 동거가족의 신용카드사용내역

(단위: 원)

구분	사용금액	포함되어 있는 금액
본인	신용카드 7,000,000	국외 사용분: 800,000 대중교통 이용분: 1,000,000
배우자	직불카드 6,000,000	지방세 납부액: 500,000
	현금영수증 9,000,000	전통시장 사용분: 2,500,000
장남	신용카드 5,000,000	대중교통 이용분: 500,000

   ⑤ 연금계좌 납입금액

구분	금액
연금저축계좌	4,800,000원
퇴직연금계좌	2,000,000원

⑥ 의료비 지출내역

의료비 내역	지출대상	금액
시력보정용 안경 구입	본인	600,000원
재활치료비	장남	3,500,000원
건강진단비	배우자	1,000,000원
건강증진 보약 구입	부친	1,500,000원

⑦ 교육비 지출내역

구분	금액	비고
본인	10,000,000원*	야간 경영대학원 교육비
장남	7,000,000원	장애인 재활교육을 위해 사회복지시설에 지출한 특수교육비
장녀	2,000,000원	유치원 수업료

* 본인의 대학원 교육비 중 50%는 직장에서 지원받고 있으며, 동 금액은 소득세 비과세 요건을 충족함

[물음 1] 종합소득공제액을 다음의 답안 양식에 따라 항목별로 각각 제시하시오.

(답안 양식)

인적공제액	
××공제액	
△△공제액	
…	

[물음 2] 세액공제액(근로소득세액공제 및 세액공제 한도는 고려하지 않음)을 다음의 답안 양식에 따라 제시하시오.

(답안 양식)

××세액공제액	
△△세액공제액	
…	

문제 7 (7점)

다음은 거주자 갑의 양도소득 관련 자료이다. 이 자료를 이용하여 물음에 답하시오.

〈자료〉

1. 갑은 2018년 3월 1일 타인으로부터 상가 건물을 500,000,000원에 취득하였음이 매매계약서로 입증된다.

2. 위 상가에는 갑이 매수할 때 A은행에서 차입한 채무에 대한 근저당권(채권최고액 250,000,000원, 실제 채무액 200,000,000원)이 설정되어 있다.

3. 갑과 그의 아들 을은 다음 조건으로 위 상가에 대한 매매계약을 체결하고, 2024년 10월 1일 소유권이전등기를 완료하였다.

   ① 매매가액: 800,000,000원

   ② 을이 갑의 A은행 차입금 200,000,000원 인수

   ③ 잔금 600,000,000원은 2024년 10월 1일까지 지급하기로 함

4. 위 매매가액은 당시 시세에 비추어 볼 때 정당한 가액이다. 을은 그동안 갑으로부터 증여받은 사실이 없다.

5. 위 상가와 관련하여 갑이 지출한 기타비용은 다음과 같다.

(단위: 원)

구분	일자	금액
취득세	2018. 3. 5.	2,000,000
부동산중개수수료 및 기타 양도비용	2018. 3. 5.	250,000
도배비용	2018. 3. 10.	500,000
자본적 지출	2020. 5. 30.	10,000,000

[물음 1] 갑과 을의 매매거래가 금융거래 자료에 의하여 진실한 것으로 인정되는 경우, 갑이 부담할 양도소득세를 계산하시오.

[물음 2] 갑과 을의 매매거래가 금융거래 자료 등에 의하여 입증되지 아니하고, 갑의 A은행 근저당권 설정과 을의 채무인수만 입증되었다고 가정한다. 위 자료에 의하여 아래 요구사항에 답하시오.

〈요구사항 1〉

갑이 부담할 양도소득세 계산에 있어서 양도가액과 취득가액을 다음의 답안 양식에 따라 제시하시오.

(답안 양식)

양도가액	
취득가액	

〈요구사항 2〉

관할 세무서장이 을에게 부과할 수 있는 세목의 종류와 과세가액을 다음의 답안 양식에 따라 제시하시오.

(답안 양식)

세목	
과세가액	

문제 8 (6점)

거주자 갑은 2023년 11월 15일 ㈜씨네로부터 영화플러스영화관 운영사업에 관한 모든 권리와 의무를 양도받아 포괄적으로 승계하였다. 아래의 자료를 토대로 물음에 답하시오.

〈자료〉
1. ㈜씨네는 2023년 10월 24일 영화관 사업에 관하여 2023년 제2기 예정신고기간의 부가가치세 30,000,000원을 신고하였으나 납부하지는 않았다.
2. ㈜씨네의 사업장 관할 세무서장은 2023년 12월 5일 ㈜씨네에 위 미납한 부가가치세 30,500,000원(납부지연가산세 500,000원 포함)의 납부기한을 2023년 12월 31일로 정하여 납세고지하였다.
3. 관할 세무서장은 ㈜씨네가 납부기한이 경과하도록 위 부가가치세와 가산세를 납부하지 아니하자 ㈜씨네의 재산에 대하여 체납처분을 하였지만, 납부하여야 할 국세·가산금 및 체납처분비를 충당하기에 부족하였다.
4. 관할 세무서장은 2024년 5월 8일 갑을 제2차 납세의무자로 지정하여, 위 부가가치세 및 가산세 합계 30,500,000원을 부과하는 처분을 하였다.

[물음] 관할 세무서장이 갑을 제2차 납세의무자로 지정하여 부가가치세를 부과할 수 있는지를 서술하시오.

다음 자료를 이용하여 물음에 답하시오.

〈자료〉

1. 거주자 갑은 2024년 5월 6일에 사망하였는데, 상속재산가액은 주택 1채(「상속세 및 증여세법」상 동거주택상속공제 요건을 충족함) 시가 600,000,000원, 상가 건물 시가 900,000,000원, 은행예금 100,000,000원이다.

   ① 갑은 거주하던 주택의 방 한칸을 전세 놓아 세입자에게 반환할 전세보증금 50,000,000원이 있다.

   ② 갑은 2023년 10월 1일 저축은행에서 60,000,000원을 차입하였으며, 전액 사용 용도가 입증되지 않는다. 동 차입금은 상가 건물에 담보 설정되어 있다.

   ③ 장례비는 10,000,000원을 지출하였고 그 지출은 입증되었다.

2. 갑의 유족은 배우자 병과 20세된 아들(을)뿐이고, 상속재산에 대하여 병이 상속을 포기함으로써 을이 전부 상속받았다.

3. 갑은 2021년 5월 6일 당시 17세인 그의 아들 을에게 토지 1,000m²(논, 시가 200,000,000원)를 증여하였고, 을은 증여세를 납부하였다. 을은 2024년 2월 1일 위 토지를 대지로 형질변경 하였고, 이로 인하여 위 토지의 시가가 1,000,000,000원으로 상승하였다. 형질변경에 소요된 비용은 50,000,000원이고, 위 토지 보유기간 동안 평균지가상승률을 감안한 정상적인 가치상승률은 10%로 가정한다.

[물음 1] 아래 답안 양식에 따라 갑이 부담하여야 하는 상속세의 과세표준을 계산하시오.

(답안 양식)

총상속재산가액	
사전증여재산가액	
상속세 과세가액	
상속세 과세표준	

[물음 2] 아래 답안 양식에 따라 2024년에 을이 부담하여야 하는 증여세의 과세표준을 계산하시오.

(답안 양식)

증여재산가액	
증여세 과세표준	

문제 1

[물음 1] 매출세액

구분	과세표준	세율	매출세액	비고
수산물 매출	700,000,000	10%	70,000,000	국내판매분(가공)
	1,100,000,000	0%	—	600,000,000 + 500,000,000
창고 임대	50,000,000	10%	5,000,000	
창고 매각	300,399,201	10%	30,039,920	
합계	2,150,399,201		105,039,920	

1. 수산물 매출
   ① 국내판매분 중 미가공판매분은 면세이며, 가공판매분은 과세한다.
   ② 면세재화의 수출에 대하여 면세의 포기를 신고하였으므로 수출한 미가공판매분은 영세율(과세)을 적용한다.

2. 창고 임대

구분	2024년 1기(확정)	2024년 2기(예정)	2024년 2기(확정)
구 창고 임대	20,000,000	30,000,000	10,000,000
신 창고 임대			40,000,000
합계	20,000,000	30,000,000	50,000,000

① 사업자가 둘 이상의 과세기간에 걸쳐 부동산 임대용역을 공급하고 그 대가를 선불 또는 후불로 받는 경우에는 각 예정신고기간 또는 과세기간의 종료일을 그 공급시기로 한다.
② 이 경우 선불 또는 후불로 받는 임대료 금액을 해당 계약기간의 개월 수로 나눈 금액의 각 과세대상기간의 합계액을 과세기간별 공급가액으로 한다. (초월산입, 말월불산입)

3. 창고 매각
⑴ 공급시기
계약금을 받기로 한 날의 다음 날부터 재화의 인도일 또는 이용 가능일까지의 기간이 6개월 미만이므로 중간지급조건부 계약에 해당하지 않는다. 따라서 부동산 공급의 원칙적인 공급시기인 잔금 수령일인 2024년 10월 31일을 공급시기로 한다.

(2) 공급가액

① 과세사업과 면세사업에 공통으로 사용하던 재화를 매각하는 경우 공급가액은 직전 과세기간의 공급가액비율로 안분하여 계산한다. 또한, 토지와 건물을 일괄하여 매각하였으나, 그 가액이 구분되므로 토지와 건물의 공급가액을 법정산식에 따라 안분할 필요는 없다.

$$500,000,000(건물) \times \frac{6,020,000,000}{10,020,000,000} = 300,399,201$$

② 과세사업과 면세사업의 직전 과세기간의 공급가액비율은 다음과 같이 안분계산한다.

구분		1. 1. ~ 6. 30.	구분
국내판매	미가공	4,000,000,000	면세
	가공	3,000,000,000	과세
수출	미가공(면세포기)	2,000,000,000	과세
	가공	1,000,000,000	과세
냉동창고 임대		20,000,000	과세
합계		10,020,000,000	

> 2024년 1기 과세기간 중 임대공급가액

[물음 2]

〈요구사항 1〉 공통매입세액 중 면세사업분

(1) 공통매입세액 중 면세사업분 매입세액

$$100,000,000 \times \frac{1,700,000,000}{5,680,000,000} = 29,929,577$$

(2) 공급가액 안분 근거

구분		7. 1. ~ 12. 31.	구분
국내판매	미가공	1,700,000,000	면세
	가공	1,500,000,000	과세
수출	미가공(면세포기)	1,300,000,000	과세
	가공	1,100,000,000	과세
냉동창고 임대		80,000,000	과세
합계		5,680,000,000	

> 30,000,000 + 50,000,000

〈요구사항 2〉 의제매입세액공제액

1. 의제매입세액

구분	예정(A)	합계(B)	확정(B－A)
1. 매입농산물	2,200,000,000	4,200,000,000	
2. 과세사용비율	$\dfrac{14억원}{30억원}$	$\dfrac{26억원}{56억원}$	
3. 적용대상 매입액	1,026,666,666	1,950,000,000	26억원 × 50%
4. 대상 한도액	－	1,300,000,000	
5. 대상액	1,026,666,666	1,300,000,000	
6. 공제율	$\dfrac{4}{104}$	$\dfrac{4}{104}$	
7. 의제매입세액공제액	39,487,179	50,000,000	10,512,821

① 면세수산물의 가공판매 또는 미가공판매에 대한 실지귀속이 불분명하므로 안분계산하여야 한다. 이때 냉동창고 임대 관련 공급가액은 면세농산물 매입과 전혀 관련이 없으므로 안분계산에 반영하지 아니한다.

② 면세포기에 의한 영세율 공급가액(미가공수출)은 과세공급가액에 포함하지 아니한다. 또한, 의제매입세액 공제 한도 계산 시 당해 과세기간의 공급가액에도 포함하지 아니한다. 면세포기에 의한 영세율 공급가액은 의제매입세액공제대상이 아니기 때문이다.

③ 예정신고기간에는 의제매입세액공제 한도를 적용하지 아니한다.

2. 제조업 정산 특례 적용 여부

제조업을 영위하는 사업자가 제1기 과세기간에 공급받은 면세농산물 등의 가액을 1역년에 공급받은 면세농산물 등의 가액으로 나누어 계산한 비율이 75% 이상 또는 25% 미만인 경우에는 제2기 확정신고할 때, 1역년에 공급받은 면세농산물 등의 가액에 공제율을 곱한 금액에서 제1기 과세기간에 의제매입세액으로 공제받은 금액을 차감한 금액을 매입세액으로 공제할 수 있다. 문제의 경우에는 특례를 적용할 요건에 해당하지 아니한다.

구분	1. 1. ~ 6. 30.	7. 1. ~ 12. 31.	합계
면세수산물 매입액	6,000,000,000	4,200,000,000	10,200,000,000
공급받은 비율	약 59%	약 41%	100%

〈요구사항 3〉 확정신고 시 공제되는 매입세액

구분	금액	비고
1. 세금계산서 수취분 매입세액	149,000,000	
2. 그 밖의 공제매입세액	10,512,821	의제매입세액〈요구사항 2〉
3. 공제받지 못할 매입세액	8,000,000	국내 미가공판매(면세사업)
4. 공통매입세액 중 면세사업분	29,929,577	〈요구사항 1〉
합계(1 + 2 - 3 - 4)	121,583,244	

문제 2

자료번호	부가가치세 추가 납부세액	가산세 종류	계산식	가산세액
1	2,000,000	–	–	–
2	6,000,000	–	–	–
3	–	세금계산서 불성실가산세(미발급)	50,000,000 × 1%	500,000
4	–	세금계산서 불성실가산세(지연발급)	70,000,000 × 1%	700,000
5	8,000,000	세금계산서 불성실가산세(미발급)	80,000,000 × 2%	1,600,000
합계	16,000,000			2,800,000
과소신고가산세		16,000,000 × 10% × (1 − 75%) = 400,000		
납부지연가산세		16,000,000 × 92일(10. 26. ~ 1. 25.) × 0.022% = 323,840		

(자료번호 1 부가가치세 추가 납부세액: $(30,000,000 - 10,000,000) \times 10\%$)

1. 마일리지 결제 매출액 누락
   ① 마일리지를 적립한 것은 판매장려금에 해당하므로 공급가액에서 차감하지 않는다. 자기적립마일리지로 결제하는 경우에는 공급가액에 포함하지 않는다.
   ② 직접 소비자에게 판매하는 경우 영수증을 발급하여야 하며 세금계산서 발급의무가 면제된다. 따라서 세금계산서 관련 가산세는 부과되지 않는다.

2. 판매장려금 및 장려금품
   ① 현금으로 판매장려금을 지급한 것은 과세표준에서 공제하지 아니한다.
   ② 회사의 판매용 상품을 거래처에 무상으로 제공한 것은 사업상 증여에 해당한다.
   ③ 사업상 증여에 해당하는 경우 세금계산서 발급의무는 없으므로 세금계산서 불성실가산세는 적용되지 아니한다.

3. 종이세금계산서 발행
   법인사업자가 전자세금계산서를 발급하지 아니하고 종이세금계산서를 발급한 경우에는 세금계산서를 발급하지 아니한 것으로 본다. 다만, 일반적인 세금계산서 미발급가산세와는 달리 공급가액의 1%를 가산세로 한다.

4. 세금계산서 지연발급
   공급시기 이후에 세금계산서를 발급한 경우로서 재화나 용역을 공급한 과세기간에 대한 확정신고기한 내에 발급한 경우에는 지연발급가산세(1%)를 적용한다. 한편, 세금계산서 지연발급가산세가 적용되는 경우에는 지연전송가산세(0.3%) 또는 미전송가산세(0.5%)가 적용되지 않는다. (중복적용 배제)

5. 세금계산서 미발급
   재화나 용역을 공급하고 세금계산서를 발급하지 아니한 경우에는 미발급가산세(2%)를 적용한다. 재화나 용역을 공급받고 세금계산서를 수취하지 아니한 경우에는 매입세액을 공제하지 아니하나, 별도로 가산세를 부과하지는 않는다. 다만, 확정신고하면서 세금계산서를 발급(수취)하면 지연발급가산세(1%), 지연수취가산세(0.5%)를 적용한다.

[물음 1]

익금산입 및 손금불산입			손금산입 및 익금불산입		
과목	금액	소득처분	과목	금액	소득처분
부당행위	20,000,000	기타사외유출	기계장치 A	2,000,000	유보
기계장치 B	2,500,000	유보	기계장치 B	20,000,000	유보
기계장치 B	1,590,000	유보	비품 B (감가상각의제)	598,000	유보
비품 A	4,507,500	유보			

1. 기계장치 A

	제23기		제24기	
(1) 회사계상액		19,252,500		16,418,515
① 손익계산서	13,252,500		16,418,515	
② 즉시상각의제	6,000,000			
(2) 상각범위액		16,252,500		18,418,515
① 취득가액	49,000,000		57,000,000	
② (당기)즉시상각의제	6,000,000			
③ 감가상각누계액			(13,252,500)	
④ 유보잔액			3,000,000	
소계	55,000,000		46,747,500	
상각률	$\times\, 0.394 \times \dfrac{9}{12}$		$\times\, 0.394$	
(3) 상각부인액(시인부족액)		3,000,000		△2,000,000

2. 기계장치 B

(1) 고가매입

특수관계인으로부터 자산을 고가로 매입한 경우 시가로 매입하고 거래금액과 차이는 사외유출된 것으로 본다. 따라서 기계장치 취득원가를 시가로 감액(손금산입)하고 그 차액은 손금불산입하고 기타사외유출(그 귀속자가 내국법인)로 처분한다. 세법상 재구성은 다음과 같다.

(차) 기계장치	60,000,000	(대) 현금	80,000,000
사외유출	20,000,000		

(2) 감가상각 시부인
① 자산감액분 상각비(1단계)

$$10,000,000 \times \frac{20,000,000}{80,000,000} = 2,500,000 (손금불산입)$$

② 감가상각 시부인(2단계)

구분	금액	비고
1. 회사계상액	7,500,000	$10,000,000 - 2,500,000$
2. 상각범위액	5,910,000	$(80,000,000 - 20,000,000) \times 0.394 \times \frac{3}{12}$
3. 상각부인액	1,590,000	

양도법인이 사용한 기간이 기준내용연수(8년)의 50% 이상을 경과하지 않았으므로 중고자산 수정내용연수를 적용할 수 없다.

3. 비품 A

$$5,000,000 - 5,000,000 \times 0.394 \times \frac{3}{12} = 4,507,500$$

개인용 컴퓨터(PC) 또는 그 주변기기는 해당 자산을 사업에 사용한 날이 속하는 사업연도의 손금으로 계상한 경우, 전액 손금으로 인정한다. (즉시상각의제 특례) 그러나 복사기는 개인용 컴퓨터의 주변기기로 보기 어렵다. 따라서 즉시상각의제 특례 규정이 적용될 수 없으므로 감가상각 시부인 계산한다.

4. 비품 B

탁자는 가구에 해당하며, 즉시상각의제 특례 규정을 적용받을 수 있다. 그러나 즉시상각의제 특례 규정을 적용받기 위해서는 해당 자산을 사업에 사용한 날이 속하는 사업연도의 손금으로 계상하여야 한다. 따라서 자산으로 등록한 탁자의 감가상각비는 시부인 계산하여야 한다.

구분	금액	비고
1. 회사상각비	584,000	
2. 상각범위액	1,182,000	$6,000,000 \times 0.394 \times \frac{6}{12}$
3. 시인부족액	△598,000	감가상각의제 적용하여 손금산입

[물음 2]

〈요구사항 1〉

당기 대손금(Ⓐ)	21,998,000
전기 말 채권잔액(Ⓑ)	1,600,000,000
당기 대손실적률(= Ⓐ ÷ Ⓑ)	1.37%

1. 당기 대손금

$(3,000,000 - 1,000) + 6,000,000$

구분	대손 인정	대손금 유보			
기초	5,999,000				
당기 상계	8,999,000	기초	감소	증가	기말
기말	7,000,000	15,000,000	8,999,000	$\triangle6,999,000$	$\triangle998,000$
합계	21,998,000				

$4,000,000$(당기 소멸시효 완성분) + $1,999,000$(6개월 경과분) + $3,000,000$(당기 회수분)

① 전기 부인된 대손금이 당기 「상법」상 소멸시효 완성된 경우에는 손금에 산입하여야 한다.

② 채무자의 파산으로 인하여 회수할 수 없는 외상매출금은 결산조정사항이다. 따라서 당기 말 현재 대손처리 하지 않은 경우에는 대손금으로 보지 않는다.

③ 「채무자 회생 및 파산에 관한 법률」에 따른 회생계획인가의 결정 또는 법원의 면책결정에 따라 회수불능으로 확정된 채권은 신고조정사항이므로 기말채권을 손금산입하여야 한다.

④ 채권의 임의포기액은 기업업무추진비로 본다. 따라서 당기 대손금에는 포함하지 아니한다.

2. 전기 말 세무상 대손 설정대상 채권

$(20,000,000 - 4,000,000) \div 1\% = 1,600,000,000$

↳ 전기 말 세무상 대손충당금 인정액

3. 대손실적률

$21,998,000 \div 1,600,000,000 = 1.374\% \rightarrow 1.37\%$

〈요구사항 2〉

당기 말 채권잔액	1,299,002,000	$1,300,000,000 - 998,000$(기말 유보잔액)
당기 대손충당금 한도액	19,485,030	$1,299,002,000 \times$ Max[1%, 1.5%]
당기 대손충당금 한도초과액	5,514,970	$25,000,000 - 19,485,030$

1. 대손금 유보 정리

구분	기초	감소	증가	기말
전기 외상매출금	10,000,000	4,000,000		6,000,000
부도어음	5,000,000	4,999,000		1,000
당기 부도어음			1,000	1,000
신고조정			$\triangle7,000,000$	$\triangle7,000,000$
합계	15,000,000	8,999,000	$\triangle6,999,000$	$\triangle998,000$

2. 당기 말 채권잔액

① 신고조정으로 손금에 산입할 대손금은 유보잔액에 반영되므로 재무상태표상 채권에서 직접 조정하지는 않는다.

② 차입거래로 보는 할인어음은 대손충당금 설정대상 채권에 포함한다.

③ 중소기업의 근로자(임원·지배주주 등 제외)에 대한 주택구입·전세자금 대여금은 업무무관가지급금에서 제외한다.

[물음 3]

〈요구사항 1〉

각사업연도소득금액	2,000,000,000	
(+) 가산액	135,000,000	과세표준을 기준으로 하지 않고 각사업연도소득을 기준으로
(−) 차감액	765,000,000	하여 조정한다. 따라서 이월결손금과 기부금 한도초과액(이월
기업소득	1,370,000,000	액 손금산입)은 조정대상이 된다.

1. 가산항목과 차감항목

구분	가산항목	차감항목
1. 기부금 한도초과액		15,000,000
2. 기부금 한도초과 이월액 손금산입	45,000,000	
3. 이월결손금		400,000,000
4. 법인세비용		300,000,000
5. 국세환급가산금	20,000,000	
6. 「상법」상 이익준비금		50,000,000
7. 기계장치 감가상각비	60,000,000	
8. 비품 감가상각비	10,000,000	
합계	135,000,000	765,000,000

① 해당 사업연도 과세표준 계산 시 공제한 이월결손금은 미환류소득 계산 시에도 차감한다.

② 미환류소득에 대한 법인세 계산 시 각사업연도소득금액에서 차감하는 이익준비금은 관련 법에 의무적으로 적립하는 금액만을 말하는 것이다. (서면−2016−법령해석법인−6033, 2017. 7. 5.) 「상법」상 주식배당 은 이익준비금 적립의무가 없으므로 현금배당의 10%만 이익준비금으로 인정한다.

③ 투자액 차감방식의 경우 투자연도 감가상각비를 다시 가산한다.

④ 중고자산(차량운반구)의 투자는 투자액에 해당하지 않으므로, 해당 감가상각비도 가산하지 않는다.

〈요구사항 2〉

투자금액	850,000,000	800,000,000(기계장치) + 50,000,000(비품)
임금 증가액	350,000,000	300,000,000(상시근로자) + 50,000,000(청년근로자)
상생협력지출금액	15,000,000	5,000,000 × 300%

1. 투자금액

① 사업용 유형고정자산은 기계장치, 공구, 기구·비품, 차량운반구, 선박·항공기 등과 신축·증축하는 업 무용 건축물을 포함한다.

② 미환류소득 계산 시 중고자산, 운용리스자산, 무형자산 중 영업권, 사용수익기부자산에 대한 투자액은 공 제하지 아니한다.

2. 임금 증가액

① 인원이 증가하지 않은 경우에는 상시근로자 임금 증가액의 100%, 인원이 증가한 경우에는 기존 상시근로 자 임금 증가액의 150%, 신규 상시근로자 임금 증가액의 200%를 환류액으로 한다.

> 기존 상시근로자 임금 증가액
> = 상시근로자 임금 증가액 − 신규 상시근로자 임금 증가액
>   └→ 증가 상시근로자 수 × 신규 상시근로자 평균 임금지급액

② 청년정규직 근로자 수가 증가한 경우 청년정규직 근로자 임금 증가액의 100%, 정규직 전환 근로자가 있는 경우 정규직 전환 근로자 임금 증가액의 100%를 추가로 환류액으로 한다.

③ 「소득세법」상 근로소득으로 법인의 손금에 산입된 금액에 한하며, 인정상여와 퇴직 시 받는 소득으로서 퇴직소득에 해당하지 않는 근로소득은 임금 증가액에 포함되지 아니한다.

〈요구사항 3〉

미환류소득(투자액 차감방식)	885,000,000
미환류소득(투자액 미차감방식)	70,000,000

1. 투자액 차감방식

$$3,000,000,000 \times 70\% - (850,000,000 + 350,000,000 + 15,000,000) = 885,000,000$$

투자액 차감방식의 경우 투자액으로 차감되는 자산에 대한 감가상각비 손금산입액은 기업소득에 가산되어야 한다. 물음에서 포함된 것으로 제시되었으므로 별도 가산할 필요는 없다. 다만, 투자액 미차감방식에서는 감가상각비를 다시 제외하여 기업소득을 계산하여야 한다.

2. 투자액 미차감방식

$$(3,000,000,000 - 100,000,000^*) \times 15\% - (350,000,000 + 15,000,000) = 70,000,000$$

* 당기에 투자한 감가상각자산에 대한 감가상각비

[물음 4]

〈요구사항 1〉

구분	중소기업	비중소기업
각사업연도소득금액	695,200,000원	726,000,000원
(−) 이월결손금	(−)150,000,000원	(−)300,000,000원*
과세표준	545,200,000원	426,000,000원

* Min(300,000,000, 726,000,000 × 80%) = 300,000,000

1. 각사업연도소득금액

구분	중소기업	비중소기업
1. 당기순이익	800,000,000	800,000,000
2. 장기 할부매출	(34,000,000)	
3. 장기 할부매출원가	27,200,000	
4. 매출누락	(100,000,000)	(100,000,000)
5. 기업업무추진비 한도초과	2,000,000	26,000,000
6. 각사업연도소득금액	695,200,000	726,000,000

(1) 장기할부매출

    ① 매출액: $40,000,000 - 2,000,000 \times 3 = 34,000,000 \rightarrow$ 익금불산입

    ② 매출원가: $34,000,000 \times 80\% = 27,200,000 \rightarrow$ 손금불산입

    중소기업의 경우 장기할부매출의 손익귀속시기를 결산상 회계처리 여부에 관계없이 회수기일도래기준으로 적용할 수 있다. 중소기업이 아닌 경우에는 결산에 반영한 경우에 한하여 회수기일도래기준으로 적용할 수 있다.

(2) 기업업무추진비

구분	중소기업	비중소기업
기업업무추진비 지출액	50,000,000	50,000,000
한도액	48,000,000	24,000,000
한도초과액	2,000,000	26,000,000

    ① 중소기업 기업업무추진비 한도

    $36,000,000 + (50억원 - 10억원 - 1억원) \times 0.3\% + (10억원 \times 0.3\% \times 10\%) = 48,000,000$

    ② 비중소기업의 기업업무추진비 한도

    $12,000,000 + (39억원 \times 0.3\%) + (10억원 \times 0.3\% \times 10\%) = 24,000,000$

    수입금액은 기업회계기준상 매출액을 기준으로 한다. 따라서 할부매출 조정분은 수입금액에 반영하지 아니한다. 다만, 수입금액 누락 등 기업회계기준상 매출액도 누락된 경우에는 수입금액에 반영하여야 한다.

2. 결손금 소급공제(중소기업)

구분	소급공제 전	소급공제 후	비고
과세표준	500,000,000	350,000,000	200,000,000 + 30,000,000 ÷ 20%
산출세액	80,000,000	50,000,000	감면세액과 동일
공제감면세액	(50,000,000)	(50,000,000)	감면세액은 유지
결정세액	30,000,000		환급세액: 30,000,000

(1) 소급공제되는 결손금: $500,000,000 - 350,000,000 = 150,000,000$

(2) 이월되는 결손금: $300,000,000 - 150,000,000 = 150,000,000$

〈요구사항 2〉

중소기업	50,000,000
비중소기업	12,500,000

1. 중소기업의 연구·인력개발비 세액공제

    Max(①, ②) = 50,000,000

    ① 증가 발생액 기준: $(200,000,000 - 150,000,000) \times 50\% = 25,000,000$

    전기 발생액(150,000,000원)이 직전 4년간 연평균 발생액(125,000,000원)을 초과하므로 증가 발생액을 적용할 수 있음

    ② 당기 지출액 기준: $200,000,000 \times 25\% = 50,000,000$

    중소기업의 연구·인력개발비 세액공제는 최저한세 적용대상 아님

2. 비중소기업의 연구·인력개발비 세액공제

Max(①, ②) = 12,500,000

① 증가 발생액 기준: (200,000,000 − 150,000,000) × 25% = 12,500,000

전기 발생액(150,000,000원)이 직전 4년간 평균 발생액(125,000,000원)을 초과하므로 증가 발생액을 적용할 수 있음

② 당기 지출액 기준: 200,000,000 × 2% = 4,000,000

$$공제율 = Min(\frac{200,000,000}{4,900,000,000} \times 50\%, \ 2\%) = 2\%$$

비중소기업의 연구·인력개발비 세액공제는 최저한세 적용대상이다. 연구·인력개발비 세액공제 후의 세액이 최저한세 이상이므로 해당 공제세액을 전액 적용한다.

구분	감면 후 세액	최저한세
과세표준	426,000,000	426,000,000
× 세율	× 9%, 19%	× 10%
산출세액	60,940,000	42,600,000
연구·인력개발비 세액공제	(−)12,500,000	
감면 후 세액	48,440,000	

문제 4

익금산입 및 손금불산입			손금산입 및 익금불산입		
과목	금액	소득처분	과목	금액	소득처분
의제배당(금융자산)	500,000	유보	관계기업투자주식	20,000,000	유보
일반기부금 한도초과액	12,000,000	기타사외유출	압축기장충당금	10,000,000	유보
			토지	20,000,000	유보

1. 의제배당

구분	금액	비고
감자대가	6,000,000	500주 × 12,000
취득원가	4,000,000	100주 × 0 + 400주 × 10,000
의제배당	2,000,000	

9,000,000 ÷ 900주

① 감자결의일부터 2년 이내에 과세되지 않은 무상주가 있는 경우 과세되지 않은 무상주가 먼저 소각된 것으로 보며 그 주식 등의 당초 취득가액은 '0'으로 한다.

② 유상감자결의일로부터 소급하여 3개월 이내에 취득한 주식에 대해서는 수입배당금 익금불산입 규정을 적용하지 않는다.

2. 관계기업투자주식, 압축기장충당금

(1) 자산의 취득원가

현물출자에 의해 취득한 주식은 해당 주식의 시가를 취득원가로 한다. 따라서 주식의 시가인 60,000,000원이 주식의 취득원가이다.

(2) 세법상 재구성

(차) 현금	60,000,000	(대) 토지	50,000,000
		처분이익	10,000,000
(차) 관계기업투자주식	60,000,000	(대) 현금	60,000,000

(3) 과세이연

적격현물출자(과세이연 요건 충족)의 경우에는 현물출자로 인해 발생하는 처분이익에 대해 압축기장충당금을 설정하여 과세이연할 수 있다. 이때 처분이익은 세무상 처분이익을 말한다.

3. 자산의 저가양도

(1) 의제기부금: $300,000,000 \times 70\% - 200,000,000 = 10,000,000$

법인이 특수관계가 없는 자에게 정당한 사유 없이 자산을 정상가격보다 낮은 가격으로 양도하는 경우에는 정상가액(시가의 70%)과 양도가액과의 차액을 기부금으로 본다.

(2) 세법상 재구성

(1) 회계처리			
(차) 현금	200,000,000	(대) 토지	230,000,000
유형자산처분손실	30,000,000		
(2) 세법상 재구성			
(차) 현금	210,000,000	(대) 토지	230,000,000
처분손실	20,000,000		
(차) 기부금	10,000,000	(대) 현금	10,000,000

당기 과세표준에 미치는 영향은 없으므로 세무조정을 생략하고, 기부금을 10,000,000원으로 의제한다.

4. 자산의 고가매입

(1) 의제기부금: $150,000,000 - 100,000,000 \times 130\% = 20,000,000$

법인이 특수관계가 없는 자에게 정당한 사유 없이 자산을 정상가액(시가의 130%)보다 높은 가격으로 양수하는 경우에는 매입가액과 정상가액과의 차액을 기부금으로 의제하여 시부인한다.

(2) 세법상 재구성

(1) 회계처리			
(차) 토지	150,000,000	(대) 현금	150,000,000
(2) 세법상 재구성			
(차) 토지	130,000,000	(대) 현금	150,000,000
기부금	20,000,000		

토지를 정상가액에 매입하고 그 차액은 기부금으로 지출한 것으로 의제한다. 따라서 과대계상된 토지를 감액(손금산입)하고 그 감액된 금액을 기부금 시부인에 반영한다.

5. 당기 기부금 분류

(1) 특례기부금: 20,000,000

(2) 일반기부금: $10,000,000 + 4,000,000(시가) = 14,000,000$

6. 기준소득금액

⑴ 차가감소득금액: $33,000,000 - 20,000,000$(토지 손금산입) $= 13,000,000$

⑵ 기준소득금액: $13,000,000 + 34,000,000$(기부금) $= 47,000,000$

7. 특례기부금

⑴ 한도액: $[47,000,000 - Min(7,000,000,\ 47,000,000 \times 80\%)] \times 50\% = 20,000,000$

⑵ 한도초과액: $20,000,000 - 20,000,000 = 0$(한도초과액 없음)

2020. 12. 31. 이전 개시 사업연도에 발생한 결손금의 공제시한은 10년이므로 2013년 발생한 결손금은 차감하지 않는다.

8. 일반기부금

⑴ 한도액: $[47,000,000 - Min(7,000,000,\ 47,000,000 \times 80\%) - 20,000,000] \times 10\% = 2,000,000$

⑵ 한도초과액: $14,000,000 - 2,000,000 = \mathbf{12,000,000}$

문제 5

[물음 1]

이자소득 총수입금액	11,000,000
배당소득 총수입금액	26,500,000
귀속법인세액(Gross-up 금액)	600,000
종합과세대상 금융소득금액	38,100,000

1. 금융소득구분

구분	이자	배당	비고
1. 인정배당		(G)1,000,000	결산확정일(수입시기)
2. 환매조건부 매매차익	7,000,000		
3. 장기채권	4,000,000		2018년 이후 발행분(분리과세 신청 불가)
4. 현금배당		(G)3,000,000	잉여금처분결의일(수입시기)
6. 국외배당		5,000,000	무조건 종합과세
7. 의제배당(감자)		(G)2,000,000	
8. 집합투자기구		5,500,000	$1,500,000 + 4,000,000$
소계	11,000,000	16,500,000	27,500,000
5. 출자공동사업자		10,000,000	
합계	11,000,000	26,500,000	37,500,000

2. 장기채권

발행시기	만기	보유기간
2013. 1. 1. 전	10년 이상	관계없음
2018. 1. 1. 전	10년 이상	3년 이상
2018. 1. 1. 이후	분리과세 신청 불가	

3. 의제배당(감자)

구분	금액	비고
감자대가	12,000,000	
취득가액	(10,000,000)	1,000주 × 10,000
의제배당	2,000,000	

「소득세법」상 주식발행초과금의 자본전입으로 인한 무상주에 대해서는 단기소각주식 특례 규정이 적용되지 않는다.

$$\frac{25,000,000 + 500주 \times 10,000 + 500주 \times 0}{3,000주}$$

4. Gross-up 금액

$$Min[6,000,000,\ (27,500,000 - 20,000,000)] \times 10\% = 600,000$$

[물음 2]

총급여액	45,600,000	
근로소득공제액	12,030,000	12,000,000 + (45,600,000 - 45,000,000) × 5%
근로소득금액	33,570,000	45,600,000 - 12,030,000

1. 총급여액

구분	금액	비고
1. 급여	36,000,000	
2. 잉여금처분에 의한 상여	–	2025년 귀속분(잉여금처분결의일)
3. 퇴직급여 적립액	2,500,000	근로자가 적립금액 및 방법을 선택할 수 있음
4. 인정상여	3,000,000	근로를 제공한 때(귀속시기)
5. 자가운전보조금	600,000	(250,000 − 200,000) × 12
6. 주택구입자금 대여	1,500,000	인정상여에 해당함(중소기업 아님)
7. 사내 강사료	2,000,000	업무관련성 있음
합계	45,600,000	

2. 퇴직급여 적립액

① 퇴직급여로 지급되기 위하여 적립(근로자가 적립금액 등을 선택할 수 없는 것으로서 기획재정부령으로 정하는 방법에 따라 적립되는 경우에 한정한다)되는 급여는 근로소득에 포함하지 아니한다. 회사에 별도의 퇴직연금 적립규칙이 없는 경우에는 임의로 근로자가 적립금을 선택할 수 있는 경우에 해당하므로 적립시점에 근로소득으로 과세한다.

② 적립하는 때 근로소득에 포함하지 않는 퇴직급여 적립액은 향후 수령시점에 퇴직소득 또는 연금소득으로 과세한다.

[물음 3]

구분	기타소득금액	원천징수세액	비고
1	1,200,000	240,000	[3,000,000 × (1 − 60%)] × 20%
2	4,000,000	600,000	4,000,000 × 15%
3	2,000,000		원천징수대상 아님
4			2025년 귀속
5	10,000,000	1,500,000	(3,000,000 + 7,000,000) × 15%
합계	17,200,000	2,340,000	

1. 공익사업 관련 지상권 대여

   의제필요경비(60%)를 적용하며, 원천징수세율은 20%, 수입시기는 지급을 받은 날이다. 그러나 일반적인 지역권·지상권의 설정·대여소득은 사업소득으로 구분하고, 수입시기는 자산의 임대소득수입시기(정해진 날, 그 지급을 받는 날, 판결·화해 등이 있는 날)를 적용한다.

2. 연금외수령

   무조건 분리과세하며 원천징수세율은 15%이다.

3. 계약금이 배상금으로 대체된 금액

   원천징수대상이 아니며, 조건부 종합과세한다.

4. 인정기타소득

   결산확정일이 수입시기이므로 2025년의 소득이다.

5. 소기업·소상공인 공제부금

구분	금액	임의 해지*	폐업·노령 등	
			2015. 12. 31. 이전 가입	2016. 1. 1. 이후 가입
1. 운용수익	3,000,000	기타소득	이자소득	퇴직소득
2. 소득공제받은 원금	7,000,000	기타소득	과세 제외	퇴직소득
3. 소득공제받지 않은 원금	10,000,000	과세 제외	과세 제외	과세 제외
합계	20,000,000			

* 임의 해지 시 적용세율은 15%임

문제 6

[물음 1]

인적공제액	8,500,000	1,500,000 × 5 + 1,000,000
특별소득공제 (청약종합저축공제 포함)	3,150,000	750,000(건강보험) + 2,400,000
신용카드 소득공제액	3,560,000	Min[3,560,000, (3,000,000 + 1,400,000)]

1. 인적공제액

구분	기본공제	추가공제	비고
본인	○		
배우자	○		총급여액 500만원 이하(소득요건 충족)
장남			소득요건 충족 못함
장녀	○		8세 미만(자녀세액공제 적용 ×)
차남	○		자녀세액공제(셋째)
부친	○	1,000,000	사망일 전날의 상황에 따름(경로우대자공제)
합계	7,500,000	1,000,000	

2. 주택자금공제

구분	금액	비고
① 주택청약저축 납입액	1,200,000	Min[3,200,000, 3,000,000] × 40%
② 주택임차자금 차입금 원리금	1,200,000	3,000,000 × 40%
합계	2,400,000	Min[4,000,000, ① + ②]

① 주택청약저축 납입액: 무주택 세대주로서 총급여액이 7,000만원 이하인 자는 청약저축 납입액에 대해 소득공제 가능

② 주택임차자금 차입금 원리금: 무주택 세대주가 국민주택규모 이하의 주택을 임차하기 위하여 지출한 주택임차 차입금의 원리금 상환액은 소득요건의 제한 없이 공제 가능하다.

3. 신용카드 등 사용금액에 대한 소득공제   Min[3,000,000, (1,000,000 + 400,000)]

구분	사용금액	공제대상	공제율	공제금액	추가공제
전통시장	2,500,000	2,500,000	× 40%	1,000,000	1,400,000
대중교통	1,000,000[*1]	1,000,000	× 40%	400,000	
직불카드 등	12,000,000[*2]	7,200,000	× 30%	2,160,000	
신용카드	5,200,000		× 15%		
합계	20,700,000	10,700,000		3,560,000[*3]	

7,000,000 − 800,000(국외 사용분) − 1,000,000   20,700,000 − 40,000,000 × 25%

[*1] 장남은 소득요건 만족하지 못하므로 장남의 신용카드 사용액은 제외한다.

[*2] 배우자 사용분 중에서 지방세 납부액은 제외하고, 전통시장 사용분은 사용처(전통시장)에 따른 특례가 먼저 적용되고 지급수단은 그 이후에 적용한다. [15,000,000 − 500,000(지방세 납부액) − 2,500,000]

[*3] 기본한도(총급여액이 7천만원 이하인 경우: 300만원)와 추가한도(140만원)를 합한 금액이 공제금액을 초과할 수는 없다.

[물음 2]

자녀세액공제액	700,000	첫째 30만원, 둘째 50만원, 셋째 70만원
연금계좌세액공제액	816,000	
특별세액공제액		
① 보험료세액공제	96,000	Min[800,000, 1,000,000] × 12%
② 의료비세액공제	570,000	[(500,000 + 3,500,000 + 1,000,000) − 40,000,000 × 3%] × 15%
③ 교육비세액공제	2,100,000	14,000,000 × 15%
④ 월세세액공제	900,000	6,000,000 × 15%

1. 자녀세액공제액

출산·입양신고한 공제대상 자녀에 대하여 세액공제를 적용하는 경우 나이순서와 관계없이 사망한 자녀를 포함하여 출산·입양신고한 순서를 기준으로 적용하는 것이며, 세액공제대상 자녀의 범위는 가족관계등록부상의 자녀를 기준으로 판단하는 것이다. (기획재정부 소득세제과-523, 2020. 9. 18.)

2. 연금계좌세액공제

구분	금액	비고
① 연금저축계좌	4,800,000	Min[4,800,000, 6,000,000]
② 퇴직연금계좌	2,000,000	
세액공제	816,000	Min[① + ②, 9,000,000] × 12%

> 해당 과세기간의 종합소득금액이 4,500만원 이하(근로소득만 있는 경우에는 총급여액이 5,500만원 이하): 15%

3. 의료비세액공제

① 일반의료비 지출액이 크지 않으면 의료비세액공제 관련하여 특정의료비, 일반의료비로 구분하지 않고 풀이하여도 좋다.

② 안경 구입비는 50만원을 한도로 하고, 건강증진 보약 구입비는 적용하지 아니한다.

4. 교육비세액공제대상액(인별 공제)

구분	금액	비고
본인	5,000,000	본인은 대학원공제 가능, 비과세되는 장학금을 받는 경우는 제외
장남(장애인)	7,000,000	장애인 특수교육비는 소득금액의 제한을 받지 않음(한도 없음)
장녀	2,000,000	한도 300만원 이내
합계	14,000,000	
공제세액	2,100,000	14,000,000 × 15%

5. 월세세액공제

근로자 및 성실사업자가 적용받을 수 있으며, 이때 근로자의 경우 총급여액이 8,000만원 이하이고 종합소득금액이 7,000만원 이하인 자에 한하여 공제한다.

문제 7

[물음 1]

구분	금액	비고
양도가액	800,000,000	600,000,000(현금지급) + 200,000,000(채무인수)
취득가액	502,250,000	500,000,000 + 2,000,000 + 250,000
기타 필요경비	10,000,000	자본적 지출(도배비용은 수익적 지출에 해당함)
양도차익	287,750,000	
장기보유특별공제	34,530,000	287,750,000 × 12%(6년 이상 7년 이하 보유)
양도소득금액	253,220,000	
양도소득기본공제	2,500,000	
양도소득과세표준	250,720,000	
양도소득산출세액	75,333,600	기본세율

① 배우자 또는 직계존비속 간에 자산을 이전한 경우, 배우자 또는 직계존비속 간에 동 재산을 증여한 것으로 추정한다. 다만, 배우자 또는 직계존비속 간의 거래에 있어서 양도로 신고하고 그 거래를 뒷받침할 만한 명백한 증빙이 있는 경우에는 양도로 본다.

② 양도하는 자산에 일정액의 채무가 있어 동 채무를 그 자산을 취득하는 자가 인수·변제하기로 하는 계약조건인 경우에 있어서 동 채무는 양도가액에서 공제하지 아니한다.

[물음 2]

〈요구사항 1〉

양도가액 (채무인수분)	200,000,000	$800{,}000{,}000 \times \dfrac{200{,}000{,}000}{800{,}000{,}000}$ ----시가
취득가액	125,562,500	$502{,}250{,}000 \times \dfrac{200{,}000{,}000}{800{,}000{,}000}$

배우자 또는 직계존비속 간의 매매거래가 금융거래자료 등에 의하여 입증되지 아니하는 경우에는 증여한 것으로 추정한다. 다만, 을이 실제로 인수한 금융기관 채무는 인정하므로 갑과 을의 거래는 부담부증여가 된다.

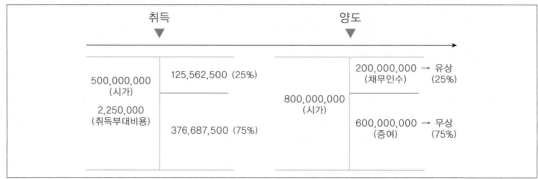

세목	증여세	증여추정
과세가액	600,000,000	800,000,000 − 200,000,000(채무인수)

거래 당시 시가에서 채무인수액을 제외한 부분은 증여된 것에 해당한다.

문제 8

1. 사업양수인의 제2차 납세의무

사업이 양도·양수된 경우에 양도일 이전에 양도인의 납세의무가 '확정'된 그 사업에 관한 국세 및 강제징수 비를 양도인의 재산으로 충당하여도 부족할 때에는 다음 중 어느 하나에 해당하는 사업의 양수인은 그 부족한 금액에 대하여 양수한 재산의 가액을 한도로 제2차 납세의무를 진다.

① 양도인과 특수관계인인 자

② 양도인의 조세회피를 목적으로 사업을 양수한 자

2. 사안의 적용

(1) 사업양수인 요건

갑을 제2차 납세의무자로 지정하기 위해서는 갑이 법률에 정한 사업양수인의 요건을 갖추어야 한다. 따라서 양 도인과 특수관계인에 해당하거나 양도인의 조세회피를 목적으로 사업을 양수하여야 한다.

(2) 예정신고와 관련된 부가가치세

사업양수인은 사업양도일 당시 납세의무가 확정된 국세에 한하여 제2차 납세의무를 진다. 부가가치세를 예정 신고한 국세도 '확정'된 국세로 볼 수 있다는 것이 대법원 판례의 입장이다. 다만, 납부지연가산세는 사업양수 일 이후에 납세의무가 확정되므로 제2차 납세의무 부과기준 금액에 포함될 수 없다.

문제 9

[물음 1]

총상속재산가액	1,600,000,000	600,000,000 + 900,000,000 + 100,000,000
사전증여재산가액	200,000,000	토지 증여, 증여 당시의 시가
상속세 과세가액	1,680,000,000	1,800,000,000 − 10,000,000(장례비용) − 110,000,000(채무)
상속세 과세표준	180,000,000	1,680,000,000 − 1,500,000,000(종합한도)

1. 상속공제

(1) 인적공제

500,000,000(배우자공제) + 500,000,000(일괄공제) = 1,000,000,000

(2) 금융재산공제

Max[(100,000,000 − 60,000,000) × 20%, 20,000,000] = 20,000,000

전세보증금은 금융채무가 아니므로 반영하지 아니한다.

(3) 동거주택상속공제

Min[(600,000,000 − 50,000,000) × 100%, 600,000,000] = 550,000,000

주택에 담보된 채무는 차감한다. 주택을 매각하면 전세보증금은 그 매각대금에서 우선 변제받을 권리가 있으므로 담보된 채무로 본다.

(4) 상속공제 합계액: (1) + (2) + (3) = 1,570,000,000

(5) 상속공제 종합한도

구분	금액	비고
1. 상속세 과세가액	1,680,000,000	
2. 선순위 아닌 자에 대한 유증		
3. 상속포기로 다음 상속인이 상속		
4. 사전증여 과세표준	180,000,000	200,000,000 − 20,000,000(미성년자)
5. 상속공제 종합한도	1,500,000,000	

[물음 2]

증여재산가액	730,000,000	
증여세 과세표준	700,000,000	730,000,000 − (50,000,000 − 20,000,000)

1. 증여재산가액: 당해 재산가액 − 취득가액 − 통상적인 가치상승분 − 가치상승 기여분

1,000,000,000 − 200,000,000 − 200,000,000 × 10% − 50,000,000 = 730,000,000

2. 합산배제와 증여재산공제

재산 취득 후 재산가치 증가에 따른 이익의 증여는 합산과세되는 증여재산이 아니다. 그러나, 10년 동안 증여재산공제액은 5천만원이므로 최초 증여 시 증여재산공제 2천만원을 차감한 3천만원을 증여재산공제로 적용한다.

문제 1

다음은 ㈜한강(금융업종 아닌 영리내국법인이며 지주회사 아님)의 제24기(당기) 사업연도(2024. 1. 1. ~ 2024. 12. 31.)의 자료이다. 이를 이용하여 〈자료〉의 순서대로 세무조정 내용을 작성하시오. 전기까지의 세무조정은 적법하게 이루어졌으며 각 〈자료〉는 상호 독립적이라고 가정하고 같은 자료에 2개 이상의 세무조정이 있는 경우에는 상계하지 말고 모두 표시하시오. (30점)

> 〈자료 1〉
> ㈜한강은 제23기에 취득한 토지의 2023년도분 재산세 15,000,000원에 대하여 2024년도 중 재산세 15,000,000원과 지방세 환급가산금 450,000원을 환급받고 15,000,000원은 이익잉여금의 증가로 450,000원은 잡이익(수익)으로 회계처리하였다.
>
> 〈자료 2〉
> ㈜한강은 2024. 10. 1.에 「채무자 회생 및 파산에 관한 법률」에 따라 채무를 출자로 전환하는 내용이 포함된 회생계획인가의 결정을 받아 K은행의 채무 1,100,000,000원을 출자로 전환하면서 시가 400,000,000원(액면가액 600,000,000원)인 주식을 발행하여 K은행에 주고 다음과 같이 회계처리하였다. (단, 제23기 말 현재 제13기에 발생한 세무상 이월결손금잔액 400,000,000원이 있으며, 이는 합병·분할 시 승계받은 결손금 50,000,000원을 포함한 것이다)
>
> | (차) 차입금 | 1,100,000,000 | (대) 자본금 | 600,000,000 |
> | 주식할인발행차금 | 200,000,000 | 채무면제이익 | 700,000,000 |
>
> 〈자료 3〉
> ㈜한강은 비상장법인인 ㈜태백의 주식 20,000주(주당 액면가액 10,000원, 지분율 5%)를 보유하고 있으며 그 취득명세는 다음과 같다. ㈜태백은 2024. 11. 2.에 모든 주주에 대하여 소유주식의 30%를 1주당 32,000원을 지급하여 소각하였고 ㈜한강은 현금 수령분을 모두 잡이익으로 회계처리하였다.
>
> | 취득일 | 주식 수 | 비고 |
> | --- | --- | --- |
> | 2020. 4. 19. | 7,000주 | 주당 18,000원에 취득 |
> | 2022. 9. 25. | 9,000주 | 재무구조개선적립금의 자본전입으로 인한 무상주 |
> | 2022. 10. 14. | 4,000주 | 익금에 산입되지 않은 재평가적립금의 자본전입으로 인한 무상주 |
> | 합계 | 20,000주 | |

㈜한강의 제24기 사업연도의 인건비와 관련된 자료는 다음과 같다. 이사회 결의에 의한 급여 규정에 따르면 연간 상여금은 일반급여의 20%를 지급하며 손익계산서에 계상된 인건비의 내역 중 세무조정과 관련된 사항은 다음과 같다.

구분	일반급여	상여금	퇴직급여(주1)	근속연수
출자임원 A (지분율 5%)	100,000,000원	40,000,000원	–	–
비출자임원 B	70,000,000원	19,000,000원	50,000,000원	4년 6개월 12일
사용인 C	40,000,000원	12,000,000원	28,000,000원	3년 6개월 3일

(주1) 퇴직급여는 2024. 12. 31.에 비출자임원 B와 사용인 C의 현실적인 퇴직으로 인하여 지급한 것이며, 당사는 따로 퇴직급여 규정을 두고 있지 않고 퇴직급여충당금도 설정하고 있지 않다.

〈자료 5〉

㈜한강의 기부금과 관련한 자료는 다음과 같다.

(1) ㈜한강은 2024. 7. 1.에 S대학 총장이 추천하는 10명의 학생에게 10년간 300,000,000원의 장학금을 지급하기로 약정하였으며, 당기에 30,000,000원의 장학금을 지급하고 다음과 같이 회계처리하였다.

（차）기부금　　　　　　　300,000,000　　（대）현금　　　　　　　　30,000,000
　　　　　　　　　　　　　　　　　　　　　　미지급기부금　　　　270,000,000

(2) ㈜한강은 당사가 제조한 제품을 특수관계가 있는 종교단체에 기증하고 그 장부가액인 43,000,000원(시가 55,000,000원)을 손익계산서에 기부금으로 계상하였다.

(3) 결산서상 당기순이익은 256,000,000원이며, 전기에 발생한 세무상 결손금은 140,000,000원, 기부금 이외의 다른 세무조정사항은 없다고 가정한다.

〈자료 6〉

다음은 ㈜한강의 감가상각대상 자산인 기계장치 K에 대한 자료이다. ㈜한강은 법인세가 면제되는 법인으로 제24기부터 5년간 법인세를 면제받았다.

1. ㈜한강은 2024. 1. 3.에 기계장치 K를 70,000,000원에 취득하여 사업에 사용하고 있으며, 연도별 손익계산서상 감가상각비의 계상액은 다음과 같다.

구분	기간	금액
제24기	2024. 1. 1. ~ 2024. 12. 31.	40,000,000원
제25기	2025. 1. 1. ~ 2025. 12. 31.	12,000,000원
제26기	2026. 1. 1. ~ 2026. 12. 31.	0원
제27기	2027. 1. 1. ~ 2027. 12. 31.	0원
제28기	2028. 1. 1. ~ 2028. 12. 31.	7,000,000원

2. ㈜한강이 기계장치 K에 대하여 감가상각방법과 내용연수를 신고하지 않았다고 가정한다. 기계장치 K에 대한 기준내용연수는 5년이며 이와 관련하여 상각률 표는 다음과 같다.

내용연수	4	5	6	7	8	9	10
정액법	0.250	0.200	0.166	0.142	0.125	0.111	0.100
정률법	0.528	0.451	0.394	0.349	0.313	0.284	0.259

3. 제28기 말에 기계장치 K를 44,000,000원에 처분하고 다음과 같이 회계처리하였다.

(차) 현금	44,000,000	(대) 기계장치	70,000,000
감가상각누계액	59,000,000	기계장치처분이익	33,000,000

〈자료 7〉

㈜한강은 2024. 1. 8.에 시가 800,000,000원인 건물을 대표이사에게 현금 1,000,000,000원을 지급하여 취득하고 그 가액을 취득가액으로 계상하였다. 당기 감가상각비로는 73,000,000원을 계상하였다. 위 건물의 신고내용연수는 40년이며 상각률은 정액법 0.025 정률법 0.073이다.

〈자료 8〉

1. ㈜한강의 손익계산서상 이자비용의 명세는 다음과 같다. (1년은 360일로 가정한다)

구분	이자율	이자비용	차입금 적수	비고
사채(私債)이자	27%	22,500,000원	30,000,000,000	채권자 불분명[주1]
W은행 차입금	12%	2,000,000원	6,000,000,000	
T은행 차입금	10%	2,500,000원	9,000,000,000	
K은행 차입금	8%	800,000원	3,600,000,000	전액 건물 신축에 사용[주2]
합계		27,800,000원	48,600,000,000	

(주1) 이자비용에는 원천징수세액 6,187,500원이 포함되어 있다.

(주2) 당기 말 현재 건설이 완료되지 않은 상태이다.

2. 가지급금 지급내역의 명세는 다음과 같다.

대상자	대상기간	지급금액	비고
전무 Y	180일	20,000,000원	업무무관대여금[주1]
영업부장 D	270일	5,000,000원	직원에 대한 경조사비 대여액[주2]

(주1) 세법상 정하고 있는 가지급금 인정이자율 이상의 이자를 수령하고 있다.

(주2) 이자를 전혀 수령하고 있지 않다.

[물음 1] 〈자료 1〉에 의하여 ㈜한강의 제24기 사업연도 세무조정을 하시오. (2점)

[물음 2] 〈자료 2〉에 의하여 ㈜한강의 제24기 사업연도 세무조정을 하시오. (5점)

[물음 3] 〈자료 3〉에 의하여 ㈜한강의 제24기 사업연도 세무조정을 하시오. (2점)

[물음 4] 〈자료 4〉에 의하여 ㈜한강의 제24기 사업연도 세무조정을 하시오. (3점)

[물음 5] 〈자료 5〉에 의하여 ㈜한강의 제24기 사업연도 세무조정을 하시오. (4점)

[물음 6] 〈자료 6〉에 의하여 ㈜한강의 제24기부터 제28기까지의 세무조정을 하시오. 단, 세무
조정란은 가산조정이면 'A', 차감조정이면 'B'로 기입하시오. (7점)

[물음 7] 〈자료 7〉에 의하여 ㈜한강의 제24기 사업연도 세무조정을 하시오. (3점)

[물음 8] 〈자료 8〉에 의하여 ㈜한강의 제24기 사업연도 세무조정을 하시오. 단, 조정유형은 가
산조정(익금산입·손금불산입)이면 A로 기재하고 차감조정(손금산입·익금불산입)이
면 B로 기재하시오. (4점)

문제 2

다음 자료를 바탕으로 각 물음에 답하시오. (단, 각 〈자료〉는 상호 독립적이다) (20점)

〈자료 1〉

㈜한강은 제24기(당기) 사업연도(2024. 1. 1. ~ 2024. 12. 31.) 말에 해산을 결의한 후 등기하였고 청산절차에 착수하였다. ㈜한강은 영리내국법인이다.

1. ㈜한강은 청산절차를 진행하면서 아래와 같이 자산을 환가하였으며 모든 부채는 500,000,000원(재무상태표상 금액과 동일)에 상환하였다.

자산 환가내역

구분	환가액
재고자산	100,000,000원
토지	400,000,000원
건물	300,000,000원
기계장치	90,000,000원

2. 자산 환가내역에 제시한 자산 이외의 해산등기일 현재 재무상태표상 자산은 현금 8,000,000원만 있으며 이외의 자산은 없고 자산 총액은 758,000,000원이다.

3. ㈜한강은 제20기 사업연도 말에 자본잉여금 전액 20,000,000원을 자본금에 전입하여 무상주를 발행하였다. 동 자본잉여금은 전액 ㈜한강 설립 시에 주당 액면 5,000원인 주식 20,000주를 주당 6,000원에 발행함에 따라 발생한 것이다. 해산등기일 현재 재무상태표상 ㈜한강의 자본은 자본금과 이익잉여금으로 구성되어 있고, 설립 시 주식 발행과 제20기 무상주 발행을 제외하고는 주식을 추가로 발행하지 않았다.

4. 재고자산 평가방법의 임의변경에 대한 익금산입 20,000,000원(유보) 및 건물에 대한 감가상각비 한도초과에 따른 손금불산입(유보) 5,000,000원으로 처리한 세무조정항목이 제24기 말 자본금과 적립금 조정명세서(을)표에 있다.

5. ㈜한강의 제24기 말 자본금과 적립금 조정명세서(갑)표에는 제16기 사업연도 발생분 130,000,000원과 제22기 사업연도 발생분 60,000,000원이 이월결손금 잔액으로 있다.

〈자료 2〉

다음은 ㈜태백의 제24기(당기) 사업연도(2024. 1. 1. ~ 2024. 12. 31.)의 법인세 신고와 관련한 자료이다. ㈜태백은 영리내국법인이며 중소기업이 아니고 제조업을 영위하고 있다.

1. ㈜태백의 당기 손익계산서상 매출액은 제품매출액 15,500,000,000원이다. 동 제품매출액은 매출환입액 200,000,000원이 차감된 금액이며, 「법인세법」상 특수관계인인 관계회사에 대한 매출액 5,000,000,000원이 포함된 금액이다.

2. ㈜태백은 손익계산서상 중단사업손익 200,000,000원을 계상하고 있으며 중단사업손익에는 중단사업부문의 매출액 5,000,000,000원이 포함되어 있다.

3. ㈜태백의 기업업무추진비 관련 당기 회계처리내역은 다음과 같으며 모두 적격증빙을 수취하였다.

구분	금액	접대일	회계처리내역
기업업무추진비 1	4,000,000원	2023. 12. 24.	당기비용으로 회계처리
기업업무추진비 2	55,800,000원	2024. 6. 16.	선급비용으로 회계처리
기업업무추진비 3	12,000,000원	2024. 8. 17.	당기비용으로 회계처리 (문화기업업무추진비에 해당함)

4. ㈜태백의 기업업무추진비 및 외국납부세액 관련 세무조정 이외의 모든 세무조정이 반영된 제24기 법인세 각사업연도소득금액은 340,000,000원이다. 이 금액에는 「조세특례제한법」에 따라 익금불산입된 70,000,000원(최저한세 대상임)이 반영되어 있다.

5. 제21기에 발생한 세무상 이월결손금 40,000,000원(국내발생분임)이 있으며 비과세소득과 소득공제는 없다.

6. ㈜태백은 제23기에 감독당국으로부터 분식회계를 한 사실이 적발되어 주의조치를 받았다. 이에 ㈜태백은 관할 세무서장에게 감액경정청구를 하였고 2024. 12. 10.에 감액경정을 받았다. 감액경정을 받은 과다납부세액은 1,000,000원이다.

7. ㈜태백은 외국으로 진출을 하기 위하여 외국에 본점을 둔 A사에 해외투자(지분율 50%)를 하였고(투자일 2022. 12. 31.) 해외투자처로부터 배당금(수령일 2024. 5. 2.)을 수령받았다. 동 배당금 관련 내역은 다음과 같다. ㈜태백은 외국납부세액공제방식을 선택하였으며 직접 납부한 국외원천징수세액은 비용으로 처리하였다.

구분	금액
수입배당금(원천징수세액 포함)	60,000,000원
수입배당금 국외원천징수세액	5,000,000원
A사 소득금액	400,000,000원
A사 법인세액	200,000,000원

8. 연구 및 인력개발비의 세액공제액은 3,800,000원이며, 중간예납세액은 1,500,000원이다.

[물음 1] 〈자료 1〉을 이용하여 ㈜한강의 (1) 청산소득금액을 계산하고 (2) 〈자료 1〉과는 상관없이 청산소득금액이 300,000,000원이라고 가정할 경우 이에 대한 법인세액을 계산하여 다음의 답안 양식에 따라 제시하시오. (5점)

(답안 양식)

(1) 청산소득금액	
(2) 청산소득에 대한 법인세액	

[물음 2] 〈자료 2〉를 이용하여 ㈜태백의 (1) 기업업무추진비 및 외국납부세액 관련 세무조정내역, (2) 과세표준을 다음의 답안 양식에 따라 제시하시오. (6점)

(답안 양식)
(1) 세무조정내역

익금산입 및 손금불산입			손금산입 및 익금불산입		
과목	금액	소득처분	과목	금액	소득처분
·	·	·	·	·	·
·	·	·	·	·	·
·	·	·	·	·	·

(2) 각사업연도소득금액 및 과세표준

각사업연도소득금액	
과세표준	

[물음 3] 〈자료 2〉에서 ㈜태백의 각사업연도소득금액 340,000,000원을 기업업무추진비 및 외국납부세액을 포함한 모든 세무조정이 반영된 금액으로 가정할 경우 다음의 답안 양식에 따라 (1) 최저한세액 (2) 외국납부세액공제금액 (3) 차감납부할 세액을 구하시오. (감면배제세액이 발생할 경우 「법인세법」상 경정 시의 순서에 따른다) (6점)

(답안 양식)

(1) 최저한세액	
(2) 외국납부세액공제금액	
(3) 차감납부할 세액	

[물음 4] [물음 3]의 가정에 더하여 ㈜태백의 현재 과세기간(제24기)이 최초로 중소기업에 해당하지 않게 된 과세연도의 개시일부터 3년 이내인 과세기간으로 가정하고 최저한세액을 구하시오. (3점)

문제 3

다음 자료를 바탕으로 각 물음에 답하시오. (단, 각 〈자료〉는 상호 독립적이다) (30점)

〈자료 1〉

다음은 거주자 박이흠(비사업자)의 2024년도 귀속 금융소득 관련 자료이다.

1. 공동사업에 출자하여 출자공동사업자로서 3,000,000원의 배당소득을 수령하였다.
2. 국내에서 원천징수되지 않은 국외배당소득 2,000,000원이 있다.
3. 직장공제회를 탈퇴하면서 10년간 납입한 원금 30,000,000원에 대한 반환금으로 36,000,000원을 수령하였다.
4. 상환기간이 3년인 회사채의 만기 도래로 이자 5,000,000원을 수령하였다.
5. 2016년에 가입하여 총불입액이 46,000,000원인 10년 만기 월 적립식 저축성 보험을 4월 15일에 해약하고 환급액 50,000,000원을 수령하였다.
6. 지인에게 빌려주었던 사채(私債) 원금 300,000,000원과 이자 18,000,000원을 회수하였다. 이 사채(私債)의 원금은 은행에서 차입한 것으로 이 차입금에 대한 은행이자는 12,000,000원이다.
7. 공사채에 50%, 주식에 50%를 투자하는 「소득세법 시행령」 제26조의2에 의한 집합투자기구에서 발생한 이익 32,000,000원이 있다. 그 내역은 상장주식으로부터의 배당금 2,000,000원, 상장주식처분이익 12,000,000원, 벤처기업주식처분이익 8,000,000원, 비상장주식처분이익 5,000,000원, 채권처분이익 3,000,000원, 채권이자 2,000,000원으로 구성되어 있으며, 이 금액은 집합투자기구에 대한 보수 2,500,000원을 지급한 후의 금액이다.
8. 보유하고 있는 거래소 상장법인 ㈜백두의 주식에 대하여 현금배당 8,000,000원과 이익잉여금의 자본금전입에 의한 주식배당 12,000주(1주당 액면가액 500원, 시가 8,000원)를 수령하였다. 또 코스닥 상장법인인 ㈜소백으로부터는 주식발행초과금을 자본금전입하여 발행한 무상주 40,000주(1주당 액면가액 500원, 시가 12,000원)를 수령하였다. 수령한 무상주 중에서 10,000주는 ㈜소백의 자기주식 보유분 전체를 재배정함에 따라 거주자 박이흠이 추가로 수령한 것이다.

〈자료 2〉

다음은 동업기업 과세특례를 신청한 동업기업인 합자회사 설악의 2024년 자료이다.

1. 설악에 출자한 동업자와 손익배분비율

동업자	손익배분비율	비고
이파랑	60%	거주자
김노랑	20%	거주자, 수동적 동업자
A법인	20%	내국법인, 수동적 동업자

2. 설악의 2024년도 손익계산서

손익계산서 (단위: 원)

매출원가	3,600,000,000	매출액	5,000,000,000
인건비	1,220,000,000	비영업대금 이자수익	30,000,000
대손상각비	24,000,000	부동산처분이익(주1)	200,000,000
당기순이익	406,000,000	기계장치처분이익(주2)	20,000,000
합계	5,250,000,000	합계	5,250,000,000

(주1) 부동산처분이익은 양도소득세 계산상 양도소득과 동일한 금액이라고 가정한다.

(주2) 사업용 기계장치처분이익이다.

3. 설악의 대손충당금 관련 세무조정내역

2024년 말 현재 재무상태표에 나타난 채권은 다음과 같으며, 대손충당금 기말잔액은 30,000,000원이고 대손실적률은 1%이다.

구분	금액
기계장치처분 미수금	120,000,000원
대여금(주1)	340,000,000원
외상매출금	1,800,000,000원
합계	2,260,000,000원

(주1) 대여금은 특수관계 없는 거래처에 대한 대여금이다.

4. 동업기업인 설악을 복식부기의무자로 가정한다.

〈자료 3〉

다음은 거주자 최재흠이 2024년에 본인 소유의 건물을 양도한 것과 관련한 자료이다.

1. 건물의 양도일은 2024. 4. 2.이고, 취득일은 2007. 8. 20.이다. 건물을 취득한 즉시 등기하였고, 이때부터 전체가 4층인 건물의 1, 2, 3층은 임대하고 4층에서는 최재흠의 가족 전원이 입주하여 양도 시까지 계속 거주하였다. 최재흠과 그 가족들은 양도 당시 국내에 다른 주택이나 조합원입주권을 보유하고 있지 않다.

2. 동 건물에 부속된 토지의 면적은 450m²이고, 건물의 연면적은 960m²이고, 이 중에서 최재흠의 가족이 주택으로 사용한 4층의 면적은 240m²이다. 건물의 취득가액은 확인할 수 없으며 실지 양도가액은 6,000,000,000원이다. 또 취득 당시와 양도 당시의 국세청장 고시가격은 2,000,000,000원과 4,000,000,000원이다.

3. 동 건물을 취득한 후에 최재흠은 엘리베이터 설치비용 80,000,000원과 주차장 시설을 위한 토지정지비용 15,000,000원을 지출하였다. 건물의 임대와 관련하여 취득 시부터 양도일까지 사업소득 필요경비에 산입한 감가상각비는 325,000,000원이다.

4. 15년 이상 보유한 부동산에 대한 장기보유특별공제율은 다음과 같다.

1세대 1주택		1세대 1주택 이외의 자산
보유기간	거주기간	
40%	40%	30%

〈자료 4〉

다음은 「소득세법」과 「조세특례제한법」에 의한 성실사업자인 거주자 신태산의 2024년도 귀속 소득에 관한 자료이다.

1. 신태산(42세)은 부양가족으로 63세인 어머니와 41세인 부인, 15세와 12세의 두 자녀를 두고 있다. 부양가족 중에서 어머니는 장애인이다.

2. 신태산의 소득금액은 58,000,000원이고, 부인의 소득금액은 6,000,000원이다.

3. 어머니 의료비 3,500,000원, 본인 의료비 800,000원, 자녀(건강보험 산정특례자 아님) 의료비 1,940,000원을 지출하였다.

4. 일반보장성 보험료 1,200,000원과 연금저축계좌 납입액 6,000,000원을 납부하였다.

5. 두 자녀의 초등학교 교육비 3,000,000원과 영어학원 수강료 4,000,000원, 신태산 본인의 직업능력개발훈련비 2,400,000원을 지출하였다.

6. 무주택자인 신태산과 가족이 현재 거주하고 있는 주택(국민주택 규모)에 대한 월세액으로 연간 12,000,000원을 지급하였다.

소득세 기본세율

종합소득과세표준	세율
1천 400만원 초과 5,000만원 이하	84만원 + 1천 400만원을 초과하는 금액의 15%
5,000만원 초과 8천 800만원 이하	624만원 + 5,000만원을 초과하는 금액의 24%

[물음 1] 〈자료 1〉을 이용하여 거주자 박이흠의 종합소득금액에 합산될 금융소득을 다음 양식에 따라 제시하시오. (단, 별도의 언급이 없는 한 원천징수는 「소득세법」에 따라 적법하게 이루어 졌다고 가정한다) (10점)

소득구분	내역	금액
이자소득	1. 2. . .	
소계		
배당소득	1. 2. . .	
소계		

[물음 2] 〈자료 2〉를 이용하여 각 동업자가 배분받을 소득금액을 다음 양식에 따라 제시하시오. (7점)

동업자	배분받을 소득금액의 구분	금액
이파랑	1. · ·	
김노랑	1. · ·	
A법인	1. · ·	

[물음 3] 〈자료 3〉을 이용하여 거주자 최재흠의 2024년 귀속 양도소득 과세표준을 다음 양식에 의하여 계산하시오. (7점)

구분	금액
1. 양도가액	
2. 취득가액	
3. 기타 필요경비	
4. 양도차익	
5. 비과세대상 양도차익	
6. 과세대상 양도차익	
7. 장기보유특별공제	
8. 양도소득금액	
9. 양도소득기본공제	
10. 양도소득과세표준	

[**물음 4**] 〈자료 4〉를 이용하여 신태산의 종합소득 결정세액을 다음 양식에 의하여 계산하시오. 신태산은 연말정산 대상 사업자가 아니고, 최저한세는 고려하지 않는다. (6점)

구분	금액
1. 사업소득금액	
2. 소득공제	
3. 과세표준	
4. 산출세액	
5. 세액공제	
1)	
2)	
·	
·	
6. 결정세액	

문제 4

다음 자료를 바탕으로 각 물음에 답하시오. (단, 각 〈자료〉는 상호 독립적이다) (20점)

〈자료 1〉

부동산 임대사업자인 이서진은 주택과 상가 겸용주택을 다음과 같이 임대하고 있다. 겸용주택은 도시지역 밖에 위치하고 있는 단층건물이며 건물면적은 150m², 겸용주택의 부수토지면적은 300m²이다.

1. 임대차 계약현황

   ① 임대기간: 2023. 7. 1. ~ 2025. 6. 30.

   ② 월 임대료: 2,000,000원(부가가치세 제외)

   ③ 임대보증금: 96,795,580원

   ④ 건물 임대현황: 주택임대면적 70m², 상가임대면적 80m²

2. 2024. 6. 30. 현재 건물의 기준시가와 감정가액은 다음과 같다.

구분	장부가액	감정가액	기준시가
토지	40,000,000원	60,000,000원	40,000,000원
건물	30,000,000원	40,000,000원	20,000,000원
합계	70,000,000원	100,000,000원	60,000,000원

3. 2024년 제1기 확정신고기간 종료일 현재 계약기간 1년의 정기예금이자율은 연 2.5%로 가정하고, 1년은 365일로 간주하고, 제1기 과세기간의 일수는 181일로 가정한다.

〈자료 2〉

1. 복숭아 판매와 복숭아통조림을 가공·판매하는 ㈜만세는 2024. 6. 25. 토지와 토지에 정착된 건물 및 기계장치를 532,500,000원(부가가치세 포함)에 일괄양도하였다. 양도일의 토지, 건물, 기계장치의 실지거래가액은 불분명하고, 취득가액, 장부가액 및 기준시가는 다음과 같으며 감정평가액은 없다.

구분	토지	건물	기계장치
취득가액	30,000,000원	50,000,000원	30,000,000원
장부가액	30,000,000원	40,000,000원	10,000,000원
기준시가	20,000,000원	30,000,000원	−

2. 건물은 복숭아 판매와 복숭아통조림 가공·판매에 공통으로 사용하는 용도이다. 건물 매입 시 사용면적비율에 의해 공통매입세액을 안분계산하였으며, 건물 사용면적비율은 복숭아 판매용 면적 30%, 복숭아통조림 가공·판매용 면적 70%이며, 이 면적은 취득 후 변동이 없다.

3. 기계장치는 복숭아통조림 가공용이다.

〈자료 3〉

㈜대한은 복숭아를 매입하여 복숭아통조림으로 가공·판매하는 과세사업자이다. 2018. 7. 1.부터 과세사업을 영위해오던 ㈜대한은 2024. 4. 1.부터 복숭아를 가공하지 않고 그대로 판매하는 면세사업을 병행하기로 하였다. 2024년 제1기 확정신고기간 중 4. 1.부터 6. 30.까지의 부가가치세 관련 자료는 다음과 같다. 특별한 언급이 없는 한 부가가치세가 포함되지 아니한 금액이며 적법하게 세금계산서를 교부하였다고 가정한다. ㈜대한은 중소기업이 아니다.

1. 2024. 4. 1.부터 6. 30.까지의 복숭아통조림 공급가액은 30,000,000원이며, 이 중 70%는 전자세금계산서를 발급하여 전송하고, 30%는 신용카드매출전표를 발행하였다. 2024. 3. 30. 복숭아통조림 공급가액 2,000,000원에 대해 세금계산서를 발급하였으나 예정신고 시 누락되어 확정신고와 함께 신고하기로 하였다.

2. 다음의 건물을 2024. 4. 1.부터 복숭아 판매를 위한 용도로만 사용하기 시작했으며, 관련 자료는 다음과 같다.

종류	취득일	취득가액	시가	재무상태표상 감가상각누계액
토지	2021. 3. 5.	23,000,000원	30,000,000원	–
건물(주1)	2021. 3. 5.	36,000,000원	25,000,000원	3,400,000원

(주1) 건물 취득 시 매입세액공제액은 3,000,000원이며, 재무상태표상 감가상각누계액에는 감가상각 부인액 600,000원이 포함되어 있다.

3. 2024. 4. 2. 복숭아 가공을 위한 커터기계를 4,400,000원(부가가치세 포함)에 매입하면서 공급가액과 부가가치세액이 별도로 기재된 신용카드매출전표를 수령하고, 수령명세서를 적법하게 제출하였다.

4. 2024. 4. 3. 복숭아통조림 가공·판매사업과 복숭아 판매사업에 같이 사용할 목적으로 운송용 트럭을 15,000,000원에 구입하고 세금계산서를 수령하였다.
   2023년 제2기와 2024년 제1기의 공급가액 자료는 다음과 같다.

구분	2023년 제2기	2024년 제1기
과세	48,000,000원	75,200,000원
면세	–	24,800,000원
합계	48,000,000원	100,000,000원

5. ㈜대한의 2024년 제1기 과세기간 동안 면세 농산물인 복숭아 12,000,000원을 농민으로부터 직접 매입하여 그 중 7,000,000원은 복숭아통조림의 가공에 사용하고, 3,000,000원은 복숭아를 가공하지 않고 그대로 판매하였다. 나머지 2,000,000원은 기말재고로 남아 있다. 2023년 제2기 과세기간으로부터 이월된 복숭아 재고는 없다. 2024년 제1기의 공급가액 자료는 위 4.의 자료와 같다. 의제매입세액공제신고서는 적법하게 제출하였으며, 2024년 제1기 예정신고 시 의제매입세액공제액은 없다.

6. 2024. 6. 5. 매출채권 가운데 대손 확정된 대손액 1,100,000원(부가가치세 포함)은 관련 재화의 공급일로부터 5년이 경과하여 「상법」상의 소멸시효가 완성된 것으로 대손요건을 모두 충족하고 또 대손세액공제신고서와 대손사실을 증명하는 서류를 제출한 것이다. 한편 2023년 제1기 확정신고 시 대손세액공제를 받은 부도어음 5,500,000원 중 2,750,000원(부가가치세 포함)을 2024. 6. 10. 회수하였다.

7. 2024. 6. 10. ㈜대한의 대표이사는 거래처인 ㈜민국에 대한 접대를 목적으로 회식비 1,650,000원(부가가치세 포함)을 지출하고 세금계산서를 수취하였다.

8. 2024. 6. 12. 세금계산서 발급의무가 있는 세무사로부터 과세사업과 관련하여 세무자문을 받고 관련 자문상담료 2,000,000원(부가가치세 포함)을 지급하였으나, 세무사가 세금계산서를 발급하지 아니함에 따라 매입자발행 세금계산서의 발급을 기한 내에 신청하고 관할 세무서의 확인을 받아 공급시기의 확정기한 내에 매입자발행 세금계산서를 발급하였다.

[물음 1] 〈자료 1〉을 이용하여 2024년 제1기 과세기간(1. 1. ～ 6. 30.) 부동산 임대사업자인 이서진의 임대 관련 부가가치세 공급가액을 계산하시오. (3점)

[물음 2] 〈자료 2〉를 이용하여 토지, 건물, 기계장치의 과세표준을 계산하시오. (4점)

[물음 3-1] 〈자료 3〉을 이용하여 과세표준 및 매출세액 관련 신고내용을 부가가치세 신고서 작성요령에 따라 (양식 1)을 보고 답안 양식에 해당사항만 기입하시오. (단, 답안에 신고내용 구분번호 (   )를 반드시 적으시오) (5점)

(양식 1) 일반과세자 부가가치세 신고서 별지 제21호 서식임(이하 동일)

❶ 신고내용

구분			구분 번호	금액	세율	세액
과세 표준 및 매출 세액	과세	세금계산서 발급분	(1)		10 / 100	
		매입자발행 세금계산서	(2)		10 / 100	
		신용카드·현금영수증 발행분	(3)		10 / 100	
		기타(정규영수증 외 매출분)	(4)			
	영세율	세금계산서 발급분	(5)		0 / 100	
		기타	(6)		0 / 100	
	예정신고 누락분		(7)			
	대손세액 가감		(8)			
	합계		(9)	기입불필요	㉮	기입불필요

(답안 양식)

구분번호	금액	세액
(1)	○○○○○	××××
(3)	○○○○○	××××
(5)	○○○○○	××××
.		

[물음 3-2] 〈자료 3〉을 이용하여 매입세액 관련 자료의 신고내용을 부가가치세 신고서 작성요령에 따라 (양식 2), (양식 3)을 보고 답안 양식에 해당사항만 기입하시오. (단, 답안에 신고내용 구분번호 (　)를 반드시 적으시오) (6점)

(양식 2)

매입 세액	구분		구분 번호	금액	세율	세액
	세금계산서 수취분	일반 매입	(10)			
		고정자산 매입	(11)			
	예정신고 누락분		(12)			
	매입자발행 세금계산서		(13)			
	(중략)					
	납부(환급)세액 (매출세액㉮ – 매입세액㉯)				㉰	기입불필요

(양식 3)

⑭ 그 밖의 공제 매입세액 명세	구분		구분 번호	금액	세율	세액
	신용카드매출전표등 수령명세서 제출분	일반 매입	(41)			
		고정자산 매입	(42)			
	의제매입세액		(43)			
	재활용폐자원 등 매입세액		(44)			
	(중략)					
	변제대손세액		(47)			
	외국인 관광객에 대한 환급세액		(48)			
	합계		(49)	기입불필요		기입불필요

(답안 양식)

구분번호	금액	세액
(10)	○○○○○	××××
(11)	○○○○○	××××
(12)	○○○○○	××××
(40)	○○○○○	××××
·		

[물음 3-3] 〈자료 3〉을 이용하여 공제받지 못할 매입세액명세 신고내용을 부가가치세 신고서 작성요령에 따라 (양식 4)를 보고 답안 양식에 해당사항만 기입하시오. (단, 답안에 신고내용 구분번호 (   )를 반드시 적으시오) (2점)

(양식 4)

(16) 공제받지 못할 매입세액 명세	구분	구분 번호	금액	세율	세액
	공제받지 못할 매입세액	(50)			
	공통매입세액 면세사업등분	(51)			
	대손처분받은 세액	(52)			
	합계	(53)	기입불필요		기입불필요

(답안 양식)

구분번호	금액	세액
(50)	○○○○○	××××
(51)	○○○○○	××××
(52)	○○○○○	××××

문제 1

[물음 1]

익금산입 및 손금불산입			손금산입 및 익금불산입		
과목	금액	소득처분	과목	금액	소득처분
이익잉여금	15,000,000	기타	잡이익	450,000	기타

업무용 자산의 재산세 환급액은 익금에 해당한다. 다만, 국세 및 지방세 환급가산금은 익금에 산입하지 않는다. 익금항목(재산세 환급액)을 당기수익으로 처리하지 않은 것에 대해서는 익금산입으로 세무조정하고, 익금불산입 항목(가산금)을 당기수익으로 처리하였으므로 익금불산입한다.

[물음 2]

익금불산입	주식할인발행차금	200,000,000	기타
익금불산입	이월결손금 보전분	350,000,000	기타
익금불산입	채무면제이익(과세이연)	150,000,000	기타(유보)

1. 출자전환 시 세무상 처리

(차) 차입금	1,100,000,000	(대) 자본금	600,000,000
		채무면제이익	500,000,000

채무의 출자전환으로 발행하는 주식의 시가가 액면가액에 미달하는 경우에는 액면가액을 초과하여 발행된 금액을 채무면제이익으로 보아 익금에 산입한다.

2. 채무면제이익을 이월결손금 보전에 충당

채무면제이익을 이월결손금 보전에 충당할 때 합병·분할 시 승계한 이월결손금은 적용되지 아니한다.

[물음 3]

세무조정	과목	금액	소득처분
익금불산입	잡이익(금융자산)	64,800,000	△유보

1. 의제배당

구분	금액	비고
1. 감자대가	192,000,000	20,000주 × 30% × 32,000
2. 취득원가	64,800,000	6,000주 × 10,800
3. 의제배당	127,200,000	

2. 소각되는 주식의 단가

취득일	주식 수	취득단가	평균단가	비고
2020. 4. 19.	7,000주	@18,000	@18,000	
2022. 9. 25.	9,000주	@10,000	@13,500	
2022. 10. 14.	4,000주		@10,800	(126,000,000 + 90,000,000) ÷ 20,000주
합계	20,000주			

① 재무구조개선적립금은 임의적립금으로서 이익잉여금에 속한다.

② 감자결의일부터 2년 이전에 과세되지 않은 무상주가 있는 경우에는 평균단가에 따른다.

[물음 4]

구분	익금산입 및 손금불산입			손금산입 및 익금불산입		
	과목	금액	소득처분	과목	금액	소득처분
출자임원 A	상여금	20,000,000	상여			
비출자임원 B	상여금	5,000,000	상여			
	퇴직금	12,200,000	상여			

1. 임원상여금 한도초과액

법인이 임원에게 지급하는 상여금 중 정관·주주총회·사원총회 또는 이사회의 결의에 의하여 결정된 급여지 급기준에 의하여 지급하는 금액을 초과하여 지급한 경우 그 초과금액은 이를 손금에 산입하지 아니한다. 따라 서 직원에 대한 상여금은 지급기준을 초과하여 지급한 경우라도 손금에 산입한다.

① 출자임원 A: 40,000,000 − (100,000,000 × 20%) = 20,000,000

② 비출자임원 B: 19,000,000 − (70,000,000 × 20%) = 5,000,000

2. 임원퇴직금 한도초과액

법인이 임원 또는 직원에게 지급하는 퇴직급여는 임원 또는 직원이 현실적으로 퇴직하는 경우에 지급하는 것 에 한하여 이를 손금에 산입한다. 다만, 임원에게 지급하는 퇴직금은 다음 중 어느 하나에 해당하는 금액을 초과하는 금액은 손금에 산입하지 아니한다.

> ① 정관에 퇴직급여(퇴직위로금 등을 포함)로 지급할 금액이 정하여진 경우에는 정관에 정하여진 금액
> ② 위 ①의 규정이 없는 경우
> 총급여액 × 10% × 근속연수(1년 미만은 월수로 계산하되, 1개월 미만은 제외)

총급여액은 퇴직하는 날부터 소급하여 1년 동안의 총급여액(인정상여, 직무발명보상금, 비과세소득은 제외) 으로 한다. 직원이 현실적인 퇴직으로 퇴직함에 따라 지급하는 퇴직금은 한도 없이 손금에 산입한다.

$$50,000,000 - (70,000,000 + 14,000,000) \times 4\frac{6}{12} \times 10\% = 12,200,000$$

70,000,000 × 20%

[물음 5]

익금산입 및 손금불산입			손금산입 및 익금불산입		
과목	금액	소득처분	과목	금액	소득처분
미지급기부금	270,000,000	유보			
일반기부금 한도초과액	37,900,000	기타사외유출			

1. 미지급기부금

기부금은 그 지출한 날이 속하는 사업연도에 손금으로 산입한다. (현금주의) 따라서 법인이 미지급금으로 계상한 사업연도에는 동 미지급금 전액을 손금불산입 및 유보로 소득처분한다. 이후 동 기부금이 실제로 지출되는 사업연도에 손금산입 및 △유보로 소득처분하고, 지출한 사업연도의 한도초과액은 손금불산입(기타사외유출)한다.

2. 현물기부금

(1) 평가

특례기부금 또는 특수관계인이 아닌 자에게 기부한 일반기부금은 장부가액으로 평가한다. 그 외 비지정기부금 또는 특수관계인인 단체에 기부한 일반기부금은 시가와 장부가액 중 큰 금액으로 평가한다.

(2) 세무조정 원리

회계처리		세법상 재구성	
(차) 기부금　43,000,000		(차) 기부금　55,000,000	
(대) 제품	43,000,000	(대) 제품	43,000,000
		처분이익	12,000,000

기부금 12,000,000원과 처분이익 12,000,000원이 동시에 누락되어 있으므로, 별도로 세무조정하지 않고 일반기부금 지출액만 시가로 의제한다.

3. 당기 기부금 구분

일반기부금: 30,000,000(장학금) + 55,000,000(현물기부금) = 85,000,000

4. 기준소득금액

(1) 차가감소득금액: 256,000,000 + 270,000,000 = 526,000,000

(2) 기준소득금액: 526,000,000 + 85,000,000 = 611,000,000

5. 일반기부금 시부인 계산

(1) 한도액: (611,000,000 − 140,000,000) × 10% = 47,100,000

(2) 한도초과액: 85,000,000 − 47,100,000 = 37,900,000

[물음 6]

구분	세무조정	금액	소득처분
제24기	A	8,430,000	유보
제25기	B	5,331,930	△유보
제26기	B	9,515,230	△유보
제27기	B	5,223,861	△유보
제28기	A	11,641,021	유보

1. 감가상각범위액

구분	회사상각비	상각범위액
제24기	40,000,000	$70,000,000 \times 0.451 = 31,570,000$
제25기	12,000,000	$(70,000,000 - 31,570,000) \times 0.451 = 17,331,930$
제26기		$(70,000,000 - 31,570,000 - 17,331,930) \times 0.451 = 9,515,230$
제27기		$(70,000,000 - 31,570,000 - 17,331,930 - 9,515,229) \times 0.451 = 5,223,861$

2. 유보잔액(처분 전)

$8,430,000 - 5,331,930 - 9,515,230 - 5,223,861 = \triangle 11,641,021$

해당 사업연도에 자산을 처분한 경우에는 유보잔액만 추인하면 된다.

[물음 7]

세무조정	과목	금액	소득처분
손금산입	건물	200,000,000	△유보
익금산입	부당행위계산부인	200,000,000	상여
손금불산입	감가상각비(자산감액분)	14,600,000	유보
손금불산입	감가상각비(상각부인액)	38,400,000	유보

1. 건물

(1) 고가매입(부당행위계산부인)

시가와 거래가액의 차액이 3억원 이상이거나 시가의 5%에 상당하는 금액 이상인 경우에 한하여 부당행위계산부인 규정을 적용한다.

$(1,000,000,000 - 800,000,000) \geq Min(800,000,000 \times 5\%, \ 300,000,000)$
→ 부당행위계산부인 적용

(2) 회계처리와 세법상 재구성

회계처리		세법상 처리	
(차) 건물 1,000,000,000		(차) 건물 800,000,000	
(대) 현금 1,000,000,000		사외유출(상여) 200,000,000	
		(대) 현금 1,000,000,000	

(3) 감가상각비 세무조정

① 자산감액분 상각비(1단계)

$$73,000,000 \times \frac{200,000,000}{1,000,000,000} = 14,600,000(손금불산입)$$

② 감가상각 시부인(2단계)

구분	금액	비고
1. 회사계상액	58,400,000	73,000,000 − 14,600,000
2. 상각범위액	20,000,000	(1,000,000,000 − 200,000,000) × 0.025
3. 상각부인액	38,400,000	

[물음 8]

조정유형	과목	금액	소득처분
A	채권자 불분명 사채이자	16,312,500	상여
A	채권자 불분명 사채이자	6,187,500	기타사외유출
A	건설중인자산	800,000	유보
A	업무무관자산 관련 이자	1,080,000	기타사외유출

1. 업무무관가지급금

사용자에 대한 경조사비 대여액은 가지급금으로 보지 아니한다. 따라서 전무 Y에 대한 대여금만 업무무관가지급금으로 본다. 전무 Y로부터 적정이자를 수령하더라도 지급이자 손금불산입 적용대상이다. 단, 인정이자에 대해 추가적으로 익금산입하지 아니한다.

2. 지급이자 손금불산입

채권자 불분명 사채이자와 건설자금이자를 먼저 손금부인하고, 남은 이자비용(W은행, T은행 차입금)을 업무무관자산과 관련된 이자비용으로 본다.

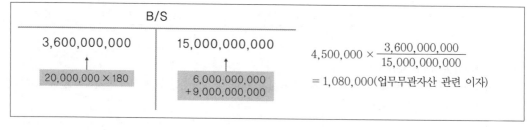

문제 2

[물음 1]

(1) 청산소득금액	278,000,000	398,000,000 − 120,000,000
(2) 청산소득에 대한 법인세액	37,000,000	18,000,000 + (300,000,000 − 200,000,000) × 19%

1. 잔여재산의 가액

구분	금액	비고
자산 환가액 + 현금	898,000,000	890,000,000 + 8,000,000
부채총액	(−)500,000,000	
잔여재산의 가액	398,000,000	

잔여재산가액은 실제로 환가한 금액을 기준으로 산정한다. 현금은 환가대상이 아니므로 별도로 잔여재산가액에 합산하여야 한다.

2. 세무상 자기자본

구분	금액	비고
1. 자본금	120,000,000	5,000 × 20,000주 + 20,000,000
2. 세무상 잉여금	163,000,000	138,000,000 + 25,000,000(유보잔액)
3. 이월결손금	(−)163,000,000	Min(190,000,000, 163,000,000)
4. 세무상 자기자본	120,000,000	

(1) 자본금

회사는 설립 시 주식 발행과 제20기 무상주 발행을 제외하고는 주식을 추가로 발행하지 않았다. 해산등기일 전 2년 이내에 자본금에 전입한 잉여금이 있는 경우에는 이를 자본에 전입하지 아니한 것으로 본다. 그러나 회사가 자본잉여금을 자본에 전입한 시점은 해산등기일로부터 2년 이전에 해당하므로 자본에 전입된 것으로 본다.

(2) 세무상 잉여금

회사의 장부가액을 기준으로 회계상 잉여금을 산정한다. 회계상 잉여금은 재무상태표상 자산금액에서 부채총액 및 자본금을 차감한 금액이다. 세무상 잉여금은 여기에 다시 유보를 가감한다.

758,000,000(자산) − 500,000,000(부채) − 120,000,000(자본금) = 138,000,000(회계상 잉여금)

(3) 이월결손금

청산소득 계산 시 자기자본에서 차감하는 세무상 이월결손금은 그 발생시점에 제한이 없다. 또한, 세무상 자기자본을 계산할 때 차감하는 세무상 이월결손금은 잉여금을 한도로 한다.

[물음 2]

(1)

익금산입 및 손금불산입			손금산입 및 익금불산입		
과목	금액	소득처분	과목	금액	소득처분
전기 발생 기업업무추진비	4,000,000	유보	선급비용	55,800,000	유보
기업업무추진비 한도초과	3,000,000	기타사외유출			
직접외국납부세액	5,000,000	기타사외유출			
간접외국납부세액	60,000,000	기타사외유출			
합계	72,000,000		합계	55,800,000	

1. 기업업무추진비 세무조정

1) 기업업무추진비 기간귀속

기업업무추진비의 손익귀속시기는 실제로 접대가 이루어진 때이다.

구분	귀속시기	세무조정	시부인 포함 여부	당기 기업업무추진비
기업업무추진비 1	전기	[손금불산입]	×	
기업업무추진비 2	당기	[손금산입]	○	55,800,000
기업업무추진비 3	당기		○	12,000,000
합계				67,800,000

2) 기업업무추진비 한도액

① 수입금액

일반수입금액: $15,500,000,000 - 5,000,000,000 + \underline{5,000,000,000} = 15,500,000,000$
↳ 중단사업매출액
특수관계인 수입금액: $5,000,000,000$

② 일반기업업무추진비 한도액

$12,000,000 + (100억원 \times 0.3\%) + (55억원 \times 0.2\%) + (50억원 \times 0.2\% \times 10\%) = 54,000,000$

③ 문화기업업무추진비 한도액: $Min(12,000,000, \ 54,000,000 \times 20\%) = 10,800,000$

④ 기업업무추진비 한도액: $54,000,000 + 10,800,000 = 64,800,000$

3) 기업업무추진비 한도초과액

$67,800,000 - 64,800,000 = 3,000,000$

2. 외국납부세액

1) 직접외국납부세액공제

수입배당금 국외원천징수세액은 직접외국납부세액공제대상이다. 당기 비용처리한 것을 손금불산입하고 세액공제를 적용한다.

(차) 현금	55,000,000	(대) 배당금수익	60,000,000
세금과공과(법인세비용)	5,000,000		

2) 간접외국납부세액공제

배당기준일 현재 6개월 이상 외국자회사의 의결권 있는 지분의 10% 이상을 보유한 경우에는 간접외국납부세액공제 규정을 적용한다. 간접외국납부세액을 익금산입하고 세액공제를 적용한다.

$$200,000,000 \times \frac{60,000,000}{400,000,000 - 200,000,000} = 60,000,000$$

(2)

각사업연도소득금액	356,200,000	340,000,000 + 72,000,000(가산조정) − 55,800,000(차감조정)
과세표준	316,200,000	356,200,000 − Min(40,000,000, 356,200,000 × 80%)

[물음 3]

(1) 최저한세액	37,000,000
(2) 외국납부세액공제금액	(15,300,000)
(3) 차감납부할 세액	20,000,000

1. 차감납부할 세액

구분	감면 후 세액	최저한세 계산	재계산
조특법상 익금불산입		70,000,000	
1. 각사업연도소득금액	340,000,000	410,000,000	360,000,000
2. 이월결손금	(−)40,000,000	(−)40,000,000	(−)40,000,000
3. 과세표준	300,000,000	370,000,000	320,000,000
× 세율	9%, 19%	10%	9%, 19%
4. 산출세액	37,000,000	37,000,000	40,800,000
5. 연구·인력개발비 세액공제(ㄱ)	(−)3,800,000		(−)3,800,000
6. 감면 후 세액	33,200,000		37,000,000
7. 외국납부세액(ㄴ)			(−)15,300,000
8. 사실과 다른 회계처리에 따른 세액공제(1,000,000 × 20%)			(−)200,000
9. 총부담세액			21,500,000
10. 기납부세액(중간예납)			(−)1,500,000
11. 차감납부할 세액			20,000,000

2. 외국납부세액공제

(1) 외국납부세액: 5,000,000 + 60,000,000 = 65,000,000

(2) 한도: $40,800,000 \times \dfrac{60,000,000 + 60,000,000}{320,000,000} = 15,300,000$

간접외국납부세액

[물음 4]

최저한세액	29,600,000	370,000,000 × 8% = 29,600,000	

감면 전 과세표준	비중소기업	일반중소기업 사회적 기업	기타
100억 이하	10%		중소기업이 최초로 중소기업에 해당되지
100억 초과 1,000억 이하	12%	7%	않은 경우 유예기간 경과 후 처음
1,000억 초과	17%		3년간은 8%, 그 다음 2년간은 9%

문제 3

[물음 1]

소득구분	내역	금액	비고
이자소득	1. 회사채이자	5,000,000	
	2. 저축성 보험차익	4,000,000	중도해지일까지의 가입기간 10년 미만
	3. 비영업대금이익	18,000,000	필요경비 인정되지 않음
소계		27,000,000	
배당소득	1. 출자공동사업자 배당	3,000,000	무조건 종합과세
	2. 국외배당소득	2,000,000	무조건 종합과세
	3. 집합투자기구이익	12,000,000	
	4. ㈜백두 현금배당	8,000,000	
	5. ㈜백두 주식배당	6,000,000	12,000주 × 500
	6. ㈜소백 의제배당	5,000,000	10,000주 × 500
소계		36,000,000	

[주의] [물음]에서 제시한 '금융소득'은 총수입금액을 의미하므로 Gross-up은 적용하지 않는다.

1. **직장공제회 초과반환금**

   1999. 1. 1. 이후 가입한 직장공제회 초과반환금은 무조건 분리과세대상 금융소득이다.

2. **저축성 보험차익**

   저축성 보험차익은 이자소득 과세가 원칙이다. 다만, 다음 중 어느 하나에 해당하는 보험차익은 제외한다.

   ① 최초로 보험료를 납입한 날부터 만기일 또는 중도해지일까지의 기간이 10년 이상으로서 대통령령으로 정하는 요건을 갖춘 보험

   ② 대통령령으로 정하는 요건을 갖춘 종신형 연금보험

3. 집합투자기구이익

구분	금액	비고
상장주식배당금	2,000,000	과세
상장주식처분이익	–	① 상장주식(외국법인주식은 제외), ② 상장주식을 대상으로 하는 장내파생상품, ③ 벤처기업주식의 거래나 평가로 발생한 손익은 과세대상에 포함하지 아니한다.
벤처기업주식처분이익	–	
비상장주식처분이익 등	10,000,000	채권처분이익, 채권이자도 모두 과세대상임
수수료	–	과세소득에서 차감(문제에서 이미 차감된 금액으로 가정함)
합계	12,000,000	

4. 주식배당

「상법」상 주식배당은 액면가액으로 발행하는 것이 원칙이다. 다만, 별도로 발행가액이 제시된 경우에는 발행가액으로 계산한다.

5. 자기주식실권에 따른 추가배정(의제배당)

무상주의 재원이 주식발행초과금이더라도 자기주식 보유분을 재배정함에 따라 추가로 수령하게 되어 지분율이 증가되는 경우에는 과세한다.

[물음 2]

1. 소득금액

구분	거주자군	내국법인군
1. 당기순이익	406,000,000	406,000,000
2. 세무조정		
(1) 이자수익	(−)30,000,000	
(2) 부동산처분이익	(−)200,000,000	
(3) 기계장치처분이익		
(4) 대손충당금	10,800,000	7,400,000
차가감소득금액	186,800,000	413,400,000
사업소득금액	186,800,000	413,400,000
이자소득금액	30,000,000	
양도소득금액	200,000,000	

(1) 대손충당금 세무조정

① 거주자군: $30,000,000 − (120,000,000 + 1,800,000,000) \times 1\% = 10,800,000$

② 내국법인군: $30,000,000 − 2,260,000,000 \times 1\% = 7,400,000$

2. 각 동업자의 소득금액

동업자	배분받을 소득금액의 구분	금액	비고
이파랑	1. 이자소득금액 2. 사업소득금액 3. 양도소득금액	18,000,000 112,080,000 120,000,000	30,000,000 × 60% 186,800,000 × 60% 200,000,000 × 60% 30 + 186.8 + 200
김노랑	1. 배당소득금액	83,360,000	416,800,000 × 20%
A법인	1. 각사업연도소득금액	82,680,000	413,400,000 × 20%

수동적 동업자(경영참여형 사모집합투자기구의 수동적 동업자 중 일부 수동적 동업자는 제외)의 경우에는 배분받은 소득금액을 배당소득으로 보아 소득세 또는 법인세를 과세한다.

[물음 3]

구분	고가주택(25%)	임대건물(75%)	금액
1. 양도가액	1,500,000,000	4,500,000,000	6,000,000,000
2. 취득가액	750,000,000	1,925,000,000	2,675,000,000
3. 기타 필요경비	15,000,000	45,000,000	60,000,000
4. 양도차익	735,000,000	2,530,000,000	3,265,000,000
5. 비과세대상 양도차익	588,000,000		588,000,000
6. 과세대상 양도차익	147,000,000	2,530,000,000	2,677,000,000
7. 장기보유특별공제	117,600,000	759,000,000	876,600,000
8. 양도소득금액	29,400,000	1,771,000,000	1,800,400,000
9. 양도소득기본공제		$735,000,000 \times \dfrac{12억원}{15억원}$	2,500,000
10. 양도소득과세표준			1,797,900,000

1. 양도가액

임대(상가임대로 간주함)면적이 주택면적 이상이므로 주택부분만 주택으로 본다. 부수토지는 건물 정착면적의 5배(1,200m²) 이내이므로 면적비율로 주택과 상가부분을 안분한다.

2. 취득가액 및 기타 필요경비

구분	취득가액	기타 필요경비
주택	$6,000,000,000 \times \dfrac{20억}{40억} \times 25\%$	$2,000,000,000 \times 25\% \times 3\%$
임대건물	$6,000,000,000 \times \dfrac{20억}{40억} \times 75\% - 325,000,000$	$2,000,000,000 \times 75\% \times 3\%$

① 실제 취득가액을 확인할 수 없으므로 취득가액은 환산취득가액으로 한다.
② 환산취득가액을 면적비율로 주택분과 임대건물분으로 나눈다.
③ 사업소득 계산 시 필요경비산입한 감가상각비를 임대건물의 취득가액에서 차감한다.
④ 환산취득가액을 적용하였으므로, 필요경비개산공제(취득 당시 기준시가의 3%)를 적용한다.

[물음 4]

구분	금액	비고
1. 사업소득금액	58,000,000	
2. 소득공제	8,000,000	1,500,000 × 4(본인, 어머니, 자녀 2명) + 2,000,000
3. 과세표준	50,000,000	
4. 산출세액	6,240,000	840,000 + (50,000,000 − 14,000,000) × 15%
5. 세액공제		
1) 자녀세액공제	350,000	8세 이상의 자녀(2명)
2) 연금계좌세액공제	720,000	Min[6,000,000, 6,000,000] × 12%
3) 의료비세액공제	675,000	(6,240,000 − 58,000,000 × 3%) × 15%
4) 교육비세액공제	450,000	3,000,000 × 15%
5) 월세세액공제	1,500,000	Min[12,000,000, 10,000,000] × 15%
6. 결정세액	2,545,000	종합소득금액 4,500만원 이하(초과): 17%(15%)

1. 성실사업자의 세액공제

　① 일반사업자는 의료비·교육비세액공제를 적용받을 수 없으나 성실사업자는 의료비·교육비세액공제를 적용받을 수 있다. 만일, 표준세액공제(연 12만원)보다 의료비·교육비·월세세액공제액 합계액이 큰 경우에는 의료비·교육비·월세세액공제를 적용한다.

　② 보험료세액공제는 근로소득자에 한하여 적용받을 수 있다. 성실사업자에 해당하더라도 공제받을 수 없다.

　③ 종합소득이 있는 거주자는 자녀세액공제, 연금계좌세액공제를 적용받을 수 있다.

　④ 해당 과세연도의 종합소득금액이 7천만원 이하인 성실사업자 또는 성실신고확인대상자는 월세세액공제를 적용받을 수 있다.

　⑤ 성실사업자의 공제대상 교육비에는 직업능력개발훈련을 위하여 지급한 수강료는 제외한다. 직업능력개발훈련을 위하여 지급한 수강료는 근로자에 한하여 인정되기 때문이다.

2. 의료비세액공제

유형	지출액	대상액	공제율	세액공제액
1. 난임시술비			30%	
2. 미숙아 등			20%	
3. 특정의료비	4,300,000	4,300,000	15%	645,000
4. 일반의료비	1,940,000	200,000	15%	30,000
합계	6,240,000	4,500,000		675,000

6,240,000 − 58,000,000 × 3%　　700만원 한도

총급여액 대신 사업소득금액(58,000,000)을 기준금액으로 한다.

문제 4

[물음 1]

1. 과세비율 계산

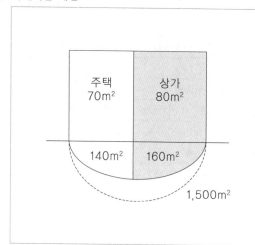

① 주택과 상가를 합한 면적의 5배(10배)가 전체 토지 면적(부수토지면적)을 초과하지 않으므로 건물과 토지의 과세면적비율은 동일하다.

② 건물과 토지의 과세비율이 동일하므로, 건물임대료와 토지임대료를 구분하지 않기로 한다. 만일, 건물과 토지의 과세비율이 다른 경우는 총임대료를 건물과 토지의 기준시가로 안분하여 건물임대료와 토지임대료를 각각 계산하여야 한다.

③ 과세비율

구분	과세	면세
건물	$\dfrac{80}{150}$	$\dfrac{70}{150}$
토지		

2. 공급가액

(1) 총임대료

월 임대료	12,000,000	$2,000,000 \times 6$개월
간주임대료	1,200,000	$96,795,580 \times 2.5\% \times \dfrac{181}{365}$
총임대료	13,200,000	

(2) 상가분 임대료(과세)

$$13,200,000 \times \frac{80}{150} = 7,040,000$$

[물음 2]

1. 안분계산에서 사용할 부가가치세액 산출

$$(30,000,000 + 40,000,000) \times \frac{30,000,000}{20,000,000 + 30,000,000}$$

구분	토지	건물	기계장치
장부가액	28,000,000	42,000,000	10,000,000
과세비율	–	70%	100%
과세공급가액	–	29,400,000	10,000,000
부가가치세	–	2,940,000	1,000,000

① 장부가액을 기준시가 있는 자산(토지와 건물)과 기준시가 없는 자산으로 구분한다.

② 기준시가 있는 자산의 장부가액을 다시 기준시가의 비율로 안분하여 재배치한다.

③ 건물의 경우 과세비율(사용면적비율)을 곱한 값으로 장부가액을 배치한다.

④ 장부가액을 기준으로 하여 부가가치세를 계산한다.

2. 과세표준

전체 장부가액 전체 부가가치세액(2,940,000 + 1,000,000)

구분	과세표준	비고	
토지	–	면세	
건물	186,508,220	$532,500,000 \times \dfrac{29,400,000}{80,000,000 + 3,940,000}$	
기계장치	63,438,170	$532,500,000 \times \dfrac{10,000,000}{80,000,000 + 3,940,000}$	
합계	249,946,390		

3. 검증

구분	공급가액	부가가치세	합계
토지	177,626,876	–	177,626,876
건물(면세)	79,932,094	–	79,932,094
건물(과세)	186,508,220	18,650,822	205,159,042
기계장치	63,438,170	6,343,818	69,781,988
합계	507,505,360	24,994,640	532,500,000

$532,500,000 \times \dfrac{28,000,000}{83,940,000}$

[물음 3-1]

구분번호	금액	세액	비고
(1)	21,000,000	2,100,000	30,000,000 × 70%
(3)	9,000,000	900,000	30,000,000 × 30%
(4)	21,000,000	2,100,000	3,000,000 ÷ 0.1 × (1 − 5% × 6)
(7)	2,000,000	200,000	
(8)	–	150,000	

1. 구분번호별 작성요령

(1) 과세(세금계산서 발급분)

복숭아통조림 공급가액 중 세금계산서 발급분(전자세금계산서 포함)만을 기재한다.

(3) 신용카드 · 현금영수증 발행분

재화나 용역을 공급하고 신용카드매출전표나 현금영수증을 발급한 경우에 기재한다.

(4) 기타(정규영수증 외 매출분)

세금계산서, 신용카드매출전표 또는 현금영수증을 발급하지 않았으나 과세대상에 포함되는 경우에 기재한다. 여기에는 간주공급(판매 목적 타사업장 반출분 제외)이 포함될 수 있으며, 세금계산서 발급대상이나 발급하지 아니한 경우, 순수 현금매출분(신용카드 · 현금영수증 미발급 등)이 포함될 수 있다.

(7) 예정신고 누락분

예정신고 시 누락되어 확정신고와 함께 신고하는 공급가액은 예정신고 누락분에 기재하여야 한다. 법인사업자는 전자세금계산서 발급의무가 있으므로 예정신고 시 누락분은 종이세금계산서를 발급한 것으로 추정할 수 있다.

⑻ 대손세액공제

① 대손세액은 과세표준에서 차감하지 않고 매출세액에서 차감한다. 따라서 과세표준란에는 금액을 기재하지 않고 세액란에만 기재한다.

② 대손세액을 공제받는 경우에는 대손세액을 차감표시(△)하여 적고, 대손금액의 전부 또는 일부를 회수하여 회수금액에 관련된 대손세액을 납부하는 경우에는 해당 매출세액을 가산한다.

구분	금액	비고
회수한 대손세액	250,000	$2,750,000 \times \frac{10}{110}$
확정된 대손세액	△100,000	$1,100,000 \times \frac{10}{110}$
대손세액 납부액	150,000	

[물음 3-2]

구분번호	금액	세액	비고
(10)	1,500,000	150,000	기업업무추진비 → (50)에도 반영
(11)	15,000,000	1,500,000	운송용 트럭 → (51)에 영향
(13)	1,818,182	181,818	세무 자문료
(42)	4,000,000	400,000	커터기계
(43)	8,504,000	166,745	의제매입세액공제

1. 세금계산서 수취분[(10) ~ (11)]

① 세금계산서 발급받은 것을 모두 적어둔 후, 매입세액이 공제되지 아니하는 것은 별도로 공제받지 못할 매입세액명세 신고내용에 적는다.

② 세금계산서를 수취한 접대 목적의 회식비(기업업무추진비)는 일반 매입[(10)]에 적어 두고, 별도로 매입세액불공제금액란에 기재한다.

③ 트럭매입가액은 고정자산 매입[(11)]에 적어 두고, 과세사업과 면세사업에 겸용하여 사용하였으므로 면세사업에 사용된 비율만큼은 별도로 공통매입세액 면세사업등분[(51)]에 기재한다.

2. 매입자발행 세금계산서[(13)]

매입자가 관할 세무서장으로부터 거래사실확인 신청을 하고 발행한 매입자발행 세금계산서의 금액과 세액을 적는다. 또한, 부가가치세가 포함된 금액이 2,000,000원이므로 이를 매입가액과 세액으로 구분하여야 한다.

3. 신용카드매출전표 등 수령명세서 제출분[(41) ~ (42)]

① 사업과 관련한 재화나 용역을 공급받고 발급받은 신용카드매출전표 등을 적는다. 다만, 세금계산서 수취한 것과 달리 매입세액공제되는 금액만을 적는다.

② 커터기계 구입분은 부가가치세와 공급가액을 구분하여 고정자산 매입[(42)]에 기재한다. 과세사업에만 사용하였으므로 면세사업등분을 안분할 필요 없다.

4. 의제매입세액공제액[(43)]

구분	금액	비고
1. 과세사업	7,000,000	
2. 공통사용 및 기말	1,504,000	$2,000,000 \times 75.2\%$ $\dfrac{75.2}{100}$
3. 적용대상 매입액	8,504,000	
4. 공급가액대비한도액	30,080,000	$75,200,000 \times 40\%$
5. 대상액	8,504,000	
6. 의제매입세액	166,745	$8,504,000 \times \dfrac{2}{102}$

① 제조업을 영위하는 자가 농어민이나 개인으로부터 직접 매입한 경우에는 계산서, 신용카드매출전표를 수령하지 못한 경우에도 의제매입세액을 적용한다.

② 예정신고기간에 의제매입세액을 공제받지 않았으므로 공제대상액이나 의제매입세액공제액에서 예정신고분을 반영할 필요가 없다.

[물음 3-3]

구분번호	금액	세액	비고
(50)	1,500,000	150,000	기업업무추진비
(51)	3,720,000	372,000	$15,000,000 \times 24.8\%$ $\dfrac{24.8}{100}$

1. 공제받지 못할 매입세액[(50)]
① 발급받은 세금계산서 중 매입세액을 공제받지 못할 세금계산서의 공급가액 및 세액을 기재한다. 단, 과세사업과 면세사업에 공통으로 사용하여 불공제하는 매입세액은 [(51)]에 기재한다.

② 기업업무추진비 지출액은 매입세액공제대상이 아니므로 [(50)]에 기재한다.

2. 공통매입세액 면세사업등분[(51)]
과세사업과 면세사업 등에 공통으로 사용하는 공통매입세액 중 면세사업 등 해당분으로 안분계산한 공급가액과 세액을 기재한다. 운송용 트럭 중 당해 과세기간의 면세공급가액의 비율을 적용한 금액을 적는다.

해커스
세무회계
기출문제집

개정 4판 1쇄 발행 2024년 4월 30일

지은이	원재훈, 이훈엽 공저
펴낸곳	해커스패스
펴낸이	해커스 경영아카데미 출판팀

주소	서울특별시 강남구 강남대로 428 해커스 경영아카데미
고객센터	02-537-5000
교재 관련 문의	publishing@hackers.com
학원 강의 및 동영상강의	cpa.Hackers.com

ISBN	979-11-6999-970-0 (13320)
Serial Number	04-01-01

회계사 · 세무사 · 경영지도사 단번에 합격,
해커스 경영아카데미 cpa.Hackers.com

ⅢⅠ 해커스 경영아카데미

- 원재훈, 이훈엽 교수님의 **본 교재 인강**
- **공인회계사 · 세무사 기출문제, 시험정보/뉴스** 등 추가 학습 콘텐츠
- 선배들의 성공 비법을 확인하는 **시험 합격후기**